BIG DATA
Basics and Practice

엑셀을 활용한

빅데이터 기초 실습

고석주 · 류춘하 · 박보석 · 송무희 · 하숙정 공저

홍릉과학출판사

엑셀을 활용한 빅데이터 기초 실습의
부록 파일(엑셀 사용법) 및 실습준비 파일은
홍릉과학출판사 홈페이지(http://www.hongpub.co.kr/)에서
다운받을 수 있습니다.

엑셀을 활용한 빅데이터 기초 실습

2019년 8월 20일 초판 인쇄
2019년 8월 30일 초판 발행

저자와의
협의하에
인지생략

저 자 : 고석주 · 류춘하 · 박보석 · 송무희 · 하숙정
발행인 : 송 준
발행처 : 홍릉과학출판사
주 소 : 01093 서울시 강북구 인수봉로 50길 10
등 록 : 1976년 10월 21일 제5-66호

전 화 : 02-999-2274~5, 903-7037
팩 스 : 02-905-6729
e-mail : hongpub@hongpub.co.kr
http://www.hongpub.co.kr
ISBN : 979-11-5600-617-6(93000)

정가 25,000원

머리말

IT 정보 기술과 첨단 장비의 발달로 인해 수집 가능한 데이터 양과 종류가 많아지면서 빅데이터의 중요성이 날로 커지고 있다. 디지털 환경에서 생성되는 빅데이터는 다양한 형태로 구성된 방대한 크기의 데이터로부터 경제적으로 필요한 가치를 추출할 수 있는 데이터를 말한다. 이러한 빅데이터는 데이터 분석을 통해 새로운 부가가치를 창출하고 비즈니스 모델에 적용되기도 한다. 데이터 분석이란 단순히 데이터를 분류하거나 처리하는 것 이상으로 데이터 속에 담긴 패턴이나 미래 예측에 도움이 되는 데이터를 찾는 것이다. 이와 같은 학문을 데이터 과학이라 한다.

최근 데이터 과학과 관련된 시장이 성장하고 있다. 대기업에는 데이터 과학 부서를 설립하고 데이터 산업과 관련된 스타트업도 늘어나고 있으며 빅데이터를 분석하는 기술에 대한 관심이 뜨겁다. 빅데이터 처리는 데이터를 수집하고 전처리 과정을 거쳐 분석하고 시각화하는 과정을 거친다. 이를 위해 웹의 수많은 데이터를 가져와 분석해야 하는 경우 그 양이 엄청나게 많기 때문에 프로그래밍 능력이 요구된다. 데이터 분석 초보자가 프로그래밍 언어로 데이터 분석을 구현하는 것은 아주 어렵다.

이 책은 데이터 과학을 처음 접하는 이들을 위해 엑셀을 이용하여 데이터를 수집, 처리, 분석하는 메커니즘을 배우고 초보자도 쉽게 따라할 수 있는 R 프로그래밍 기반의 패키지를 활용하여 데이터 및 빅데이터 분석 방법의 기초를 소개한다. 정형화된 데이터를 사용하여 데이터 수집, 저장, 탐색, 처리 및 분석 등 데이터로부터 분석 결과를 도출해내는 전반적인 과정을 엑셀에서 다룬다. 그리고 실무에 적용하는 데 도움이 되도록 실습을 통하여 내용을 이해하도록 하였다.

책의 도입부에서는 빅데이터 개념 및 처리기술에 대해서 소개하고, 2장부터 7장까지는 데이터 저장부터 통계분석까지 엑셀을 사용한 데이터 처리 및 활용 방법을 소개한다. 8장과 9장에서는 R 프로그래밍을 위한 기초 문법을 다룬 후 R을 이용한 통계 분석 활용을 소개한다.

21세기 정보화 시대에 기업의 가장 중요한 자산은 데이터이며 이를 수집하고 가공 및 분석하는 데이터 전문가를 필요로 한다. 본 교재를 통하여 데이터처리 및 분석과 새로운 가치가 있는 정보를 얻는 과정에서 문제해결 능력을 배양하고 데이터 과학의 기본개념 이해 및 데이터 분석 능력을 함양하여 빅데이터 전문가가 되기 위한 기본 역량을 키우는 데 도움이 되기를 기대한다.

2019년 8월

저자

BIG DATA

Contents

BIG DATA 기초실습

05 데이터 마이닝

06 데이터 분석 및 시각화

07 데이터 통계분석 및 예측

08 R 프로그래밍 기초

09 R 프로그래밍 활용

부록 엑셀사용법

홍릉과학출판사 홈페이지에서
다운로드 가능
http://www.hongpub.co.kr/

01

빅데이터 개요

1.1 빅데이터 개념

지능과 연결을 키워드로 4차 산업혁명 시대가 시작되었다. 이제 모든 것들이 연결되는 사물인터넷 시대가 되고 빅데이터가 생성되고 있다. 이것을 처리하고 활용하는 인공지능이 발전하며 현실 세계는 가상현실과 새롭게 연결된다. 또한, 공유 경제가 등장하고 기존 산업을 혁신하는 패러다임 변화가 일어난다. 몇 년 치의 매출만을 분석하던 시대에서 수백만 고객의 위치 정보, 취향 등과 같이 분석 대상이 수천에서 수백만 이상인 빅데이터 분석의 시대가 되었다.

1장의 전반부에서는 빅데이터의 정의와 활용 분야를 소개하고, 후반부에서는 빅데이터의 처리과정과 관련 기술을 설명한다.

(1) 데이터란

데이터(Data)란 사실(Fact)을 표현한 것이다. 표현 방법에는 숫자, 문자, 이미지, 오디오, 동영상 등의 모든 형식이 포함된다. 데이터를 처리하여 얻은 결과를 정보(information)라고 한다. 예를 들어 어떠한 상품의 매출(사실)을 숫자로 표현한 것을 매출 데이터라고 하고, 이러한 매출 데이터를 처리하여 생성한 매출 총합계를 정보라고 한다. 개인용 컴퓨터(PC, Personal Computer)가 대중적으로 보급되기 이전에는 데이터를 정보로 가공하기 위하여 대부분 사람이 직접 수작업으로 데이터를 처리하였다.

컴퓨터가 대중화되면서 데이터의 처리를 위해 많은 소프트웨어가 사용되고 있다. 그 중에서 대표적인 스프레드시트(Spreadsheet) 소프트웨어에는 마이크로소프트 사 오피스(Office) 제품군의 엑셀(Excel), 아파치 재단의 오픈오피스(OpenOffice) 제품군의 칼크(Calc)가 있다. 스프레드시트 응용 프로그램은 경리와 회계 업무에 사용하던 계산용지를 표 형태로 구현한 워크시트(Worksheet)에 데이터를 입력하고, 다양한 계산을 통해 정보를 얻으며, 데이터베이스와 그래픽 기능을 통해 데이터 검색과 관리, 차트 작성 등을 할 수 있는 사무 자동화 프로그램이다.

그러나 스프레드시트 소프트웨어는 정해진 기능만을 사용하여 데이터를 분석할 수 있다는 단점이 있다. 옷을 구입할 때 기성복을 구입하는 것과 같이 개인의 다양한 취향과 체격에 완전히 일치하는 것을 구하기는 힘들다. 데이터 분석에서도 프로그래밍 언어를 사용하여 직접 분석 기능을 구현하는 방법이 있다. 이러한 프로그래밍 언어에는 C/C++, Java, Python 등이 있다. 데이터 분석 및 통계를 위한 전용 프로그래밍 언어로는 Matlab, R 등이 있다. 데이터 분석 초보자에게 프로그래밍 언어로 데이터 분석을 구현하는 것은 아주 어렵다. 따라서 본 교재에서는 엑셀을 이용하여 데이터 분석 메커니즘을 배우고 초보자도 쉽게 따라할 수 있는 R을 사용하여 데이터 및 빅데이터 분석 방법의 기초를 배운다.

데이터베이스(Database)는 여러 사람이 공유할 목적으로 데이터를 조직적으로 통합하여 중복을 없애고 자료를 구조화하여 저장해 놓은 데이터의 집합으로 일반적으로 DB라는 약자를 사용한다. 데이터베이스 관리시스템(DBMS)은 데이터베이스를 저장하고 관리하는 서버인데, 데이터를 정형화하여 저장한다. 자세한 내용은 2장에서 다룬다.

(2) 빅데이터란

사물인터넷 기기나 스마트폰 같은 장치의 활용으로 개인과 사회가 급속히 변하면서 데이터의 생성양이 폭발적으로 증가하고 있다. 특히, 소셜 미디어 혹은 소셜네트워크 서비스(SNS, Social Network Service)에서 생성되는 문자 데이터는 물론, 사용자가 직접 제작하는 사진, 동영상 같은 콘텐츠는 데이터의 양을 증가시키고 형태와 질에서도 많은 변화를 보이고 있다. 금융, 유통 기업에서 이러한 소셜 미디어에 생성된 데이터를 분석하여 마케팅에 활용하고 있을 뿐 만 아니라 정부에서도 공공 데이터를 분석하여 효과적인 정책 결정에 활용하고 대국민 서비스의 질을 높이기 위해 빅데이터를 사용한다.

빅데이터는 지금까지 처리하던 데이터와 크기, 형태, 생성 속도에서 다른 형태를 보이고 있다. 빅데이터(Big Data)란 데이터를 처리, 저장, 관리할 때 흔히 쓰이는 소프트웨어(Excel, Calc)의 허용범위를 넘어서는 용량이 아주 큰(Big) 데이터(Data)이다. 즉 기존 데이터보다 너무 방대하여 기존의 방법이나 도구로 수집, 저장, 분석 등이 어려운 정형 및 비정형 데이터이다. 정형 데이터는 문자 기반이고, 비정형 데이터는 SNS 문자, 이미지, 동영상, 음성, 스트리밍 등이다.

위의 빅데이터의 정의에서 처리 속도 및 정확성을 추가하여 정의할 필요가 있다. 즉 빅데이터 처리란 다양하고 복잡하고 방대한 데이터에서 새로운 가치가 있는 정보를 신속하게 찾아내는 것이다.

(3) 빅데이터 활용 분야

컴퓨터의 처리속도가 증가함에 따라 원래 존재했지만 관리되지 않고 버려지는 데이터에 관심을 갖게 되었고 그 데이터에서 경제적인 가치를 찾으려는 노력이 시도되었다. 이런 데이터에서 가치를 찾아서 활용한 사례가 등장하면서 대중의 관심을 가지게 되었다. Facebook, Twitter, Google, Amazon 등 여러 기업에서 빅데이터를 활용하여 경제적 가치를 찾아내고 실제 사업에 적용하고 있다.

많은 분야에서 빅데이터를 활용하고 있으나 대중들이 체감하고 있는 분야는 마케팅 분야이다. 디지털 마케팅 시대에서 구체화되어 빅데이터 마케팅이 자리를 잡고 있다. 고전적인 마케팅 시대를 지난 디지털 마케팅 시대에도 마케팅의 기획 및 실현은 소비자의 심리학을 바탕으로 이루어 졌다. 근래의 빅데이터 마케팅 시대가 현실화되면서 마케팅 전략이 심리학의 이론이나 방법론보다 시장과 소비자의 빅데이터 분석 결과에 더 의존하고 있다. 상세한 거래 정보, 위치 정보, 코멘트, 구매 패턴 등의 데이터를 추출하고 상호 분석을 거쳐 마케팅 전략을 설계하는 데 활용하고 있다.

국내 활용 사례

금융 분야

국내 카드회사는 소셜 빅데이터 및 카드 결제 정보 분석을 통해 소비 유형 · 패턴 · 특성 등 다양한 데이터를 추출 · 연계하여 금융 분야 타깃 마케팅에 활용하기 시작했다. 카드 거래 데이터(일평균 900만 건)와 소셜 데이터(일평균 80만 건)를 분석하여 소비 트렌드별 대표 속성(프로파일)을 만들고 카드 거래 데이터(소비 유형 · 패턴)를 연계하여 타깃 마케팅 전략을 설계한다. 행동 패턴을 분석하여 혜택 가맹점 앱을 개발하여 고객에게 맛집 추천 및 비슷한 고객의 상점 이용 패턴을 제공함으로써 편리하게 정보를 얻을 수 있었다. 이 시스템을 통해 고객은 자신의 요구와 위치에 따라 최적화된 카드 혜택 및 맞춤형 정보를 실시간으로 검색하고 받을 수 있다.

온라인 게임 분야

국내 모 게임회사에서는 빅데이터 기반의 고객 데이터 분석 시스템을 구현하고 운영 중에 있다. 불법적으로 다른 사람의 자산을 이용하거나 가져가는 행위를 탐지하기 위해 빅데이터 기술을 활용하고 있다. 즉 방대한 고객의 행동 및 사용 로그 데이터를 분석하여 사기 탐지 알고리즘을 고도화하여 적용하고 이를 이용하여 불법 행위를 모니터링하고 있다. 수많은 사람들이 게임을 하고 여기서 엄청난 양의 로그 데이터가 쏟아져 나온다. 많은 양의 비정형 데이터를 실시간으로 분석하고 알람을 표기하는 데 빅데이터는 꼭 필요하다. 또한, 고도화된 사기탐지 알고리즘을 개발하기 위해 Data Mining 기법 및 기계학습 기술을 활용하고 있다.

제조 분야

국내 조선회사는 선박 신수요 예측 플랫폼 및 MRO(선박 기자재 공급 · 유지 · 보수) 서비스 모델 개발에 빅데이터를 활용한다. 이것은 선박 빅데이터 분석을 통한 선박 신수요 예측으로 제품 · 기술 수요에 선제적 대응 및 MRO 서비스 사업모델을 개발하는 것이다. 조선해양 시황데이터, 세계 경제지표, 해상물동량 및 MRO 관련 정보(선박 · 기자재 정보, 정기검사 · 수리 · 교체 정보 등)를 분석하여 선박 신수요 예측 결과를 신제품 기획 · 개발에 활용하는 것이다.

국외 활용 사례

구글

구글(Google)은 데이터센터 성능 및 에너지 사용 최적화에 빅데이터 기술을 적용했다. 구글은 데이터센터 서버와 기타 장비들의 사용 시간과 에너지 사용량에 대한 방대한 분량의 운영 데이터를 분석하여 데이터 센터의 성능과 에너지 사용량이라는 상반된 관계에 있는 두 가지 지표를 최적의 상태로 운영하고 있다. 또한, 구글은 독감과 관련된 검색어 빈도를 분석해 독감 환자 수와 유행 지역을 예측하는 독감 동향 서비스를 개발했다(google.org/flutrends). 이는 미 질병통제본부(CDC)보다 예측력이 뛰어난 것으로 밝혀졌다.

아마존

아마존(Amazon)은 고객의 도서 구매 데이터를 분석해 특정 책을 구매한 사람이 추가로 구매할 것으로 예상되는 도서 추천 시스템을 개발했다. 고객이 읽을 것으로 예상되는 책을 추천하면서 할인쿠폰을 지급한다. 전형적인 데이터 분석에 기반을 둔 마케팅 방법이다. 아마존은 이러한 데이터 분석 경험에 기반을 두어 하드웨어, 소프트웨어, 서비스 등을 대여하는 빌려주는 클라우드(Cloud) 서비스를 제공하고 있다. 또한, 비정형 빅데이터 처리를 위한 데이터베이스를 새로 개발하는 등 빅데이터 관련 기업의 입지를 강화하고 있다.

DHL

DHL은 일별 배송 정보를 분석하여 소비자의 물류 서비스 이용 흐름과 패턴 파악에 활용하고 있다. 이는 실시간 교통상황, 수신자 상황, 지리적/환경적 요소를 고려한 최적화된 배송 경로를 실시간으로 분석해 적기 배송 실패율을 제로 수준으로 만드는 한편, 불필요한 연료 소모도 최소화하고 있다. 또한, 이렇게 얻어진 데이터 분석 결과는 물류 서비스 수요 증가 추세를 예측하여 물류센터 확장과 배송차량 추가 등에 대한 투자 결정에도 활용하고 있다.

1.2 빅데이터 처리과정 및 기술

빅데이터 처리는 빅데이터 수집, 빅데이터 저장/관리, 빅데이터 분석, 빅데이터 활용 과정을 거친다.

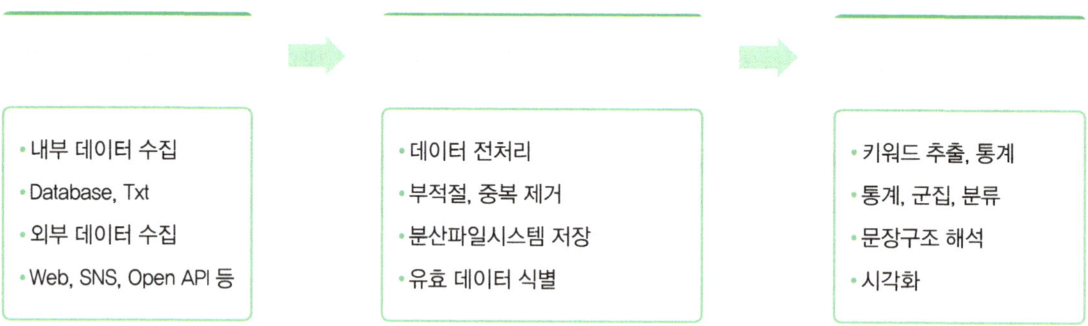

그림 1-1 빅데이터 처리과정

(1) 빅데이터 수집

일반 데이터는 기업이나 조직 내부에 있는 정보시스템에 저장된 정형화된 데이터로써 데이터 수집에 큰 노력을 기울이지 않아도 수집이 가능하다. 수집하고자 하는 데이터의 형식도 개발 단계에서부터 향후에 분석하기에 적합한 형식에 갖춘 정형화된 형식의 로그로 구현하기 때문에 수집 후에 데이터를 가공하는 데에 큰 노력이 들어가지 않는다.

그러나 빅데이터는 내부 조직에 있는 정형화된 데이터뿐만 아니라, 조직 외부에 존재하는 무한한 데이터 중에서 조직이 필요로 하는 데이터를 발견하여, 이를 수집하고 수집된 정보를 분석을 위한 특정 데이터 형식으로 변환하는 과정을 거쳐야 한다. 따라서 빅데이터 수집이란 단순히 데이터를 확보하는 기술이 아니라 데이터를 검색하여 수집하고 변환 과정을 통해 정제된 데이터를 확보하는 과정이다.

빅데이터 수집은 내부 · 외부의 다양한 데이터를 일괄적 또는 실시간으로 수집하는 과정이다. 데이터 수집은 데이터 원본의 위치에 따라 내부 데이터 수집과 외부 데이터 수집으로 구분할 수 있다. 내부 데이터 수집은 주로 자체적으로 보유한 내부 파일시스템이나 데이터베이스 관리시스템, 센서 등에 접근하여 데이터를 수집하는 것을 의미하고, 외부 데이터 수집은 인터넷으로 연결된 외부에서 데이터를 수집하는 것을 의미한다. 예를 들어 내부 데이터는 전통적인 데이터베이스나 텍스트(txt, csv) 파일이다. 외부 데이터는 웹, SNS에서 크롤링(Crawling), FTP, Open API, RSS, 스트리밍 등이 있다.

데이터 유형	데이터 종류	수집기술
정형 데이터	RDB, 스프레드 시트	ETL, FTP, Open API
반정형 데이터	HTML, XML, JSON, 웹문서, 웹로그, 센서 데이터	Crawling, RSS, Open API, FTP
비정형 데이터	소셜 데이터, 문서(워드, 한글), 이미지, 오디오, 비디오. IoT	Crawling, RSS, Open API, Streaming, FTP

그림 1-2 데이터 유형별 수집 기술

정형 데이터

정형 데이터는 관계형 데이터베이스(RDB)의 테이블과 같이 고정된 칼럼에 저장되는 데이터이다. 그리고 지정된 행과 열에 의해 데이터의 속성이 구별되는 스프레드시트 형태의 데이터이다. 고정된 칼럼이란 데이터를 저장하기 전에 각 칼럼의 속성(스키마)을 정의하였다는 의미이다. 자세한 형태는 2장 데이터베이스에서 기술한다.

반정형 데이터

반정형 데이터는 메타데이터(데이터의 데이터)를 가지고 있으며 일반적으로 파일 형태로 저장된다. 반정형 데이터의 경우 데이터 내부에 데이터 구조에 대한 메타데이터를 갖고 있기 때문에 어떤 형태를 가진 데이터인지를 파악하는 것이 필요하다. 데이터 내부에 있는 규칙성을 파악해 데이터를 분리할 수 있는 파싱 규칙을 적용한다. 반정형 데이터에는 HTML 파일이나 오픈 API 형태로 제공되는 XML, JSON이 있고 로그형태의 웹로그, IoT에서 제공하는 센서 데이터 등이 있다.

비정형 데이터

비정형 데이터는 데이터 세트가 아닌 하나의 데이터로 묶어져 있다. 텍스트 데이터나 이미지, 동영상 같은 멀티미디어 데이터가 대표적인 비정형 데이터이다. 웹 데이터는 HTML 형태로 메타 데이터가 있으므로 반정형 데이터로 구분할 수도 있지만, 특별한 경우 텍스트 마이닝을 통해 데이터를 수집하는 경우도 있으므로 명확한 구분은 어렵다. 이진 파일 형태의 데이터일 때 데이터를 탐색하는 방법은 데이터의 종류별로 응용소프트웨어를 이용하여 탐색한다. 2장 텍스트 파일 가져오기에서 예를 기술한다.

빅데이터 처리에서 일반적으로 사용되는 저장소는 분산파일시스템이지만, 수집된 데이터를 가공·처리하기 위해서 DBMS가 사용될 수도 있고 서비스를 DBMS를 통해 제공할 수도 있으므로 서비스 환경에 맞는 아키텍처를 설계해야 한다. 원본 데이터의 형태에 따라 사용되는 수집 기술이 다르고 수집되는 형태도 다르기 때문에 데이터 저장소의 아키텍처 설계 시 파일시스템, 관계형 데이터베이스, 분산처리 DBMS 등을 고려해야 한다. 본 교재에서는 2장에서 텍스트, 웹, 데이터베이스에서 엑셀 형식으로 수집하는 방법을 배우고, 8장에서 R 스크립트를 사용하여 빅데이터를 수집하는 방법을 배운다.

(2) 빅데이터 처리/저장

데이터 수집 과정을 통해 확보된 빅데이터로부터 유용한 정보를 추출하려면 빅데이터를 효과적으로 저장 관리하여야 한다. 빅데이터 저장이란 검색, 수집한 데이터를 분석에 사용하기에 적합한 방식으로 안정적이고 영구적으로 보관하는 것으로서 대용량의 다양한 형식의 데이터를 고성능으로 저장하고 필요한 경우 데이터를 검색하여 수정, 삭제 또는 원하는 내용을 읽어오는 방법을 제공하는 것을 포함한다.

빅데이터 저장 과정은 빅데이터 전처리, 빅데이터 후처리, 데이터 통합으로 나누어 처리한다. 3장 데이터 전처리 및 정규화에서 관련 실습을 기술한다. 데이터의 중복이나 오류를 검증하고 데이터에 필요한 칼럼을 추가하고 필터링한다.

빅데이터 전처리

이 단계는 필터링, 데이터 유형 변환, 정제 작업으로 이루어진다. 필터링은 데이터에서 활용 목적에 맞지 않는 정보를 제거한다. 불필요한 정보를 제거하여 분석 시간을 단축하고 효율적인 저장 공간을 확보한다. 특히, 비정형 데이터는 데이터 마이닝을 통해 에러나 중복을 제거함으로써 데이터의 품질을 개선한다. 이때 자연어 처리나 기계 학습과 같은 인공지능 기술을 적용하기도 한다. 데이터 유형 변환은 특정 데이터를 분석하기 쉬운 유형으로 변환한다. 정제 작업은 수집한 데이터의 불일치성을 교정한다. 즉 데이터 수집 과정에서 손실된 값을 보정하거나 의미 없는 데이터를 제거한다.

빅데이터 후처리

이 단계에서는 수집한 다양한 형식의 데이터를 분석하기 쉽도록 일관성 있는 형식으로 변환한다. 데이터에 대해 '평활화 → 집계 → 일반화 → 정규화 → 속성 생성' 단계를 거친다.

데이터 통합

여러 장소 혹은 장치에서 수집된 데이터를 관련성이 있는 데이터끼리 결합한다. 예를 들어, 같은 데이터가 입력될 경우 관련성을 분석하여 중복 데이터를 검출하기도 하고, 단위(파운드와 kg, inch와 cm, 표준 시간대 등)가 다른 것은 일치하도록 변환한다. 데이터의 고유 특성이 손상되지 않는 범위에서 데이터를 축소하여 분석의 효율성을 높이기 위한 과정이다.

엑셀에서 통합 문서의 파일 최대 크기는 컴퓨팅 환경에 따라 차이가 난다. 32비트 환경의 경우 최대 500~700 MB이고 64비트 환경에서는 파일 크기의 엄격한 제한이 없으나 메모리에 따라 크기가 제한된다. 그러나 대용량의 데이터를 파일에 저장하였다 하더라도 처리 및 분석이 불가능하다. 따라서 이러한 대용량의 데이터를 저장하기 위해서 관계형 데이터베이스, NoSQL, 분산파일시스템 등을 이용한다. 본 교재에서는 9장 R 프로그래밍 활용에서 자세히 소개한다.

NoSQL

NoSQL은 Not-Only SQL 혹은 No SQL을 의미하며, 관계형 데이터베이스와 다른 설계 방식으로 데이터의 저장 및 검색을 위한 저장기술이다. NoSQL은 테이블 스키마가 고정되지 않고, 테이블의 조인(join) 연산을 지원하지 않으며, 수평적 확장이 용이하다는 특징을 가진다. 대표적인 NoSQL 솔루션으로는 카산드라(Cassandra), 에이치베이스(Hbase), 몽고DB(MongDB) 등이 있다.

카산드라는 SQL을 사용하지 않는 대용량 고성능 처리 시스템인데, 칼럼 패밀리 형태의 데이터 모델을 활용한다. 노드를 추가할 때 성능을 낮추지 않고 용량을 확장할 수 있으며 많은 양의 데이터를 처리할 수 있는 오픈소스 데이터베이스 관리시스템으로 페이스북에서 개발되어 사용되고 있다.

에이치베이스는 하둡 플랫폼을 위한 오픈소스 비관계형 분산 데이터베이스이다. 아파치 소프트웨어 재단의 아파치 하둡 프로젝트의 일부로서 개발되었으며 하둡 분산파일시스템에서 작동을 한다. 몽고DB는 데이터교환 시 BSON(Binary JSON) 문서 형태로 저장되며 여러 서버에서 분산 저장 및 확장에 용이하며, 방대한 데이터 처리가 빠르다는 장점이 있다. C++언어로 작성이 되었으며 윈도우즈, 리눅스 및 맥OS 등 다양한 운영체제를 지원한다.

분산파일시스템

대용량 데이터를 전통적인 파일시스템이나 DBMS에서 저장 · 처리하기에는 한계가 있다. 분산파일시스템은 분산 서버의 디스크에 파일을 저장한다. 파일 읽기나 쓰기 같은 연산을 운영체제가 아닌 API 제공으로 처리하는 파일시스템이며 이와 같은 단순 연산을 지원하는 대규모 데이터 저장소이다. 하드웨어 및 소프트웨어의 성능 향상으로 수 테라바이트에서 수백 페타바이트 이상의 데이터를 저장할 수 있다. 대용량 데이터를 저장하기 위한 분산파일시스템에는 구글 파일시스템, 하둡 분산파일시스템(HDFS), 클라우드 스토어가 대표적이다.

아파치 하둡(Hadoop)은 대용량의 데이터를 분산 처리할 수 있는 오픈소스 프레임워크이다. 하둡 프레임워크 내에 대용량 파일을 저장하기 위한 파일시스템이 하둡 분산파일시스템이다. 하둡은 10억 페이지 규모의 색인을 유지할 수 있었지만 그 이상으로 확장하기에 한계가 있었다. 이 한계를 극복하기 위해 구글 파일시스템과 유사한 웹 크롤링과 색인 과정에서 생성되는 큰 파일 처리에 알맞은 구조를 갖추었다. 하둡은 빅데이터를 저장하는 분산파일시스템과 분산 병렬 처리를 수행하는 맵리듀스(Map Reduce)로 구성된다. 하둡 분산파일시스템은 분산 환경에서 다양한 형태, 초대용량의 데이터를 안전하게 저장할 뿐 아니라, 저장되어 있는 데이터를 빠르게 처리할 수 있다.

(3) 빅데이터 분석/활용

수집하고 저장된 빅데이터에서 의미 있는 정보를 얻고 의사결정에 효율적으로 활용하려면 효과적으로 분석할 방법이 필요하다. 대부분의 빅데이터 분석 기술이나 방법은 컴퓨터과학이나 통계학에서 사용하는 데이터 마이닝, 기계 학습, 자연 언어 처리, 패턴 인식 등을 사용한다. 소셜 미디어 등 비정형 데이터에 적용이 가능한 텍스트 마이닝, 오피니언 마이닝, 소셜네트워크 분석, 군집분석 등이 있다. 빅데이터 분석기술의 대표적인 예로는 빅데이터 통계분석, 데이터 마이닝, 텍스트 마이닝, 예측 분석, 최적화, 평판 분석, 소셜네트워크 분석, 소셜 빅데이터 분석 등이 있다.

엑셀에서 분석 도구모음을 사용하면 히스토그램(Histogram), 가설 검증(Hypothesis Testing), 연관성 및 회귀 분석(Correlation and Regression), 시계열 예측(Forecasting) 등 다양한 분석 기법을 사용할 수 있다. 엑셀에서의 분석 기법은 5장 데이터 마이닝, 6장 데이터 분석 및 예측, 7장 데이터 통계 분석, 9장 R 프로그래밍 활용에서 다룬다.

분류, 연관 분석, 군집화

분류

분류는 빅데이터에서 특별히 정한 기준에 따라 데이터를 분류한다. 예를 들어, 한 그룹에서 어떤 이유로 다른 그룹으로 이동한 구성원이 있는지를 분류할 수 있다. 또 매주 토요일에는 정해진 물건을 구입하는 사람, 혹은 금요일마다 정해진 식당으로 가서 외식하는 사람 등으로 분류할 수 있다. 즉 토요일, 금요일, 또는 외식, 식당이라는 정해진 기준이 있다.

연관 분석

연관 관계 분석은 관련이 있는 데이터, 즉 데이터에 존재하는 항목 사이의 종속 관계를 찾아낸다. 예를 들어 등산화를 팔면 배낭도 같이 팔리는지를 분석할 수 있다. A 제품을 구입한 고객에게 어떤 제품을 함께 팔 수 있을지, 카드 구매 유형 간에는 어떤 관계가 있는지 등을 분석할 수 있다. 이와 같은 연관 관계를 분석하면 '항목 A는 항목 B이다' 혹은 '항목 A 그리고 항목 B는 곧 항목 C'라는 형식의 연관규칙을 만들 수 있다. 온라인 쇼핑 플랫폼에서 고객에게 상품을 추천하는 시스템에 사용된다.

군집화

군집화는 어떤 정해진 특성을 공유하는 데이터 그룹을 찾는다. 군집화는 미리 정의된 특성에 대한 정보를 갖지 않는다는 점에서 분류와 구분된다. 단순히 유사한 특성을 공유하는 데이터끼리 그룹화한다. 예를 들어 아침마다 일찍 등록하는 학생들만 모을 수 있고, 매일 지각하는 학생들만 그룹화할 수 있다. 군집화에는 데이터 사이의 유클리드 거리를 계산하고 유사도로 군집화하는 계층적 군집화, 유클리드 거리를 구하고 그 평균에 있는 데이터와 각 데이터 사이의 거리를 구하여 군집화하는 K-mean 군집화 등 다양한 알고리즘이 있다.

문자 마이닝

문자 마이닝은 비정형이나 반정형 문자 데이터를 자연 언어 처리 기술로 필요한 정보를 추출하거나 가공한다. 문서정보가 구조적이지 않은 점에서 데이터 마이닝과 분석 방법에 차이가 있다. 문자 마이닝을 문자 분석, 의미 발견, 문서 마이닝이라고도 한다. 형태가 일정하지 않은 비정형 데이터를 분석해야 하므로 사람의 언어를 컴퓨터가 인식해 처리하는 자연어 처리 기법을 활용한다. 구체적으로 문서 분류, 문서 군집, 메타데이터 추출, 정보 추출 등으로 구분한다. 문서 분류는 문서를 내용에 따라 분류한다.

웹 마이닝

웹 마이닝은 인터넷을 이용하는 과정에서 생성되는 웹로그 정보나 검색어로부터 필요한 정보를 추출하는 데이터 분석이다. 웹 마이닝은 앞에서 설명한 일반적인 데이터 마이닝 분석 방법을 사용하기도 한다. 그러나 웹 데이터의 속성이 반정형이나 비정형이기 때문에 별도의 분석 기법이 필요하다. 웹 마이닝은 분석 대상에 따라 웹 구조 마이닝, 웹 사용 마이닝, 웹 콘텐츠 마이닝으로 구분한다.

웹 구조 마이닝은 웹 사이트의 노드와 연결 구조를 분석하는 기법이다. 웹 페이지를 연결하는 하이퍼링크에서 패턴을 찾아낸다.

웹 사용 마이닝은 인터넷 이용자의 이용 경로인 웹서버 로그 파일 분석을 통해 웹 사이트 개선이나 고객 특성을 반영한 맞춤형 서비스를 제공한다.

웹 콘텐츠 마이닝은 웹 페이지에 저장된 콘텐츠에서 사용자가 원하는 정보를 빠르게 찾는 기법으로 검색 엔진에서 많이 사용한다. 웹 페이지를 다루고 있는 주제에 따라 자동으로 분류할 수 있다. 이 작업은 기존의 데이터 마이닝 작업과 유사하지만, 웹 페이지에서 특정 상품의 설명이나 독자의 상품평과 같은 필요한 정보를 추출하는 점에서 다르다.

오피니언 마이닝

오피니언 마이닝은 소셜 미디어에서 정형이거나 비정형 문자의 긍정, 부정, 중립의 선호도를 판별한다. 특정 주제에 대한 사람들의 의견을 모아 문장을 분석한다. 문장 분석에서는 사실과 주관적인 의견을 추출하여 긍정과 부정으로 나누고 그 강도를 측정한다. 오피니언 마이닝의 분석 대상은 주로 게시판, 블로그, 쇼핑몰 같은 대규모 포털의 웹 문서이기 때문에 자동화된 분석방법을 사용한다. 오피니언 마이닝은 감정 분석이라고도 하는데, 브랜드 모니터링, 버즈 모니터링, 온라인 인류학,

시장 영향력 분석, 대화 모니터링, 온라인 소비자 이해 등으로도 불린다. 온라인에서 특정 주제에 대한 여론을 분석하여 조직이나 기관의 이미지를 파악하고 대응전략을 세우는 데 활용하기도 한다. 오피니언 마이닝도 문자를 분석하므로 자연어 처리 방법, 컴퓨터 언어학 등을 활용한다.

시각화

빅데이터 시각화란 방대한 양의 자료를 분석하여 한 번에 볼 수 있도록 도표나 차트 등으로 표현하는 것이다. 시각화는 데이터에서 정보를 파악하는 시간이 절감되므로 직감적이고 즉각적인 상황판단이 가능하다. 이런 시각화 도구에는 엑셀 차트, Power BI, Tableau, 구글 차트, 파이썬, R, MAT-LAB 등이 있다. 6장 데이터 분석 및 예측에서 엑셀 차트를 연습하고, 9장 R 프로그래밍 활용에서 시각화를 연습한다.

(4) 하둡 & 맵리듀스 활용

분산파일시스템에는 구글 파일시스템(GFS, Google File System), 하둡 분산파일시스템(HDFS, Hadoop Distributed File System), 클라우드 스토어(CloudStore)가 대표적이다.

하둡은 더그 커팅(Doug Cutting)이 2002년에 웹 검색엔진인 너치(Nutch)를 개발하면서 시작되었다. 10억 페이지 규모의 색인을 유지할 수 있었지만 그 이상의 확장에는 구조적인 한계가 있었다. 이러한 한계를 극복하기 위해 더그 커팅은 구글 파일시스템에서 대부분의 아이디어를 가져와 너치를 위한 분산파일시스템인 너치 분산파일시스템을 개발했다. 구글 파일시스템과 같은 구조를 가지고 있는 이 파일시스템은 웹 크롤링과 색인 과정에서 생성되는 굉장히 큰 파일들을 처리하기에 알맞은 구조를 가지고 있는 파일시스템이었다.

맵리듀스(MapReduce)는 구글 분산파일시스템에서 빅데이터를 간단하게 처리할 수 있는 소프트웨어이다. 너치 프로젝트는 맵리듀스까지 프로젝트에 포함시켜 빅데이터를 처리할 수 있는 기반을 구축하였고, 이러한 너치 분산파일시스템과 맵리듀스를 독립시켜 빅데이터를 처리할 수 있는 하둡 프로젝트를 시작하였다. 하둡 프로젝트는 이후 야후 등에 이용되면서 아파치 소프트웨어 재단에서 최고의 프로젝트가 되었다.

하둡의 구성요소

① 하둡 분산파일시스템(HDFS)

하둡은 빅데이터를 저장하는 분산파일시스템인 HDFS와 분산병렬을 처리하는 맵리듀스(Map Reduce)로 구성된다. 하둡 분산파일시스템은 분산된 환경에서 다양한 형태의 초대용량 데이터를 안전하게 저장할 수 있을 뿐만 아니라 저장되어 있는 데이터를 빠르게 처리할 수 있도록 설계되었다.

분산파일시스템은 마스터 노드가 동작하는 서버와 슬레이브 노드가 동작하는 서버로 구성되어 있다. 노드는 네트워크에서 사용되는 용어로, 일반적으로 네트워크에 연결되어 있고 전송 채널을 통해 자료를 주고받을 수 있는 장비이다.

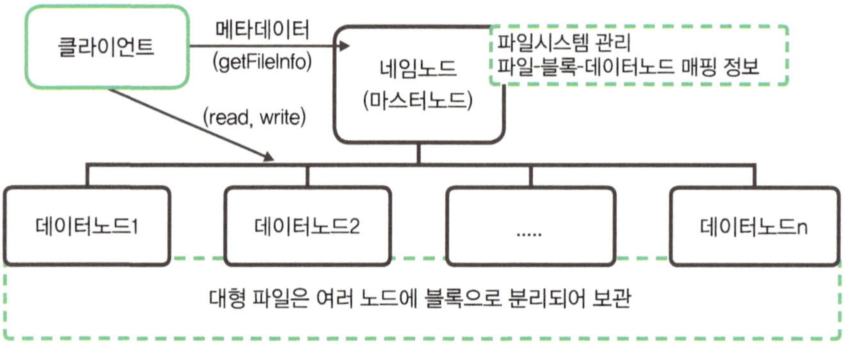

그림 1-3 HDFS의 구성 요소

마스터 노드는 네임노드로 구성되며 분산파일시스템에서 사용하고 있는 모든 슬레이브 노드들을 관리한다.

네임노드는 파일시스템의 네임스페이스(namespace)를 관리하는 서버이다. 파일시스템의 트리, 모든 파일과 디렉터리 구조, 액세스 권한 등의 메타데이터를 관리하고 블록에 대한 배치 정보를 관리한다.

데이터노드는 특정 파일에 대한 분할 블록을 저장하며 고정 크기의 분할 단위는 64 MB 또는 128 MB 크기로 관리한다. 또한, 데이터노드 간에 데이터 복제를 통해 데이터의 신뢰성을 유지한다.

보조 네임노드는 네임노드에서 관리하는 파일시스템의 이미지 정보를 백업하고 네임스페이스 이미지와 주기적으로 병합하는 기능을 수행한다.

② 맵리듀스

맵리듀스는 저렴한 머신들을 이용하여 빅데이터를 병렬로 분산 처리하기 위한 프로그래밍 모델이고, 맵리듀스란 시스템의 분산 구조를 감추면서 범용 프로그래밍 언어를 이용해 병렬처리 프로그래밍이 가능한 기법으로 맵 함수와 리듀스 함수에 기반을 둔다. 맵리듀스는 실행할 때 처리 성능에 영향을 주는 몇 가지 사항들을 고려해야 한다. 맵리듀스는 병렬 및 분산 처리되기 때문에 여러 서버 중에서 하나의 서버가 제대로 동작하지 않거나 멈추는 문제, 혹은 동시 처리를 위해 각 프로세스 간의 스케줄링을 고려해야 한다.

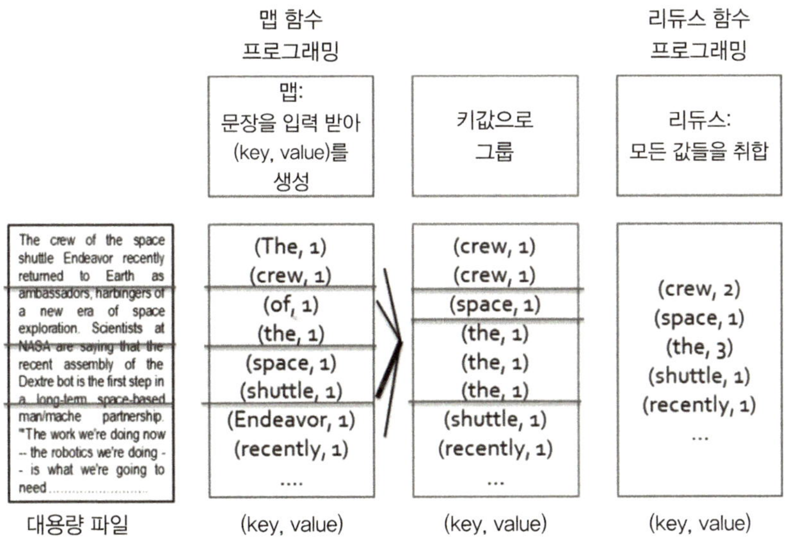

그림 1-4 맵리듀스의 예: 단어 수 세기

그림에서처럼 아주 큰 문서가 네 개의 문서로 나뉘어 하둡 분산파일시스템에서 입력으로 주어졌다고 가정해 보자. 네 개의 맵 태스크(task)가 발생하며 각 맵 태스크는 동일한 맵 함수를 실행한다. 입력으로 문서의 ID가 키, 문서 텍스트가 값인 [키, 값] 쌍이 주어지면, 맵 함수는 문서 텍스트를 단어 단위로 쪼개어 각 단어가 키가 되고 값은 1로 고정된 새로운 [키, 값] 쌍의 집합을 출력한다.

맵리듀스 시스템은 이 집합의 원소들에 대해 섞기 및 정렬 과정을 통해 동일한 키를 가지는 값들을 하나로 묶는다. 이렇게 묶여진 [키, 값] 쌍들은 적절한 기준에 의해 다수 개의 리듀스 태스크로 분배된다. 각 리듀스 태스크 또한 동일한 리듀스 함수를 실행하는데, 이 함수는 묶여진 값들을 모두 더하여 입력과 동일한 키의 새로운 값으로 만든다. 그 결과가 하둡 분산파일시스템에 저장되며 이는 아주 큰 문서에서 나타나는 단어의 빈도수가 된다. 여기서 맵 태스크 및 리듀스 태스크의 개수는 임의로 잡은 것이며, 실제로는 맵리듀스 시스템에서 자동적으로 생성된다.

③ 하둡 에코시스템

하둡은 빅데이터 저장과 처리의 기본적인 기능만 제공하기 때문에, 이것을 보완하는 다양한 오픈소스 소프트웨어들이 필요하다. 즉 하둡 에코시스템은 하둡의 기능을 보완하는 하위의 오픈소스 소프트웨어이다. 이를 통해 빅데이터를 보다 원활하고 효율적으로 분석할 수 있다.

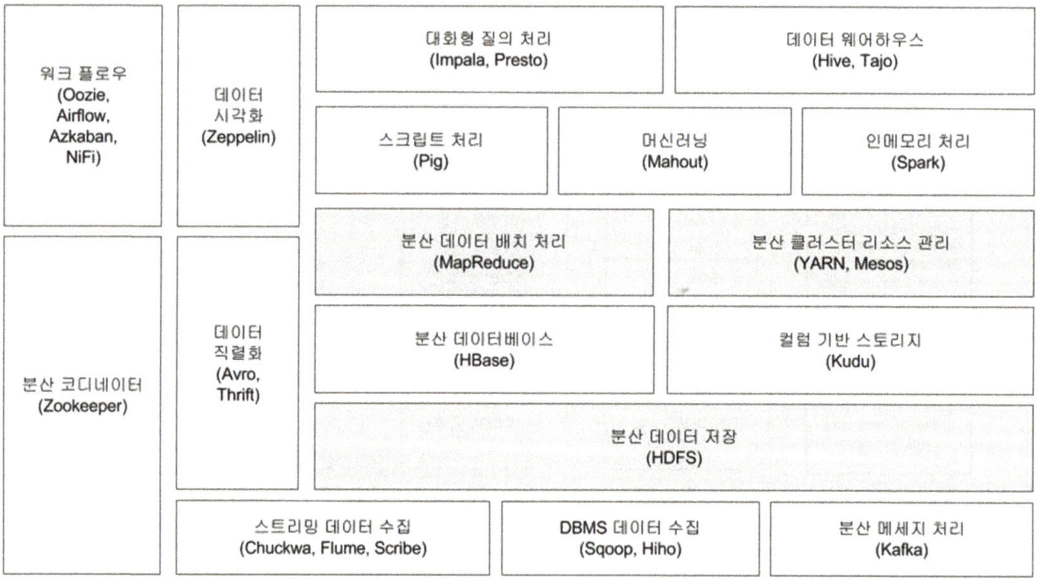

그림 1-5 하둡 에코시스템(아파치 재단)

데이터 저장을 위한 HBase와 Kudu가 있다.

HBase(http://hbase.apache.org)는 HDFS 기반의 칼럼 기반 데이터베이스이다. 실시간 랜덤 조회 및 업데이트가 가능하며, 각 프로세스는 개인의 데이터를 비동기적으로 업데이트할 수 있으나 맵리듀스는 일괄 처리 방식으로 수행된다.

Kudu(http://getkudu.io)는 칼럼 기반의 스토리지로서, 특정 칼럼에 대한 데이터 읽기를 고속화할 수 있다. HDFS에서도 파케이(Parquet), RC, ORC와 같은 파일 포맷을 사용하면 칼럼 기반으로 데이터를 저장할 수 있지만, HDFS 자체가 온라인 데이터 처리에 적합하지 않다는 약점이 있다. 그리고 HDFS 기반으로 온라인 처리가 가능한 HBase의 경우, 데이터 분석 처리가 느리다는 단점이 있다. Kudu는 이러한 문제점들을 보완하여 개발한 칼럼 기반 스토리지이며, 데이터의 발생부터 분석까지의 시간을 단축시킬 수 있다.

본 교재에서는 엑셀을 배우면서 데이터를 처리하기 위한 기초와 응용을 7장까지 배우고, 후반부에서 R 등을 활용한 빅데이터 처리 방법을 배운다.

연습문제

다음 물음에 답하시오.

01 데이터와 관련된 다음 물음에 답하시오.

❶ 데이터의 예를 3가지 나열하시오.

❷ 아침에 일어나서 발생한 데이터를 순서대로 모두 나열하시오.

❸ 자신이 사용하는 엑셀의 버전을 적으시오.

❹ 오픈오피스를 내려 받는 주소를 적으시오.

❺ 데이터 과학자란 무엇인지 간단히 정의하시오.

02 빅데이터에 관련된 다음 물음에 답하시오.

❶ 지난해 서울특별시, 대구광역시의 지하철 사용 인원 데이터의 위치를 적으시오.

❷ 구글, 네이버, 다음에서 지난해 가장 인기 검색어를 나열하시오.

❸ 2016년 이후 국내 빅데이터 활용 사례를 2가지 조사하시오.

❹ 2016년 이후 국외 빅데이터 활용 사례를 2가지 조사하시오.

❺ 반정형 데이터의 실제 예를 3가지 나열하시오.

❻ 비정형 데이터의 실제 예를 3가지 나열하시오.

02

데이터 수집과 저장하기

2.1

데이터베이스 정의 및 구축

최근의 지능정보 사회에서 정보는 매우 중요한 자원으로 우리는 매일 발생하는 엄청난 데이터와 정보의 홍수 속에 있다. 호주머니마다 휴대전화가 있고 책가방마다 컴퓨터가 들어 있으며 사무실마다 대량 정보 기술 시스템을 갖추고 있다. 세상에는 그 어느 때보다 정보 통신 기술이 나날이 발전되고 사람들이 스마트폰을 일상적으로 사용하면서부터 과거보다 더 다양한 정보들이 넘쳐 나고 있다. 이러한 많은 데이터들 중에서 얼마나 유용하게 자료들을 활용하고 필요한 정보들을 도출해 내는가는 중요한 작업 중에 하나이다.

사회에서 개인이나 조직의 성공여부를 결정짓는 중요한 요소가 정보라는 것은 누구나 알고 있는 사실이다. 정보가 개인이나 조직이 올바른 의사결정을 내리는 데 중요한 판단 기준이 되기 때문이다. 현재의 상황을 정확하게 반영하는 가치 있는 정보를 얼마나 많이 보유하느냐가 성공의 열쇠라 할 수 있다. 그렇다면 우리는

- 중요한 데이터를 잘 수집하여 보관(저장)하고 있는가?
- 데이터를 관리하는 데 어려움을 겪은 적은 없는가?
- 효율적인 데이터 관리와 가치 있는 정보는 어떻게 확보할 수 있을까?

1장에서 빅데이터에 대한 개념과 활용분야, 관련 기술을 통해 저장된 데이터를 어떻게 정보화하여 활용할 것인지에 대한 내용을 살펴보면서 빅데이터에 대한 큰 그림을 보았다면 이번 절에서는 빅데이터의 한 기반이라고도 할 수 있는 데이터베이스에 대하여 알아보도록 한다.

(1) 데이터베이스

현상에서 발생한 다양한 형태의 데이터를 여러 부류(직업, 나이, 용도 등에 따라)의 사용자가 목적에 따라 공유하여 사용할 수 있도록 데이터를 통합 관리되는 개념을 데이터베이스라 한다.

데이터들은 크게 문자 혹은 숫자와 같이 형태가 정리되고 행과 열에 맞게 규격화되어 정렬된 데이터, 즉 '정형화데이터'와 음악, 그림, 동영상, SNS에 적혀 있는 텍스트 등과 같은 형태가 없는 raw data 인 '비정형화데이터', 그 중간 단계인 '반정형데이터'로 구분할 수 있다. 데이터베이스에서는 현상에서 발생한 데이터들에서 형태가 있고 연산 가능한 '정형데이터'를 어떻게 저장하고 관리하여 활용할 것인지가 주요 기능이자 핵심이다. 본 절에서는 그 해답을 찾기 위해 데이터베이스의 의미를 알아보고 PC 환경에서 정형데이터를 다루기 위해 가장 많이 사용하는 엑셀을 이용하여 현상에서 발생하는 데이터들을 효율적으로 수집하고, 데이터베이스를 구축해 가는 과정을 단계별로 진행하면서 데이터의 홍수 속에서 유용하게 데이터를 관리하는 방법을 알아보도록 한다.

데이터베이스 정의

데이터베이스(Database)란 데이터(Data)의 그릇(Base)과 같은 개념으로 우리 주변에서 쉽게 만날 수 있는 전화번호부나 주소록 등과 같이 좁은 범위에서 간단히 데이터를 다루는 것에서부터 어떠한 조직 내에서 공통 목적을 지원하기 위한 서로 관련된 자료들을 여러 사람에 의해 공유되어 사용될 목적으로 논리적이고 체계적으로 모아 통합적으로 관리되는 운영 자료의 집합체로서 넓은 범위의 데이터베이스까지 확장하여 생각할 수 있다. 잘 만들어진 데이터베이스는 데이터의 검색, 수정, 삽입, 삭제를 효과적으로 할 수 있는 것이다.

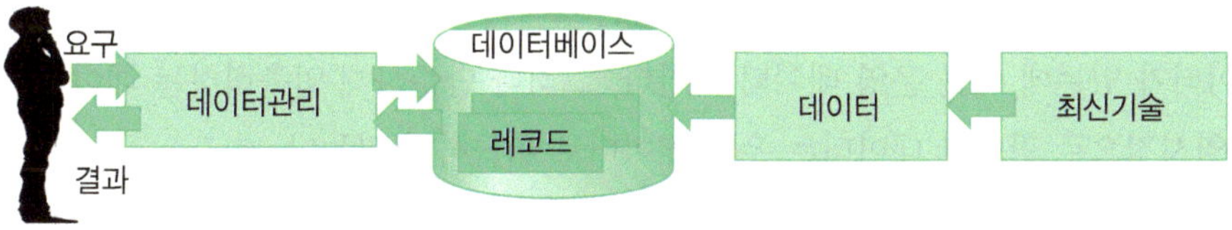

그림 2-1 데이터의 보존과 검색 요구 실행

데이터베이스에 저장된 데이터는 외부 상황에 따라 끊임없이 변화하기 때문에 현재성과 정확성을 보장하는 가치 있는 정보를 얻으려면 현재의 상황을 정확히 관찰하고 측정하여 의미 있는 데이터를 많이 수집해야 한다. 수집된 데이터를 효율적으로 저장하고 있다가 [그림 2-1]에서와 같이 필요할 때 언제든 유용하게 활용하여 정보를 검색할 수 있도록 저장된 데이터를 적절히 변경해야 한다. 즉, 새로운 데이터 저장, 기존 데이터 삭제와 변경하는 작업을 수행해야 하는데, 이때 저장된 데이터가 일관성을 유지하도록 해야 한다. 일관성이란 한 번 변경한 데이터는 다음에 검색하거나 사용할 때는 변경한 상태를 유지하는 것이다.

앞에서 언급한 데이터베이스에 대하여 총괄적으로 정리하면 다음처럼 설명할 수 있다.

데이터베이스는 (1) 같은 자료를 중복 저장하지 않는 통합된 자료로서, (2) 컴퓨터로 접근할 수 있는 저장장치에 수록된 자료이고, (3) 어떤 사용자 조직에서 사용하는 필요한 자료이기 때문에 영구자료이며, (4) 한 조직의 모든 사람들이 이용하는 같은 데이터라 할지라도 각자의 응용 목적에 따라 다르게 사용하는 자료라 할 수 있다.

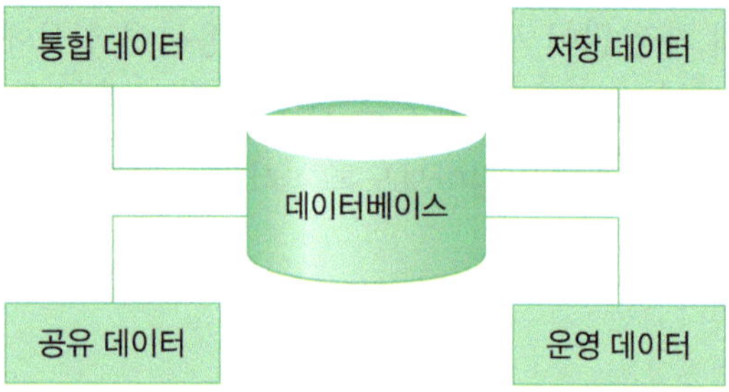

그림 2-2 데이터베이스의 정의

- **통합 데이터**로서의 데이터베이스: 원칙적으로 데이터베이스는 똑같은 데이터가 중복되지 않았음을 의미한다. 데이터의 중복은 일반적으로 여러 유형의 불편을 가져올 수 있다. 그러나 특수한 경우에 있어서는 효율성을 고려하여 일부 데이터는 중복을 허용하기도 한다.
- **공유 데이터**로서의 데이터베이스: 여러 응용 프로그램(사용자)이 공동으로 사용과 유지 가능한 데이터이다.
- **운영 데이터**로서의 데이터베이스: 고유 기능을 수행하는 어떤 조직이나 부서도 자신들만이 사용하고 유지해야 하는 데이터가 있는데 이를 운영 데이터라 한다. 그러나 단순하게 입출력하는 데이터나 작업 처리 때문에 일시적으로 필요한 데이터는 운영 데이터로 취급하지 않는다.
- **저장 데이터**로서의 데이터베이스: 책상 위의 종이에 적혀있는 자료가 아니라, 반드시 컴퓨터로 접근할 수 있는 저장매체(디스크, CD 등)에 저장된 데이터를 말한다.

데이터베이스 특성

통합 저장된 운영 데이터로서의 데이터베이스는 몇 가지 특성을 가진다. 질의를 실시간으로 처리하고 응답하는 실시간 접근성, 특정 데이터를 조회하거나 수정하기 위해서는 저장된 위치나 주소가 아닌 값으로 참조하는 내용에 의한 참조, 여러 사용자가 같은 데이터를 동시에 사용할 수 있어야 하는 동시 공유, 정확한 정보를 제공하기 위해서는 최신의 자료로 계속 갱신, 삽입, 삭제를 해야 하는 계속적인 변화이다.

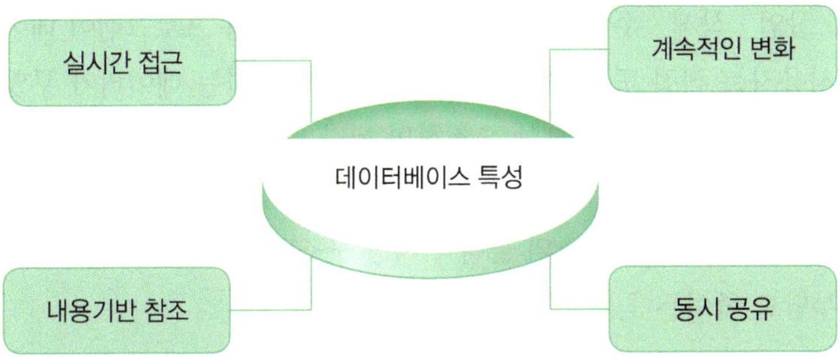

그림 2-3 데이터베이스 특성

데이터베이스를 운영함으로써 아래와 같은 장점을 얻을 수 있다.

- 데이터 중복의 최소화
- 여러 사용자에 의한 데이터 공유
- 데이터의 일관성 및 무결성
- 정확한 최신의 정보 이용 가능
- 데이터 처리속도 증가
- 백업 및 회복

이렇게 활용에 따라 여러 분야의 사용자가 다양한 방법으로 사용하는 데이터베이스는 단순하게 파일 시스템으로 운영하는 것이 아니다. 아래의 [그림 2-4]처럼 하나의 시스템을 구축하여 조직적이고 체계적으로 운영되며 이것을 **'데이터베이스 시스템'**이라고 한다. 그리고 이 시스템 안에서 유기적인 역할을 담당하며 데이터를 전문적으로 취급하는 전문 프로그램으로 **'데이터베이스 관리 시스템'**이 등장하게 된다.

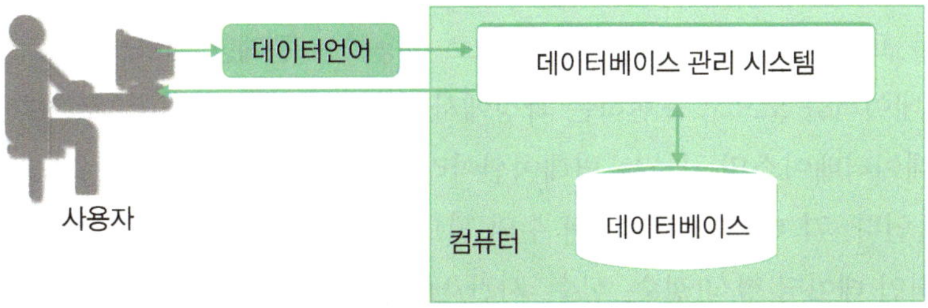

그림 2-4 데이터베이스 시스템

데이터베이스 관리 시스템은 데이터베이스를 생성하고 접근하며 관리하는 일 모두를 담당한다. 조직에 필요한 데이터를 데이터베이스에 통합하여 저장하고 이에 대한 관리를 집중적으로 하며, 데이터베이스에 존재하는 데이터의 검색 · 삽입 · 삭제 · 수정을 가능하게 하고, 모든 응용 프로그램이 데이터베이스를 공유할 수 있게 한다. 사용자는 직접 또는 응용 프로그램을 통해 원하는 데이터가 무엇이며, 어떤 처리를 원하는지만 데이터베이스 관리 시스템에 요청하면 된다. 데이터베이스와 관련한 작업은 데이터베이스 관리 시스템이 수행한 후 그 결과만 응용 프로그램을 통해 사용자에게 전달해주는 것이다. 사용자나 응용 프로그램은 데이터베이스의 물리적 저장 구조나 데이터 접근 및 처리 방법 등을 자세히 알 필요가 없어 부담도 줄어든다.

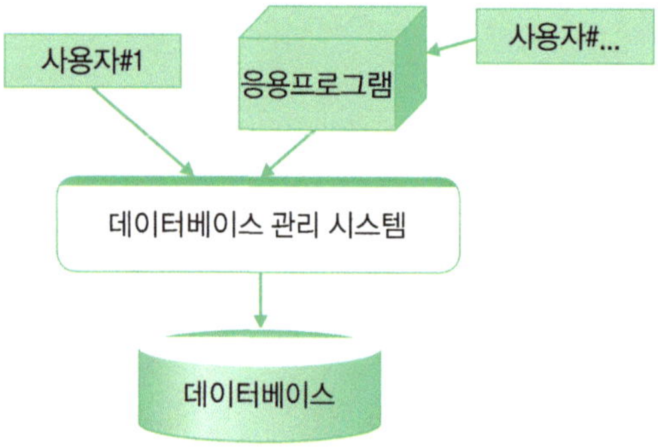

그림 2-5 데이터베이스 관리 시스템

데이터베이스는 병원의 환자 기록 데이터베이스, 은행의 고객 데이터베이스, 학교에서 학생 관련 데이터베이스, 도서관에서 도서 데이터베이스, 자동차 판매 고객 데이터베이스, 기차나 항공기 예약 시스템 등 여러 분야에서 다양하게 적용되고 있다.

데이터베이스 구조 및 구축

데이터베이스 영역에서는 데이터를 저장하기 전에 그 데이터를 어떻게 구조화할지 정확히 알고 있어야 하는데 데이터베이스 구조를 표현할 때 현재 가장 대표적으로 사용하는 **'관계형 데이터베이스'**를 대상으로 한다. 관계형 구조가 데이터를 모으고 표현하는 과정에서 단순하면서도 직관적으로 표현할 수 있기 때문이다. 관계형 데이터베이스의 구조는 릴레이션이라고 하는 구조로 데이터를 테이블로 표현하고 집합으로 받아들인다. 각 테이블은 고정된 수의 필드를 사용해 특정 형식으로 데이터를 기록하며 각 필드는 자체적인 데이터 형식(정수, 실수, 시간/날짜, 자유 텍스트 등)을 갖는다.

그림에서 표현한 테이블과 같이 이차원의 행과 열로 데이터를 표현하고, 여기서 행과 열은 단순히 데이터를 입력하기 위한 영역이 아니라 서로의 연관성을 가진 관계가 되는 것이다. 데이터를 조작하는 데는 집합론에 기초한 수학적인 연산을 테이블에 적용하여 실행한다.

데이터베이스는 테이블, 필드, 레코드, 도메인, 키 등의 요소로 구성된다. 각 요소는 아래와 같다.

학번	이름	학과명	성별	주소
20161201	김철수	컴퓨터	남	대구
20180315	이영희	수학	여	포항
20170527	홍길동	과학	남	구미
20171209	이영희	컴퓨터	여	경주
20180307	박희동	수학	남	대구

그림 2-6 데이터베이스 구조

- **테이블**: 데이터베이스 영역에서는 **관계**(릴레이션, 엔티티)라고 하며, 열과 행으로 구성된다. 엑셀에서는 테이블을 '**목록**' 이라고 하며, 실제 시트 상에서 표현되는 것은 '**표**'의 형태로 나타난다. 테이블을 구성할 때는 다음과 같은 조건을 갖춰야 한다. ❶ 테이블에 포함된 행들은 유일해야 하며 중복된 행이 없어야 한다. ❷ 테이블에 포함된 행들 간에는 순서가 없다. ❸ 테이블을 구성하는 열들 간에는 순서가 없다.
- **필드**: 열을 말하는 것으로 속성이라 하며, 데이터 값을 저장하는 단위이다. 학번, 이름, 학과, 성별, 주소를 필드명이라 한다.
- **레코드**: 행을 말하는 것으로 **튜플**이라 하며, 각 행의 데이터 내용이다.
- **도메인**: 필드가 가질 수 있는 값들의 집합으로 값의 범위를 나타낸다. 도메인은 무결성을 위해 필요하다. 무결성은 데이터베이스에 저장되는 자료의 오류를 방지하는 기능으로 데이터의 일관성을 유지시켜준다. 엑셀에서는 '**데이터 유효성 검사**'를 통하여 도메인을 지정할 수 있다.
- **키**: 테이블 내의 레코드들을 서로 구별할 수 있는 필드들의 집합을 의미한다. 키 값은 유일해야 한다. 키의 종류로는 후보키, 기본키, 수퍼키, 외래키 등이 있다. 특히 기본키는 주어진 관계에서 모든 필드 가운데 유일성을 갖는 속성 혹은 필드가 된다. 예를 든다면 학생테이블에서 학번과 같은 필드가 기본키가 될 수 있다. 이 기본키를 통하여 데이터의 중복성을 최소화하고 테이블들이 서로 관계를 이루며 형성된다.

데이터베이스에서는 테이블 내에서 행과 열이 서로 관련을 이루며 형성되어지듯이 테이블 간에도 키 값을 통하여 서로 연결되어 정보를 참조할 수 있다. 예를 들어 학생들의 관리를 위하여 학사관리 데이터베이스를 생각해 보자. 학생에 관한 신상정보(학번, 이름, 학번, 학과명, 성별, 주소 등), 수강과목에 관한 정보(과목명, 교과목코드, 학점수, 수강인원, 강의실, 시간표 등), 그리고 성적(중간고사, 기말고사, 출석율, 임시시험, 총점, 학점 등)을 다음과 같이 데이터베이스로 구성할 수 있다.

그림 2-7 학사관리 데이터베이스 엔티티(entity)

[그림 2-7]에서 하나의 사각형은 하나의 테이블을 나타내며 학생 테이블에는 학생의 신상명세를, 수강과목 테이블에는 수강과목에 대한 정보를, 성적 테이블에는 성적정보와 학번, 교과목코드를 각각 저장한다. 각 테이블이 가지고 있는 데이터는 서로 연관성을 갖게 되며 테이블 단위로 저장된 연관된 정보를 검색할 수 있게 된다. 예를 들어 [수강과목] 테이블, [성적] 테이블은 다음과 같이 각각 구성 할 수 있다. [학생] 테이블은 [그림 2-6] 데이터베이스 구조 테이블을 사용하도록 한다.

표 2-1 [수강과목] 테이블

교과목코드	과목명	학점	수강인원	강의실	시간표
CLTR200-01	빅데이터기초실습	3	40	정보304	월 5-8
CLTR300-01	C/C++프로그래밍기초	3	45	정보302	화목3, 4
CLTR500-01	SW컨텐츠제작	3	42	정보202	금1-3
CLTR600-01	소셜네트워크	3	60	정보201	화1-3

표 2-2 [성적] 테이블

학번	교과목코드	중간고사	기말고사	실습	출결	총점	학점
20161201	CLTR200-01	18	22.8	22	9	71.8	B-
20180315	CLTR300-01	18	19.2	15	4	56.2	C0
20170527	CLTR500-01	28.8	25.2	30	10	94	A-
20171209	CLTR600-01	21	6	11	9	47	D+
20180307	CLTR500-01	25.2	32.4	28	10	95.6	A0

위 3개의 테이블을 살펴보면 [그림 2-8]에서와 같이 [학생] 테이블과 [성적] 테이블은 '학번' 필드를 통해 연결되어 있고, [수강과목] 테이블과 [성적] 테이블은 '교과목코드' 필드를 통해 연결되어 있음을 알 수 있다. 여기서 [학생] 테이블에서 '학번', [수강과목] 테이블에서 '교과목코드' 와 같은 필드를 **기본키**라고 하며, [성적] 테이블에서 '학번', '교과목코드' 필드를 **외래키** 혹은 **참조키**라고 한다.

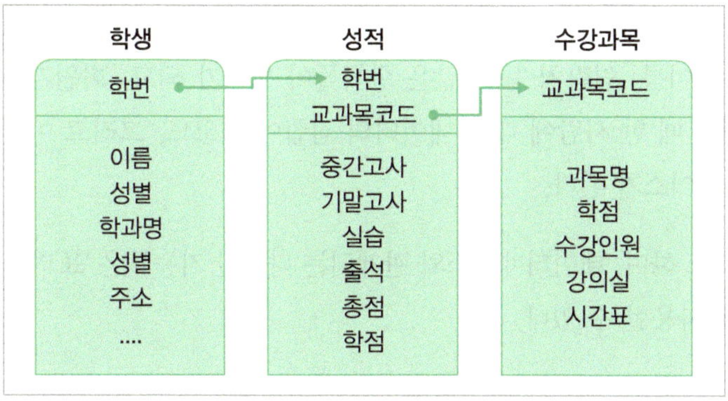

그림 2-8 학사관리 데이터베이스 – 테이블과 속성(관계형 데이터베이스)

(2) 엑셀과 데이터베이스

기하급수적으로 늘어나는 많은 양의 데이터를 효율적으로 관리하는 것은 결코 쉬운 작업이 아니다. 하지만 데이터 작업 시 반드시 전문적인 데이터베이스 관리 시스템이 필요하거나 항상 대용량의 데이터가 필요한 것은 아니다. 백만이 넘는 데이터를 이용할 수도 있지만 다중회귀분석이나 의사결정나무 같은 알고리즘에서는 20,000개 데이터면 전체를 고려한 것만큼이나 정확한 결과를 얻을 수 있다. 여론조사에서는 적절히 샘플이 추출된다면 2,000개 정도의 샘플만으로도 1~2%의 오차 범위 안에서 전체 모집단을 반영할 수 있다. 따라서 대부분의 경우 학습, 검증, 평가 데이터에서 필요한 관측치의 수는 엑셀에서 허용하는 행의 개수 정도면 충분할 경우가 많다.

무엇보다 엑셀에서는 외부 데이터베이스 혹은 다른 파일 형식으로부터 데이터를 가져올 수 있을 뿐만 아니라 데이터를 다루는 다양한 기능을 사용하여 데이터로부터 새로운 결과를 도출하여 분석 결과를 저장하고 데이터베이스에 적용할 수 있는 기능이 있어서 충분히 데이터관리도구로서 역할을 가진다. 전통적인 데이터베이스 관리 시스템 서비스를 제공하는 오라클, MS-SQL, IBM DB2, 액세스 같은 프로그램은 아니지만 워크시트를 통하여 행과 열에 의한 데이터를 관리하기 때문에 정형화된 데이터를 다루는 부분에서는 최상이라 할 수 있으며 데이터베이스 관련 기능을 폭 넓게 사용할 수 있다. 또한 엑셀에서 만든 자료들을 데이터베이스 관리 프로그램으로 '내보내기'하여 다른 프로그램에서도 편리하게 사용할 수 있다.

엑셀에서는 데이터베이스를 만들 때 첫 행에 필드 이름을 차례로 입력하고, 그 다음 행부터는 필드 이름 순서대로 실제 데이터 값을 한 행씩 입력한다. 필드명은 열 방향을 말하는 것으로 그 열에 입력된 데이터를 대표하는 이름으로 데이터베이스의 구조적 참조를 할 수 있는 대상이 된다. 레코드는 필드 이름에 맞추어 행 방향으로 입력된 데이터로서 하나의 단위로 묶여지는 데이터 셋이다.

예를 든다면 인터넷에 접속하여 특정 사이트에서 서비스를 받으려면 회원가입을 하게 된다. 이때 회원가입을 하기 위해 표시되는 아이디, 이름, 연락처 등과 같은 항목들이 필드가 되고, 회원가입 페이지에서 정보를 입력하고 등록을 했을 때 한 사람에 대한 데이터의 집합이 레코드, 그리고 이런 회원정보가 모여 테이블이 되고 데이터베이스가 된다.

엑셀에서는 데이터베이스를 '목록'이라고도 하며, 데이터베이스와 관계되는 다양한 기능들은 '표'라고 하는 엑셀 고유의 기능을 통하여 손쉽게 사용할 수 있다.

Tip 데이터 입력 시 지켜야 할 주의사항

- 첫 행에 반드시 필드 이름을 입력한다. 필드 이름은 데이터를 대표할 수 있는 이름으로 명사형으로 정하도록 한다.
- 행과 행 사이, 열과 열 사이에는 빈 영역이 없이 각 셀에 연속적으로 입력되어야 한다.
- 데이터와 관계없는 제목이나 기타 내용들은 행을 구분하여 데이터와 분리되도록 한다. 셀 병합이 없어야 한다.
- 가능하면 한 셀에 중복된 값이 없도록 단일값으로 입력하며, 셀 내에서 강제 줄 바꿈을 하지 않는다.

예제 2-1

주문목록 데이터베이스 만들기

각 제품에 대한 주문 상황을 데이터베이스로 만들어 주문내역에 대한 결과를 알아보도록 한다.

준비파일 ch2_1.xlsx '주문목록' 시트

완성시트

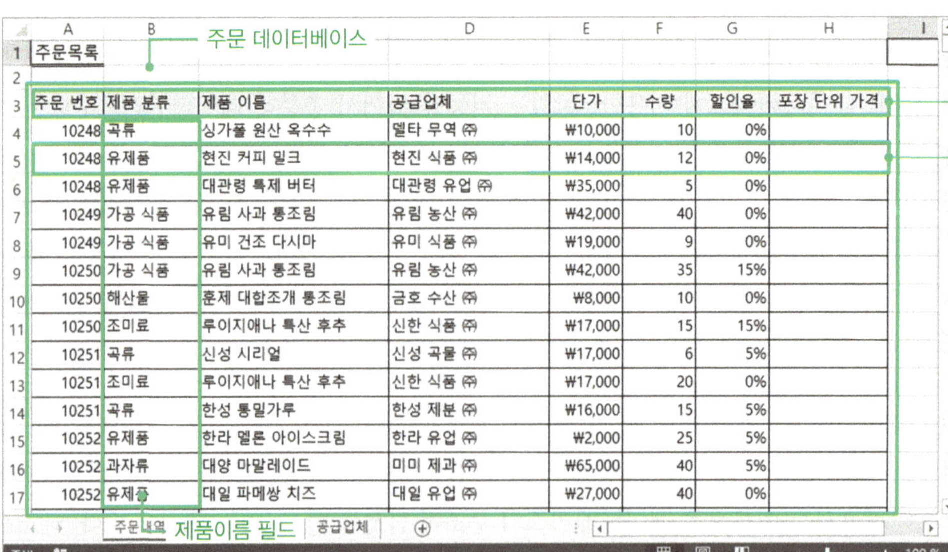

주문목록

주문 번호	제품 분류	제품 이름	공급업체	단가	수량	할인율	포장 단위 가격
10248	곡류	싱가폴 원산 옥수수	델타 무역 ㈜	₩10,000	10	0%	
10248	유제품	현진 커피 밀크	현진 식품 ㈜	₩14,000	12	0%	
10248	유제품	대관령 특제 버터	대관령 유업 ㈜	₩35,000	5	0%	
10249	가공 식품	유림 사과 통조림	유림 농산 ㈜	₩42,000	40	0%	
10249	가공 식품	유미 건조 다시마	유미 식품 ㈜	₩19,000	9	0%	
10250	가공 식품	유림 사과 통조림	유림 농산 ㈜	₩42,000	35	15%	
10250	해산물	훈제 대합조개 통조림	금호 수산 ㈜	₩8,000	10	0%	
10250	조미료	루이지애나 특산 후추	신한 식품 ㈜	₩17,000	15	15%	
10251	곡류	신성 시리얼	신성 곡물 ㈜	₩17,000	6	5%	
10251	조미료	루이지애나 특산 후추	신한 식품 ㈜	₩17,000	20	0%	
10251	곡류	한성 통밀가루	한성 제분 ㈜	₩16,000	15	5%	
10252	유제품	한라 멜론 아이스크림	한라 유업 ㈜	₩2,000	25	5%	
10252	과자류	대양 마말레이드	미미 제과 ㈜	₩65,000	40	5%	
10252	유제품	대일 파메쌍 치즈	대일 유업 ㈜	₩27,000	40	0%	

01 필드 이름과 데이터를 입력하여 주문 데이터베이스 만들기

- 첫 행에 주문목록 정보에 해당하는 필드 이름을 [주문번호], [제품분류], [제품이름], [공급업체], [단가], [수량], [할인율], [포장단위가격] 과 같이 차례로 입력한다. 그 다음 행부터는 각 필드 이름에 맞추어 데이터 값을 이름 순서대로 차례로 입력한다. [포장단위가격] 필드에서는 계산식으로 구할 수 있어서 비워둔다.

02 제품분류 필드에서 제품분류 목록 만들기

- 데이터를 입력하는 과정에서 오류를 방지하거나 입력되는 내용이 몇 가지로 한정되어 있을 때는 입력의 편리를 위해 데이터 목록을 만든 후 목록에서 선택하여 입력할 수 있다.

- 목록을 만들 필드인 ❶ [B4:B145] 까지 범위를 지정한다. 행이 많은 경우일 때는 행의 시작 지점인 [B4]를 선택 후 〈Ctrl+Shift〉 같이 누른 후 아래쪽 화살표 키를 누르면 데이터가 있는 행의 끝까지 범위가 지정된다. ❷~❸ 리본메뉴의 [데이터] 탭에서 [데이터도구]그룹–[데이터 유효성 검사]를 선택한다. ❹~❺ 데이터 유효성 검사 대화상자가 나타나면 [설정] 탭에서 유효성 조건–제한 대상 영역에서 [목록]을 선택하고, ❻ 아래쪽 원본 영역에서 목록 순서대로 "음료, 조미료, 과자류, 유제품, 곡류, 육류, 가공식품, 해산물" 같이 입력한 후 ❼ [확인] 버튼을 클릭하여 목록을 완료한다.

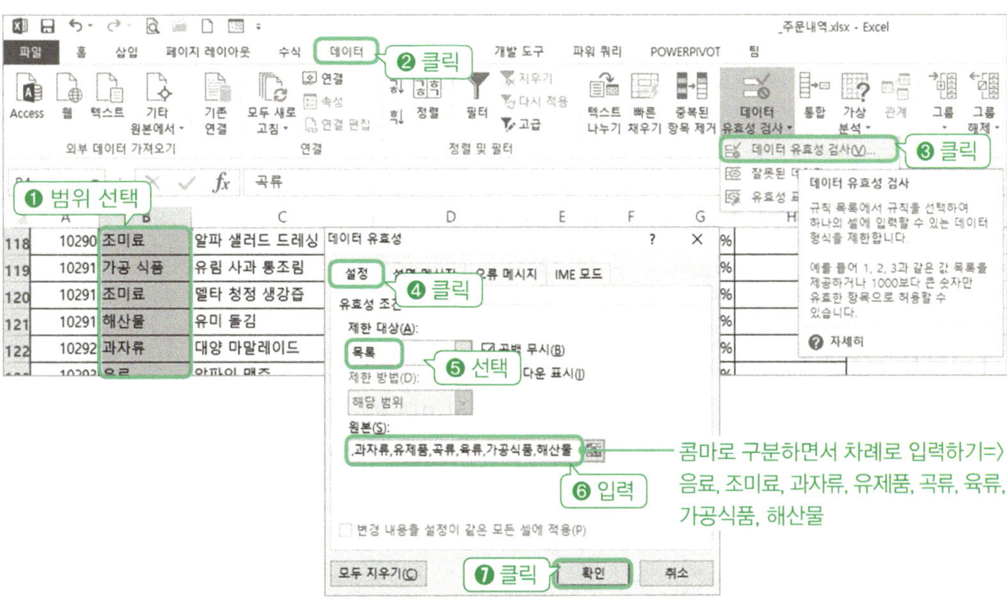

- 목록을 지정한 각 셀을 클릭하면 목록을 선택할 수 있는 콤보 버튼이 있고 클릭하면 목록이 나타나서 바로 클릭하여 입력할 수 있다.

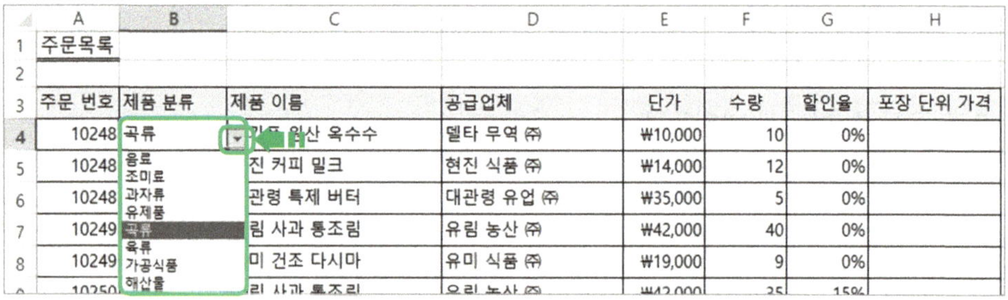

- 데이터가 이미 입력된 경우 뒤에 목록을 만든 경우에는 이전에 입력된 내용들 중에서 잘못 입력된 글자를 쉽게 찾을 수 있다. 데이터유효성검사를 만든 후 메뉴에서 ❶~❸ [데이터] 탭–[데이터 도구] 그룹–[데이터 유효성 검사]–[잘못된 데이터]를 선택하면 목록에 없는 데이터에서는 빨간원이 표시된다.

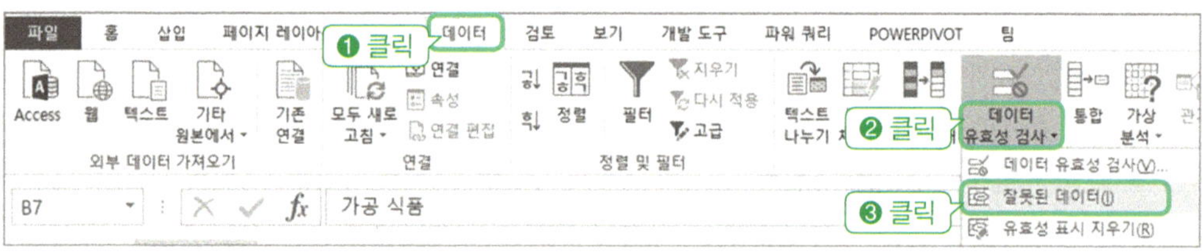

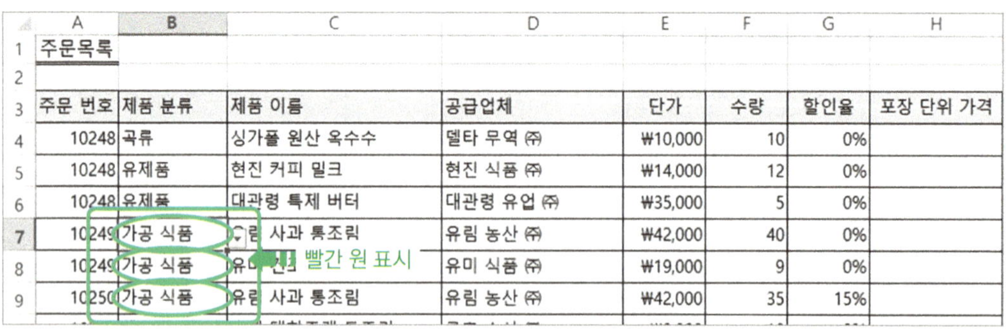

- 목록에서는 '가공식품' 이 공백 없이 지정되어 있는데 입력은 '가공 식품' 으로 입력되어서 잘못된 데이터로 표시된다. 바르게 입력하거나 목록에서 선택하면 자동으로 빨간원은 사라진다.

주문목록 데이터를 표로 변환하기

표를 만들면 표 안에 있는 데이터를 표 밖에 있는 데이터와 별도로 관리하고 분석할 수 있다. 바로 이 표가 데이터베이스가 되어 데이터를 관리하고 분석하기 쉬울 뿐 아니라 표 열을 필터링하고, 정렬, 표 서식을 적용할 수 있으며 요약 행을 추가하고 Windows SharePoint Services 3.0을 실행하는 서버에 표를 게시할 수 있다. 표 형식으로 데이터를 다루고 싶지 않은 경우에는 적용된 표 스타일 서식을 모두 그대로 유지하면서 표를 일반 범위로 변환하거나 삭제할 수 있다.

준비파일 ch2_1.xlsx '주문목록' 시트

완성시트

	A	B	C	D	E	F	G	H
1	주문목록							
2								
3	주문 번호	제품 분류	제품 이름	공급업체	단가	수량	할인율	포장 단위 가격
4	10248	곡류	싱가폴 원산 옥수수	델타 무역 ㈜	10,000	10	0%	
5	10248	유제품	현진 커피 밀크	현진 식품 ㈜	14,000	12	0%	
6	10248	유제품	대관령 특제 버터	대관령 유업 ㈜	35,000	5	0%	
7	10249	가공 식품	유림 사과 통조림	유림 농산 ㈜	42,000	40	0%	
8	10249	가공 식품	유미 건조 다시마	유미 식품 ㈜	19,000	9	0%	
9	10250	가공 식품	유림 사과 통조림	유림 농산 ㈜	42,000	35	15%	
10	10250	해산물	훈제 대합조개 통조림	금호 수산 ㈜	8,000	10	0%	
11	10250	조미료	루이지애나 특산 후추	신한 식품 ㈜	17,000	15	15%	
136	10297	유제품	대관령 특제 버터	대관령 유업 ㈜	₩28,000	20	0%	
137	10297	음료	OK 바닐라 셰이크	OK 유업 ㈜	₩14,000	60	0%	
138	10298	해산물	특제 굴 통조림	원양 수산 ㈜	₩15,000	40	25%	
139	10298	유제품	대일 포장 치즈	대일 유업 ㈜	₩44,000	30	25%	
140	10298	과자류	사계절 커스터드 파이	사계절 식품 ㈜	₩39,000	15	0%	
141	10298	음료	태양 100% 레몬 주스	태양 식품 ㈜	₩15,000	40	0%	
142	10299	과자류	신한 초콜릿 소스	미미 제과 ㈜	₩7,000	15	0%	
143	10299	음료	트로피컬 칵테일	대륙 교역 ㈜	₩12,000	20	0%	
144	10300	조미료	유미 멸치 가루	신한 식품 ㈜	₩14,000	30	0%	
145	10300	과자류	미미 스카치 캔디	미미 제과 ㈜	₩10,000	20	0%	
146	요약		142			3135		0

01 표 만들기, 표 스타일 지정하기

- ❶ '주문목록' 시트의 데이터 영역에서 임의의 셀을 선택하고, ❷~❸ [삽입] 탭–[표] 그룹–[표]를 선택하거나, 바로 가기 키 〈Ctrl+T〉 또는 〈Ctrl+L〉을 입력한다. [홈] 탭–[스타일] 그룹–[표 서식]을 선택해도 된다. 목록 내에 셀이 선택되어 있으면 데이터들이 연속적으로 입력되어 있기 때문에 자동으로 범위를 인식하게 된다. '주문목록' 에서 필드명이 [3] 행에 있으므로 [표 만들기] 대화상자에서 [$A$3:$H$145]범위가 자동으로 인식된다. [머리글 포함]을 선택하고 ❹ [확인] 버튼을 클릭한다.

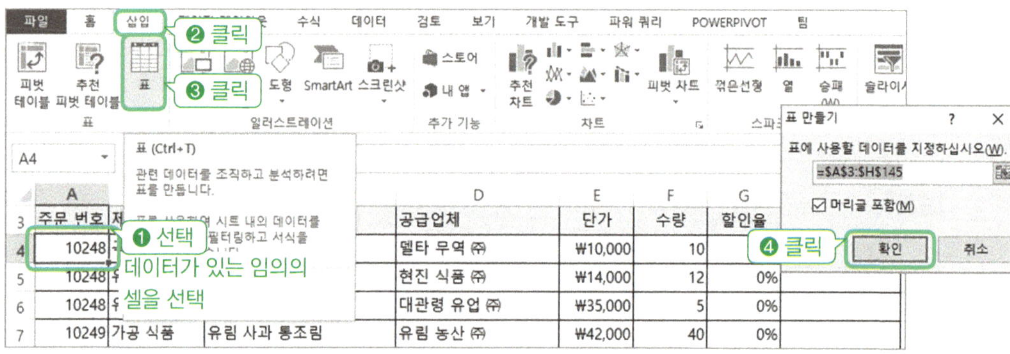

- 다음과 같이 표로 변환되어 리본메뉴에서는 표 도구 메뉴가 나타나고, 표 범위에서 필드이름이 있는 행에서는 필터 단추가 표시된다. 필터 단추를 클릭하여 정렬 및 검색 등 데이터와 관련된 다양한 기능을 손쉽게 사용할 수 있다. 필터 단추에 대해서는 4.3절에서 자세하게 설명하도록 한다. 본 절에서는 표로 변환되면서 형성된 표의 구조를 잘 이해하도록 한다.

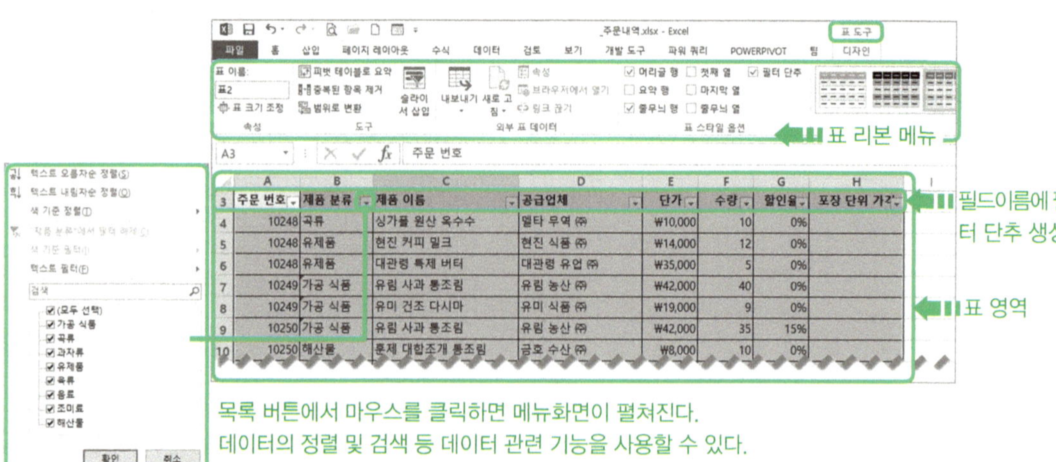

'주문목록' 표가 만들어 지면 리본 메뉴에서 ❶ [디자인]탭–❷ [속성]그룹에서 [표 이름]을 '주문목록'으로 입력한다. 표 이름은 이름 상자를 사용하여 데이터베이스를 빨리 참조할 수 있다.

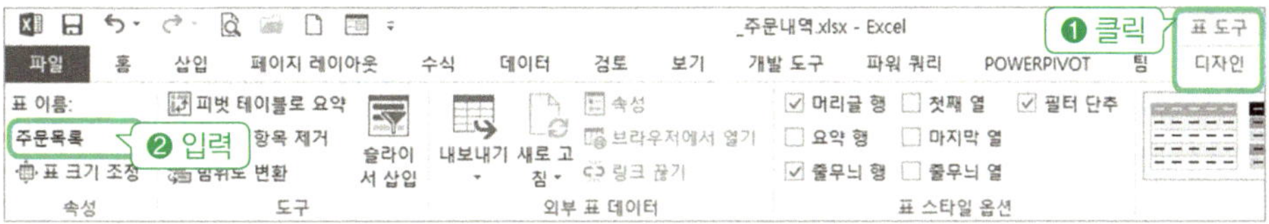

표로 변환이 되면 엑셀의 표 기능에서 제공하는 표 스타일을 적용하여 간편하게 표에 서식을 지정할 수 있다. ❶~❸ [표 도구]–[디자인] 탭–[표 스타일] 그룹에서 선택한다. 표 스타일 종류에 마우스를 위치하면 워크시트에 있는 표에서 자동으로 서식이 적용된다. '표 스타일 보통 4'를 클릭하여 보자.

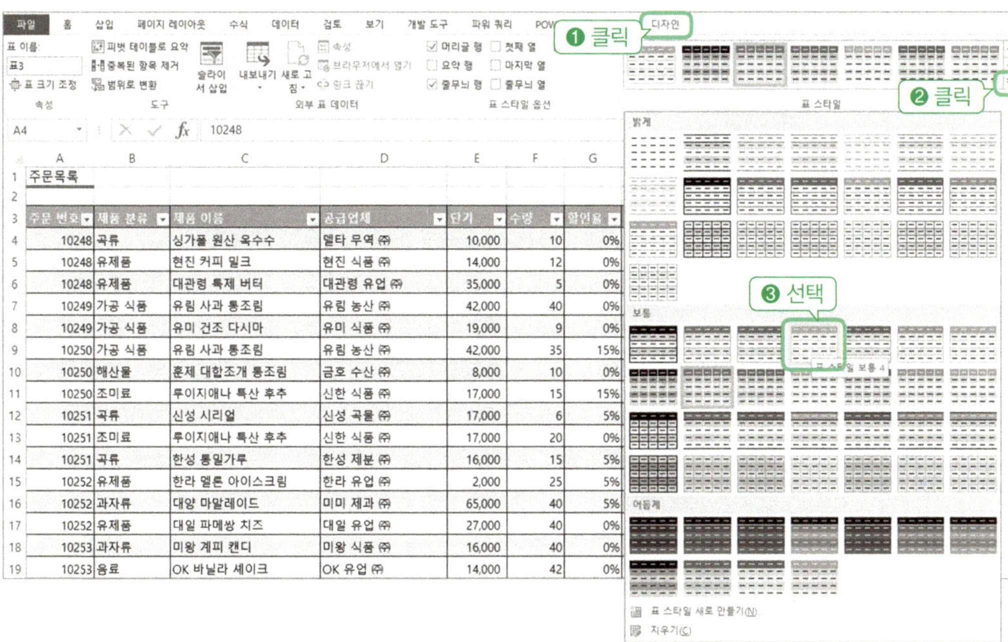

02 요약행 추가하기

❶~❷ [디자인]탭–[표 스타일 옵션]그룹–[요약행]을 체크하면 데이터의 마지막에 자동으로 행이 추가되어 요약행이 나타난다. ❸ 요약행이 있는 각 셀을 클릭하면 오른쪽에 콤보 단추가 표시되고 클릭하면 함수를 선택할 수 있다. '제품 이름'의 개수와 '수량'의 합계, '포장 단위 가격'의 합계를 표시해 보자.

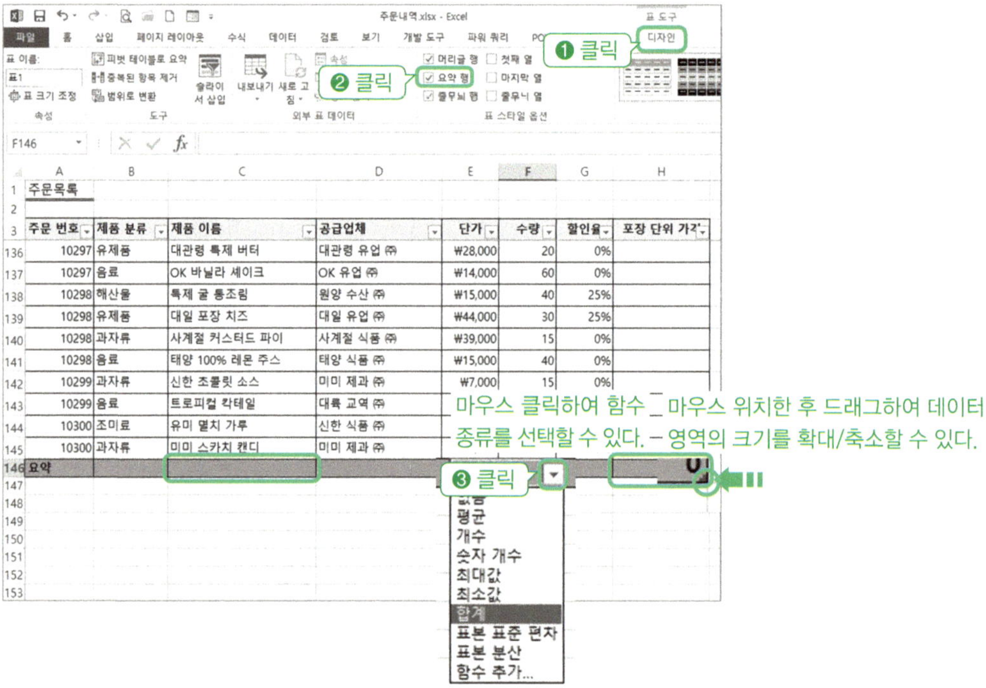

03 표에서 중복된 레코드 삭제하기

- 데이터베이스 필드 속성에서 중복된 레코드, 즉 동일한 행을 허용하지 않아야 하는 경우가 있다. 예를 들어 '주문목록' 데이터베이스에서 주문 번호와 제품 이름은 중복을 허용하지 않는 것이 일반적이므로 중복된 항목을 제거해 주어야 한다.

- 주문목록 데이터베이스 영역에서 임의의 셀을 선택하고 ❶ [데이터] 탭–[데이터 도구] 그룹–❷ [중복된 항목 제거]를 선택하거나 ❶ [디자인] 탭–[도구] 그룹에서 ❷ [중복된 항목 제거]를 선택하여 중복된 항목 제거 대화상자에서 ❸ '모두 선택 취소'를 클릭한 후 중복을 제거할 열 영역에서 ❹~❺ '주문 번호', '제품 이름'을 선택한 후 ❻ [확인] 버튼을 클릭한다.

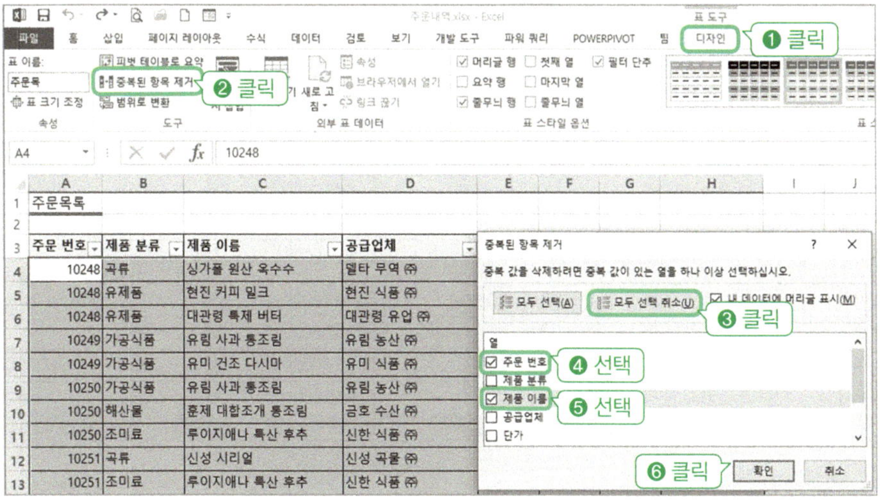

예제 2-3

표의 구조적 참조를 사용하여 '포장 단위 가격'과 상품 별로 판매 '수량' 알아보기

표의 일부 또는 전체를 참조하는 수식을 만들 때 표의 구조적 참조를 사용하면 훨씬 더 쉽고 편리하게 표 데이터 작업을 할 수 있다. 구조적 참조란 이름 그대로 데이터베이스의 구조를 바탕으로 필드명과 영역을 구분하는 이름으로 '특수 항목 지정자' 라고 하며, 특수 항목을 사용하여 요약 행과 같은 표의 다양한 부분을 참조하면 수식보다 쉽게 참조할 수 있다.

준비파일 ch2_1.xlsx '주문목록'시트

완성시트

	A	B	C	D	E	F	G	H
1	주문목록							
2								
3			제품 이름	수량				
4			유림 사과 통조림	77				
5								
6	주문 번호	제품 분류	제품 이름	공급업체	단가	수량	할인율	포장 단위 가격
7	10248	곡류	싱가폴 원산 옥수수	델타 무역 ㈜	₩10,000	10	0%	₩100,000
8	10248	유제품	현진 커피 밀크	현진 식품 ㈜	₩14,000	12	0%	₩168,000
9	10248	유제품	대관령 특제 버터	대관령 유업 ㈜	₩35,000	5	0%	₩175,000
10	10249	가공식품	유림 사과 통조림	유림 농산 ㈜	₩42,000	40	0%	₩1,680,000
11	10249	가공식품	유미 건조 다시마	유미 식품 ㈜	₩19,000	9	0%	₩171,000
12	10250	가공식품	유림 사과 통조림	유림 농산 ㈜	₩42,000	35	15%	₩1,249,500
13	10250	해산물	훈제 대합조개 통조림	금호 수산 ㈜	₩8,000	10	0%	
14	10250	조미료	루이지애나 특산 후추	신한 식품 ㈜	₩17,000	15	15%	
145	10299	과자류	신한 초콜릿 소스	미미 제과 ㈜	₩7,000	15	0%	
146	10299	음료	트로피컬 칵테일	대륙 교역 ㈜	₩12,000	20	0%	
147	10300	조미료	유미 멸치 가루	신한 식품 ㈜	₩14,000	30	0%	₩420,000
148	10300	과자류	미미 스카치 캔디	미미 제과 ㈜	₩10,000	20	0%	₩200,000
149	요약		142					₩59,451,100

DSUM( ) 데이터베이스 함수 사용

표의 구조적 참조 지정자를 사용하여 계산하기

01 표의 구조적 참조 지정자

- 주문목록[#모두]는 열 머리글, 데이터 및 요약을 비롯한 전체 표를 나타내며 범위로는 [A3:H145]와 동일하다. 주문목록[#데이터]는 필드이름 행을 제외한 데이터만을 포함하며 범위로는 [A4:H145]와 동일하다. 그 외 필드이름 행을 의미하는 [#머리글], [#요약] 지정자가 있다.

- 다음의 그림은 표의 구조적 참조를 위해 정해진 데이터베이스에서의 영역에 따른 특수항목 지정자들의 이름이다.

데이터베이스의 표 데이터 범위가 자주 변경되고 이에 따라 구조적 참조에 대한 셀 참조가 자동으로 조정된다는 점에서 구조적 참조는 특히 유용하다. 구조적 참조를 사용하면 표에서 행과 열을 추가하고 삭제할 때나 외부 데이터를 새로 고칠 때 수식을 다시 작성할 필요가 없어진다.

02 구조적 참조 지정자를 사용하여 [포장 단위 가격] 계산하기

❶ [H4] 셀을 선택한 후 ❷ 계산식 =[단가]*[수량]*(1-[할인율]) 을 입력한다. 필드이름은 왼쪽 대괄호키([)를 입력하면 필드이름 목록이 나타나는데 목록에서 마우스로 더블 클릭하여 선택하여도 된다. ❸ 〈Enter〉키를 누르면 자동으로 포장단위가격 열이 자동으로 계산이 완료된다.

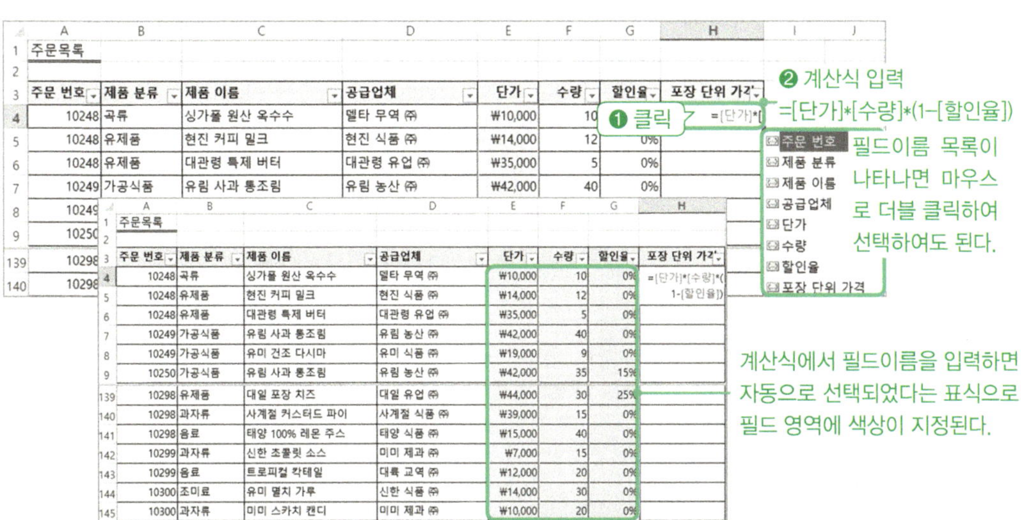

- 필드 이름이 열을 대표하는 것으로 간주되어 데이터 값이 자동으로 대체되는 것을 알 수 있다.

	A	B	C	D	E	F	G	H
1	주문목록							
2								
3	주문 번호	제품 분류	제품 이름	공급업체	단가	수량	할인율	포장 단위 가격
4	10248	곡류	싱가폴 원산 옥수수	델타 무역 ㈜	₩10,000	10	0%	100000
5	10248	유제품	현진 커피 밀크	현진 식품 ㈜	₩14,000	12	0%	168000
6	10248	유제품	대관령 특제 버터	대관령 유업 ㈜	₩35,000	5	0%	175000
7	10249	가공식품	유림 사과 통조림	유림 농산 ㈜	₩42,000	40	0%	1680000
8	10249	가공식품	유미 건조 다시마	유미 식품 ㈜	₩19,000	9	0%	171000
9	10250	가공식품	유림 사과 통조림	유림 농산 ㈜	₩42,000	35	15%	1249500
142	10299	과자류	신한 초콜릿 소스	미미 제과 ㈜	₩7,000	15	0%	105000
143	10299	음료	트로피컬 칵테일	대륙 교역 ㈜	₩12,000	20	0%	240000
144	10300	조미료	유미 멸치 가루	신한 식품 ㈜	₩14,000	30	0%	420000
145	10300	과자류	미미 스카치 캔디	미미 제과 ㈜	₩10,000	20	0%	200000
146	**요약**		**142**			**3135**		**59451100**

03 DSUM 함수를 사용하여 '제품 이름'을 입력하여 해당 제품의 판매 수량의 합을 구하기

- 엑셀에서는 데이터베이스를 위해 특별한 데이터베이스 함수를 제공한다. 함수를 이용하면 필드를 대상으로 다양한 조건(수식도 포함)을 만족하는 경우의 수, 필드의 합계, 평균, 최댓값 등을 구할 수 있다. 데이터베이스 함수와 관련된 자세한 내용은 4.3절에서 자세히 설명되어지기에 본 절에서는 엑셀에서의 데이터베이스의 개념과 표의 구조적 참조를 이해하기 위해 합계를 구하는 DSUM 함수를 간단히 소개한다.

- DSUM 함수는 데이터베이스에서 조건을 만족하는 레코드를 찾아 추출 필드의 값의 합계를 구한다. 조건을 만족하는 레코드가 없다면 #VALUE! 오류가, 조건을 만족하는 레코드가 두 개 이상이라면 #NUM! 오류가 표시된다.

- 함수를 사용하기 위해 행 번호에서 [3]~[5]까지 범위를 지정한 후 마우스 오른쪽 버튼을 클릭하여 '삽입'을 선택하여 행을 추가한 후 다음 그림과 같이 [C3], [D3] 셀에 각각 [제품 이름], [수량]의 필드이름을 입력한다. 여기서 '제품 이름'은 반드시 주문 데이터베이스에 있는 필드 이름과 동일하여야 한다.

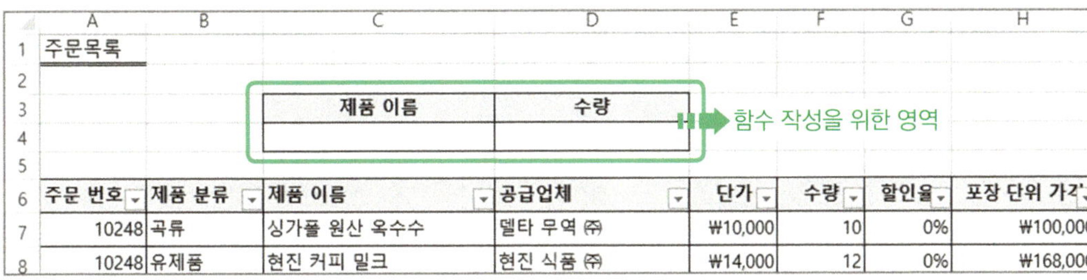

- [D4] 셀을 클릭하여 선택한 후 "=DSUM(" 를 입력하고 ❶ DSUM의 첫 번째 인자인 데이터베이스를 마우스로 드래그하여 입력하거나, 표의 구조적 참조에서 지정자 이름 '주문목록[[#머리글],[#데이터]]'를 직접 입력한다. ❷ 가져올 필드 '수량'을 범위로 선택하거나, 6번째 필드이므로 '6'을 입력하거나, 구조적 참조 지정자 이름 '주문목록[[#머리글],[수량]]'을 입력해도 된다. ❸ 찾을 조건인 [C3:C4]를 마우스로 드래그하여 선택한다.

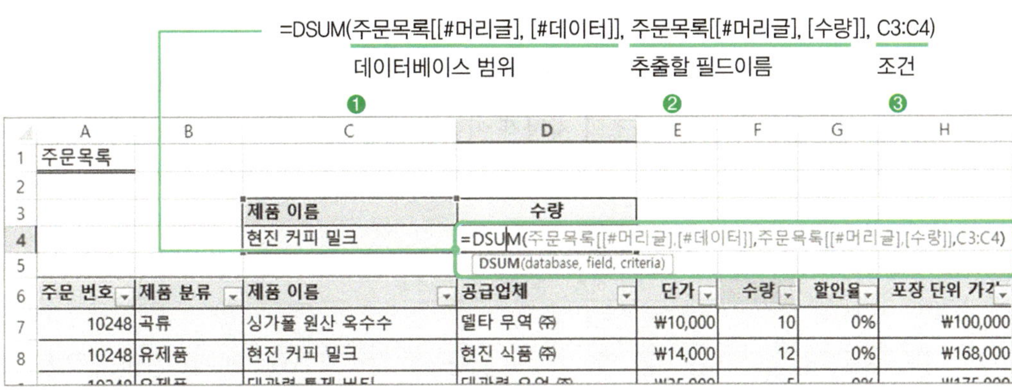

- [C4] 셀에서 제품이름을 입력하면 제품의 판매수량의 합계가 [D4]셀에 표시된다.

- 본 절에서는 데이터베이스에 대한 이해를 돕기 위해 데이터베이스 함수로는 한 가지만 소개하기로 한다. 차후 각 절별로 엑셀에서 제공하는 유용한 기능들을 활용하여 본격적인 데이터를 관리하고 활용하는 다양한 함수들을 배우게 되며, 데이터베이스 관련 기능들을 체계적으로 배우게 된다.

04 표의 구조를 해제하여 정상 범위로 변환하기

표로 구조를 해제하여 일반적인 데이터 범위로 사용하려면 선택 셀을 데이터의 임의의 위치로 지정한 후 ❶~❷[표 도구]-[디자인]탭-[도구] 그룹에서 [범위로 변환]을 선택한다.

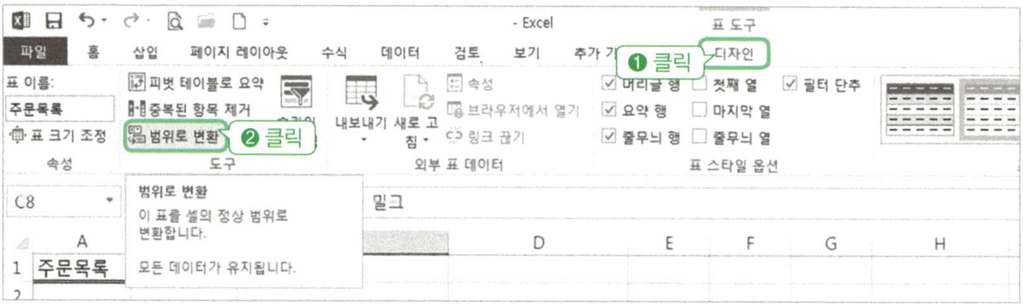

정상 범위로 변환된다는 경고화면이 나타난다. [확인] 버튼을 클릭한다.

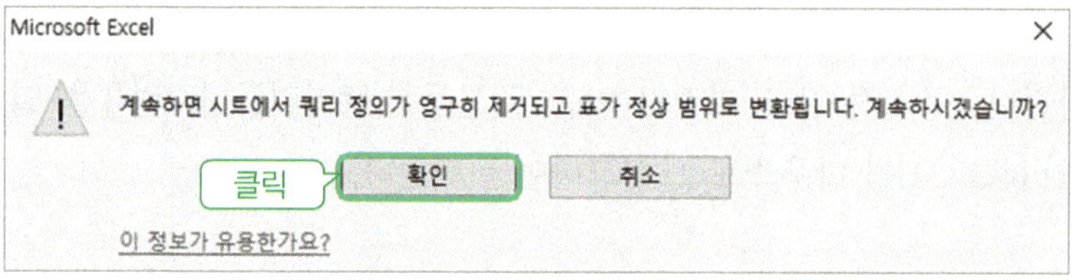

필드 이름에 있는 필터 단추가 사라지고 엑셀의 기본 형식인 정상 범위로 표시되며, 함수 계산식에 사용되었던 구조적 참조의 지정자 이름은 사라지고 셀의 주소로 표시된다.

	A	B	C	D	E	F	G	H
1	주문목록							
2								
3			제품 이름	수량				
4			유림 사과 통조림	77				
5								
6	주문 번호	제품 분류	제품 이름	공급업체	단가	수량	할인율	포장 단위 가격
7	10248	곡류	싱가폴 원산 옥수수	델타 무역 ㈜	₩10,000	10	0%	₩100,000
8	10248	유제품	현진 커피 밀크	현진 식품 ㈜	₩14,000	12	0%	₩168,000
9	10248	유제품	대관령 특제 버터	대관령 유업 ㈜	₩35,000	5	0%	₩175,000
10	10249	가공식품	유림 사과 통조림	유림 농산 ㈜	₩42,000	40	0%	₩1,680,000
11	10249	가공식품	유미 건조 다시마	유미 식품 ㈜	₩19,000	9	0%	₩171,000
145	10299	과자류	신한 초콜릿 소스	미미 제과 ㈜	₩7,000	15	0%	₩105,000
146	10299	음료	트로피컬 칵테일	대륙 교역 ㈜	₩12,000	20	0%	₩240,000
147	10300	조미료	유미 멸치 가루	신한 식품 ㈜	₩14,000	30	0%	₩420,000
148	10300	과자류	미미 스카치 캔디	미미 제과 ㈜	₩10,000	20	0%	₩200,000
149	요약		142					₩59,451,100

필드이름에 있는 필터 단추가 사라지고 정상범위로 변환된다.

연습문제

준비파일 'ch2_1_연습문제.xlsx' 통합문서를 열어 주어진 화면을 참조하여 문제를 해결하시오.

01 '상품' 시트에는 상품목록에 대한 데이터베이스를 구축하고자 관련 데이터들이 입력되어 있다. 하지만 데이터베이스로서 맞지 않는 부분이 있다. 데이터베이스의 조건에 맞도록 수정하여 보자.

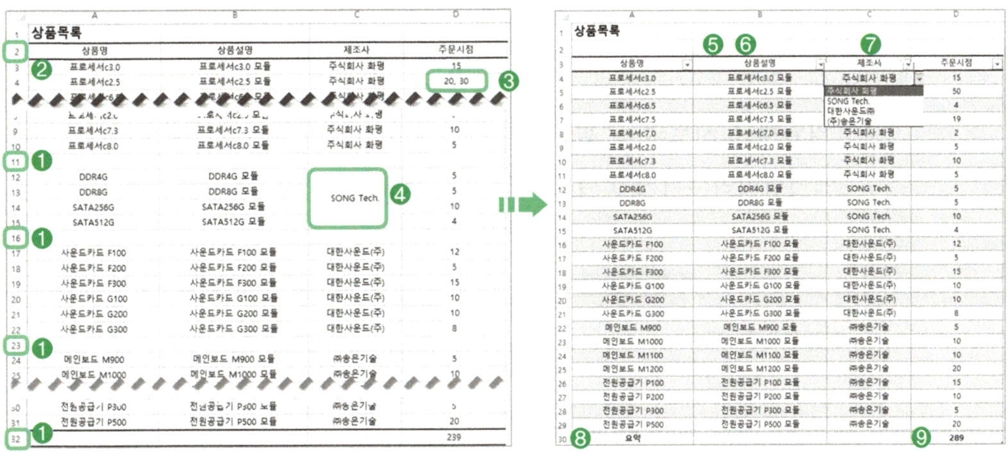

❶~❷ 데이터베이스에서는 필드이름과 데이터 부분에 빈 행이 있으면 데이터가 분리된 것으로 간주되어 데이터베이스가 될 수 없다. 또한 반대로 데이터와 관계없는 내용이 데이터와 연결되어 있다면 이 또한 엉뚱한 것이 데이터로 포함되어 정확한 데이터베이스가 될 수 없다. 시트에서 불필요한 행을 삭제하고, 데이터와 관계없는 부분은 줄을 추가하여 필드이름과 데이터만 범위로 연결될 수 있도록 수정하시오.

- 11, 16, 23, 32 행 삭제하기, 32행도 자동으로 계산하는 기능이 있기에 여기서는 삭제하도록 한다.
- 2행에 행 추가하기

❸ [D5] 셀에는 데이터 값이 2개로 중복되어 있다. 단일값 50으로 수정하시오.

❹ [C12] 셀은 4개의 셀이 병합되어 1개의 셀이 된 것이다. 셀을 분리하여 각각 데이터를 입력하시오([C12]를 선택 후 메뉴에서 [홈] 탭-[맞춤] 그룹-[병합하고 가운데 맞춤]을 클릭하여 병합을 해제하고 각각 셀에 내용을 입력).

❺ [A3:D29] 범위를 표로 변환하고, 표의 이름을 '상품목록'으로 변경하시오.

⑥ 표에서 상품명이 중복된 데이터가 있는지 확인하고 있으면 삭제하시오.

⑦ 제조사 필드 [C4:C29] 에서 '주식회사 화평, SONG Tech., 대한 사운드(주), (주)송은기술'로 목록 메뉴 만들기(목록 메뉴를 만든 후 메뉴에서 [데이터] 탭-[데이터 도구] 그룹-[데이터 유효성 검사]-[잘못된 데이터]를 선택하면 글자가 잘못된 것을 찾아준다. 목록에서 선택하여 변경하도록 한다. (엑셀에서는 (주) 글자가 자동 맞춤법으로 지정되어 자동으로 작게 입력된다).

⑧~⑨ 요약행을 추가하여 주문시점에 대한 합계를 구하시오.

02 '일일재고' 시트의 각 필드들을 주어진 조건으로 계산하여 완성하시오. 단, 계산 시 데이터베이스의 구조적 참조를 적용하여 필드 이름을 사용하여 만드시오.

일일 상품 재고 현황

기준일	2018-11-30

총 재고금액	3,150,030 ⑤

코드 ①	품명	규격	이월수량	오늘입고	오늘출고	재고량	증감	단가	재고금액	총입고량	총입고금액	판매단가	판매금액
101	하드디스크	시게이트 30G	200		81	119	▼(81)	2,352	279,888	200	470,400	3,097	250,857 ②
102	하드디스크	시게이트 80G		300	2	298	△298	4,650	1,385,700	300	1,395,000	4,771	9,542
103	하드디스크	삼성 80G	12	200	160	52	△40	4,663	242,476	212	988,556	4,829	772,640
104	하드디스크	삼성 160G	13			13		8,520	110,760	13	110,760	11,797	
105	시디롬	LG 2X	20			20		633	12,660	20	12,660	869	
106	시디롬	LG 64X	50			50		1,320	66,000	50	66,000	1,387	
107	시디롬	삼성 64X	200	100	80	220	△20	1,327	291,940	300	398,100	1,880	150,400
301	볼펜	자루	126			126		35	4,410	126	4,410	44	
302	복사용지 A4	권	37			37		400	14,800	37	14,800	521	
303	복사용지 B4	권	53			53		600	31,800	53	31,800	759	
201	전선	롤		17		17	△17	36,000	612,000	17	612,000	46,315	
202	피복전선	m		241		241	△241	156	37,596	241	37,596	161	
203	강철	KG						3,600				4,697	
④ 204	강력테이프	롤	50			50		1,200	60,000	50	60,000	1,250	
③ 요약	14		761			1,296			3,150,030	1,619	4,202,082		1,183,439

① [A4:N17]까지 범위를 지정하여 표로 변환하시오.

② 표의 구조적 참조를 사용하여 다음 필드를 계산하시오.

- 재고량: 이월수량+오늘입고-오늘출고
- 증감: 재고량-이월수량
- 재고금액: 재고량*단가
- 총입고량: 이월수량+오늘입고
- 총입고금액: 단가*총입고량
- 판매금액: 오늘출고*판매단가

❸ 요약행을 추가하여 각 필드별로 요약하시오.

- 전체 상품의 개수 표시하기
- 이월수량, 재고량, 재고금액, 총입고량, 총입고금액, 판매금액의 합계 표시하기

❹ 데이터 마지막에 행을 추가하여 다음의 데이터를 입력하시오.

코드	품명	규격	이월수량	재고량	단가	판매단가
204	강력테이프	롤	50	50	1,200	1,250

❺ [K2] 셀에 총재고금액을 표시하시오.

2.2

외부 데이터 가져오기

인터넷에서 데이터들을 내려받거나 업무상 다른 부서에서 데이터를 받다보면 엑셀이 아닌 다른 파일 형식인 경우가 생긴다. 특히, 데이터가 대용량인 경우에는 용량을 줄이기 위해 텍스트파일로 저장하기도 한다.

엑셀에서는 외부 파일로 형식이 다른 데이터를 엑셀의 워크시트에 그대로 가져와서 사용할 수 있다. 외부 파일이 각 필드별로 구분 기호나 일정한 너비로 구분만 되어 있다면 엑셀의 워크시트에 각 열로 구분되어 자연스럽게 가져올 수 있다. 엑셀의 외부 데이터 가져오기 기능을 사용하여 한 단계 한 단계 진행하면서 손쉽게 데이터를 가져오기 해보자.

(1) 텍스트 문서 엑셀로 가져오기

외부 파일 형식으로 가장 많은 유형을 차지하는 텍스트 파일 *.txt로 저장된 문서를 엑셀의 워크시트로 가져오기 해보자.

예제 2-4

'고객.txt' 파일을 엑셀의 시트로 데이터 가져오기

'고객.txt' 텍스트 파일에는 고객 데이터가 탭으로 항목이 구분되어 저장되어 있다. 엑셀의 워크 시트로 외부 데이터 가져오기하여 데이터를 관리하여 보자.

준비파일 고객.txt

완성시트

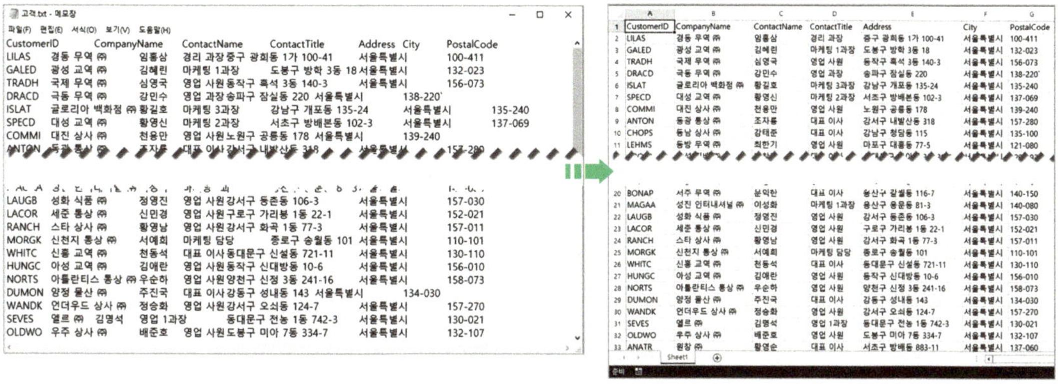

01 '고객.txt' 파일에서 고객 데이터 워크시트로 가져오기

시트에서 데이터가 위치할 ❶ [A1] 셀을 선택 한 후 리본 메뉴에서 ❷ [데이터]탭–[외부 데이터 가져오기] 그룹–❸ [텍스트]를 클릭한 후, ❹~❺ [텍스트 파일 가져오기] 대화상자의 파일 목록에서 불러올 ❹ 파일이름을 클릭한 후 ❺ [열기] 버튼을 클릭한다. 여기에서는 준비파일인 '고객.txt' 파일을 선택한다.

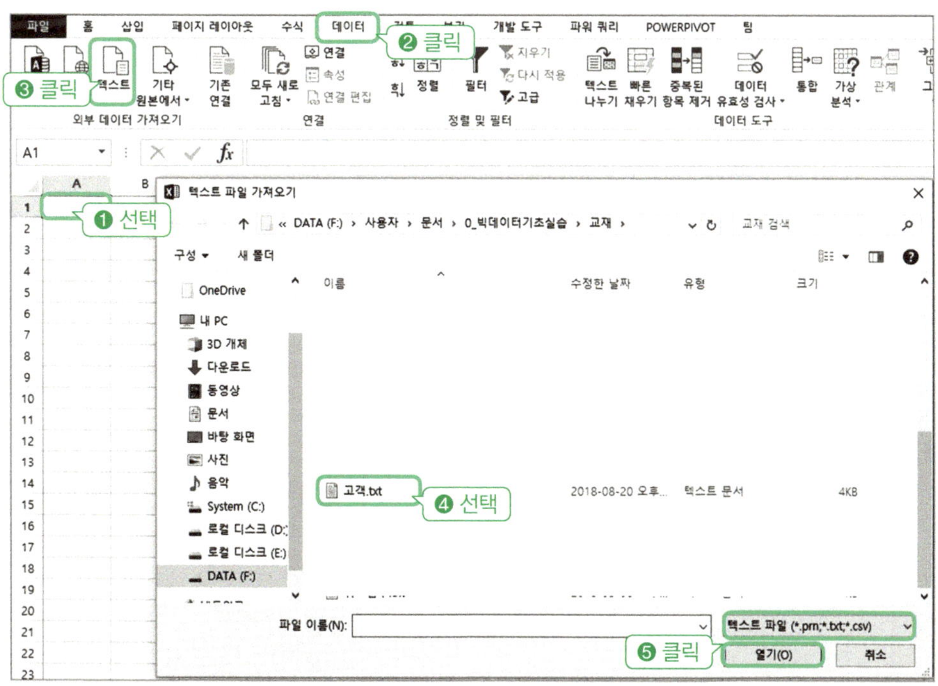

파일 열기를 선택하여 파일을 불러올 수도 있다. [파일] 탭–[열기]–[찾아보기]를 선택한 경우에는 [열기] 대화상자에서 파일 형식이 '텍스트 파일(*.prn, *.txt, *.csv)'을 선택한 후 준비 파일인 '고객.txt' 파일을 선택한다.

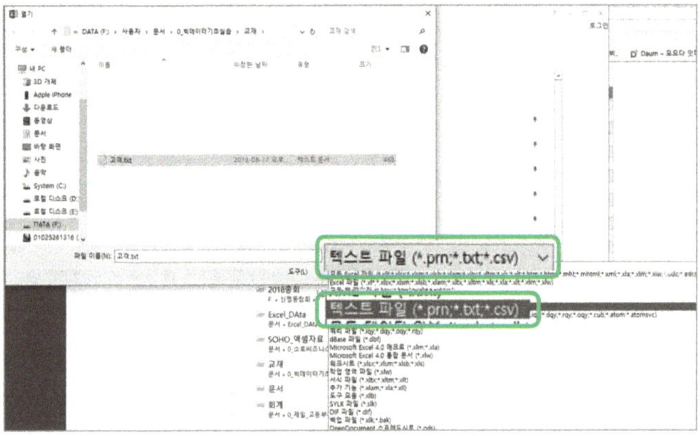

Tip 교재에서는 txt 파일형식을 예제로 진행하지만 파일의 확장자가 *.csv *.prn인 경우에도 동일하게 진행된다.

다음과 같이 [텍스트 마법사]–3단계 중 1단계 대화 상자가 나타난다. ❶~❸ 구분기호로 구분됨을 선택하고, '내 데이터에 머리글 표시'에서 체크를 한 후 [다음] 버튼을 클릭한다.

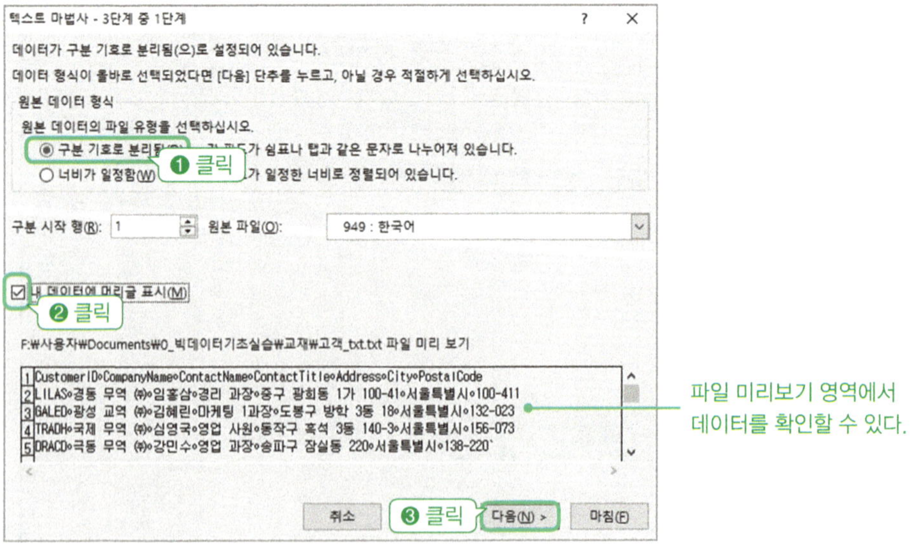

- 원본 데이터의 파일 유형에 따라 파일 미리보기 영역에서 필드들 간의 구분에 따라 다음 2가지 유형에서 선택한다.

  – **구분 기호로 분리됨**: 탭, 세미콜론, 쉼표, 공백, 기타 기호 등과 같은 유형으로 구분되어 있으면 '구분 기호로 분리됨'을 선택한다.

  – **너비가 일정함**: 원본 데이터의 파일유형에서 필드 혹은 데이터들이 일정한 너비로 구분되어 있으면 '너비가 일정함'을 선택한다.

- 다음은 '구분 기호로 분리됨'을 선택한 경우 텍스트 마법사 2단계 대화상자이다. 데이터 사이의 구분 기호를 선택한다. 여기서는 구분 기호를 '탭'으로 선택한다. 구분 기호가 2개 이상인 경우에는 중복하여 선택할 수 있다. 구분 기호가 목록에 없으면 '기타'를 클릭하여 체크 표식하고 입력 영역에서 직접 입력한다. 데이터 미리보기 영역에서 각각 필드들을 구분하는 구분선이 표시된다.

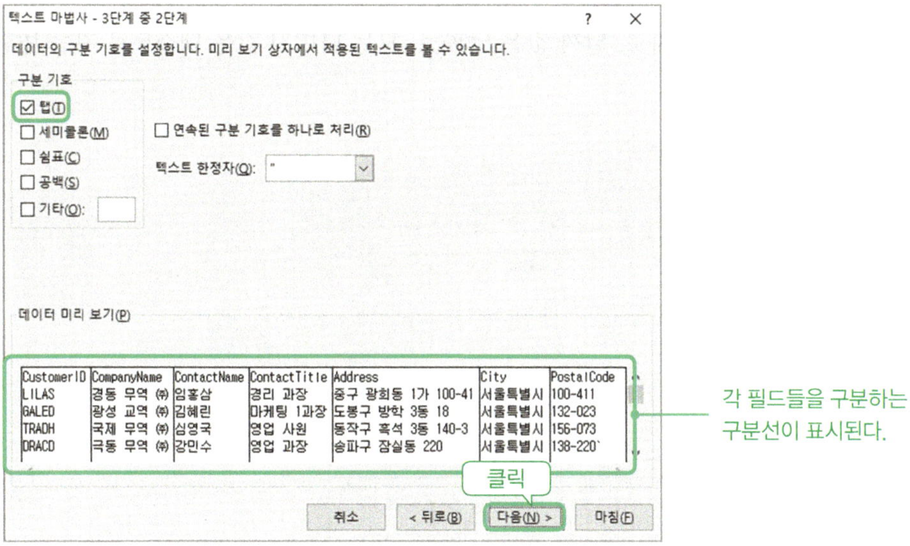

- 다음은 '너비가 일정함'을 선택한 후 진행된 2단계 화면이다. 화면에서 설명하는 것과 같이 필드들을 구분하기 위하여 '데이터 미리보기' 영역에서 데이터를 보면서 너비에 맞추어 구분선을 지정한다.

  – 구분선을 넣으려면 원하는 위치를 마우스로 클릭한다.
  – 구분선을 삭제하려면 구분선에 마우스를 위치한 후 더블클릭한다.
  – 구분선을 이동하려면 구분선에 마우스를 위치한 후 드래그한다.

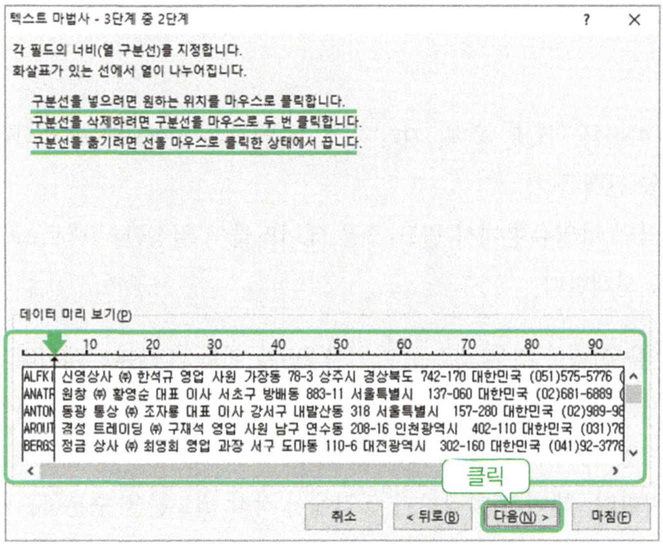

열 데이터 서식을 지정하는 화면인데 여기서는 [일반]으로 두고 [마침] 버튼을 클릭한다. [일반]을 선택하면 숫자 값은 숫자로, 날짜 값은 날짜로, 모든 나머지 값은 텍스트로 자동 변환된다.

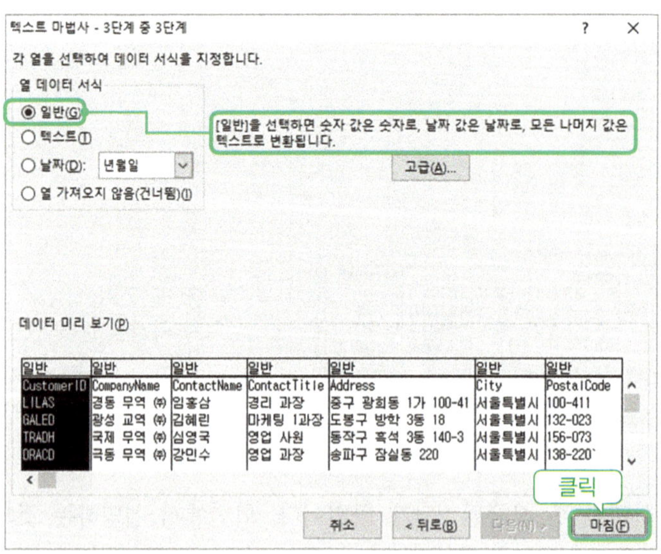

워크시트에서 데이터가 들어갈 위치를 지정한 후 [확인] 버튼을 클릭한다.

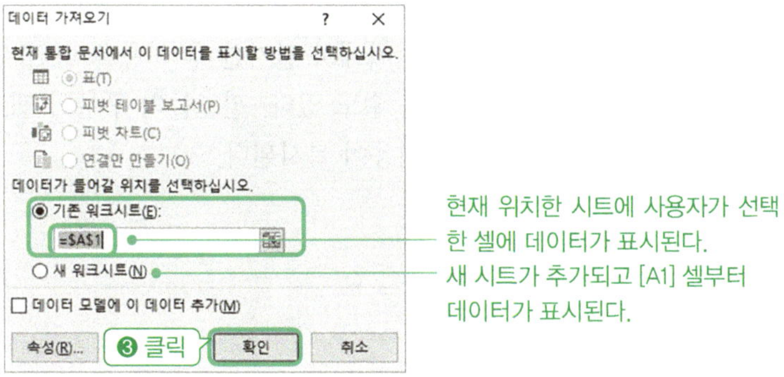

02 텍스트 문서 엑셀로 저장하기

데이터들이 엑셀의 시트에 있지만 파일의 형식은 텍스트의 서식을 유지하고 있기에 엑셀의 형식으로 저장하여야 한다. [파일]탭–[다른 이름으로 저장]을 선택한 후 파일 형식에서 'Excel 통합 문서(*.xlsx)'를 선택한 후 파일이름을 ch2_2 입력하고 [저장] 버튼을 클릭한다.

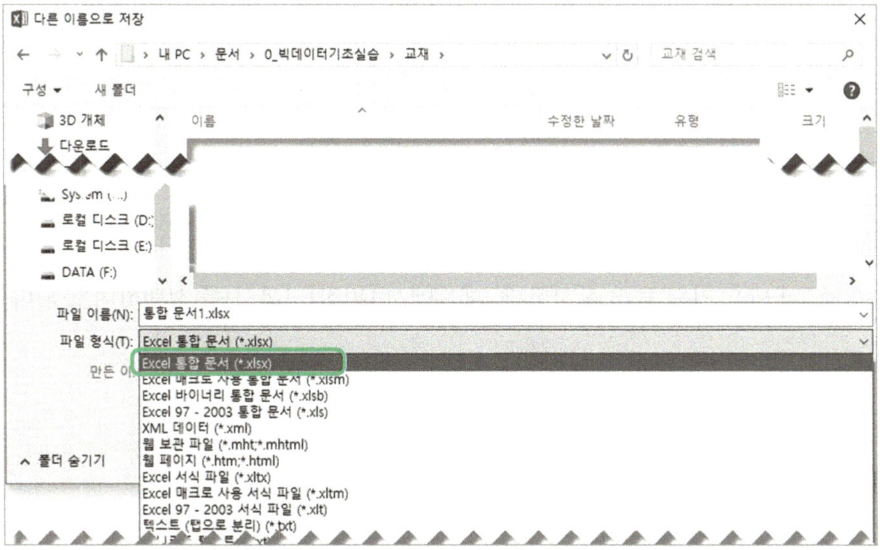

예제 2-5

'고객.txt' 텍스트 파일에서 범위 지정한 후 내용을 복사하여 워크시트 가져오기

텍스트 파일이나 다른 외부 파일을 메모장이나 문서 편집기에서 열기한 후 내용을 범위 설정하여 복사한 후 엑셀의 워크시트에 붙여넣기하여 가져올 수도 있다. 필드들의 구분이 탭, 공백, 콤마 등과 같이 구분되어 있으면 자동으로 각 열로 내용이 복사된다.

준비파일 고객.txt

완성시트

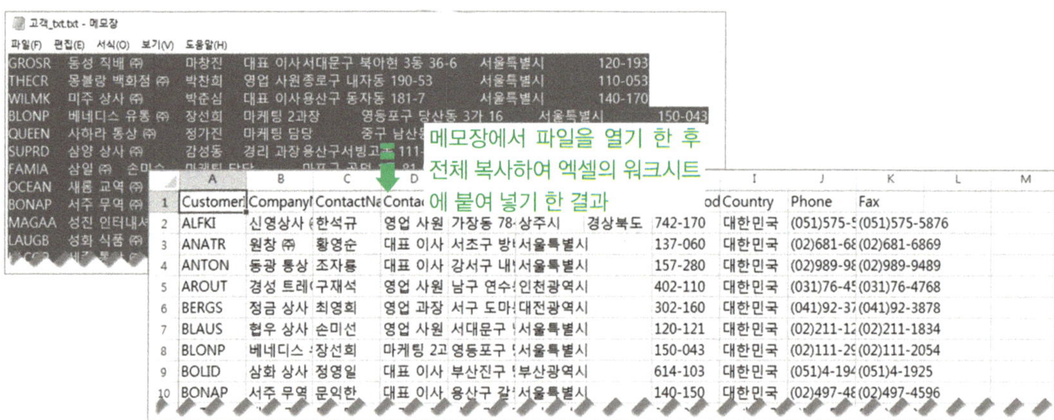

01 '고객.txt' 텍스트파일에서 범위 지정한 후 복사하기로 가져오기

- 파일이 열기가 되면 마우스로 드래그하여 범위 설정하거나 〈Ctrl+A〉키를 눌러 전체를 범위 설정한 후 〈Ctrl+C〉 키를 눌러 복사한다. 메뉴에서 [편집]-[복사]를 선택하여도 된다.

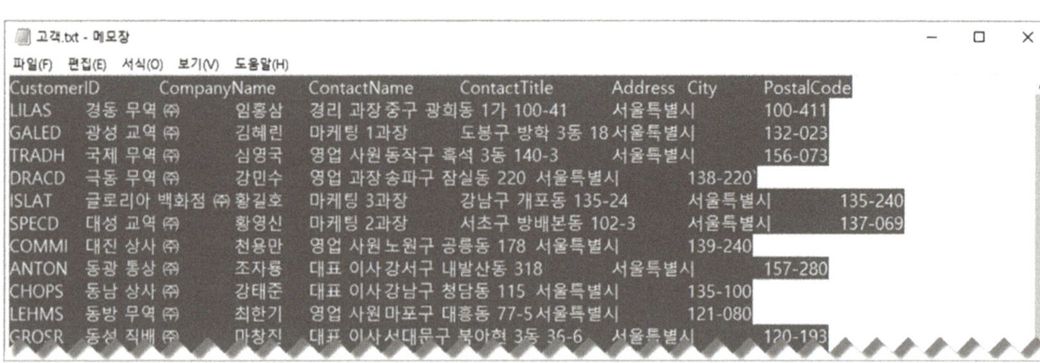

엑셀의 시트에서 복사할 셀을 클릭하여 선택한 후 〈Ctrl+V〉 키를 눌러 붙여넣기한다. 다음의 화면은 '고객.txt' 파일을 메모장에서 열기한 후 내용을 범위 설정한 후 복사하여 붙여넣기한 결과이다. 필드 간에 공백으로 구분되어 있어서 엑셀에서는 각 열로 구분되어 자연스럽게 붙여넣기가 된 결과이다.

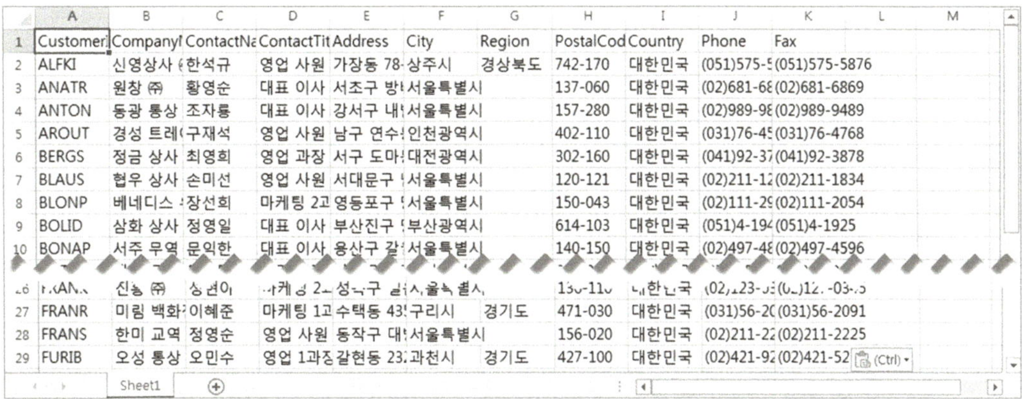

예제 2-6

한 셀에 입력된 텍스트를 항목별로 각 셀로 나누기

내용을 복사하여 붙여넣기하는 경우 필드들 간의 구분이 엑셀에서 인식되지 않으면 한 열로 모두 내용이 복사되어 나타난다. 다음의 예와 같이 필드 구분이 특정 기호로 되어 A열에 내용이 모두 나타난 경우이다. 이런 경우에는 '텍스트 나누기' 기능을 사용하여 각 필드들에 맞게 열을 구분하여 나누기 할 수 있다.

준비파일 신입생추가.txt

완성시트

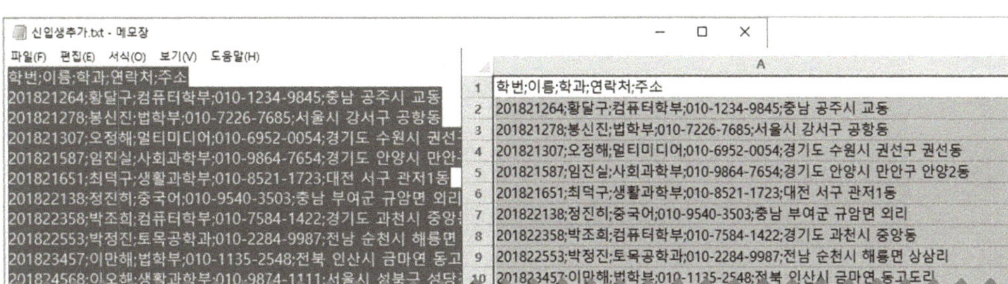

❶ 데이터를 범위 지정한 후 리본메뉴에서 ❷~❸ [데이터]탭–[데이터 도구]그룹–[텍스트 나누기를 선택한다. 텍스트 마법사 3단계 중 1단계 대화상자가 나타나면 다음과 같이 ❹ '구분 기호로 분리됨'을 선택한 후 ❺ [다음] 버튼을 클릭한다.

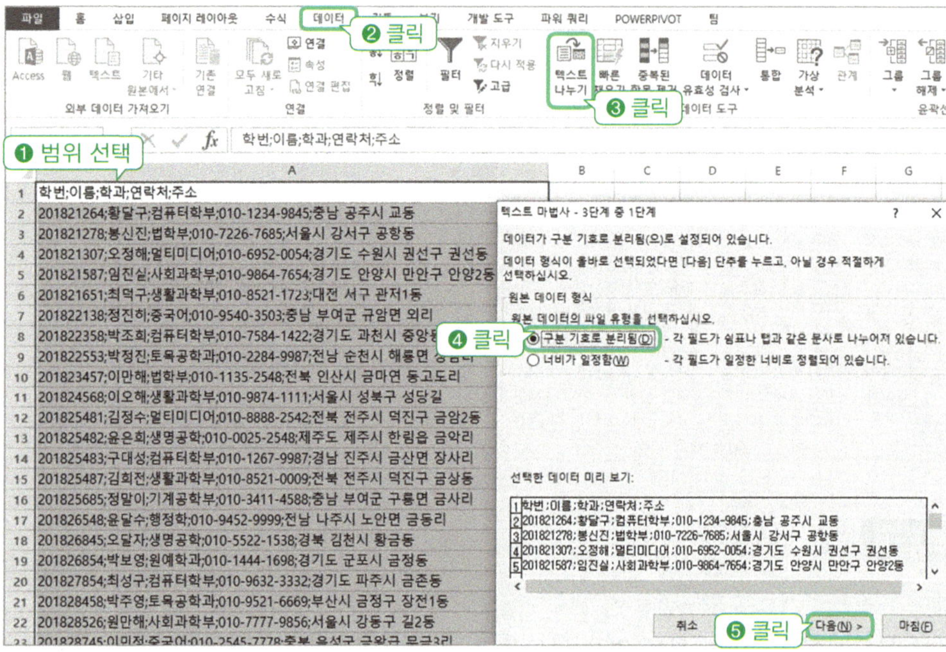

2단계에서 구분기호를 선택한다. 목록에 없으면 '기타'를 체크하고 기호를 입력할 수 있다. 데이터 미리보기에서 확인을 한 후 [다음] 버튼을 클릭한다.

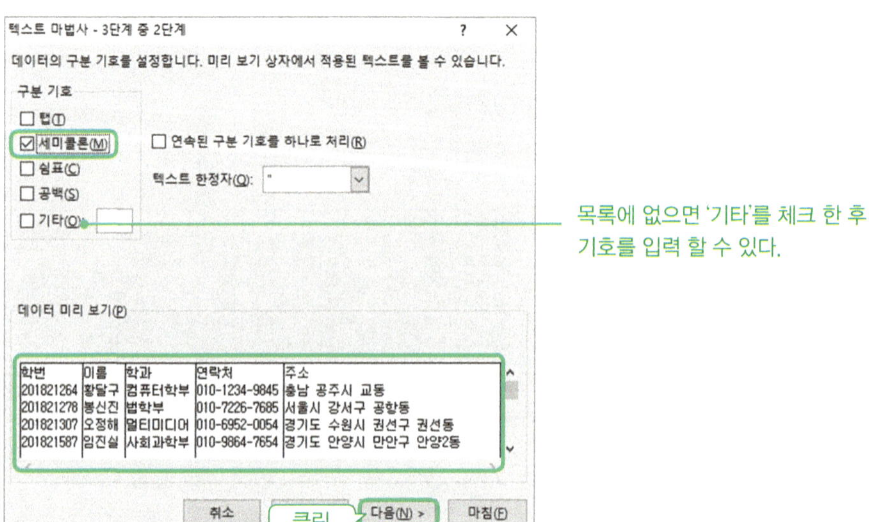

3단계에서는 '열 데이터 서식'에서는 기본값인 '일반'을 하고 '마침'을 클릭한다. 세부적인 데이터의 서식은 엑셀에서 작업을 진행하면서 적절하게 변경가능하다.

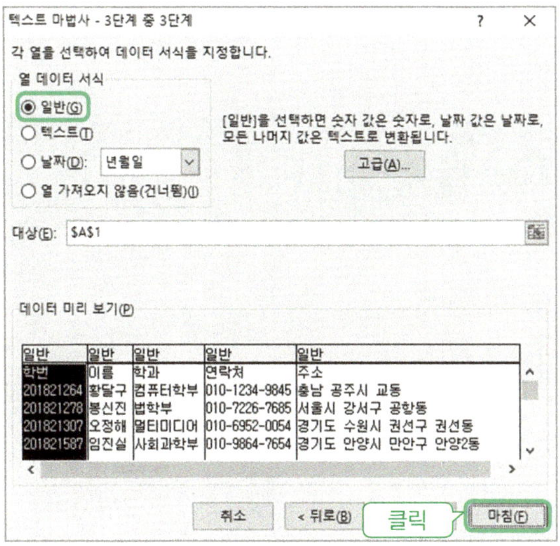

필드들이 각 열로 구분된 결과이다. 텍스트 나누기 결과 첫 열의 간격은 처음 간격 그대로 인데 열 간격은 각 열을 드래그한 후 열의 경계지점에서 더블클릭하여 자동맞춤하면 된다.

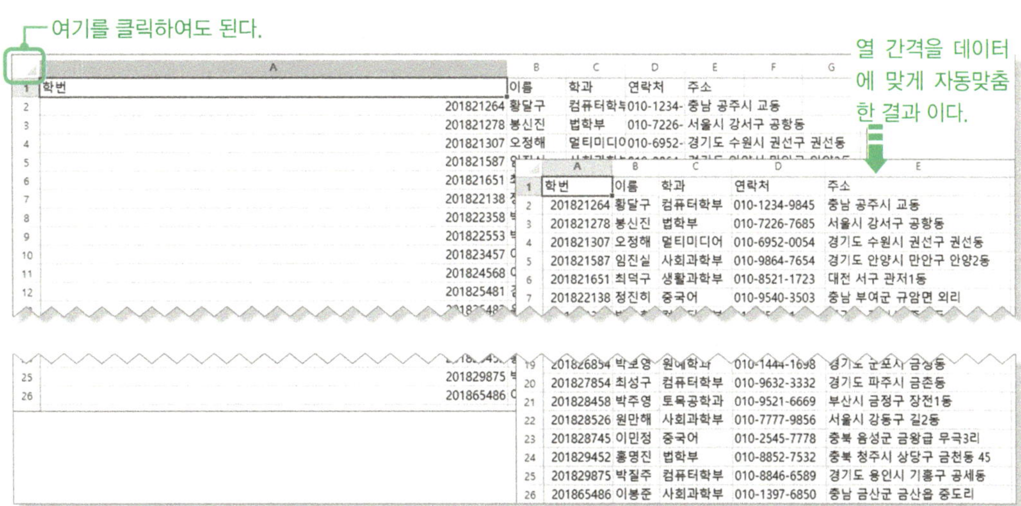

(2) 엑세스 데이터 가져오기

데이터베이스 파일인 액세스에서 데이터를 가져오기 하여보자. 액세스 프로그램은 엑셀과 같은 MS-오피스에 포함된 계열로서 데이터들 간에 서로 친근하게 호환이 가능하다.

예제 2-7

액세스 파일에서 '고객' 테이블에 저장된 전체 데이터를 가져오기

준비파일 northwind~.accdb

완성시트

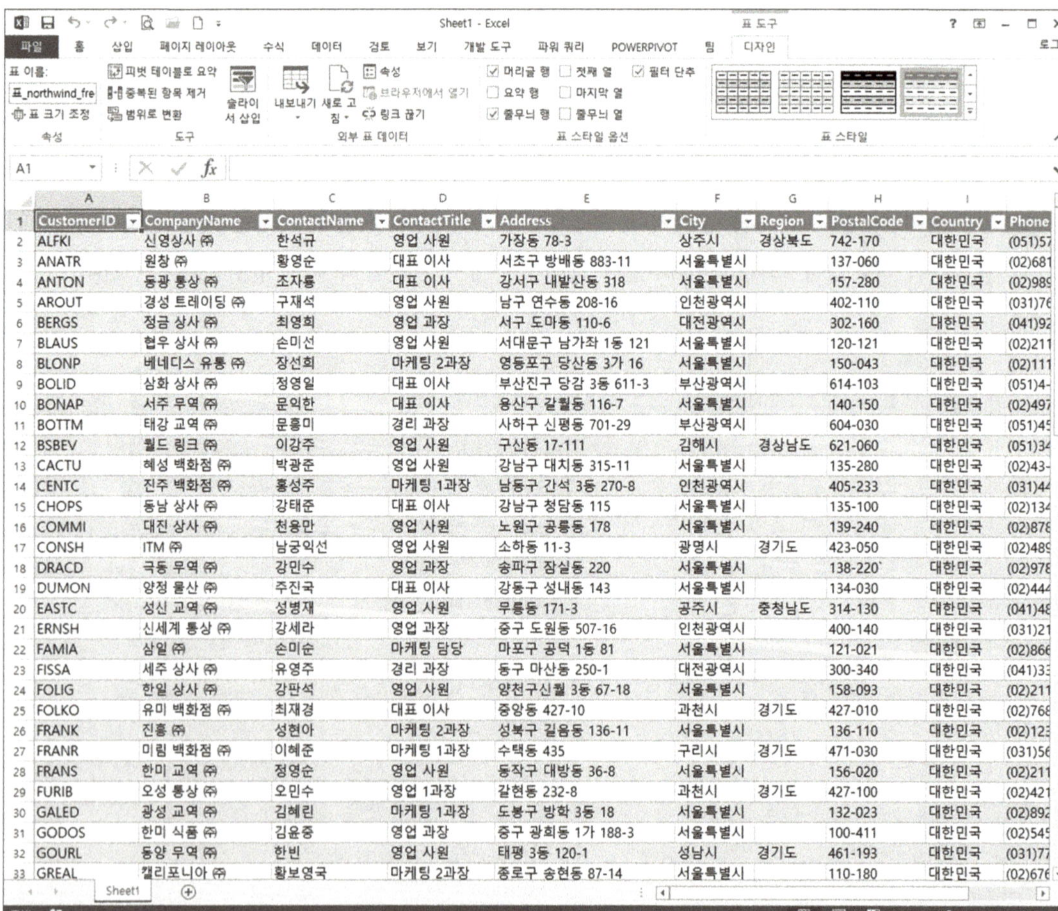

	A	B	C	D	E	F	G	H	I	
1	CustomerID	CompanyName	ContactName	ContactTitle	Address	City	Region	PostalCode	Country	Phone
2	ALFKI	신영상사 ㈜	한석규	영업 사원	가장동 78-3	상주시	경상북도	742-170	대한민국	(051)57
3	ANATR	원창 ㈜	황영순	대표 이사	서초구 방배동 883-11	서울특별시		137-060	대한민국	(02)681
4	ANTON	동광 통상 ㈜	조자룡	대표 이사	강서구 내발산동 318	서울특별시		157-280	대한민국	(02)989
5	AROUT	경성 트레이딩 ㈜	구재석	영업 사원	남구 연수동 208-16	인천광역시		402-110	대한민국	(031)76
6	BERGS	정금 상사 ㈜	최영희	영업 과장	서구 도마동 110-6	대전광역시		302-160	대한민국	(041)92
7	BLAUS	협우 상사 ㈜	손미선	영업 사원	서대문구 남가좌 1동 121	서울특별시		120-121	대한민국	(02)211
8	BLONP	베네디스 유통 ㈜	장선희	마케팅 2과장	영등포구 당산동 3가 16	서울특별시		150-043	대한민국	(02)111
9	BOLID	삼화 상사 ㈜	정영일	대표 이사	부산진구 당감 3동 611-3	부산광역시		614-103	대한민국	(051)4-
10	BONAP	서주 무역 ㈜	문익한	대표 이사	용산구 갈월동 116-7	서울특별시		140-150	대한민국	(02)497
11	BOTTM	태강 교역 ㈜	문흥미	경리 과장	사하구 신평동 701-29	부산광역시		604-030	대한민국	(051)45
12	BSBEV	월드 링크 ㈜	이강주	영업 사원	구산동 17-111	김해시	경상남도	621-060	대한민국	(051)34
13	CACTU	혜성 백화점 ㈜	박광준	영업 사원	강남구 대치동 315-11	서울특별시		135-280	대한민국	(02)43-
14	CENTC	진주 백화점 ㈜	홍성주	마케팅 1과장	남동구 간석 3동 270-8	인천광역시		405-233	대한민국	(031)44
15	CHOPS	동남 상사 ㈜	강태준	대표 이사	강남구 청담동 115	서울특별시		135-100	대한민국	(02)134
16	COMMI	대진 상사 ㈜	천용만	영업 사원	노원구 공릉동 178	서울특별시		139-240	대한민국	(02)878
17	CONSH	ITM ㈜	남궁익선	영업 사원	소하동 11-3	광명시	경기도	423-050	대한민국	(02)489
18	DRACD	극동 무역 ㈜	강민수	영업 과장	송파구 잠실동 220	서울특별시		138-220`	대한민국	(02)978
19	DUMON	양정 물산 ㈜	주진국	대표 이사	강동구 성내동 143	서울특별시		134-030	대한민국	(02)444
20	EASTC	성신 교역 ㈜	성병재	영업 사원	무릉동 171-3	공주시	충청남도	314-130	대한민국	(041)48
21	ERNSH	신세계 통상 ㈜	강세라	영업 과장	중구 도원동 507-16	인천광역시		400-140	대한민국	(031)21
22	FAMIA	삼일 ㈜	손미순	마케팅 담당	마포구 공덕 1동 81	서울특별시		121-021	대한민국	(02)866
23	FISSA	세주 상사 ㈜	유영주	경리 과장	동구 마산동 250-1	대전광역시		300-340	대한민국	(041)33
24	FOLIG	한일 상사 ㈜	강판석	영업 사원	양천구신월 3동 67-18	서울특별시		158-093	대한민국	(02)211
25	FOLKO	유미 백화점 ㈜	최재경	대표 이사	중앙동 427-10	과천시	경기도	427-010	대한민국	(02)768
26	FRANK	진흥 ㈜	성현아	마케팅 2과장	성북구 길음동 136-11	서울특별시		136-110	대한민국	(02)123
27	FRANR	미림 백화점 ㈜	이혜준	마케팅 1과장	수택동 435	구리시	경기도	471-030	대한민국	(031)56
28	FRANS	한미 교역 ㈜	정영순	영업 사원	동작구 대방동 36-8	서울특별시		156-020	대한민국	(02)211
29	FURIB	오성 통상 ㈜	오민수	영업 1과장	갈현동 232-8	과천시	경기도	427-100	대한민국	(02)421
30	GALED	광성 교역 ㈜	김혜린	마케팅 1과장	도봉구 방학 3동 18	서울특별시		132-023	대한민국	(02)892
31	GODOS	한미 식품 ㈜	김윤중	영업 과장	중구 광희동 1가 188-3	서울특별시		100-411	대한민국	(02)545
32	GOURL	동양 무역 ㈜	한빈	영업 사원	태평 3동 120-1	성남시	경기도	461-193	대한민국	(031)77
33	GREAL	캘리포니아 ㈜	황보영국	마케팅 2과장	종로구 송현동 87-14	서울특별시		110-180	대한민국	(02)676

🟢 리본 메뉴에서 [데이터]탭–[외부 데이터 가져오기] 그룹–[Access] 명령 버튼을 클릭하거나, [파일]탭–[열기]에서 불러올 파일이 있는 폴더를 선택, 파일 유형을 'ACCESS 데이터베이스'를 선택한다. 데이터 원본 선택 대화상자에서 액세스 파일을 선택한다.

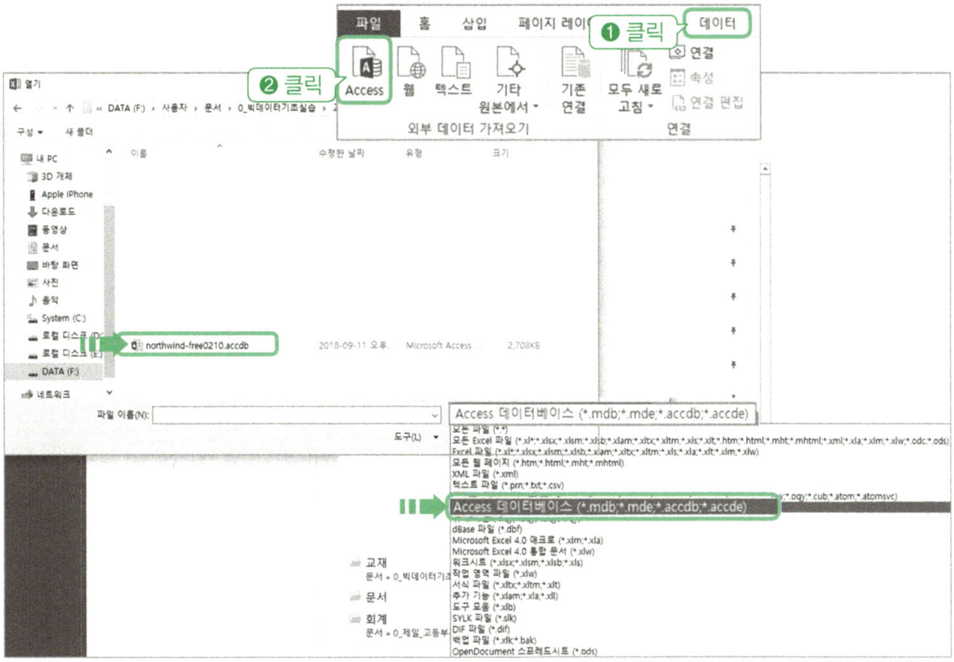

🟢 엑셀로 가져올 테이블을 선택한다. 여기서 'Customer' 테이블을 선택한 후 [확인]버튼을 클릭한다.

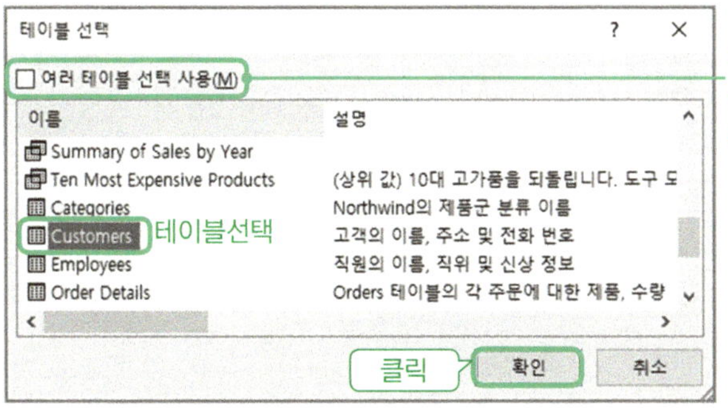

여러 개의 테이블을 선택하려면 '여러 테이블을 선택 사용'을 체크 한 후 테이블 이름 앞에 표시된 체크박스에서 클릭하여 선택하도록 한다.

데이터 가져오기 대화상자에서 데이터가 위치한 곳을 지정한 후 [확인] 버튼을 클릭한다. 위의 단계에서 테이블을 1개만 선택한 경우에는 현재 시트에서 셀의 위치를 지정하거나 '새 워크시트'를 선택할 수 있다. 테이블을 2개 이상 선택한 경우에는 '새 워크시트'로만 선택가능하며 선택된 테이블은 각각 시트로 구분되어 나타난다.

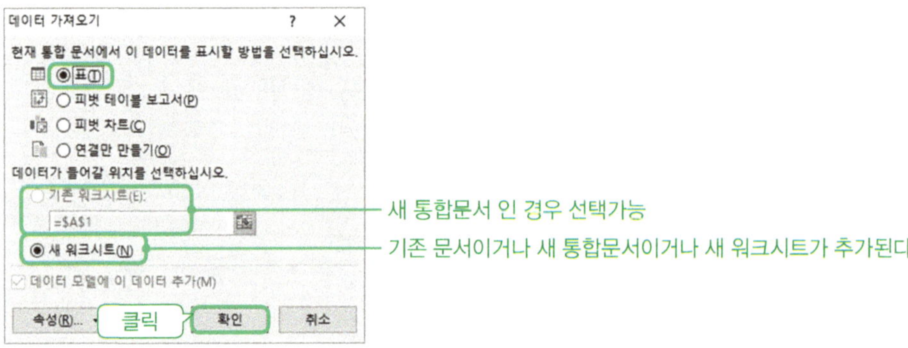

액세스에서 데이터를 가져오면 엑셀의 자동화된 기능 중의 하나인 '표'의 기능이 적용되어 나타난다.

	A	B	C	D	E	F	G	H	I	J	K
1	CustomerID	CompanyName	ContactName	ContactTitle	Address	City	Region	PostalCode	Country	Phone	Fax
2	ALFKI	신영상사 ㈜	한석규	영업 사원	가장동 78-3	상주시	경상북도	742-170	대한민국	(051)575-5776	(051)575-5876
3	ANATR	원창 ㈜	황영순	대표 이사	서초구 방배동 883-11	서울특별시		137-060	대한민국	(02)681-6889	(02)681-6869
4	ANTON	동광 통상 ㈜	조자룡	대표 이사	강서구 내발산동 318	서울특별시		157-280	대한민국	(02)989-9889	(02)989-9489
5	AROUT	경성 트레이딩 ㈜	구재석	영업 사원	남구 연수동 208-16	인천광역시		402-110	대한민국	(031)76-4568	(031)76-4768
6	BERGS	정금 상사 ㈜	최영희	영업 과장	서구 도마동 110-6	대전광역시		302-160	대한민국	(041)92-3778	(041)92-3878
7	BLAUS	협우 상사 ㈜	손미선	영업 사원	서대문구 남가좌 1동 121	서울특별시		120-121	대한민국	(02)211-1234	(02)211-1834
8	BLONP	베네디스 유통 ㈜	장선희	마케팅 2과장	영등포구 당산동 3가 16	서울특별시		150-043	대한민국	(02)111-2954	(02)111-2054
9	BOLID	삼화 상사 ㈜	정영일	대표 이사	부산진구 당감 3동 611-3	부산광역시		614-103	대한민국	(051)4-1945	(051)4-1925
25	FOLKO	뉴미 백화점 ㈜	최재중	대표 이사	중앙동 427-16	과천시	경기도	427-010	대한민국	(02)768-7688	(02)768-7678
26	FRANK	진흥 ㈜	성현아	마케팅 2과장	성북구 길음동 136-11	서울특별시		136-110	대한민국	(02)123-0345	(02)127-0345
27	FRANR	미림 백화점 ㈜	이혜준	마케팅 1과장	수택동 435	구리시	경기도	471-030	대한민국	(031)56-2091	(031)56-2091
28	FRANS	한미 교역 ㈜	정영순	영업 사원	동작구 대방동 36-8	서울특별시		156-020	대한민국	(02)211-2221	(02)211-2225
29	FURIB	오성 통상 ㈜	오민수	영업 1과장	갈현동 232-8	과천시	경기도	427-100	대한민국	(02)421-9238	(02)421-5238
30	GALED	광성 교역 ㈜	김혜린	마케팅 1과장	도봉구 방학 3동 18	서울특별시		132-023	대한민국	(02)892-4921	(02)892-7921
31	GODOS	한미 식품 ㈜	김윤중	영업 과장	중구 광희동 1가 188-3	서울특별시		100-411	대한민국	(02)545-8911	(02)545-2911
32	GOURL	동양 무역 ㈜	한빈	영업 사원	태평 3동 120-1	성남시	경기도	461-193	대한민국	(031)77-7778	(031)77-7378
33	GREAL	캘리포니아 ㈜	황보영국	마케팅 2과장	종로구 송현동 87-14	서울특별시		110-180	대한민국	(02)676-6766	(02)676-6760
34	GROSR	동성 직배 ㈜	마창진	대표 이사	서대문구 북아현 3동 36-6	서울특별시		120-193	대한민국	(02)111-2302	(02)111-2332

예제 2-8

액세스에서 쿼리를 지정하여 필드의 일부만 가져오기

쿼리 마법사를 통하여 액세스의 데이터 중에서 필요한 필드 부분만을 선택하여 가져올 수도 있다.

준비파일 northwind~.accdb

완성시트

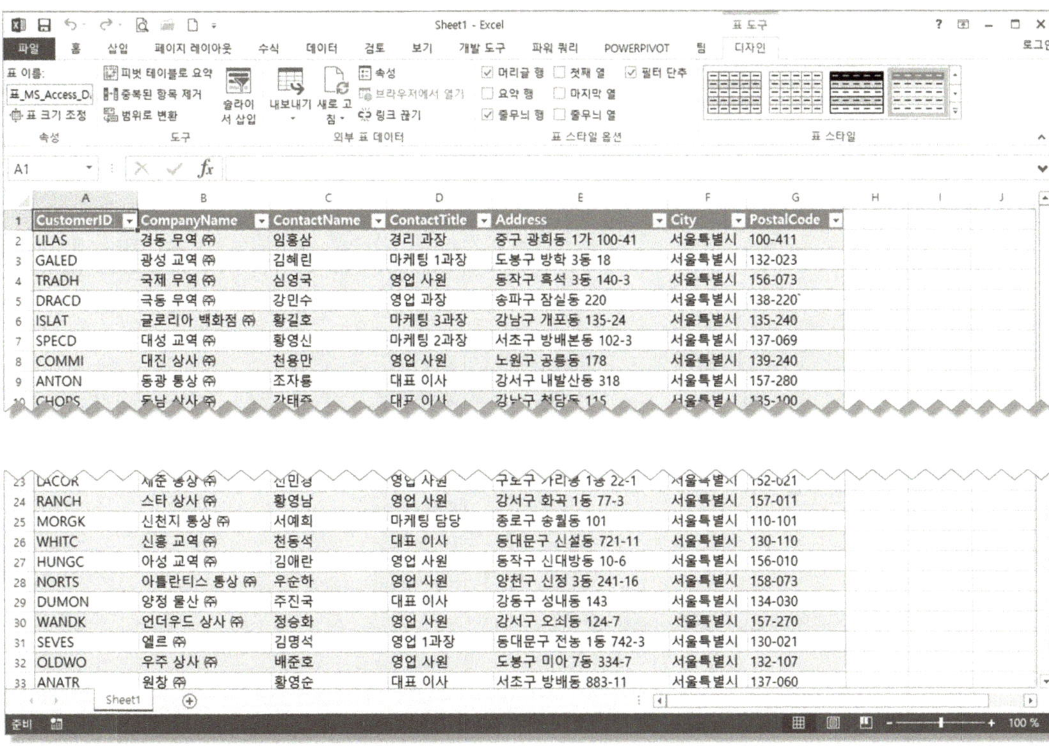

	CustomerID	CompanyName	ContactName	ContactTitle	Address	City	PostalCode
2	LILAS	경동 무역 ㈜	임홍삼	경리 과장	중구 광희동 1가 100-41	서울특별시	100-411
3	GALED	광성 교역 ㈜	김혜린	마케팅 1과장	도봉구 방학 3동 18	서울특별시	132-023
4	TRADH	국제 무역 ㈜	심영국	영업 사원	동작구 흑석 3동 140-3	서울특별시	156-073
5	DRACD	극동 무역 ㈜	강민수	영업 과장	송파구 잠실동 220	서울특별시	138-220
6	ISLAT	글로리아 백화점 ㈜	황길호	마케팅 3과장	강남구 개포동 135-24	서울특별시	135-240
7	SPECD	대성 교역 ㈜	황영신	마케팅 2과장	서초구 방배본동 102-3	서울특별시	137-069
8	COMMI	대진 상사 ㈜	천용만	영업 사원	노원구 공릉동 178	서울특별시	139-240
9	ANTON	동광 통상 ㈜	조자룡	대표 이사	강서구 내발산동 318	서울특별시	157-280
24	RANCH	스타 상사 ㈜	황영남	영업 사원	강서구 화곡 1동 77-3	서울특별시	157-011
25	MORGK	신천지 통상 ㈜	서예희	마케팅 담당	종로구 송월동 101	서울특별시	110-101
26	WHITC	신흥 교역 ㈜	천동석	대표 이사	동대문구 신설동 721-11	서울특별시	130-110
27	HUNGC	아성 교역 ㈜	김애란	영업 사원	동작구 신대방동 10-6	서울특별시	156-010
28	NORTS	아틀란티스 통상 ㈜	우순하	영업 사원	양천구 신정 3동 241-16	서울특별시	158-073
29	DUMON	양정 물산 ㈜	주진국	대표 이사	강동구 성내동 143	서울특별시	134-030
30	WANDK	언더우드 상사 ㈜	정승화	영업 사원	강서구 오쇠동 124-7	서울특별시	157-270
31	SEVES	엘르 ㈜	김명석	영업 1과장	동대문구 전농 1동 742-3	서울특별시	130-021
32	OLDWO	우주 상사 ㈜	배준호	영업 사원	도봉구 미아 7동 334-7	서울특별시	132-107
33	ANATR	원창 ㈜	황영순	대표 이사	서초구 방배동 883-11	서울특별시	137-060

메뉴에서 ❶~❸ [데이터]탭–[데이터 도구]그룹–[기타 원본]–[MicroSoft Query]를 선택한다.

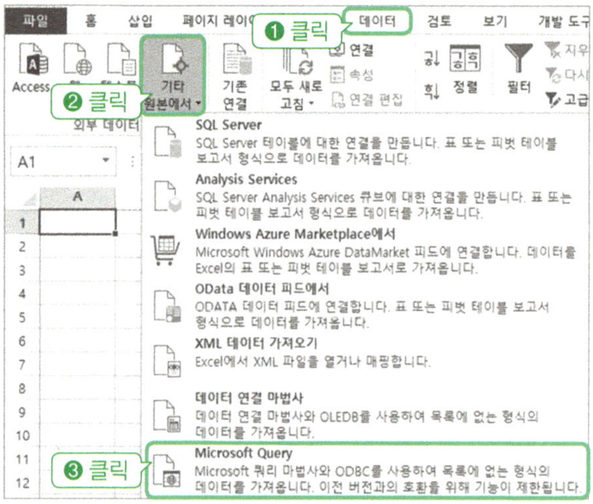

'데이터 원본 선택' 대화상자에서 ❶ MS Access Database를 선택하고 ❷ [확인]을 클릭한다.

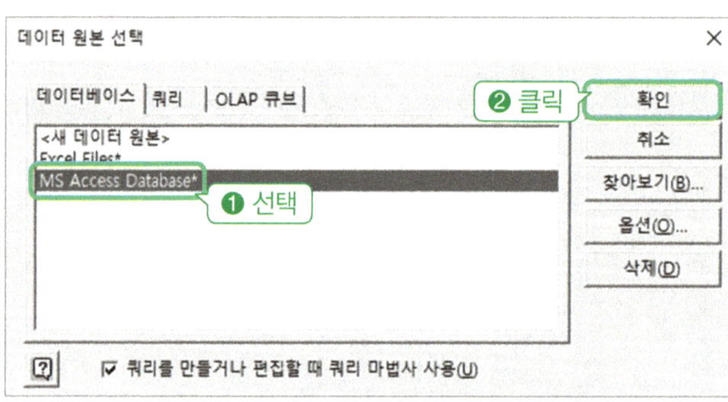

Microsoft Query 창이 나타나고, '데이터 원본에 연결하는 중...' 이라는 작은 창과 함께 '데이터베이스 선택' 대화상자가 나타난다. ACCESS 파일이 저장된 파일 폴더를 선택한다. 액세스의 샘플 데이터베이스인 ❶ northwind~.accdb 파일을 선택하도록 한후 ❷ [확인] 버튼을 클릭하여 다음 단계로 진행한다.

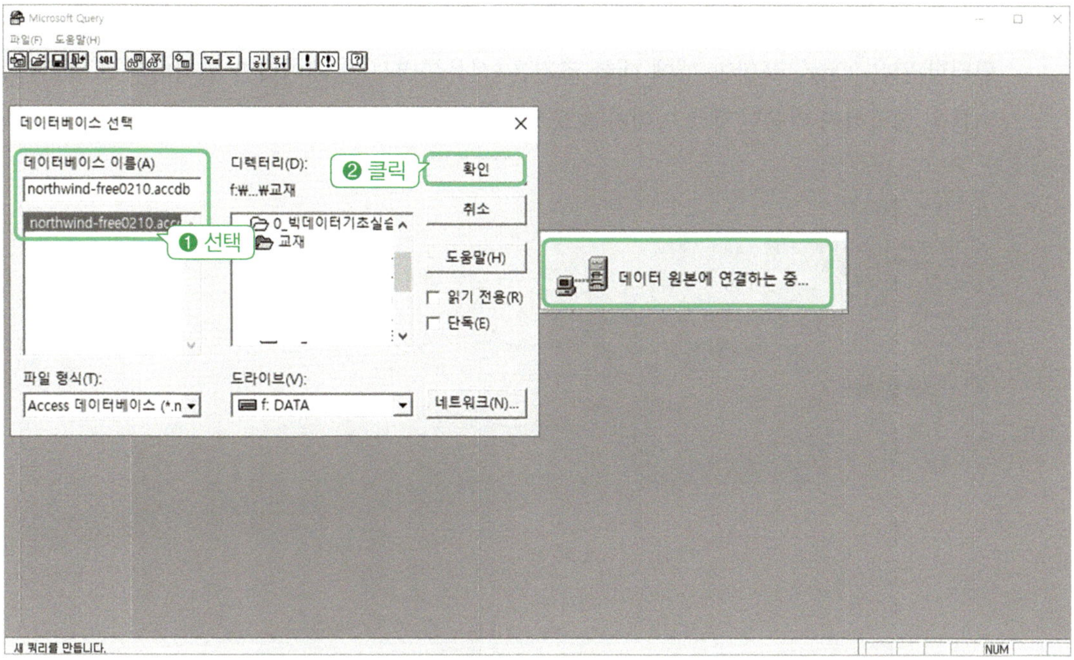

'쿼리 마법사–열 선택' 대화상자에서는 쿼리에 포함될 테이블과 열을 선택한다. 여기서는 Customers를 선택한 후 다음과 같이 필드를 선택하여 보자.
CustomerID, CompanyName, ContactName, ContactTitle, Address, City, PostalCode
왼쪽 필드 표시화면에서 필드를 선택하고 중간에 있는 방향키를 클릭한다. 한 번에 한 필드씩 선택할 수 있다. '쿼리에 포함된 열'에 선택된 필드이름이 표시된 것을 알 수 있다.

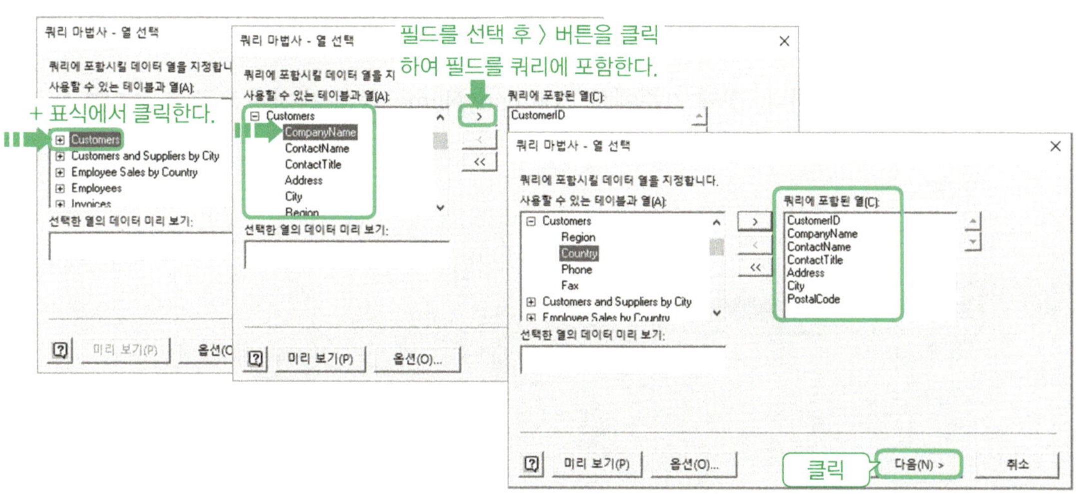

다음의 대화상자에서는 조건을 주어 조건에 맞는 데이터만 필터할 수 있는데, 여기에서는 필터할 열은 'City', 포함할 행에 대한 조건은 '서울특별시'인 데이터만 필터하여 보자. [다음] 버튼을 클릭하여 다음단계로 넘어가 보도록 한다.

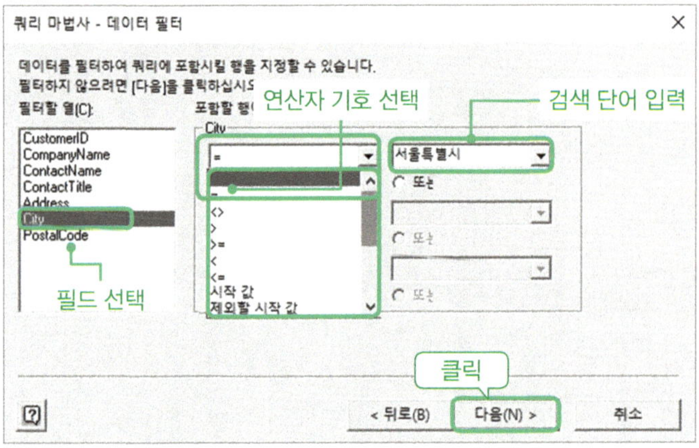

Tip	쿼리 마법사 대화상자에서 필터를 위한 관계연산자 종류

기호	설명	문자 인 경우	설명 ex) 송
〉	크다(초과)	시작 값	'송' 으로 시작하는 값을 검색
〉=	크거나 같다(이상)	제외할 시작 값	'송' 으로 시작하는 값이 아닌 경우 검색
〈	작다(미만)	끝나는 값	'송' 으로 끝나는 값을 검색
〈=	작거나 같다(이하)	제외할 끝나는 값	'송' 으로 끝나는 값이 아닌 경우 검색
=	같다	포함하는 값	'송'이 포함된 경우 검색
〈〉	같지 않다	포함하지 않는 값	'송'이 포함되지 않는 경우 검색

정렬 기준을 지정한다. 첫째 기준에서 'CompanyName' 를 '오름차순'으로 지정하여 보자.

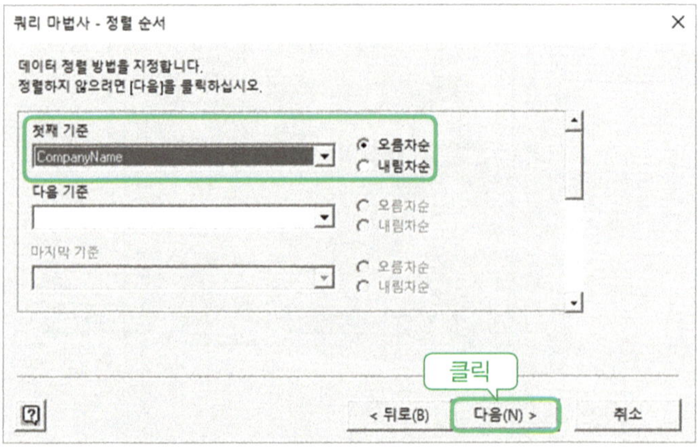

'Microsoft Excel(으)로 데이터 되돌리기'를 선택하고 [마침]을 클릭한다.

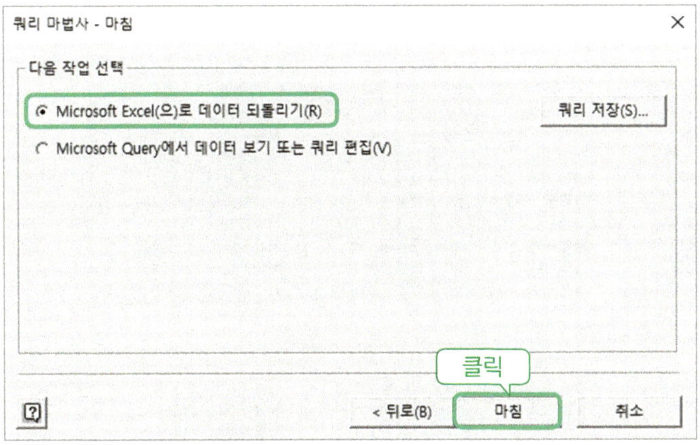

엑셀의 워크시트에서 데이터가 위치할 셀을 '기존 워크시트'로 선택하고 워크시트에서 [A1] 셀을 클릭하여 '=$A$1'로 지정한 후 [확인] 버튼을 클릭한다.

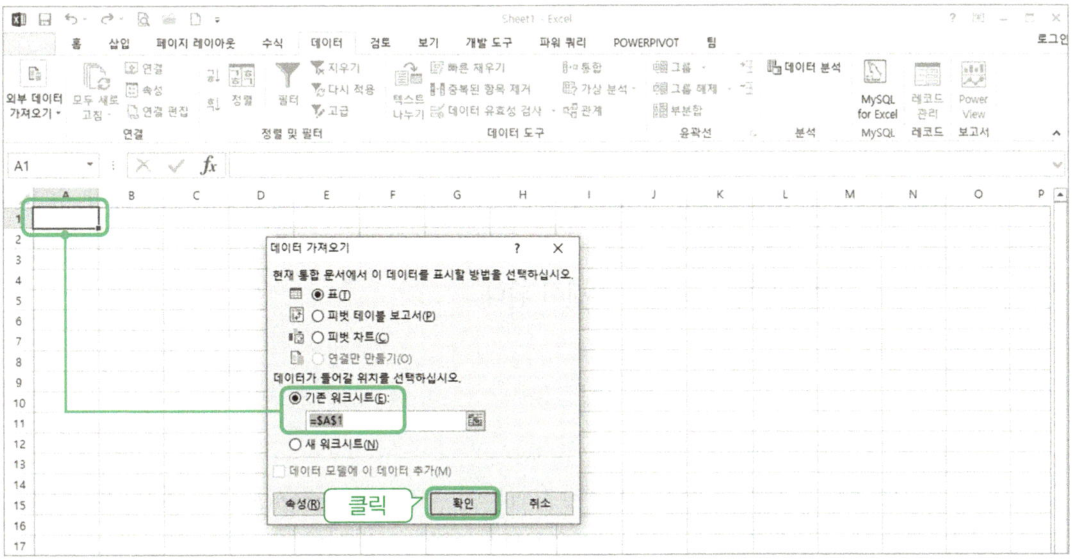

- 데이터를 읽어 오는 과정이 잠시 지나간 후 데이터가 워크시트에 나타날 것이다. 다음은 액세스의 데이터가 엑셀로 가져온 결과 화면이다.

	A	B	C	D	E	F	G
1	CustomerID	CompanyName	ContactName	ContactTitle	Address	City	PostalCode
2	LILAS	경동 무역 ㈜	임홍삼	경리 과장	중구 광희동 1가 100-41	서울특별시	100-411
3	GALED	광성 교역 ㈜	김혜린	마케팅 1과장	도봉구 방학 3동 18	서울특별시	132-023
4	TRADH	국제 무역 ㈜	심영국	영업 사원	동작구 흑석 3동 140-3	서울특별시	156-073
5	DRACD	극동 무역 ㈜	강민수	영업 과장	송파구 잠실동 220	서울특별시	138-220`
6	ISLAT	글로리아 백화점 ㈜	황길호	마케팅 3과장	강남구 개포동 135-24	서울특별시	135-240
7	SPECD	대성 교역 ㈜	황영신	마케팅 2과장	서초구 방배본동 102-3	서울특별시	137-069
8	COMMI	대진 상사 ㈜	천용만	영업 사원	노원구 공릉동 178	서울특별시	139-240
9	ANTON	동광 통상 ㈜	조자룡	대표 이사	강서구 내발산동 318	서울특별시	157-280
[illegible]	[illegible]	[illegible]	[illegible]	[illegible]	[illegible]	[illegible]	[illegible]
[illegible]	[illegible]	[illegible]	[illegible]	[illegible]	[illegible]	[illegible]	[illegible]
24	RANCH	스타 상사 ㈜	황영남	영업 사원	강서구 화곡 1동 77-3	서울특별시	157-011
25	MORGK	신천지 통상 ㈜	서예희	마케팅 담당	종로구 송월동 101	서울특별시	110-101
26	WHITC	신흥 교역 ㈜	천동석	대표 이사	동대문구 신설동 721-11	서울특별시	130-110
27	HUNGC	아성 교역 ㈜	김애란	영업 사원	동작구 신대방동 10-6	서울특별시	156-010
28	NORTS	아틀란티스 통상 ㈜	우순하	영업 사원	양천구 신정 3동 241-16	서울특별시	158-073
29	DUMON	양정 물산 ㈜	주진국	대표 이사	강동구 성내동 143	서울특별시	134-030
30	WANDK	언더우드 상사 ㈜	정승화	영업 사원	강서구 오쇠동 124-7	서울특별시	157-270
31	SEVES	엘르 ㈜	김명석	영업 1과장	동대문구 전농 1동 742-3	서울특별시	130-021
32	OLDWO	우주 상사 ㈜	배준호	영업 사원	도봉구 미아 7동 334-7	서울특별시	132-107
33	ANATR	원창 ㈜	황영순	대표 이사	서초구 방배동 883-11	서울특별시	137-060

Sheet1

준비

(3) 웹 페이지 가져오기

엑셀에서는 웹페이지 주소를 지정하여 웹 데이터를 그대로 가져와서 실시간으로 사용할 수 있다. 환율이나 부동산, 주식 정보와 같이 실시간으로 데이터가 변동되는 데이트들을 엑셀로 가져오기 한 후 갱신 간격을 지정해 두면 자동으로 갱신이 된다.

예제 2-9

네이버 환율에서 환율 데이터 가져오기

인터넷 사이트 중에서 네이버 환율 사이트에 있는 환율정보를 워크시트로 가져온 후 실시간 자동으로 환율 값이 변동되어 시트에서 환율정보를 확인할 수 있다.

준비파일 네이버 환율 사이트 주소 :
https://finance.naver.com/marketindex/?tabSel=exchange#tab_section

완성시트

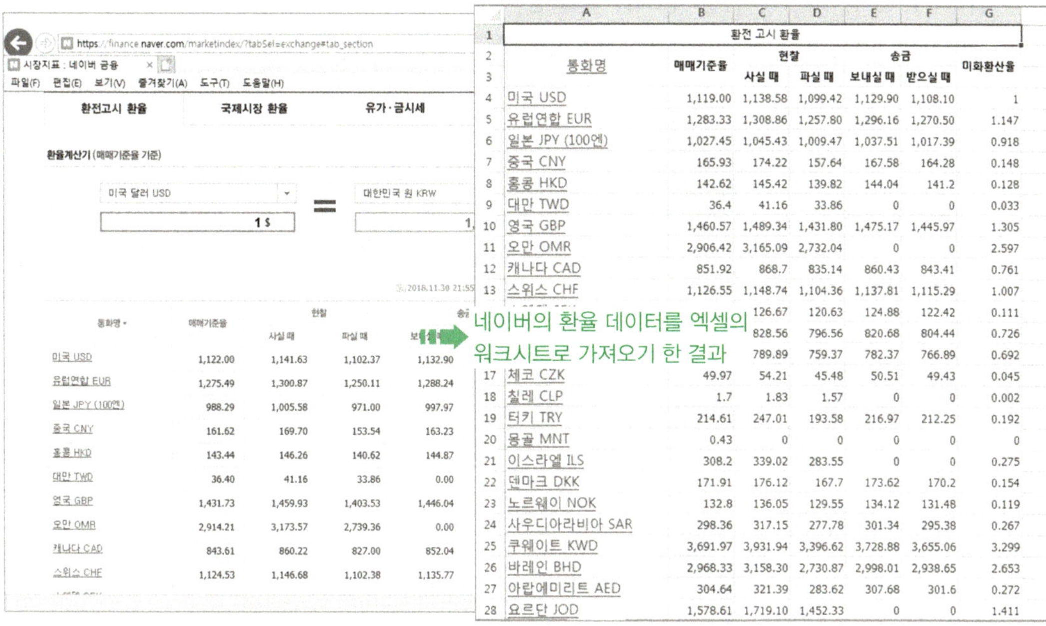

❶ [데이터] 탭-[외부 데이터 가져오기] 그룹-❷ [웹]을 클릭한다.

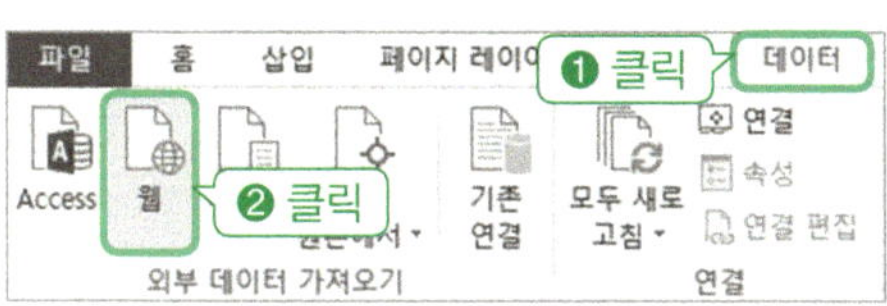

[새 웹 쿼리] 대화상자가 나타나면 ❶ 주소영역에 '네이버 환율 사이트' 주소를 복사하여 가져오도록 한다. 네이버 환율 주소를 모르면 네이버 주소를 먼저 입력하고 검색창에서 네이버 환율을 입력하여 검색하여 보자. 주소 입력을 한 후 ❷ [이동] 버튼을 클릭한다.

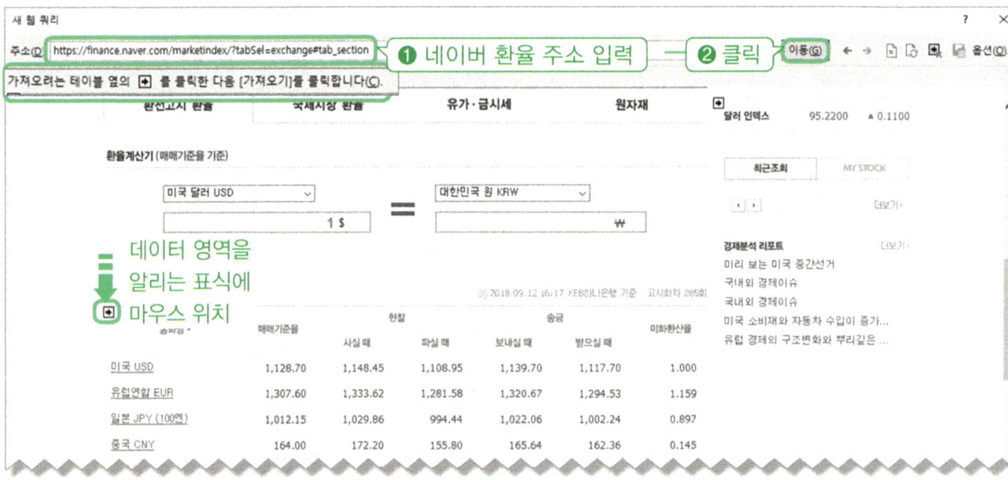

데이터 영역을 알리는 노란색 화살표식 ⊡에 마우스를 위치하면 화살표식 ⊡이 초록색으로 변경되고 환율 데이터에 파란색 테두리 선이 표시되어 가져올 데이터 영역을 알 수 있다.

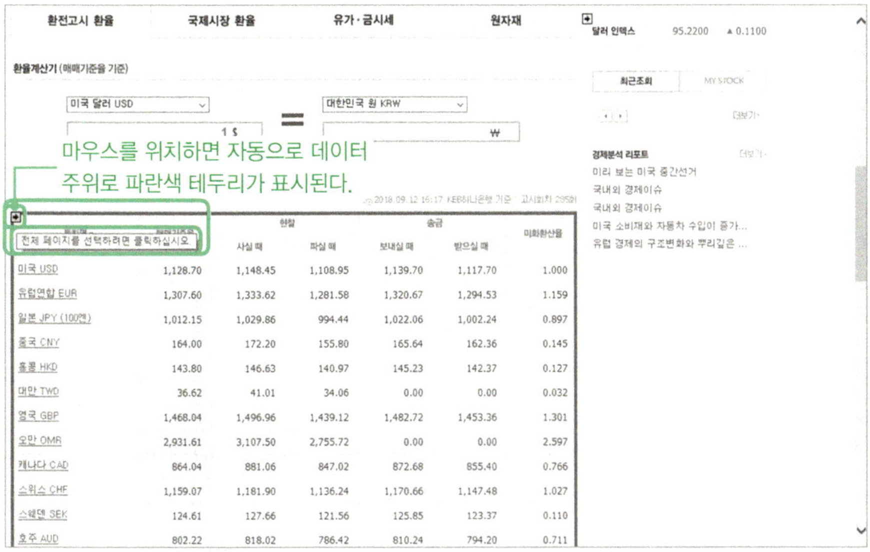

화살표식에서 마우스 클릭하여 데이터를 선택한다. 화살표식이 체크 표식 ☑으로 변경되고 데이터가 선택된 것을 알 수 있다.

HTML 서식을 유지하면서 데이터를 가져오려면 주소라인 왼쪽 끝에 있는 ❶ '옵션...'을 클릭한 후 '웹 쿼리 옵션' 대화상자에서 ❷ '완전한 HTML 서식'을 선택하고 ❸ [확인]버튼을 클릭한다. 다시 '새 웹 쿼리' 대화상자에서 하단에 있는 ❹ [가져오기] 버튼을 클릭한다.

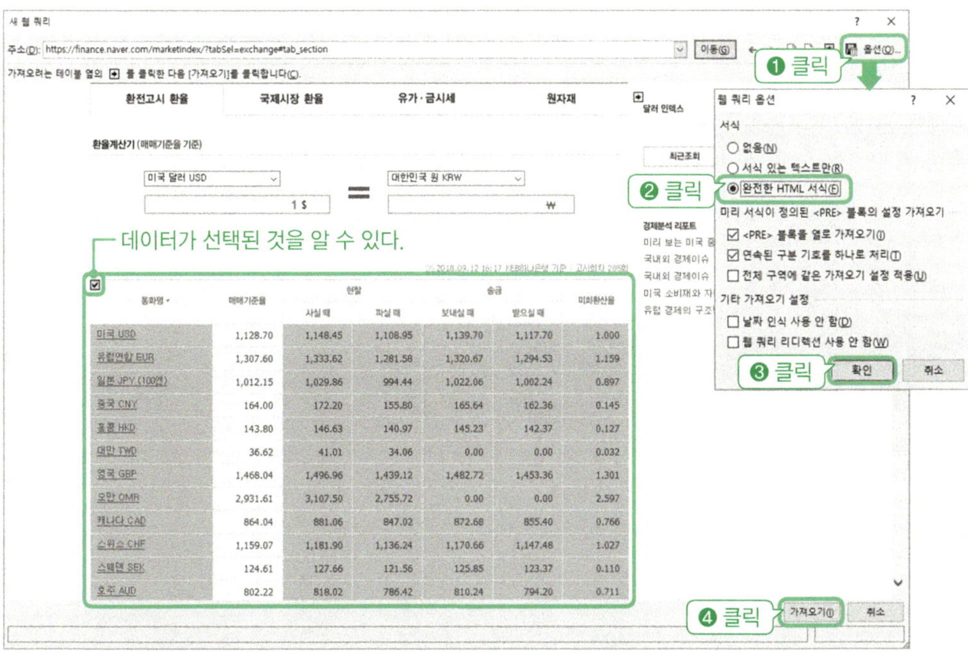

- 데이터가 위치할 셀을 지정한 후 '확인' 버튼을 클릭한다. '환율 데이터를 읽는 중...' 이라는 글자가 표시되고 잠시 후 환율 데이터가 시트에 표시된다.

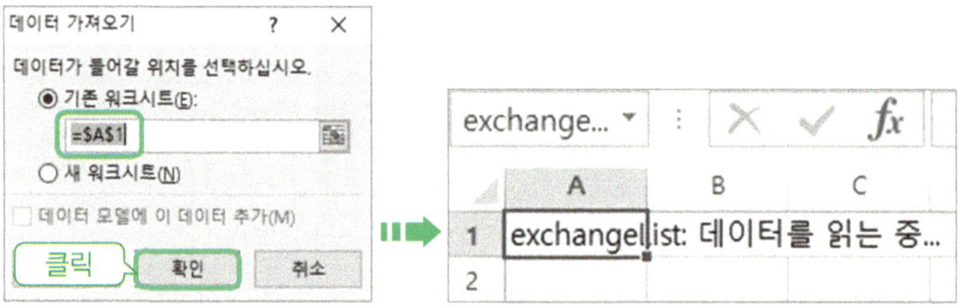

- 다음의 데이터 가져오기가 완료된다. 열의 간격을 자동 맞춤하기 위해 행과 열이 만나는 왼쪽상단 표식 ◢에서 마우스 클릭하여 워크시트를 전체 선택한다. [A]열과 [B]열 경계지점에서 마우스로 더블클릭하여 열의 간격을 자동 맞춤한다.

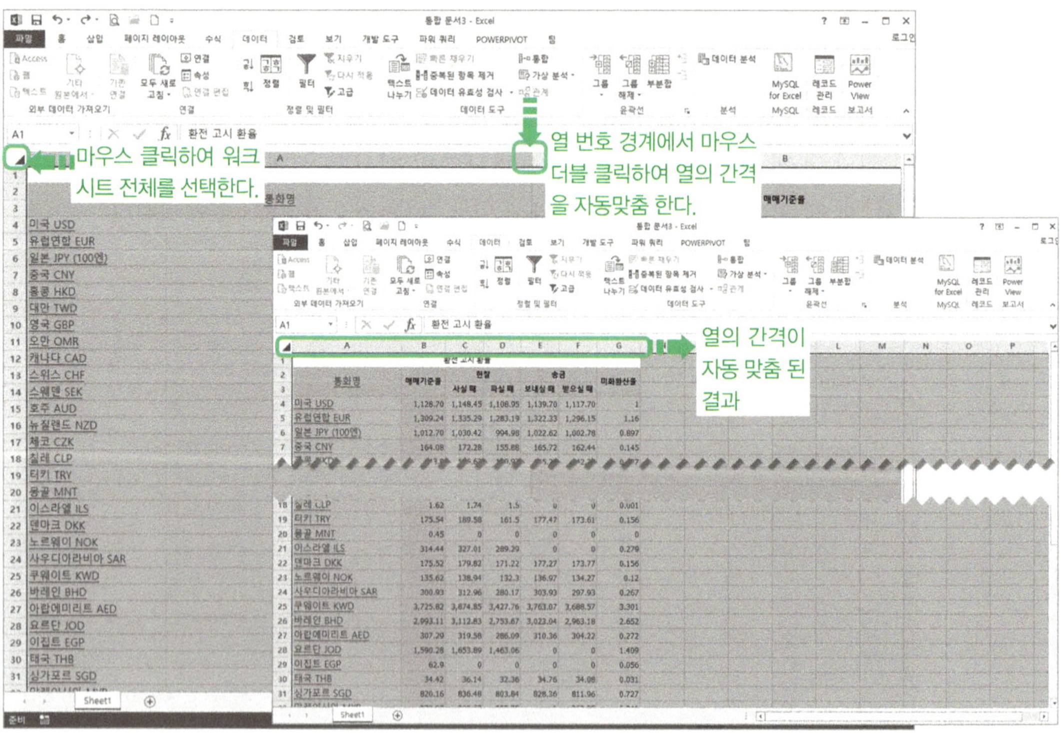

환율 데이터는 실시간으로 변동이 있는 데이터이므로 워크시트에서도 자동으로 환율이 변동되도록 지정하여 보자. 환율 데이터가 있는 셀에 마우스 클릭한 후 ❶~❷ [데이터]탭–[연결] 그룹–[속성] 명령 버튼을 클릭한다.

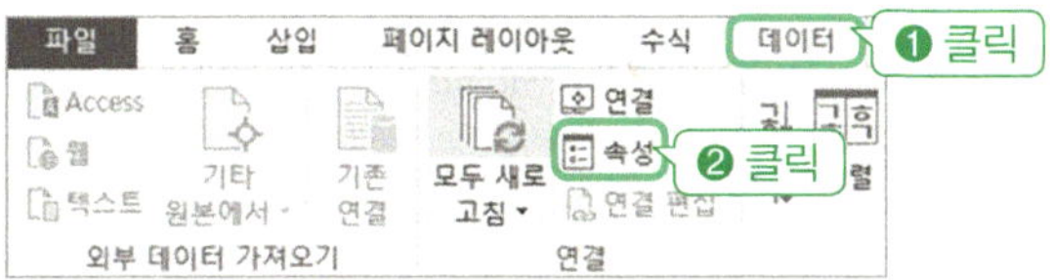

'외부 데이터 범위 속성' 대화상자에서 '새로 고침 옵션' 영역에서 '다음 간격으로 새로 고침'을 마우스 클릭하여 체크하고 오른쪽 입력 영역에서 숫자를 입력한다. 워크시트에 있는 환율 데이터가 지정된 시간이 되면 자동으로 새로 고침이 되어 갱신된다.

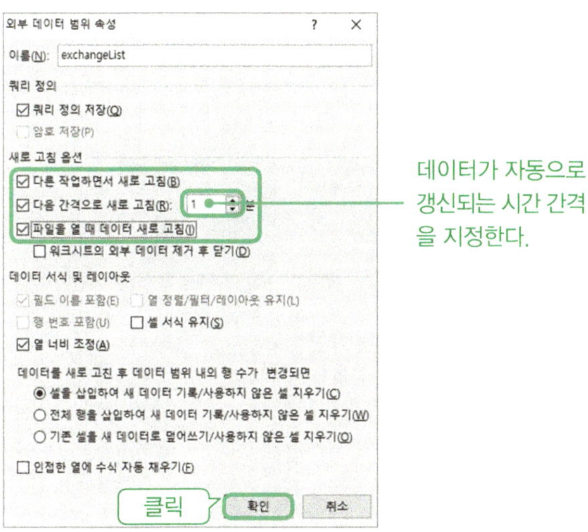

(4) 외부 데이터로 내보내기

엑셀에서 외부 데이터를 가져오기 하여 사용하는 경우도 있지만 반대로 엑셀의 데이터를 외부 파일로 변경하여 데이터를 다양하게 활용하기도 한다.

엑셀의 데이터를 외부 파일로 내보내기 하여보자. 외부파일로 내보내기 할 때의 파일형식은 HTML 형식과 텍스트 파일로 내보내는 것이 가장 적당하다.

예제 2-10

텍스트 파일로 내보내기

워크시트에 저장된 '고객' 데이터를 텍스트 파일로 내보내기하여 저장하여 보자.

준비파일 ch2_2.xlsx '고객' 시트

완성시트

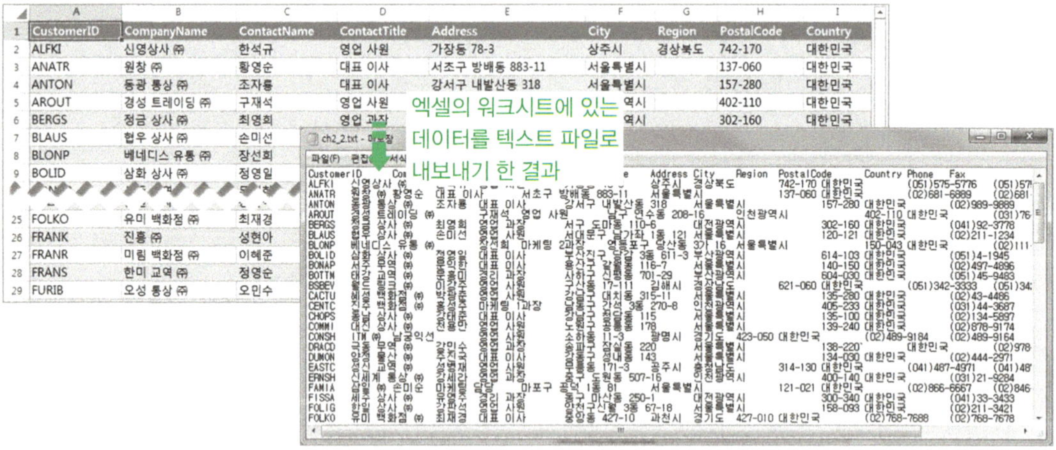

다음과 같이 2가지 방법 중에서 선택하여 저장할 수 있다.

- **방법1**: 메뉴에서 [파일]탭-[다른 이름으로 저장]을 선택한 후, 다음의 대화상자에서 저장위치를 지정하고 하단에 있는 '파일형식'에서 화면과 같이 '텍스트(탭으로분리)(*.txt)' 를 선택하고 파일이름을 입력한다. [저장]을 클릭한다.

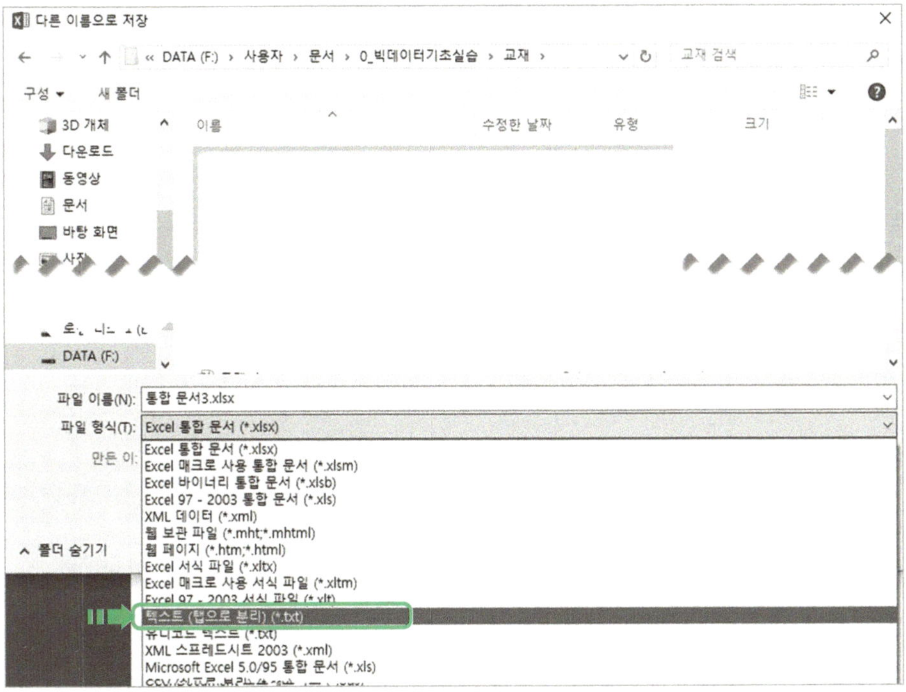

방법2: 메뉴에서 ❶ [파일]탭–[내보내기]를 선택한 후, 다음의 대화상자에서 ❷ [파일 형식변경]–[기타 파일형식] 영역에서 ❸ '텍스트(탭으로 분리)(*.txt)' 를 선택하고 ❹ [다른 이름으로 저장] 버튼을 클릭한다.

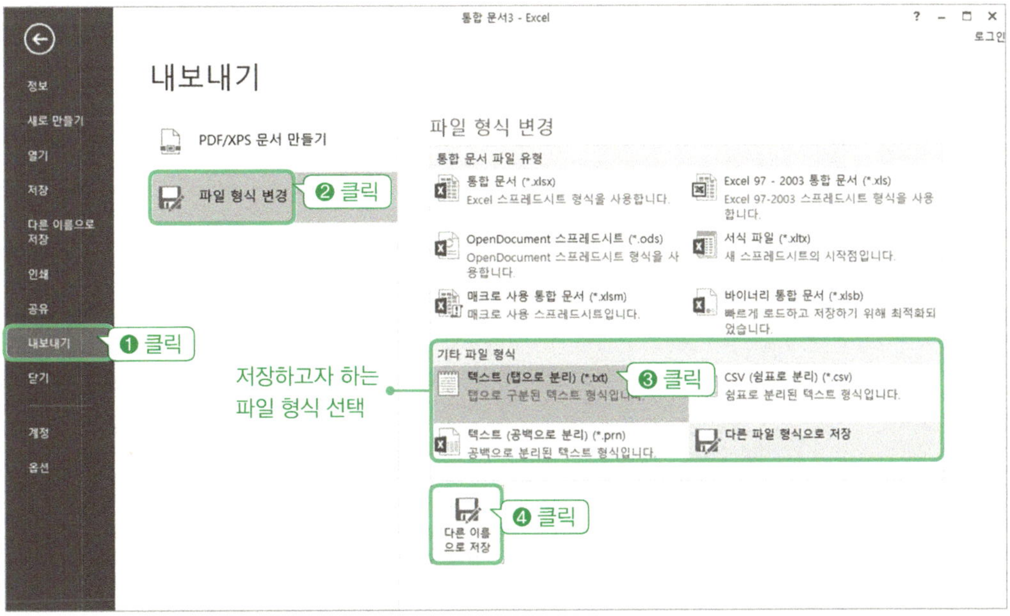

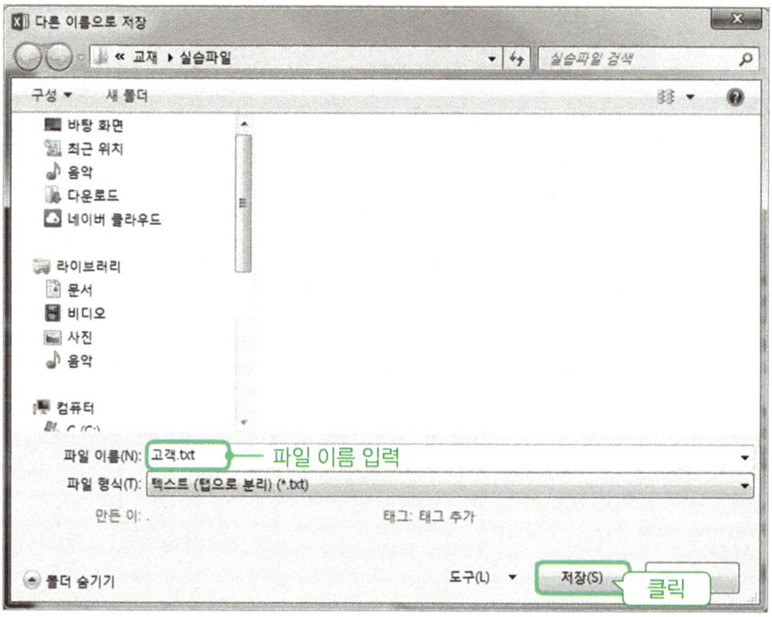

파일에 시트가 여러 개인 경우에는 다음과 같은 대화상자가 나타난다. 현재의 시트만 저장하는 것으로 하여 [확인] 버튼을 클릭한다.

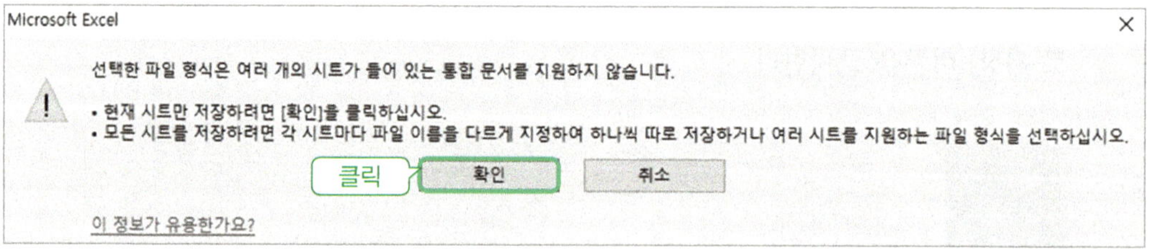

파일 형식이 다르기 때문에 나타나는 경고 화면이지만 무시하여도 된다. 여기서도 [예] 버튼을 클릭한다.

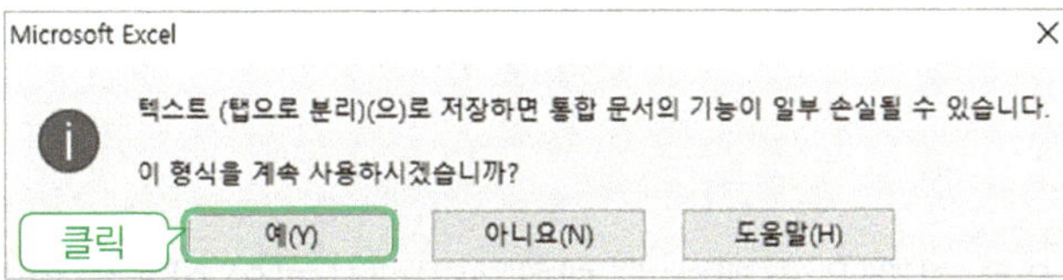

탐색기에서 파일이름을 보면 저장이 완료된 것을 알 수 있다. 다음은 메모장에서 저장된 '고객.txt' 파일을 불러온 화면이다.

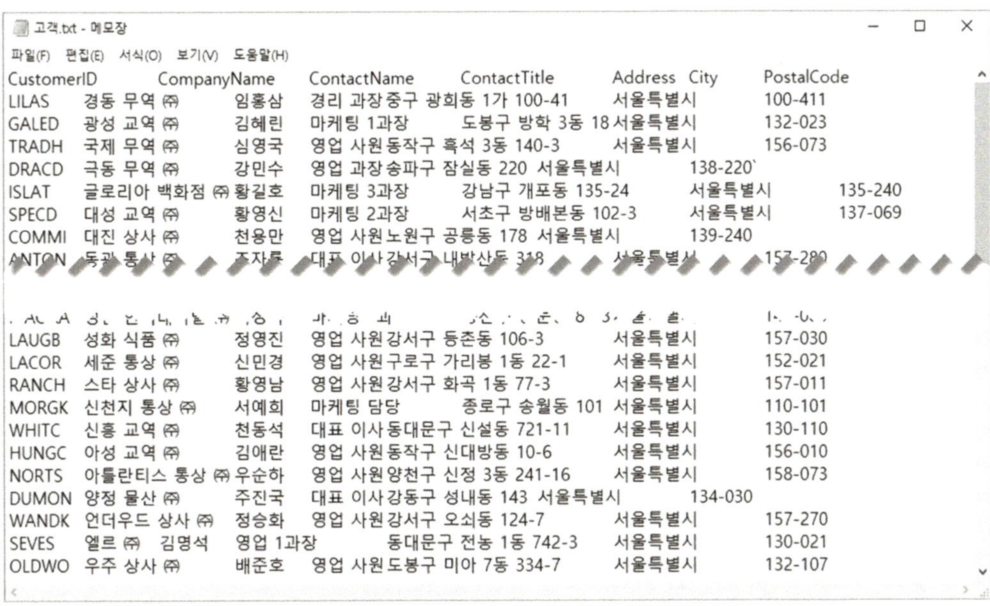

예제 2-11

웹 페이지로 저장하기

'고객' 워크시트에 있는 '고객' 데이터를 웹문서 형식인 웹페이지로 저장하여 보자.

준비파일 ch2_2.xlsx '고객' 시트

- 메뉴에서 [파일]탭-[다른 이름으로 저장]을 선택한다. 대화 상자에서 파일 이름을 입력하고, 파일 형식을 '웹페이지(*.htm, *.html)'로, '저장:전체통합 문서'를 지정, [제목 변경]을 클릭하여 제목을 '고객'으로 입력한 후 [저장]을 클릭한다. 엑셀 파일이 htm 서식으로 저장되어 워크시트에 보여진다.

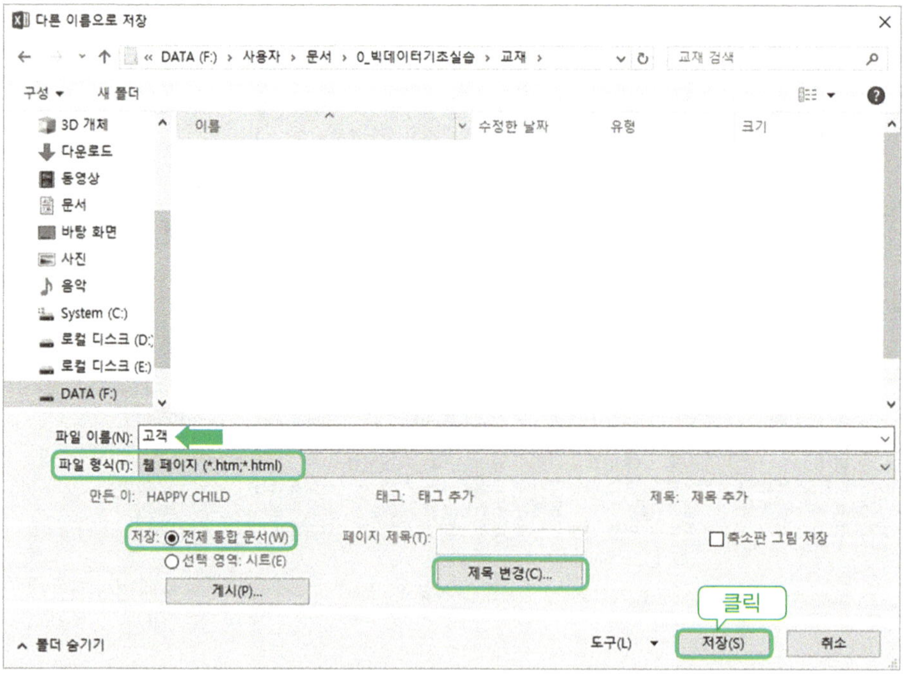

- [게시]버튼을 클릭하는 경우 '웹 페이지로 게시' 대화 상자가 나타난다.

◈ '웹 페이지로 게시' 대화 상자에서 '브라우저에서 게시한 웹 페이지 열기'의 체크박스를 체크한 후 '게시' 버튼을 클릭하면 htm 파일이 새로 생성되고 브라우저가 자동 실행되면서 내용을 확인할 수 있다.

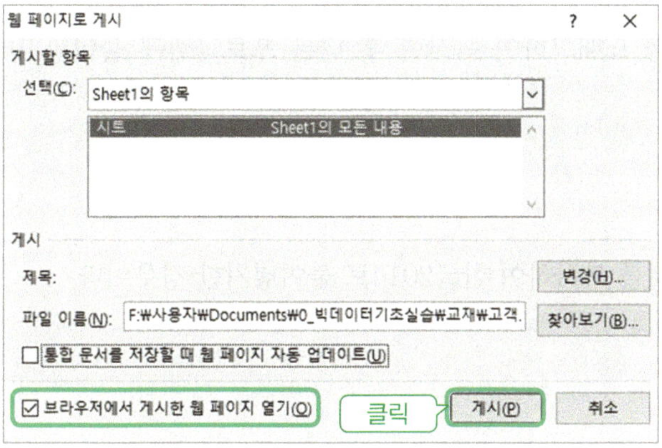

Tip '통합문서를 저장할 때 웹 페이지 자동으로 업데이트'를 선택하면 엑셀파일이 수정이 될 때 자동으로 웹문서도 수정되어 저장된다.

◈ 다음은 브라우저에서 실행된 웹페이지(htm) 문서 화면이다.

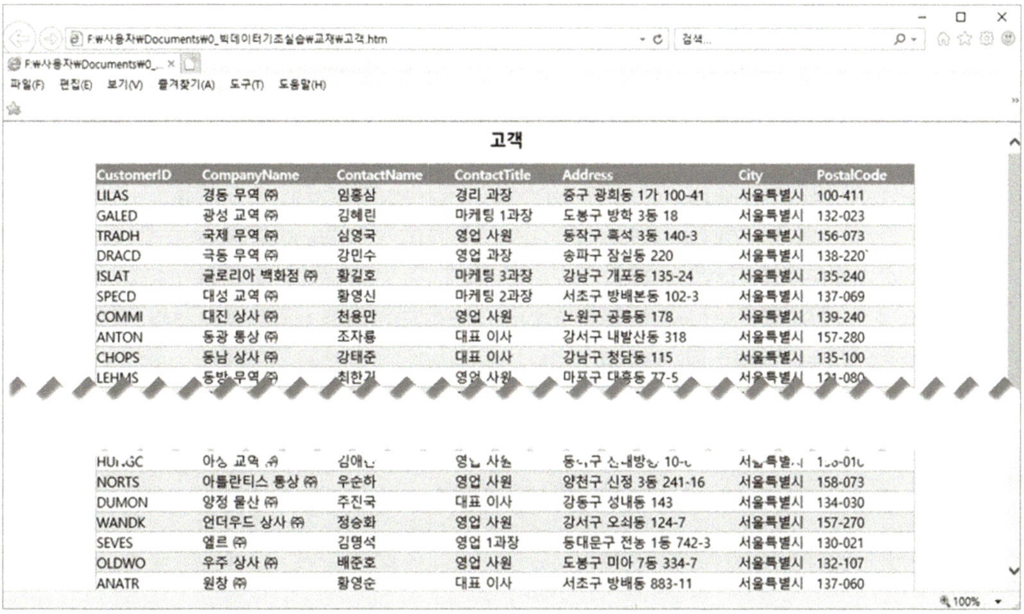

고객

CustomerID	CompanyName	ContactName	ContactTitle	Address	City	PostalCode
LILAS	경동 무역 ㈜	임홍삼	경리 과장	중구 광희동 1가 100-41	서울특별시	100-411
GALED	광성 교역 ㈜	김혜린	마케팅 1과장	도봉구 방학 3동 18	서울특별시	132-023
TRADH	국제 무역 ㈜	심영국	영업 사원	동작구 흑석 3동 140-3	서울특별시	156-073
DRACD	극동 무역 ㈜	강민수	영업 과장	송파구 잠실동 220	서울특별시	138-220
ISLAT	글로리아 백화점 ㈜	황길호	마케팅 3과장	강남구 개포동 135-24	서울특별시	135-240
SPECD	대성 교역 ㈜	황영신	마케팅 2과장	서초구 방배본동 102-3	서울특별시	137-069
COMMI	대진 상사 ㈜	천용만	영업 사원	노원구 공릉동 178	서울특별시	139-240
ANTON	동광 통상 ㈜	조자룡	대표 이사	강서구 내발산동 318	서울특별시	157-280
CHOPS	동남 상사 ㈜	강태준	대표 이사	강남구 청담동 115	서울특별시	135-100
LEHMS	동방 무역 ㈜	최한기	영업 사원	마포구 대흥동 77-5	서울특별시	121-080
HU[illegible]GC	아성 교역 ㈜	김애[illegible]	영[illegible] 사원	동[illegible]구 신내방[illegible] 10-[illegible]	서[illegible]특별[illegible]	1[illegible]-01[illegible]
NORTS	아틀란티스 통상 ㈜	우순하	영업 사원	양천구 신정 3동 241-16	서울특별시	158-073
DUMON	양정 물산 ㈜	주진국	대표 이사	강동구 성내동 143	서울특별시	134-030
WANDK	언더우드 상사 ㈜	정승화	영업 사원	강서구 오쇠동 124-7	서울특별시	157-270
SEVES	엘르 ㈜	김명석	영업 1과장	동대문구 전농 1동 742-3	서울특별시	130-021
OLDWO	우주 상사 ㈜	배준호	영업 사원	도봉구 미아 7동 334-7	서울특별시	132-107
ANATR	원창 ㈜	황영순	대표 이사	서초구 방배동 883-11	서울특별시	137-060

예제 2-12

표의 데이터를 복사하여 붙여넣기

한글, 파워포인트, MS-Word, 웹페이지 문서 등 표로 작성된 데이터들은 표를 드래그하여 그대로 복사하여 엑셀로 가져와서 붙여넣기하면 바로 워크시트 셀에 맞추어 복사가 된다.

반대로 엑셀의 워크시트의 데이터를 드래그하여 복사한 후 다른 프로그램에 붙여넣기하면 표로 복사된다.

준비파일 ch2_2.xlsx '고객' 시트

다음의 예는 엑셀의 워크시트 데이터를 복사하여 한글2014로 붙여넣기한 경우이다.

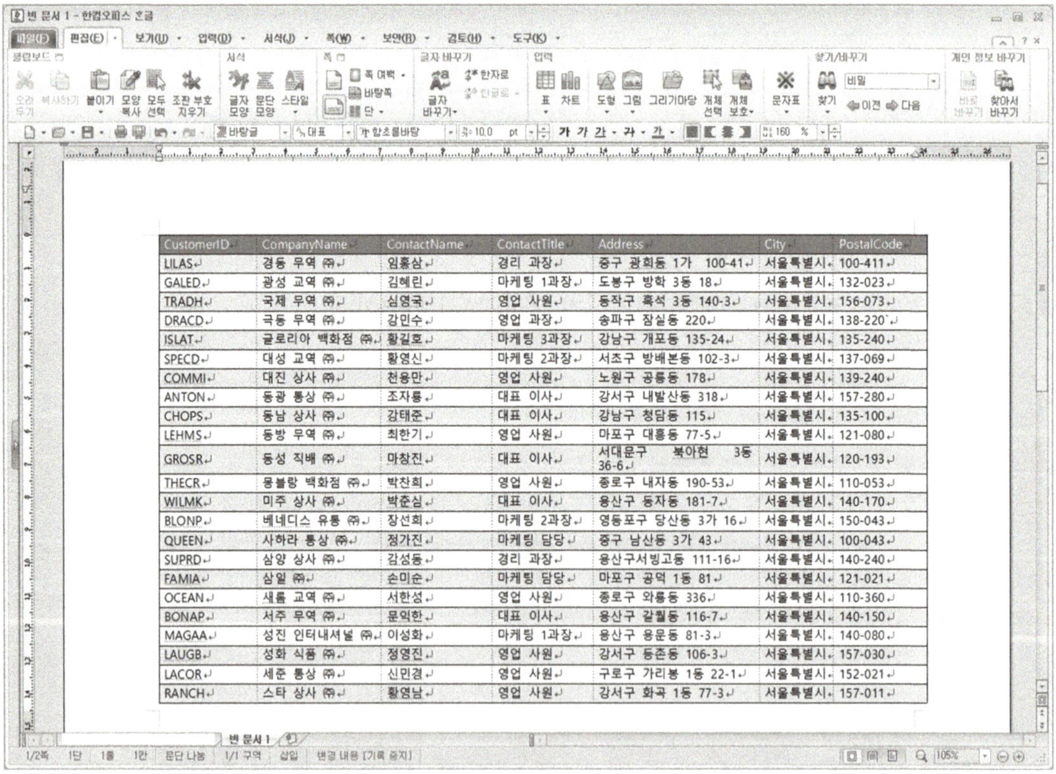

CustomerID	CompanyName	ContactName	ContactTitle	Address	City	PostalCode
LILAS	경동 무역 ㈜	임홍삼	경리 과장	중구 광희동 1가 100-41	서울특별시	100-411
GALED	광성 교역 ㈜	김혜린	마케팅 1과장	도봉구 방학 3동 18	서울특별시	132-023
TRADH	국제 무역 ㈜	심영국	영업 사원	동작구 흑석 3동 140-3	서울특별시	156-073
DRACD	극동 무역 ㈜	강민수	영업 과장	송파구 잠실동 220	서울특별시	138-220`
ISLAT	글로리아 백화점 ㈜	황길호	마케팅 3과장	강남구 개포동 135-24	서울특별시	135-240
SPECD	대성 교역 ㈜	황영신	마케팅 2과장	서초구 방배본동 102-3	서울특별시	137-069
COMMI	대진 상사 ㈜	천용만	영업 사원	노원구 공릉동 178	서울특별시	139-240
ANTON	동광 통상 ㈜	조자룡	대표 이사	강서구 내발산동 318	서울특별시	157-280
CHOPS	동남 상사 ㈜	강태준	대표 이사	강남구 청담동 115	서울특별시	135-100
LEHMS	동방 무역 ㈜	최한기	영업 사원	마포구 대흥동 77-5	서울특별시	121-080
GROSR	동성 직배 ㈜	마창진	대표 이사	서대문구 북아현 3동 36-6	서울특별시	120-193
THECR	몽블랑 백화점 ㈜	박찬희	영업 사원	종로구 내자동 190-53	서울특별시	110-053
WILMK	미주 상사 ㈜	박준심	대표 이사	용산구 동자동 181-7	서울특별시	140-170
BLONP	베네디스 유통 ㈜	장선희	마케팅 2과장	영등포구 당산동 3가 16	서울특별시	150-043
QUEEN	사하라 통상 ㈜	정가진	마케팅 담당	중구 남산동 3가 43	서울특별시	100-043
SUPRD	삼양 상사 ㈜	감성동	경리 과장	용산구서빙고동 111-16	서울특별시	140-240
FAMIA	삼일 ㈜	손미순	마케팅 담당	마포구 공덕 1동 81	서울특별시	121-021
OCEAN	새롬 교역 ㈜	서한성	영업 사원	종로구 와룡동 336	서울특별시	110-360
BONAP	서주 무역 ㈜	문익한	대표 이사	용산구 갈월동 116-7	서울특별시	140-150
MAGAA	성진 인터내셔널 ㈜	이성화	마케팅 1과장	용산구 용문동 81-3	서울특별시	140-080
LAUGB	성화 식품 ㈜	정영진	영업 사원	강서구 등촌동 106-3	서울특별시	157-030
LACOR	세준 통상 ㈜	신민경	영업 사원	구로구 가리봉 1동 22-1	서울특별시	152-021
RANCH	스타 상사 ㈜	황영남	영업 사원	강서구 화곡 1동 77-3	서울특별시	157-011

엑셀의 워크시트에서 데이터를 범위 설정한 후 〈Ctrl+C〉 키를 눌러 복사한다. 한글 2014 프로그램에서 〈Ctrl+V〉 키를 눌러 붙여 넣기한다.

주어진 파일을 사용하여 그림과 같은 시트가 되도록 다음 문제를 해결하시오.

01 'ch2_2_1.txt' 텍스트 파일에는 마라톤 경기의 성적 결과 데이터가 항목별로 ,(쉼표)로 구분되어 저장되어 있다. 엑셀의 작업시트에 각 열로 구분하여 가져오기 하시오.

❶ 메뉴에서 [데이터] 탭–[외부 데이터 가져오기] 그룹–[텍스트]를 선택하여 'ch2_2_1.txt' 파일을 열기 하시오. ([파일] 탭–[열기]를 선택한 후 열기 대화상자에서 파일을 선택하여도 됨)

❷ 텍스트 마법사 대화상자가 나타나면 각 진행 단계를 따라 가면서 데이터를 엑셀의 작업 시트로 가져오기 하시오. (열의 구분기호는 쉼표로 되어 있음)

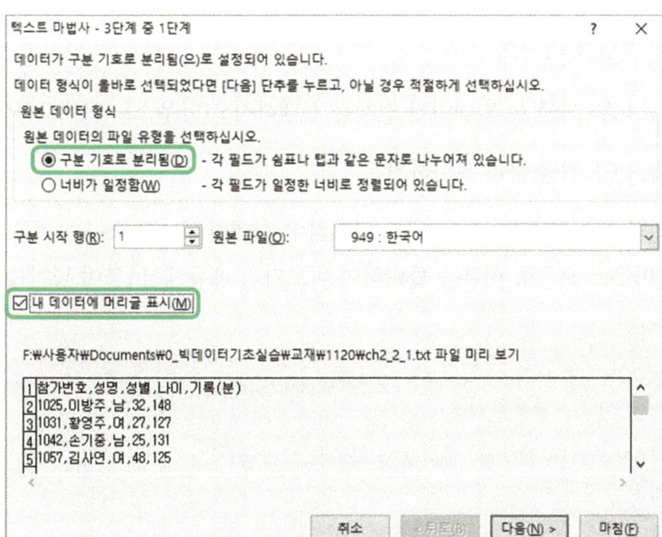

❸ 데이터를 표로 변환하고 표의 이름은 '마라톤성적'으로 지정하시오. 메뉴에서 [표 도구] –[디자인] 탭–[속성] 그룹–[표 이름]

❹ 요약행을 추가하고 학생 이름 필드에서 인원수가 표시되도록 지정하시오.

❺ 파일 이름을 '마라톤결과.xlsx'로 지정하여 저장하시오.

02 'ch2_2_2.txt' 텍스트 파일은 다른 응용 프로그램에서 실행한 결과 데이터가 저장되어 있다. 메모장에서 열기 한 후 내용을 드래그하여 범위 지정하고 복사한 후 엑셀 시트에 붙여 넣기한 후 엑셀 파일로 저장하시오. 메모장에서 복사하기 한 후 엑셀의 시트로 붙여 넣기하면 한 열에 데이터가 모두 표시된다. 텍스트 +나누기를 사용하여 각 항목별로 열을 분리하도록 하시오.

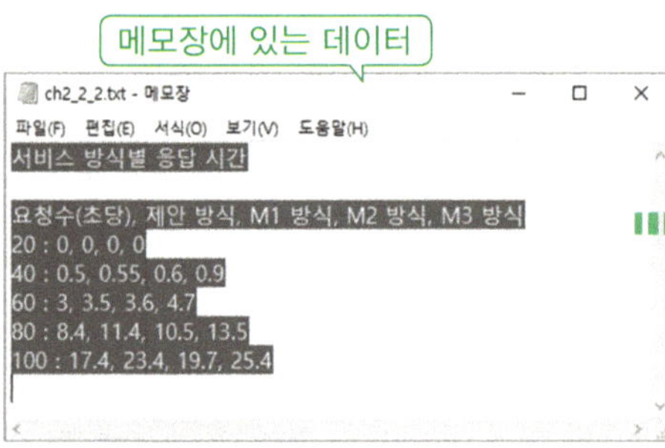

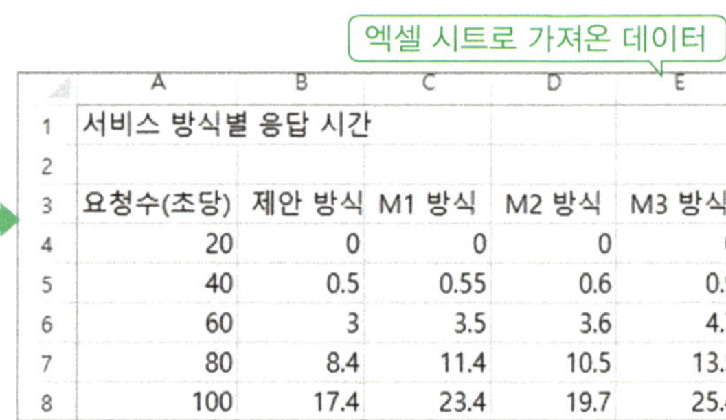

❶ 윈도우 탐색기에서 'ch2_2_2.txt' 파일이 있는 폴더로 이동한 후 파일 이름에서 더블클릭하여 파일을 여시오.

❷ 〈Ctrl+A〉 키를 눌러 데이터 전체를 선택하시오(마우스로 드래그하여도 됨).

❸ 〈Ctrl+C〉 키를 눌러 복사하기

❹ 엑셀의 작업시트에서 [A1]셀을 클릭하여 선택한 후 〈Ctrl+V〉 키를 눌러 붙여넣기 하시오. 마우스 오른쪽 버튼을 클릭하여 바로가기 메뉴에서 [붙여 넣기]를 선택하여도 됨.

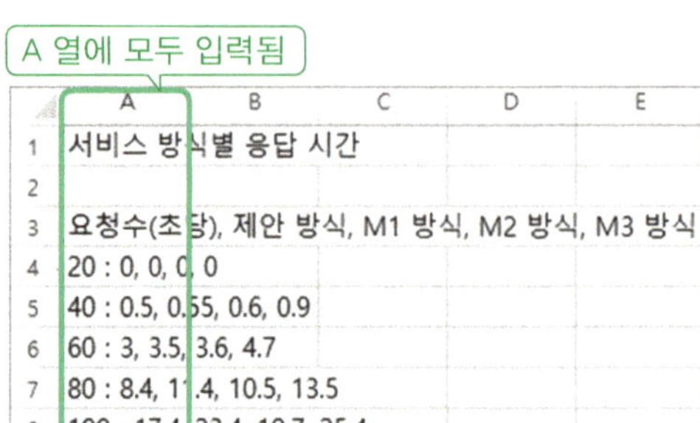

❺ 데이터가 모두 A열에 입력된 것을 제목을 제외한 [A3:A8] 까지를 범위 지정한 후 메뉴에서 [데이터] 탭-[데이터 도구] 그룹-[텍스트 나누기]를 선택하여 데이터를 항목별로 열로 분리하시오.

❻ 파일이름을 '응답시간.xlsx' 로 지정하여 저장하시오.

03

'ch2_2_3.accdb' 액세스 파일에는 청약현황의 데이터가 데이터베이스로 구축되어 있다. [외부 데이터 가져오기] 기능을 사용하여 주어진 액세스 파일의 데이터를 시트를 구분하여 각 시트에 전체데이터, 필드의 일부를 다음의 조건에 따라 워크시트로 가져오시오.

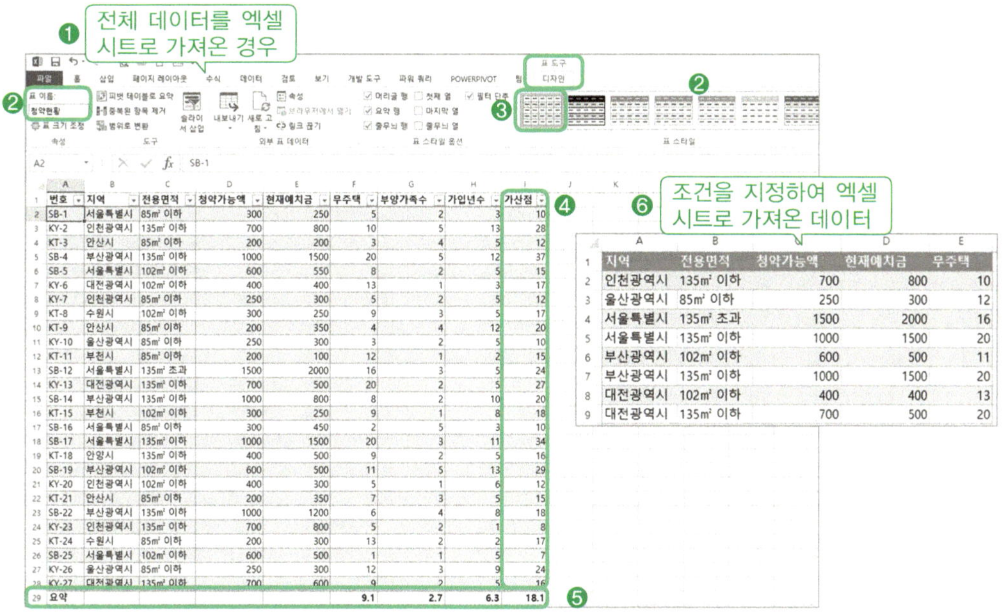

❶ 'ch2_2_3.accdb' 액세스 파일에 있는 데이터 전체를 엑셀의 현재 시트 [A1]으로 가져오시오.

❷ 표 이름을 '청약현황' 으로 변경하시오.

❸ 표 스타일을 '표 스타일 밝게 21' 로 지정하시오.

❹ 가산점 열을 추가한 후 표의 구조적 참조 지정자 이름을 사용하여 무주택, 부양가족수, 가입년수의 데이터를 모두 합한 결과값을 구하시오.

❺ 요약행을 추가한 후 무주택, 부양가족수, 가입년수의 각 평균을 구하시오.

❻ 워크 시트를 추가한 후 액세스 파일에서 다음의 조건에 따라 데이터를 가져오기 하시오.

- [내역] 테이블에서 [지역], [전용면적], [청약가능액], [현재예치금], [무주택] 필드 가져오기
- [지역]에 '특별' 또는 '광역'을 포함하고 [무주택]이 '10' 이상인 행만을 대상으로 하시오
- [지역]을 기준으로 내림차순, [무주택]을 기준으로 오름차순으로 정렬하시오
- 가져온 데이터의 표를 '범위로 변환'을 실행하여 정상범위로 변환하시오

❼ 파일의 이름을 '청약현황.xlsx' 로 지정하여 저장하시오.

03

데이터 전처리 및 정형화

3.1 데이터 변환과 수식(함수)을 사용하여 데이터 처리하기

3.2 수식을 이용한 통계요약자료 작성하기

3.1

데이터 변환과 수식(함수)을 사용하여 데이터 처리하기

2장에서는 데이터를 수집하고 저장하는 방법을 배웠다. 이렇게 얻은 데이터는 분석 자료를 얻는 데 바로 사용할 수도 있지만, 다른 형태로 변환을 하거나, 데이터를 더 세분화해야 할 수도 있다. 예를 들어 연령대별 선호 상품을 분석하려고 할 때 수집한 고객 정보에 생년월일만 있다면 이것으로부터 나이를 구하고 나이 연령별로 데이터를 묶어 구입 상품을 분석하는 과정이 필요하다.

빵 판매 정보로부터 요일과 판매수의 상관관계가 있음을 알게 된다면, 재고품이 최소가 되도록 빵을 만드는 개수를 구하는 데 도움이 될 것이다. 수집한 판매 정보에 단순히 판매 날짜만 있다면 이 날짜의 요일 정보를 추가로 구해야 한다. 마트에서는 식재료 판매율을 증가시키기 위해 어떤 식재료를 가깝게 배치할 것인가를 고민한다. 이러한 배치는 고객이 특정 상품을 구입한 후 멀리 이동하지 않고 가까운 곳에서 편리하게 다른 상품을 구입하게 하는 편리성을 제공하기 위해서이기도 하지만, 바로 옆에 있는 상품을 보고 추가적인 구입을 유도하기 위해서이기도 하다. 이러한 분석을 하려면 분석 대상인 모든 재료마다 특정 고객의 구입 여부를 어떻게 저장하는 것이 데이터 처리에 편리한지를 검토해야 한다. 이 중 한 가지 방법이 모든 재료마다 구입을 했다면 1을, 구입하지 않았다면 0으로 아주 간단히 변환하여 저장하는 것이다. 이처럼 수집하여 저장한 데이터는 분석할 내용이 무엇이냐에 따라 가장 적절한 형태로 데이터를 합치거나 쪼개거나 새로운 데이터로 변환하여 저장하는 과정이 필요하다.

또한 분석에 필요한 새로운 정보를 얻으려면 단순한 산술 연산뿐만 아니라, 요일 정보, 공휴일 정보, 증감 정보, 특정 텍스트의 포함 여부, 원하는 조건에 맞는 데이터의 수, 합계, 평균, 최댓값, 최솟값과 같은 여러 가지 새로운 값을 구하는 과정이 필요하다. 이 절에서는 기존의 데이터로부터 데이터 분석에 필요한 정보를 만들기 위해 데이터를 변환하거나 수식(함수)을 도출하는 방법을 소개한다.

엑셀은 기존 데이터로부터 사용자가 원하는 정보를 빠르고, 쉽고, 정확하게 얻을 수 있도록 수백 개의 함수를 14가지 범주로 나누어 제공한다. 예제에서 사용되는 함수는 각 절마다 다음과 같이 간단히 소개한다. 함수의 인수 중 생략할 수 있는 것은 [ ]로 묶여져 있다.

IF(logical_test, [value_if_true], [value_if_false]) : 논리식인 logical_test가 참이면 value_if_true가, 거짓이면 value_if_false가 결과 값이 된다.
AND(logical1, [logical2], ...) : ( ) 안의 논리식 logical1부터 나열한 모든 논리식이 참이면 결과 값이 참(TRUE, 1)이 되고 그렇지 않으면 거짓(FALSE, 0)이 된다.
OR(logical1, [logical2], ...) : ( ) 안의 논리식 중 하나라도 참이면 결과 값이 참(TRUE, 1)이 된다.
NOT(logical) : 논리식 logical이 참이면 거짓(FALSE, 0), 거짓이면 참(TRUE, 1)이 결과 값이 된다.

DATE(year, month, day) : year년 month월 day일 날짜를 만든다.
WEEKDAY(serial_number, [return_type]) : serial_number(날짜)의 요일 정보를 구한다. return_type은 1이 기본 값이며, 일월화수목금토순으로 1~7 중의 숫자가 결과 값이 된다.

LEFT(text, [num_chars]) : text(문자열)의 왼쪽에서 num_chars개의 문자를 추출한다.
MID(text, start_num, num_chars) : text의 start_num번째 문자부터 num_chars개의 문자를 추출한다.
RIGHT(text, num_chars) : text의 오른쪽 끝에서 num_chars개의 문자를 추출한다.

CHOOSE(index_num, value1, [value2], ...) : 두 번째 인수인 value1부터 나열한 목록 중 한 개의 값을 선택한다. 첫 번째 인수 index_num이 1이면 value1, 2면 value2, 3이면 value3과 같이 index_num 값에 따라 목록 중 하나를 선택한다.

예제 3-1

6월 한 달 동안의 의류 온라인 주문 내역으로부터 월요일~일요일 중 어떤 요일에 온라인 주문 건수가 작은지 분석해 보자. 이 결과는 주문 수를 올리기 위한 각종 이벤트를 어떤 요일에 진행할지 결정하는 데 도움이 될 것이다. 주문코드에 포함된 정보를 이용하여 주문일과 품목을 분류하고, 주문일로부터 주말과 평일을 구분한 후 요일도 찾아내보자. 각 요일별 주문 수는 다음 장에서 소개하는 COUNTIF 함수를 이용하여 구할 수 있다.

준비파일 ch3_1.xlsx '6월주문내역' 시트

완성시트

	A	B	C	D	E	F	G	H	I
1	주문번호	주문코드	주문일	분류	주말	요일		요일별	주문수
2	180601J01	180601_J01	2018-06-01	진	평일	금		월	44
3	180601P01	180601_P01	2018-06-01	원피스	평일	금		화	56
4	180601S01	180601_S01	2018-06-01	스웨터	평일	금		수	31
5	180601T01	180601_T01	2018-06-01	티셔츠	평일	금		목	51
6	180602J02	180602_J02	2018-06-02	진	주말	토		금	28
7	180602P02	180602_P02	2018-06-02	원피스	주말	토		토	8
8	180602S02	180602_S02	2018-06-02	스웨터	주말	토		일	20
9	180602T02	180602_T02	2018-06-02	티셔츠	주말	토			
10	180603J03	180603_J03	2018-06-03	진	주말	일			
246	180630T30	180630_T30	2018-06-30	티셔츠	주말	토			

요일 정보를 구하면 자동으로 구해진다.

주문번호로부터 구한다.

01 빠른 채우기 기능으로 주문번호를 이용하여 주문코드 만들기

주문번호의 앞 여섯 자리는 주문 날짜를, 뒤의 세 문자는 의류가 원피스, 스웨터, 티셔츠, 진 네 가지 중 어느 품목에 해당하는지를 나타낸다. 주문 코드 중 품목에 해당하는 부분을 빠르게 구분할 수 있도록 중간에 _가 들어간 주문 코드를 만들어보자.

❶ [B2] 셀에서 180601_J01을 입력한 후 ❷ [B3] 셀에서 '1'을 입력하면 빠른 채우기 미리보기가 나타난다. ❸ 〈Enter〉 키를 누르면 나머지 주문코드가 미리보기 내용으로 채워진다. 만일 두 번째 주문코드에 '1'을 입력했을 때 엑셀이 빠른 채우기 규칙을 찾지 못한다면 미리보기는 나타나지 않는다. 이런 경우 '8', '0', '6'과 같은 순서로 내용을 추가로 입력하면 엑셀은 새로운 규칙을 찾으려고 시도하며, 규칙을 찾았다면 아래로 빠른 채우기를 미리 보여준다. 하지만 사용자가 생각하는 규칙을 엑셀이 찾아내지 못하였다면 빠른 채우기는 되지 않는다.

	A	B	C	D
1	주문번호	주문코드	주문일	분류
2	180601J01	180601_J01		
3	180601P01	1		
4	180601S01	180		
5	180601T01	180601_T01		
6	180602J02	180602_J02		
7	180602P02	180602_P02		
8	180602S02	180602_S02		
9	180602T02	180602_T02		
10	180603J03	180603_J03		
11	180603J03	180603_J03		
12	180603P03	180603_P03		

❶ 입력

❷ '1' 입력

❸ 〈Enter〉 키

엑셀이 이전 셀의 내용을 분석한 후 주문코드를 만드는 규칙을 찾았다면 아래 쪽으로 빠르게 채울 내용을 미리 보여준다.

만일 둘째 셀까지 내용을 입력했는데도 규칙을 찾지 못하여 미리보기가 나타나지 않는다면 다음과 같이 메뉴를 이용한다.

- 규칙을 찾을 수 있을 만큼 내용을 직접 입력한다. 여기서는 [B2:B3]까지 직접 입력한다.
- 직접 입력한 내용 다음 셀인 [B4] 셀에 셀 포인터를 둔다.
- [홈] 탭–[편집] 그룹–[채우기 ▼]–[빠른 채우기]를 클릭한다 (또는 [홈] 탭–[데이터] 그룹–[빠른 채우기]를 클릭한다).

Tip 빠른 채우기 기능은 좌우로 연속된 범위의 내용만 이용하여 새로운 내용을 만들 때만 가능하다. 그러므로 주문코드를 [C] 열에서 만들고자 할 때 [B] 열이 완전히 비어 있다면 분리된 영역의 주문번호를 참고할 수 없으므로 빠른 채우기 기능을 이용할 수 없다.

Tip 엑셀은 학습을 통해 빠른 채우기 규칙을 찾을 수 있다. 빠른 채우기 내용 중 일부가 사용자가 생각하는 규칙과 맞지 않는다면 잘못 채워진 내용을 원하는 값으로 직접 바꾸어 엑셀이 새로운 규칙을 찾도록 한다. 단, 현재 열에서 빠른 채우기 작업을 끝내고 다른 작업을 한 후에는 학습이 되지 않는다. 그러므로 이전 빠른 채우기를 수정하거나 새로 하려면 기존 내용을 모두 지우고 새로 해야 한다.

02 주문코드를 이용하여 주문일 만들기

주문 날짜가 무슨 요일인지를 구하려면 주문코드로부터 날짜 데이터를 만들어야만 가능하다. 요일을 구하는 식을 단순화하기 위해 주문일을 별도의 열에 구한 후 작업을 해보자.

주문코드의 앞 여섯 자리는 년, 월, 일 정보를 두 자리씩 연결한 것이므로 이를 이용하여 날짜를 만들 수 있다. date 함수는 첫 인수가 1900보다 작으면 1900년대 날짜를 만든다. 그러므로 주문번호의 앞 두 문자가 "18"이면 1918년도 날짜가 된다. "18"을 2018로 만들 때는 연산자의 특징을 이용한다.

'+' 연산자는 피연산자가 숫자여야 한다. 그러므로 2000+"18"로 수식을 작성하면, 엑셀은 '+' 연산자의 오른쪽 피연산자를 가능한 숫자가 되도록 자동으로 변형한다. "18"에서 ""를 빼면 숫자 18이 되므로 결국 2018 결과값을 얻는다.

	A	B	C
1	주문번호	주문코드	주문일
2	180601J01	180601_J01	2018-06-01
3	180601P01	180601_P01	2018-06-01
4	180601S01	180601_S01	2018-06-01
5	180601T01	180601_T01	2018-06-01
6	180602J02	180602_J02	2018-06-02
7	180602P02	180602_P02	2018-06-02

Tip = 20 & "18"의 경우 & 연산자는 피연산자가 텍스트여야 하므로 엑셀은 숫자 20을 텍스트 "20"으로 변환한다. 결국 = "20" & "18"이 되어 텍스트 "2018" 결과값을 얻는다. 숫자 2018과 텍스트 "2018"은 셀에 표시된 상태에서는 둘 다 2018로 보여서 차이가 나지 않지만, 실제로 둘은 종류가 다른 값이다. 그러므로 만일 [H1] 셀의 실제 값이 텍스트 "2018"이라면 =SUM(H1)은 0이 된다. SUM 함수는 숫자가 아닌 값은 합계 대상에서 제외하기 때문이다.

03 주문코드를 이용하여 품목 분류하기

주문코드에 포함된 알파벳 J, P, S, T는 각각 의류의 품목이 진, 원피스, 스웨터, 티셔츠임을 의미한다. 이 알파벳을 이용하여 분류에 해당 품목이 나타나게 해보자.

	A	B	C	D
1	주문번호	주문코드	주문일	분류
2	180601J01	180601_J01	2018-06-01	진
3	180601P01	180601_P01	2018-06-01	원피스
4	180601S01	180601_S01	2018-06-01	스웨터
5	180601T01	180601_T01	2018-06-01	티셔츠
6	180602J02	180602_J02	2018-06-02	진
7	180602P02	180602_P02	2018-06-02	원피스
8	180602S02	180602_S02	2018-06-02	스웨터

```
= IF(MID(B2, 8, 1) = "J", "진",
    IF(MID(B2, 8, 1) = "P", "원피스",
        IF(MID(B2, 8, 1) = "S", "스웨터",
            IF(MID(B2, 8, 1) = "T", "티셔츠", "기타")
        )
    )
)
```

주문코드 8째부터 1개의 문자가 "J" 인가?

"J"일 때의 결과값

"J"가 아닐 때 "원피스", "스웨터", "티셔츠", "기타" 중 하나를 고르기 위한 IF 함수

04 주문일을 이용하여 주문일이 평일인지 주말인지 구분하기

주문일이 월요일~금요일까지의 평일인지, 토요일이거나 일요일인 주말인지 구분해 보자. 직접적으로 일요일~토요일 값을 구하는 함수는 없지만 요일 정보를 숫자로 알려주는 WEEKDAY 함수를 이용하면 주말 여부를 판단할 수 있다.

	B	C	D	E
1	주문코드	주문일	분류	주말
2	180601_J01	2018-06-01	진	평일
3	180601_P01	2018-06-01	원피스	평일
4	180601_S01	2018-06-01	스웨터	평일
5	180601_T01	2018-06-01	티셔츠	평일
6	180602_J02	2018-06-02	진	주말
7	180602_P02	2018-06-02	원피스	주말
8	180602_S02	2018-06-02	스웨터	주말

```
= IF( OR(WEEKDAY(C2)=1, WEEKDAY(C2)=7), "주말", "평일")
```

주문일의 요일이 일(1)

주문일의 요일이 토(7)

05 주문일을 이용하여 주문일의 요일 구하기

주문일의 요일을 월~일로 구해 보자. IF 함수를 사용해서 weekday(C2)=1이면 "일", 그렇지 않고 weekday(C2)=2이면 "월", ..., weekday(C2)=7이면 "토"와 같은 방법으로 해결할 수 있다. 하지만 IF가 6번 중첩되므로 CHOOSE 함수를 사용하여 더 간단하게 구해 보자.

	C	D	E	F
1	주문일	분류	주말	요일
2	2018-06-01	진	평일	금
3	2018-06-01	원피스	평일	금
4	2018-06-01	스웨터	평일	금
5	2018-06-01	티셔츠	평일	금
6	2018-06-02	진	주말	토
7	2018-06-02	원피스	주말	토
8	2018-06-02	스웨터	주말	토
9	2018-06-02	티셔츠	주말	토
10	2018-06-03	진	주말	일

= CHOOSE(WEEKDAY(C2), "일", "월", "화", "수", "목", "금", "토")

주문일의 요일 정보
일~토를 1~7로 알려줌

WEEKDAY()의 결과가 1이면 "일",
2이면 "월", …, 7이면 "토"가 선택됨

06 주문 요일별 주문수 분석하기

이전 단계에서 주문일의 해당 요일까지 구하면 오른쪽 [H:I] 열에 요일별 주문수가 나타난다. 이 주문수는 4장에서 소개할 COUNTIF 함수를 이용하여 구할 수 있다. 6월 1일이 금요일이고 29와 30일은 각각 금요일과 토요일이다. 이 예제는 요일별 주문수 합계를 분석하는 것이 목적이므로 6월에 금요일과 토요일이 한 번씩 더 있는 것을 고려하여 COUNTIF 함수를 6월 28일까지의 목요일까지만 적용하였다.

요일별 주문수를 분석해 보면 주말의 주문건수가 현저히 작으며, 특히 토요일의 주문건수가 제일 작음을 알 수 있다. 다른 평일에 비해 수요일의 주문건수가 작은 것은 6월 6일 현충일이 공휴일이기 때문이라고 추측할 수 있다.

	B	C	D	E	F	G	H	I
1	주문코드	주문일	분류	주말	요일		요일별	주문수
2	180601_J01	2018-06-01	진	평일	금		월	44
3	180601_P01	2018-06-01	원피스	평일	금		화	56
4	180601_S01	2018-06-01	스웨터	평일	금		수	31
5	180601_T01	2018-06-01	티셔츠	평일	금		목	51
6	180602_J02	2018-06-02	진	주말	토		금	28
7	180602_P02	2018-06-02	원피스	주말	토		토	8
8	180602_S02	2018-06-02	스웨터	주말	토		일	20
9	180602_T02	2018-06-02	티셔츠	주말	토			
10	180603_J03	2018-06-03	진	주말	일			
239	180628_T28	2018-06-28	티셔츠	평일	목			
240	180629_J29	2018-06-29	진	평일	금			
241	180629_P29	2018-06-29	원피스	평일	금			
242	180629_T29	2018-06-29	티셔츠	평일	금			
243	180630_J30	2018-06-30	진	주말	토			
244	180630_P30	2018-06-30	원피스	주말	토			
245	180630_S30	2018-06-30	스웨터	주말	토			
246	180630_T30	2018-06-30	티셔츠	주말	토			

= COUNTIF($F$2:$F$239, H2)

[F2:F239]의 요일 정보 중
"월"의 개수를 구한다.
(4장에서 소개)

6월 1일이 금요일이므로 6월 29~30일의 금~토에 대한 주문건은 주문수 계산 범위에서 제외한다.

예제 3-2

우리가 잘 알고 있는 특정 IT 기업은 도서 매출을 올리기 위해 고객 간의 연관성을 찾아내어 추천할 도서 목록을 만들어 제공하였다. 그러나 이 추천 도서 목록은 매출 신장에 별 영향을 주지 못했다. 이후 이 기업은 판매 상품 간의 연관성, 즉 책 간의 연관성을 찾아서 추천 도서 목록을 제공하였다. 그 결과 매출이 상당히 증가하였다. 이는 빅데이터의 주요 특징인 데이터 간의 상관성을 잘 활용한 사례라 할 수 있다. 고객 100명이 구입한 여덟 가지 도서 정보를 분석하여, 온라인으로 첫 번째 종류의 도서를 구입하려는 고객에게 추천할 도서 종류를 찾아보자.

준비파일 ch3_1.xlsx '도서관계' 시트

완성시트

고객 100명의 도서 구입 자료

행	고객	종류1	종류2	종류3	종류4	종류5	종류6	종류7	종류8
4	1	1	1	1	0	0	1	0	0
5	2	1	0	1	1	0	0	1	0
6	3	0	0	1	0	0	0	0	0
7	4	1	1	1	1	1	1	1	1
8	5	0	0	0	0	0	0	0	0
101	98	1	0	0	1	1	1	0	1
102	99	1	0	0	0	1	1	0	0
103	100	1	1	1	0	1	0	1	0

고객마다 도서 종류별로 구입 여부를 1/0으로 저장

첫 번째 종류의 책을 구입한 고객이 함께 구입한 도서의 정보 구하기(방법1)

고객	종류1	종류2	종류3	종류4	종류5	종류6	종류7	종류8
1	1	1	1	0	0	1	0	0
2	1	0	1	1	0	0	1	0
3	0	0	0	0	0	0	0	0
4	1	1	1	1	1	1	1	1
5	0	0	0	0	0	0	0	0
98	1	0	0	1	1	1	0	1
99	1	0	0	0	1	1	0	0
100	1	1	1	0	1	0	1	0
합계	40	17	22	10	11	17	3	2

종류1 도서 외 추가로 다른 종류의 도서를 구입한 적이 있는지를 1/0으로 구한다.

열의 합계이며, 종류1 도서를 구입한 고객 중 22명이 종류3 도서도 구입했음을 의미한다. 즉 두 도서 간 상관관계를 의미한다.

01 고객 100명의 도서 구입 자료의 전처리 및 정형화

도서 간의 연관성, 즉 'A'란 책을 구입한 고객이 다음에는 'B'라는 책을 구입할 확률을 얻으려면 어떤 데이터가 필요하며, 또 어떻게 저장하는 것이 좋을까? 이러한 정보를 구하기 위해 고객의 도서 구입 정보를 다음과 같은 표 형태로 정형화하여 저장할 수 있다.

고객(레코드)마다 고객 번호와 여덟 가지 종류의 도서 구입 여부를 저장한다. 해당 종류의 책 구입 여부만 알 수 있도록, 책을 구입했다면 1(TRUE, 참을 의미), 그렇지 않다면 0(FALSE, 거짓을 의미)을 저장한다. 이처럼 구입 여부를 1/0으로 표현하면 행의 합은 고객이 몇 가지 종류의 책을 구입했는지, 열의 합은 도서 종류별 구입 고객수를 의미하게 된다.

고객 100명의 도서 구입 자료

행	고객	종류1	종류2	종류3	종류4	종류5	종류6	종류7	종류8
4	1	1	1	1	0	0	1	0	0
5	2	1	0	1	1	0	0	1	0
6	3	0	0	1	0	0	0	0	0
7	4	1	1	1	1	1	1	1	1
8	5	0	0	0	0	0	0	0	0
101	98	1	0	0	1	1	1	0	1
102	99	1	0	0	0	1	1	0	0
103	100	1	1	1	0	1	0	1	0

02 구입 도서 종류마다 첫 번째 종류의 책도 구입한 적이 있는지 구하기: 방법1

첫 번째 종류의 책에 대해 다른 종류의 책과 연관성이 얼마나 있는지 알아보자. 첫 번째 종류의 도서를 구입한 고객인데 또 다른 종류의 도서도 구입했는지 알 수 있는 방법은 무엇일까?

01 단계의 표는 [B:I] 열이 단순히 해당 종류의 책 구입 여부에 따라 1과 0이 결정되었다. 이 단계에서는 '종류1'도 같이 구입한 경우에만 [B:I] 열이 1이 되게 해야 한다. 이것은 책 종류마다 '종류1을 구입했다'라는 조건과 '해당 종류의 책을 구입했다'라는 조건을 논리곱(and)으로 연결하여 해결할 수 있다. 그래서 다음 그림과 같이 왼쪽의 도서 구입 자료표로부터 IF 함수를 이용하면 오른쪽과 같은 연관성을 나타내는 표를 만들 수 있다.

❶ [L4] 셀을 선택한 후 ❷ 수식 =IF(AND($B4=1, B4=1) = TRUE, 1, 0)을 입력한 다음 ❸ [L4:S103]까지 수식을 복사해서 채운다.

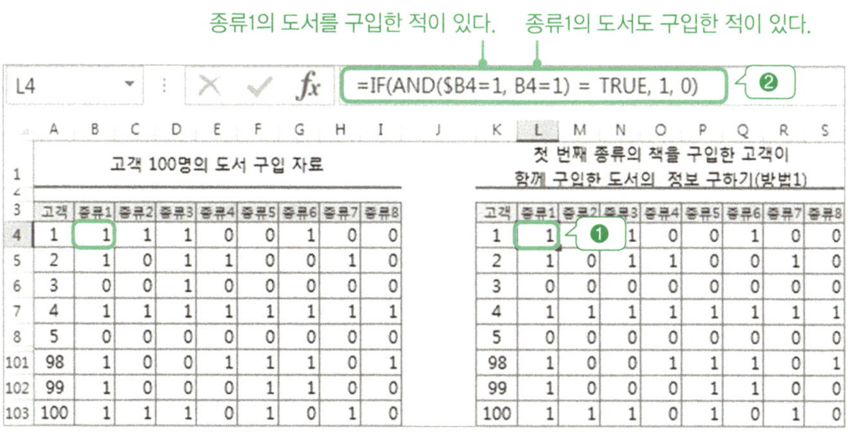

고객 100명의 도서 구입 자료

행	고객	종류1	종류2	종류3	종류4	종류5	종류6	종류7	종류8
4	1	1	1	1	0	0	1	0	0
5	2	1	0	1	1	0	0	1	0
6	3	0	0	1	0	0	0	0	0
7	4	1	1	1	1	1	1	1	1
8	5	0	0	0	0	0	0	0	0
101	98	1	0	0	1	1	1	0	1
102	99	1	0	0	0	1	1	0	0
103	100	1	1	1	0	1	0	1	0

첫 번째 종류의 책을 구입한 고객이 함께 구입한 도서의 정보 구하기(방법1)

고객	종류1	종류2	종류3	종류4	종류5	종류6	종류7	종류8
1	1	[illegible]	1	0	0	1	0	0
2	1	0	1	1	0	0	1	0
3	0	0	0	0	0	0	0	0
4	1	1	1	1	1	1	1	1
5	0	0	0	0	0	0	0	0
98	1	0	0	1	1	1	0	1
99	1	0	0	0	1	1	0	0
100	1	1	1	0	1	0	1	0

이 수식의 AND 함수에서 혼합 참조 $B4가 사용된 것은, 다음 그림과 같이 이 수식을 오른쪽 열로 복사했을 때 AND($B4=1, C4=1)로 첫 인수가 B 열로 고정되어야 하기 때문이다.

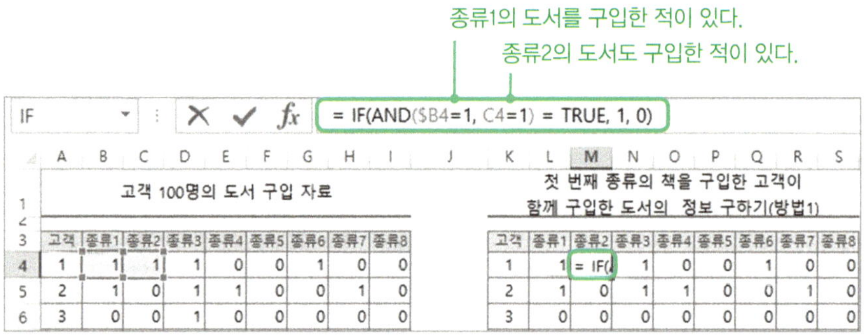

Tip [L4] 셀의 수식은 'AND($B4=1, B4=1)=TRUE' 대신 'AND($B4=1, B4=1)'만 사용하여 =IF(AND($B4=1, B4=1), 1, 0)으로 작성해도 된다. AND 함수의 결과가 참 또는 거짓이므로 TRUE와 비교하지 않아도 된다. 하지만 이해하기가 어렵다면 'AND 조건이 참이라면'을 그대로 표현하여 'AND($B4=1, B4=1)=TRUE'로 사용한다.

다음 그림에서 3번 고객의 종류3에 해당하는 [N6] 셀의 값은 0이다. 왼쪽에 있는 3번 고객의 정보를 보면 종류3은 구입한 적이 있지만([D6] 셀), 종류1의 도서는 구입한 적이 없기 때문이다([B6] 셀).

03 첫 번째 종류의 책을 구입한 고객이 다른 종류의 책을 함께 구매한 빈도수 구하기

- 02 단계에서 구한 표의 [M:S] 열에는 종류1 도서를 구입했으면서 해당 종류의 도서도 구입한 적이 있다면 1이 저장되어 있다. 그러므로 각 열의 1들을 모두 합하면 종류1 도서를 구입한 고객이 해당 종류의 책을 같이 구매한 빈도수가 된다.

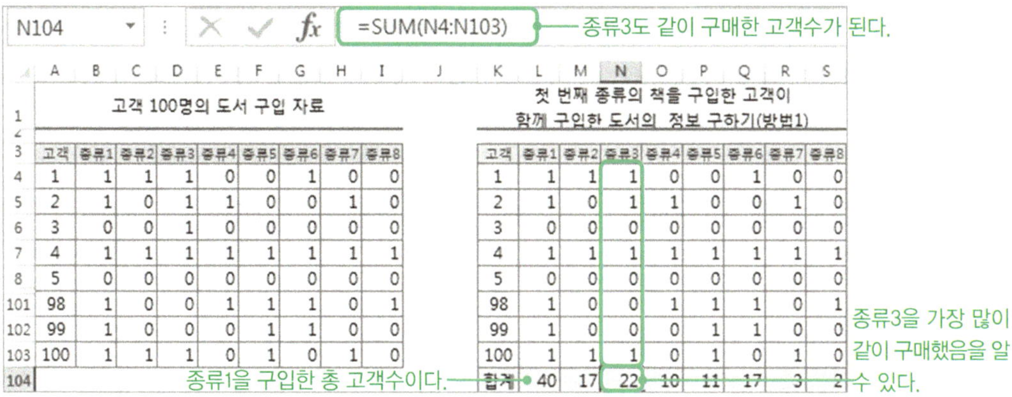

고객 100명의 도서 구입 자료

	고객	종류1	종류2	종류3	종류4	종류5	종류6	종류7	종류8
4	1	1	1	1	0	0	1	0	0
5	2	1	0	1	1	0	0	1	0
6	3	0	0	1	0	0	0	0	0
7	4	1	1	1	1	1	1	1	1
8	5	0	0	0	0	0	0	0	0
101	98	1	0	0	1	1	1	0	1
102	99	1	0	0	0	1	1	0	0
103	100	1	1	1	0	1	0	1	0

첫 번째 종류의 책을 구입한 고객이 함께 구입한 도서의 정보 구하기(방법1)

고객	종류1	종류2	종류3	종류4	종류5	종류6	종류7	종류8
1	1	1	1	0	0	1	0	0
2	1	0	1	1	0	0	1	0
3	0	0	0	0	0	0	0	0
4	1	1	1	1	1	1	1	1
5	0	0	0	0	0	0	0	0
98	1	0	0	1	1	1	0	1
99	1	0	0	0	1	1	0	0
100	1	1	1	0	1	0	1	0
합계	40	17	22	10	11	17	3	2

04 논리곱과 논리합을 1/0의 곱셈과 덧셈으로 해결하기

- 앞서 엑셀에서는 논리값 참/거짓을 TRUE/FALSE로 사용하지만 숫자 1/0으로 대신할 수 있다고 했다. 참/거짓이 숫자로 처리되어야 한다면 1/0에 해당한다는 사실을 이용하면 두 조건의 논리곱과 논리합 결과를 두 조건의 곱셈과 덧셈으로도 확인할 수 있다.

- [그림 3-1]과 같이 두 조건(논리값)의 논리곱(and) 연산은 두 조건(논리값)의 곱셈으로도 구할 수 있다. 즉 두 조건을 모두 만족하는지를 두 조건(1/0) 간의 곱셈으로 확인할 수 있다. 논리곱은 두 조건 모두 참일 때만 참이 된다. 두 조건이 모두 참인 경우 두 조건을 곱하면 1*1은 1이 되어 결과가 참이 되며, 나머지 하나라도 거짓이 있는 경우에는 1*0, 0*1, 0*0이 되어 곱셈 결과가 0이 되므로 결과가 거짓이 된다.

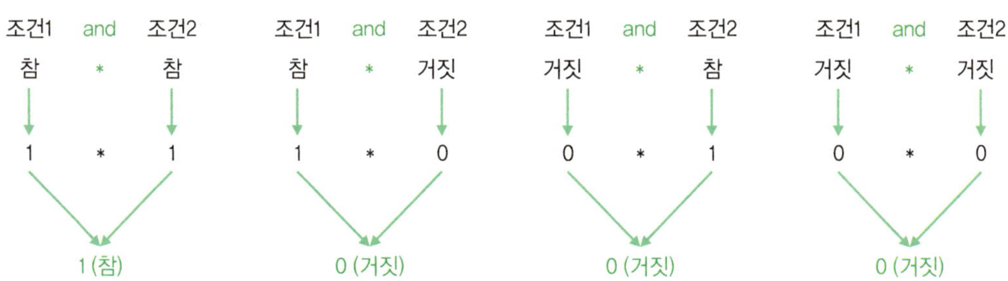

그림 3-1 두 조건의 논리곱과 곱셈 연산의 관계

예로 수식 '= (5〈10)*(10〈20)'는 '= (참)*(참)'이 된다. 곱셈 연산자는 피연산가 숫자여야 하므로 논리값 참을 숫자 1로 변환하여 '= (1)*(1)'이 되어 결국 '= 1'이 된다. 즉 두 조건이 모두 참이므로 곱셈 결과가 1(참)이 된다.

- [그림 3-2]와 같이 두 조건의 논리합 연산 결과는 두 조건의 덧셈으로도 확인할 수 있다. 즉 두 조건 중 한 가지를 만족하는지를 두 조건(1/0) 간의 덧셈으로 확인할 수 있다. 논리합은 두 조건 중 하나라도 참이면 결과가 참이다. 그림과 같이 두 조건의 논리 값에 해당하는 숫자 1/0을 더하면 둘 다 거짓(0)일 때만 덧셈 결과가 0이고, 나머지는 0보다 큰 값이 된다. 그러므로 두 조건의 덧셈 결과가 0보다 크면 참이고, 0이면 거짓임을 알 수 있다.

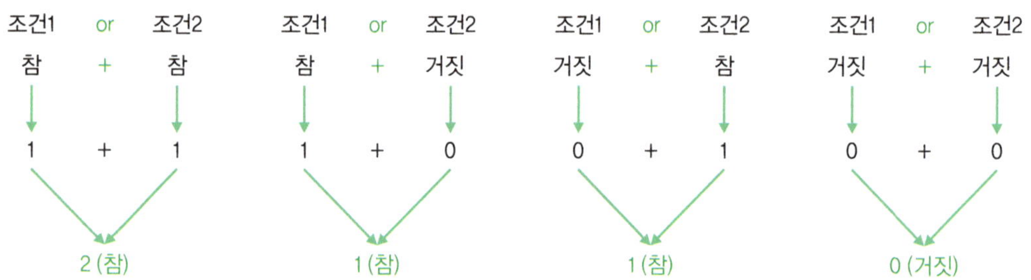

그림 3-2 두 조건의 논리합과 덧셈 연산의 관계

- 엑셀에서는 조건에 맞는 경우의 수를 구할 때, 방금 소개한 두 조건의 논리합과 논리곱 연산을 덧셈과 곱셈으로 처리할 수 있다는 특징을 이용하기도 한다. 특히, 배열 수식에서 이러한 특징을 자주 활용하므로 6월 주문 내역 중 토요일에 들어온 진의 주문수를 배열 수식으로 구하는 예를 참고용으로 간단히 소개한다.

  '배열수식' 시트에서 ❶ 수식을 입력할 [H2] 셀을 클릭한 후 ❷ { }를 직접 입력하지 않고 '= SUM((D2:D246="진")*(F2:F246="토"))'까지만 입력한 후 ❸ 〈Ctrl〉+〈Shift〉+〈Enter〉 키를 누르면 배열 수식이 입력된다. 수식 입력줄을 확인하면 수식에 { }가 자동으로 나타난다. { }는 일반 수식과 배열 수식을 구분하기 위한 것이므로 사용자가 직접 입력해선 안 된다. 수식 입력 후 〈Ctrl〉+〈Shift〉+〈Enter〉 키를 누르지 않고 〈Enter〉 키만 누르면 배열 수식이 되지 않으므로 결과가 틀리게 나온다.

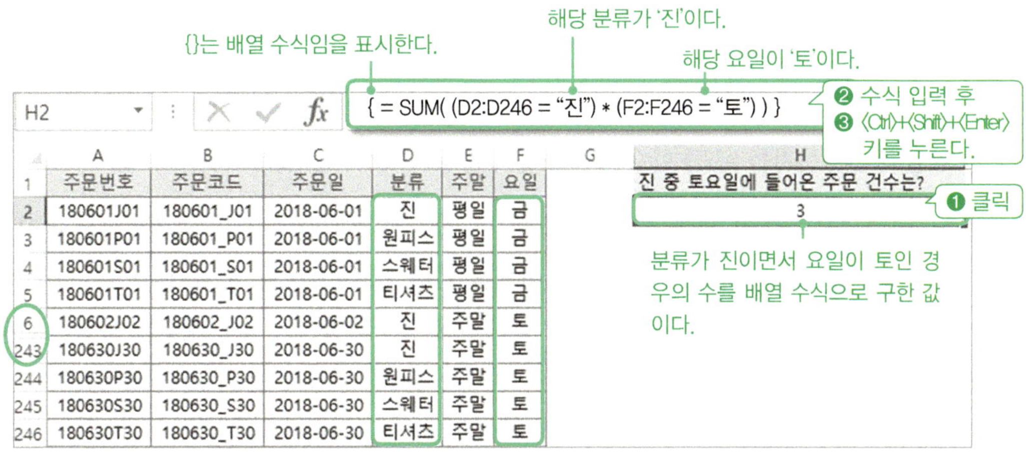

	A	B	C	D	E	F
1	주문번호	주문코드	주문일	분류	주말	요일
2	180601J01	180601_J01	2018-06-01	진	평일	금
3	180601P01	180601_P01	2018-06-01	원피스	평일	금
4	180601S01	180601_S01	2018-06-01	스웨터	평일	금
5	180601T01	180601_T01	2018-06-01	티셔츠	평일	금
6	180602J02	180602_J02	2018-06-02	진	주말	토
243	180630J30	180630_J30	2018-06-30	진	주말	토
244	180630P30	180630_P30	2018-06-30	원피스	주말	토
245	180630S30	180630_S30	2018-06-30	스웨터	주말	토
246	180630T30	180630_T30	2018-06-30	티셔츠	주말	토

배열 수식 {= SUM((D2:D246="진")*(F2:F246="토"))}는 다음 그림과 같이 두 배열(연속 범위) [D2:D246]과 [F2:F246]의 원소 셀 순서대로 각 조건을 곱셈한 값을 더한다. 즉 = (D2="진")*(F2="토")+(D3="진")*(F3="토")+(D4="진")*(F4="토")+(D5="진")*(F5="토")+ ... +(D246="진")*(F246="토")를 계산한다. [6], [191], [243] 행만 두 조건을 모두 만족하므로 = 0+0+0+0+1+0+...+1+...+1+0+0+0이 되어 최종적으로 =3이 된다. 즉 두 조건을 만족하는 경우에만 * 결과가 1이 되어, 모든 곱셈 결과를 더하면 조건을 만족하는 경우의 수가 된다.

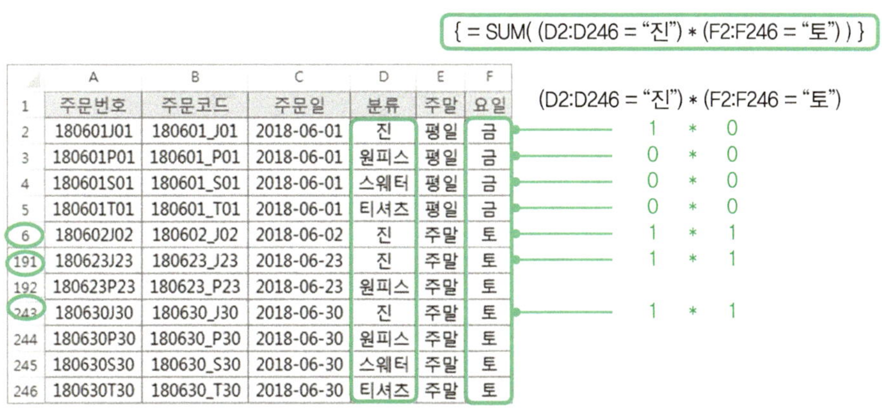

	A	B	C	D	E	F
1	주문번호	주문코드	주문일	분류	주말	요일
2	180601J01	180601_J01	2018-06-01	진	평일	금
3	180601P01	180601_P01	2018-06-01	원피스	평일	금
4	180601S01	180601_S01	2018-06-01	스웨터	평일	금
5	180601T01	180601_T01	2018-06-01	티셔츠	평일	금
6	180602J02	180602_J02	2018-06-02	진	주말	토
191	180623J23	180623_J23	2018-06-23	진	주말	토
192	180623P23	180623_P23	2018-06-23	원피스	주말	토
243	180630J30	180630_J30	2018-06-30	진	주말	토
244	180630P30	180630_P30	2018-06-30	원피스	주말	토
245	180630S30	180630_S30	2018-06-30	스웨터	주말	토
246	180630T30	180630_T30	2018-06-30	티셔츠	주말	토

05 구입 도서 종류마다 첫 번째 종류의 책도 구입한 적이 있는지 구하기: 방법2

[그림 3-1]의 논리값 간의 곱셈 특징을 이용하여, 종류1 책을 구입했으면서 또 다른 종류의 책을 구입했는지를 AND 함수를 사용하지 않고 두 값의 곱셈으로 구할 수 있다.

02 단계에서는 [L4] 셀에 수식을 입력한 후 채우기 핸들을 옆으로 드래그하여 [S4] 셀까지 수식을 채운 후, 다시 채우기 핸들을 아래로 드래그하여 [S103] 셀까지 수식을 채웠다. 이번에는 〈Ctrl〉+〈Enter〉 키를 이용하여 범위 전체에 한꺼번에 수식을 채우는 방법을 사용해 보자. 이 방법은 수식을 채울 범위를 먼저 선택한 후, 범위 시작 셀(활성화 셀)에만 수식을 입력한 다음, 〈Ctrl〉+〈Enter〉 키를 눌러 범위 안의 나머지 셀에 수식을 복사하여 채우는 방법으로 06 단계에 나오는 자세한 설명을 참고한다.

❶ [V4:AC103] 범위를 선택한 후 ❷~❸ 키보드에서 바로 = $B4*B4를 입력한다(또는 수식 입력줄을 클릭한 후 수식을 입력한다). ❹~❺ 〈Ctrl〉+〈Enter〉 키를 눌러 현재 선택된 범위 전체에 수식을 복사하여 채운다. ❻~❼ 각 열의 합을 구하기 위해 [V104:AC104] 범위를 선택한 후 [자동합계] 도구를 클릭하여 한꺼번에 해당 열의 합을 구한다.

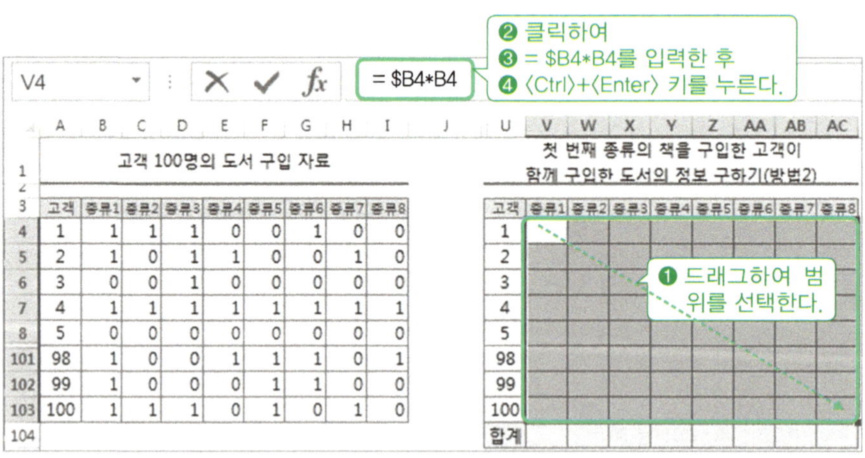

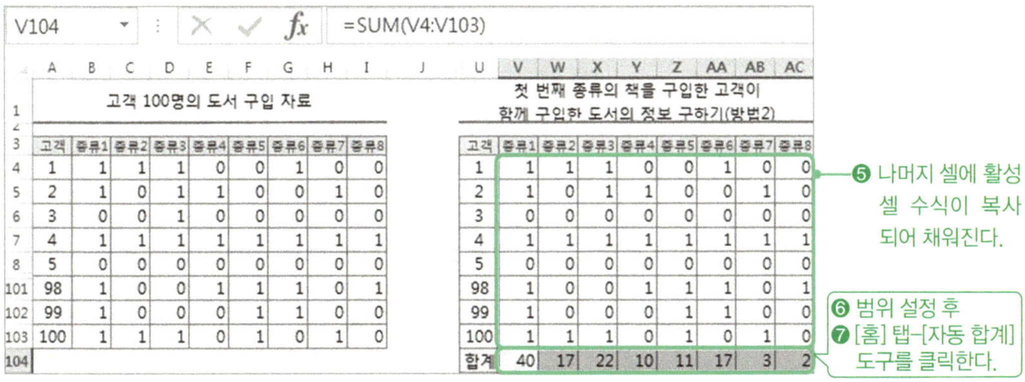

🔘 다음 그림에서 볼 수 있듯이 [W4] 셀은 [B4]와 [C4] 둘 다 1(참)이므로 곱셈 결과가 1이며, [X6] 셀의 결과는 [B6]이 0이므로 [D6]의 1과 곱해도 0(거짓)이 된다.

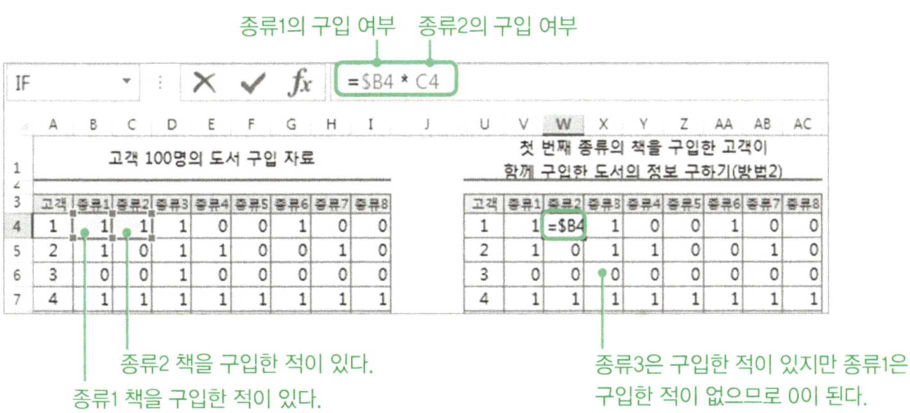

06 〈Ctrl〉+〈Enter〉 키를 이용하여 범위 전체를 채우기

🔘 〈Ctrl〉+〈Enter〉 키는 다음 그림과 같이 셀 범위를 먼저 설정한 후 범위 전체를 같은 내용으로 복사해서 채우거나 수식으로 채울 때 사용하는 단축키이다.

[A111:I115] 범위에 0을 채우려면 ❶ [A111:I115] 범위를 먼저 선택한 후 ❷ 범위 안의 활성 셀에 내용을 입력한 후 ❸ 〈Ctrl〉+〈Enter〉 키를 누른다.

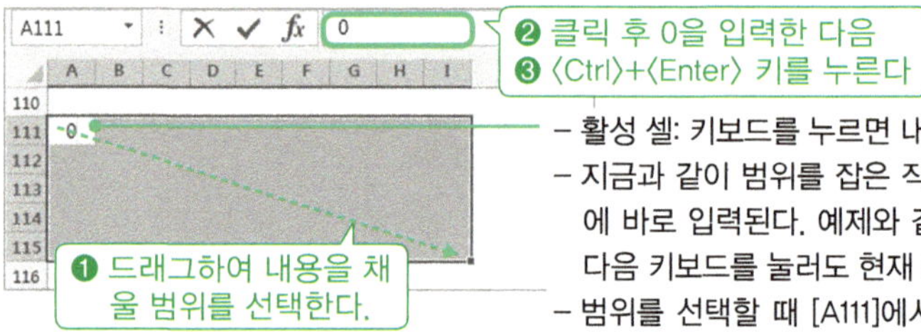

- 활성 셀: 키보드를 누르면 내용이 입력되는 셀
- 지금과 같이 범위를 잡은 직후 키보드를 누르면 그 내용이 이 활성 셀에 바로 입력된다. 예제와 같이 범위를 잡은 후 수식 입력줄을 클릭한 다음 키보드를 눌러도 현재 활성 셀에 내용이 입력된다.
- 범위를 선택할 때 [A111]에서 드래그하여 [I115] 셀까지 범위를 잡았다면, 시작 셀 [A111]만 색을 다시 칠하지 않으므로 원래 셀 색이 그대로 나타난다. 만일 [I115]에서 [A111]까지 드래그하였다면 [I115] 셀이 활성 셀이 되어 희게 보인다.

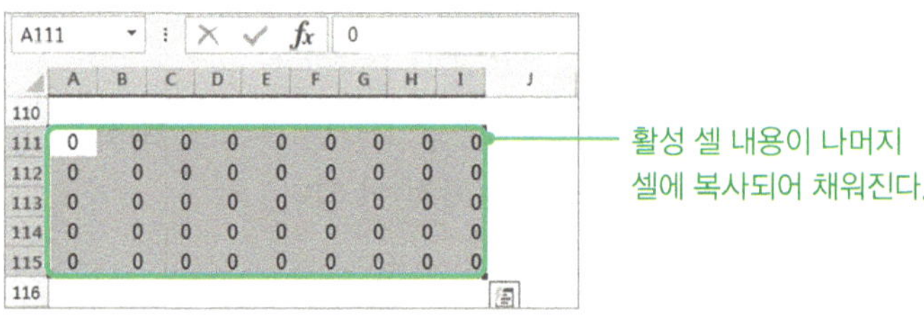

〈Ctrl〉+〈Enter〉 키를 이용한 채우기는 범위가 설정된 상태에서 수식을 수정할 때 매우 유용하다. [V4] 셀에 틀린 수식을 입력하여 [AC103] 셀까지 채운 후, 〈Ctrl〉+〈Enter〉 키를 이용해 수식을 수정해 보자.

❶~❷ [V4] 셀에 틀린 수식 =B4 * B4를 입력 후 ❸~❹ 채우기 핸들을 두 번 사용하여 [AC103] 셀까지 수식을 채운다. 수식의 첫 B4가 혼합 참조가 아니어서 합계가 틀리다.

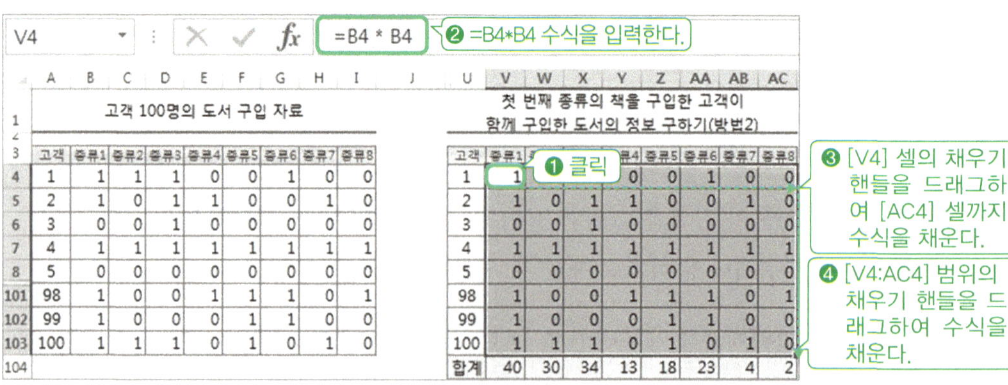

수식을 채운 후 틀린 것을 확인하고 수정을 해야 할 때, 지금처럼 범위가 설정된 상태라면 〈Ctrl〉+〈Enter〉 키를 이용하면 편리하다. ❺~❻ 범위가 설정된 상태에서 수식 입력줄에서

수식을 = $B4*B4로 수정하고 ❼ 〈Ctrl〉+〈Enter〉 키를 누르면 ❽ 범위 전체가 수정한 수식으로 채워진다. 즉 다시 채우기 핸들을 두 번 드래그하여 복사할 필요가 없다.

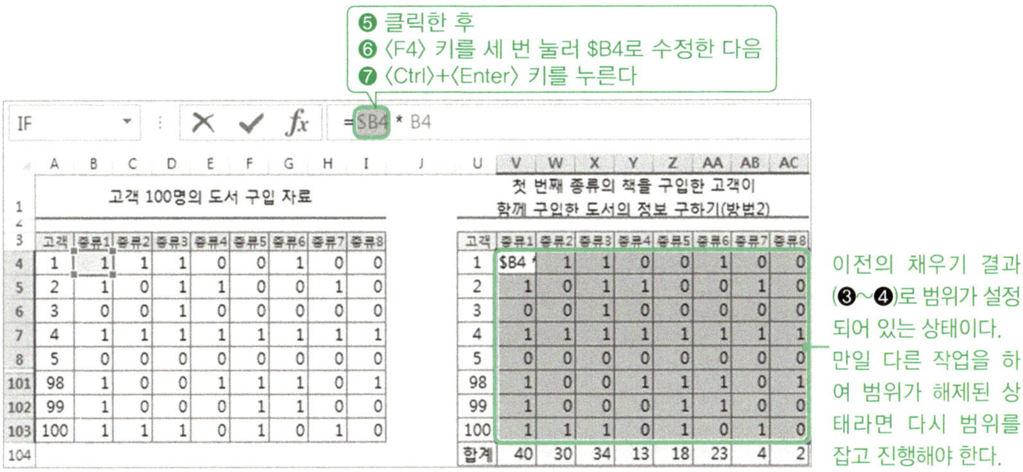

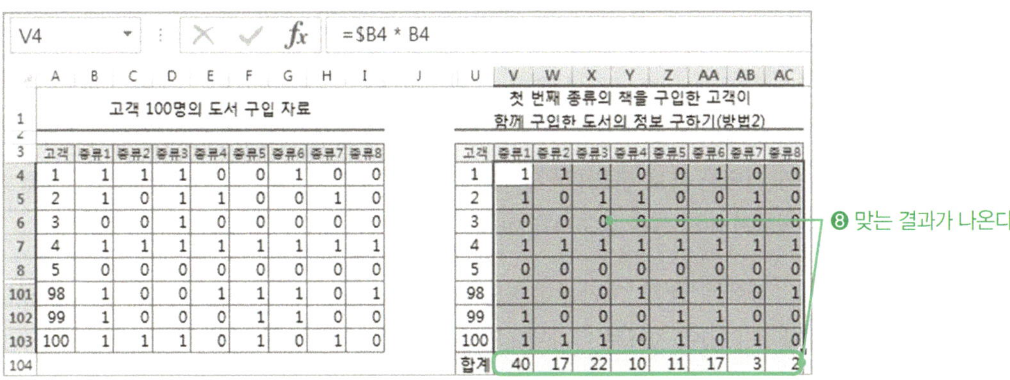

Tip 만일 [V4] 셀에서 수식을 수정한 후 〈Enter〉 키를 누르면 [V4] 셀만 수식이 수정된다. 이처럼 특정 셀([V4])의 수식을 수정하거나 입력한 후 나머지 범위([V4:AC103])에도 수정한 수식대로 새로 채워야 하는 경우라면 ❶ 범위 [V4:AC103]를 먼저 잡은 후 ❷ 수식 입력줄을 클릭만 한 후 ❸ 〈Ctrl〉+〈Enter〉 키를 누른다. 수식 입력줄을 클릭해야 하는 이유는 〈Ctrl〉+〈Enter〉 키는 활성 셀에 새로 입력한 내용을 나머지 범위에도 채우는 기능이기 때문이다. ❶에서 [V4:AC103] 범위를 잡은 후 ❷에서 수식 입력줄을 클릭해야 엑셀이 활성 셀에 새로운 내용을 입력한 것으로 인식하여 〈Ctrl〉+〈Enter〉 키를 눌렀을 때 나머지 범위를 활성 셀 내용으로 채워준다.

'ch3_1_연습문제.xlsx' 통합 문서를 열어 그림과 같은 시트가 되도록 실습해 보자.

01 '설문조사' 시트에는 후보 네 명에 대한 선호도를 조사한 결과가 저장되어 있다. [F3:G3] 셀에서 후보의 번호와 성별을 선택하면 해당 후보의 지지자들 중 여자와 남자의 비율이 차트로 나타나도록 필요한 자료를 구해 보자.

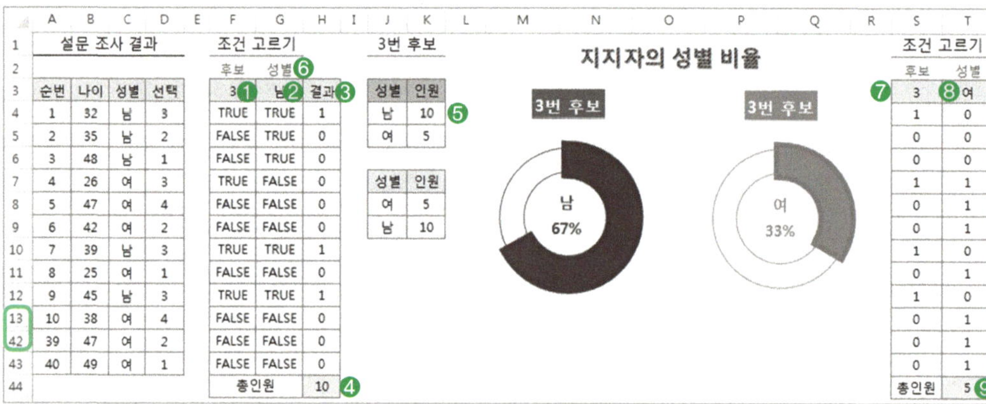

❶ [F3] 셀에는 후보자 번호 1~4만 유효하도록 설정하고, [F] 열에는 왼쪽에서 설문 응답자가 선택한 후보 번호([D] 열)가 차트로 나타낼 후보 번호([F3] 셀)와 같은지를 구하되, 수식에서 [F3] 셀을 참조하게 하시오.

❷ [G3] 셀에는 '남'과 '여'만 유효하도록 설정하고, [G] 열에는 왼쪽 설문 조사 결과의 응답자 성별([C] 열)이 차트로 나타낼 성별([G3] 셀)과 같은지를 구하시오.

❸ 각 행의 설문 응답자가 현재 [F3:G3] 범위의 조건과 일치하는지를 1/0으로 구하시오. ([F]와 [G] 열의 두 논리값의 곱셈을 이용하여 1/0을 구한다.)

❹ 결과 중 조건에 맞는 응답자 수를 구하시오. ([H4:H43] 범위의 합계를 구한다.)

❺ 앞에서 구한 총인원을 [K4]에 입력하시오.

❻~❼ 이번에는 해당 후보 지지자 중 여성의 수를 구하기 위해 [G3]를 '여'로 변경한 후 총인원을 [K5] 셀에 입력하시오. 이 작업을 마치면 [K8:K9] 범위에 값이 자동으로 나타나고 차트도 완성이 된다.

❽ 앞의 ❶, ❷는 조건 만족 여부를 TRUE/FALSE 논리값으로 구하였다. 이번에는 숫자 1/0이 되도록 IF 함수로 작성하시오.

❾ SUMPRODUCT 함수를 이용하여 두 조건을 만족하는 경우의 수를 구하시오. 조건 만족 여부를 1/0으로 표현함으로써 ❸의 결과 열을 사용하지 않고도 총인원을 구할 수 있다. (참고로, [T44] 셀은 배열 수식 {=SUM(S4:S43*T4:T43)}으로 구할 수 있다. 이 배열 수식을 풀어쓰면 =S4*T4+S5*T5+S6*T6+...+S43*T43인데 이렇게 [S4:S43]과 [T4:T43] 두 범위의 값을 차례대로 곱셈한 값을 더해주는 함수가 SUMPRODUCT이다. 배열 수식 {=SUM((D4:D43=$F$3) * (C4:C43=$G$3))}을 사용하면, 조건 만족 여부를 확인하는 후보, 성별, 결과 열을 사용하지 않고도 총인원을 구할 수 있다.

02 '주소록' 시트에 저장된 대표, 사업자등록번호, 주소 정보를 공지용으로 사용하되 정보 보호를 위해 *를 사용하여 일부만 표시해 보자. 빠른 채우기 기능을 이용하되 I열의 주소는 텍스트 함수를 이용하여 구해 보자.

	A	B	C	D	E	F ❶❸	G ❷	H ❹	I ❺
1	거래처명	대표	사업자등록번호	주소	전화	대표 이*라	사업자번호 끝****	주소 구까지만	주소 함수 사용
2	강산대학	이한라	169-73-52201	서울 중구 무교로 26	1831-1911	이*라	169-73-5****	서울 중구	서울 중구
3	강산중학교	한여수	250-75-65979	서울 강남구 을지로 29	1471-6514	한*수	250-75-6****	서울 강남구	서울 강남구
4	강산초등학교	허진영	322-50-26272	서울 송파구 석촌호수로 93	8158-4284	허*영	322-50-2****	서울 송파구	서울 송파구
5	국제무역	조영상	402-72-30127	서울 강남구 테헤란로1길 48	1861-1411	조*상	402-72-3****	서울 강남구	서울 강남구
6	남한초등학교	이유명	501-71-50092	서울 강남구 논현로 557	2752-8828	이*명	501-71-5****	서울 강남구	서울 강남구
7	다익상사	김지희	659-02-40270	서울 강남구 강남대로98길 11	2902-7928	김*희	659-02-4****	서울 강남구	서울 강남구
8	달성초등학교	이문주	745-22-81169	서울 강남구 논현로 559	2132-5925	이*주	745-22-8****	서울 강남구	서울 강남구
30	해운대학	황이해	895-97-37002	서울 송파구 올림픽로 99	7737-8775	황*해	895-97-3****	서울 송파구	서울 송파구
31	해운중학교	이서정	961-57-59667	서울 중구 무교로 19	7627-5673	이*정	961-57-5****	서울 중구	서울 중구

❶ 이름 중간 글자를 *로 표시하시오. (두 번째 이름까지 직접 입력 후 세 번째 이름에서 '허'를 입력해야 원하는 결과대로 미리보기가 나타난다.)

❷ 사업자등록번호 마지막 네 자리를 *로 표시하시오.

❸ [F] 열의 이름을 모두 지운 후 다시 빠른 채우기로 채워보시오. (❶과 달리 [G] 열의 사업자번호의 빠른 채우기가 입력된 상태여서 엑셀이 학습을 할 수 있으므로 두 번째 이름 '한'까지만 입력하면 한*수 형태의 빠른 채우기 미리보기가 나타난다.)

❹ 주소의 구 정보까지만 표시하시오. 현재 열의 빠른 채우기를 끝내고 다른 열에서 새로운 작업을 하기 전까지는 잘못된 내용을 수정하여 엑셀이 새로운 규칙을 학습하게 할 수 있다. 두 번째 주소로 '서울 강남'까지만 입력하면 몇 가지([5], [7], [9] 행 등) 주소가 잘못된 미리보기가 나타난다. 그대로 〈Enter〉 키를 쳐서 빠른 채우기 내용으로 채운다. 이후 [H5] 내용을 강남구까지만 있도록 수정하면 새로운 빠른 채우기 규칙을 학습하여 나머지 다른 내용도 자동으로 수정된다.

❺ 주소의 구 정보까지만 표시하되 텍스트 함수를 이용하여 수식으로 구하시오. 주소의 왼쪽에서 n번째 문자까지 뽑기 위해 LEFT 함수를 사용한다. n은 주소에서 처음으로 "구"를 찾은 위치로 SEARCH 함수를 사용하여 구할 수 있다.

03 '퇴직금' 시트에서 퇴직에 관련된 정보를 구해 보자.

2019년 퇴직금 지급 내역

사원명	입사일	퇴사일	최근평균임금	재직 연수 ❶	추가 일수 ❶	퇴직금 ❷	주민세 ❸	지급액 ❹	지급일 ❺
최임원	1986. 07. 01	2019. 08. 31 (토)	₩ 5,930,000	33년	62일	₩ 196,698,000	₩ 19,669,800	₩ 177,028,200	2019. 08. 30 (금)
한세계	1991. 07. 21	2019. 07. 02 (화)	₩ 4,958,000	27년	348일	₩ 138,594,000	₩ 13,859,400	₩ 124,734,600	2019. 07. 02 (화)
나미인	1994. 01. 01	2019. 07. 17 (수)	₩ 4,586,000	25년	198일	₩ 117,138,000	₩ 11,713,800	₩ 105,424,200	2019. 07. 17 (수)
장근무	1994. 01. 01	2019. 06. 30 (일)	₩ 4,124,000	25년	181일	₩ 105,146,000	₩ 10,514,600	₩ 94,631,400	2019. 06. 28 (금)
나동건	1999. 12. 20	2019. 10. 31 (목)	₩ 3,921,000	19년	317일	₩ 77,905,000	₩ 7,790,500	₩ 70,114,500	2019. 10. 31 (목)
강산해	2000. 05. 20	2019. 03. 31 (일)	₩ 3,520,000	18년	316일	₩ 66,408,000	₩ 6,640,800	₩ 59,767,200	2019. 03. 29 (금)
박보미	2010. 07. 03	2019. 07. 22 (월)	₩ 2,702,000	9년	20일	₩ 24,467,000	₩ 2,446,700	₩ 22,020,300	2019. 07. 22 (월)
강다원	2017. 02. 01	2018. 01. 31 (수)	₩ 2,655,000	1년	0일	₩ 2,655,000	₩ 265,500	₩ 2,389,500	2018. 01. 31 (수)

❶ 재직 연수에는 입사일~퇴사일까지 만으로 몇 년 근무했는지를, 추가 일수에는 재직 연수를 제외하고 며칠 더(0~364/365) 근무했는지를 구하시오. DATEDIF 함수는 만으로 지난 기간을 구하므로 = DATEDIF("2019-1-1", "2019-1-1", "D")는 0이다. 퇴사일도 근무 일수에 포함하도록 퇴사일+1을 해서 재직 연수와 추가 일수를 구한다.

❷ 퇴직금은 = 재직 연수*최근평균임금+(추가 일수/365)*최근평균임금으로 구하시오. 퇴직금은 1년 이상 근무한 경우에만 지급하며, 1년 근무마다 1개월 임금(퇴사 직전 3개월 동안의 평균 임금)이 지급된다. 재직 연수를 제외한 나머지 근무 일수에 대해서도 1년마다 1개월 임금 지급 비율에 맞게 퇴직금이 추가된다.

❸~❹ 주민세는 퇴직금의 10%, 최종 지급액은 퇴직금에서 주민세를 빼서 구하시오.

❺ 퇴직금 지급일은 퇴사일과 같게 하되, 퇴사일이 주말이라면 앞당긴 금요일이 되게 하시오. (지급일이 토요일이면 하루를, 일요일이라면 이틀을 앞당긴다.)

04 '회원정보' 시트에서 회원의 성별, 생년월일, 나이를 구해 보자.

	A	B	C	D	E
1	성명	주민등록정보 ❶	성별 ❷	생년월일 ❸	나이
2	우연희	801030-2******	여	1980년 10월 30일	39
3	한일군	850503-1******	남	1985년 5월 3일	34
4	나대로	880410-1******	남	1988년 4월 10일	31
5	전우주	890506-1******	남	1989년 5월 6일	30
6	나원빈	900406-1******	남	1990년 4월 6일	29
7	여수정	950109-2******	여	1995년 1월 9일	24
8	강다엘	991215-1******	남	1999년 12월 15일	20
9	유명인	001103-3******	남	2000년 11월 3일	19
10	신기한	020321-4******	여	2002년 3월 21일	17

❶ 성별은 CHOOSE 함수로 구하시오. 주민등록정보의 8번째 문자가 '1'이거나 '3'이면 남자, '2'이거나 '4'면 여자이다.

❷ 주민등록정보 앞의 6개 숫자와 7번째 숫자를 이용하여 생년월일을 구하시오. 1900년대 출생자는 주민등록번호의 7번째 숫자가 1 또는 2이며, 2000년대 출생자는 3 또는 4이다. (신기한 회원의 생년월일을 DATE(02, 03, 21)로 구하면 1902-03-01이 된다. DATE의 첫 인수는 IF 함수를 사용하여 주민등록정보의 8번째 문자에 따라 1900년대가 되거나 2000년대가 되도록 해야 한다. 현재 시트의 주민등록정보에는 중간에 '–'가 포함되어 있으므로 성별을 나타내는 값은 8번째 문자이다.)

❸ 우리나라 나이로는 태어난 해에 1살이 된다. 올해 연도–태어난 연도+1로 나이를 구하시오. 올해 연도는 TODAY( ) 함수를 이용하여 구한다. (올해 연도가 2018일 때의 결과 화면이므로 해가 바뀌면 나이도 바뀐다.)

3.2 수식을 이용한 통계요약자료 작성하기

데이터 분석을 위해서는 먼저 자료를 수집하게 되는데, 수집된 자료는 다양한 값을 가지며 그 양이 방대하다. 따라서 의미 있는 결론을 도출하기 위해서는 데이터를 요약, 정리할 필요가 있다. 수집된 자료를 표나 그림 또는 숫자 등의 형태로 표현하면 데이터의 특성을 보다 쉽게 파악할 수 있을 뿐만 아니라 다양한 통계분석에 유용하다. 엑셀에서는 다양한 통계 함수를 제공한다. 이러한 통계 함수를 사용하면 수집된 자료로부터 의미 있는 간단한 통계 자료를 만들 수 있다. 여기서는 엑셀의 통계 함수를 이용하여 데이터 분석에 필요한 통계요약자료를 만들어보고 표나 그림 등으로 표현하는 통계분석 등은 뒤에서 다루도록 한다.

연간 기후 데이터를 분석하는 경우 월별 평균 기온이나 강수량을 확인한다거나 30도가 넘는 날은 며칠인지 또는 영하의 날은 연간 며칠이나 되는지 등의 자료가 요구된다. 이를 위해서는 데이터에서 특정 조건을 만족하는 데이터의 개수를 구하거나 평균 또는 합을 구하는 함수, 즉 COUNTIF, AVERAGEIF, SUMIF 함수가 유용하게 쓰인다. 그리고 다중 조건, 즉 여러 조건을 동시에 만족하는 자료를 구할 때는 COUNTIFS, AVERAGEIFS, SUMIFS 함수를 이용할 수 있다. 이 함수들의 인수는 아래와 같으며 자세한 내용은 함수 마법사의 도움말을 참고하도록 한다. 예제를 통하여 다양한 통계 함수들의 사용법을 익히고 이를 사용하여 간단한 요약자료를 만들어 통계표를 완성해 보자.

표 3-1 특정 조건을 만족하는 횟수, 평균, 합을 구하는 함수

COUNTIF(range, criteria)
AVERAGEIF(range, criteria, [average_range])
SUMIF(range, criteria, [sum_range])
COUNTIFS(criteria_range1, criteria1, [criteria_range2, criteria2], ...)
AVERAGEIFS(average_range, criteria_range1, criteria1, [criteria_range2, criteria2], ...)
SUMIFS(sum_range, criteria_range1, criteria1, [criteria_range2, criteria2], ...)

- **range** (범위) : 조건 만족 여부를 검사할 셀 범위
- **criteria** (조건) : 숫자, 식, 셀 참조, 텍스트 형식의 조건
- **average_range** (평균범위) : 평균을 구할 셀 범위(조건 검사 범위와 같으면 생략 가능)
- **sum_range** (합계범위) : 합계를 구할 셀 범위(조건 검사 범위와 같으면 생략 가능)

예제 3-3

ch3_2.xlsx의 '통계요약자료' 시트는 대도시에 사는 대학생 110명을 대상으로 한달 생활에 사용되는 지출 비용, 부모와 독립 유무 등을 조사한 데이터이다. '통계요약자료' 시트의 데이터를 이용하여 부모와 독립 유무에 따른 생활비 지출 비율, 지역별 평균생활비, 생활비 범위에 따른 인원수 및 구성비 등의 요약자료를 만들려고 한다. 엑셀에서 제공되는 통계 함수, 즉 수식을 만들어 간단한 통계 자료를 완성해 보자.

준비파일 ch3_2.xlsx '통계요약자료' 시트

완성시트

전체 구성비

구분	인원수	구성비
남	59명	54%
여	51명	46%
동거	48명	44%
독립	62명	56%

성별 동거 비율 및 평균 생활비 지출 비율

구분	독립(Y)	독립(N)	독립비율	평균생활비	평균생활비(독립)
남	36명	23명	61%	769,661원	906,111원
여	26명	25명	51%	811,569원	943,846원

표를 만들때 첫행과 첫열의 항목은 수식에서 참조할 수 있는 내용으로 만들면 자동 계산이 수월해진다.

지역별 평균생활비

지역	인원수	평균지출	평균생활비	
			독립(Y)	독립(N)
광주	15명	711,333원	780,833원	433,333원
대구	19명	747,368원	932,222원	581,000원
대전	17명	807,059원	896,154원	517,500원
부산	14명	837,143원	971,250원	658,333원
서울	20명	928,000원	1,073,000원	783,000원
울산	9명	616,667원	890,000원	480,000원
인천	16명	773,750원	940,000원	644,444원

중복된 항목 제거 기능으로 목록을 만든다.

따른 인원수 파악 및 비율

위		인원수	구성비
	140만원미만	1명	1%
	130만원미만	5명	5%
110만원이상	120만원미만	4명	4%
100만원이상	110만원미만	10명	9%
90만원이상	100만원미만	16명	15%
80만원이상	90만원미만	18명	16%
70만원이상	80만원미만	20명	18%
60만원이상	70만원미만	13명	12%
50만원이상	60만원미만	12명	11%
40만원이상	50만원미만	10명	9%
0만원이상	40만원미만	1명	1%

01 전체 구성비 조사하기

구성비는 전체 인원에서 해당 수가 차지하는 비율을 말한다. 즉 전체 인원에 대한 남녀의 구성 비율 및 부모와 독립한 학생들의 구성비를 조사해 보자.

- 먼저 전체 구성비를 구하기 위해 주어진 자료에서 남학생, 여학생의 수, 그리고 부모와 동거하는 학생과 그렇지 않은 학생의 수를 구한다. 남학생의 경우 성별, 즉 [C3:C112] 범위에서 셀의 값이 '남'인 경우에 해당하는 수를 구해야 한다. 즉 특정 조건을 만족하는 경우를 계산하는 COUNTIF 함수를 사용한다.

- 자료의 수가 많거나 수식에 참조 범위가 자주 사용될 때는 매번 수식에서 범위를 지정하면 번거로우므로 참조 범위에 이름을 정의한다. 즉 ❶ [B2:E112]를 선택한 후 ❷~❸ [수식]탭-[정의된 이름] 그룹에서 [선택영역에서 만들기]를 클릭하여 [첫 행]을 선택한 후 ❹ [확인]한다.

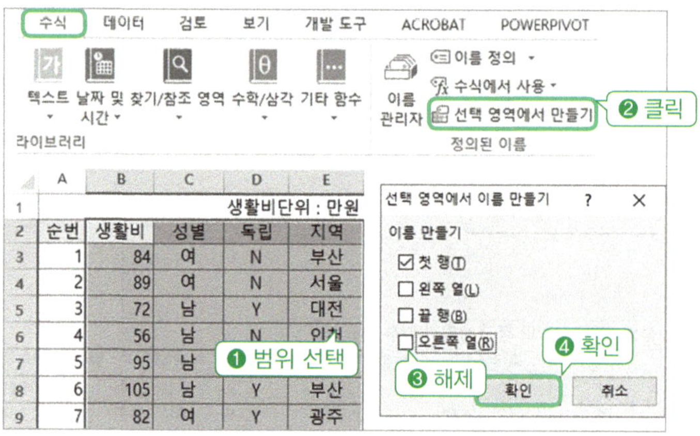

- =COUNTIF(성별,$G5)의 수식으로 '성별' 범위에서 [G5]의 '남'의 조건을 만족하는 수를 계산할 수 있다. 마찬가지로 자동 채우기로 '여' 에 해당하는 수를 계산한다.

- 부모와 동거 인원수와 독립한 인원수의 경우는 주어진 자료에 '독립' 범위에 'Y' 와 'N'으로 구분되어 있으므로 [G7]의 셀을 참조할 수 없다. 따라서 [H7]에는 =COUNTIF(독립,"N") [H8]에는 =COUNTIF(독립,"Y")와 같이 조건(criteria) 인수에 직접 텍스트를 입력하여 구한다. 직접 텍스트를 입력할 때는 큰따옴표("")를 함께 사용해야 한다.

- 남여의 각 구성비는 전체 인원에서 해당 수가 차지하는 비율을 말한다. 따라서 남자의 구성비는 =H5/SUM($H$5:$H$6)로 구할 수 있으며 표시형식을 %로 지정한다. 같은 방법으로 부모와 동거 및 독립한 학생의 구성비도 구한다.

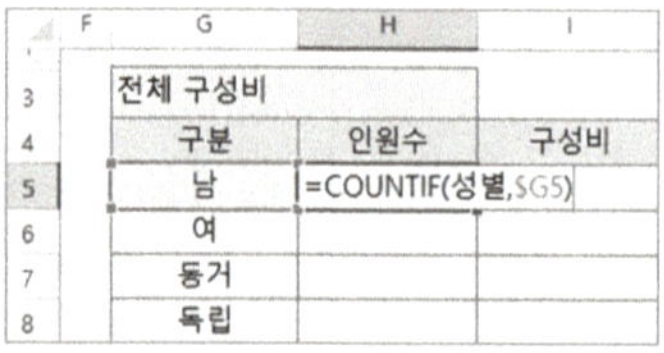
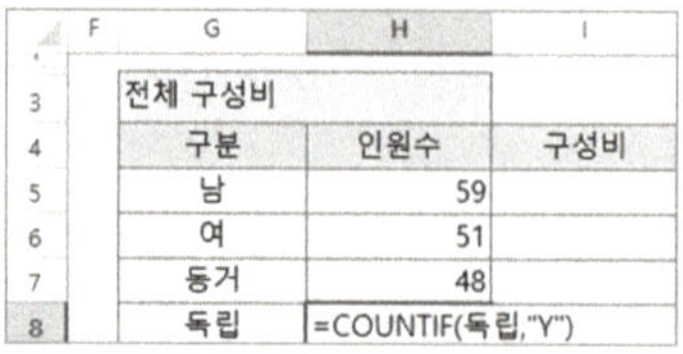
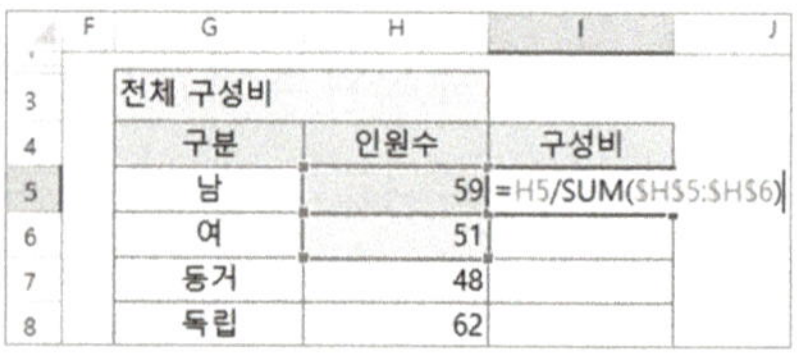

02 성별 독립 비율 및 평균 생활비 지출 비용 구하기

- '통계요약자료' 시트의 [G12:L14]의 범위에 남학생, 여학생의 독립 비율 및 평균 생활비 지출 비용을 조사한다. 먼저 표에서 수식을 복사하여 자동 채우기가 가능하도록 하려면 표의 첫째 행과 첫째 열은 수식의 조건에 사용하는 값으로 지정하여야 한다. 즉 첫째 열은 남여로 구분하고 첫째 행의 각 항목은 구하고자 하는 조건에 해당하는 값을 입력한다.

- 먼저 '독립' 범위의 셀의 내용이 Y/N으로 되어 있으므로 표의 첫 행 [H12:I12]에 'Y', 'N'으로 입력한 후 표시형식을 '독립(@)'으로 지정한다. 표에서 [G13]과 [H12]의 값을 참조하여 [H13]에 부모와 독립하여 생활하는 남학생의 수를 먼저 계산하고 난 후 자동 채우기로 수식을 복사하여 부모와 함께 거주하는 남학생 그리고 여학생의 각 인원수를 구한다. =COUNTIFS(성별, $G13, 독립, H$12)의 수식으로 '성별' 범위에서 '남'인 조건과 '독립' 범위에서 'Y'인 조건을 동시에 만족하는 경우에 해당하는 셀들의 개수를 구한다. 여기서 참조하는 [G13]과 [H12]의 주소 형식은 자동 채우기로 수식을 복사할 때 G열과 12행이 고정되어 참조되어야 하므로 혼합주소 형식으로 지정해야 한다.

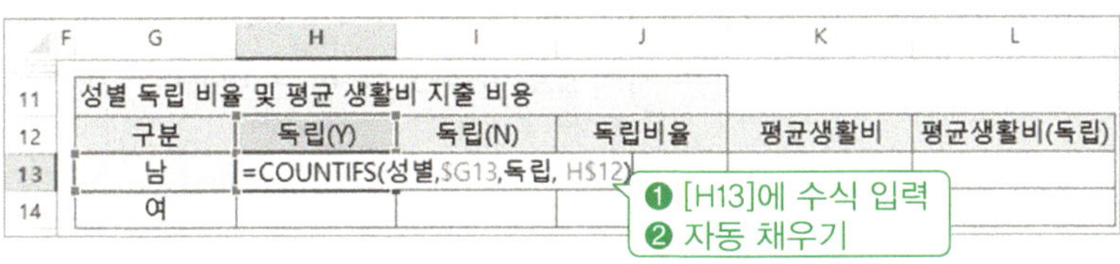

- 남학생과 여학생의 부모로부터 독립하여 혼자 사는 학생들의 비율을 구한다. 독립한 남학생의 비율은 전체 남학생에 대한 [H13], 즉 독립한 남학생의 비율이다. 즉 [J13]에 =H13/SUM($H13:$I13)의 수식으로 그 비율을 구하고 백분율로 표시형식을 지정한다. 그리고 자동 채우기로 여학생의 독립 비율도 구한다.

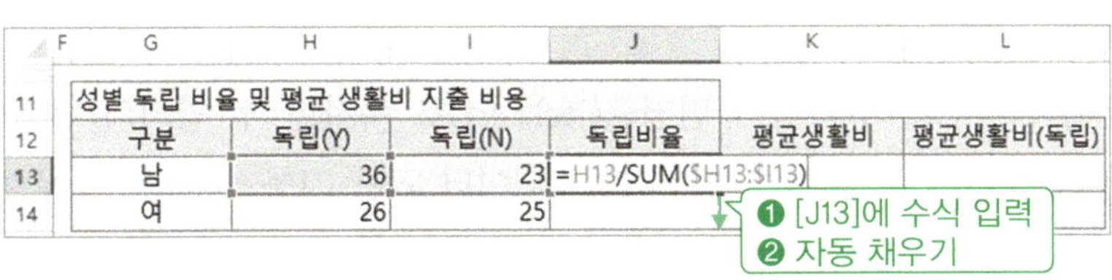

- 평균 생활비는 남학생과 여학생을 구분하여 평균을 구해야 하므로 AVERAGEIF 함수를 이용한다. [K13]에 =AVERAGEIF(성별, G13, 생활비)로 남여 각각의 생활비의 평균을 구한다. 그리고 주어진 자료의 값은 만 원 단위로 되어 있으므로 10000을 곱하여 평균지출 비용을 구한다.

- 혼자 사는 남·여학생들의 평균 생활비는 성별 조건과 독립 조건 둘 다를 만족하는 경우의 평균을 구하므로 AVERAGEIFS를 이용한다. [L13]에 =AVERAGEIFS(생활비, 성별, G13, 독립, "Y")*10000 을 입력한 후 자동 채우기로 여학생의 평균 생활비를 구한다.

- [K13:L14]에 표시형식 '#,##0"원"'을 지정한다.

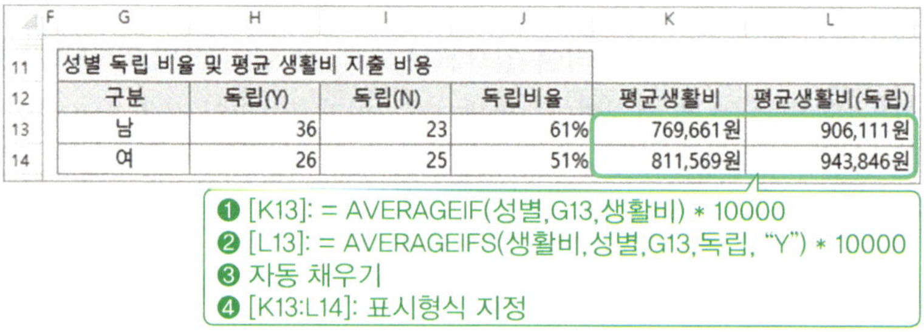

	F	G	H	I	J	K	L
11		성별 독립 비율 및 평균 생활비 지출 비용					
12		구분	독립(Y)	독립(N)	독립비율	평균생활비	평균생활비(독립)
13		남	36	23	61%	769,661원	906,111원
14		여	26	25	51%	811,569원	943,846원

03 지역별 통계표 구하기

- '통계요약자료' 시트의 [G18:K26]에 지역별 평균 지출 비용의 요약자료를 만들기 위해 아래와 같이 표의 첫째 열에는 지역을, 첫째 행에는 지역별로 구하고자 하는 내용에 해당하는 조건을 입력한다.

- 먼저 표의 첫째 열에는 지역의 목록을 만든다. 여기서는 직접 목록을 입력하지 않고 중복된 항목 제거 기능으로 원시 자료의 지역필드에서 지역의 목록을 만든다. 만드는 방법은 아래와 같다.

  - 자료의 양이 방대하다면 육안으로 정확한 목록을 만들기가 쉽지 않다. 이와 같은 경우 중복된 데이터를 포함하는 자료에 대하여 [데이터]–[데이터 도구]–[중복된 항목 제거] 기능을 이용하여 데이터 목록을 만들 수 있다.

  - ❶~❷ 이름상자에서 지역을 선택하여 먼저 〈Ctrl〉+C로 복사한 후 임의의 빈셀에서에 〈Ctrl〉+V로 붙여넣기를 한다. ❸~❺ [데이터]탭–[데이터 도구] 그룹–[중복된 항목 제거]를 선택하여 중복된 항목 대화 상자에서 하나의 열에 대하여 [확인] 버튼을 클릭하면 중복된 값이 제거되었다는 메시지와 함께 지역의 목록을 만들 수 있다. 이때 선택된 영역 옆에 데이터가 있는 경우는 경고 창에서 '현재 선택영역으로 정렬'을 선택한 후 중복된 항목을 제거한다.

• 이와 같이 만든 지역 목록에 대하여 ⑥~⑦ [데이터]–[정렬 및 필터] 그룹에서 를 이용하여 오름차순으로 텍스트를 정렬한다. 정렬된 지역 목록만 복사하여 [G20]에 붙여넣기 한다.

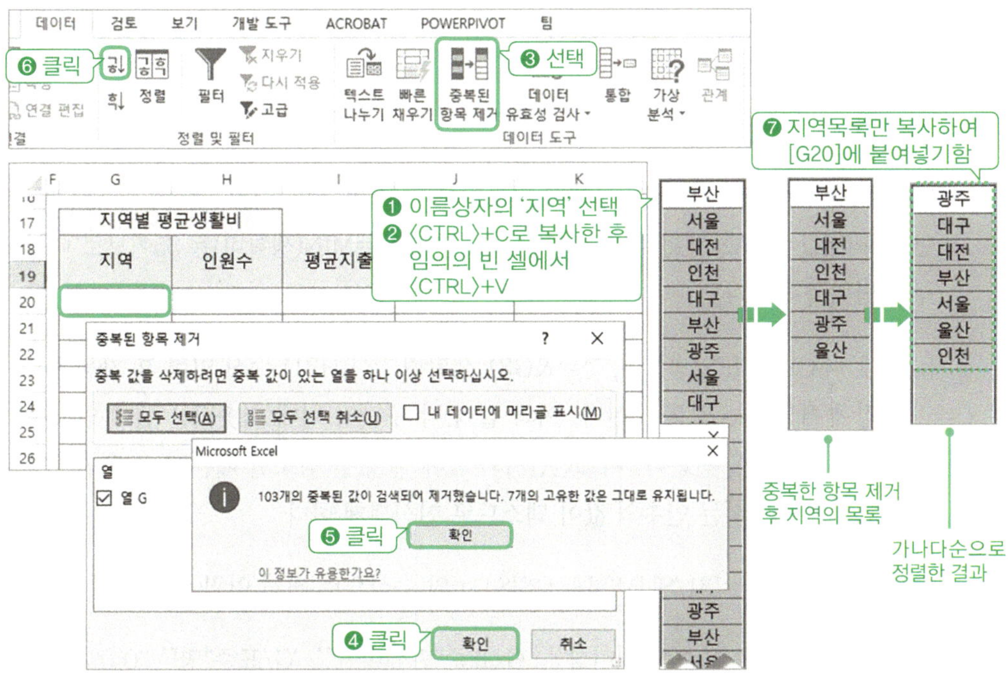

◇ 먼저 광주 지역의 인원수, 평균 지출 비용 및 부모로부터 독립한 학생의 평균 지출 비용은 다음의 수식을 이용하여 구한다.

[H20]: =COUNTIF(지역, $G20)

[I20]: =AVERAGEIF(지역,$G20,생활비)*10000

[J20]: =AVERAGEIFS(생활비,지역,$G20,독립,J$19)*10000

◇ 나머지 빈 셀에 대하여 자동 채우기로 수식을 복사하여 자동계산하고 표시형식도 지정한다.

지역별 평균생활비				
지역	인원수	평균지출	평균생활비	
			독립(Y)	독립(N)
광주	15명	711,333원	780,833원	433,333원
대구	19명	747,368원	932,222원	581,000원
대전	17명	807,059원	896,154원	517,500원
부산	14명	837,143원	971,250원	658,333원
서울	20명	928,000원	1,073,000원	783,000원
울산	9명	616,667원	890,000원	480,000원
인천	16명	773,750원	940,000원	644,444원

수식적용 및 표시형식 지정한 결과

04 생활비 지출 범위에 따른 인원수 파악 및 비율 조사하기

- '통계요약자료' 시트의 [G30:J41] 범위에 생활비 지출 범위에 해당하는 인원수 및 구성비를 구하여 보자. COUNTIFS 함수를 이용하면 구간별 해당 범위에 속하는 인원수를 구할 수 있는 도수분포표를 만들 수 있다.

- 먼저 [G31:H41] 범위에 도수분포를 구할 구간 범위를 지정한다. 도수분포의 구간의 크기와 구간의 수를 정하는 기준은 7장에서 다루기로 하고 여기서는 대략 10만 원 단위로 구간을 정한다. 최댓값 =MAX(생활비)을 구하면 130, 최솟값 =MIN(생활비)는 35이므로 이를 참고하여 구간 범위를 정한다.

- [I31]에 =COUNTIFS(생활비, ">="&G31,생활비,"<"&H31) 수식 입력 후 자동채우기로 나머지 구간에 해당하는 값도 구한다. 이와 같이 각 구간의 최대 최솟값을 셀에 입력하고 비교연산자와 함께 조건을 만든다. 비교연산자와 함께 셀 값을 참조할 때는 텍스트 연산자 &을 이용하여 조건에 해당하는 인수의 값이 텍스트로 인식되게 한다.

- 구성비는 [J31]에 =I31/SUM($I$31:$I$41) 의 수식으로 전체 인원에 대한 비율을 구한다.

- 표의 각 영역에 'G/표준"만원이상"', 'G/표준"만원미만"', 'G/표준"명"', '0.0%'의 표시형식을 지정한다.

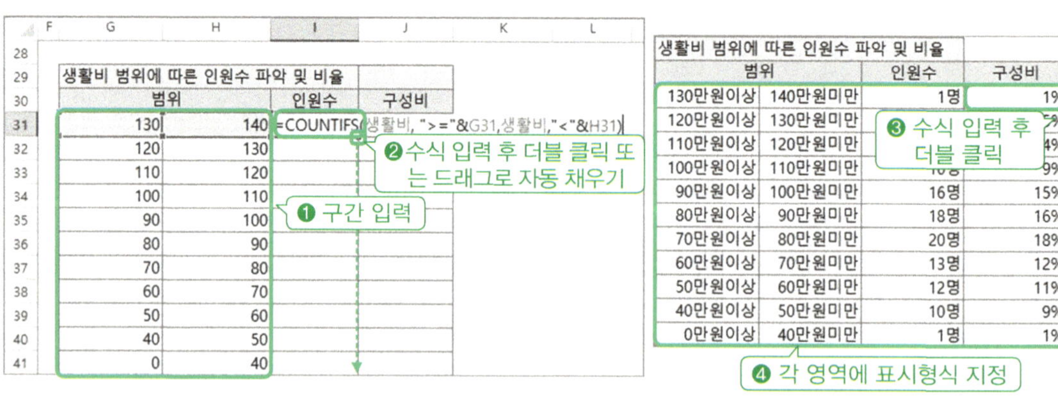

예제 3-4

ch3_2.xlsx의 '금전출납부' 시트에는 A회사의 연간 금전 출납 정보가 입력되어 있다. 주어진 금전 출납 자료를 이용하여 '요약' 시트에 월별, 분기별, 그리고 연간 요약 정보를 구해 보자. 주어진 자료는 1월부터 10월까지의 정보가 입력되어 있는 자료이다. 현재 주어진 자료를 이용하여 먼저 요약 자료를 만들어 놓고 새로운 자료를 추가하였을 때 요약정보가 자동으로 업데이트 될 수 있도록 해보자.

준비파일 ch3_2.xlsx '금전출납부' 시트

2018년 금전출납부

월	일	거래처	거래내용	구분	수입금액	수입부가세	비용금액	비용부가세	잔액
1	1		이월금						1,750,000
1	4	우리마트	차 및 음료	카드			43,600		1,706,400
1	7	헬로주유소	유류비	세금계산서			45,000	4,500	1,656,900
1	8	퀵팡	매출액	세금계산서	1,250,000	125,000			3,031,900
1	11	우리식당	식대비	현금			57,500		2,974,400
1	13	나폴리	매출액	세금계산서	900,000	90,000			3,964,400
		헬로주유소		세금계산서					3,898,400

완성시트

2018년 수입·비용 요약

기간	수입		비용	
	금액	부가세	금액	부가세
1	3,350,000	260,000	5,406,100	10,500
2	7,006,000	700,600	6,430,000	5,500
3	5,250,000	525,000	6,177,000	42,700
1분기	15,606,000	1,485,600	18,013,100	58,700
4	3,550,000	355,000	5,360,000	7,700
5	6,700,000	670,000	6,788,000	6,800
6	4,600,000	460,000	5,401,000	7,000
2분기	14,850,000	1,485,000	17,549,000	21,500
7	8,400,000	525,000	6,543,300	12,700
8	5,450,000	545,000	5,890,000	6,500
9	5,050,000	505,000	6,029,000	13,500
3분기	18,900,000	1,575,000	18,462,300	32,700
10	4,550,000	455,000	4,677,000	7,000
11	-	-	127,500	7,000
12	-	-	-	-
4분기	4,550,000	455,000	4,804,500	14,000
연간	53,906,000	5,000,600	58,828,900	126,900

'금전출납부' 시트에서 11월 출납내용을 추가하였을 때 동적 범위가 적용되어 값이 자동으로 구해짐

01 수입과 비용의 월별 요약자료 만들기

- 수식에 범위를 사용하기 위해 '금전출납부' 시트의 [A4:I99]를 선택 후 첫 행을 이용하여 이름을 정의한다.
- '금전출납부' 시트의 [A]열에는 출납이 발생한 월이 있다. 먼저 1월의 수입금액의 합계는 [A]열, 즉 '월' 범위에서 값이 1인 경우에 해당하는 [F]열, 즉 '수입금액'의 값을 합하면 된다. 해당 조건에 맞는 경우의 합을 구하므로 SUMIF 함수를 사용하여 구할 수 있다.
- '요약' 시트에서 [B6]에 해당 월의 수입금액의 합, 즉 =SUMIF(월, $A6, 수입금액) 의 수식으로 구한다. 그리고 [C6], [D6], [E6]에 각각 =SUMIF(월, $A6, 수입부가세), =SUMIF(월, $A6, 비용금액), =SUMIF(월, $A6, 비용부가세)의 수식으로 나머지 값도 구한다.
- [B6:E6]의 범위를 선택한 후 자동 채우기로 나머지 2 ~ 12월에 해당하는 값도 구한다.
- 기간의 각 월은 사용자 지정 표시 형식으로 G/표준"월"을 설정한다.

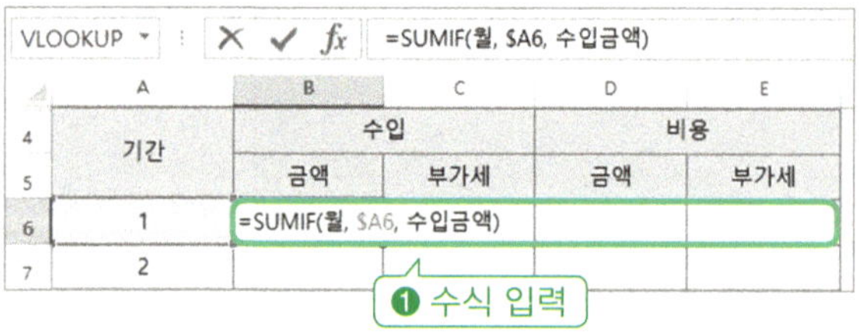

Tip 수식에서 정의된 이름을 사용할 때는 [수식]-[정의된 이름] 그룹에서 [수식에서 사용]의 ▼ 버튼을 클릭하여 원하는 이름을 찾아 선택하여 사용하면 편리하다.

Tip 수식을 입력할 때 *fx*(함수 삽입)를 클릭하면 입력할 함수를 선택하는 [함수 마법사] 대화상자가 나타나지만 '함수이름('까지 입력한 후 클릭하면 곧바로 해당 함수의 인수 대화상자가 나타난다. '=함수이름'까지 입력 후 〈Ctrl〉+〈A〉 키를 누르면 곧바로 인수 대화상자가 나타난다.

02 새로운 정보의 추가/삭제에 따라 '요약' 시트 자동으로 업데이트하기

주어진 정보에서 새로운 값이 추가된다면 수식에서 참조되는 범위가 수정되어야 한다. 범위를 자동으로 적용하는 방법에는 정의된 이름의 범위를 수정하는 방법과 동적범위를 지정할 수 있는 OFFSET 함수를 사용하는 방법 두 가지가 있다.

- 정의된 이름 범위 수정하기
  - [수식] 탭–[정의된 이름] 그룹–[이름 관리자]를 클릭하여 [이름 관리자] 대화상자를 연 후 각각의 이름이 추가한 셀을 포함하도록 참조 범위를 확장한다. '월', '수입금액', '수입부가세', '비용금액', '비용부가세' 의 범위를 모두 수정한다.
  - 추가된 자료를 포함하도록 참조 범위를 수정하면 요약 시트의 수식은 수정된 범위를 이용하여 수식을 업데이트한다.

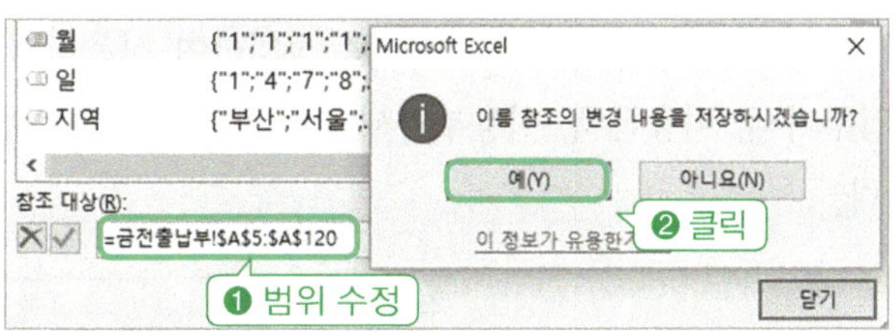

Tip 수식에 참조되는 자료의 내용이 추가 또는 삭제되어 참조 범위가 수정할 필요가 있는 경우는 최초 이름을 정의할 때 범위를 여유 있게 지정하면 편리하다.

- OFFSET 함수로 동적범위 지정하기
  - 동적범위란 상황에 따라 셀의 범위가 바뀌는 것을 의미한다. 해당 셀 범위가 동적으로 변하는 것을 계산하여 자동으로 범위를 지정하기 위해서 OFFSET 함수와 COUNT 함수를 사용한다.
  - OFFSET 함수는 특정 기준 셀로부터 지정한 행과 열만큼 떨어진 위치의 참조 영역을 구하는 함수이다. 실제 금전 출납이 발생한 월 정보의 범위가 자동으로 바뀌게 하려면 이 함수의 4번째 인수, 즉 셀 범위에서 행의 수가 상황에 따라 달라지는 동적 값으로 자동 계산이 되도록 한다.
  - 출납 정보를 추가한다면 월에 새 정보를 추가할 것이므로 [A]열의 숫자 셀 개수가 늘어날 것이다. [A]열의 숫자 셀의 개수를 자동으로 구하기 위해 OFFSET 함수의 4번째 인수에 수식 COUNT($A:$A)를 사용하면 [A]열 전체의 숫자 셀의 개수를 자동으로 계산하여 동적

으로 변하는 참조 범위를 구할 수 있다. 즉, =OFFSET($A$5,0,0,COUNT(금전출납부!$A:$A),1)는 [A5]셀에서부터 행의 수가 COUNT(금전출납부!$A:$A), 열의 수가 1인 참조범위를 의미한다.

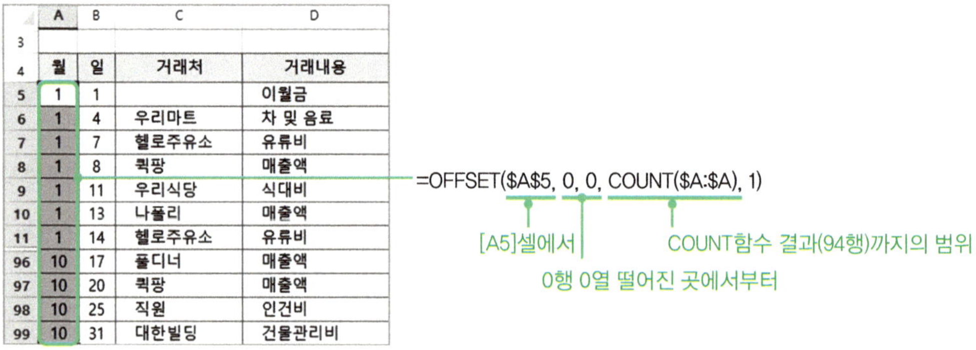

- 월별 요약자료를 만들 때 SUMIF 함수 안에 위의 동적범위를 지정하는 OFFSET 함수를 중첩으로 사용가능하지만 복잡한 수식의 경우 이름으로 정의하여 사용하면 편리하다. 따라서 월, 수입금액, 수입부가세, 비용금액, 비용부가세의 동적으로 변하는 범위를 다음과 같이 이름으로 정의한다.

이름	수식
동적월	=OFFSET(금전출납부!$A$5, 0, 0, COUNT(금전출납부!$A:$A), 1)
동적수입금액	=OFFSET(금전출납부!$F$5, 0, 0, COUNT(금전출납부!$A:$A), 1)
동적수입부가세	=OFFSET(금전출납부!$G$5, 0, 0, COUNT(금전출납부!$A:$A), 1)
동적비용금액	=OFFSET(금전출납부!$H$5, 0, 0, COUNT(금전출납부!$A:$A), 1)
동적비용부가세	=OFFSET(금전출납부!$I$5, 0, 0, COUNT(금전출납부!$A:$A), 1)

- ❶ [수식] 탭–[정의된 이름] 그룹–[이름 정의]를 클릭하고 ❷ [새 이름] 대화상자에서 해당 동적범위를 위한 이름과 수식을 직접 그림과 같이 입력한다. 그리고 [수식] 탭–[정의된 이름] 그룹–[이름 관리자]를 클릭하여 수식을 확인한다. 수식이 잘못 지정된 경우 해당 이름을 클릭한 후 [참조대상] 칸에서 수식을 수정할 수 있다.

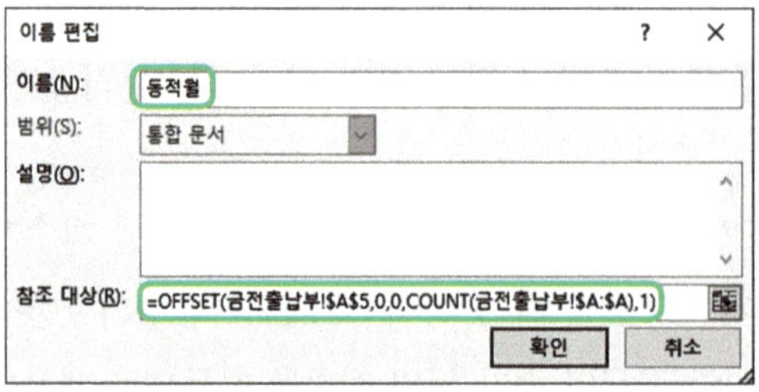

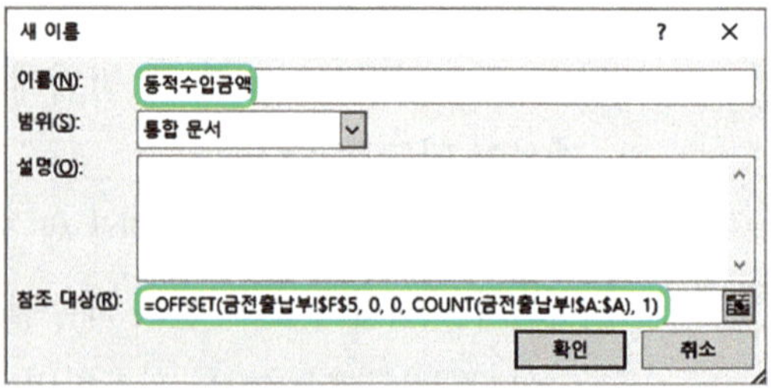

- '요약'시트를 복사한 후 '요약_동적범위'로 이름을 변경한 다음, 새로 정의한 범위 이름을 사용하여 1월의 수식을 다음과 같이 수정하고 나머지 2월 ~ 12월의 값도 수식을 복사하여 구한다.

  1월의 수입금액 : =SUMIF(동적월,$A6,동적수입금액)

  1월의 수입부가세 : =SUMIF(동적월,$A6,동적수입부가세)

  1월의 비용금액 : =SUMIF(동적월,$A6,동적비용금액)

  1월의 비용부가세 : =SUMIF(동적월,$A6,동적비용부가세)

- '금전출납부' 시트에 [100:101]행에 아래 그림과 같이 11월에 해당하는 비용을 추가로 입력하였을 때 '요약_동적범위' 시트의 11월 요약 자료가 자동으로 조정됨을 확인한다.

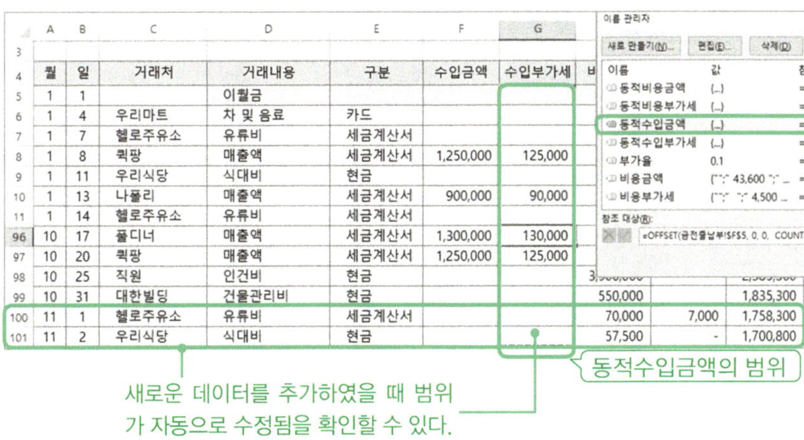

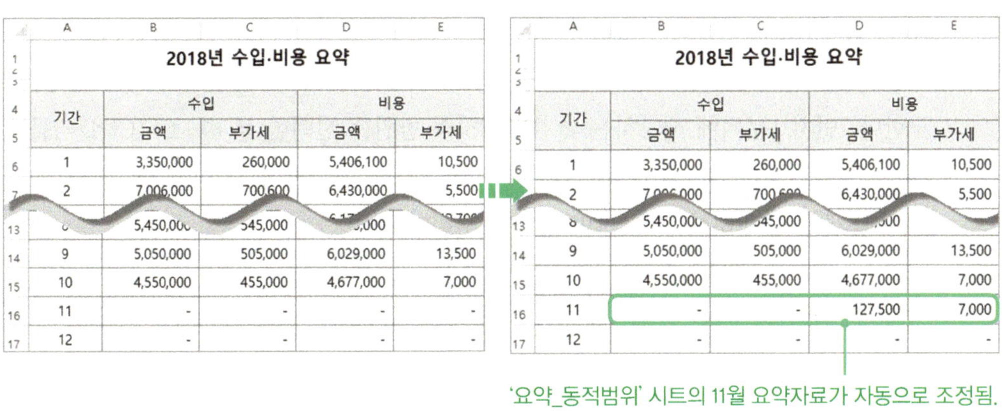

03 분기별 연간 자료 완성하기

- ❶ [9] 행 머리글 클릭 후 ❷ 〈Ctrl〉 키를 누른 채 [12], [15] 행 머리글을 클릭하여 세 행을 선택한 후 ❸ 팝업 메뉴의 [삽입]을 선택하여 빈행을 삽입한다. ❹ 삽입된 행의 [A]열에 차례대로 '1분기'~'4분기'를 입력한다.

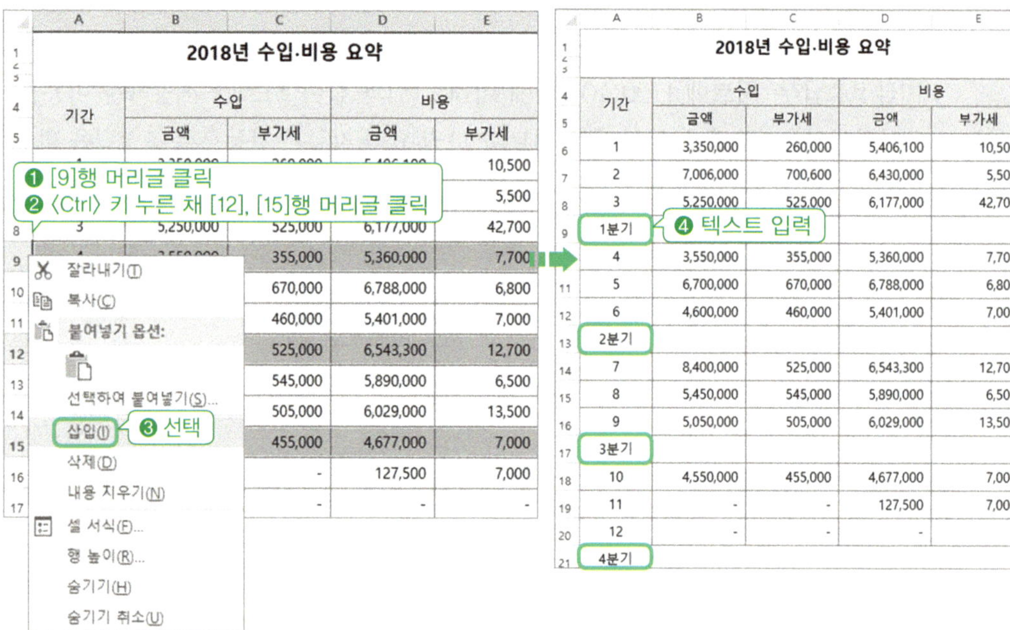

- [자동 합계] 도구는 선택한 범위나 현재 셀 포인터의 위치를 이용하여 자동으로 합계를 구하는 기능이 있다. 분기별 합계는 선택한 범위의 합계를 바로 다음 빈셀에 구하는 특징을 이용하여 구한다. 먼저 1분기에 해당하는 ❶ [B6:E8]의 범위를 선택한 후 ❷~❹ 〈Ctrl〉키를 누른 채 2분기, 3분기, 4분기에 해당하는 범위를 드래그하여 선택한다. 그리고 ❺ [홈]-[편집] 그룹의 [자동합계]를 클릭하여 각 분기별 합계를 구한다.

	A	B	C	D	E
4	기간	수입		비용	
5		금액	부가세	금액	부가세
6	1월	3,350,000	260,000	5,406,100	10,500
7	2월	7,006,000	700,600	6,430,000	5,500
8	3월	5,250,000	525,000	6,177,000	42,700
9	1분기				
10	4월	3,550,000	355,000	5,360,000	7,700
11	5월	6,700,000	670,000	6,788,000	6,800
12	6월	4,600,000	460,000	5,401,000	7,000
13	2분기				
14	7월	8,400,000	525,000	6,543,300	12,700
15	8월	5,450,000	545,000	5,890,000	6,500
16	9월	5,050,000	505,000	6,029,000	13,500
17	3분기				
18	10월	4,550,000	455,000	4,677,000	7,000
19	11월	-	-	127,500	7,000
20	12월	-	-	-	-
21	4분기				

❶ 범위 선택
❷ 〈Ctrl〉+드래그로 범위 선택
❸ 〈Ctrl〉+드래그로 범위 선택
❹ 〈Ctrl〉+드래그로 범위 선택
❺ [홈]-[편집]그룹-[자동합계] 클릭

4분기 아래에 연간 자료를 구한다. 연간 합계는 합계를 구할 빈셀을 선택 후 [자동 합계] 도구를 사용했을 때 위로 연속된 영역의 합을 구하는 특성을 이용하여 구한다. 구하고자 하는 연간 합계의 바로 위 셀의 정보가 SUM 함수의 결과이므로 연간 합계는 [9], [13], [17], [21] 행의 합으로 수식이 만들어진다. 즉 =SUM(1분기 합계, 2분기 합계, 2분기 합계, 4분기 합계)의 수식으로 구한다.

	A	B	C	D	E
4	기간	수입		비용	
5		금액	부가세	금액	부가세
6	1월	3,350,000	260,000	5,406,100	10,500
7	2월	7,006,000	700,600	6,430,000	5,500
8	3월	5,250,000	525,000	6,177,000	42,700
9	1분기	15,606,000	1,485,600	18,013,100	58,700
10	4월	3,550,000	355,000	5,360,000	7,700
11	5월	6,700,000	670,000	6,788,000	6,800
12	6월	4,600,000	460,000	5,401,000	7,000
13	2분기	14,850,000	1,485,000	17,549,000	21,500
14	7월	8,400,000	525,000	6,543,300	12,700
15	8월	5,450,000	545,000	5,890,000	6,500
16	9월	5,050,000	505,000	6,029,000	13,500
17	3분기	18,900,000	1,575,000	18,462,300	32,700
18	10월	4,550,000	455,000	4,677,000	7,000
19	11월	-	-	127,500	7,000
20	12월	-	-	-	-
21	4분기	4,550,000	455,000	4,804,500	14,000
22	연간	=SUM(B21,B17,B13,B9)		58,828,900	126,900

❶ 범위 선택
❷ [홈]-[편집]그룹-[자동합계] 클릭

분기와 연간 합계를 구한 식에 오류 표식이 나타나지 않게 오류 무시 처리를 한다. 오류 표식은 실제 문제가 없더라도 엑셀이 인식하는 상황에서 수식을 잘못 작성한 것으로 오인하여 나타나기도 한다.

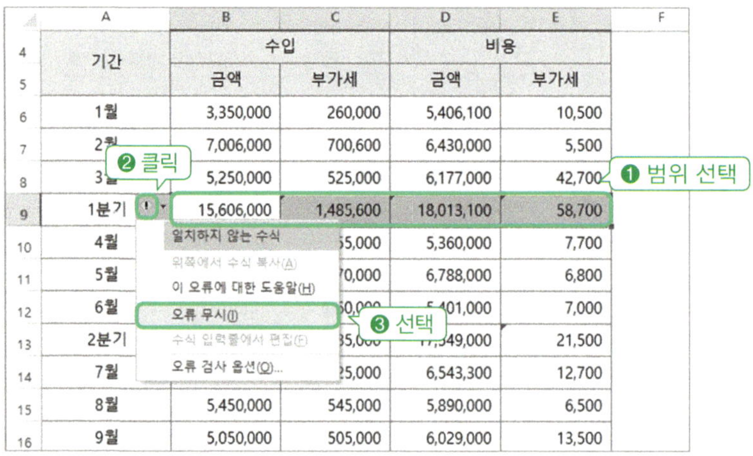

Tip ❸과 같이 [오류 무시]를 하면 표식이 사라지지만 이 수식을 다시 편집하면 표식이 다시 나타난다. 오류 무시를 한 후에는 표식이 다시 나타나지 않게 하려면 [파일] 탭–[옵션]–[수식]–오류 검사의 [다른 작업을 수행하면서 오류 검사]의 체크를 해제한다.

'ch3_2_연습문제.xlsx' 의 통합문서를 열어 다음 각 문제를 해결하시오.

01

'카드내역' 시트에는 웹 사이트에서 내려받기한 카드 사용 내역이 있다. 웹이나 엑셀이 아닌 다른 응용 프로그램에서 작성한 자료를 엑셀에서 작업할 경우 수식 계산이 가능하도록 자료를 수정할 필요가 있다. 아래 지시사항을 참고하여 [A:D]열의 자료를 [G:J]열로 변경하여 월별 요약자료를 만들어보자.

	A 일자	B 가맹점명	C 금액	D 분류	E 적립	G ❶일자	H ❷월	I ❸금액	J ❹구분
2	2018.1.1	한국주유소	₩70,000	주유	1,750	18-01-01	1월	70,000	주유
3	2018.1.8	우리마트	₩85,000	쇼핑	1,200	18-01-08	1월	85,000	쇼핑
4	2018.1.15	나라백화점	₩150,000	쇼핑	2,510	18-01-15	1월	150,000	쇼핑
5	2018.1.25	한우리 통신	₩85,000	통신	1,210	18-01-25	1월	85,000	통신
6	2018.2.8	신아주유소	₩50,000	주유	240	18-02-08	2월	50,000	주유
7	2018.2.10	전통칼국수	₩45,000		350	18-02-10	2월	45,000	
8	2018.2.15	한우리 통신	₩55,230	통신	1,381	18-02-15	2월	55,230	통신
9	2018.3.1	신기쇼핑	₩85,000	쇼핑	2,125	18-03-01	3월	85,000	쇼핑
10	2018.3.5	한국주유소	₩65,000	주유	1,625	18-03-05	3월	65,000	주유
11	2018.3.13	우리마트	₩60,000	쇼핑	1,500	18-03-13	3월	60,000	쇼핑
12	2018.3.26	한우리 통신	₩65,700	통신	150	18-03-26	3월	65,700	통신
13	2018.2.20	오파스타	₩55,000		1,375	18-02-20	2월	55,000	
14	2018.4.1	한국주유소	₩70,000	주유	1,750	18-04-01	4월	70,000	주유
15	2018.4.10	잇카페	₩27,000		675	18-04-10	4월	27,000	
16	2018.4.18	로또주유소	₩75,000	주유	1,875	18-04-18	4월	75,000	주유
17	2018.4.24	통마트	₩55,000	쇼핑	750	18-04-24	4월	55,000	쇼핑

월별요약자료 ❺ ❻

월	이용금액	이용누계
1	390,000	390,000
2	205,230	595,230
3	275,700	870,930
4	278,840	1,149,770
5	363,940	1,513,710
6	323,790	1,837,500

❼통신 ❽ ❾ ❿

월	이용건수	합계	평균
1월	1건	85,000	85,000
2월	1건	55,230	55,230
3월	1건	65,700	65,700
4월	0건	0	0
5월	1건	177,390	177,390
6월	0건	0	0

❶ A열에 있는 내려받기한 자료의 이용일은 엑셀의 날짜 형식이 아니므로 G열에 엑셀 형식으로 수정하시오.(힌트, SUBSTITUTE 함수를 사용하여 '.'을 '–'로 바꾸고 TEXT 함수를 사용하여 년월일을 두 자리로 표시 형식을 지정한다.)

❷ 월별 통계자료를 구하기 위해 G열의 일자 정보를 이용하여 H열에 월 정보를 구하시오(MONTH 함수, & 연산자).

❸ C열의 거래 금액은 숫자가 아닌 텍스트이므로 I열의 금액에 숫자로 바꾸고 표시 형식을 지정하시오(VALUE 함수).

❹ J열에는 D열의 정보를 그대로 가져오시오.

❺ 이용 금액에는 월별 금액의 합을 구하시오.(힌트, H열의 사용월에는 '월'이 포함되어 있고 L열의 월별에는 숫자만 있다. 그러므로 SUMIF 함수에서 조건으로 "="&L4&"월"을 사용해야 하며, 관계 연산자가 =일 때는 생략할 수 있으므로 간단히 L4&"월"로 지정할 수도 있다.)

❻ 해당 월까지의 이용 누계를 구하시오. [N4]의 첫 번째 수식을 구한 후 자동 채우기로 수식을 복사했을 때 자동 계산이 되도록 수식을 지정하시오.

❼ [L10]에 데이터 유효성 검사를 이용하여 '주유, 쇼핑, 통신'의 목록이 나타나도록 하시오.

❽ [L10] 셀에서 선택한 항목에 대한 월별 이용 건수를 구하시오(COUNTIFS 함수).

❾ [L10] 셀에서 선택한 항목에 대한 월별 이용 금액의 합을 구하시오(SUMIFS 함수).

❿ [L10] 셀의 항목에 대한 월별 평균 이용 금액을 구하시오. 월별 이용건수가 없는 경우 0으로 나누기를 하게 되므로 #DIV/0! 오류가 발생한다. 이와 같이 오류가 발생하는 경우 IFERROR 함수를 이용하여 0으로 표시하시오.

02

'금전출납부' 시트는 1월부터 3월까지의 수입과 비용의 내용이다. 금전출납 자료 중 지출된 항목의 비용만 월별, 분기별, 연간 합계를 '항목별' 시트에 구해 보자. 그리고 '금전출납부' 시트에 4월 이후의 데이터를 추가하면 '항목별' 시트의 요약 자료도 같이 변경되도록 하자.

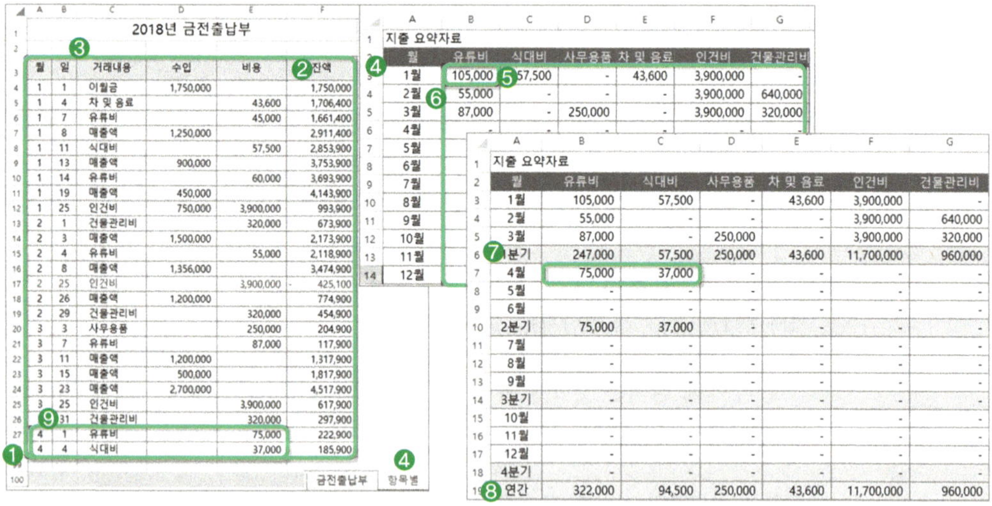

❶ 작업의 편리를 위해 '금전출납부' 시트의 [29]~[98] 행까지 숨기기를 하시오.

❷ '금전출납부' 시트에서 잔액을 구하시오. [F4] 셀의 잔액은 이전잔액([F3])+수입([D4])−비용([E4])으로 구하며 [F3] 셀은 텍스트이므로 N함수를 사용하시오.(참고, N함수는 숫자가 아닌 값은 숫자로, 날짜 값은 일련번호로, TRUE 값은 1로, 그 외의 값은 0으로 변환된 값을 반환한다.)

❸ '금전출납부' 시트에서 월, 일, 거래내용, 수입, 비용, 잔액이 입력되어 있는 범위마다 [3] 행의 내용으로 이름을 정의하시오. 이때 100행까지 데이터를 추가할 수 있도록 범위를 4행부터 100행까지가 되도록 한다(OFFSET 함수를 사용하여 자동으로 범위가 계산되도록 해도 된다).

❹ '금전출납부' 시트 옆에 새 시트를 추가한 후, 시트 이름을 '항목별'로 변경하시오. 그리고 '항목별' 시트에서 [B3:G14] 셀의 수식 입력을 제외하고 그림과 같이(2행과 A열(1월~12월)) 되도록 편집하시오.

❺ '항목별' 시트의 [B3]에 '금전출납부' 시트의 자료 중 1월의 유류비 비용 합계 수식을 구하시오(SUMIFS 함수).

❻ '항목별' 시트에서 [B3]의 수식을 〈Ctrl〉+〈Enter〉 키를 사용하여 [B3:G14] 범위에 한꺼번에 복사하시오.(힌트, 범위를 먼저 선택한 후 수식 입력 줄을 클릭한 후 〈Ctrl〉+〈Enter〉 키를 누른다.)

❼ '항목별' 시트에서 네 분기의 자료를 입력할 행을 삽입한 후 각 분기의 항목별 합을 [자동 합계] 도구로 한 번에 구하시오.

❽ '항목별' 시트에서 연간 자료를 입력할 행을 편집한 후 네 분기의 합을 [자동 합계] 도구로 한 번에 구하시오.

❾ '금전출납부' 시트의 [27] 행에는 4월 1일, 유류비, 75000, [28] 행에는 4월 4일, 식대비, 37000을 입력한 후 '항목별' 시트 내용이 업데이트된 것을 확인해 보시오.

04

데이터 추출하기

4.1 수식을 사용하여 데이터 조회 및 검색하기

데이터 분석을 위해서는 수집된 대량의 데이터로부터 일련의 규칙이 있는 정보를 추출하거나 사용자가 필요로 하는 유용한 데이터를 추출해야 한다. 또한, 특정 데이터의 내용이나 값을 나타내는 조건표에서 필요한 정보를 가져와 데이터 분석 자료를 만들 수도 있다. 엑셀에는 필요한 데이터를 추출하는 다양한 방법이 있으며, 원하는 값을 찾을 수 있는 여러 조회 및 참조 함수를 제공한다. 본 절에서는 엑셀의 찾기 및 참조영역의 함수에서 활용도가 높은 VLOOKUP, INDEX 함수를 이용하여 데이터 목록에서 원하는 값을 빠르고 쉽게 조회하여 불러오는 방법을 살펴본다.

(1) VLOOKUP 함수를 이용하여 데이터 검색 및 추출하기

VLOOKUP 함수는 임의의 목록 데이터나 범위에서 필요한 항목을 찾아서 참조할 때 사용한다. 방대한 양의 자료에서 필요한 자료를 추출할 때 유용하다. 예를 들어 자동차 부품의 단가표가 있을 때 단가표로부터 해당 부품의 가격을 검색한다거나 값의 범위로 만들어진 표에서 해당 범위에 포함되는 자료들을 불러올 때 유용하게 사용된다. VLOOKUP 함수는 다음과 같은 인수로 구성된다. 표의 첫 번째 열에서 찾는 값을 검색하여 찾은 값이 있는 행의 특정 열에서 결과 값을 가져온다. VLOOKUP 함수의 4번째 인수의 값이 FALSE, 즉 0이면 표에서 일치하는 값을 찾고, TRUE, 즉 1이면 표에서 유사한 값을 찾는다. 따라서 4번째 인수의 값이 TRUE인 경우는 범위에 해당하는 값을 불러올 때 유용하다.

VLOOKUP(lookup_value, table_array, col_index_num, [range_lookup])

- **lookup_value** (찾는 값) : 둘째 인수인 표 범위의 첫 열에서 찾을 값
- **table_array** (표 범위) : 데이터를 검색하고 추출하려는 표
- **column_index_num** (결과값이 있는 열 번호) : 찾는 값을 표의 첫 열에서 찾았을 때 실제 함수의 결과값이 있는 열의 번호
- **range_lookup** (범위 검색) : FALSE 또는 TRUE, FALSE면 찾는 값과 일치하는 값을 찾고 TRUE이면 범위를 이용한 검색에 사용(TRUE는 생략 가능)

VLOOKUP 함수와 유사한 함수로 HLOOKUP 함수가 있다. 두 함수의 인수 구성요소는 같으나 데이터 표에서 찾는 값을 VLOOKUP 함수는 열의 방향으로 찾는 반면 HLOOKUP 함수는 행의 방향으로 원하는 값을 찾아 표시한다. 다음의 예제에서 VLOOKUP 함수를 사용하여 상품의 단가표로부터 원하는 값을 찾아 불러오는 방법을 실습해 보자.

예제 4-1

표에서 정확하게 일치하는 값 찾아 불러오기

ch4_1.xlsx의 '단가표' 시트에는 B 회사에서 판매되는 상품의 상품코드와 상품코드에 해당하는 품명, 규격, 매입단가 및 매출단가 등을 포함하고 있다. 그리고 '상품입출고내역' 시트는 B 회사의 2017년 상품의 입출고 내역을 기록하는 데이터 시트이다. 상품입고출고내역 표의 상품코드를 상품의 단가표에서 검색하여 해당 품명, 규격, 매입단가, 매출단가를 찾아 표시하고 나머지 부분도 수식을 사용하여 표를 완성하여 보자.

준비파일 ch4_1.xlsx '상품입출고내역' 시트

상품 입고 출고 내역

일자	상호	구분	코드	품명	규격	수량1	매입단가	매입금액	세액1	수량2	매출단가	매출금액	세액2
2017-01-02 (월)	길성상회	매입	107			200							
2017-01-04 (수)	길성상회	매입	101			150							
2017-01-04 (수)	길성상회	매입	105										
2017-01-04 (수)	길성상회	매입	106										
2017-01-05 (목)	회전전기	매입	201										
2017-01-05 (목)	회전전기	매입	202										

상품단가표에서 품명, 규격, 매입단가, 매출단가 불러오기

상품 단가표

상품코드	품명	규격	매입단가	매출단가	적정재고량
101	하드디스크	시게이트 30G	2352	3097	20
102	하드디스크	시게이트 80G	4650	4771	100
103	하드디스크	삼성 80G	4663	4829	100
104	하드디스크	삼성 160G	8520	11797	150

완성시트

상품 입고 출고 내역

일자	상호	구분	코드	품명	규격	수량1	매입단가	매입금액	세액1	수량2	매출단가	매출금액	세액2
2017-01-02 (월)	길성상회	매입	107	시디롬	삼성 64X	200	1,327	265,400	26,540				
2017-01-04 (수)	길성상회	매입	101	하드디스크	시게이트 30G	150	2,352	352,800	35,280				
2017-01-04 (수)	길성상회	매입	105	시디롬	LG 2X	20	633	12,660	1,266				
2017-01-04 (수)	길성상회	매입	106	시디롬	LG 64X	50	1,320	66,000	6,600				
2017-01-05 (목)	회전전기	매입	201	전선	롤	17	36,000	612,000	61,200				
2017-01-05 (목)	회전전기	매입	202	피복전선	m	241	156	37,596	3,760				
2017-01-05 (목)	길성상회	매입	107	시디롬	삼성 64X	100	1,327	132,700	13,270				
2017-01-05 (목)	길성상회	매입	102	하드디스크	시게이트 80G	300	4,650	1,395,000	139,500				
2017-01-05 (목)	길성상회	매입	103	하드디스크	삼성 80G	200	4,663	932,600	93,260				
2017-01-05 (목)	가야통상	매출	107	시디롬	삼성 64X					80	1,880	150,400	15,040

01 수식 적용을 위한 참조 범위에 이름정의하기

- '단가표' 시트의 [A4:F16]에 '상품목록'으로 이름을 정의한다. 여기서 정의한 상품목록의 범위를 VLOOKUP 함수의 두 번째 인수인 표 범위에 사용한다. VLOOKUP 함수를 이용하여 값을 검색할 때는 찾는 값, 즉 상품의 코드로 찾을 때는 코드가 표의 첫 번째 열에 있도록 표 범위를 설정해야 한다. 그리고 표의 범위는 추출하고자 하는 데이터가 있는 열을 포함하도록 한다.

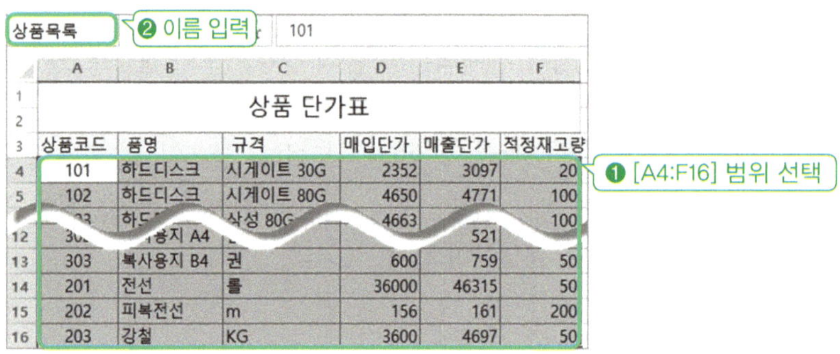

02 '상품입출고내역' 시트의 품명과 규격 구하기

- '상품입출고내역' 시트에서 [D5]의 코드를 '단가표' 시트, 즉 '상품목록'으로 이름정의한 범위에서 찾아 해당행의 품명과 규격을 찾도록 수식을 지정한다. 품명과 규격의 값은 '상품목록' 범위에서 2번째 열과 3번째 열에 있는 값이므로 VLOOKUP 함수를 이용하여 다음의 수식으로 구할 수 있다.
- '상품입출고내역' 시트의 [E5]에 =VLOOKUP($D5,상품목록,2,0)을 입력한다. 이는 [D5]의 107이라는 값을 '상품목록' 범위에서 찾아 107에 해당되는 행의 2번째 열의 값을 불러옴을 의미한다. 마찬가지로 [F5]에는 =VLOOKUP($D5,상품목록,3,0)의 수식으로 상품목록 표에서 3번째 열의 값을 검색하여 규격에 해당하는 값을 불러온다.
- 품명과 규격의 나머지 셀도 채우기 핸들을 더블클릭하여 수식을 복사한다. 이때 자동 채우기 옵션을 클릭하여 서식 없이 채우기를 선택한다.

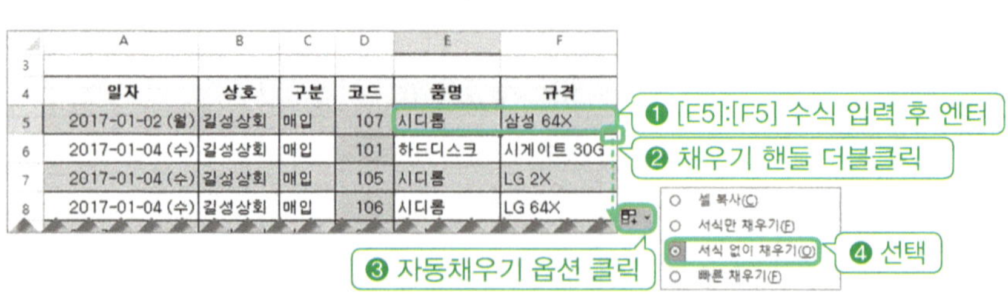

03 매입단가와 매출단가 구하기

- 매입단가와 매출단가는 각 상품코드에 해당하는 단가이며 상품코드별로 상품목록에 있는 값이다. 입출고 내역에 매입된 또는 판매된 수량에 따라 매입금액과 매출금액이 정해진다.
- 매입단가와 매출단가는 '단가표' 시트의 '상품목록' 범위에서 검색하여 불러온다. 그리고 매입 또는 매출이 일어난 경우, 즉 [수량1]과 [수량2]의 셀 값이 있는 경우만 [D5]의 코드에 해당하는 매입 및 매출단가의 데이터를 불러와서 표시한다. 이때 수량이 없는 셀은 단가를 0으로 하고 수량의 값이 있으면 해당 코드의 단가를 불러오도록 한다. 따라서 수식은 [H5]셀에 =IF(G5=0,0,VLOOKUP($D5,상품목록,4,0)), [L5]셀에 =IF(K5=0,0,VLOOKUP($D5,상품목록,4,0))를 입력하고 원하는 값을 구한다.
- 매입단가와 매출단가의 나머지 셀도 채우기 핸들을 더블클릭하여 수식을 복사한다. 이때 자동 채우기 옵션을 클릭하여 서식 없이 채우기를 선택한다.

04 매입 및 매출금액, 세액을 계산하기

- 매입금액과 매출금액은 단가*수량으로 각각 계산한다.
- 세액1과 세액2는 매입금액의 10%, 매출금액의 10%로 부가세 항목으로 한다. 이때 소수점은 ROUND 함수를 이용하여 반올림한다.
- 나머지 빈 셀도 채우기 핸들로 더블클릭하여 수식을 복사한다. 수식 복사 후 자동채우기 옵션에서 서식없이 채우기를 클릭한다.

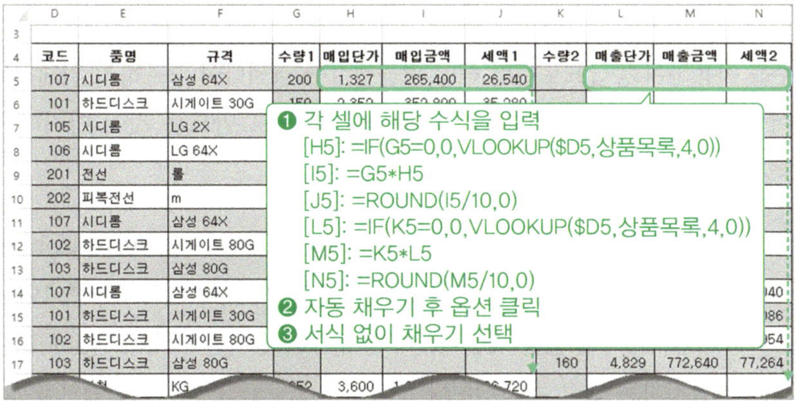

예제 4-2

표의 범위에 해당하는 값 찾아 불러오기

ch4_1.xlsx의 '적성검사' 시트는 A사의 입사 지원자의 적성검사 성적표이다. 주어진 자료에서 시험점수의 평균을 이용하여 등급을 지정하고 합격 여부를 표시하여 적성검사 결과표를 완성하시오. 여기서 등급은 90점 이상이면 1등급, 80점 이상이면 2등급, 70점 이상이면 3등급, 60점 이상이면 4등급, 나머지의 경우는 5등급으로 지정하며 등급표를 별도로 만들어 VLOOKUP 함수를 사용하도록 한다. 그리고 합격 여부는 1차, 2차 시험점수 및 평균점수가 70점 이상인 경우 합격으로 나머지는 불합격으로 지정한다.

준비파일 ch4_1.xlsx '적성검사' 시트

완성시트

합격자 명단

수험번호	이름	1차	2차	평균	등급	합격여부
1001	김별님	99	98	98.5	1등급	합격
1002	조하늘	89	90	89.5	2등급	합격
1003	이사랑	72	87	79.5	3등급	합격
1004	김영원	61	74	67.5	4등급	불합격
1005	배움기	68	60	64	4등급	불합격
1006	최소원	96	77	86.5	2등급	합격
1007	정소라	92	96	94	1등급	합격
	조수호		90	91		합격

등급표	
0~	5등급
60~	4등급
70~	3등급
80~	2등급
90~	1등급

등급표를 기준으로 하여 평균점수에 대한 등급을 구한다. 그리고 시험점수의 조건에 따른 합격 여부 지정한다.

01 등급지정을 위한 등급표 만들기

- VLOOKUP 함수를 이용하여 등급표로부터 해당 평균점수를 검색하여 참조하기 위해서는 먼저 등급표를 만들어야 한다. 이때 등급표는 해당되는 모든 값으로 만드는 것이 아니라 범위로 검색할 수 있도록 만든다.

- VLOOKUP 함수의 마지막 인수의 값은 FALSE, 즉 0이면 등급표의 첫 열에서 lookup_value(찾는 값, 즉 여기서는 평균)와 일치하는 값을 표의 첫 열에서 찾고, TRUE, 즉 1이면 표의 첫 열에서 lookup_value와 유사한 값을 찾는다. 이때 유사한 값이란 lookup_value보다 작은 값들 중 가장 큰 값과 일치하는 값으로 선택된다.

따라서 등급표의 첫 열에는 해당평균이 속하는 범위에서 작은 값으로 작성하여야 한다. 즉, 80점 이상 90점 미만인 경우는 80점을, 70점 이상 80점 미만인 범위에서는 70점으로 범위에서 최솟값으로 지정한다. 그리고 등급표의 첫 열은 반드시 오름차순으로 정렬되어 있어야 바르게 적용이 된다.

[J4:K8]에 범위, 즉 0~60, 60~70, 70~80, 80~90, 90~100의 최솟값 0, 60, 70, 80, 90으로 값을 오름차순으로 입력하고 각 해당등급도 지정한다.

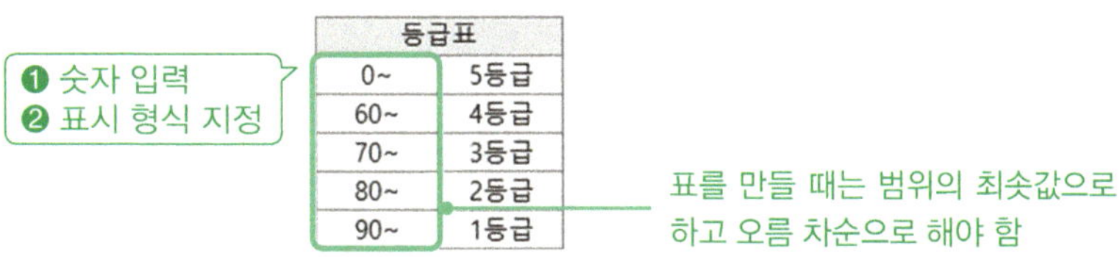

02 점수의 범위에 해당하는 등급 지정하기

[F4]에 =VLOOKUP(E4,$J$4:$K$8,2,1)의 수식으로 [E4]의 평균에 해당되는 범위에 속하는 등급을 찾아와 표시한다. 이때 참조하는 표의 범위는 자동 채우기로 수식을 복사할 때 고정되어 있어야 하기 때문에 절대 참조가 되어야 한다.

[E4]의 평균점수를 등급표 [J4:K8]의 첫 열에서 유사한 값으로 찾고, 해당 행의 2열에 있는 값, 즉 등급을 불러온다. 이때 유사한 값은 표에서 [E4]의 평균점수보다 작은 값들 중에서 최댓값으로 찾는다.

채우기 핸들을 더블클릭하여 나머지 등급도 구한다.

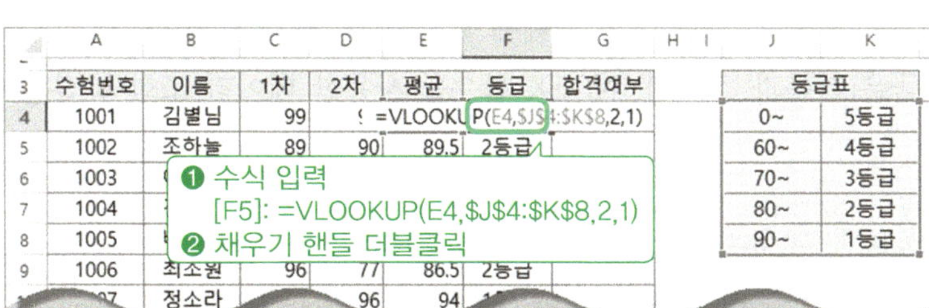

03 합격여부 지정하기

- 1차, 2차 시험점수 및 평균점수가 70점 이상인 경우, 즉 세 조건이 동시에 만족하는 경우만 합격으로 하고 하나의 조건이라도 충족되지 않으면 불합격으로 처리하도록 한다. 여기서는 조건에 따라 '합격', '불합격' 둘 중 하나의 결과를 표시하면 되므로 IF 함수를 사용한다.
- IF 함수의 조건식에는 여러 조건을 동시에 만족할 때 참의 결과를 반환하는 AND 함수를 중첩하여 사용할 수 있다. 즉 [G4]에 =IF(AND(C4>=70, D4>=70, E4>=70), "합격", "불합격")의 수식을 적용하여 원하는 결과를 구할 수 있다.
- 채우기 핸들을 더블클릭하여 나머지 셀의 합격여부도 지정한다.

	A	B	C	D	E	F	G
2							
3	수험번호	이름	1차	2차	평균	등급	합격여부
4	1001	김별님	99	98	98.5	1등급	합격
5	1002	조하늘	89	90	89.5	2등급	[illegible]
6	1003	이사랑	72	87	79.5	3등급	합
7	1004	김영원	61	74	67.5	4등급	불
8	1005	배움기	68	60	64	4등급	불합격
9	1006	최소원	96	77	86.5	2등급	합격
10	1007	정소라	92	96	94	1등급	합격
11	1008	조수호	92	90	91	1등급	합격
12	1009	김미남	65	77	71	3등급	불합격
13	1010	[illegible]	63	[illegible]	66.5	4	불합격

(2) INDEX 함수를 이용하여 데이터 조회하기

VLOOKUP 함수를 이용하여 원하는 데이터를 추출할 때는 표의 첫 번째 열에 찾는 값이 있어야 하는 반면 INDEX 함수는 지정한 범위에서 행과 열의 위치로 원하는 값을 찾는다. 이때 행과 열의 위치는 특정 값이 셀 범위(한 행 또는 한 열)에서 몇 번째에 있는지 알 수 있는 MATCH 함수를 주로 이용한다. 두 함수의 인수들은 다음과 같으며 INDEX 함수를 사용한 데이터 조회 방법은 예제를 통하여 살펴보자.

INDEX(reference, row_num, [column_num])

- **reference** (셀 참조 범위) : 함수의 결과값이 포함된 셀 범위
- **row_num** (행 번호) : 참조 범위에서 결과값이 있는 행의 번호
- **column_num** (열 번호) : 참조 범위에서 결과값이 있는 열의 번호

MATCH(lookup_value, lookup_array, [match_type])
– lookup_value (찾는 값) : 찾을 영역에서 찾고자 하는 값 – lookup_array (찾을 영역) : 한 행 또는 열로 구성된 셀 범위 – match_type (찾기 유형) : 일치하는 값을 찾을 땐 0, 유사한 값을 찾을 땐 1 또는 –1 (부록참조)

예제 4-3

INDEX 함수를 이용한 데이터 검색

ch4_1.xlsx의 '합격조회' 시트는 수험번호 또는 이름을 입력하여 지원자의 점수 및 합격 여부를 확인하려고 한다. 이때 예제 4-2에서 작성한 합격자 목록으로부터 원하는 데이터를 조회할 수 있도록 INDEX 함수를 사용하여 확인해 보자.

준비파일 ch4_1.xlsx '합격조회' 시트

완성시트

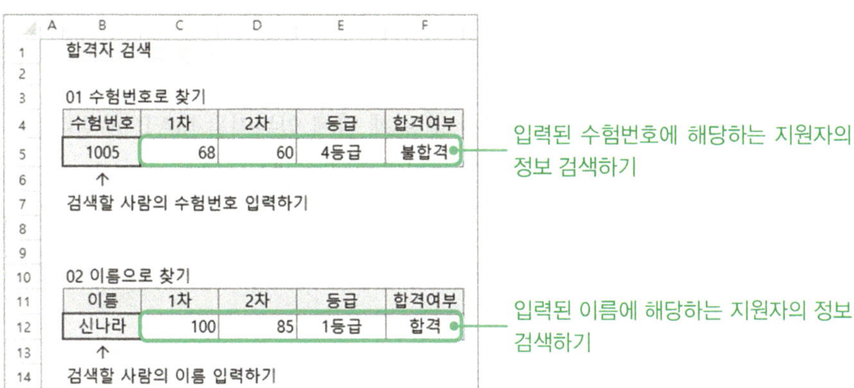

01 수험번호로 찾기

- 검색하고자 하는 수험번호를 입력했을 때 원하는 정보를 조회하기 위해 먼저 [B5]에 임의의 수험번호를 입력한다.

- 입력된 수험번호에 해당하는 사람의 정보를 INDEX 함수를 이용하여 검색한다. 점수 및 등급 등의 검색 정보는 '적성검사' 시트의 범위를 참조해야 하므로 일일이 범위를 지정하면 번거롭다. 따라서 수식에 필요한 범위에 이름 정의를 먼저 한다. '적성검사' 시트의 머리글을 제외한 [A4:G103] 범위는 '성적표', 입력된 수험번호가 몇 번째인지를 알기 위해 '적성검사' 시트의 [A4:A103] 범위는 '수험번호'로, 그리고 열의 위치를 위해 [A3:G3] 범위는 '항목'으로 정의한다.

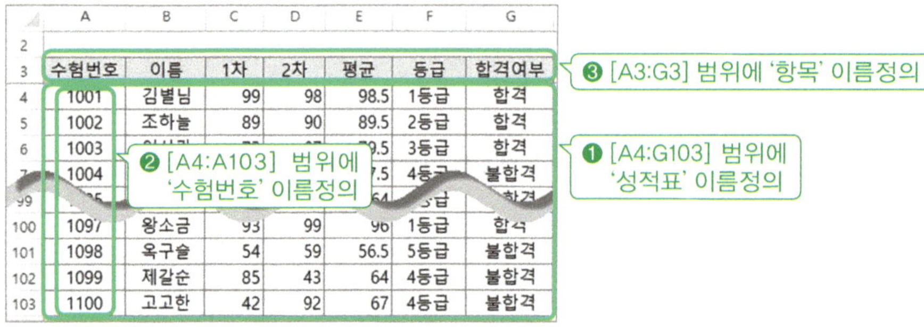

- INDEX 함수는 표범위에서 행과 열의 위치로 원하는 정보를 찾을 수 있다. 즉 표의 범위 '성적표'에서 입력된 수험번호가 있는 행에서의 1차, 2차 점수, 등급 및 합격여부의 값을 불러오면 된다. 따라서 =INDEX(성적표, 행의 위치, 열의 위치)에서 행의 위치와 열의 위치를 자동으로 찾도록 지정하면 된다.

- 행의 위치는 입력되는 수험번호에 따라 매번 바뀌어야 하므로 MATCH 함수를 이용하여 찾을 수 있다. 즉 행의 위치는 입력된 수험번호가 '수험번호' 범위에서 몇 번째의 위치에 있는지를 =MATCH($B$5,수험번호,0)로 찾을 수 있다.

- 마찬가지로 열의 위치는 1차 점수가 '성적표'에서 몇 번째 열에 있는지를 MATCH 함수를 이용하여 구할 수 있다. [C4] 셀의 값 1차는 '항목'으로 지정한 범위에서 3번째임을 알 수 있는데, 즉 =MATCH(C$4,항목,0)의 수식으로 구할 수 있으며 이는 곧 열의 위치의 값이다. 이때 수식에서 [C4]의 주소는 [C5]의 수식을 [F5]까지 오른쪽으로 드래그하여 수식이 복사될 때 [D4], [E4], [F4]가 자동으로 참조되도록 혼합주소로 작성한다.

- 위에서 구한 행의 위치와 열의 위치 수식을 INDEX 함수에 중첩하여 정리하면 [C5]에 =INDEX(성적표,MATCH($B$5,수험번호,0),MATCH(C$4,항목,0))로 1차 점수를 조회할 수 있으며 나머지 값도 자동 채우기로 수식을 복사하여 구한다.

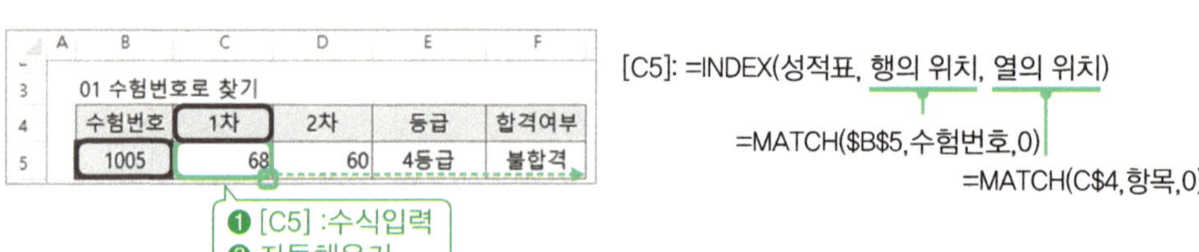

- [C5]의 =INDEX(성적표,MATCH($B$5,수험번호,0),MATCH(C$4,항목,0))에서 행의 위치를 찾는 MATCH($B$5,수험번호,0)의 수식에서 '수험번호' 범위를 직접 입력하여 사용할 수도 있지만 수험번호라는 텍스트가 [B4] 셀에 있으므로 셀 안의 텍스트를 참조범위로 변환하여 사용하는 함수인 INDIRECT 함수(텍스트를 셀 참조로 변환함, 함수 마법사 도움말 참조)를 사용하여 다음과 같이 수식을 사용할 수도 있다. =INDEX(성적표,MATCH($B$5,INDIRECT($B$4),0),MATCH(C$4,항목,0))

- 임의의 수험번호를 입력하여 점수, 등급 및 합격여부를 확인한다.

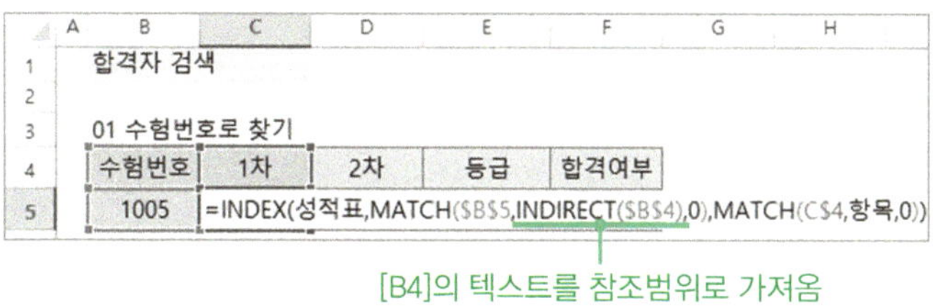

02 이름으로 찾기

- 다음은 수험번호를 모를 때는 이름으로 검색할 수 있도록 조회 표를 만들어보자. 검색하고자 하는 이름을 입력했을 때 원하는 정보를 조회하기 위해 먼저 [B12]에 임의의 이름을 입력한다.

- 01과 마찬가지로 입력된 이름이 '성적표'의 몇 번째 행에 있는지를 알기 위해 MATCH 함수를 사용한다. '적성검사' 시트에서 [B4:B103] 범위를 '이름'으로 이름 정의한다.

- 01의 방법과 같은 방법으로 수식을 구할 수 있으므로 [C5]의 수식을 복사하여 [C12]에 붙여넣기를 한 후 수식에서 참조되는 셀 주소를 =INDEX(성적표,MATCH($B$12,INDIRECT($B$11),0),MATCH(C$11,항목,0))으로 수정한다. 나머지 값도 자동 채우기로 수식을 복사하여 구한다.

- 임의의 이름을 입력하여 점수, 등급 및 합격여부를 확인한다.

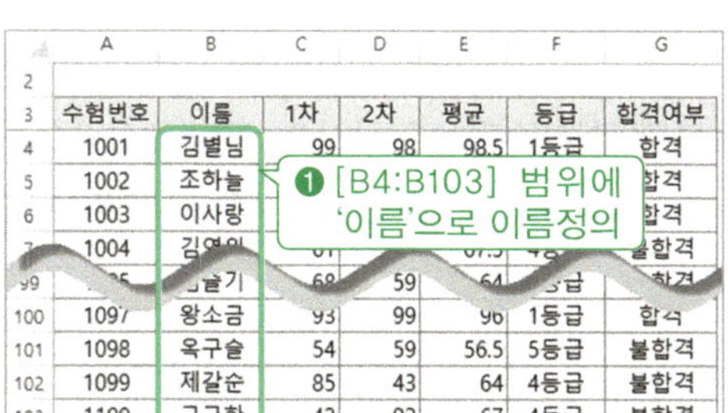

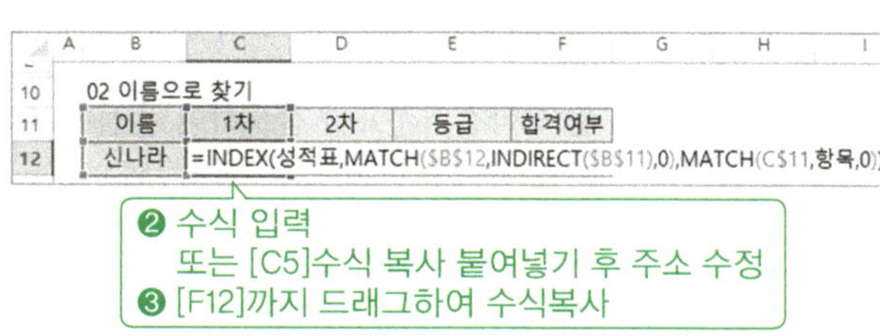

연습문제

'ch4_1_연습문제.xlsx' 의 통합문서를 열어 다음 각 문제를 해결하시오.

01 '성적' 시트에서 출석기준표와 학점기준표를 만들고 이를 이용하여 출석 및 학점을 구하여 보자. 그리고 입력된 학번에 해당하는 학생의 이름, 총점 및 학점을 조회하여 보자.

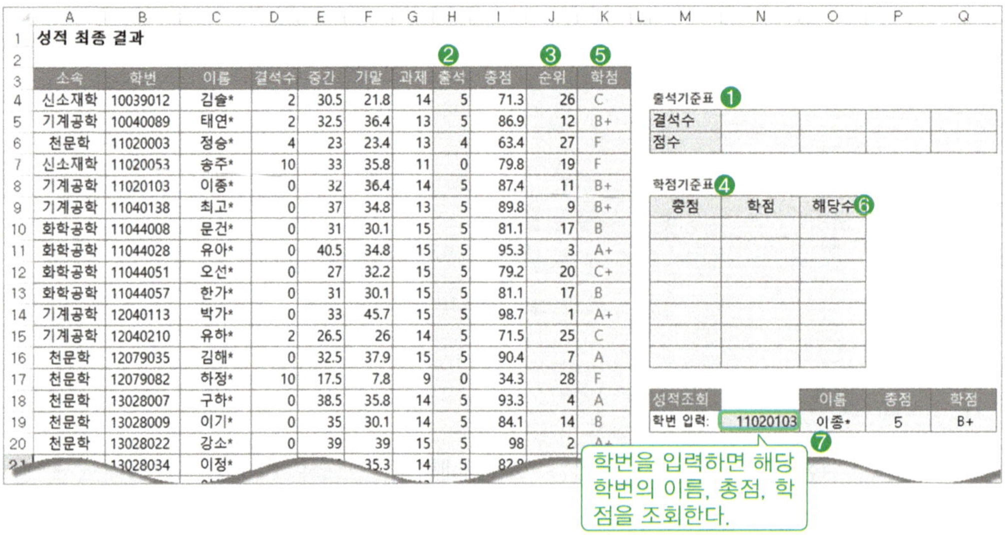

❶ 결석수가 10회 이상이면 0점, 6~9회이면 3점, 3~5회이면 4점, 0~2회이면 5점이 되도록 먼저 출석기준표를 작성하시오.

❷ ❶의 출석기준표를 참조하여 결석수(D열)에 따른 점수를 찾아 출석 점수(H열)를 구하시오(HLOOKUP 함수).

❸ 총점(I열)을 이용하여 순위를 구하시오.

❹ [M10:N16]에 총점이 95점 이상이면 'A+', 90이상 95미만이면 'A', 85이상 90미만이면 'B+', 80이상 85미만이면 'B', 75이상 80미만이면 'C+', 70이상 75미만이면 'C', 70미만이면 'F'가 되도록 먼저 학점기준표를 완성하시오.

❺ ❹의 학점기준표를 참조하여 총점에 따른 해당 학점(K열)을 구하시오. 이때 출석점수가 0인 경우는 F로 지정하고 0이 아닌 경우는 학점기준표에 따라 학점을 지정하시오(IF 함수, VLOOKUP 함수).

❻ 학점(K열)을 이용하여 학점기준표의 각 학점에 해당하는 인원수를 구한 후 표시형식(~명)을 지정하시오.

❼ [N19]에 학번을 입력하여 입력된 학번에 해당하는 이름, 총점, 학점이 조회될 수 있도록 수식을 지정하시오. 먼저 [O19]에 수식을 작성하여 해당 이름을 먼저 구하고 나머지 값은 자동 채우기로 수식을 복사하여 구하도록 하시오.

02

엑셀의 VLOOKUP/HLOOKUP 함수 또는 INDEX 함수는 데이터베이스로부터 정보를 조회 및 검색하여 여러 가지 보고서 또는 증명서 자료를 만드는 데 유용하게 사용된다. '견적서' 시트에서 입력한 제품명에 따라 '제품목록' 시트의 제품목록으로부터 모델명, 단가를 불러와 공급가액, 세액, 합계 등이 자동으로 계산되도록 다음과 같이 만들어보자.

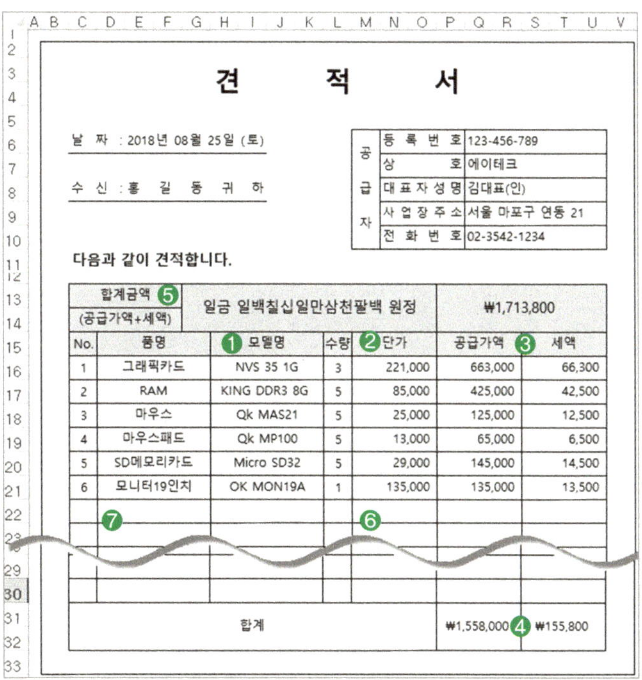

견 적 서

날 짜 : 2018년 08월 25일 (토)

수 신 : 홍 길 동 귀 하

공급자		
	등 록 번 호	123-456-789
	상 호	에이테크
	대 표 자 성 명	김대표(인)
	사 업 장 주 소	서울 마포구 연동 21
	전 화 번 호	02-3542-1234

다음과 같이 견적합니다.

합계금액 ❺ (공급가액+세액)	일금 일백칠십일만삼천팔백 원정				₩1,713,800	
No.	품명	❶ 모델명	수량	❷ 단가	공급가액 ❸	세액
1	그래픽카드	NVS 35 1G	3	221,000	663,000	66,300
2	RAM	KING DDR3 8G	5	85,000	425,000	42,500
3	마우스	Qk MAS21	5	25,000	125,000	12,500
4	마우스패드	Qk MP100	5	13,000	65,000	6,500
5	SD메모리카드	Micro SD32	5	29,000	145,000	14,500
6	모니터19인치	OK MON19A	1	135,000	135,000	13,500
	❼			❻		
합계					₩1,558,000 ❹	₩155,800

❶ '제품목록' 시트의 [B3:D21] 범위의 첫 번째 열에서 해당 품명(D열)을 찾아 그 품명에 해당되는 모델명을 찾아 표시하시오. 견적서 작성 시 품명을 추가하여 입력할 때마다 모델명이 자동 계산되도록 [H30]까지 수식을 복사하시오. 이 경우 품명이 없는 셀을 참조하는 경우 #N/A의 오류가 표시되는데 IF함수를 이용하여 오류처리를 하시오.

② '제품목록' 시트의 [B3:D21]의 범위에서 D열의 해당 품명을 찾아 그 품명에 해당되는 단가를 찾아 표시하시오. ❶과 마찬가지로 [M30]까지 채우기 핸들을 드래그하고 오류가 발생하면 IF 함수를 사용하여 D16=""이면, 0으로 표시하고 품명이 있는 경우는 VLOOKUP 함수를 이용하여 해당 단가를 찾아 표시하도록 한다.

③ 공급가액은 수량*단가의 식으로, 세액은 공급가액의 10%로 지정하시오.

④ 공급가액과 세액, 각각의 합을 구하시오.

⑤ 공급가액과 세액의 합계금액을 구하고 그림과 같이 표시형식을 지정하시오.

⑥ 단가, 공급가액, 세액 [M16:S30] 범위에 품명이 없는 경우에 0의 값이 나타나지 않도록 표시형식 "#,##0_ ;;"을 지정하시오.

⑦ 제품목록으로부터 임의의 품명과 수량을 입력하여 모델명, 단가, 공급가액, 세액, 합계 등이 자동 계산됨을 확인하시오.

03 '월별실적' 시트의 정보를 이용하여 '판매실적' 시트를 다음과 같이 완성하시오.

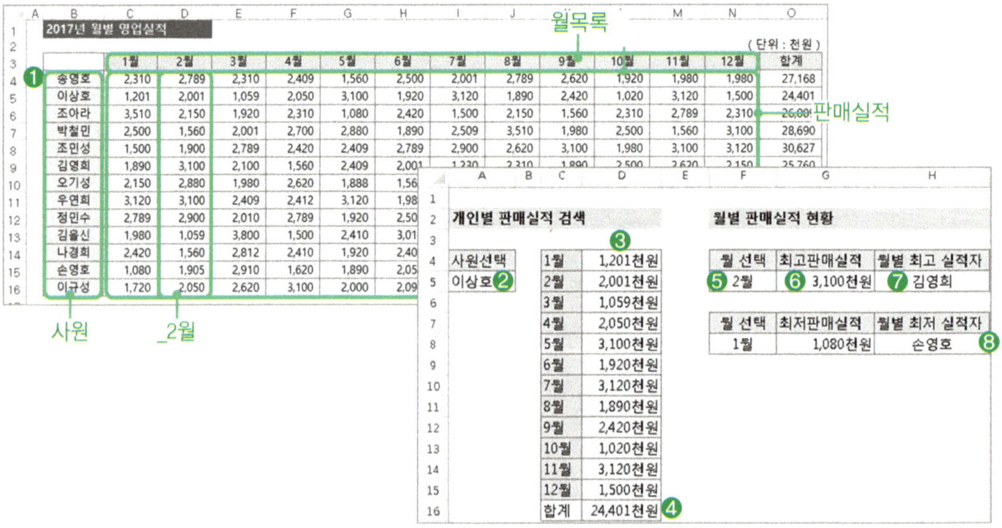

❶ '월별실적' 시트에서 [B4:B16]에 사원, [C3:N3]에 월목록, [C4:N16]에 판매실적으로 이름을 정의하시오. [C3:O16] 범위를 선택한 후 선택 영역에서 첫 행을 이용하여 이름 만들기를 하시오. ([C3:O16] 범위의 첫 행이 1월~12월, 즉 숫자로 시작하므로 이름은 _1월~_12월의 형태로 이름이 만들어진다.)

❷ '판매실적' 시트의 [A5]에 목록 단추를 클릭하여 사원을 선택할 수 있도록 데이터 유효성 검사의 목록 범위를 지정하시오.

❸ [A5]에 선택한 사원의 1월~12월의 실적을 INDEX 함수를 이용하여 구하시오.

❹ 1월~12월의 합계를 구하고 [D4:D16]의 위치에 보기와 같이 표시형식을 지정하시오.

❺ [F5]와 [F8]에 임의의 월을 선택할 수 있도록 데이터 유효성 검사에서 목록 범위를 지정하시오.

❻ [F5]에서 선택한 월의 최고판매실적을 구하시오. 예를 들어 2월의 최고 판매실적은 =MAX(_2월)이다. 이때 _2월은 이름 범위이며 [F5]의 값을 참조하도록 INDIRECT 함수를 이용한다.

❼ [F5]에서 선택한 월의 최고 실적자를 구하시오. (힌트, '사원'의 범위에서 최고판매실적([G5])이 해당 월에서 몇 번째 행에 있는지, 즉 =INDEX(사원, MATCH(....))의 수식으로 구할 수 있다. 이때 사원의 범위가 하나의 열로 되어 있으므로 INDEX 함수에서 열의 값은 생략해도 된다.)

❽ [F8]에서 선택한 월의 최저 판매실적 및 최저 실적자를 구하시오.

4.2 조건부 서식을 이용하여 데이터 추출 및 시각화하기

3.1절부터 4.1절까지는 데이터 분석에 필요한 수치를 얻는 데 필요한 다양한 함수들을 소개하였다. 이 절에서는 시각화를 통해 데이터의 분류, 특징, 추이 분석을 빠르고 쉽게 할 수 있도록 조건에 맞는 데이터에만 원하는 서식을 편리하게 적용할 수 있는 조건부 서식 기능을 소개한다.

조건부 서식을 이용하면 [그림 4-1]과 같이 설문 조사 대상자의 나이를 10대, 20대, 30대별로 구분하여 셀에 색깔을 채우거나, 판매 실적 금액 중 상중하를 색깔이나 모양별 아이콘으로 표시하거나, 남자 직원의 정보 셀만 색깔을 채우거나, 불량률 정도를 비교하기 쉽게 수치에 비례하는 가로 막대를 표시할 수 있다.

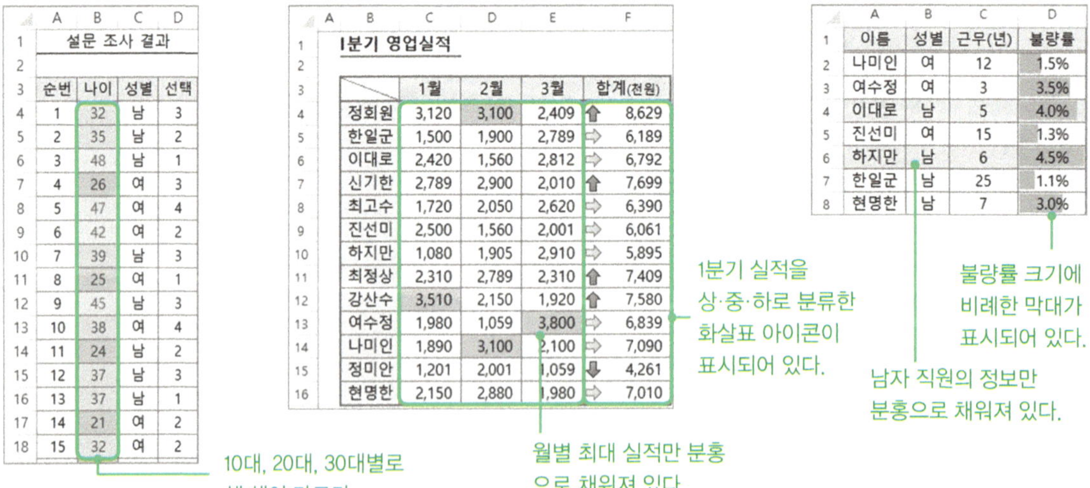

설문 조사 결과

순번	나이	성별	선택
1	32	남	3
2	35	남	2
3	48	남	1
4	26	여	3
5	47	여	4
6	42	여	2
7	39	남	3
8	25	여	1
9	45	남	3
10	38	여	4
11	24	남	2
12	37	남	3
13	37	남	1
14	21	여	2
15	32	여	2

1분기 영업실적

	1월	2월	3월	합계(천원)
정회원	3,120	3,100	2,409	8,629
한일군	1,500	1,900	2,789	6,189
이대로	2,420	1,560	2,812	6,792
신기한	2,789	2,900	2,010	7,699
최고수	1,720	2,050	2,620	6,390
진선미	2,500	1,560	2,001	6,061
하지만	1,080	1,905	2,910	5,895
최정상	2,310	2,789	2,310	7,409
강산수	3,510	2,150	1,920	7,580
여수정	1,980	1,059	3,800	6,839
나미인	1,890	3,100	2,100	7,090
정미안	1,201	2,001	1,059	4,261
현명한	2,150	2,880	1,980	7,010

이름	성별	근무(년)	불량률
나미인	여	12	1.5%
여수정	여	3	3.5%
이대로	남	5	4.0%
진선미	여	15	1.3%
하지만	남	6	4.5%
한일군	남	25	1.1%
현명한	남	7	3.0%

그림 4-1 조건부 서식을 사용한 시각화 예

대량의 데이터에서 [그림 4-1]과 같은 결과를 얻기 위해 사용자가 직접 특정 셀을 찾아서 선택하고 서식을 지정하거나 아이콘을 넣는다면, 작업 시간이 많이 걸릴 뿐만 아니라 작업을 한 다음 수정을 해야 한다면 처음과 마찬가지로 똑같은 작업을 반복해야 한다. 시트의 내용이 변하거나, 특정 서식을 지정할 셀 기준이 변하더라도 그에 맞게 서식이 자동으로 설정되거나 해제되게 하려면 조건부 서식을 이용하는 것이 편하다.

엑셀의 조건부 서식 기능은 특정 조건의 만족 여부에 따라 셀에 서식이 설정되거나 해제되게 하는 기능이다. 이를 이용하여 조건에 맞는 셀마다 셀 색을 다르게 하거나 글꼴을 다르게 함으로써 사용자가 강조하고 싶은 값, 확인하고 싶은 데이터의 추이, 분석하고 싶은 특이한 값 등을 빠르게 시각적으로 구분하고 표현할 수 있으며, 이를 다양하게 응용함으로써 차트와는 또 다른 각도로 데이터를 분석할 수 있다.

예제 4-4

사원들의 근무 연수와 불량률의 관계를 분석하기 위해 근무 연수가 20을 초과한 셀만 강조하고, 불량률의 대소 및 최소 · 최대치를 빠르게 비교할 수 있도록 셀에 가로 막대 그래프를 넣어보자.

준비파일 ch4_2.xlsx '조건부서식' 시트

01 근무 연수가 20이 넘는 셀만 강조하여 '연한 빨강 채우기' 서식 설정하기

❶ 조건부 서식을 지정할 셀 범위를 선택하고 ❷~❹ [홈] 탭–[스타일] 그룹–[조건부 서식]–[셀 강조 규칙]–[보다 큼]을 클릭한다. ❺~❼ [보다 큼] 대화 상자에서 셀 값이 20보다 클 때만 적용될 서식을 선택하고 [확인]을 클릭한다.

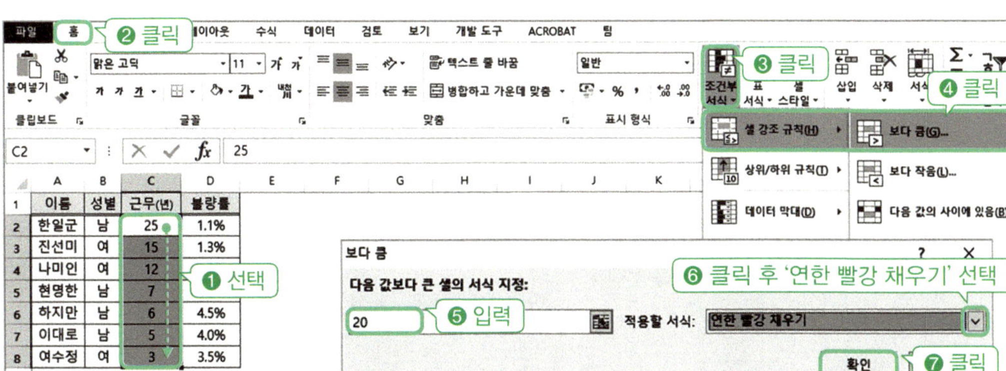

	A	B	C	D
1	이름	성별	근무(년)	불량률
2	한일군	남	25	1.1%
3	진선미	여	15	1.3%
4	나미인	여	12	1.5%
5	현명한	남	7	3.0%
6	하지만	남	6	4.5%
7	이대로	남	5	4.0%
8	여수정	여	3	3.5%

셀 값이 20보다 큰 셀에만 서식이 적용된다.
이 셀값을 15로 수정하면 서식이 해제된다.

Tip 20보다 크거나 같은 셀을 강조하고 싶다면, [홈] 탭-[스타일] 그룹-[조건부 서식]-[셀 강조 규칙]-[기타 규칙]을 클릭한 다음, ❶~❸ [새 서식 규칙] 대화 상자에서 [규칙 설명 편집] 부분을 다음과 같이 설정한 후 ❹ [확인]을 클릭한다.

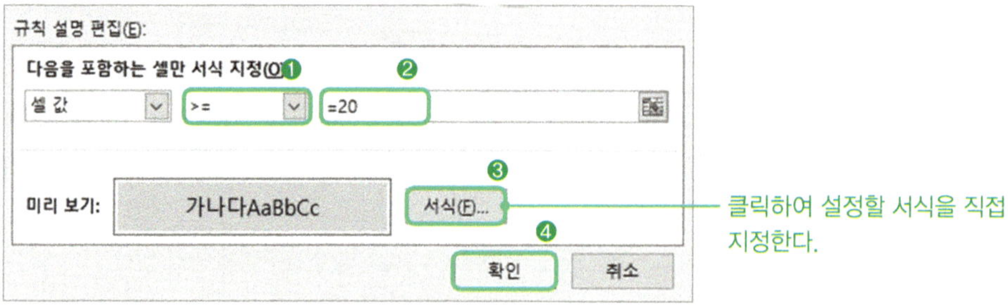

02 불량률에 비례한 파랑 데이터 막대 넣기

조건부 서식의 데이터 막대를 이용하면 굳이 차트를 만들지 않고도 셀 값에 비례한 막대를 셀 안에 같이 넣을 수 있어 값의 크기를 비교할 때 유용하다.

❶ 조건부 서식을 지정할 셀을 선택하고 ❷~❹ [홈] 탭-[스타일] 그룹-[조건부 서식]-[데이터 막대]-(파랑 데이터 막대)를 클릭한다.

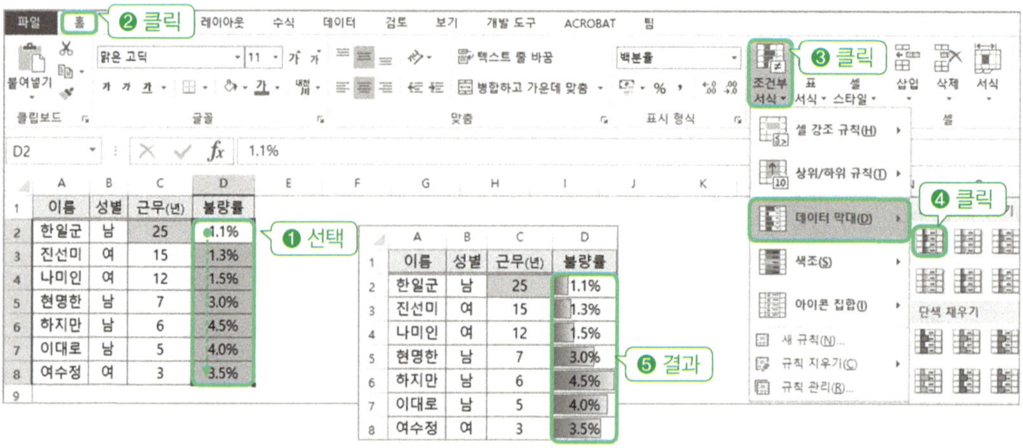

03 조건부 서식 제거하기

- ❶ 조건부 서식을 제거할 [C2:D8] 셀을 선택한 후 ❷~❹ [홈] 탭-[스타일] 그룹-[조건부 서식]-[규칙 지우기]-[선택한 셀의 규칙 지우기]를 이용해 한꺼번에 제거한다.

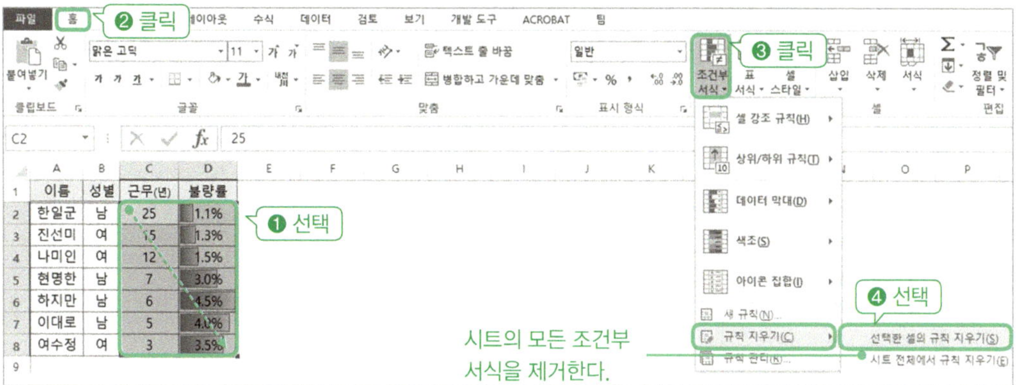

- 만일 예제와 다르게 선택한 범위에 조건부 서식이 여러 개 지정되어 있고 이 중 일부만 제거하고 싶다면 위의 그림처럼 제거할 조건부 서식이 있는 범위를 선택한 후, [홈] 탭-[스타일] 그룹-[조건부 서식]-[규칙 관리]를 클릭하여 다음 그림과 같이 해결한다. [규칙 편집]을 클릭하면 조건부 서식의 서식이나 조건을 수정할 수 있다.

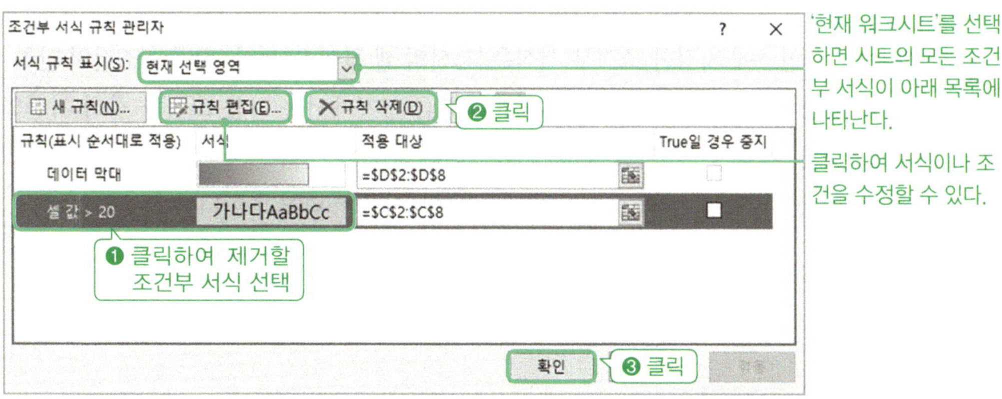

예제 4-5

수식을 이용한 조건부 서식

남자 직원의 모든 정보 셀이 노랑으로 채워지게 해보자. 각 직원의 성별이 들어 있는 셀에는 [셀 강조 규칙]을 사용하여 셀 값이 "남"과 같을 때 노랑으로 채워지게 간단히 설정할 수 있다. 하지만 남자 직원인 한일군의 이름, 근무, 불량률이 들어 있는 셀을 노랑으로 채우는 것은 지금까지의 조건부 서식 설정 방법으로는 불가능하다. 이것은 수식을 이용한 조건부 서식을 사용해야 한다.

준비파일 ch4_2.xlsx '조건부서식' 시트

완성시트

	A	B	C	D
1	이름	성별	근무(년)	불량률
2	한일군	남	25	1.1%
3	진선미	여	15	1.3%
4	나미인	여	12	1.5%
5	현명한	남	7	3.0%
6	하지만	남	6	4.5%
7	이대로	남	5	4.0%
8	여수정	여	3	3.5%

성별이 "남"이므로 모든 정보 셀이 노랑으로 표시된다.

01 수식을 이용한 조건부 서식의 원리

- 앞에서 근무 연수에 지정한 조건부 서식은 '자신의 셀 값이 20보다 크다'란 조건의 만족 여부에 따라 서식 적용 여부가 결정되었다. 그런데 지금 예제에서는 다음 그림과 같이 자신의 셀 값이 아닌 다른 셀(해당 성별 셀) 값이 "남"이라는 조건의 만족 여부에 따라 서식 적용 여부가 결정되어야 한다. 즉 = 뒤의 수식이 참일 때 서식이 적용되어야 한다.

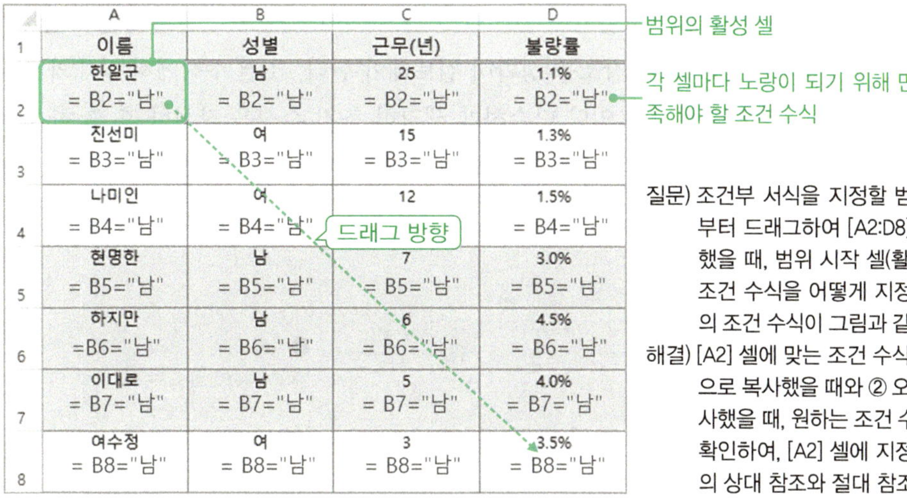

질문) 조건부 서식을 지정할 범위를 [A2] 셀부터 드래그하여 [A2:D8] 범위를 선택했을 때, 범위 시작 셀(활성 셀) [A2]의 조건 수식을 어떻게 지정해야 다른 셀의 조건 수식이 그림과 같이 복사될까?

해결) [A2] 셀에 맞는 조건 수식을 ① 아래 행으로 복사했을 때와 ② 오른 쪽 열로 복사했을 때, 원하는 조건 수식이 되는 지 확인하여, [A2] 셀에 지정할 조건 수식의 상대 참조와 절대 참조를 결정한다.

이처럼 셀 자신의 값이 아닌 특정 조건 수식의 참 여부에 따라 서식 적용 여부가 결정되는 조건부 서식을 '수식을 이용한 조건부 서식'이라고 한다. 수식을 이용한 조건부 서식을 지정할 때는 조건 수식에서 혼합 참조를 많이 사용하는데, 그 원리를 제대로 알고 있어야 다양한 조건 수식을 사용할 수 있다.

남자 직원의 모든 정보 셀을 노랑으로 채우려면 직원 정보의 각 셀마다 조사해야 하는 조건 수식은 위의 그림과 같이 행마다 다르다. 원하는 작업에 따라 행 · 열 · 셀마다 조건 수식이 다를 수도 있다. 그렇다면 각 셀마다 조건 수식을 따로 지정해야 할까?

선택한 셀 범위의 시작 셀(활성 셀)에만 조건 수식을 지정하면, 엑셀이 이 조건 수식을 나머지 셀에도 복사하여 지정해준다. 조건 수식을 자동으로 복사하므로 다음을 주의해야 한다.

- 활성 셀(범위 시작 셀)에만 조건 수식을 지정하므로 조건부 서식을 지정할 셀 범위를 선택할 때 시작 셀의 위치가 중요하다.
  [A2:D8] 셀을 선택할 때 대부분 [A2] 셀에서 [D8] 셀까지 범위를 선택하지만 [D2] 셀에서 [A8] 셀로, 또는 [D8] 셀에서 [A2] 셀로 범위를 선택하기도 하므로, 이런 경우 범위의 활성 셀 위치가 달라져 조건 수식도 달라질 수 있다.

• 조건 수식에 상대 참조가 포함되어 있으면 조건 수식이 자동으로 복사되면서 참조가 변하므로 수식에서 상대와 절대 참조를 정확히 검토해야 한다. 조건 수식에서 상대와 절대 참조를 확인하는 방법 중 하나는 일단 단순하게 생각한 조건 수식을 작성한 후 ❶ 한 행 아래로 복사했을 때 맞는지 검토하여 상대나 절대 참조를 결정하고, ❷ 다음에는 검토한 조건 수식을 한 열 옆으로 복사했을 때 맞는지 검토하여 상대나 절대 참조를 결정하는 것이다.

B2="남" 조건 수식을 아래 행으로 복사하면 B3="남"으로 변한다.
→ 문제가 없다.

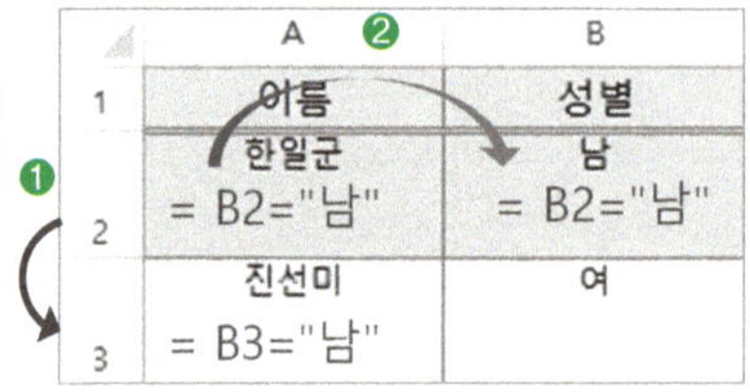

❶에서 확인한 B2="남" 조건 수식을 오른쪽 열로 복사하면 C2="남"으로 변한다.
→ 원하는 조건 수식과 틀리다.
→ 활성 셀 [A2]의 조건 수식은 $B2="남"이어야 한다.

02 조건부 서식을 지정할 범위 선택하기

❶ 범위를 선택하고 ❷~❹ [홈] 탭–[스타일] 그룹–[조건부 서식]–[새 규칙]을 클릭한다.

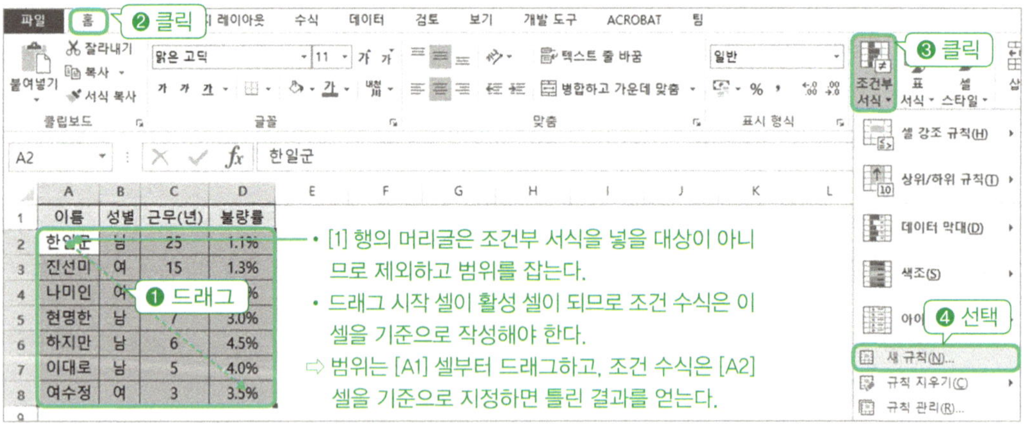

03 조건 수식과 서식 지정하기

[새 서식 규칙] 대화 상자에서 ❶ [수식을 사용하여 서식을 지정할 셀 결정]을 클릭한 후 ❷ 조건 수식 입력칸에서 =$B2="남"을 입력한다. ❸~❻ 적용할 서식을 설정한 후 ❼ [확인] 버튼을 클릭하면 남자 직원의 모든 셀이 노랑으로 채워진다.

조건부 서식을 지정할 범위를 잡을 때 [D8] 셀부터 [A2] 셀까지 드래그했다면, 활성 셀이 [D8]이 되므로 ❷의 조건 수식은 =$B8="남"이어야 한다.

남자이면서 근무 연수가 15년 이상인 직원의 정보 셀을 노랑으로 채우고 싶다면 ❷의 조건 수식은 =AND($B2="남", $C2>=15)이다.

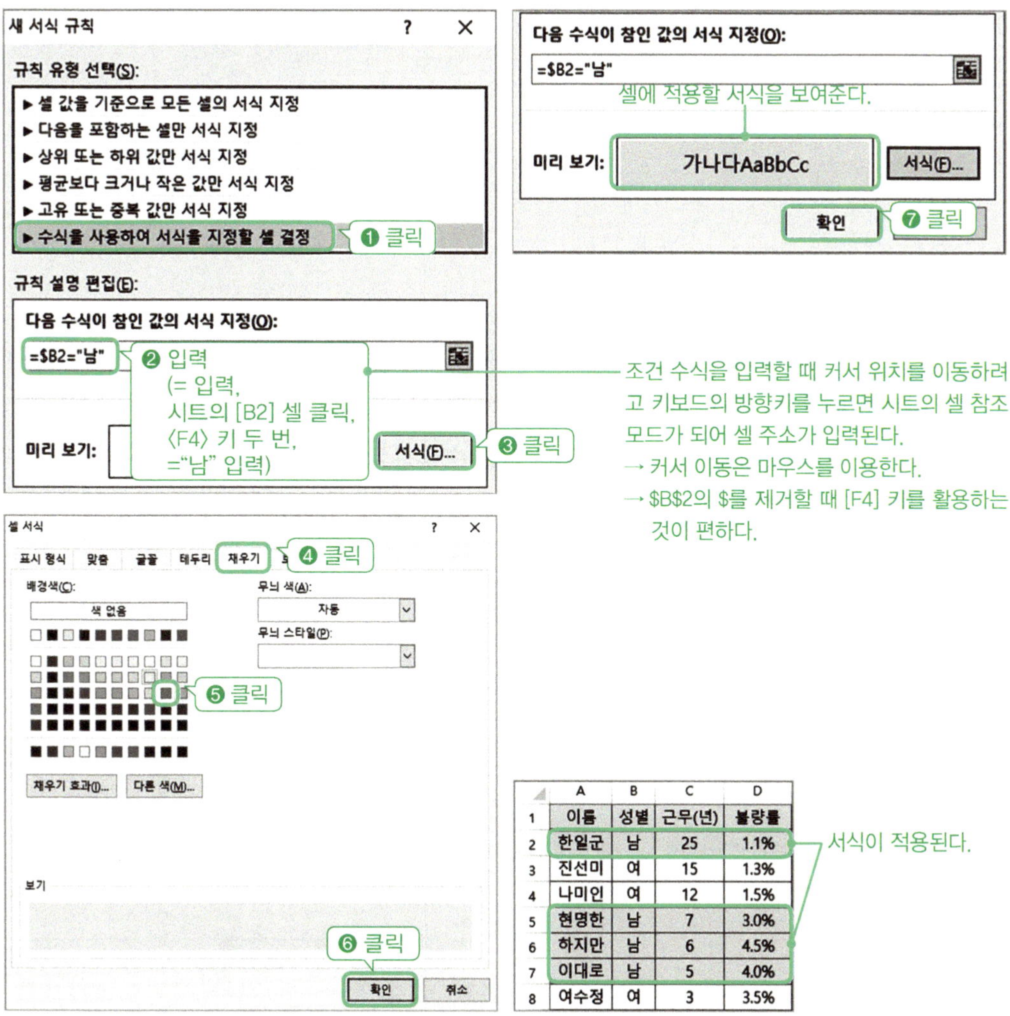

예제 4-6

조건부 서식 수정하기

불량률이 4% 이상인 직원의 정보만 노랑으로 표시하고 싶은데 3%인 현명한 직원이 노랑으로 표시되었다. 지정한 조건부 서식을 수정하면서 주의할 점을 확인해 보자.

준비파일 ch4_2.xlsx '조건부서식수정' 시트

완성시트

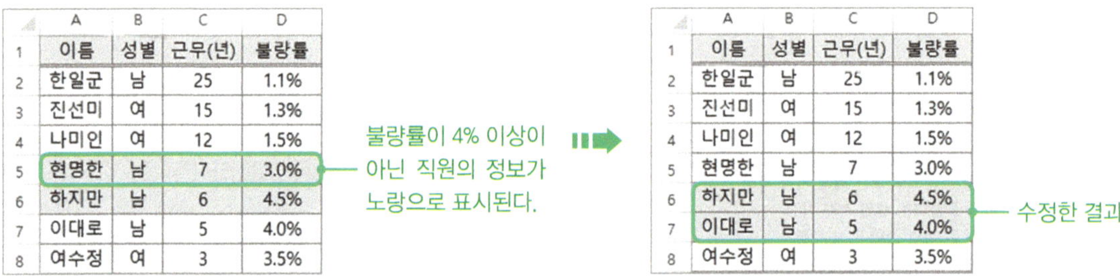

	A	B	C	D
1	이름	성별	근무(년)	불량률
2	한일군	남	25	1.1%
3	진선미	여	15	1.3%
4	나미인	여	12	1.5%
5	현명한	남	7	3.0%
6	하지만	남	6	4.5%
7	이대로	남	5	4.0%
8	여수정	여	3	3.5%

01 기존 조건부 서식의 오류 확인하기

❶ 조건부 서식을 확인할 셀을 선택하고 ❷ [홈] 탭–[스타일] 그룹–[조건부 서식]–[규칙 관리]를 클릭한다. ❸ 조건부 서식 [적용 대상] 범위의 첫 셀이 [$A$1] 셀로 되어 있다. ❹ 그런데 조건 수식은 한일군 [A2] 셀이 노랑이 되는 수식인 =$D2>=4%로 잘못 되어 있다. 그 결과 각 직원마다 자신보다 한 행 아래의 불량률이 4% 이상이면 노랑으로 채워진 것이다.

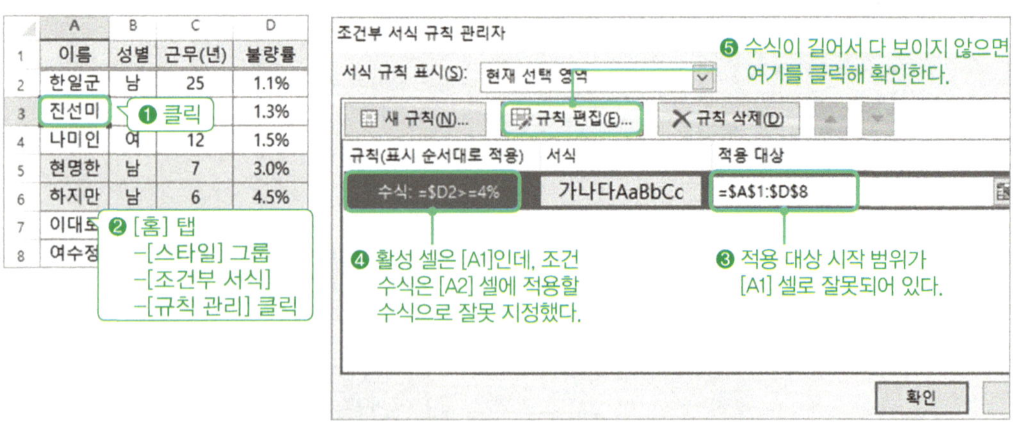

02 잘못된 조건부 서식을 수정하기

사용자가 조건부 서식 적용 범위나 조건을 수정하면 엑셀은 이 수정에 맞게 적용 범위나 조건을 자동으로 변경하므로, 반드시 둘 다 확인하고 수정해야 바른 결과를 얻을 수 있다.

❶ [적용 대상]을 고친 후 ❷ 반드시 [규칙 편집]을 클릭하여 ❸~❺ 조건 수식도 수정한다.

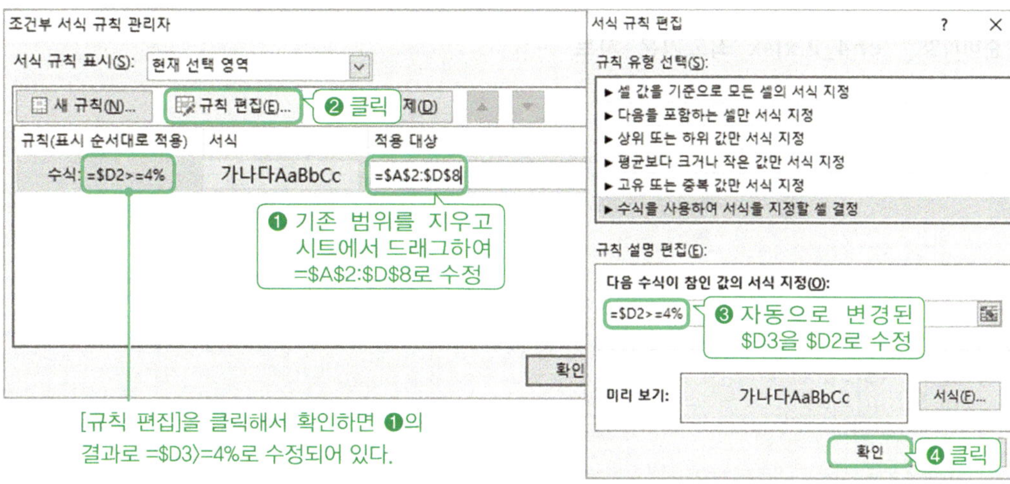

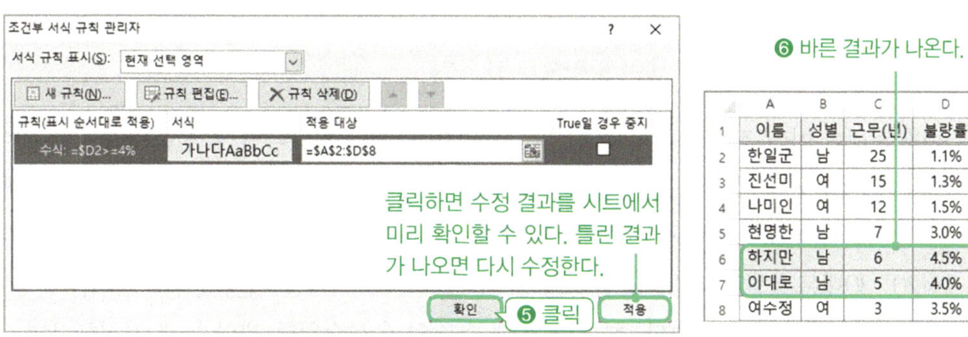

Tip 불량률이 제일 높은 '하지만' 직원의 모든 정보를 노랑으로 채우려면 [적용 대상]은 =$A$2:$D$8이고 조건 수식은 = $D2=MAX($D$2:$D$8)이다.

예제 4-7

조건부 서식의 충돌 활용하기

2009년부터 2017년까지 특정 지역에서 수집한 5월 1일부터 7월 31일까지의 최고 기온 데이터에 조건부 서식을 지정하여 날씨의 변화를 시각화해 보자. 이 예제에서는 조건부 서식의 충돌을 이용하여 최고 기온 구간별로 셀을 노랑과 분홍으로 채운다.

준비파일 ch4_2.xlsx '최고기온' 시트

완성시트

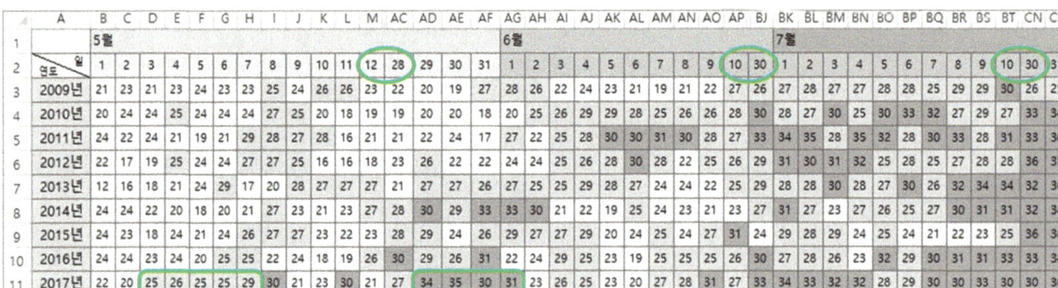

	A	B	C	D	E	F	G	H	I	J	K	L	M	AC	AD	AE	AF
1		5월															
2	일 / 연도	1	2	3	4	5	6	7	8	9	10	11	12	28	29	30	31
3	2009년	21	23	21	23	24	23	23	25	24	26	26	23	22	20	19	27
4	2010년	20	24	24	25	24	24	24	27	25	20	18	19	19	20	20	18
5	2011년	24	22	24	21	19	21	29	28	27	28	16	21	21	22	24	17
6	2012년	22	17	19	25	24	24	27	27	25	16	16	18	23	26	22	22
7	2013년	12	16	18	21	24	29	17	20	28	27	27	27	21	27	27	26
8	2014년	24	24	22	20	18	20	21	27	23	21	23	27	28	30	29	33
9	2015년	24	23	18	24	21	24	26	27	27	23	22	23	28	29	24	26
10	2016년	24	24	23	24	20	25	25	22	24	18	19	26	30	29	26	31
11	2017년	22	20	25	26	25	25	29	30	21	23	30	21	27	34	35	30

	A	AG	AH	AI	AJ	AK	AL	AM	AN	AO	AP	BJ
1		6월										
2	일 / 연도	1	2	3	4	5	6	7	8	9	10	30
3	2009년	28	26	22	24	23	21	19	21	22	27	26
4	2010년	20	25	26	29	29	28	25	26	26	28	30
5	2011년	27	22	25	28	30	30	31	30	28	27	33
6	2012년	24	24	25	26	28	30	28	22	25	26	29
7	2013년	27	25	25	29	28	27	24	24	22	25	29
8	2014년	33	30	21	22	19	25	24	23	21	23	27
9	2015년	29	27	27	29	20	24	25	24	27	31	24
10	2016년	22	24	29	25	23	19	25	25	25	26	30
11	2017년	31	23	26	25	23	20	27	28	31	27	33

	A	BK	BL	BM	BN	BO	BP	BQ	BR	BS	BT	CN	CO
1		7월											
2	일 / 연도	1	2	3	4	5	6	7	8	9	10	30	31
3	2009년	27	28	27	27	28	28	25	29	29	30	26	25
4	2010년	28	27	30	25	30	33	32	27	29	27	33	34
5	2011년	34	35	28	35	32	28	30	33	28	31	33	30
6	2012년	31	30	31	32	25	28	25	27	28	28	36	35
7	2013년	28	28	30	28	27	30	26	32	34	34	32	36
8	2014년	31	27	23	27	26	25	27	30	31	31	32	34
9	2015년	29	28	29	24	25	24	21	22	23	25	36	36
10	2016년	27	28	26	23	32	29	30	31	31	33	33	34
11	2017년	34	33	32	32	28	29	30	30	33	30	30	30

온도가 25도 이상이면 노랑으로 채운다. 온도가 25도 이상이더라도 30도 이상이라면 분홍으로 채운다.

01 최고 기온이 25도 이상인 셀만 노랑으로 채우기

- 셀에 지정한 여러 조건부 서식 중 만족하는 조건이 여러 개 있다면, 우선순위가 높은 것이 적용된다. 조건부 서식의 충돌을 의도적으로 사용하는 예로 [그림 4-1]에서 같이 10대, 20대, 30대와 같이 구간별로 셀을 구분하는 것이 있다. 나이 셀에 10대는 =셀 값>=10, 20대는 =셀 값>=20, 30대는 =셀 값>=30 조건으로 세 개의 조건부 서식을 지정했다고 하자. 나이가 35인 셀은 세 조건 모두 만족한다. 하지만 30대 조건의 우선순위를 제일 높게 지정했다면 이 조건의 서식만 설정되므로 구간별로 다른 서식이 나타나게 할 수 있다.

- 최고 기온이 25~30도이면 초여름으로 분류된다. 최고 기온이 25도 이상인 셀만 노랑으로 채워보면 초여름의 시작이 더 당겨지는지 아니면 늦춰지는지 알 수 있을 것이다. [셀 강조 규칙]을 이용하여 최고 기온이 25도 이상인 것만 노랑으로 강조해 보자.

❶ 이름 정의가 되어 있으므로 이름 상자에서 '기온범위'를 클릭하여 조건부 서식을 지정할 [B3:CO11] 범위를 선택한 다음 ❷~❺ [홈] 탭–[스타일] 그룹–[조건부 서식]–[셀 강조 규칙]–[기타 규칙]을 클릭한다. ❻~❾ 25 이상일 때만 노랑으로 채워지게 서식을 설정한다.

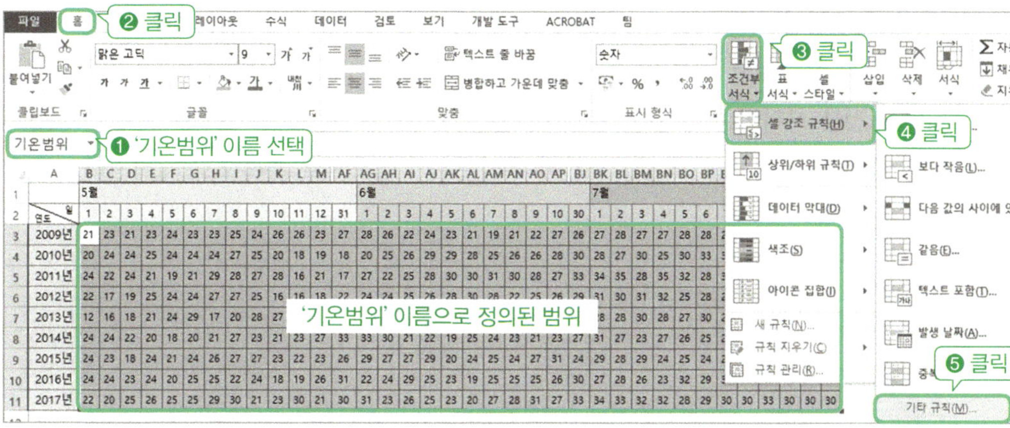

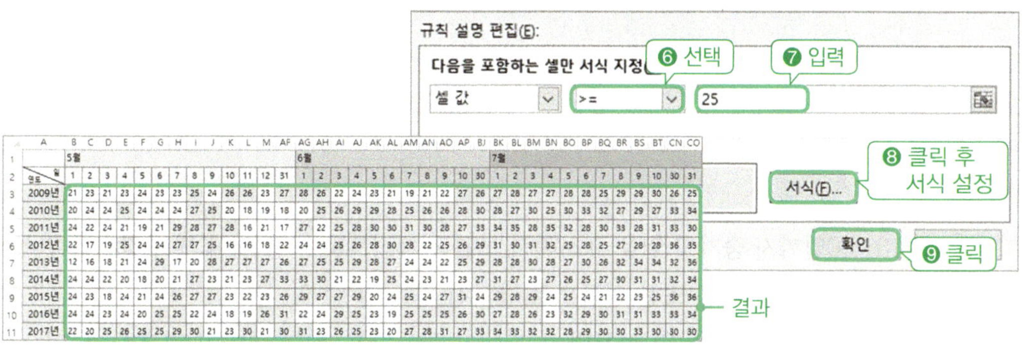

02 최고 기온이 30도 이상인 셀만 분홍으로 채우기

최고 기온이 30도를 넘으면 한여름으로 분류할 수 있다. 01 단계와 같은 방법으로 ❻~❼에서는 셀 값이 30 이상일 때 ❽에서는 분홍으로 채우도록 조건부 서식을 추가한다.

2017. 5. 8일의 최고 기온은 30도이다. 이 셀에서 [홈] 탭-[스타일] 그룹-[조건부 서식]-[규칙 관리]를 클릭해서 [조건부 서식 규칙 관리자] 대화 상자를 확인해 보면, 이 셀에 설정한 두 개의 조건부 서식이 나타난다. 현재 이 셀은 30이므로 '셀 값 >= 30'과 '셀 값 >= 25' 두 조건 모두 만족하지만 '셀 값 >= 30' 조건이 우선순위가 높으므로 분홍으로 채워진다.

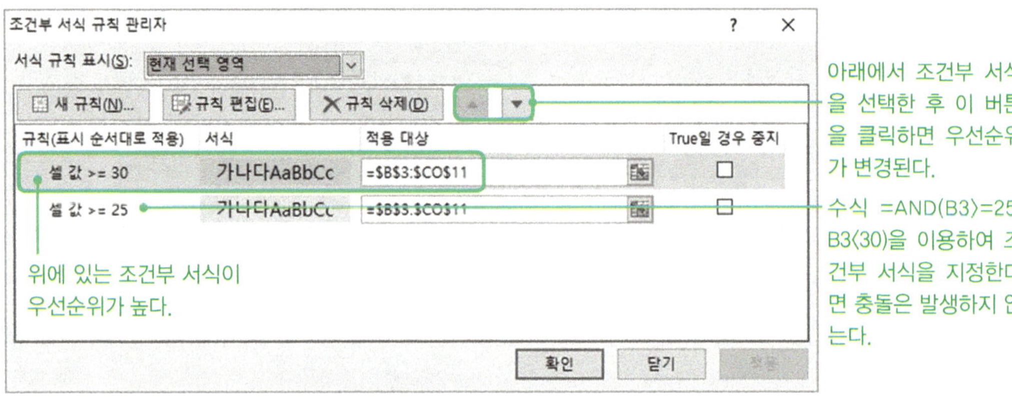

- 5월 13~30일까지 숨겨진 열을 표시해서 보면 전체적으로 노랑 셀이 해가 갈수록 왼쪽 영역에 많이 나타나며, 분홍 셀 또한 왼쪽으로 당겨진 것을 알 수 있다.
  하지만 □로 표시한 곳처럼 하루만 30도이고 한동안은 30도 미만인 경우가 꽤 있으므로 30도 이상이 연속으로 나타나는 셀들을 찾아보는 것도 좋은 방법일 것이다. 오늘 이후로 내일 모레까지 사흘 연속으로 최고 기온이 30도 이상인 셀을 쉽게 구분할 수 있게 빨강으로 칠하는 것은 연습 문제로 남긴다.

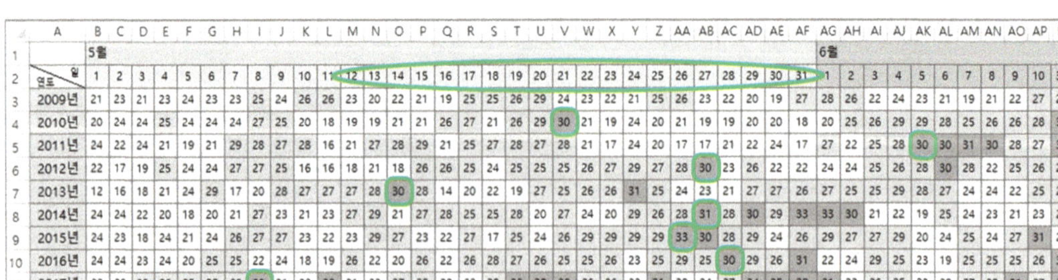

	A	B	C	D	E	F	G	H	I	J	K	L	M	N	O	P	Q	R	S	T	U	V	W	X	Y	Z	AA	AB	AC	AD	AE	AF	AG	AH	AI	AJ	AK	AL	AM	AN	AO	AP	BJ
1		5월																															6월										
2	일 / 연도	1	2	3	4	5	6	7	8	9	10	11	12	13	14	15	16	17	18	19	20	21	22	23	24	25	26	27	28	29	30	31	1	2	3	4	5	6	7	8	9	10	30
3	2009년	21	23	21	23	24	23	23	25	24	26	26	23	20	22	21	19	25	25	26	29	24	23	22	21	25	26	23	22	20	19	27	28	26	22	24	23	21	19	21	22	27	26
4	2010년	20	24	24	25	24	24	24	27	25	20	18	19	19	21	21	26	27	21	26	29	30	21	19	24	20	21	19	19	20	20	18	20	25	26	29	29	28	25	26	26	28	30
5	2011년	24	22	24	21	19	21	29	28	27	28	16	21	27	28	29	21	25	27	28	27	28	21	17	24	20	17	17	21	22	24	17	27	22	25	28	30	30	31	30	28	27	33
6	2012년	22	17	19	25	24	24	27	27	25	16	16	18	21	18	26	26	25	24	25	25	25	26	27	29	27	28	30	23	26	22	22	24	24	25	26	28	30	28	22	25	26	29
7	2013년	12	16	18	21	24	29	17	20	28	27	27	27	28	30	28	14	20	22	19	27	25	26	26	31	25	24	23	21	27	27	26	27	25	25	29	28	27	24	24	22	25	29
8	2014년	24	24	22	20	18	20	21	27	23	21	23	27	29	21	27	28	25	25	28	20	27	24	20	29	26	28	31	28	30	29	33	33	30	21	22	19	25	24	23	21	23	27
9	2015년	24	23	18	24	21	24	26	27	27	23	22	23	29	27	23	22	27	17	25	24	26	29	29	29	29	33	30	28	29	24	26	29	27	27	29	20	24	25	24	27	31	24
10	2016년	24	24	23	24	20	25	25	22	24	18	19	26	22	20	26	22	26	28	27	26	25	25	26	23	25	29	25	30	29	26	31	22	24	29	25	23	19	25	25	25	26	30
11	2017년	22	20	25	26	25	25	29	30	21	23	30	21	23	27	25	22	22	28	32	30	30	26	26	23	31	20	24	27	34	35	30	31	23	26	25	23	20	27	28	31	27	33

예제 4-8

월간 일정을 입력할 연도와 월을 스핀 단추를 이용하여 변경하면, 해당 월의 시작 일~마지막 일까지의 일과 요일이 입력된 표가 자동으로 만들어지게 해보자.

준비파일 ch4_2.xlsx '월일정표' 시트

완성시트

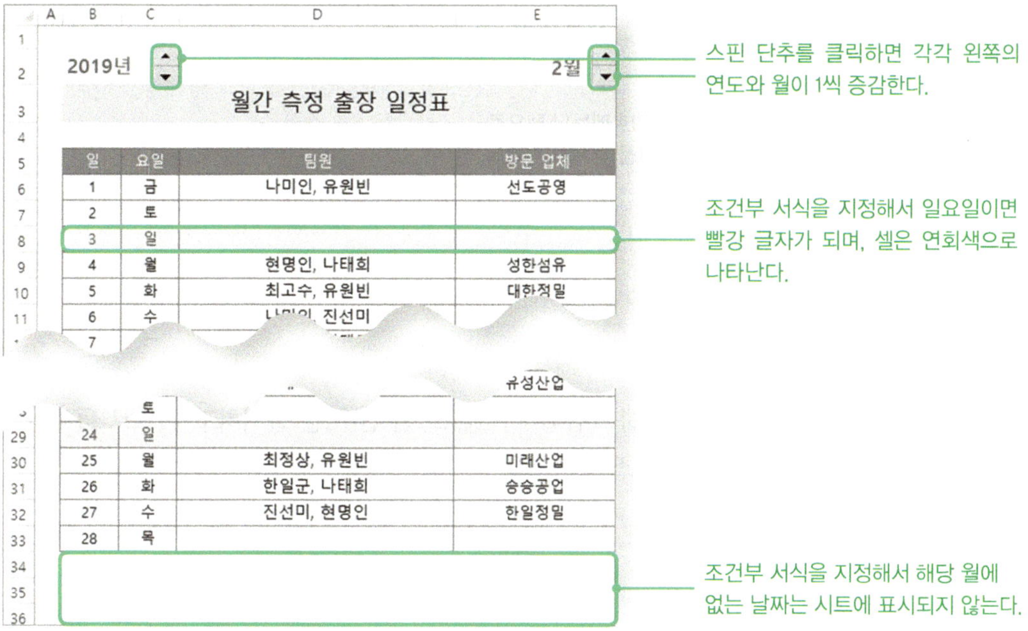

01 연도와 월 이름 정의 및 표시 형식 지정하기

- ❶ 연도가 입력된 [B2:C2] 병합 셀을 선택하고, ❷ 이름 상자에서 '연도'를 입력 후 〈Enter〉 키를 눌러 이름을 정의한다. ❸ [셀 서식] 대화상자–[표시 형식] 탭–[범주]를 '사용자 지정'으로 선택한 후 ❹ [형식] 입력 칸에 G/표준"년" 또는 #"년"을 입력하여 연도 숫자 뒤에 '년'이 표시되게 한다.

- 월이 입력된 [E2] 셀에는 ❶ '월' 이름을 정의하고, ❷ 표시 형식으로 G/표준"월" 또는 #"월"을 지정한다. 그리고 월 뒤에 스핀 단추를 추가할 여백을 두기 위해 ❸ 셀을 오른쪽 맞춤으로 설정한 후 ❹ [홈] 탭–[맞춤] 그룹–(들여쓰기)를 두 번 클릭한다.

02 [개발 도구] 탭을 리본 메뉴에 추가하기

스핀 단추를 넣으려면 우선 리본 메뉴에 [개발 도구] 탭을 추가해야 한다.

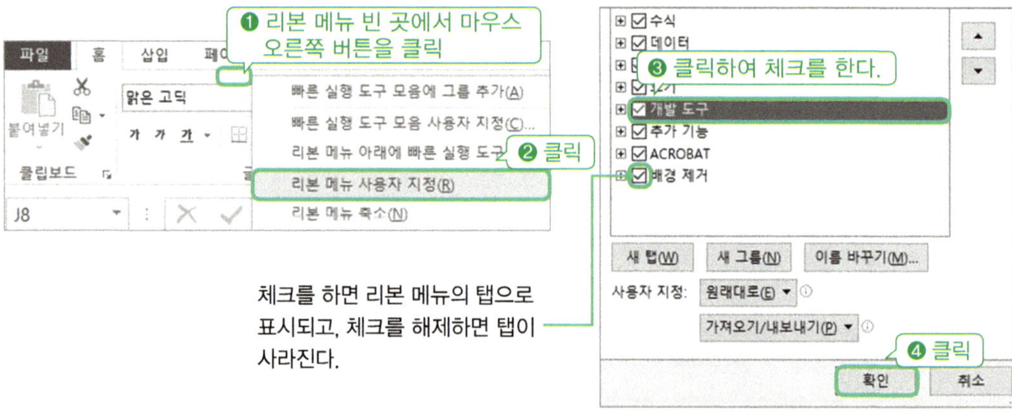

03 연도에 스핀 단추 넣기

❶~❸ [개발 도구] 탭–[컨트롤] 그룹–[삽입▼]–(스핀 단추)를 클릭하고 시트로 돌아와서 ❹ 연도 셀 오른쪽에서 드래그하여 스핀 단추를 추가한다.

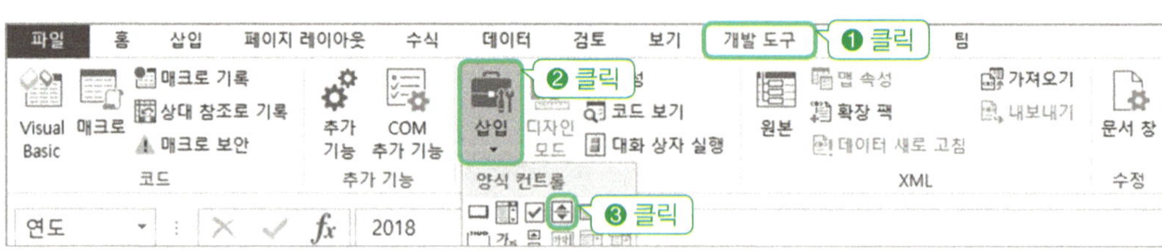

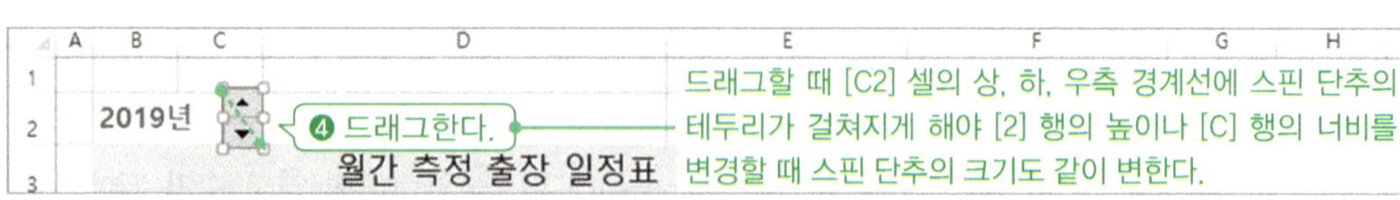

04 스핀 단추에 연도 셀 연결하기

스핀 단추를 클릭하면 연도가 1씩 증감하도록 스핀 단추에 연도 셀을 연결한다.

03 단계에서 스핀 단추를 넣고 스핀 단추가 선택된 상태에서 ❶ [개발 도구] 탭-[컨트롤] 그룹-[속성]을 클릭한 후 ❷~❸ 스핀 단추를 클릭하면 연결된 '연도' 셀 값이 1씩(증분) 증감하며, 연도 셀에 현재 표시될 값은 2019, 최대로 증가한 값은 2050, 최소로 감소한 값은 2000이 되도록 설정한다. ❹~❻ 시트를 인쇄했을 때 스핀 단추가 나타나지 않게 한다.

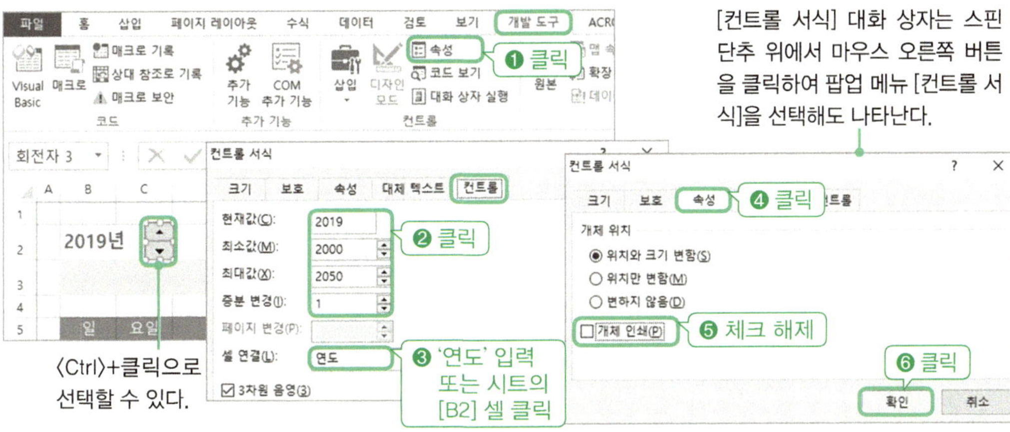

05 월에 스핀 단추 넣기

월 셀에도 03~04 단계와 같은 방법으로 스핀 단추를 넣고 월 셀을 연결한다. 스핀 단추를 새로 삽입하는 대신 그림과 같이 연도의 스핀 단추를 복제하여 설정만 변경해도 된다.

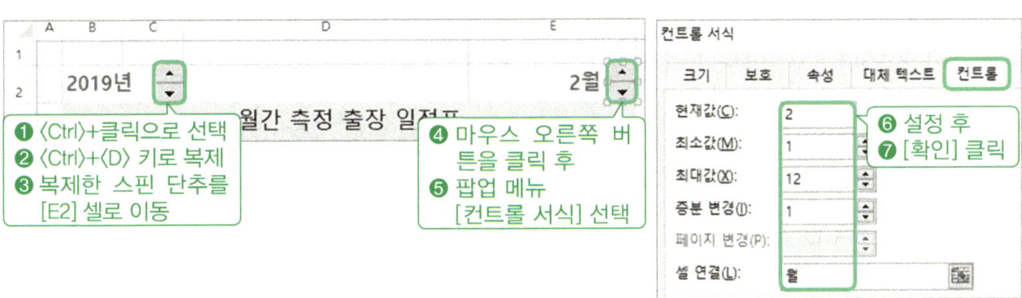

06 일과 요일을 입력하고 표시 형식 설정하기

❶~❸ 일에는 연속된 숫자 1~31까지 입력하고, ❹ 첫 요일 [C6] 셀에는 이전에 정의한 연도와 월 그리고 왼쪽의 일을 이용한 날짜를 구하는 수식을 입력한 후 ❺~❼ 표시 형식 aaa를 지정하여 해당 날짜의 한글 요일만 표시한다. ❽ [C6] 셀의 채우기 핸들을 더블클릭하여 나머지 요일에도 날짜를 저장한다.

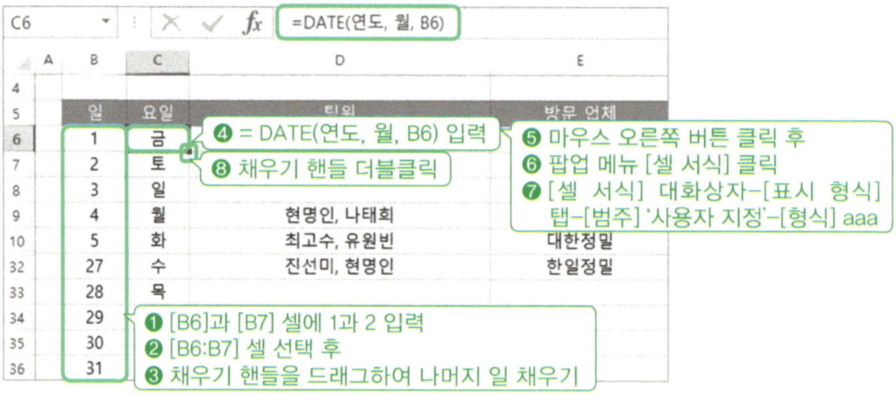

07 해당 월의 마지막 일을 구하는 수식에 '말일' 이름 정의하기

2월의 마지막 일은 28 또는 29이고, 4월의 마지막 일은 30이다. 일정표의 마지막 일이 현재 시트에서 선택한 연도와 월에 맞게 나타나게 하려면 해당 월의 마지막 일이 언제인지를 알아야 한다. 해당 월의 마지막 일을 구해주는 함수가 없으므로 직접 수식을 만들어 '말일' 이름을 정의한다.

해당 월의 마지막 일은 어떻게 구할 수 있을까? 2019년 2월의 마지막 일은 그 다음 달 첫 날인 2019년 3월 1일보다 하루 전이다. 그러므로 다음과 같이 구할 수 있다.

= DATE(2019, 2+1, 1) → 2019년 2월 마지막 일 다음 날짜 → 2019년 3월 1일

= DATE(2019, 2+1, 1) – 1 → 2019년 3월 1일보다 하루 전 → 2019년 2월의 마지막 날짜

= DAY(DATE(2019, 2+1, 1) – 1) → 2019년 2월 마지막 날짜의 일 → 28

[수식] 탭–[정의된 이름] 그룹–[이름 정의]를 클릭한 후 현재 월의 마지막 일을 구하는 수식에 '말일' 이름을 정의한다. 이름은 '말일'로 같지만 정의된 수식에서 참조하는 연도와 월을 바꾸면 값도 28, 29, 30, 31 중 하나로 자동으로 변하므로 편리하다.

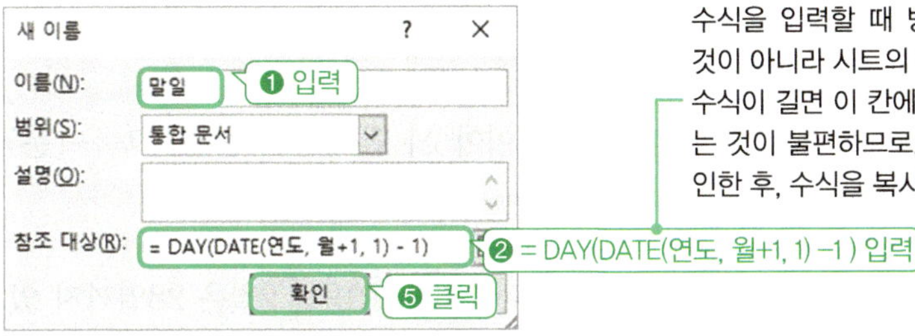

수식을 입력할 때 방향키를 사용하면 커서가 이동하는 것이 아니라 시트의 참조 셀 위치가 변한다.
수식이 길면 이 칸에서 오류를 수정하거나 수식을 입력하는 것이 불편하므로, 시트에서 미리 수식을 입력하고 확인한 후, 수식을 복사하여 이 곳에 붙이는 것이 편리하다.

08 일요일이면 일과 요일을 진한 빨강으로, 해당 행은 연한 회색으로 채우기

연도와 월이 바뀌면 일요일이 되는 날짜도 변한다. 일요일이면 자동으로 서식이 적용되도록 수식을 이용한 조건부 서식을 설정한다.

❶ 현재는 2월이지만 3월이라면 31일까지 있으므로, 조건부 서식을 지정할 [B6:E36] 범위를 선택한 후 ❷~❼ 조건 수식 = WEEKDAY($C6)=1을 사용하여 조건부 서식을 설정한다. WEEKDAY($C6)는 [C6] 날짜가 일요일이면 결과값이 1이다.

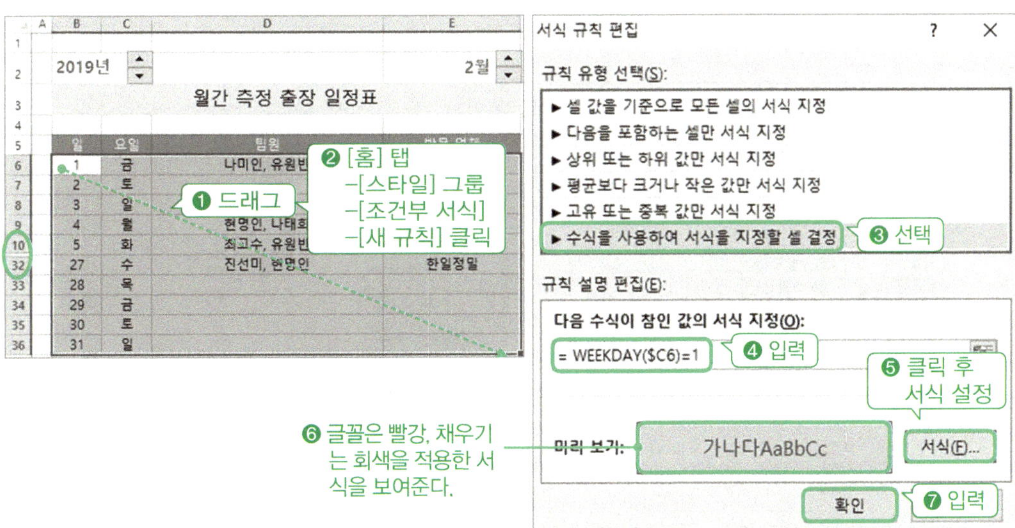

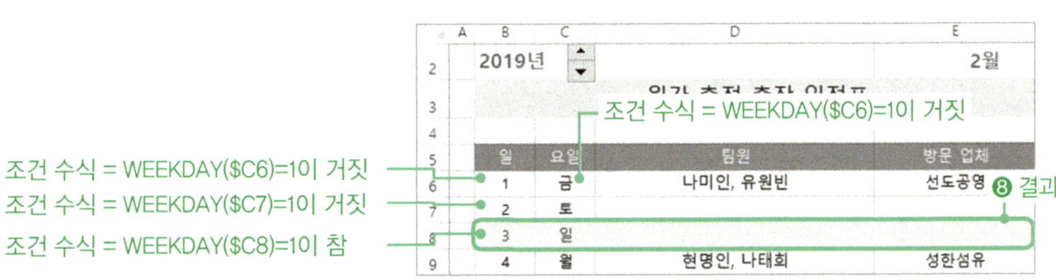

09 시트의 눈금선 제거 후 해당 월의 마지막 일까지만 셀에 테두리 긋기

- 시트에 셀 눈금선이 나타나지 않도록 [페이지 레이아웃] 탭-[시트 옵션] 그룹-[눈금선]의 [보기]에 있는 체크를 해제한다.

- 눈금선을 해제해 보면 [6] 행부터 셀 테두리가 없다. 현재 2019년 2월은 28일까지 있으므로 말일 28일까지만 셀 테두리가 나타나도록 수식을 이용한 조건부 서식을 지정한다.

08 단계와 마찬가지로 조건부 서식을 지정할 [B6:E36] 범위를 선택한 후, [홈] 탭-[스타일] 그룹-[조건부 서식]-[새 규칙]을 클릭하고 ❶~❷ 수식 = $B6<=말일을 입력한다. ❸ [서식]을 클릭한 후 ❹~❺ [셀 서식] 대화 상자-[테두리] 탭에서 먼저 선의 [스타일]과 [색]을 선택한 다음 ❻ 각 셀의 좌우와 아래 경계선에만 테두리를 넣도록 설정한 후 ❼~❽ [확인]을 클릭한다.

활성 셀 [B6]는 자신인 [B6]일이 말일 이하일 때 테두리가 있어야 한다. 옆 셀 [C6] 역시 '= B6<=말일' 조건을 만족해야 한다. 하지만 활성 셀 아래의 [B7]은 '= B7<=말일' 조건을 만족해야 한다. 그러므로 활성 셀 [B6]의 조건 수식은 '= $B6<=말일'이어야 한다.

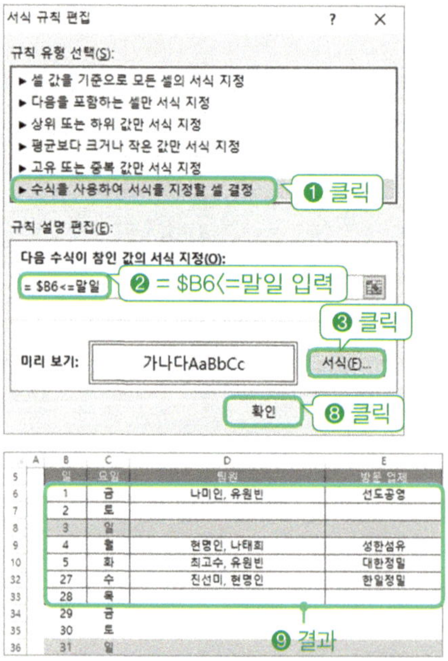

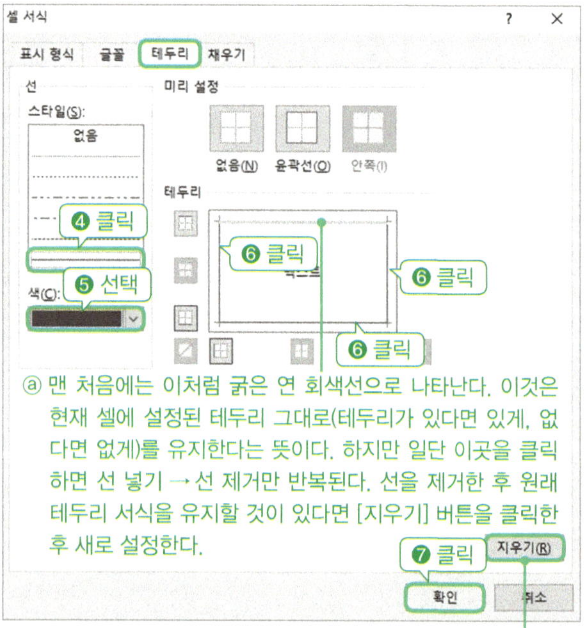

ⓑ 클릭하면 조건부 서식으로 설정한 테두리 서식이 모두 지워지고 미리보기에 굵은 연 회색 선이 다시 나타난다.

Tip 앞의 그림 ❻에서 셀 위쪽(ⓐ)도 클릭하여 선을 넣는다면 문제가 생길 수 있다. 만일 현재 시트와 다르게 머리글이 있는 [B5:E5] 셀의 아래쪽 테두리에 다른 색의 이중 테두리가 있었다면, 이 조건부 서식에 의해 [B6:E6] 셀의 위쪽 테두리가 회색 선으로 변경되므로, [B5:E5] 셀의 아래쪽 테두리가 변경되는 결과를 초래한다.

10 해당 월에 없는 일은 보이지 않게 흰색으로 처리하기

09 단계의 결과를 보면 2019년 2월은 28일까지 있는데 31일까지 나타나 있다. 이처럼 해당 월에 없는 일은 시트에 보이지 않게 하려면 글꼴과 셀 채우기 색을 흰색으로 한다. 실제로 셀 내용을 지운다면 3월일 때 29~31일 내용을 시트에 추가하는 것이 불가능하므로, 필요 없는 내용은 흰색으로 처리하여 시트에서 보이지 않게 한다.

❶ 모든 월에는 28일이 있으므로 29~31일까지의 [B34:E36] 범위만 선택하여 ❷ [홈] 탭–[조건부 서식] 그룹–[새 규칙]을 선택하고 ❸ 조건 수식은 '= $B34>말일'로, 셀 서식은 글꼴과 채우기 색을 흰색(또는 채우기 없음)으로 설정하면, 다음의 왼쪽 그림과 같은 결과를 얻는다. 월을 6월로 변경하면 오른쪽 그림과 같이 30일까지만 나타난다.

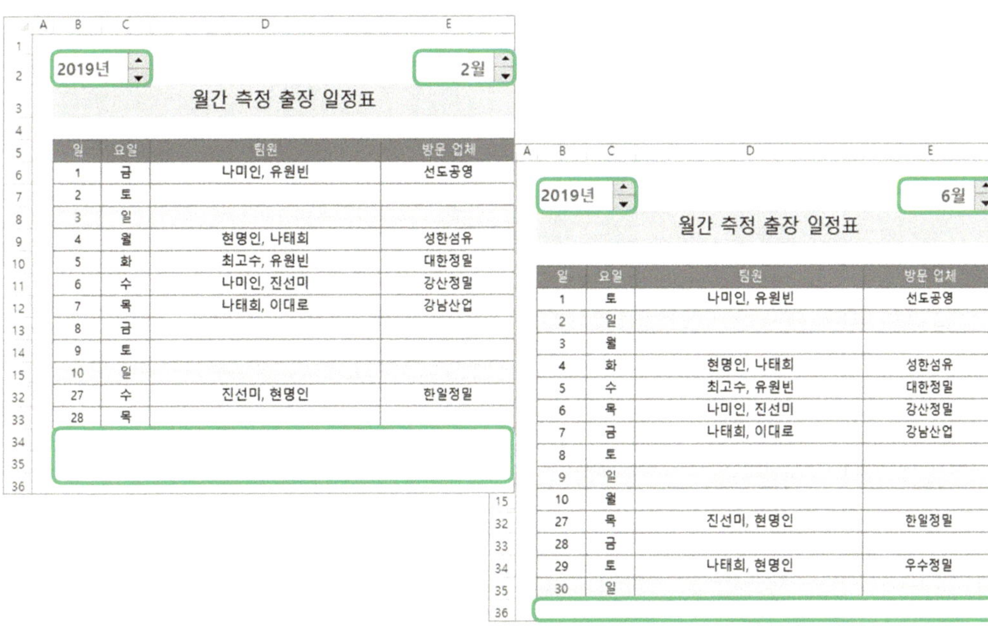

이 조건부 서식의 서식을 설정할 때 셀 채우기 색을 흰색(또는 채우기 없음)으로 설정하지 않으면, 그림과 같이 2019년 2월 31일 일요일에 해당하는 [B36:E36] 셀이 회색으로 나타나므로 주의한다.

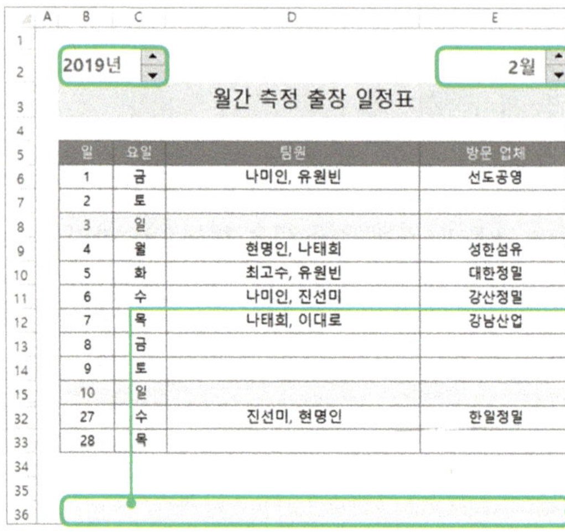

2019년 2월

월간 측정 출장 일정표

일	요일	팀원	방문 업체
1	금	나미인, 유원빈	선도공영
2	토		
3	일		
4	월	현명인, 나태희	성한섬유
5	화	최고수, 유원빈	대한정밀
6	수	나미인, 진선미	강산정밀
7	목	나태희, 이대로	강남산업
8	금		
9	토		
10	일		
27	수	진선미, 현명인	한일정밀
28	목		

엑셀은 순차적 날짜 개념을 사용하므로 이곳의 날짜 2019년 2월 31일을 2019년 3월 3일로 간주한다. 그래서 08 단계에서 설정한 일요일일 때의 빨강 글자, 회색 채우기 색 조건부 서식이 적용된다. 빨강 글자는 우선순위가 높은 10 단계의 흰색 글꼴 때문에 보이지 않는다. 하지만 셀 채우기 색은 10 단계의 서식과 충돌하는 게 없으므로 회색 서식이 그대로 유지된다.

회색이 남는다.

'ch4_2_연습문제.xlsx' 통합 문서를 열어 다음 문제를 해결하시오.

01 '실적평가' 시트에 조건부 서식을 지정하여 다음과 같이 만들어 보자.

월별 실적

	1월	2월	3월	4월	5월	6월	7월	8월	9월	10월	11월	12월	합계(천원)
신기한	2,789	2,900	2,010	2,789	1,920	2,500	2,010	2,420	2,120	1,200	2,880	2,980	₩28,518
여수정	1,980	1,059	2,580	1,500	2,410	3,010	1,980	2,905	1,560	1,902	2,501	2,600	₩25,987
이대로	2,420	1,560	2,812	3,107	1,920	2,409	2,105	3,510	3,100	2,900	2,150	2,500	₩30,493
정미안	1,905	2,001	1,540	2,050	3,100	1,920	3,120	1,890	2,420	1,350	2,950	3,470	₩27,716
정회원	3,120	3,050	2,409	2,412	3,120	1,980	1,870	3,120	2,409	3,510	3,000	2,900	₩32,900
진선미	2,500	1,560	2,001	2,700	2,880	1,890	2,509	3,510	1,980	2,500	1,560	3,100	₩28,690
최고수	1,720	2,050	2,620	3,100	2,000	2,090	3,100	2,390	2,500	1,890	2,310	2,980	₩28,750
최정상	2,310	2,789	2,310	2,409	1,750	2,500	2,001	2,789	2,620	1,920	1,980	1,980	₩27,358
한일군	**2,254**	**3,100**	**2,789**	**2,420**	**2,409**	**2,789**	**2,900**	**2,620**	**3,115**	**2,753**	**3,620**	**3,420**	**₩34,189**
현명한	2,150	2,880	1,980	2,620	1,925	1,560	1,420	1,860	2,090	1,920	1,890	2,420	₩24,715

❶ 현재 이 시트에 지정된 모든 조건부 서식을 제거한 후, 실적 합계에는 크기에 비례한 '주황 데이터 막대'를 넣고, [조건부 서식]-[아이콘 집합]을 이용하여 합계의 상중하를 삼각형 아이콘으로 구분하게 하시오.

❷ 모든 실적 중 최고 실적이 녹색으로 채워지게 하시오. (각 실적이 [C4:N13] 범위의 최고치(MAX로 구함)와 같다면 서식이 적용되게 한다.)

❸ 월별로 최고 실적이 연한 파랑으로 채워지게 [C4:N13] 범위에 조건부 서식 한 개를 추가한 다음, 모든 실적의 최고치는 항상 녹색이 되도록 충돌을 해결하시오. (범위 시작 셀(활성 셀)인 1월의 [C4]는 MAX(C4:C13)과 같을 때, 2월의 [D4]는 MAX(D4:D13)과 같을 때, 지정한 서식이 적용되어야 한다.)

❹ 실적 합계가 제일 높은 직원의 모든 정보 셀 아래 위로 빨강 테두리를 넣고 글꼴을 굵게 하시오. ([B4]의 신기한은 자신의 합계 [O4]가 모든 합계의 최대치 MAX(O4:O13)와 같다면 서식이 적용되어야 한다.)

02 '기온분석' 시트에 조건부 서식을 지정하여 다음과 같이 만들어 보자.

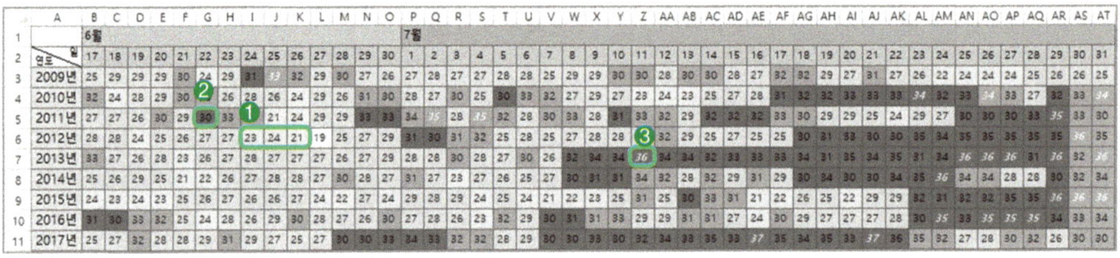

❶ 기온 중 20 이상 25 미만인 셀은 연두로 채우되, 셀 값이 20 이상인 셀만 강조하는 [셀 강조 규칙]으로 해결하시오. (현재 시트에 설정되어 있는 셀 값이 25 이상일 때와, 30 이상일 때의 조건부 서식과의 충돌을 해결해야 한다.)

❷ 사흘 연속으로 30도 이상을 기록한 기간 중 첫 날의 온도만 빨강으로 채우시오. (오늘이 30도 이상, 내일이 30도 이상, 모레가 30도 이상이면 서식이 설정되도록 AND 함수를 조건 수식에 사용한다.)

❸ 연도별로 6월 17일부터 7월 31일 중 최고 기온과 같은 기온을 흰색의 기울임꼴로 표시하시오. (행마다 셀 값이 해당 행의 최고치와 같다면 흰색이 되어야 한다. 이 시트의 모든 조건부 서식은 아래 그림과 같다.)

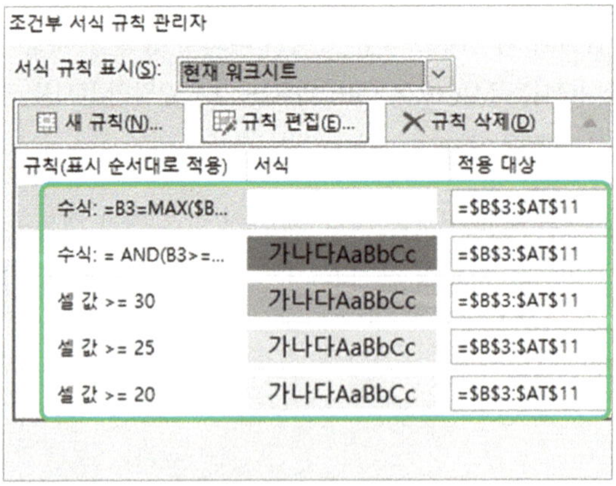

03 '주별일정' 시트에 만년 월 달력으로 활용할 수 있는 주 단위 일정표를 만들어 보자.

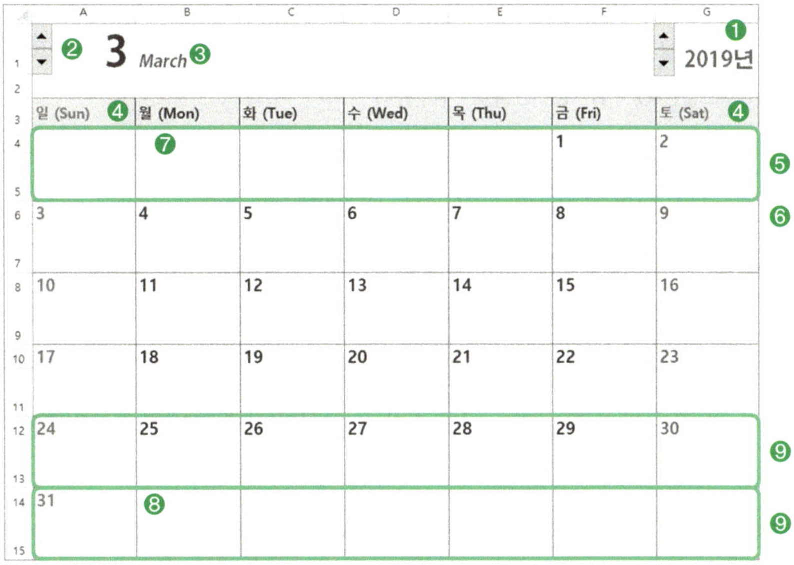

❶~❷ 연도와 월로 이름이 정의된 [F1]과 [G1] 셀에 스핀 단추를 넣고 연결하시오.

❸ 수식 =DATE(연도, 월, 1)로 해당 월의 1일 날짜를 만든 후, 월의 영문 이름이 나타나도록 표시 형식을 지정하시오.

❹ 일요일의 글자 색은 빨강으로, 토요일은 녹색으로 직접 서식을 설정한다.

❺ [A4:G4] 범위에 나타낼 날짜를 구하기 위해 ⓐ [A4] 셀에 =1−WEEKDAY(DATE (연도, 월, 1))+1을 입력하고, ⓑ [B4] 셀에는 =A4+1을 입력하고 ⓒ [B4] 셀을 [G4] 셀까지 복사하시오.

(2019년 3월 1일이 금요일이라면 이전 일~목요일에는 일이 나타나지 않아야 하며, 금요일부터는 일이 1씩 증가하며 나타나야 한다. 또한, 말일인 31일 다음부터도 셀에 일이 나타나지 않아야 한다. 이 문제를 해결하는 방법은 다양한데 여기서는 다음과 같이 해결 방법을 찾아서 수식을 작성하였다.

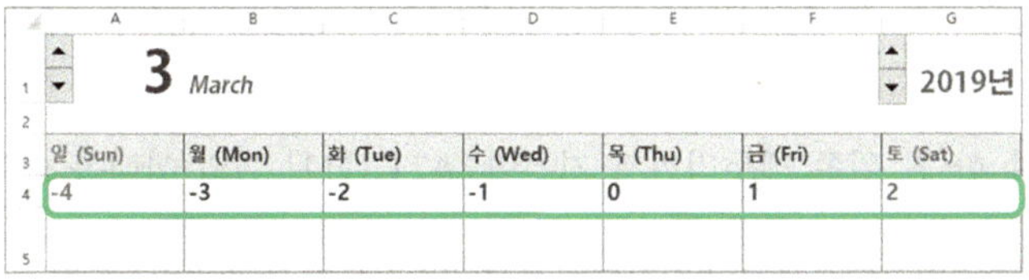

만약 이달의 1일이 월요일이라면, 1일이 일요일인 달보다 하루 늦게 1일이 시작한다. 그러므로 0이나 음수일이 있다고 가정한다면, 첫 '일 (Sun)'은 하루 전이므로 0일이고 '월 (Mon)'은 1일이 된다. 만약 1일이 화요일이라면 첫 일요일은 −1일, 그다음 월요일은 0일, 화요일은 1일이 된다. 이처럼 1일이 일요일이 아닌 월/화/수/목요일이라면 달력의 첫 일요일은 0/−1/−2/−3일에 시작한다.

이 사실로부터 1일의 요일을 이용하여 달력의 첫 일요일 [A4] 셀의 일을 구하는 수식은 =1−WEEKDAY(DATE(연도, 월, 1))+1이 된다.)

❻ 한 주가 지나면 같은 요일마다 날짜가 7씩 증가한다. [A6:G6] 범위의 날짜를 구하기 위해 ⓐ [A6] 셀에 =A4+7을 입력한 후 ⓑ [G6] 셀까지 수식을 복사해 채우시오. ⓒ [A6:G6] 셀을 복사하여 나머지 [8], [10], [12], [14] 행에도 붙여 넣으시오.

❼ 첫 주의 필요 없는 일(1 이전 숫자)은 보이지 않게 조건부 서식을 지정하시오. ([A4:G4] 범위의 각 셀의 값이 0 이하이면 글자 색이 흰색이 되게 한다.)

❽ 2월 28일이 토요일이라면 [12], [14] 행 모두 숫자가 나타나지 않아야 한다. [A12:G12] 범위와 [A14:G14] 범위에는 셀의 값이 말일보다 크면 보이지 않게 조건부 서식을 지정하시오.

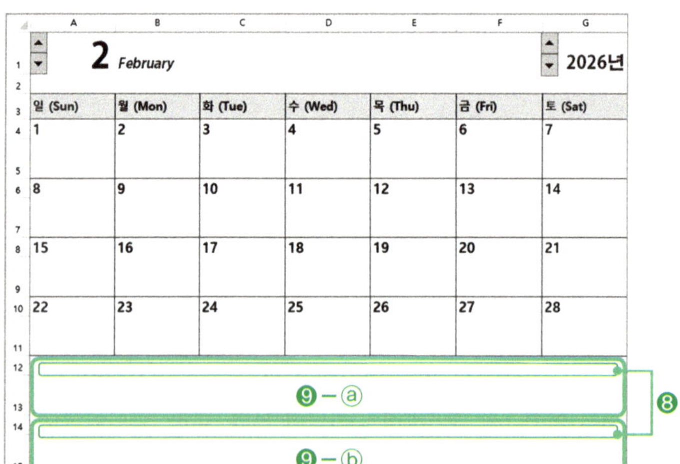

❾ 2월 28일이 토요일이라면 [A12:G15] 범위의 테두리는 보이지 않아야 한다. 해당 월의 마지막 주 뒤에는 셀 테두리가 나타나지 않도록 조건부 서식을 지정하시오. (ⓐ [A12:G13] 범위는 [A12]일이 말일보다 크다면 셀의 왼쪽, 오른쪽, 아래쪽 테두리를 지워야 한다. 위쪽 테두리까지 지우면 [A11:G11] 셀의 아래쪽 테두리가 지워진다. ⓑ [A14:G15] 범위는 [A14]일이 말일보다 크다면 셀의 왼쪽, 오른쪽, 아래쪽 테두리를 지워야 한다.)

4.3 필터링을 이용하여 데이터 추출하기

시험 응시자 중 합격자들의 정보만 고르기, 판매 도서 목록 중 유아 대상 도서 정보만 고르기, 설문 조사 응답자 중 20대만 고르기와 같이 수집 · 저장한 전체 데이터로부터 일부 데이터만 골라서 정보를 확인하거나 분석을 하는 경우도 있다. 대량의 데이터에서 조건에 맞는 데이터만 골라서 보거나 따로 저장할 때는 엑셀의 필터링 기능을 이용하는 것이 편리하다. 필터링된 데이터를 얻는 것이 목적이 아니라 조건에 맞는, 즉 필터링된 데이터의 합계, 평균, 개수, 최대치, 표준편차와 같은 특정 값을 얻는 것이 목적일 때는 데이터베이스 함수를 이용하는 것이 편리하다.

필터링 기능은 자동 필터와 고급 필터로 나눠진다. 자동 필터는 현재 데이터베이스 위치에 필터링 결과를 나타내며 여러 필드의 필터 조건을 논리곱(AND) 연산으로만 지정할 수 있다. 고급 필터는 논리곱(AND)과 논리합(OR) 연산 모두를 사용한 다양한 필터 조건을 사용할 수 있으며 필터링 결과 또한 작업 대상 데이터베이스 위치가 아닌 다른 위치에 따로 얻을 수 있다.

(1) 자동 필터

자동 필터는 현재 데이터베이스 위치에 필터링한 결과를 보여준다. 즉 필터 조건에 맞는 레코드만 표시하고 맞지 않는 레코드는 숨긴다. 또한 여러 필드에 필터를 적용함으로써 논리곱(AND)과 같이 여러 조건을 모두 만족하는 것을 고를 수 있다.

예제 4-9

6월 주문 내역이 저장된 목록에서 자동 필터를 이용하는 방법을 알아보자.

준비파일 ch4_3.xlsx '주문내역' 시트

01 목록에 자동 필터 설정하기

엑셀은 데이터베이스 관련 기능을 적용할 때, 기본적으로 현재 셀 포인터 위치를 기준으로 분리되지 않은 직사각형 영역을 찾아 목록(데이터베이스)으로 간주한다. 그러므로 자동 필터를 설정할 때는 반드시 원하는 목록에 셀 포인터를 두고 해야 한다.

❶ 데이터베이스 안에 셀 포인터를 두고 ❷ [데이터] 탭-[정렬 및 필터] 그룹-[필터]를 선택하면 각 필드명마다 ▾(필터)가 나타난다.

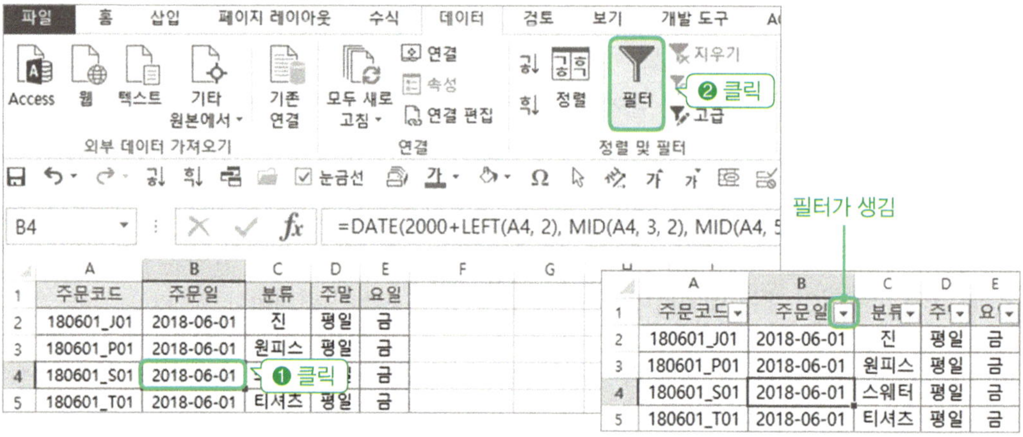

02 주문일을 최근 날짜순으로 정렬하기

자동 필터에는 정렬 메뉴가 포함되어 있어 필드 한 개를 기준으로 레코드를 정렬할 수 있다.

❶ '주문일' 필드명 옆의 ▾(필터)를 클릭하여 ❷ 날짜가 최근부터 나타나도록 [날짜/시간 내림차순 정렬]을 선택한다.

◈ 자동 필터를 사용하지 않고도 다음과 같이 정렬할 수 있다.

한 개 필드를 기준으로 정렬할 때는 ❶ 셀 포인터를 정렬할 필드값에 두고 ❷ [데이터] 탭–[정렬 및 필터] 그룹–(오름차순 정렬) 또는 (내림차순 정렬)을 선택한다. 또는 ❶ 셀 포인터를 정렬할 필드값이 있는 임의의 셀에 두고 ❷ 마우스 오른쪽 버튼을 클릭한 후 ❸ 팝업 메뉴의 [정렬]에서 원하는 정렬 방식을 선택해도 된다.

◈ 자동 필터는 한 가지 필드만 기준으로 정렬할 수 있다. 여러 필드를 기준으로 정렬할 때는 [데이터] 탭–[정렬 및 필터] 그룹–[정렬]을 이용해야 한다. 예로 '고급필터' 시트에서 배기량을 오름차순으로 정렬하되 배기량이 같으면 나이가 많은 순으로 정렬하는 과정은 다음과 같다.

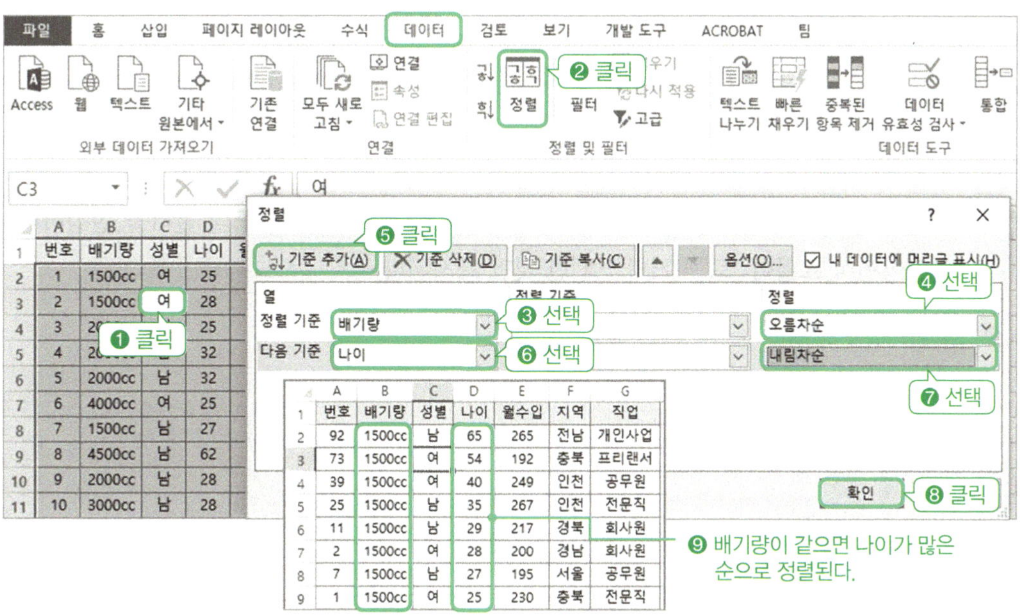

Tip [정렬] 대화상자의 [기준 추가]를 클릭하여 정렬 기준을 추가할 수 있으며, 설정된 기준을 선택한 후 [기준 삭제]를 클릭하여 정렬 기준을 삭제할 수 있다. 단순히 오름차순/내림차순이 아닌 '월화수목금토일' 순서로 정렬하고 싶다면 [정렬] 탭의 (❹)를 클릭한 후 [사용자 지정 목록...]에서 정렬 방식을 선택한다. '동서남북'과 같이 사용자 지정 목록에 없는 목록 순서로 정렬하고 싶다면, 목록을 사용자 지정 목록에 추가한 후 선택한다.

03 진 종류 중 토 · 일요일 주문만 표시하기

필터에 조건을 적용할 때마다 논리곱과 같이 여러 조건을 동시에 만족하는 레코드만 표시된다. ❶~❹ 먼저 '분류' 필드에 필터를 적용하여 진 레코드만 표시한다.

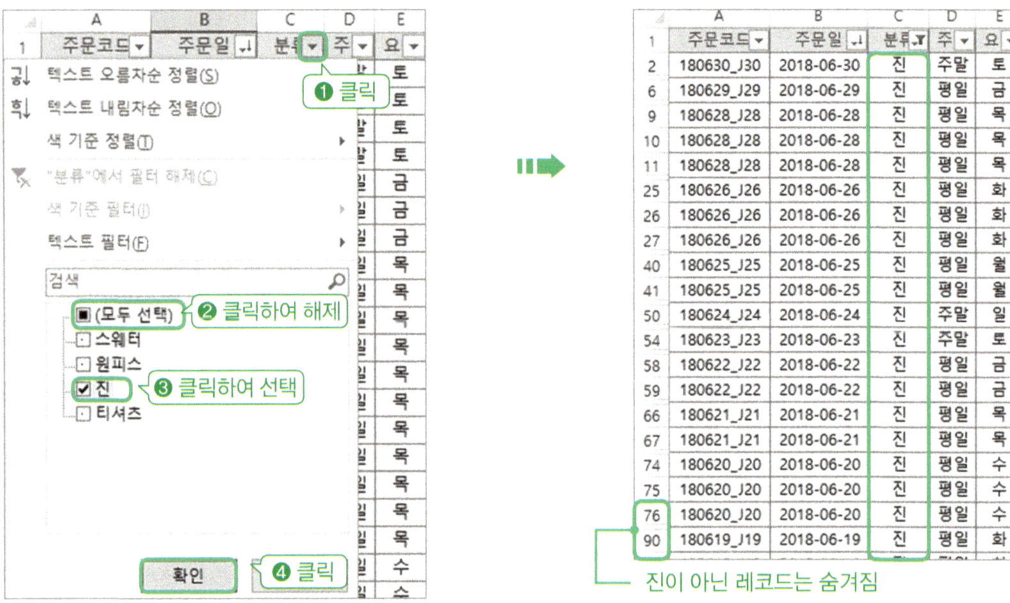

현재 분류가 "진"인 레코드만 표시된 상태에서 ❺~❽ '요일' 필드의 필터를 설정하면 분류가 "진"이면서 요일이 "토"이거나 "일"인 것만 표시된다.

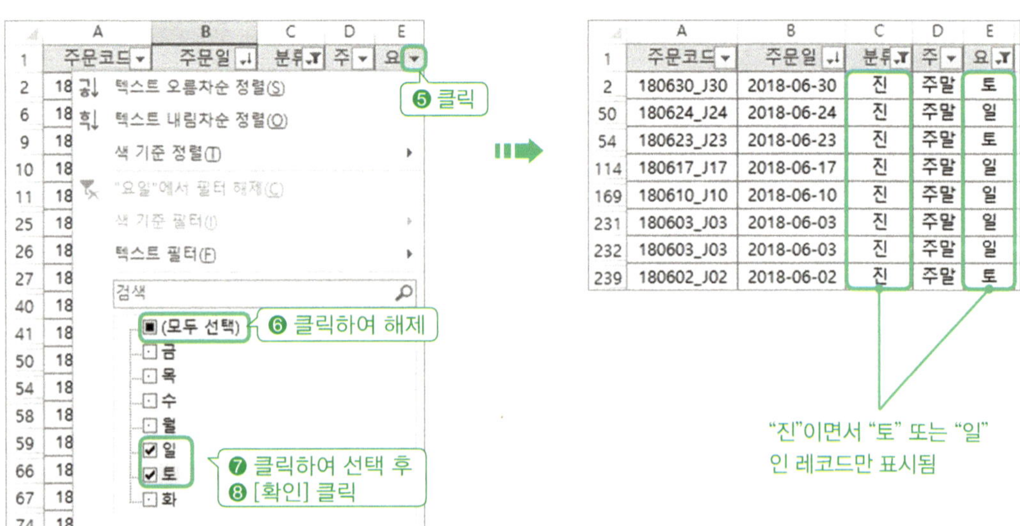

04 필터를 수정 · 해제 · 삭제하기

필드 단위로 필터를 수정하거나 해제할 때는 ❶ 필드명 옆의 (필터)를 클릭해 나타나는 메뉴를 ⓐ~ⓒ처럼 이용한다.

목록의 모든 필터를 한꺼번에 해제하려면 ❷-ⓓ [데이터] 탭-[정렬 및 필터] 그룹-[지우기]를 클릭하는 것이 편하다.

자동 필터를 사용하고 싶지 않다면 ❷-ⓔ [데이터] 탭-[정렬 및 필터] 그룹-[필터]를 클릭하여 제거한다.

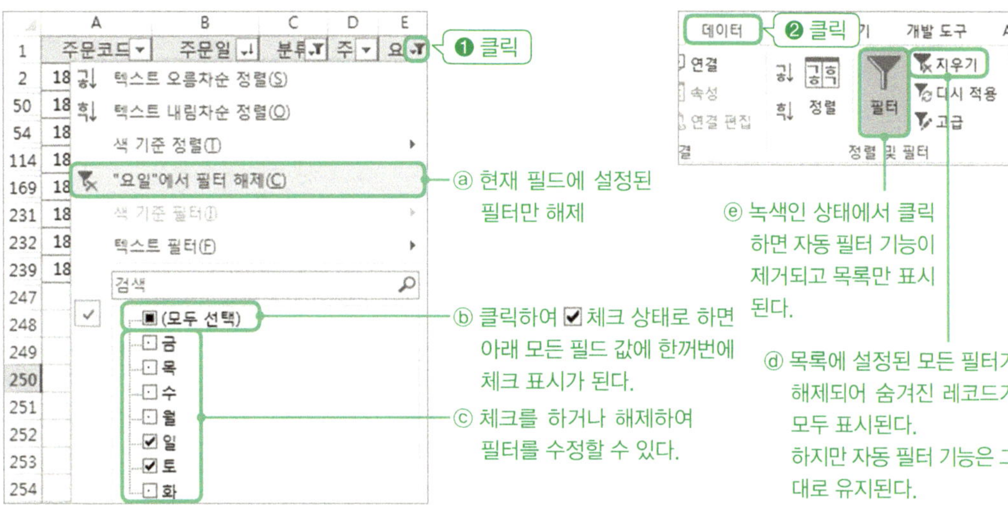

예제 4-10

데이터 종류에 따라 자동 필터를 다양하게 설정해 보자.

준비파일 ch4_3.xlsx '후원금' 시트

01 숫자 필터 사용하기

⬡ 후원금이 오십만 이상~백만 이하인 레코드만 표시하려면 다음처럼 숫자 필터를 설정한다.

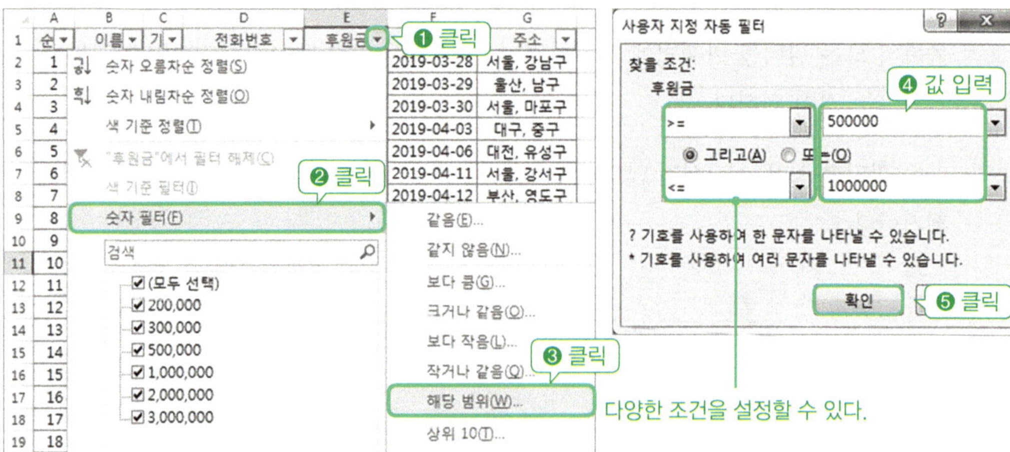

02 텍스트 필터 사용하기

⬡ 주소에 서울이 포함된 레코드만 표시하려면 텍스트 필터를 다음처럼 설정한다.

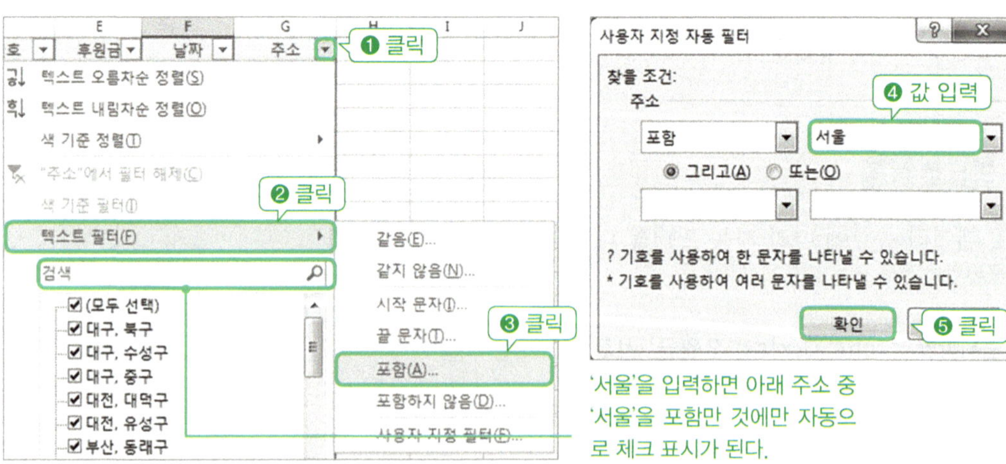

03 셀 색 필터 사용하기

⬡ 기수 값 중 파란색으로 채운 셀만 표시하려면 색 기준 필터를 다음과 같이 설정한다.

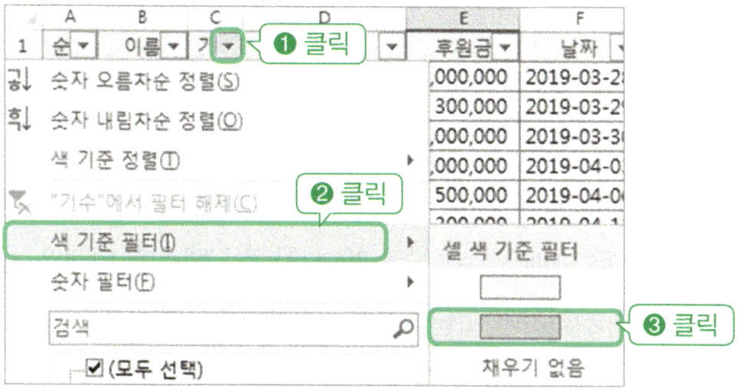

04 날짜 필터 사용하기

2019. 4. 1일~2019. 5. 31일의 레코드만 표시하려면 다음과 같이 날짜 필터를 설정한다.

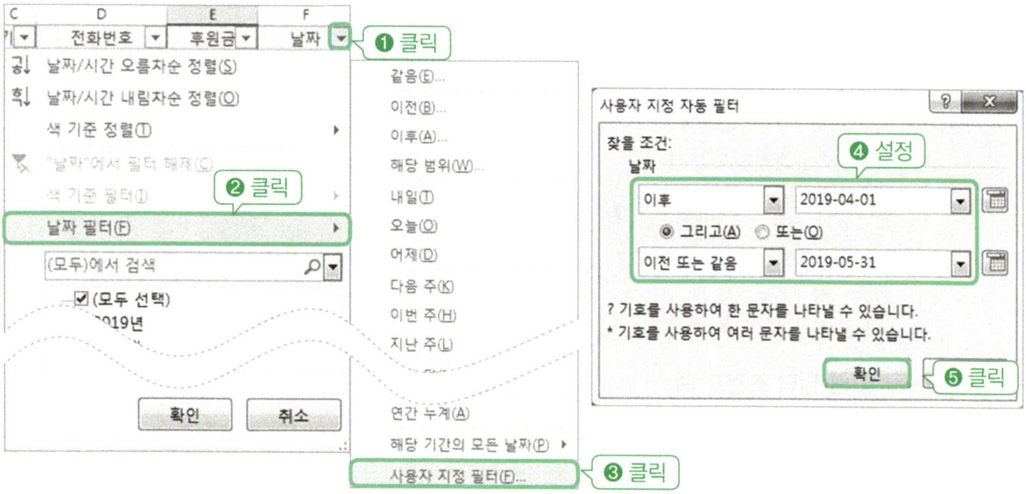

(2) 고급 필터

고급 필터를 사용하면 논리곱(AND) 조건뿐만 아니라 논리합(OR) 조건 또는 수식을 조건으로 사용할 수 있으며, 필터 조건을 데이터베이스가 아닌 곳에 작성하므로 조건을 확인하거나 수정하기 쉬우며, 필터링 결과를 현재 데이터베이스 외의 영역에 표시할 수 있다. 고급 필터를 이용하려면 필터링 조건을 정해진 규칙에 맞춰 표 형태로 미리 만들어둬야 한다. 고급 필터 조건표는 다음 규칙에 따라 [그림 4-2]와 같이 작성할 수 있다.

- 데이터베이스(목록)와 분리된 곳에 작성한다.
- 조건표의 첫 번째 행에만 필드명을 입력하고 그 아래 행부터는 조건을 입력한다.
- 조건표의 두 번째 행부터 입력하는 조건은 첫 번째 행의 필드에 적용할 조건으로 '비교연산자 값' 형식으로 입력한다. 이때 같은지를 비교하는 '=' 연산자는 사용할 수 없다. '='는 뒤에서 소개할 수식을 이용하는 고급 필터에서 사용하기 때문이다. COUNTIF 함수의 두 번째 인수를 "비교연산자 값" 텍스트 형태로 사용하는 것은 이미 알고 있을 것이다. 이 인수에서 " "를 제거하면 고급 필터 조건이 된다. 다만 같은지를 비교할 때는 비교 연산자 '='을 생략하고 사용해야 한다. 자세한 이유는 수식 고급 필터에서 소개한다.
- 모든 조건을 만족해야 참이 되는 논리곱(AND) 조건이라면 같은 행에, 조건 중 하나만 만족해도 참이 되는 논리합(OR) 조건이라면 다른(아래) 행에 입력한다.

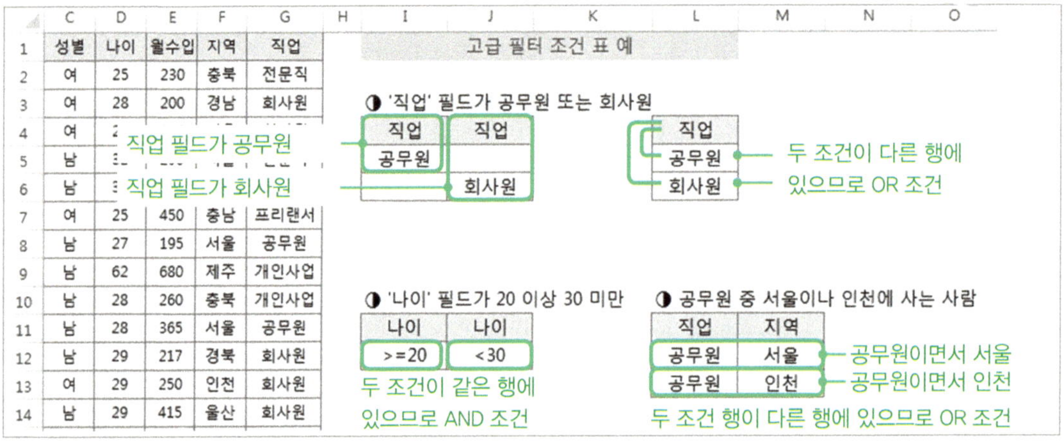

그림 4-2 고급 필터 조건표 예

예제 4-11

필터링 결과를 표시할 시작 위치만 지정하여 필터링하기

자동차 차주 데이터가 입력된 목록에서 경기 지역의 전문직 종사자이거나 월수입이 사백만 원 이상인 차주 정보만 목록 밖에 따로 추출해 보자.

준비파일 ch4_3.xlsx '고급필터' 시트

01 고급 필터 조건표 작성하기

목록과 분리된 곳에 ❶ 고급 필터 조건표를 입력한 후 ❷ 목록 안에 셀 포인터를 두고 ❸~❹ [데이터] 탭-[정렬 및 필터] 그룹-[고급]을 선택한다.

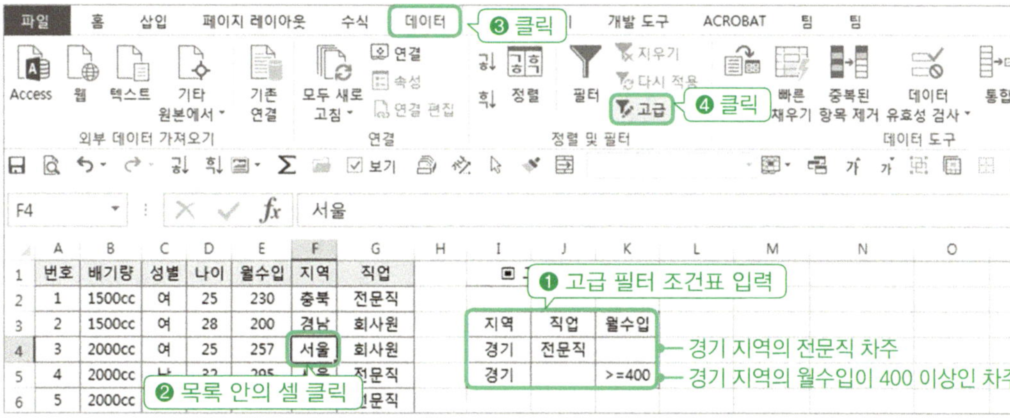

02 필터링하기

[고급 필터] 대화 상자에는 이전 작업 정보가 남아 있는 경우가 많으므로 다른 설정이 되어 있다면 내용을 지운 후 새롭게 설정해야 한다.

❶ [목록 범위]는 목록의 첫 행에 입력된 필드명을 포함하도록 시트에서 [A1:G101] 범위를 드래그하여 설정한다. [목록 범위]에 다른 범위가 입력되어 있다면 지우고 새로 지정해야 한다. ❷ 필터 [조건 범위] 역시 필드명이 있는 첫 행부터 마지막 조건이 있는 행까지 포함하도록 시트에서 드래그하여 [I3:K5] 범위로 설정한다. ❸ [다른 장소에 복사]를 선택하여 [복사 위치]가 활성화되면 ❹~❺ [복사 위치] 칸을 클릭한 후 필터링 결과를 표시할 시트의 시작 셀을 클릭하여 위치를 입력한다. 만일 다른 셀 위치가 이미 입력되어 있다면 지운 후 새로 설정한다. ❻ 모든 설정을 마치고 [확인]을 클릭하면 ❼ 추출 결과가 지정한 복사 위치부터 표시된다.

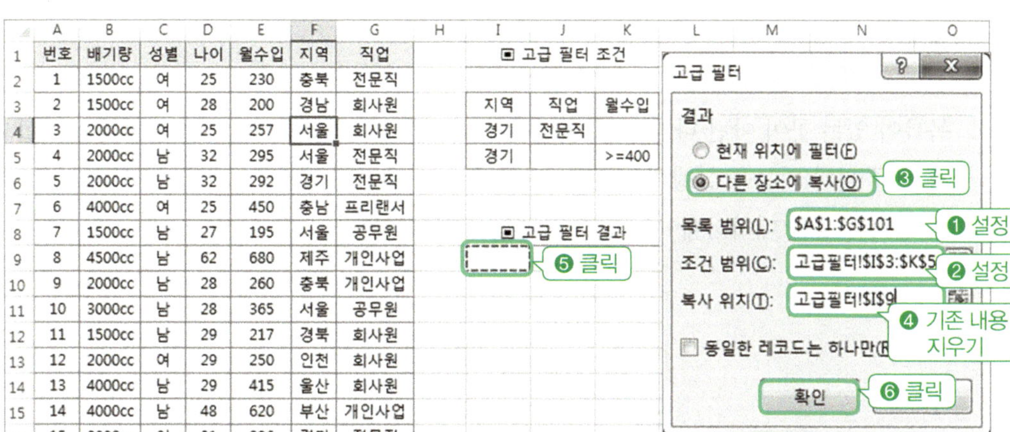

번호	배기량	성별	나이	월수입	지역	직업
1	1500cc	여	25	230	충북	전문직
2	1500cc	여	28	200	경남	회사원
3	2000cc	여	25	257	서울	회사원
4	2000cc	남	32	295	서울	전문직
5	2000cc	남	32	292	경기	전문직
6	4000cc	여	25	450	충남	프리랜서
7	1500cc	남	27	195	서울	공무원
8	4500cc	남	62	680	제주	개인사업
9	2000cc	남	28	260	충북	개인사업
10	3000cc	남	28	365	서울	공무원
11	1500cc	남	29	217	경북	회사원

▣ 고급 필터 조건

지역	직업	월수입
경기	전문직	
경기		>=400

▣ 고급 필터 결과

❼ 필터링 결과가 나타난다.

번호	배기량	성별	나이	월수입	지역	직업
5	2000cc	남	32	292	경기	전문직
15	2000cc	여	31	296	경기	전문직

Tip 필터링 전에 [복사 위치]로 지정한 [I9] 셀 아래로 내용이 있었다면 추출 결과가 나타나면서 모두 지워진다. 이렇게 지워진 내용은 실행 취소(〈Ctrl〉+〈Z〉 키)로 살릴 수 없으므로 주의한다.

03 현재 목록에 필터링 결과를 표시하기

고급 필터는 기본적으로 현재 목록 영역에 필터링 결과를 표시한다. 02 단계에서 [고급 필터] 대화 상자의 [⊙ 현재 위치에 필터]가 선택된 상태로 필터링을 하면 다음 그림과 같이 현재 데이터베이스 중에서 조건에 맞는 레코드만 표시되고 나머지는 숨겨진다.
이때 [데이터] 탭–[정렬 및 필터] 그룹–[지우기]를 선택하면 숨겨진 레코드가 나타난다.

행	번호	배기량	성별	나이	월수입	지역	직업
6	5	2000cc	남	32	292	경기	전문직
16	15	2000cc	여	31	296	경기	전문직
102							

현재 목록 영역에 추출된 레코드만 나타난다.

04 목록과 다른 시트에 필터링 결과를 표시하기

목록이 있는 곳이 아닌 다른 시트에 필터링 결과를 표시하려면, 반드시 결과를 표시할 시트에서 고급 필터 기능을 실행해야 한다. 또한 주위에 내용이 없는 빈 셀에서 기능을 실행해야 현재 선택한 셀을 데이터베이스의 일부로 인식하지 않는다.

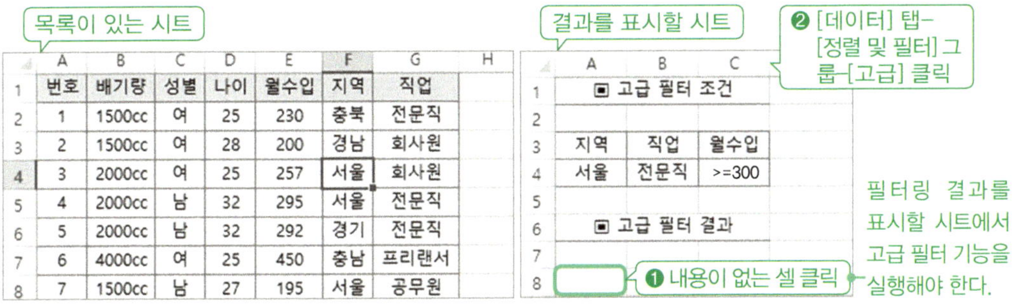

다음 그림과 같이 결과를 표시할 시트가 아닌 곳에서 고급 필터 기능을 실행하면 [고급 필터] 대화 상자를 모두 설정하여도 오류가 발생한다.

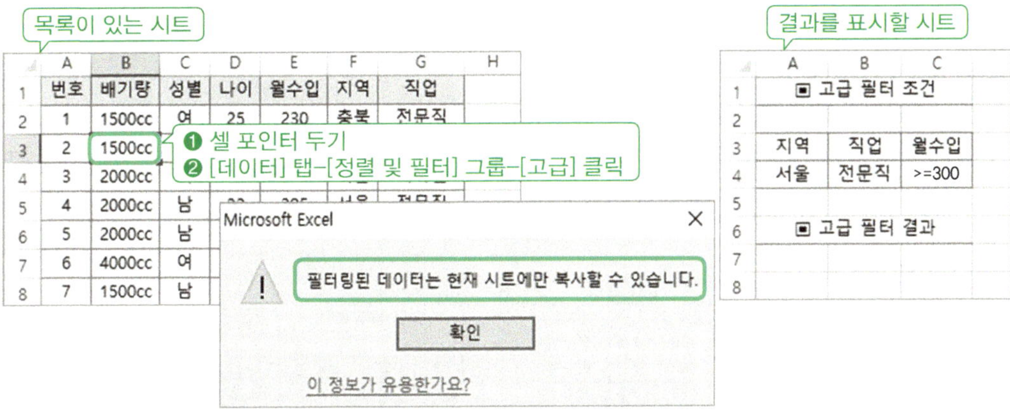

예제 4-12

고급 필터링 결과에 특정 필드만 표시하기

고급 필터는 기본적으로 레코드의 모든 필드를 표시한다. 필터링 결과 중 특정 필드만 남기려면 고급 필터 조건표뿐만 아니라 필터링 결과로 표시할 필드명도 미리 시트에 입력한 후 고급 필터 기능을 적용해야 한다.

준비파일 ch4_3.xlsx '고급필터' 시트

01 고급 필터 조건표와 결과에 포함할 필드명을 먼저 입력하기

❶ 고급 필터 조건표를 입력한 후 ❷ 결과를 표시할 시작 위치에 표시하고 싶은 필드명만 미리 입력한 다음 ❸ 목록 안에서 ❹ [데이터] 탭-[정렬 및 필터] 그룹-[고급]을 선택한다.

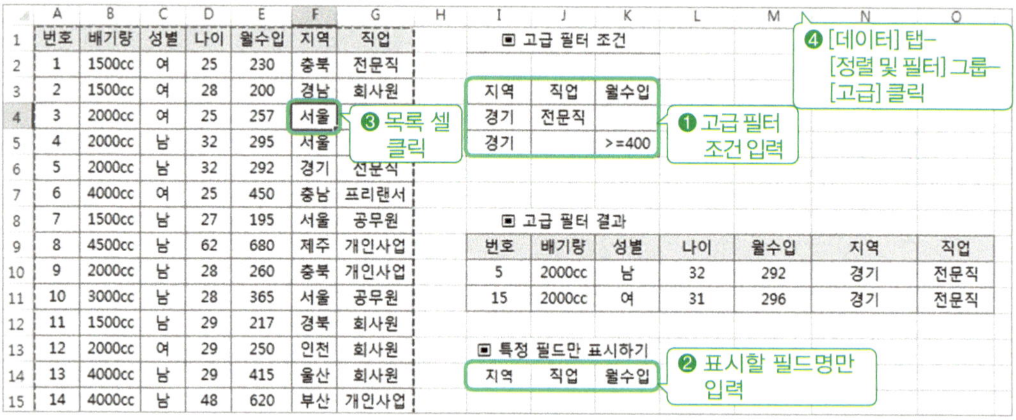

	A	B	C	D	E	F	G
1	번호	배기량	성별	나이	월수입	지역	직업
2	1	1500cc	여	25	230	충북	전문직
3	2	1500cc	여	28	200	경남	회사원
4	3	2000cc	여	25	257	서울	회사원
5	4	2000cc	남	32	295	서울	전문직
6	5	2000cc	남	32	292	경기	전문직
7	6	4000cc	여	25	450	충남	프리랜서
8	7	1500cc	남	27	195	서울	공무원
9	8	4500cc	남	62	680	제주	개인사업
10	9	2000cc	남	28	260	충북	개인사업
11	10	3000cc	남	28	365	서울	공무원
12	11	1500cc	남	29	217	경북	회사원
13	12	2000cc	여	29	250	인천	회사원
14	13	4000cc	남	29	415	울산	회사원
15	14	4000cc	남	48	620	부산	개인사업

▣ 고급 필터 조건

지역	직업	월수입
경기	전문직	
경기		>=400

▣ 고급 필터 결과

번호	배기량	성별	나이	월수입	지역	직업
5	2000cc	남	32	292	경기	전문직
15	2000cc	여	31	296	경기	전문직

▣ 특정 필드만 표시하기

지역	직업	월수입

02 필터링하기

[고급 필터] 대화 상자에서 ❶~❸ [목록 범위], [조건 범위], [다른 장소에 복사]를 설정한 후 ❹~❺ [복사 위치] 칸을 시트에 미리 입력해 둔 필드명 범위로 설정하고 ❻ [확인]을 클릭하면 ❼ 지정한 [복사 위치]아래로 추출된 레코드의 필드 중 지정한 필드만 나타난다.

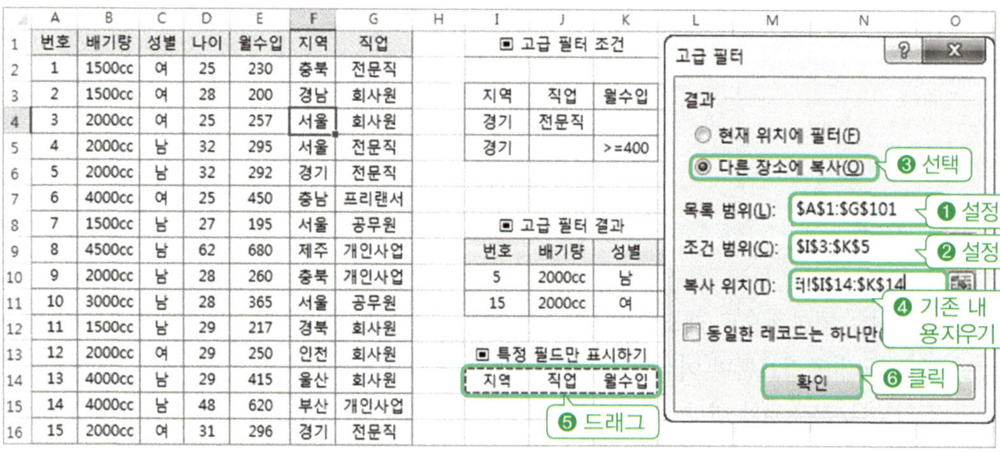

	A	B	C	D	E	F	G
1	번호	배기량	성별	나이	월수입	지역	직업
2	1	1500cc	여	25	230	충북	전문직
3	2	1500cc	여	28	200	경남	회사원
4	3	2000cc	여	25	257	서울	회사원
5	4	2000cc	남	32	295	서울	전문직
6	5	2000cc	남	32	292	경기	전문직
7	6	4000cc	여	25	450	충남	프리랜서
8	7	1500cc	남	27	195	서울	공무원
9	8	4500cc	남	62	680	제주	개인사업
10	9	2000cc	남	28	260	충북	개인사업
11	10	3000cc	남	28	365	서울	공무원
12	11	1500cc	남	29	217	경북	회사원
13	12	2000cc	여	29	250	인천	회사원
14	13	4000cc	남	29	415	울산	회사원
15	14	4000cc	남	48	620	부산	개인사업
16	15	2000cc	여	31	296	경기	전문직

▣ 고급 필터 조건

지역	직업	월수입
경기	전문직	
경기		>=400

▣ 고급 필터 결과

번호	배기량	성별
5	2000cc	남
15	2000cc	여

▣ 특정 필드만 표시하기

지역	직업	월수입

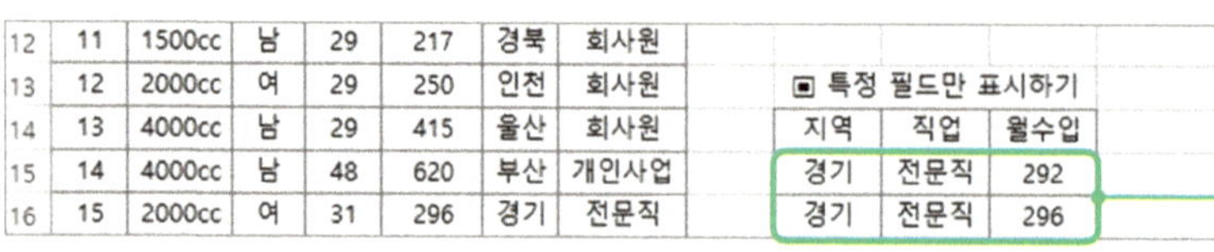

	A	B	C	D	E	F	G
12	11	1500cc	남	29	217	경북	회사원
13	12	2000cc	여	29	250	인천	회사원
14	13	4000cc	남	29	415	울산	회사원
15	14	4000cc	남	48	620	부산	개인사업
16	15	2000cc	여	31	296	경기	전문직

▣ 특정 필드만 표시하기

지역	직업	월수입
경기	전문직	292
경기	전문직	296

예제 4-13

고급 필터를 이용한 중복 데이터 제거

교양 개설 강의 목록 중 중복된 레코드가 있다면 한 개만 남기고 나머지는 제거해 보자([5]와 [6]행, [34]와 [35]행이 각각 동일 내용이다).

준비파일 ch4_3.xlsx '강의목록' 시트

01 중복된 레코드를 제거한 목록 구하기

고급 필터의 중복된 레코드 제거 기능을 이용하면 여러 목록을 합쳐 새로운 목록을 만들었을 때 생길 수 있는 중복 레코드를 자동으로 제거할 수 있다.

❶ 목록 안에서 ❷ [데이터] 탭–[정렬 및 필터] 그룹–[고급]을 선택한 후 ❸~❺ [고급 필터] 대화 상자를 설정한 후 ❻ [☑ 동일한 레코드는 하나만]에 체크를 하여 중복된 항목은 표시하지 않게 한 후 ❼ [확인]을 클릭한다.

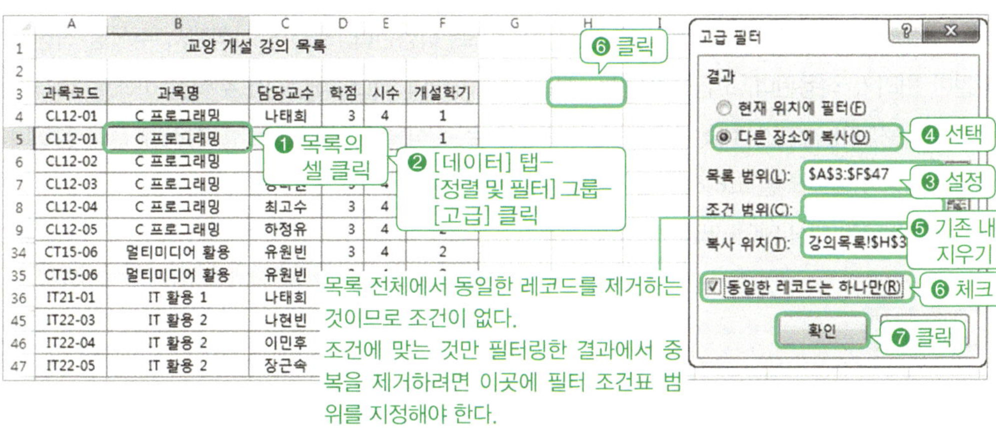

(3) 수식 조건을 사용하는 고급 필터

지금까지 소개한 고급 필터의 조건은 '비교연산자 값' 형식만 사용할 수 있었다. 조건에 수식을 사용하는 고급 필터를 이용하면 복잡한 조건을 단 한 개의 셀에 표현할 수 있으며 데이터베이스 외부의 셀을 참조하는 조건도 표현할 수 있다.

수식을 사용하면 판매 실적이 평균 이상인 사원의 목록, 판매 실적이 평균 미만이거나 목표 달성률이 90% 미만인 사원의 목록, 지난 달 주문 내역과 비교했을 때 이번 달 주문 내역에만 추가된 물품 목록도 구할 수 있다.

수식을 사용할 때는 다음과 같은 주의 사항을 지켜야 한다. 예제를 통해 자세히 살펴보자.

- 지금까지의 고급 필터 조건표와 달리 첫 행에 데이터베이스의 기존 필드명을 사용할 수 없다. 그래서 내용 없이 비워두거나 수식 조건이 의미하는 내용(예로 평균 이상, 증가, 상위 목록)을 사용하는 경우가 많다. 이유는 예제에서 자세히 소개한다.
- 조건은 '=D4>2'와 같이 수식임을 표시하기 위해 첫 글자가 '='이어야 하며, 수식 결과가 참(TRUE)인 레코드가 추출 대상이 된다.
- 수식은 데이터베이스의 첫 레코드에 적용할 수식으로 작성한다. 조건부 서식에서 수식을 작성하는 것과 동일한 원리가 적용된다. 고급 필터링을 진행하면 아래의 레코드에는 이 수식을 아래로 복사했을 때의 수식이 적용되어 참이면 추출 대상이 된다. 그러므로 수식을 작성할 때는 셀 참조가 절대 참조여야 할지 상대 참조여야 할지를 잘 고려해야 한다.
- 수식에서 필터링 대상 데이터베이스 영역 외의 셀을 참조한다면 절대 참조만 가능하다.

예제 4-14

차주 정보가 있는 데이터베이스에서 월수입이 평균 이상인 레코드만 추출해 보자.

준비파일 ch4_3.xlsx '고급필터' 시트

01 수식을 사용한 고급 필터링

'첫 번째 레코드의 월수입([E2])이 평균 월수입 이상'이라는 조건은 'E2 >= AVERAGE(E2:E101)'이다. '두 번째 레코드의 월수입([E3])이 평균 월수입 이상'이라는 조건은 'E3 >=

AVERAGE(E2:E101)'이다. 그러므로 첫 레코드에 지정하는 조건 수식은 'E2 >= AVERAGE($E$2:$E$101)'로 평균을 구할 범위가 절대 참조여야 한다.

❶ 수식 조건을 사용한 고급 필터 조건표를 작성한다. 표의 첫 행은 기존 필드명을 사용할 수 없으므로 조건의 의미대로 '평균 월수입 이상'을 사용한다. ❷ 데이터베이스 안에서 ❸ [데이터] 탭-[정렬 및 필터] 그룹-[고급]을 선택한다. ❹ [조건 범위]를 설정한 후 ❺ [확인]을 클릭하면 현재 데이터베이스 영역에 결과가 나타난다.

수식을 사용할 때는 조건표에서 [Q3] 셀을 비워둬도 된다. 하지만 [조건 범위]에는 조건표의 첫 행인 [Q3] 셀을 반드시 범위에 포함시켜야 한다.

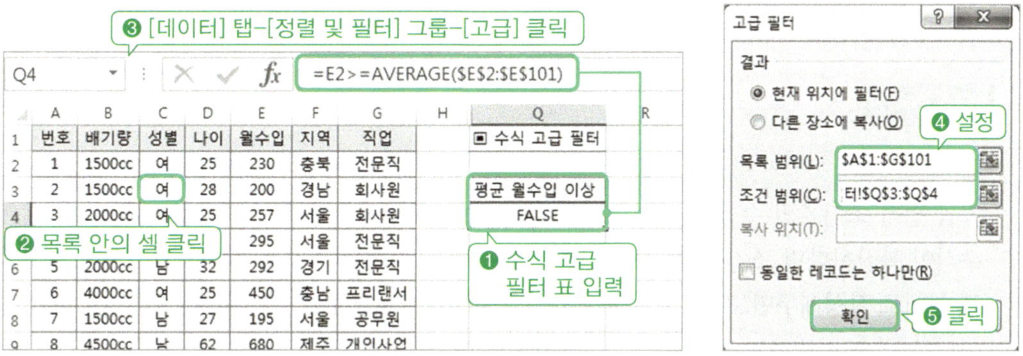

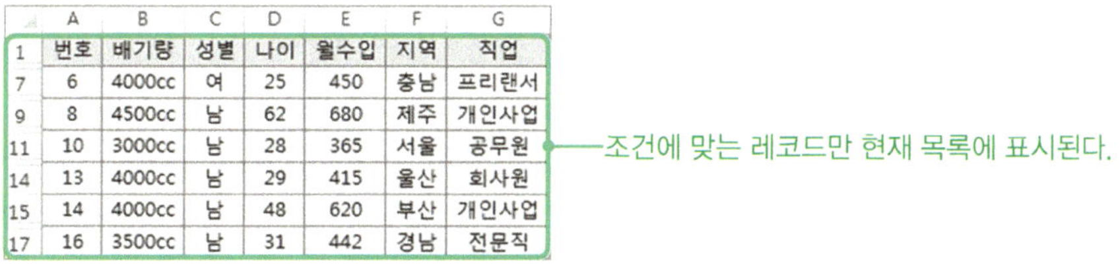

02 수식 조건의 이해

ⓐ 수식을 사용한 고급 필터링은 조건표의 첫 행인 [Q3] 셀에 입력한 내용이 데이터베이스에 새로 추가되는 필드명이라고 생각하면 이해하기 쉽다. 조건표의 첫 행이 새 필드명이 되므로 기존의 필드명과 똑같은 것을 절대로 사용할 수 없는 것이다.

ⓑ 수식 조건은 추가되는 필드의 첫 수식이 되고 다른 레코드에는 이 수식이 자동으로 복사된다. 이렇게 추가된 필드의 값이 참(TRUE)인 레코드만 최종 결과로 추출된다.

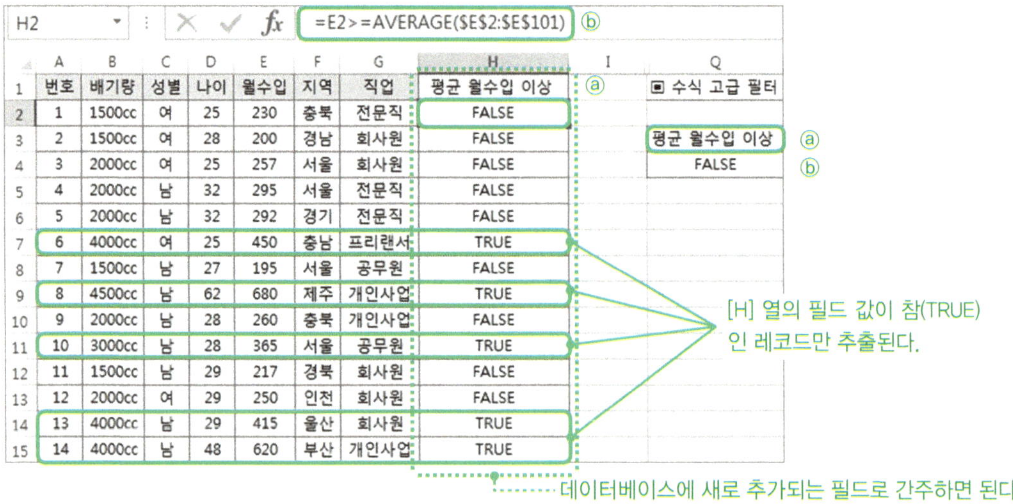

예제 4-15

월수입이 상위 20위인 차주 중 여자 정보만 추출해 보자.

고급 필터 조건표의 수식 셀에는 TRUE/FALSE가 표시되므로 수식을 바로 이해할 수 없으며, 수식이 복잡하다면 조건을 변경하는 것이 불편하다. 수식에서 사용하는 조건을 별도의 장소에 표 형태로 작성해두면 표의 값을 쉽게 확인할 수 있고 수정하는 것도 쉽다. 상위 몇 위까지인지 어떤 성별을 선택할지의 정보는 [S3:T4] 범위에 입력하고, 고급 필터 조건([S6:S7] 범위)에서는 이 표 내용을 참조하도록 한다.

준비파일 ch4_3.xlsx '고급필터' 시트

완성시트

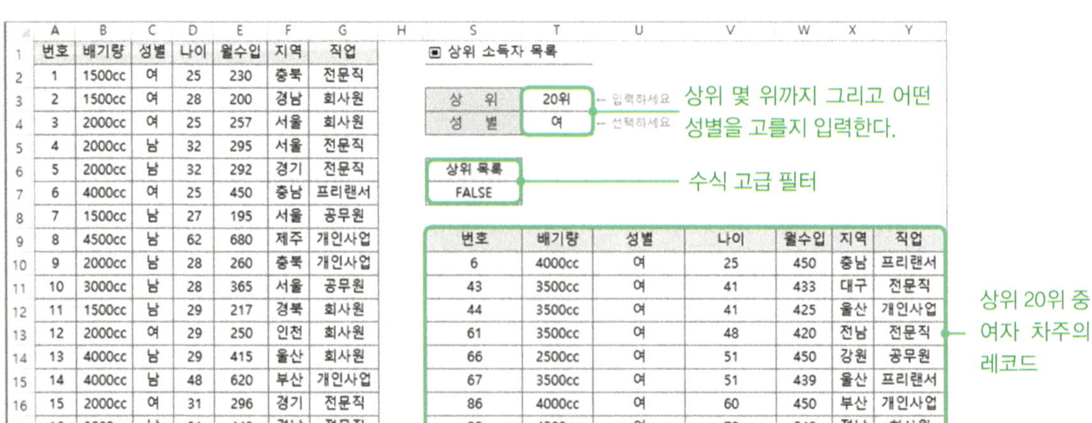

01 선택 정보를 입력하고 수식 조건표 만들기

❶ [S3:T4] 범위의 조건에 사용할 값 20과 여를 입력한다. 현재 [T3] 셀에는 20 뒤에 '위'가 표시되도록 표시 형식이 지정되어 있고, [T4] 셀에는 '남'과 '여'만 유효하도록 설정되어 있다. ❷ 수식 고급 필터 조건을 작성한 후 ❸ 필터링 대상 목록 안에서 ❹ [데이터] 탭-[정렬 및 필터] 그룹-[고급]을 클릭한다.

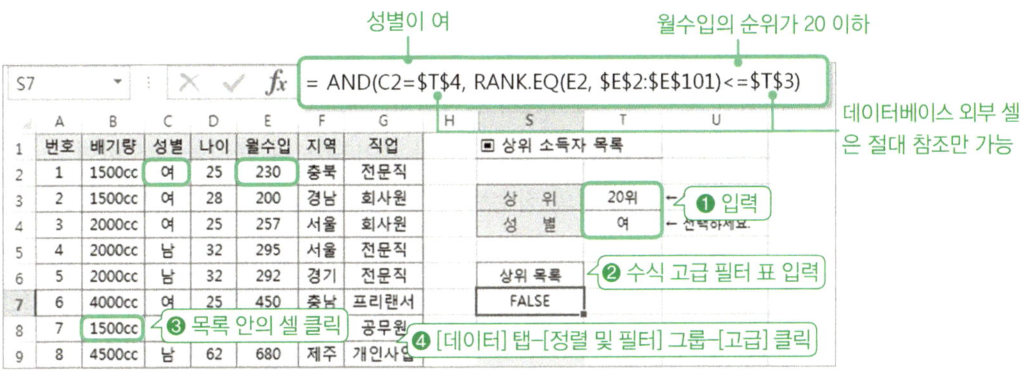

02 고급 필터 대화상자를 설정하고 결과 나타내기

❶ [고급 필터] 대화 상자를 설정한 후 ❷ [확인]을 클릭하면 ❸ 상위 20위 중 여자 차주의 정보만 [S9] 셀부터 표시된다.

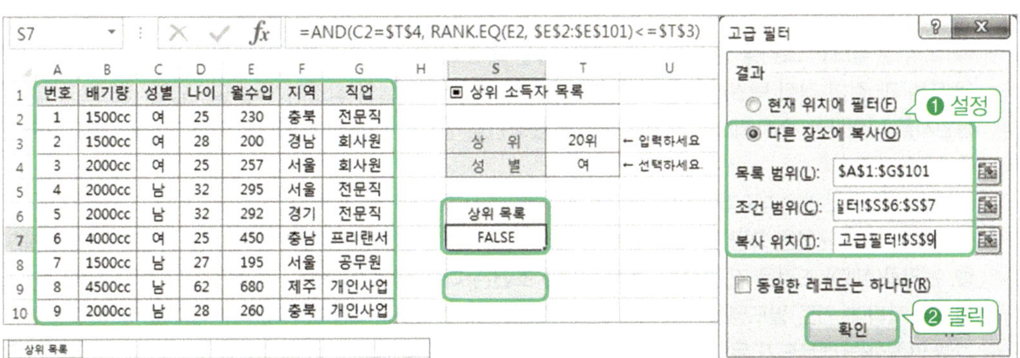

번호	배기량	성별	나이	월수입	지역	직업
6	4000cc	여	25	450	충남	프리랜서
43	3500cc	여	41	433	대구	전문직
44	3500cc	여	41	425	울산	개인사업
61	3500cc	여	48	420	전남	전문직
66	2500cc	여	51	450	강원	공무원
67	3500cc	여	51	439	울산	프리랜서
86	4000cc	여	60	450	부산	개인사업
99	4500cc	여	70	542	전남	회사원

❸ 상위 20위 중 여자 차주의 레코드만 표시된다.

(4) 데이터베이스 함수

고급 필터를 이용하면 데이터베이스에서 원하는 조건에 맞는 레코드만 추출할 수 있다. 만일 일부 레코드를 추출하는 것이 목적이 아니라 추출한 레코드로부터 특정 필드의 합계, 평균, 최대치와 같은 값을 구하는 것이 목적이라면 데이터베이스 함수를 이용하는 것이 편리하다. 고급 필터링의 결과물은 레코드들이므로 이들의 합계나 평균을 구하려면 또다시 수식을 사용해야 하지만, 데이터베이스 함수는 레코드를 추출하는 대신 이들을 대상으로 곧바로 수식 결과값을 구하기 때문이다.

앞에서 소개한 COUNTIF, SUMIF, AVERAGEIF와 같은 함수는 첫 인수로 지정한 범위 안의 셀 값이 두 번째 인수로 지정한 조건을 만족하는지 검사한다. 예로 COUNTIF(C2:C10, ">90")은 [C2] 셀이 90보다 큰지, [C3] 셀이 90보다 큰지, ... , [C10] 셀이 90보다 큰지를 조사하여 조건을 만족하는 경우의 수를 구한다. 하지만 [C] 열의 점수보다 [D] 열의 점수가 더 큰 경우의 수, 즉 C2<D2, C3<D3, ... , C10<D10이 참인 경우의 수는 COUNTIF 함수로 구할 수 없다. 둘째 인수는 한 개의 고정된 값을 기준으로 비교하는 ">90", "<10", ">="&D3과 같은 조건만 가능하므로, [C2:C10] 범위의 셀 각각에 대해 다른 값과 비교하는 조건은 표현할 수가 없다. 이를 해결해주는 것이 데이터베이스 함수이다. 데이터베이스 함수는 고급 필터와 같이 조건을 시트에 별도로 입력하므로 추출 조건을 확인하기 쉬우며, 조건을 변경하면 함수 값도 자동으로 업데이트된다.

데이터베이스 함수의 사용법을 이해하기 위해 먼저 DGET 함수를 자세히 소개한다.

DGET(database, field, criteria) : 데이터베이스에서 조건에 맞는 레코드 한 개를 찾아 추출필드의 값을 구한다.

- **database (데이터베이스)** : 조건을 검사할 데이터베이스(목록)
- **field (추출필드)** : 조건을 만족하는 레코드(추출된 레코드)에서 가져올 결과값이 있는 필드명
  "필드명"과 같이 직접 텍스트로 입력하거나, 필드명이 입력된 셀의 참조이거나, 필드명이 레코드의 몇 번째 이름인지를 나타내는 숫자(레코드가 이름, 주소, 전화번호 필드로 구성되어 있다면 주소 필드는 숫자 2)로 입력할 수 있다.
- **criteria (추출조건)** : 데이터베이스 각 레코드마다 조사할 조건
  조건을 만드는 규칙은 고급 필터 조건과 같다. 즉, 첫 행에는 필드명만, 둘째 행부터는 필드명 아래로 해당 조건을, 논리곱(AND) 조건은 같은 행에, 논리합(OR) 조건은 다른 행에 입력한다. 수식을 이용한 조건이라면 첫 행의 필드명 자리에 기존 필드명을 사용해선 안 된다. 조건을 만족하는 레코드가 없다면 결과로 #VALUE! 오류가, 조건을 만족하는 레코드가 두 개 이상이라면 #NUM! 오류가 표시된다.

DGET 함수와 유사한 형태로 다음의 DCOUNT, DCOUNTA 함수가 있다.

DCOUNT(database, field, criteria) : 데이터베이스에서 추출조건을 만족하는 레코드 중 추출필드의 값이 숫자인 개수를 구한다. COUNTIF 함수와 유사하다.
DCOUNTA(database, field, criteria) : 데이터베이스에서 추출조건을 만족하는 레코드 중 추출필드에 값이 있는 개수를 구한다. COUNTA 함수와 유사하다.

DSUM 함수는 특정 조건에 맞는 레코드들에 대해서만 특정 필드의 합계를 구하는 데 사용한다.

DSUM(database, field, criteria) : 데이터베이스 중 추출조건에 맞는 레코드들에 대해서만 추출필드의 합계를 구한다.
– **database (데이터베이스)** : 조건을 검사할 데이터베이스(목록) – **field (추출필드)** : 조건을 만족하는 레코드, 즉 추출된 레코드를 대상으로 합계를 구할 필드 – **criteria (추출조건)** : 데이터베이스 각 레코드마다 조사할 조건

DSUM과 유사한 형식으로 다음의 함수들이 있다.

DAVERAGE(database, field, criteria) : 추출조건에 맞는 레코드들에 대해서만 추출필드의 평균을 구한다.
DMAX(database, field, criteria) : 추출조건에 맞는 레코드들에 대해서만 추출필드의 최댓값을 구한다. DMIN 함수는 최솟값을 구한다.
DSTDEV(database, field, criteria) : 추출조건에 맞는 레코드들에 대해서만 추출필드의 표준편차를 구한다. 데이터베이스의 필드 값이 표본 집단이 아닌 모집단이라면 DSTDEVP 함수를 이용하여 구한다. DVAR 함수는 표본 집단의 분산을, DVARP는 모집단의 분산을 구한다.

예제 4-16

직원들의 급여 내역서 목록으로부터 사번이나 이름을 이용하여 해당 직원의 다른 정보(사번, 이름, ..., 실지급액)를 찾아내보자.

준비파일 ch4_3.xlsx 'DB함수' 시트

완성시트

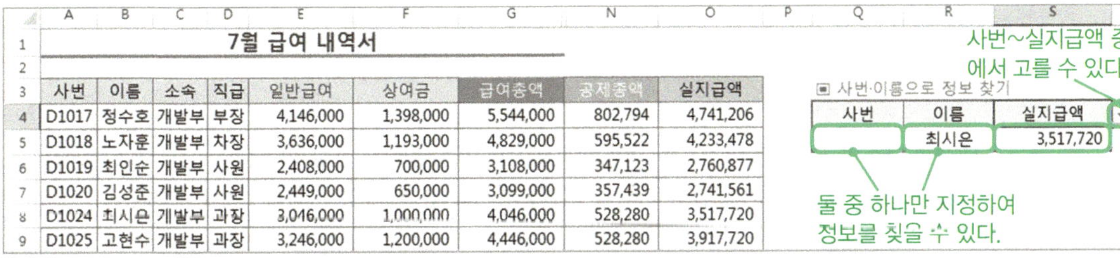

사번	이름	소속	직급	일반급여	상여금	급여총액	공제총액	실지급액
D1017	정수호	개발부	부장	4,146,000	1,398,000	5,544,000	802,794	4,741,206
D1018	노자훈	개발부	차장	3,636,000	1,193,000	4,829,000	595,522	4,233,478
D1019	최인순	개발부	사원	2,408,000	700,000	3,108,000	347,123	2,760,877
D1020	김성준	개발부	사원	2,449,000	650,000	3,099,000	357,439	2,741,561
D1024	최시은	개발부	과장	3,046,000	1,000,000	4,046,000	528,280	3,517,720
D1025	고현수	개발부	과장	3,246,000	1,200,000	4,446,000	528,280	3,917,720

01 사번과 이름에 유효성 설정 후 정보를 찾을 사번 선택하기

직원 52명의 사번([A] 열)과 이름([B] 열)에는 각각 '사번'과 '이름' 이름이 정의되어 있다. ❶ 정보를 검색할 위치에 표 내용을 작성한 후 ❷ 사번을 입력할 [Q5] 셀에는 유효성 검사 설정을 통해 유효한 목록으로 '=사번'을, 이름을 입력할 [R5] 셀에는 '=이름'을 설정하여 사번과 이름을 입력하기 쉽게 한다. ❸ [Q5] 셀을 클릭하여 나타난 ▾를 클릭하여 검색하고 싶은 사번을 선택한다.

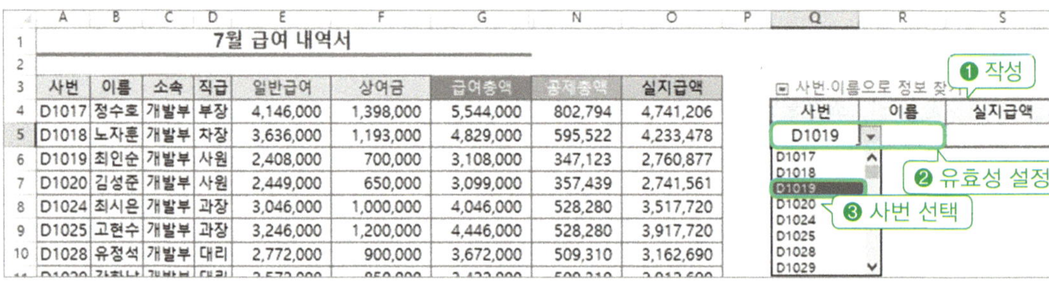

02 사번이나 이름으로 실지급액 확인하기

❶ [S5] 셀에 ❷ = DGET(A3:O55, S4, Q4:R5) 수식을 입력한 후 <Enter> 키를 누르면 함수 결과가 바로 나타난다. DB 함수 조건을 작성할 때 내용을 입력하지 않으면 해당 필드의 모든 값이 현재의 조건을 만족하는 것으로 판단하므로, 지금처럼 사번이나 이름 둘 중 하나만 이용하여 검색할 수 있다.

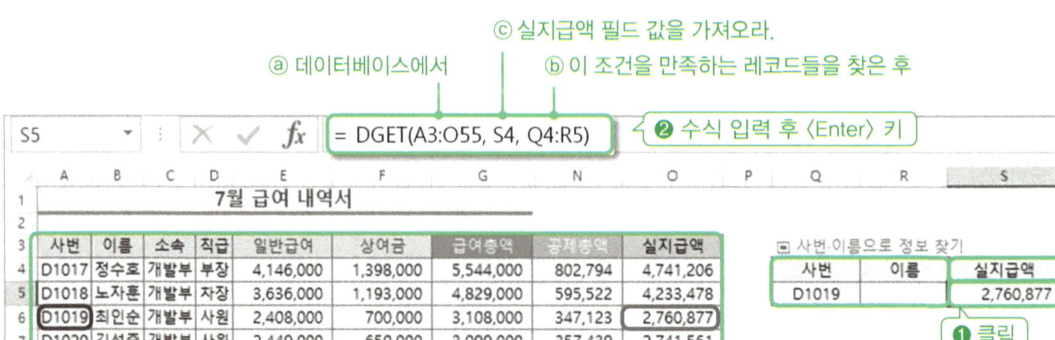

Tip DGET 함수의 두 번째 인수를 "실지급액" 텍스트로 지정하지 않고 지금처럼 [S4] 셀로 지정하면 03 단계에서 볼 수 있듯이 함수에서 사용할 필드명을 쉽게 바꿀 수 있다.

03 조건을 변경한 후 함수 결과 확인하기

현재 [S4] 셀은 [A3:O3]까지의 급여 내역 항목만 유효하도록 설정되어 있다. 최시은 사원의 상여금을 확인해 보자.

❶ 입력한 사번을 지우고 이름을 입력하면 실지급액 결과가 곧바로 변경되는 것을 확인할 수 있다. ❷ 실지급액 대신 상여금으로 변경하면 ❸ 다시 변경된 결과를 바로 확인할 수 있다. 고급 필터는 필터 조건을 변경하면 다시 고급 필터 기능을 실행해야 하는 반면 데이터베이스 함수는 조건을 변경하는 즉시 함수가 자동으로 업데이트되므로 편리하다.

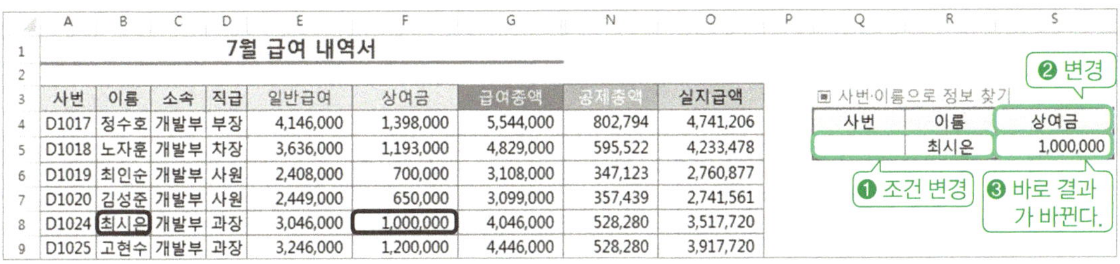

7월 급여 내역서

	A	B	C	D	E	F	G	N	O
3	사번	이름	소속	직급	일반급여	상여금	급여총액	공제총액	실지급액
4	D1017	정수호	개발부	부장	4,146,000	1,398,000	5,544,000	802,794	4,741,206
5	D1018	노자훈	개발부	차장	3,636,000	1,193,000	4,829,000	595,522	4,233,478
6	D1019	최인순	개발부	사원	2,408,000	700,000	3,108,000	347,123	2,760,877
7	D1020	김성준	개발부	사원	2,449,000	650,000	3,099,000	357,439	2,741,561
8	D1024	최시은	개발부	과장	3,046,000	1,000,000	4,046,000	528,280	3,517,720
9	D1025	고현수	개발부	과장	3,246,000	1,200,000	4,446,000	528,280	3,917,720

▣ 사번·이름으로 정보 찾기

사번	이름	상여금
	최시은	1,000,000

예제 4-17

직원들의 급여 내역서 목록으로부터 직급별 또는 소속별 또는 특정 직급과 소속별 세 가지 분류 방법으로 총 상여금을 구해 보자.

준비파일 ch4_3.xlsx 'DB함수' 시트

완성시트

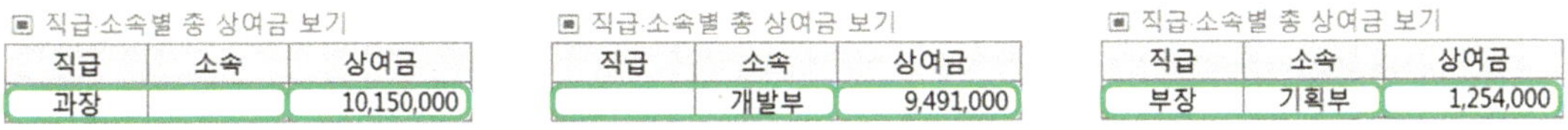

▣ 직급·소속별 총 상여금 보기

직급	소속	상여금
과장		10,150,000

▣ 직급·소속별 총 상여금 보기

직급	소속	상여금
	개발부	9,491,000

▣ 직급·소속별 총 상여금 보기

직급	소속	상여금
부장	기획부	1,254,000

01 직급과 소속에 맞는 직원들의 총 상여금 구하기

[U5] 셀에는 '상무, 부장, 차장, 과장, 대리, 사원' 목록의 값만 유효하게, [V5] 셀에는 '개발부, 기획부, 생산부, 영업부, 인사부, 총무부' 값만 유효하게 설정되어 있다.

❶ 검색할 조건을 입력한 후 ❷ 결과를 표시할 [W5] 셀에 ❸ = DSUM(A3:O55, W4, U4:V5) 수식을 입력하고 〈Enter〉 키를 누르면 해당 직원들의 상여금 합계가 나타난다.

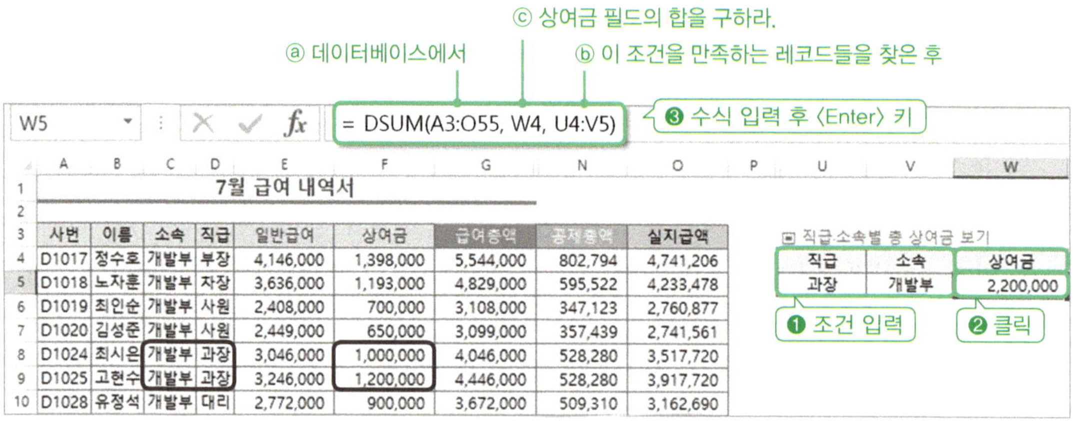

02 소속에 해당하는 직원들의 총 상여금 구하기

[U5] 셀 내용을 지우면 조건이 없어지므로 소속에 맞는 직원 레코드만 찾아서 상여금 필드의 합계를 구할 수 있다. 같은 방법으로 소속을 지우고 직급만 입력하면 직급에 해당하는 직원들의 상여금 합계를 구할 수 있다.

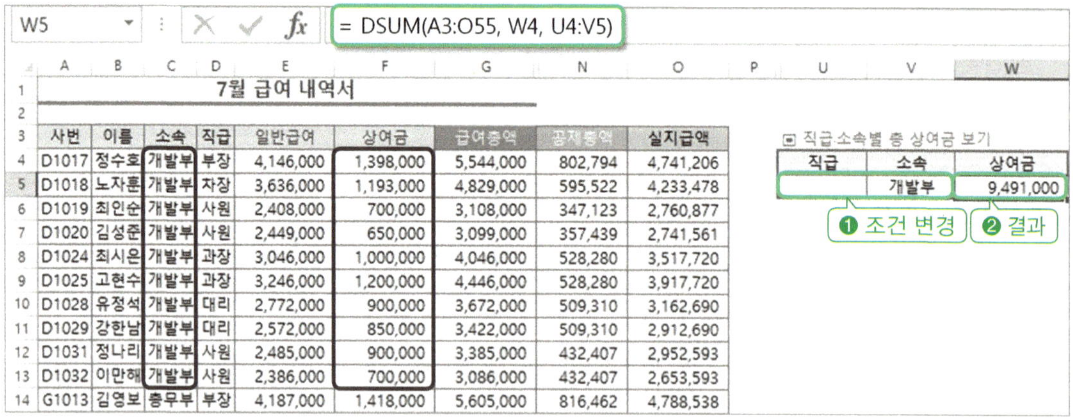

예제 4-18

직원 급여 내역서 목록에서 직급에 해당하는 직원들의 평균 일반급여액을 구해 보자.

준비파일 ch4_3.xlsx 'DB함수' 시트

완성시트

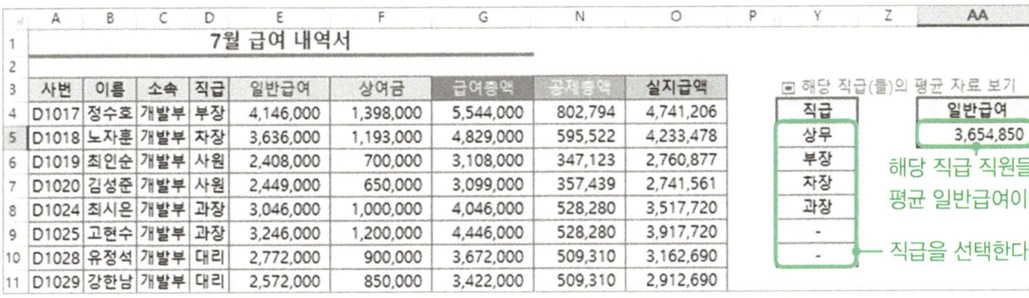

7월 급여 내역서

사번	이름	소속	직급	일반급여	상여금	급여총액	공제총액	실지급액
D1017	정수호	개발부	부장	4,146,000	1,398,000	5,544,000	802,794	4,741,206
D1018	노자훈	개발부	차장	3,636,000	1,193,000	4,829,000	595,522	4,233,478
D1019	최인순	개발부	사원	2,408,000	700,000	3,108,000	347,123	2,760,877
D1020	김성준	개발부	사원	2,449,000	650,000	3,099,000	357,439	2,741,561
D1024	최시은	개발부	과장	3,046,000	1,000,000	4,046,000	528,280	3,517,720
D1025	고현수	개발부	과장	3,246,000	1,200,000	4,446,000	528,280	3,917,720
D1028	유정석	개발부	대리	2,772,000	900,000	3,672,000	509,310	3,162,690
D1029	강한남	개발부	대리	2,572,000	850,000	3,422,000	509,310	2,912,690

01 평균을 구할 항목 입력 셀에 유효성 설정하기

[AA4] 셀에는 평균을 구할 대상 필드명을 입력하는 데 사용한다. 한 가지 항목이 아닌 다른 항목에 대해서도 평균을 구할 수 있도록 [E3:O3] 범위의 필드명이 유효하도록 설정한다.

❶ [AA4] 셀에서 ❷ [데이터] 탭–[데이터 도구] 그룹–(데이터 유효성 검사)를 선택한 후 ❸ [제한 대상]은 '목록'으로 [원본]은 '=$E$3:$O$3'으로 설정한다.

02 DB 함수 조건 만들기

DB 함수의 조건에 사용할 [Y5:Y10] 범위에는 상무, 부장, 차장, 과장, 대리, 사원, –만 유효하도록 설정한다.

논리곱 조건일 때는 조건 셀을 비워둠으로써 조건을 검사하지 않는 효과를 얻을 수 있지만 논리합 조건일 때는 조건 셀을 비워두면 모든 레코드를 추출하게 된다. 그러므로 평균을 구하고 싶지 않은 직급일 경우 셀을 비워두지 않고 추출 대상이 되지 않는 조건 값을 지정해야 한다. 그래서 해당 직급 외에 '–'를 유효한 값으로 설정한다.

❶ [Y5:Y10] 범위를 선택한 후 ❷ [데이터] 탭–[데이터 도구] 그룹–(데이터 유효성 검사)를 선택한 다음 ❸ [제한 대상]은 '목록'으로 [원본]은 '상무, 부장, 차장, 과장, 대리, 사원, –'로 설정한다([원본] 입력 시 ' '를 빼고 목록 내용을 입력한다).

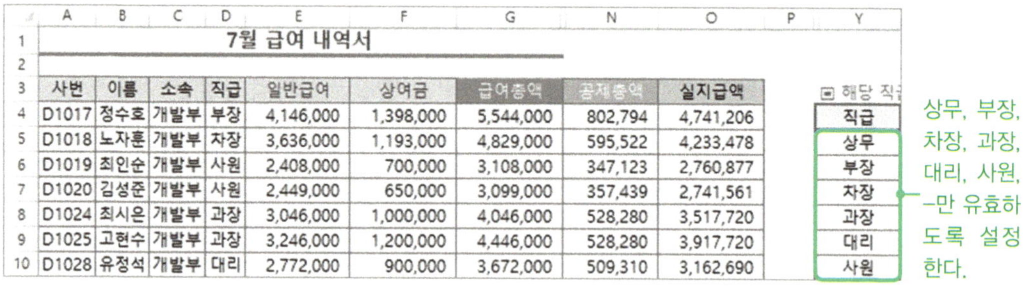

03 상무, 부장, 차장, 과장들의 일반급여 평균 구하기

❶ 평균을 구할 대상이 아닌 [Y9:Y10]의 직급은 '–'로 변경한다. ❷ 평균을 구할 필드명으로 '일반급여'를 선택한 다음 ❸ [AA5] 셀에 = DAVERAGE(A3:O55, AA4, Y4:Y10)을 입력하면 상무, 부장, 차장, 또는 과장들의 일반급여의 평균 3,654,850이 나타난다.

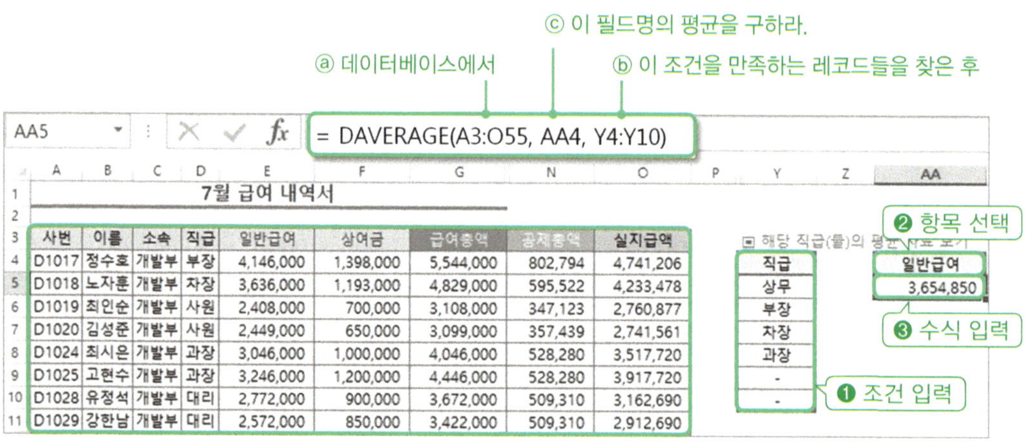

예제 4-19

[예제 4-15]에서 사용한 수식 조건을 사용하여 월수입이 상위 20위인 차주 중 여자가 몇 명인지 이들의 평균 월수입은 얼마인지 DB 함수로 구해 보자.

준비파일 ch4_3.xlsx '고급필터' 시트

완성시트

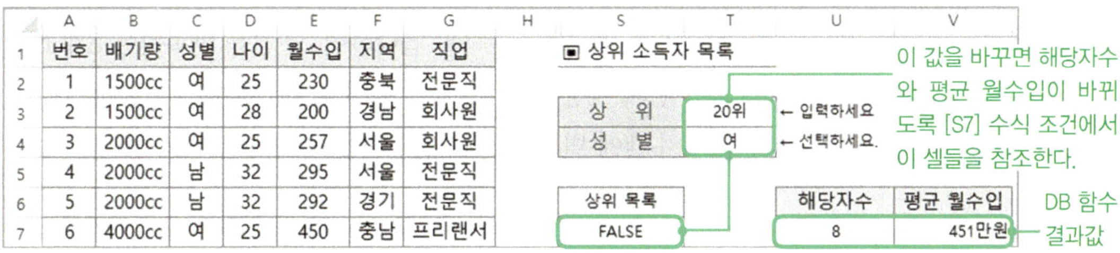

01 월수입이 상위 20위인 차주 중 여자의 수 구하기

DB 함수의 조건으로 수식을 사용할 수 있다. 이때 고급 필터와 마찬가지로 조건표([S6:S7])의 첫 행에는 기존의 필드명을 사용할 수 없다.

[예제 4-7]에서 이 조건표로 필터링을 했을 때 8개의 레코드가 추출되었다. 그러므로 [U7] 셀에 = DCOUNTA(A1:G101, 1, S6:S7) 수식을 입력하면 해당 레코드의 개수인 8이 나타난다. 수식의 두 번째 인수로 1 대신 "번호" 텍스트를 직접 사용하거나 A1로 셀 참조를 사용해도 된다. 1대신 2~7 중 아무거나 사용해도 된다. 하지만 여자의 수를 구한다는 의미에서 3 또는 "성별"을 사용하는 것이 가장 직관적일 것이다.

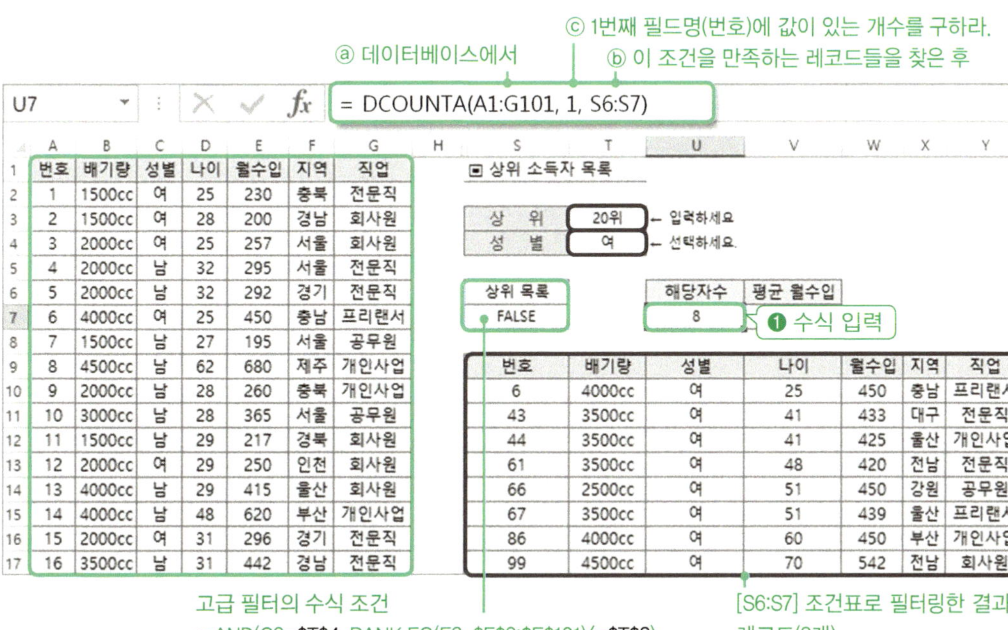

02 월수입이 상위 20위인 차주 중 여자의 월수입 평균 구하기

[V7] 셀에 = DAVERAGE(A1:G101, 5, S6:S7) 수식을 입력하면, 조건을 만족하는 8개 레코드([S10:Y17])의 5번째 필드(월수입)의 평균이 나타난다. 이처럼 DB 함수를 이용하면 고급 필터를 이용하여 필터링한 후 [W18] 셀에 별도로 평균 월수입을 구하지 않아도 된다.

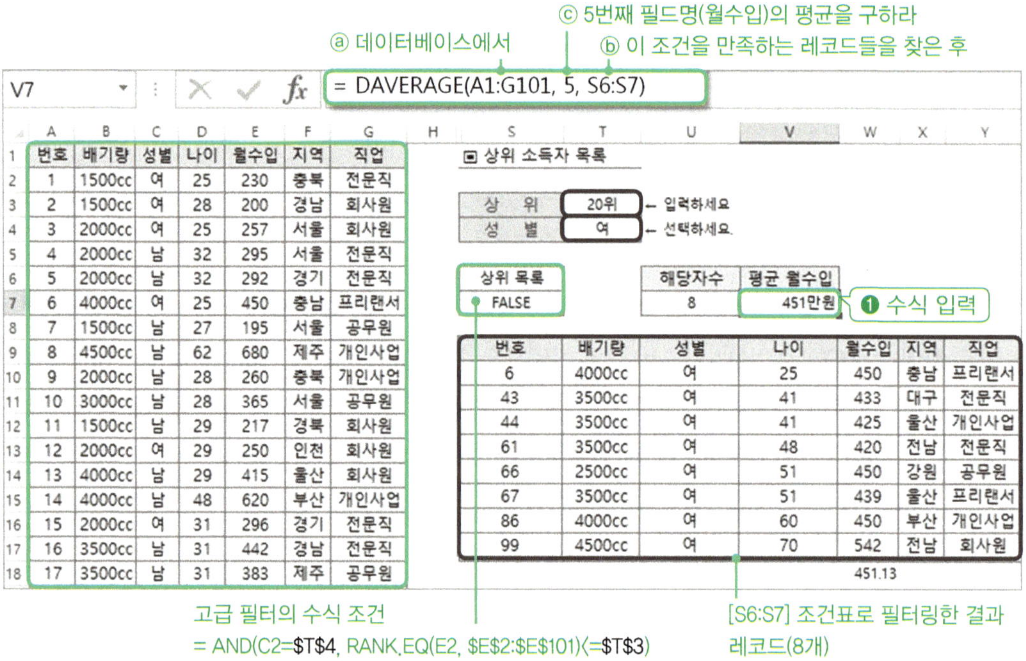

'ch4_3_연습문제.xlsx' 통합 문서를 열어 그림과 같은 시트가 되도록 실습해 보자.

01 '자동필터' 시트의 아르바이트 시급 목록에 자동 필터를 설정하여 ❶~❷ 작업을 한 다음, 자동 필터를 제거하고 ❸~❹ 작업을 하여 그림과 같이 만들어보자.

	A	B ❶	C	D ❷	E	F	
3	No.	업종	종류	시급	지역	주야	
4	5	레스토랑	주방보조	10,500	강남	주간	❸
5	9	레스토랑	서빙	12,000	강남	야간	
6	32	레스토랑	주방보조	11,200	강남	야간	
7	1	음식점	서빙	10,800	강남	야간	
8	8	음식점	주방보조	10,700	강남	야간	
9	2	커피점	카운터	11,000	강북	야간	
10	20	커피점	카운터	10,800	강북	야간	
11	14	PC방	카운터	8,400	강북	야간	
12	17	PC방	카운터	8,700	강남	야간	
13	21	PC방	카운터	8,000	강남	주간	
14	28	PC방	카운터	7,500	강서	주간	
15	31	PC방	카운터	8,400	강북	야간	

I	J	
업종	종류	❹
레스토랑	주방보조	
레스토랑	서빙	
음식점	서빙	
음식점	주방보조	
커피점	카운터	
PC방	카운터	
음식점	카운터	
제빵점	카운터	
커피점	주방보조	
편의점	카운터	

❶ 자동 필터를 설정한 후 업종을 가나다순으로 정렬하시오.

❷ 강남이나 강북 지역에서 시급이 만 원 이상인 레코드만 현재 목록에 표시한 후 셀을 바다색으로 채우시오. 현재 목록에 숨겨진 레코드는 제외하고 화면에 표시된 레코드만 선택해서(〈Alt〉+〈;〉) 셀을 바다색으로 채워야 한다.

❸ 자동 필터를 제거한 후 바다색으로 채운 레코드가 맨 위에 표시되도록 정렬하시오.

❹ 고급 필터의 레코드 중복 제거 기능을 이용하여 업종별 종류 목록을 만드시오.

02 ‘도서구입’ 시트에는 3.1에서 사용한 100명의 도서 구입 데이터가 있다. 5장의 부분합 기능을 이용하여 도서 종류 간 연관성을 분석하기 위해, 도서 종류별(1그룹~8그룹)로 모든 구입 고객의 레코드를 연속으로 모은 목록을 만들어보자.

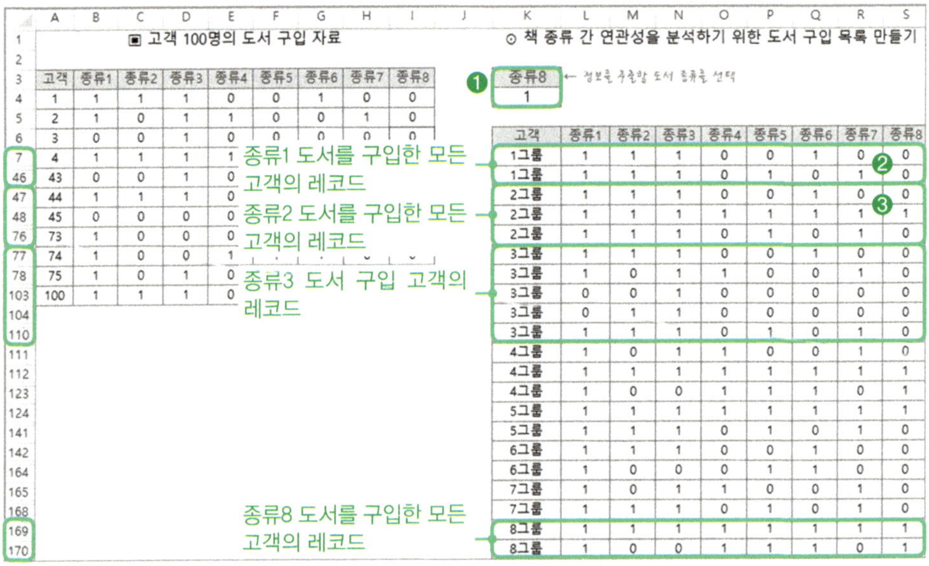

행	고객	종류1	종류2	종류3	종류4	종류5	종류6	종류7	종류8
4	1	1	1	1	0	0	1	0	0
5	2	1	0	1	1	0	0	1	0
6	3	0	0	1	0	0	0	0	0
7	4	1	1	1	1				
46	43	0	0	1	0				
47	44	1	1	1	0				
48	45	0	0	0	0				
76	73	1	0	0	0				
77	74	1	0	0	1				
78	75	1	0	1	0				
103	100	1	1	1	0				

행	고객	종류1	종류2	종류3	종류4	종류5	종류6	종류7	종류8
7	1그룹	1	1	1	0	0	1	0	0
46	1그룹	1	1	1	0	1	0	1	0
47	2그룹	1	1	1	0	0	1	0	0
48	2그룹	1	1	1	1	1	1	1	1
76	2그룹	1	1	1	0	1	0	1	0
77	3그룹	1	1	1	0	0	1	0	0
78	3그룹	1	0	1	1	0	0	1	0
103	3그룹	0	0	1	0	0	0	0	0
104	3그룹	0	1	1	0	0	0	0	0
110	3그룹	1	1	1	0	1	0	1	0
111	4그룹	1	0	1	1	0	0	1	0
112	4그룹	1	1	1	1	1	1	1	1
123	4그룹	1	0	0	1	1	1	0	1
124	5그룹	1	1	1	1	1	1	1	1
141	5그룹	1	1	1	0	1	0	1	0
142	6그룹	1	1	1	0	0	1	0	0
164	6그룹	1	0	0	0	1	1	0	0
165	7그룹	1	0	1	1	0	0	1	0
168	7그룹	1	1	1	0	1	0	1	0
169	8그룹	1	1	1	1	1	1	1	1
170	8그룹	1	0	0	1	1	1	0	1

❶ [K3:K4]의 고급 필터 조건표는 해당 종류의 도서를 구입한 적이 있는 레코드만 추출하는 데 사용하려고 한다. [K3] 셀에서 도서 종류를 선택하기 쉽도록 [B3:I3] 범위의 텍스트(“종류1”~“종류8”)만 유효하도록 설정하시오.

❷ 고급 필터를 이용하여 도서 종류별로 해당 책을 구입한 고객의 레코드가 연속으로 나타나는 목록을 만드시오. 이 목록은 5장에서 도서 종류마다 다른 종류의 책을 같이 구입한 횟수를 구하는 데 사용할 것이다. [K6] 셀에 종류1 도서를 구입한 고객의 레코드만 추출한 다음 고객 번호를 ‘1그룹’으로 변경한다. 즉 [7] 행~[46] 행 레코드는 종류1 도서를 구입한 적이 있는 고객의 레코드만 그룹으로 모아둔 결과가 된다.

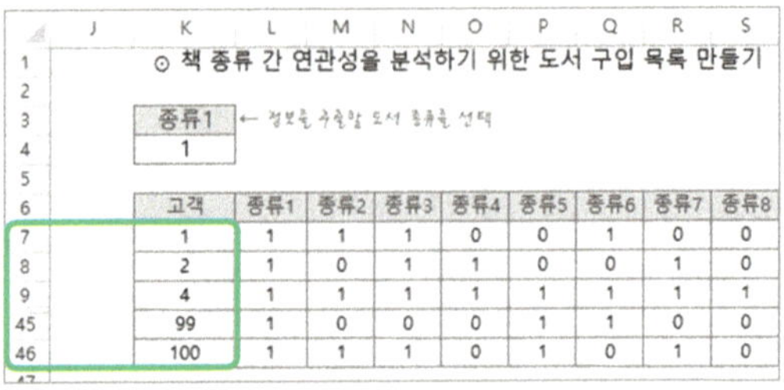

행	고객	종류1	종류2	종류3	종류4	종류5	종류6	종류7	종류8
7	1	1	1	1	0	0	1	0	0
8	2	1	0	1	1	0	0	1	0
9	4	1	1	1	1	1	1	1	1
45	99	1	0	0	0	1	1	0	0
46	100	1	1	1	0	1	0	1	0

	J	K	L	M	N	O	P	Q	R	S
1		⊙ 책 종류 간 연관성을 분석하기 위한 도서 구입 목록 만들기								
2										
3		종류1	← 정보를 추출할 도서 종류를 선택							
4		1								
5										
6		고객	종류1	종류2	종류3	종류4	종류5	종류6	종류7	종류8
7		1그룹	1	1	1	0	0	1	0	0
8		1그룹	1	0	1	1	0	0	1	0
9		1그룹	1	1	1	1	1	1	1	1
45		1그룹	1	0	0	0	1	1	0	0
46		1그룹	1	1	1	0	1	0	1	0
47										

❸ 이번에는 [K3] 셀을 '종류2'로 바꾸고, 고급 필터를 사용하여 종류2 도서를 구입한 적이 있는 레코드만 [K47] 셀부터 나타낸 후, 고객 번호를 '2그룹'으로 변경하시오.
[K3] 셀을 '종류3'~'종류8'까지 바꾸어 이 과정을 반복하면 그림과 같은 중간 결과를 얻는다.
이후 [47], [78], [113] 행과 같이 반복된 필드명을 제거하시오.

		고객	종류1	종류2	종류3	종류4	종류5	종류6	종류7	종류8
6		고객	종류1	종류2	종류3	종류4	종류5	종류6	종류7	종류8
7		1그룹	1	1	1	0	0	1	0	0
8		1그룹	1	0	1	1	0	0	1	0
9		1그룹	1	1	1	1	1	1	1	1
45		1그룹	1	0	0	0	1	1	0	0
46		1그룹	1	1	1	0	1	0	1	0
47		고객	종류1	종류2	종류3	종류4	종류5	종류6	종류7	종류8
48		2그룹	1	1	1	0	0	1	0	0
49		2그룹	1	1	1	1	1	1	1	1
77		2그룹	1	1	1	0	1	0	1	0
78		고객	종류1	종류2	종류3	종류4	종류5	종류6	종류7	종류8
79		3그룹	1	1	1	0	0	1	0	0
80		3그룹	1	0	1	1	0	0	1	0
112		3그룹	1	1	1	0	1	0	1	0
113		고객	종류1	종류2	종류3	종류4	종류5	종류6	종류7	종류8
114		4그룹	1	0	1	1	0	0	1	0
115		4그룹	1	1	1	1	1	1	1	1
169		6그룹	1	0	0	0	1	1	0	0
170		고객	종류1	종류2	종류3	종류4	종류5	종류6	종류7	종류8
171		7그룹	1	0	1	1	0	0	1	0
174		7그룹	1	1	1	0	1	0	1	0
175		고객	종류1	종류2	종류3	종류4	종류5	종류6	종류7	종류8
176		8그룹	1	1	1	1	1	1	1	1
177		8그룹	1	0	0	1	1	1	0	1

03

'성적' 시트에는 학생 40명의 중간, 기말, 평균 점수가 저장되어 있다. 기말고사 점수가 더 높아진 학생들과 더 낮아진 학생들의 전체 평균을 DAVERAGE 함수를 이용하여 구해서 비교해보자. DAVERAGE 함수에서 사용할 조건은 ❶과 ❸에 직접 작성한다.

	A	B	C	D	E	F	G	H	I	J	K
1	이름	중간	기말	총점		기말 향상자			기말 저하자		
2	신*균	36	37	36.5							
3	한*우	18	18	18.0			총점 평균			총점 평균	
4	이*원	36	31	33.5			60.3			50.2	
5	박*희	32	35	33.5		❶	❷		❸	❹	
6	조*현	24	32	28.0							
7	최*옥	30	30	30.0							
8	윤*연	31	30	30.5							
9	윤*애	17	14	15.5							
10	한*민	33	29	31.0							

04 'DB함수' 시트의 카드 이용 내역 중 쇼핑, 주유, 통신 세 가지를 조합하여 해당 내역의 가맹점명과 금액만 추출한 후, DB 함수를 이용하여 같은 조건으로 총 이용 건수, 총 이용액, 평균 이용액을 구해보자. 그리고 특정 월별 총 이용액도 구해 보자.

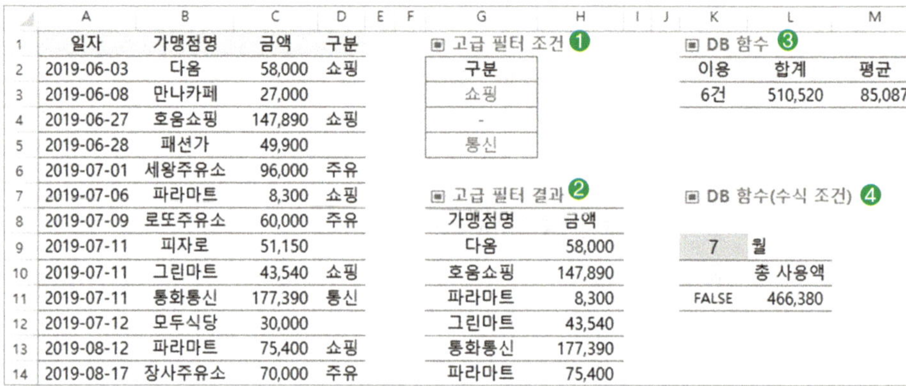

❶ 쇼핑, 주유, 통신 세 가지를 조합하여 이용 내역을 필터링하기 위한 고급 필터 조건표를 작성하시오. 이용 내역은 쇼핑, 주유, 통신 세 가지만 구분하여 입력한다고 가정하여 [G3:G5] 범위에는 '쇼핑, 주유, 통신, –'만 유효하도록 설정하시오. '–'를 사용하는 이유는 [G3:G5] 셀 중 하나라도 비어 있다면 조건이 없는 것이 되어 모든 레코드가 선택되기 때문이다. 그러므로 주유 내역을 추출하지 않을 때는 그림과 같이 '–'로 지정해야 한다.

❷ 필터 조건에 맞는 내역 중 가맹점명과 금액 정보만 [G8] 셀부터 표시하시오.

❸ 고급 필터 조건에 맞는 이용 건수, 이용 금액의 합계, 평균 이용 금액을 구하시오.

❹ [K9] 셀에 월을 입력하면 [L11] 셀에 해당 월의 총 이용액이 나타나도록 DSUM 함수를 작성하시오. (수식을 조건으로 사용할 때는 [K10] 셀에 데이터베이스의 기존 필드 이름을 사용할 수 없다. 수식에서 [K9] 셀을 참조할 때는 절대 참조여야 한다.)

❺ 다음 그림을 참고하여 필터링과 DB 함수 결과가 바르게 나오는지 확인하시오.

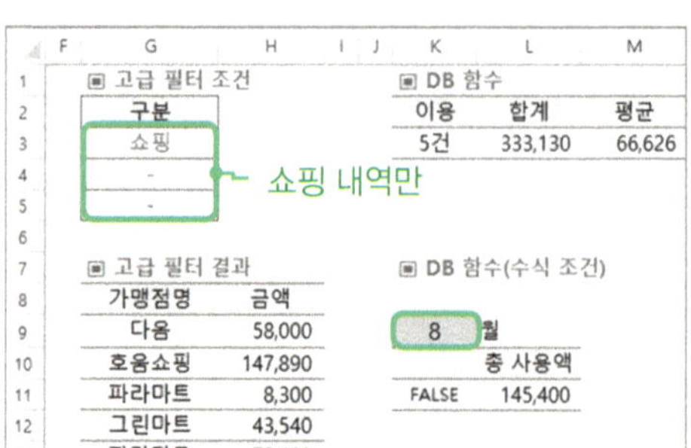

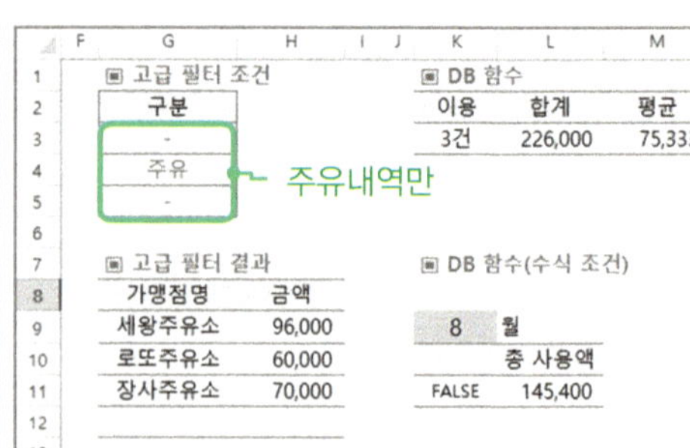

05

데이터 마이닝

5.1 부분합을 이용하여 그룹 데이터 처리 및 요약 보고서 만들기

5.2 피벗 테이블을 이용한 데이터 집계 및 분석

5.1 부분합을 이용하여 그룹 데이터 처리 및 요약 보고서 만들기

데이터 분석을 위해서는 기존 데이터를 직접적으로 처리하기도 하지만 분석에 필요한 새로운 데이터를 얻기 위해 중간 처리 과정이 필요하기도 하다. 필터링 기능은 이러한 중간 처리 과정 중 하나로 기존 데이터로부터 필요한 데이터만 일부분 추출할 때 편리한 기능이며, 데이터베이스 함수를 사용하면 조건에 맞는 데이터를 추출한 후 평균, 합계, 표준편차와 같은 분석에 필요한 정보까지 곧바로 구할 수 있으므로 데이터 마이닝 과정에서 활용할 수 있다.

데이터 마이닝은 전적으로 데이터에 기반을 두고 분석이나 예측에 활용할 수 있는 의미 있는 패턴, 규칙, 상관관계를 찾기 위해 특별한 정보를 추출하는 과정이다. 3.1절에서는 고객의 도서 구입 정보로부터 도서 종류 간의 상관관계를 이용하여 고객에게 추천할 도서 목록을 구하기 위해 그리고 온라인 주문 내역으로부터 요일과 주문 간의 상관관계를 구하기 위해 엑셀의 함수를 활용하는 방법을 소개하였는데 이 또한 데이터 마이닝으로 볼 수 있다.

데이터 마이닝을 통해 온라인 의류 구입자들의 요일별 주문 건수를 분석하거나, 식품 구매 코너에서 토마토를 구입한 고객들이 상추와 콩도 같이 구매한다는 특징을 찾아내거나, 블로그, 게시판, 영화 후기 등의 텍스트로부터 소비자들의 반응이나 입소문 등을 분석해낼 수 있다. 엑셀에서는 이 장에서 소개하는 부분합과 피벗 테이블 기능을 이용하여 데이터 마이닝 작업을 할 수 있다.

이 절에서 소개할 부분합은 4.3절에서 소개한 자동 필터 기능을 포함하고 있을 뿐만 아니라, SUMIF(S), AVERAGEIF(S), COUNTIF(S)와 같은 함수를 이용하지 않고도 분석에 활용할 최종 결과 또는 분석하는 데 필요한 중간 처리 결과를 편리하게 얻을 수 있다.

'부분합' 이름의 '부분'은 전체 데이터 중 학년별, 직업별과 같이 같은 그룹에 속한 부분적인 데이터별로 특정 값을 구하기 때문에, 그리고 '합'은 주로 그룹별 합계를 구하는 데 자주 사용하기 때문에 붙여진 것일 뿐, 합계뿐만 아니라 평균, 개수, 최대, 표준편차 등 다양한 값을 구할 수 있다.

[그림 5-1]은 3.1절에서 사용한 온라인 주문 내역 중 6월 1일부터 28일까지의 4주 동안의 데이터로부터, 부분합 기능을 이용하여 요일별 분류별 총 주문 건수를 구한 후, 이 정보를 차트로 표현하여 요일과 주문 건수와의 관계를 분석하는 과정을 보여준다.

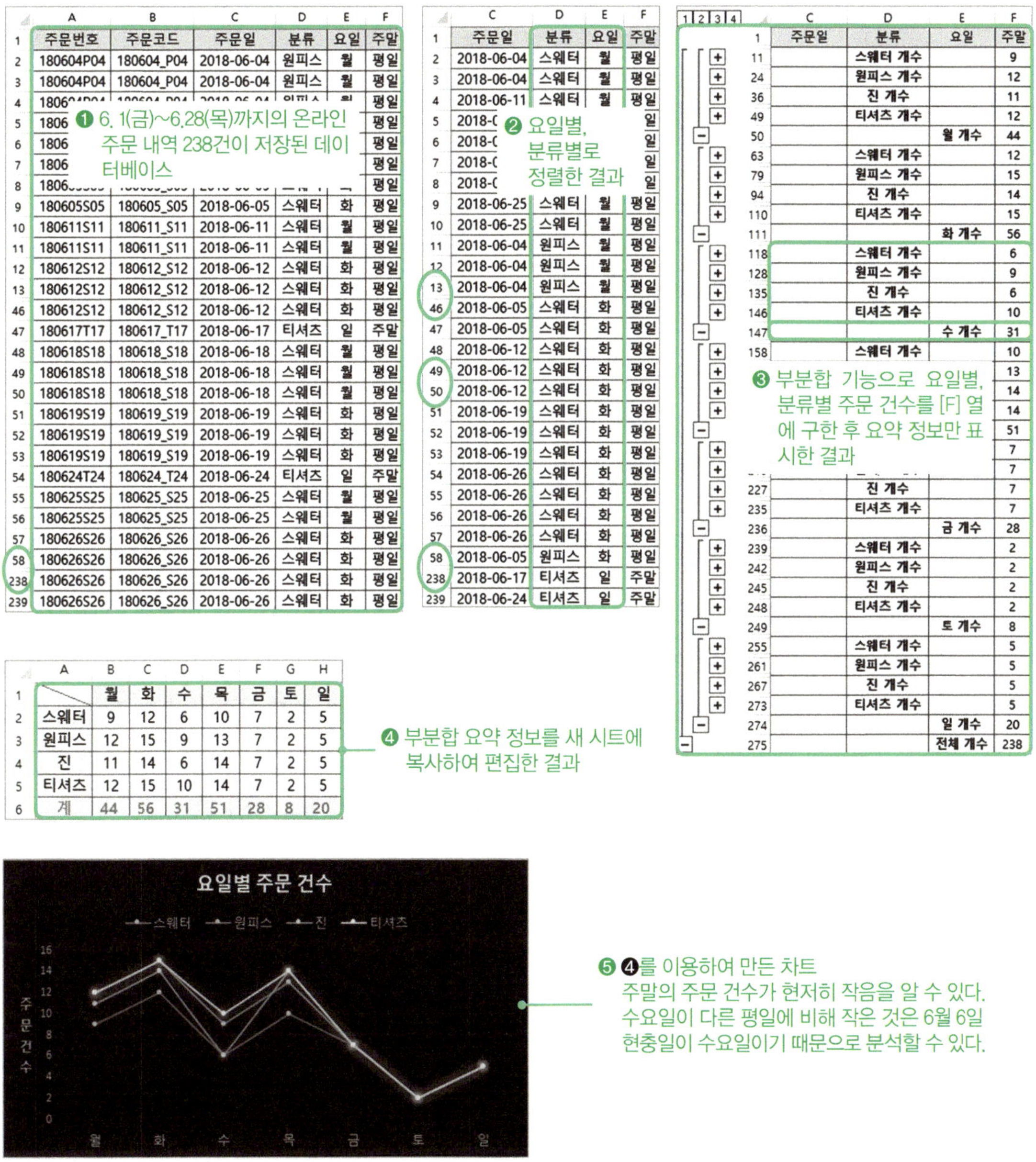

그림 5-1 온라인 주문 내역으로부터 요일과 주문 건수 간의 관계 분석하기

[그림 5-1]의 ❷에서 볼 수 있듯이 부분합 기능을 제대로 사용하려면 목적에 맞게 레코드를 그룹화해야 하므로 정렬 작업이 우선되는 것이 대부분이다. 그룹화란 같은 학년, 같은 성별, 같은 요일, 같은 품목끼리 레코드가 연속해서 나타나게 하는 것으로 정렬로 해결할 수 있다.

그룹화가 필요한 이유는 [그림 5-2]와 같은 잘못된 부분합을 구하지 않기 위해서이다.

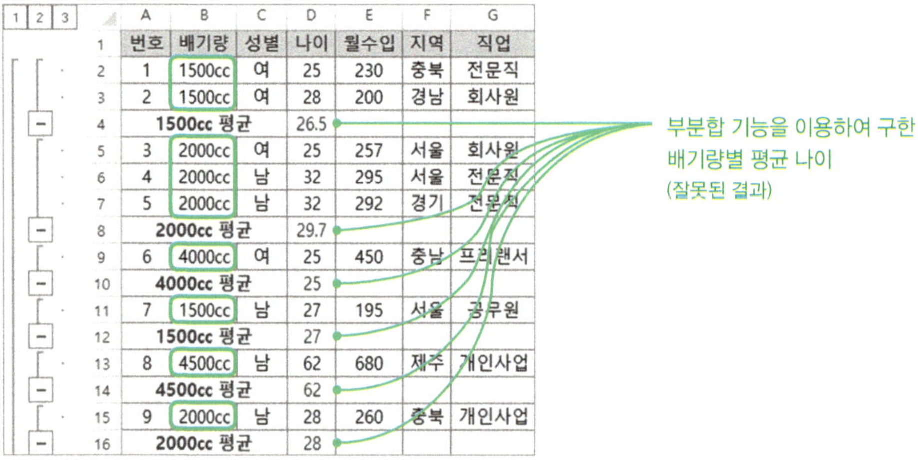

그림 5-2 배기량별 차주의 평균 나이를 구할 때 부분합 기능을 잘못 사용한 예

[그림 5-2]에서 그룹화할 필드가 배기량일 때 "1500cc"가 계속 나타나다가 세 번째에 다른 배기량 "2000cc"가 나타난다. 이때 엑셀은 배기량이 "1500cc"인 지금까지의 두 레코드를 하나의 그룹으로 인식하고 요약 정보로 평균 나이 26.5를 구하여 표시한다. 그러므로 모든 "1500cc" 차주의 평균 나이를 제대로 구하려면 배기량이 "1500cc"인 레코드들이 연속으로 모여 있어야 한다. 이처럼 부분합 기능을 사용할 때는 목적에 맞게 그룹화하기 위해 정렬 작업부터 제대로 해야 한다.

예제 5-1

차주 100명의 데이터가 있을 때 자동차 배기량별 차주의 평균 나이와 월수입을, 그리고 같은 배기량끼리는 성별 평균 월수입을 부분합 기능을 이용하여 구한 후 분석 결과 표를 새 시트에 작성해 보자.

준비시트 ch5_1.xlsx '차주 정보' 시트

완성시트

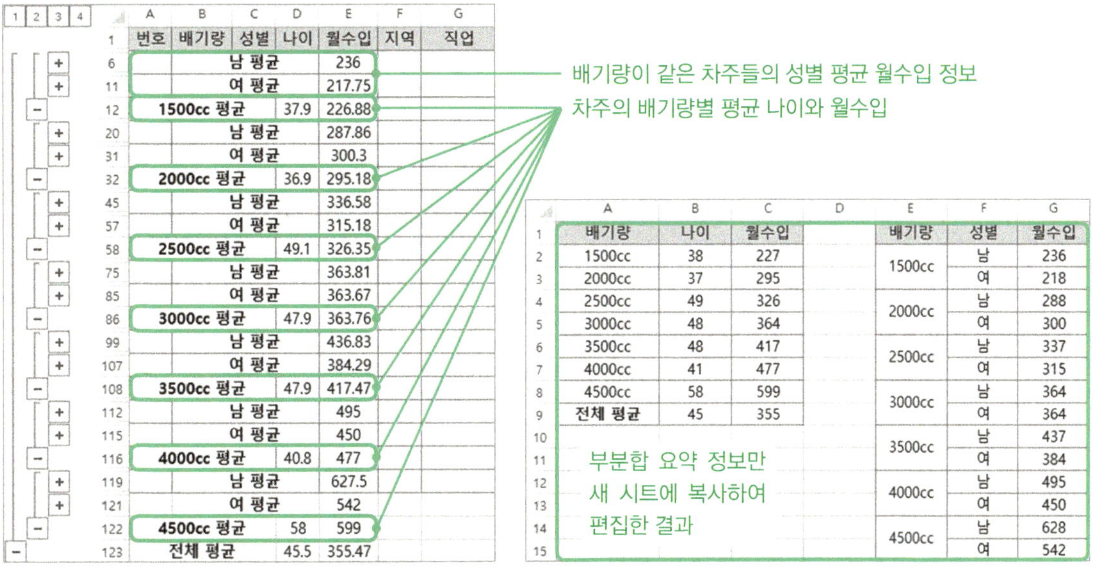

01 정렬을 통해 부분합을 구할 필드를 그룹화하기

자동차 배기량별로 나이와 월수입의 평균을 구하려면 우선 같은 배기량끼리 그룹이 되도록 레코드를 정렬해야 한다. 그런데 배기량이 같은 경우에는 성별로 인원수와 평균 월수입을 구해야 한다. 그러므로 배기량이 같으면 성별로 그룹이 되도록 정렬한다.

❶ 데이터베이스 안에 셀 포인터를 두고 ❷ [데이터] 탭–[정렬 및 필터] 그룹–[정렬]을 클릭한 후 ❸ 정렬 기준을 설정한 다음 ❹ [확인]을 클릭한다.

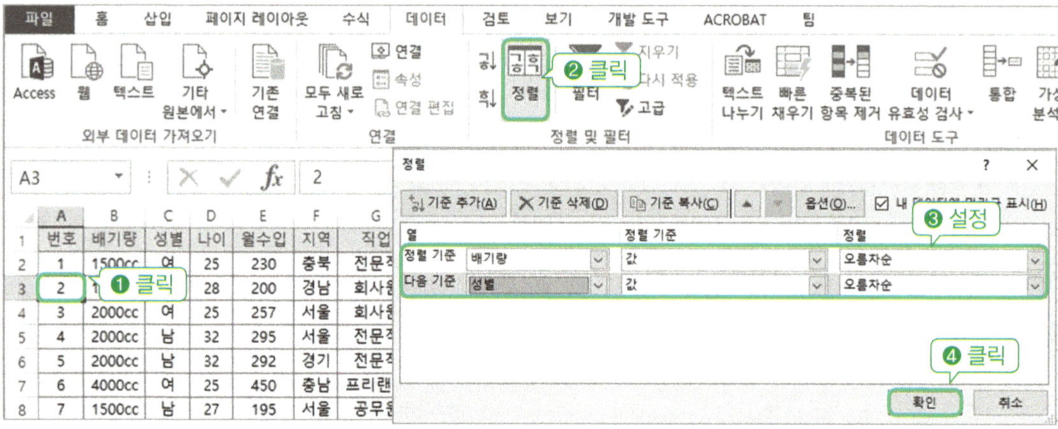

	A	B	C	D	E	F	G
1	번호	배기량	성별	나이	월수입	지역	직업
2	7	1500cc	남	27	195	서울	공무원
3	11	1500cc	남	29	217	경북	회사원
4	25	1500cc	남	35	267	인천	전문직
5	92	1500cc	남	65	265	전남	개인사업
6	1	1500cc	여	25	230	충북	전문직
7	2	1500cc	여	28	200	경남	회사원
8	39	1500cc	여	40	249	인천	공무원
9	73	1500cc	여	54	192	충북	프리랜서
10	4	2000cc	남	32	295	서울	전문직

02 첫 번째 부분합 구하기: 배기량별로 그룹화하여 나이와 월수입의 평균 구하기

배기량과 성별 중 배기량이 더 큰 그룹이므로 배기량별 부분합부터 먼저 구해야 한다. ❶ 데이터베이스 안의 임의의 셀을 선택한 후 ❷ [데이터] 탭–[윤곽선] 그룹–[부분합]을 클릭한 후 ❸~❺ [부분합] 대화상자에서 부분합을 구할 내용을 선택한 후 ❻ [확인]을 클릭한다.

[그룹화할 항목]에는 같은 값끼리 그룹화할 필드를 지정한다. 여기서는 배기량별로 그룹화하므로 '배기량' 필드를 선택한다. [부분합 계산 항목]은 같은 배기량끼리 실제로 합계, 평균, 최댓값 등을 구할 필드를, [사용할 함수]에는 부분합 계산 항목에서 선택한 필드에 대해 구하고 싶은 값의 종류를 지정한다. 그러므로 현재의 설정은 배기량별 나이와 월수입의 평균을 구하는 것이 된다.

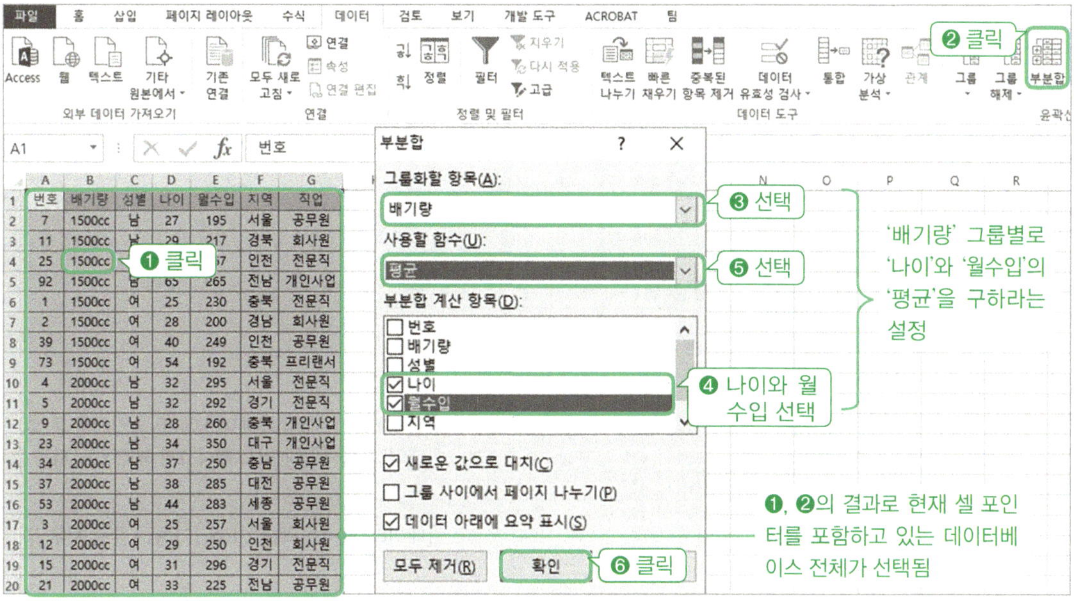

부분합을 구하면 데이터베이스 안에 그룹별로 부분합 요약 정보가 추가되고, 행 머리글 왼쪽에는 윤곽선이 생긴다. 이 윤곽선 기호는 추가된 부분합 요약 정보만 표시하거나 필요 없는 요약을 숨기거나 다시 표시하는 데 사용한다.

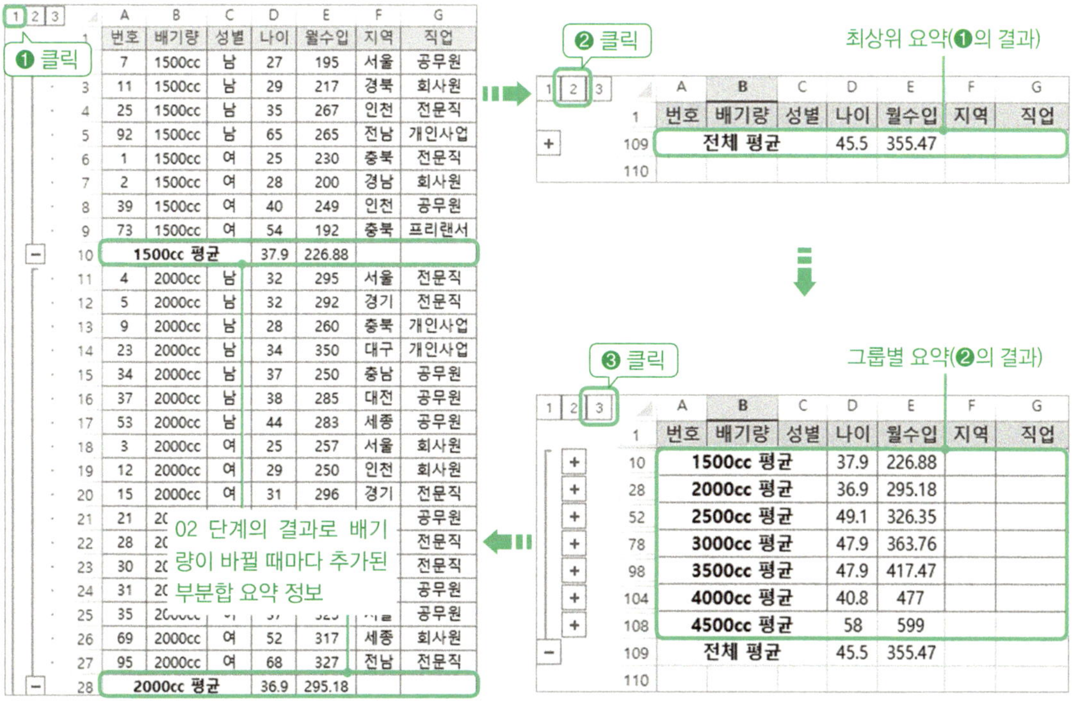

윤곽선의 ⊞는 해당 그룹의 레코드를 숨긴 상태임을 표시하며, ⊞를 클릭하면 ⊟로 변하며 하위 수준의 내용이 표시된다. 반대로 ⊟를 클릭하면 ⊞로 변하며 요약 정보만 표시된다.

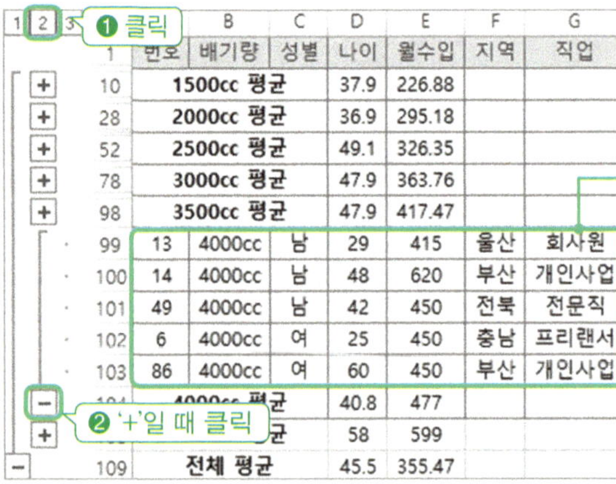

❸ [104] 행의 4000cc 그룹에 속한 레코드가 표시된다.

- 윤곽선 보기 : 데이터베이스에 셀 포인터를 둔 후, [데이터] 탭–[윤곽선] 그룹–[그룹 해제▼]–[자동 윤곽]
- 윤곽선 지우기 : [데이터] 탭–[윤곽선] 그룹–[그룹]–[윤곽 지우기]

03 두 번째 부분합 구하기: 같은 배기량 차주들을 남과 여로 구분하여 평균 월수입 구하기

부분합 기능의 원리를 제대로 이해하고 있으면 이미 부분합 요약이 포함된 상태에서 또 다른 부분합 요약을 구할 수 있다. 부분합을 중첩하여 구하는 것이다. 현재 배기량별 요약 정보가 있는 상태에서 같은 배기량 그룹 안에서 성별로 그룹화하여 평균 월수입을 구해 보자.

이미 01 과정에서 최종 부분합 결과를 제대로 구할 수 있도록 배기량별로 그리고 같은 배기량이면 성별로 그룹화되도록 정렬을 했기 때문에 원하는 결과를 제대로 얻을 수 있음을 기억해야 한다. 제대로 정렬을 하지 않았다면 모든 부분합을 제거하고 01 단계에서처럼 제대로 그룹화되도록 정렬부터 다시 한 후 부분합을 중첩으로 구해야 한다.

❶ 데이터베이스 안의 임의의 셀에서 ❷ [데이터] 탭–[윤곽선] 그룹–[부분합]을 클릭한 후 ❸~❺ 부분합을 구할 내용을 선택한 후 ❻ [새로운 값으로 대치]의 체크를 해제한 다음 ❼ [확인]을 클릭한다.

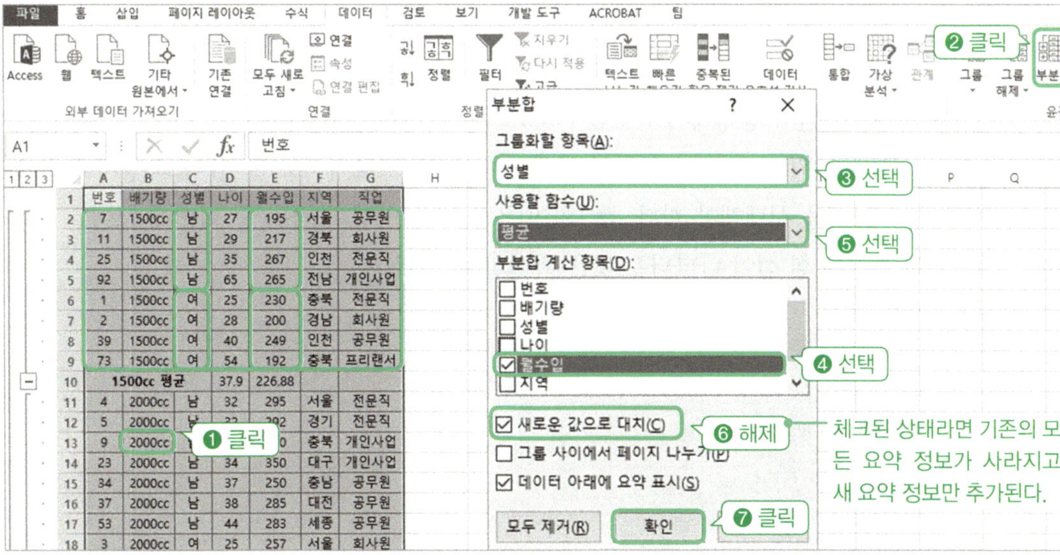

04 화면에 보이는 요약 정보만 새 시트에 복사하기

앞서 구한 차 배기량과 성별에 따른 평균 나이와 월수입 정보를 표 형식으로 정리하기 위해 요약 정보만 새 시트에 복사해 보자. ❶ 요약 정보만 나타나도록 윤곽선의 3을 클릭한다.

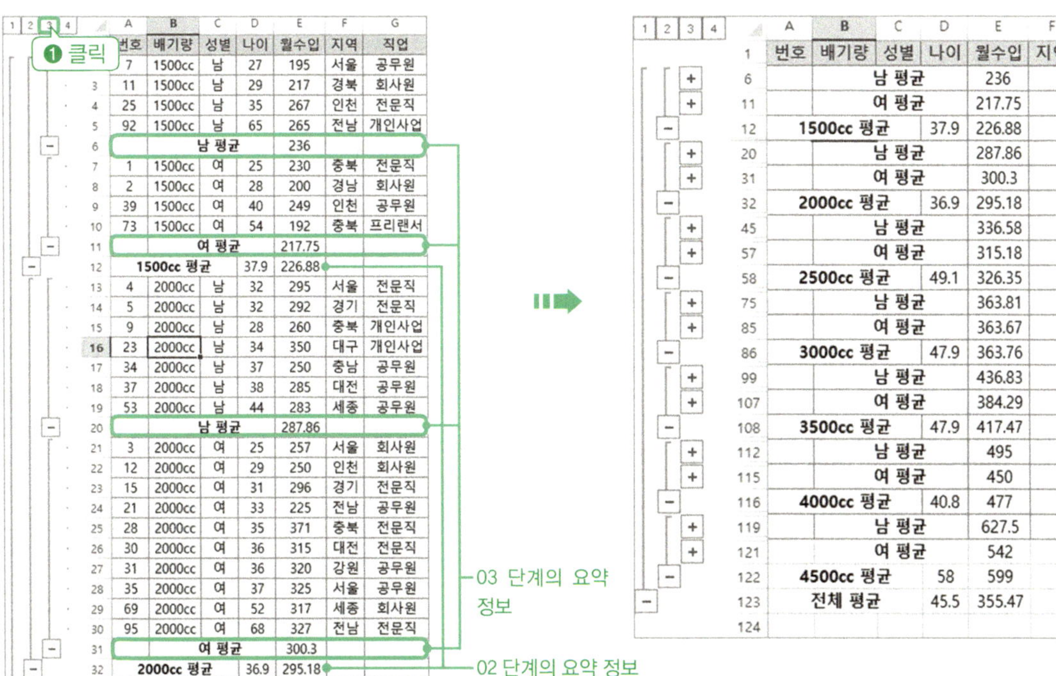

화면에 보이는 요약 정보만 복사하려면 메뉴를 이용하여 화면에 보이는 셀만 선택하는 과정이 필요하다. ❶ 복사할 범위를 선택한 후 ❷ [홈] 탭–[편집] 그룹–[찾기 및 선택 ▼]–[이동 옵션]을 클릭한다. ❸ 현재 상태에서 〈Ctrl〉+〈C〉 키로 복사하면 [1]과 [6] 행 사이, [12]와 [20] 행 사이처럼 선택 범위 안에 숨겨진 행의 내용까지 복사되므로, [이동 옵션] 대화 상자에서 [화면에 보이는 셀만]을 선택해야 한다. ❹ [확인]을 클릭하면 선택 범위 중 화면에 보이는 부분만 선택되어 중간에 흰 선이 나타나는 것을 확인할 수 있다.

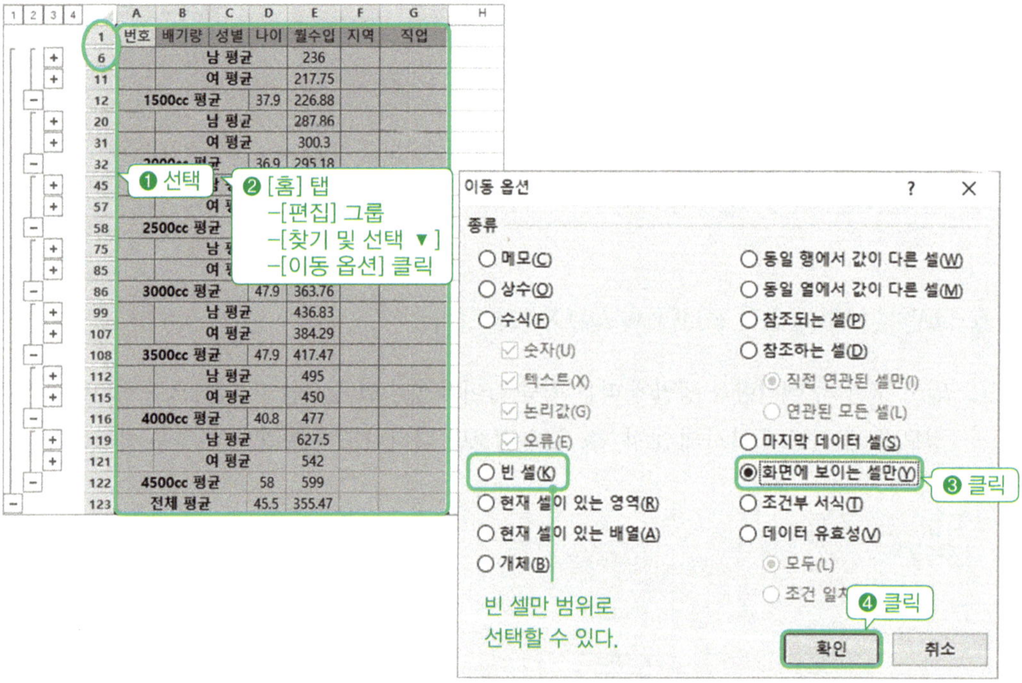

지금까지의 작업 결과는 설정한 범위 중 현재 화면에 보이는 부분만 범위로 선택한 상태로, 아직 이 범위의 내용을 복사한 상태가 아니므로 ❶ 〈Ctrl〉+〈C〉 키를 눌러야 선택 범위 내용이 복사된다. 〈Ctrl〉+〈C〉 키를 누르면 분리된 범위별로 애니메이션 테두리가 나타난다. ❷ 시트 이름 탭 옆의 ⊕를 클릭하여 새 시트를 만든 후 ❸ 새 시트에서 〈Ctrl〉+〈V〉 키를 눌러 붙여넣는다. ❺ 편집을 통해 원하는 형태로 표를 만든다.

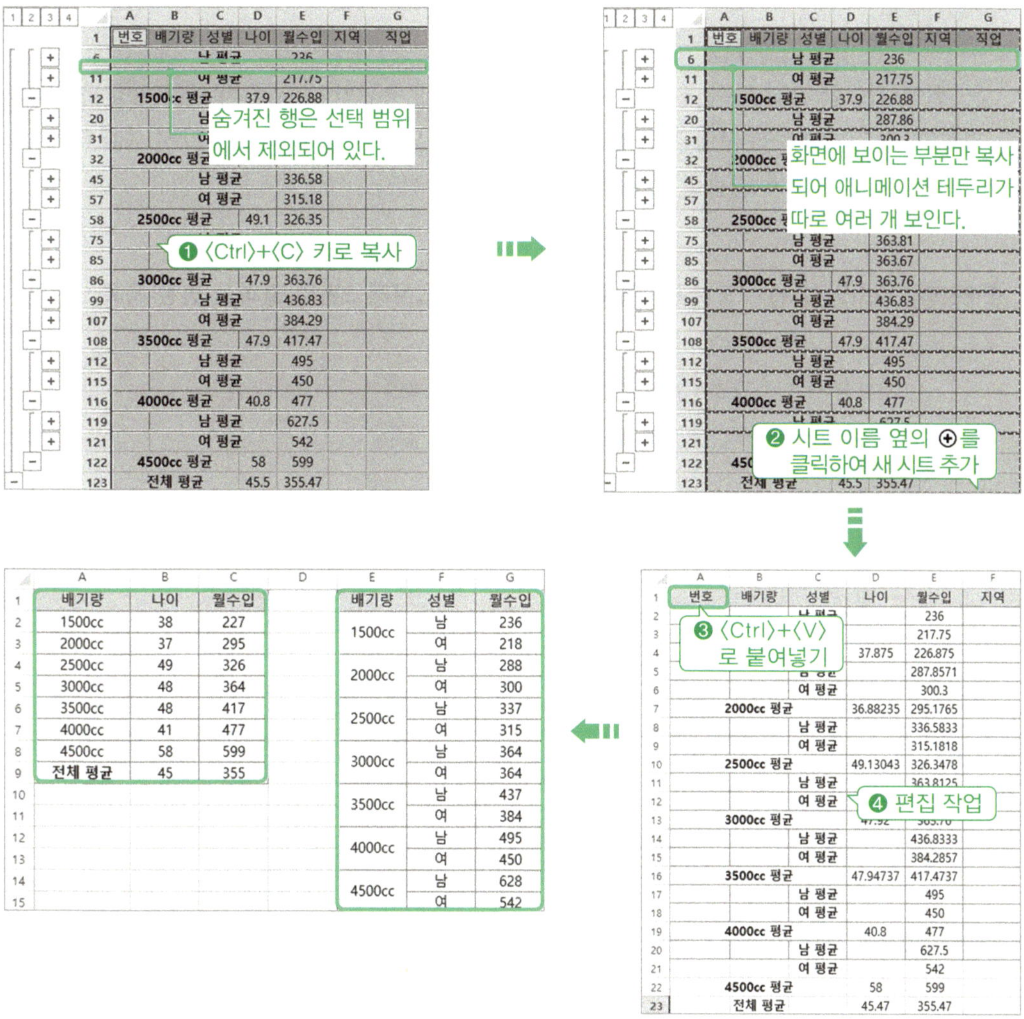

Tip 화면에 보이는 셀만 선택하는 옵션은 행이나 열을 숨긴 상태에서 숨긴 부분을 복사 대상에서 제외할 때도 유용하게 사용할 수 있다. 범위를 선택한 후 〈Alt〉+〈;〉 단축키를 누르면 화면에 보이는 셀만 선택된 상태가 된다.

예제 5-2

3.1절에서는 한 가지 도서 종류에 대해서만 고객에게 추천할 다른 도서 종류를 찾는 방법을 살펴보았다. 이번에는 부분합 기능을 이용하여, 모든 도서 종류별로 다른 도서 종류와의 연관성을 분석할 수 있도록 연관성 값을 백분율로 표시해 보자.

준비시트 ch5_1.xlsx '도서구입목록' 시트: 4.3 연습문제 2번의 결과로 얻은 목록

	A	B	C	D	E	F	G	H	I	J
1		⊙ 책 종류 간 연관성을 분석하기 위한 도서 구입 목록								
2										
3		그룹	종류1	종류2	종류3	종류4	종류5	종류6	종류7	종류8
4		1그룹	1	1	1	0	0	1	0	0
5		1그룹	1	0	1	1	0	0	1	0
42		1그룹	1	0	0	0	1	1	0	0
43		1그룹	1	1	1	0	1	0	1	0
44		2그룹	1	1	1	0	0	1	0	0
45		2그룹	1	1	1	1	1	1	1	1
72		2그룹	0	1	0	0	1	0	0	0
73		2그룹	1	1	1	0	1	0	1	0
74		3그룹	1	1	1	0	0	1	0	0
75		3그룹	1	0	1	1	0	0	1	0
105		3그룹	0	0	1	0	0	0	0	0
106		3그룹	1	0	1	0	0	0	0	0
107		3그룹	1	1	1	0	1	0	1	0
108		4그룹	1	0	1	1	0	0	1	0
109		4그룹	1	1	1	1	1	1	1	1

종류1 도서 구매자들의 정보

'그룹' 필드에 값이 있는 개수가 종류1 구입 구매자 수가 된다.

종류2 도서 구매자들의 정보

종류3 도서 구매자들의 정보

도서 종류별로 그룹화되어 있다.

완성시트 새 시트에 요약 정보를 복사하여 도서 종류 간 연관성을 수식으로 구한 결과

	A	B	C	D	E	F	G	H	I	J	K
1											
2				함께 구입한 도서 종류의 빈도수							
3		그룹	해당자	종류1	종류2	종류3	종류4	종류5	종류6	종류7	종류8
4		1그룹	40	40	17	22	10	11	17	3	2
5		2그룹	30	17	30	15	7	10	9	3	1
6		3그룹	34	22	15	34	8	8	9	4	1
7		4그룹	13	10	7	8	13	4	6	2	2
8		5그룹	18	11	10	8	4	18	8	3	2
9		6그룹	23	17	9	9	6	8	23	1	2
10		7그룹	4	3	3	4	2	3	1	4	1
11		8그룹	2	2	1	1	2	2	2	1	2

	L	M	N	O	P	Q	R	S	T	U
1										
2		도서 종류 간 연관성(백분율)								
3		그룹	종류1	종류2	종류3	종류4	종류5	종류6	종류7	종류8
4		1그룹	100.0%	42.5%	55.0%	25.0%	27.5%	42.5%	7.5%	5.0%
5		2그룹	56.7%	100.0%	50.0%	23.3%	33.3%	30.0%	10.0%	3.3%
6		3그룹	64.7%	44.1%	100.0%	23.5%	23.5%	26.5%	11.8%	2.9%
7		4그룹	76.9%	53.8%	61.5%	100.0%	30.8%	46.2%	15.4%	15.4%
8		5그룹	61.1%	55.6%	44.4%	22.2%	100.0%	44.4%	16.7%	11.1%
9		6그룹	73.9%	39.1%	39.1%	26.1%	34.8%	100.0%	4.3%	8.7%
10		7그룹	75.0%	75.0%	100.0%	50.0%	75.0%	25.0%	100.0%	25.0%
11		8그룹	100.0%	50.0%	50.0%	100.0%	100.0%	100.0%	50.0%	100.0%

- 첫 부분합 요약 정보
- 각 그룹 해당자 수: 1그룹이 40명이란 것은 도서 종류1을 구입한 적이 있는 구매자 수가 40명임을 의미한다.

- 두 번째 부분합 요약 정보
- 그룹마다 다른 종류의 도서를 같이 구매한 사람 수

왼쪽 부분합 요약 정보를 이용하여 도서 종류별 연관성을 백분율로 나타낸 결과

2그룹의 종류7과의 연관성: 도서 종류2를 구입한 2그룹 구매자 중 종류7의 도서도 구입한 구매자가 10%임을 의미한다.

01 도서 종류1부터 종류8까지 해당 종류의 책 구매자 수 구하기

4.3의 연습문제 2번에서 고급 필터 기능을 이용하여 만든 도서 종류별 구입 정보 목록은 이미 도서 종류별로(그룹별로) 레코드를 모아 둔 상태이므로 부분합을 구하기 위해 따로 정렬할 필요가 없다.

현재 '그룹' 필드가 정렬된 상태이므로 같은 그룹 안에서 '그룹' 필드에 값이 있는 개수를 구하든, '종류1' 필드의 개수를 구하든, 어떤 종류의 필드 값 개수를 구하든 같은 결과를 얻을 수 있다. 하지만 부분합 요약 정보를 이용하여 편집하는 작업을 쉽게 하도록 '그룹' 필드 아래에 그룹 요약 제목이, '종류1' 필드 아래에 구매자 수가 나타나도록 부분합을 구한다.

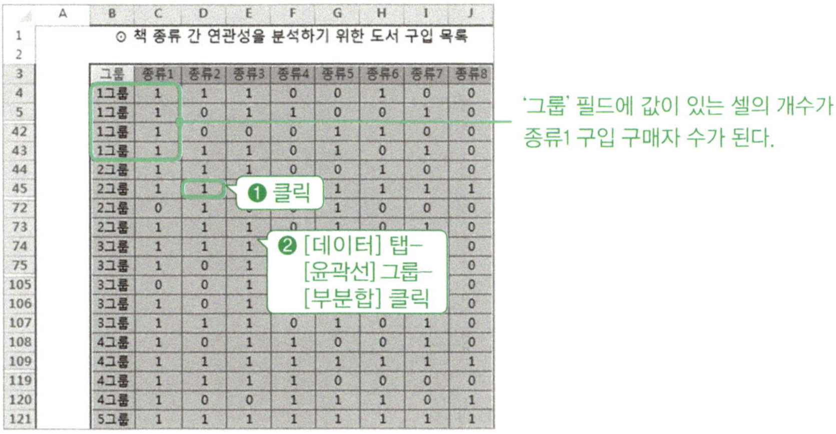

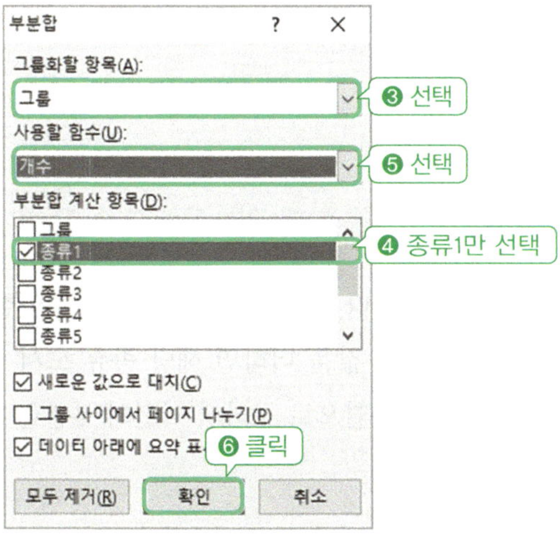

부분합 요약 정보만 복사하기 위해 ❶ 윤곽선의 [2]를 클릭한 후 ❷~❹ 현재 화면에 보이는 요약 정보만 복사한 다음 ❺~❻ ⊕(새 시트)를 클릭하여 새 시트를 추가한 다음 복사한 내용을 붙여 넣는다.

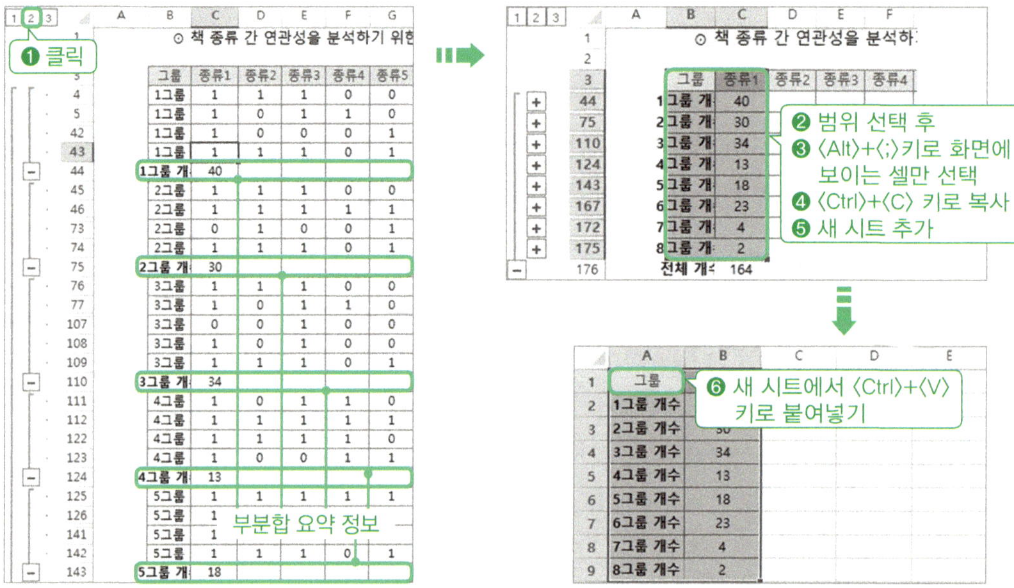

Tip '그룹' 필드로 그룹화하여 '그룹' 필드의 '개수'를 구해도 그룹별 구매자 총 수를 구할 수 있다. 하지만 그룹화할 필드와 계산할 항목 필드가 같으면 셀 하나에 요약과 함수 결과를 한꺼번에 표시할 수 없어 '그룹' 필드 왼쪽에 요약 글자가 나타난다.

02 두 번째 부분합 구하기: 도서 종류별로 다른 종류의 도서를 함께 구한 구매자 수 구하기

그룹별로 함께 구매한 다른 도서 종류의 수를 구해야 한다. 현재 도서 종류마다 구입한 적이 있다면 1이, 없다면 0이 입력되어 있다. 각 종류 필드의 값을 더하면 해당 종류 도서 구입자 수가 된다. 도서 그룹별로 도서 종류 필드 값의 합을 부분합으로 구하되 이전의 부분합 요약은 모두 제거한다.

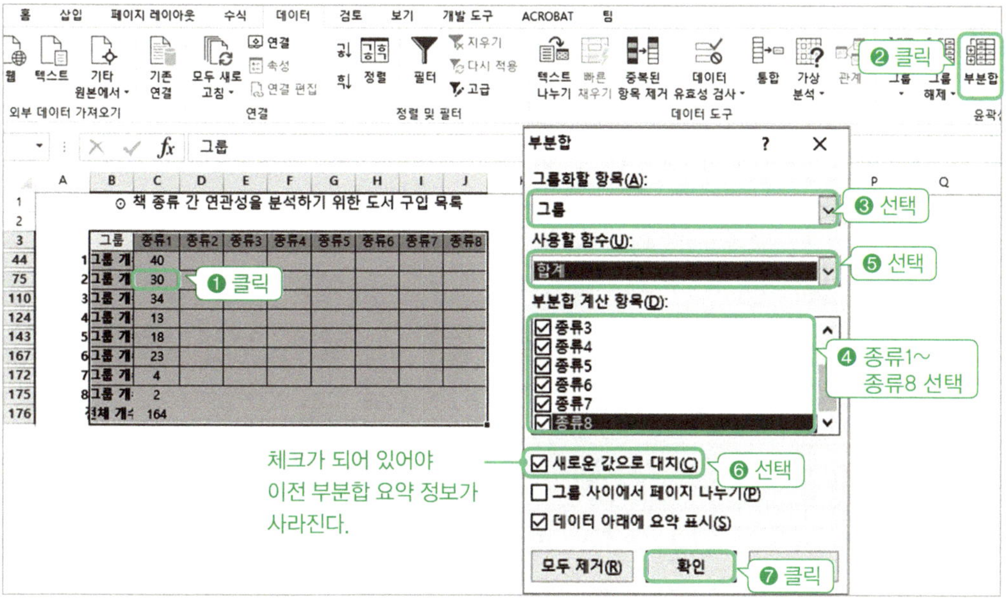

03 화면에 보이는 요약 정보만 이전에 추가한 시트에 복사하기

새로운 부분합 요약 정보만 복사하기 위해 ❶ 윤곽선의 [2]를 클릭한 후 ❷~❹ [C3:J175] 범위 중 현재 화면에 보이는 요약 정보만 복사한 다음 ❺ 01 단계에서 추가한 새 시트의 [C1] 셀에 복사한 내용을 붙여 넣는다.

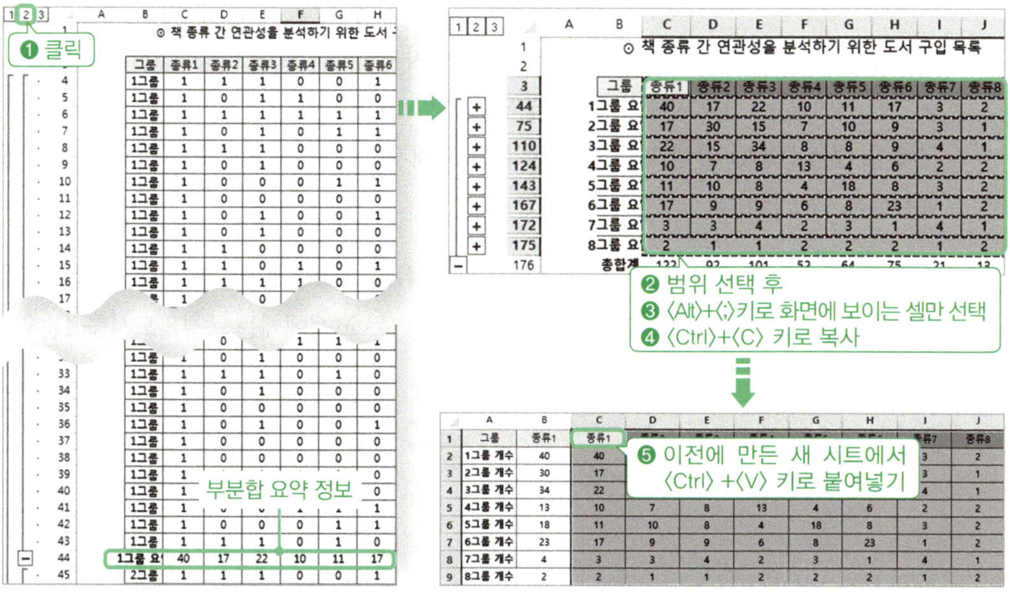

04 새 시트의 요약 정보를 편집한 후 도서 종류 간 연관성을 수식으로 구하기

❶ 복사한 요약 정보를 그림처럼 편집한 후 ❷ [M2:U11] 내용을 만든다. ❸ 수식을 입력할 [N4:U11] 범위부터 선택한 후 ❹ 수식 입력줄에서 수식 =D4/$C4를 입력한 후 ❺ 〈Ctrl〉+〈Enter〉 키를 눌러 수식을 범위 안의 모든 셀에 자동으로 채운다.

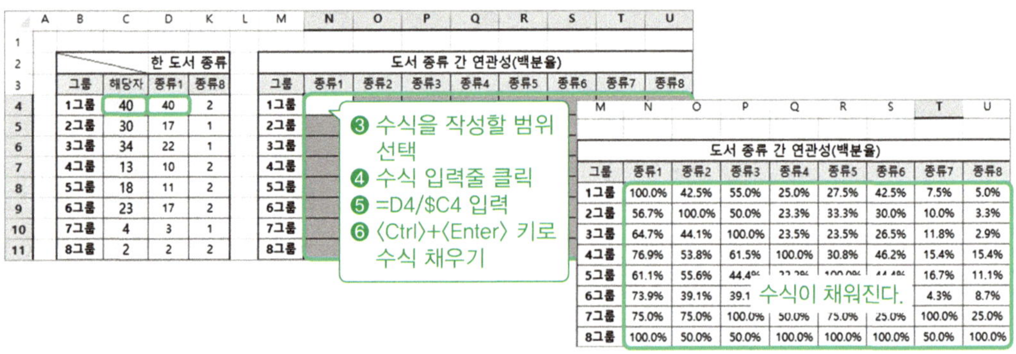

도서 종류 간 연관성을 백분율로 구하는 수식을 자세히 살펴보면 다음과 같다. 종류1의 도서를 구입한 적이 있는 전체 구매자 수는 [C] 열에 있다. 이 중 다른 종류의 도서도 구입한 적이 있는 구매자 수는 [D:K] 열에 있다. 종류1의 총 구매자([C4]) 중 종류2도 구입한 구매자([E4])의 백분율은 E4/C4이다.

이 분석 결과를 통해 종류1 도서 구매자들은 종류3 도서도 구입할 확률이 55%로 최고치임을 알게 되었으므로, 앞으로 종류1의 도서를 구입하려는 고객에게는 종류3 도서를 1순위로 추천하면 될 것이다.

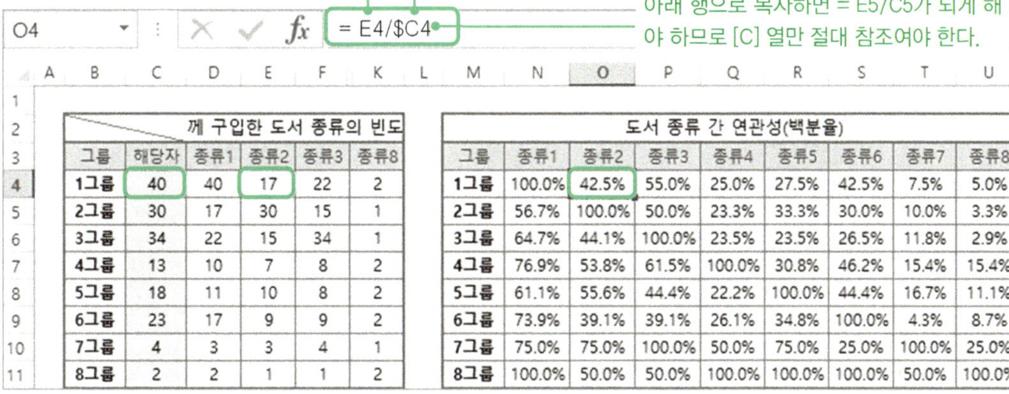

	께 구입한 도서 종류의 빈도				
그룹	해당자	종류1	종류2	종류3	종류8
1그룹	40	40	17	22	2
2그룹	30	17	30	15	1
3그룹	34	22	15	34	1
4그룹	13	10	7	8	2
5그룹	18	11	10	8	2
6그룹	23	17	9	9	2
7그룹	4	3	3	4	1
8그룹	2	2	1	1	2

도서 종류 간 연관성(백분율)								
그룹	종류1	종류2	종류3	종류4	종류5	종류6	종류7	종류8
1그룹	100.0%	42.5%	55.0%	25.0%	27.5%	42.5%	7.5%	5.0%
2그룹	56.7%	100.0%	50.0%	23.3%	33.3%	30.0%	10.0%	3.3%
3그룹	64.7%	44.1%	100.0%	23.5%	23.5%	26.5%	11.8%	2.9%
4그룹	76.9%	53.8%	61.5%	100.0%	30.8%	46.2%	15.4%	15.4%
5그룹	61.1%	55.6%	44.4%	22.2%	100.0%	44.4%	16.7%	11.1%
6그룹	73.9%	39.1%	39.1%	26.1%	34.8%	100.0%	4.3%	8.7%
7그룹	75.0%	75.0%	100.0%	50.0%	75.0%	25.0%	100.0%	25.0%
8그룹	100.0%	50.0%	50.0%	100.0%	100.0%	100.0%	50.0%	100.0%

05 부분합의 수정과 제거

- 부분합 관련 기능은 〈Ctrl〉+〈Z〉 키를 이용한 실행 취소 및 〈Ctrl〉+〈Y〉 키를 이용한 재실행이 안 되는 것이 있으므로, 처음부터 정렬을 통한 그룹화나 [부분합] 대화상자의 설정을 계획대로 신중하게 작업하는 것이 좋다.

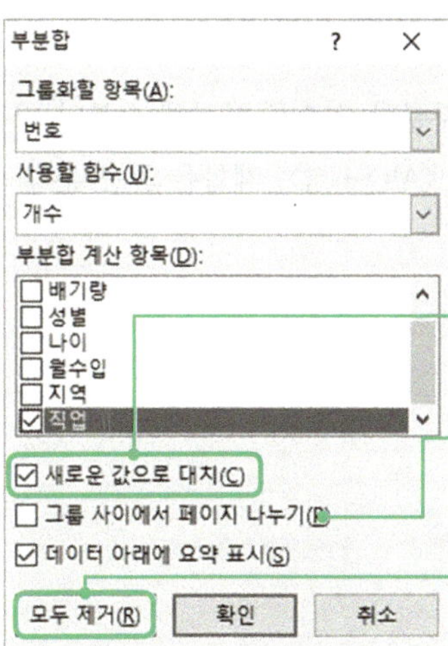

위에서 설정을 한 후 이곳에 체크를 하면 이전 부분합은 모두 제거되고 새로운 부분합 요약만 추가되므로 수정 효과를 얻을 수 있다.

그룹이 새로 바뀔 때마다 강제 페이지 나누기가 삽입되므로 인쇄하면 새 그룹마다 새 페이지에 출력된다.

모든 부분합을 제거한다.
부분합을 원하는 대로 만들지 못했다면 모두 제거한 후 새로 만들어야 할 수도 있다.

연습문제

'ch5_1_연습문제.xlsx' 통합 문서를 열어 다음 문제를 해결하시오.

01 '급여' 시트에서 부분합 기능을 이용하여 직급별 급여 평균을 구해 보자.

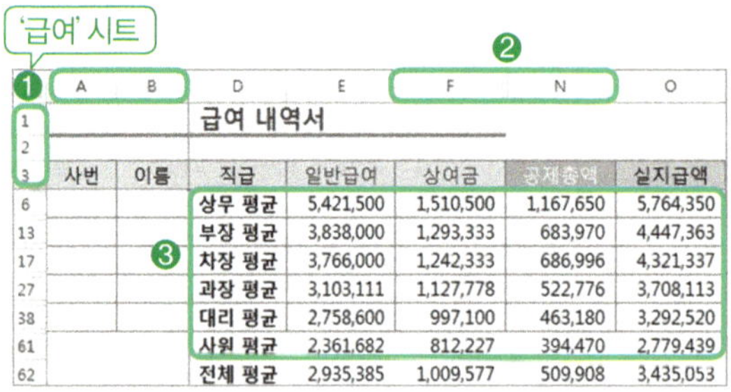

	A	B	D	E	F	N	O
3	사번	이름	직급	일반급여	상여금	공제총액	실지급액
6			상무 평균	5,421,500	1,510,500	1,167,650	5,764,350
13			부장 평균	3,838,000	1,293,333	683,970	4,447,363
17			차장 평균	3,766,000	1,242,333	686,996	4,321,337
27			과장 평균	3,103,111	1,127,778	522,776	3,708,113
38			대리 평균	2,758,600	997,100	463,180	3,292,520
61			사원 평균	2,361,682	812,227	394,470	2,779,439
62			전체 평균	2,935,385	1,009,577	509,908	3,435,053

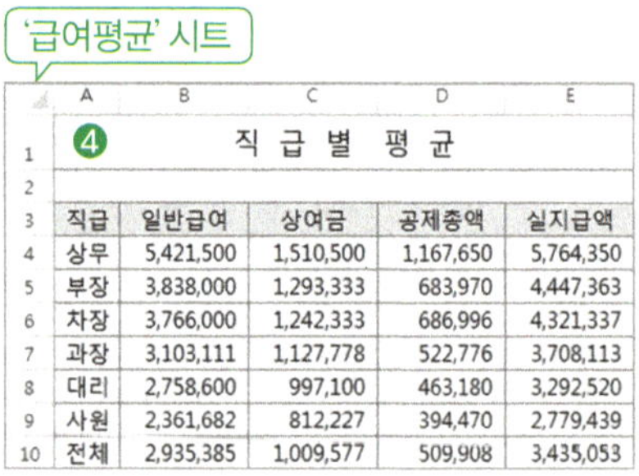

	A	B	C	D	E
3	직급	일반급여	상여금	공제총액	실지급액
4	상무	5,421,500	1,510,500	1,167,650	5,764,350
5	부장	3,838,000	1,293,333	683,970	4,447,363
6	차장	3,766,000	1,242,333	686,996	4,321,337
7	과장	3,103,111	1,127,778	522,776	3,708,113
8	대리	2,758,600	997,100	463,180	3,292,520
9	사원	2,361,682	812,227	394,470	2,779,439
10	전체	2,935,385	1,009,577	509,908	3,435,053

❶ [1:3] 행과 [A:B] 열까지가 항상 시트 화면에 나타나도록 틀 고정을 하시오. ([C4] 셀에서 [보기] 탭–[창] 그룹–[틀 고정 ▾]–[틀 고정]/[틀 고정 취소])

❷ [G:M] 열을 숨기시오. (현재 그림에서는 틀 고정 후 화면을 오른쪽으로 스크롤하여 [C] 열이 보이지 않는 상태이다.)

❸ 상무, 부장, 차장, 과장, 대리, 사원 순으로 직급별 일반급여, 상여금, 공제총액, 실지급액의 평균을 구한 후, 레코드 내용은 숨기고 부분합 요약만 나타내시오.

❹ 새 시트('급여평균')를 추가한 후, '급여' 시트의 부분합 결과를 복사해서 붙인 다음 그림과 같이 편집하시오. (화면에 보이는 셀만 선택: 〈Alt〉+〈;〉, 제목은 균등 분할–들여쓰기 7)

02 '설문조사' 시트의 설문조사 목록에서 후보 지지자들의 성별 인원수를 구한 후, 새 시트('설문결과' 시트)에서 분석표를 만들어보자.

'설문조사' 시트

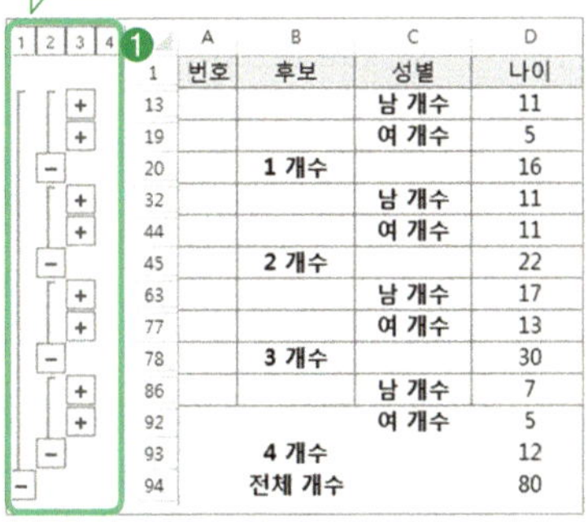

	A	B	C	D
1	번호	후보	성별	나이
13			남 개수	11
19			여 개수	5
20		1 개수		16
32			남 개수	11
44			여 개수	11
45		2 개수		22
63			남 개수	17
77			여 개수	13
78		3 개수		30
86			남 개수	7
92			여 개수	5
93		4 개수		12
94		전체 개수		80

'설문결과' 시트

	A	B	C
1	후보	성별	나이
2		남 개수	11
3		여 개수	5
4	1 개수		16
5		남 개수	11
6		여 개수	11
7	2 개수		22
8		남 개수	17
9		여 개수	13
10	3 개수		30
11		남 개수	7
12		여 개수	5
13	4 개수		12
14	전체 개수		80

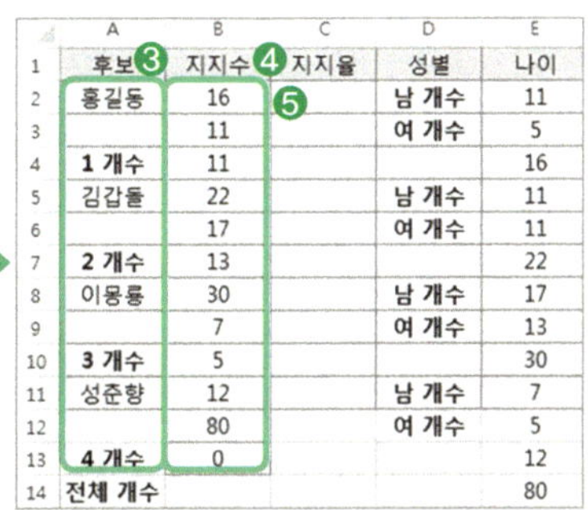

	A	B	C	D	E
1	후보	지지수	지지율	성별	나이
2	홍길동	16		남 개수	11
3		11		여 개수	5
4	1 개수	11			16
5	김갑돌	22		남 개수	11
6		17		여 개수	11
7	2 개수	13			22
8	이몽룡	30		남 개수	17
9		7		여 개수	13
10	3 개수	5			30
11	성춘향	12		남 개수	7
12		80		여 개수	5
13	4 개수	0			12
14	전체 개수				80

❶ 후보별로 지지자 수를 구한 후, 동일 후보의 지지자 중 성별 인원수도 구한 다음 부분합 요약만 남기시오. (편집 작업을 위해 나이 필드의 개수로 인원수를 구한다.)

❷ [B1:D94] 범위 중 현재 화면에 보이는 셀만 복사하여, 새 시트('설문결과' 시트)에 붙여 넣으시오. (화면에 보이는 셀만 선택: 〈Alt〉+〈;〉)

❸~❹ 후보 이름을 입력하고 [B:C] 열을 삽입한 후 '지지수'와 '지지율'을 입력하시오.

❺ [B2] 셀에 =E4 수식을 입력한 후 [B13] 셀까지 채우시오. 이후 필요 없는 [4], [7], [10], [13] 행을 바로 삭제하면 수식에서 참조 오류가 발생하므로, [B2:B13] 셀의 수식을 값으로 변경하시오. ([B2:B13] 범위 선택, 〈Ctrl〉+〈C〉 키로 복사, [B2] 셀에서 마우스 오른쪽 버튼 클릭, 팝업 메뉴 [붙여넣기 옵션]의 (값) 클릭)

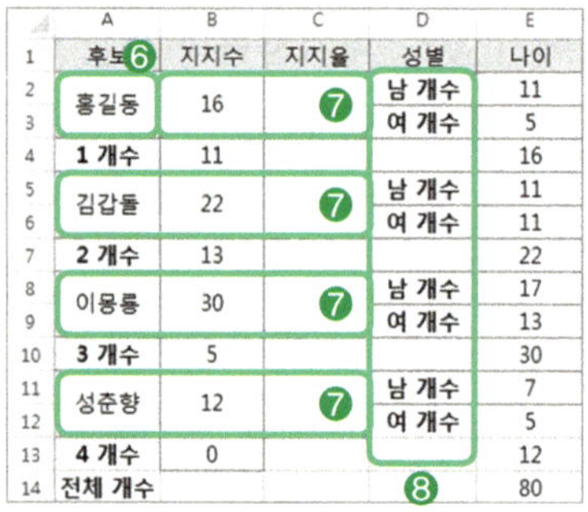

	A	B	C	D	E
1	후보	지지수	지지율	성별	나이
2	홍길동	16		남 개수	11
3				여 개수	5
4	1 개수	11			16
5	김갑돌	22		남 개수	11
6				여 개수	11
7	2 개수	13			22
8	이몽룡	30		남 개수	17
9				여 개수	13
10	3 개수	5			30
11	성춘향	12		남 개수	7
12				여 개수	5
13	4 개수	0			12
14	전체 개수				80

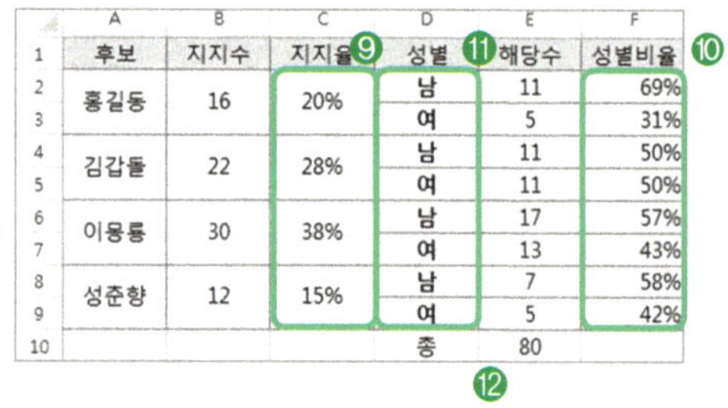

	A	B	C	D	E	F
1	후보	지지수	지지율	성별	해당수	성별비율
2	홍길동	16	20%	남	11	69%
3				여	5	31%
4	김갑돌	22	28%	남	11	50%
5				여	11	50%
6	이몽룡	30	38%	남	17	57%
7				여	13	43%
8	성춘향	12	15%	남	7	58%
9				여	5	42%
10				총	80	

⑥ 후보자 이름이 병합된 [A2:A3] 셀에 나타나게 하시오.

⑦ 홍길동 후보(⑥)의 셀 서식을 복사하여, 나머지 후보, 지지수, 지지율 셀들도 병합하고 가운데 맞춤이 되게 하시오. ([A2:A3] 범위 선택, [홈] 탭–[클립보드] 그룹–[서식 복사]를 더블클릭, [B2]부터 [C3] 셀까지 드래그하여 복사한 서식으로 바꾸기, 나머지 범위도 계속 드래그하여 복사한 서식으로 바꾸기)

⑧ 필요하지 않은 [4], [7], [10], [13] 행을 한꺼번에 제거해 보시오. ([D2:D13] 범위 선택, [홈] 탭–[편집] 그룹–[찾기 및 선택] 클릭, [이동 옵션] 대화 상자의 [빈 셀]을 선택 후 [확인] 클릭, [홈] 탭–[셀] 그룹–[삭제 ▾]–[시트 행 삭제] 클릭)

⑨ 지지율을 구하시오. ([C2] 셀: =B2/$E$10)

⑩ 후보자 각자에 대해 성별 비율을 구하시오. 성별 비율을 구할 때 [B] 열의 해당 후보 지지수가 병합된 셀이므로 [F2] 셀의 수식만 복사해서는 나머지 성별 비율을 구할 수 없다. 그러므로 [F2] 셀에는 =E2/B2, [F3] 셀에는 =E3/B2로 두 개의 셀에 다른 수식을 입력한 후, [F2:F3] 범위를 설정한 다음, 채우기 핸들을 [F9] 셀까지 드래그해서 두 셀의 수식을 복사하여 채운다.

⑪ [G] 열에서 빠른 채우기를 이용하여 성별의 '개수'가 없는 남과 여를 만든 후, 이 내용을 [D] 열에 값으로 붙여 넣고 [G] 열 내용은 지우시오.

⑫ 그림과 같이 셀 테두리를 설정하고 총 인원을 편집하시오.

03 '후원금' 시트의 목록에서 기수별 후원금 합계와 최고 후원금을 구한 후, 기수별 인원수도 구한 다음 2기의 레코드만 표시해 보자.

	A	B	C	D	E	F	G
1	순번	날짜	기수	이름	후원금	전화번호	주소
2	1	2019-03-21	1기	현명한	1,000,000	010-5229-7887	서울, 강남구
3	2	2019-03-21	3기	나원빈	300,000	010-5164-2854	서울, 강서구
4	3	2019-03-22	4기	장수인	300,000	010-2127-8478	울산, 남구
5	4	2019-03-27	1기	송주기	2,000,000	010-8431-0909	대구, 중구
6	5	2019-03-30	2기	태연희	1,000,000	010-9108-4955	서울, 마포구
7	6	2019-04-07	2기	강다원	500,000	010-1814-8853	부산, 영도구
8	7	2019-04-10	1기	서민국	500,000	010-5656-8282	서울, 양천구
9	8	2019-04-12	3기	장나리	2,000,000	010-9632-8745	인천, 연수구
10	9	2019-04-17	4기	이종식	1,000,000	010-3502-3121	인천, 계양구
11	10	2019-04-19	1기	최고수	3,000,000	010-6589-3254	서울, 은평구
12	11	2019-04-22	4기	유현빈	300,000	010-3812-6555	서울, 종로구
13	12	2019-04-24	3기	정가은	500,000	010-5125-4950	대전, 유성구
14	13	2019-04-29	1기	나태희	300,000	010-3930-2032	서울, 강서구
15	14	2019-05-07	2기	양요석	1,000,000	010-2328-7979	부산, 사상구
16	15	2019-05-13	1기	오선지	1,000,000	010-5027-1472	대구, 수성구
17	16	2019-05-16	2기	유하늘	3,000,000	010-3526-8975	서울, 강북구
18	17	2019-05-16	4기	문건영	500,000	010-3516-8975	서울, 강남구
19	18	2019-05-21	2기	홍수화	300,000	010-5229-7887	대구, 북구
20	19	2019-05-23	1기	이정치	1,000,000	010-3541-0555	서울, 종로구
21	20	2019-05-25	3기	구하리	2,000,000	010-9052-7488	서울, 관악구
22	21	2019-05-27	2기	이기자	500,000	010-3659-8432	서울, 중구
29	28	2019-06-06	1기	김해수	300,000	010-5698-3265	인천, 중구
30	29	2019-06-14	3기	하정유	1,000,000	010-5665-3545	서울, 강남구
31	30	2019-06-15	1기	박가을	2,000,000	010-2356-9878	서울, 송파구

❶

	A	B	C	D	E
1	순번	날짜	기수	이름	후원금
12			1기 개수	10	
13			1기 최대값		3,000,000
14			1기 요약		11,600,000
15	14	2019-03-30	2기	태연희	1,000,000
16	15	2019-04-07	2기	강다원	500,000
17	16	2019-05-07	2기	양요석	1,000,000
18	17	2019-05-16	2기	총회장 유하늘	3,000,000
19	18	2019-05-21	2기	홍수화	300,000
20	19	2019-05-27	2기	이기자	500,000
21	20	2019-05-31	2기	신명한	500,000
22	21	2019-06-03	2기	하가한	2,000,000
23			2기 개수	8	
24			2기 최대값		3,000,000
25			2기 요약		8,800,000
33			3기 개수	7	
34			3기 최대값		2,000,000
35			3기 요약		7,300,000
41			4기 개수	5	
42			4기 최대값		1,000,000
43			4기 요약		2,300,000
44			전체 개수	30	
45			전체 최대값		3,000,000
46			총합계		30,000,000

(메모: 유하늘)

❶~❷ 정렬 등의 작업으로 목록의 레코드 순서가 변해도 순번은 언제나 1, 2, 3 값이 되도록 수식을 작성한 후, [F:G] 열을 숨기시오. (순번은 ROW 함수를 이용하여 '=현재 셀의 행 번호 – '순번' 셀([A1])의 행 번호'로 구한다.)

❸~❹ 기수별 후원금의 합을 구한 후, 기수별 후원금의 최고액을 구하시오.

❺~❻ 기수별 인원수를 [D] 열에 구한 다음 2기의 레코드만 표시하시오.

❼ 윗주로 '총회장'을 표시하시오. (1) 윗주 입력: [D18] 셀 클릭, [홈] 탭–[글꼴] 그룹–내천(윗주 필드 표시/숨기기)의 ▼–[윗주 편집] 클릭, 총회장 입력 후 〈Enter〉 키, (2) 윗주 표시: [D18] 셀 클릭, [홈] 탭–[글꼴] 그룹–내천(윗주 필드 표시/숨기기)의 ▼–[윗주 필드 표시] 클릭

❽ 메모를 삽입하여 표시한 후 메모도 인쇄되도록 설정하시오. (1) 메모 삽입: [E24] 셀 클릭, 마우스 오른쪽 버튼 클릭 후 팝업 메뉴 [메모 삽입] 클릭, 메모 내용으로 '유하늘' 입력, (2) 메모 표시: 팝업 메뉴 [메모 표시/숨기기] 클릭, (3) 메모 인쇄: [파일] 탭–[인쇄]–[페이지 설정] 클릭, [페이지 설정] 대화 상자–[시트] 탭–[메모]를 '시트에 표시된 대로'로 설정

5.2 피벗 테이블을 이용한 데이터 집계 및 분석

피벗 테이블은 많은 양의 데이터를 빨리 요약할 때 사용할 수 있는 대화형 테이블이다. 즉 데이터베이스로부터 관련된 레코드의 특정 필드에 대한 합계, 평균, 최댓값과 같은 정보를 요약한 테이블이다. 테이블의 행과 열을 중심축으로 하여 원본 데이터를 다르게 요약하여 보거나, 다른 페이지를 표시하여 데이터를 필터링하거나, 관심 있는 영역의 하위 수준을 나타낼 때 사용되는 기능으로 피벗(Pivot)은 말 그대로 중심축을 의미한다. 피벗 테이블을 이용하면 데이터베이스의 필드를 다양하게 구성하여 데이터 집계표를 만들 수 있다.

피벗 테이블을 만들기 위해서는 데이터베이스의 임의의 셀을 선택한 후 [삽입] 탭–[표] 그룹–[피벗 테이블]을 클릭하여 피벗 테이블 보고서를 삽입할 수 있다. 피벗 테이블 대화 상자가 표시되면 표 또는 범위 선택이 맞는지 확인하고, 보고서를 넣을 위치로 새 워크시트 또는 기존(현재 사용 중인) 워크시트를 선택하고 [확인]을 클릭한다. 새 워크시트에 피벗 테이블을 삽입하면 'Sheet1'에 [피벗 테이블1] 보고서가 표시되며 피벗 테이블을 클릭하면 [피벗 테이블 필드] 작업창이 오른쪽에 표시된다. 피벗 테이블은 테이블의 각 영역을 이해하면 쉽게 만들 수 있다. 피벗 테이블은 [그림 5–2]와 같이 크게 필터, 행, 열, 값의 4개의 영역으로 표시되는데, 피벗 테이블 필드 작업창에서 보고서에 추가할 필드를 원하는 영역으로 드래그하여 끌어다 놓거나 체크하여 보고서를 구성한다. 원본 데이터베이스의 필드를 다양한 구성으로 테이블을 쉽게 작성할 수 있을 뿐 아니라, 여러 종류의 함수를 적용하여 다양한 형태의 집계표를 만들 수 있다.

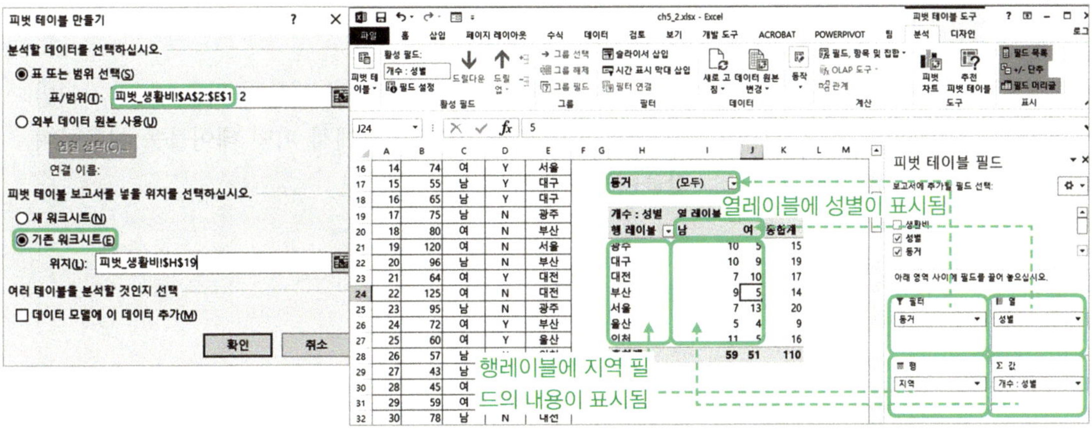

그림 5-2 피벗 테이블 삽입 및 구성 요소

데이터양이 많은 경우 효과적인 비즈니스 의사 결정을 내리기 위해서 피벗 테이블을 만들어야 할 때 [그림 5-3]과 같이 추천 피벗 테이블을 활용할 수 있다. 데이터베이스 안의 임의의 셀을 선택한 후 [삽입] 탭-[표] 그룹-[추천 피벗 테이블]을 클릭한다. [권장 피벗 테이블] 대화 상자에 있는 추천 피벗 테이블 중 하나를 선택하여 간단하게 데이터를 요약, 분석, 탐색, 표시할 수 있다. 그러나 원하는 형태의 보고서가 없다면 피벗 테이블을 직접 만들거나 추천 피벗 테이블을 변경하는 방법을 알아야 한다. 예제를 통하여 피벗 테이블을 삽입하고 다양한 데이터 집계표를 작성해 보자.

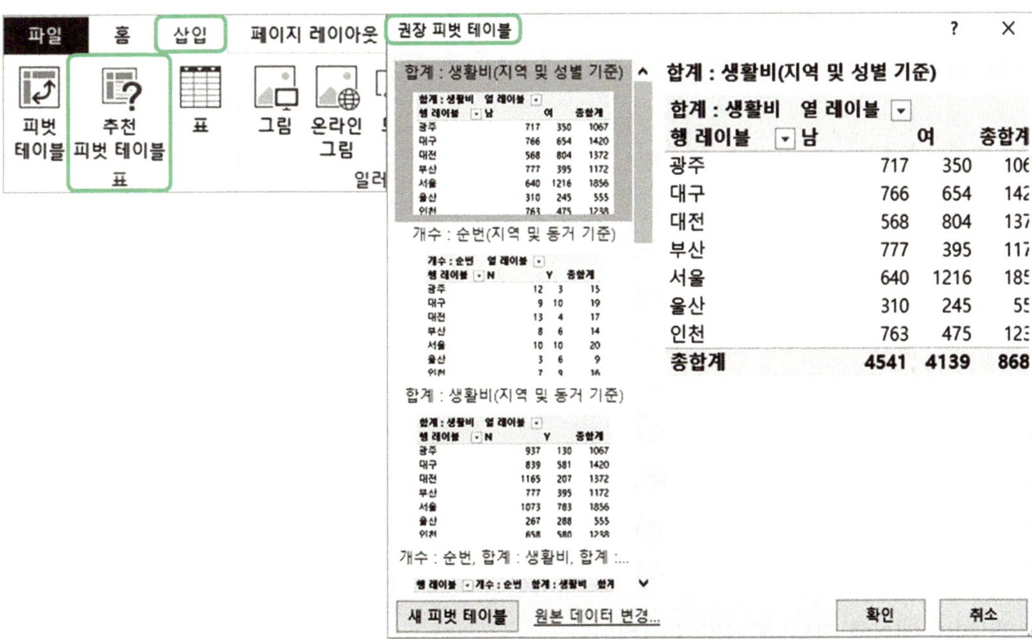

그림 5-3 추천 피벗 테이블의 사용

예제 5-3

예제 3-3에서는 함수 수식을 활용하여 부모와의 동거 유무에 따른 생활비 지출 비율, 지역별 평균 생활비 등의 자료를 만들어 보았다. 주어진 데이터베이스에서 피벗 테이블을 이용하여 다양한 데이터 요약 및 집계표를 만들어보자.

준비파일 ch5_2.xlsx '생활비' 시트

완성시트

A) 남여 구성에 따른 요약자료

행 레이블	개수 : 성별	평균 : 생활비
남	59	77.0
여	51	81.2
총합계	**110**	**78.9**

B) 남여 독립 비율 구하기

개수 : 독립	독립		
성별	부모와 거주	혼자 거주	총합계
남	39.0%	61.0%	100.0%
여	49.0%	51.0%	100.0%
총합계	**43.6%**	**56.4%**	**100.0%**

C) 지역별 남여 구성 및 평균 생활비 구하기

독립	Y		
		성별	
지역	값	남	여
서울			
	개수 : 성별	5	5
	평균 : 생활비	105.0	109.6
부산			
	개수 : 성별	6	2
	평균 : 생활비	99.5	90.0
대전			
	개수 : 성별	6	7
	평균 : 생활비	87.5	91.4
광주			
	개수 : 성별	8	4
	평균 : 생활비	80.3	73.8
대구			
	개수 : 성별	6	3
	평균 : 생활비	88.8	102.0
울산			
	개수 : 성별	2	1
	평균 : 생활비	92.5	82.0
인천			
	개수 : 성별	3	4
	평균 : 생활비	85.0	100.8

A) 남여 구성에 따른 요약자료 만들기

01 피벗 테이블 삽입 및 필드 지정하기

❶ 데이터베이스의 임의의 셀에서 ❷~❸ [삽입] 탭–[표] 그룹–[피벗 테이블]을 선택한다. ❹ [피벗 테이블 만들기] 대화 상자에서 표/범위는 기본 값으로 자동 완성된다. ❺ [기존 워크시트]를 클릭하고 ❻ 임의의 위치([H4])를 지정한 후 ❼ [확인]을 클릭하면 피벗 테이블 빈 윤곽과 [피벗 테이블 필드] 작업창이 실행된다.

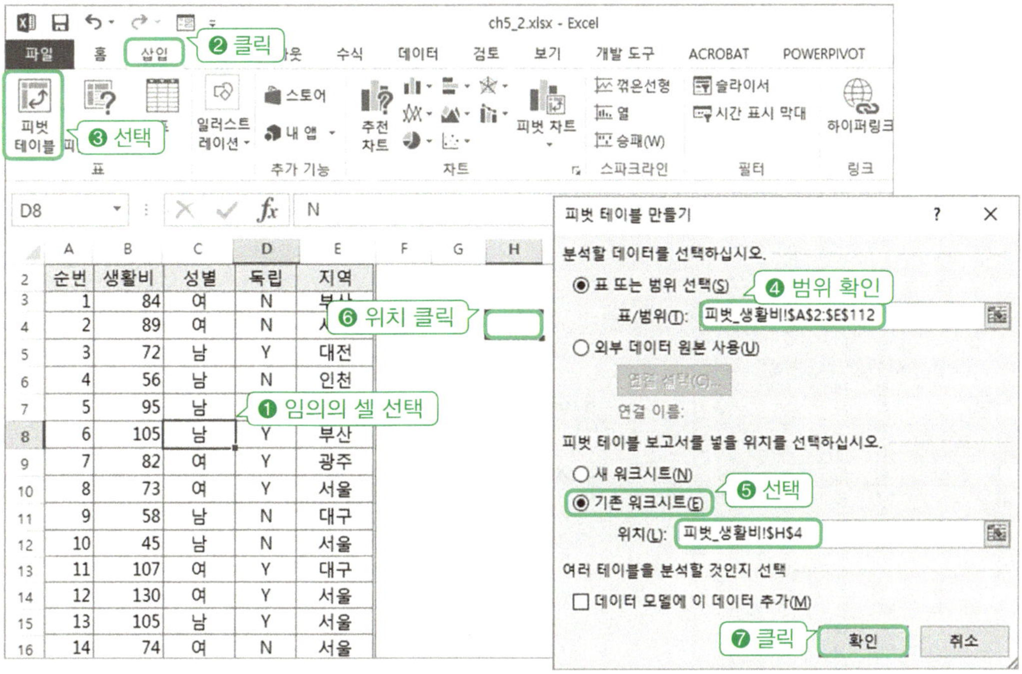

Tip 외부 데이터 원본 사용: 현재 통합 문서나 엑셀이 아닌 파일이나 데이터베이스에 저장된 데이터로 피벗 테이블을 만든다. 연결 대상은 '현재 문서의 연결', '네트워크에 있는 연결 파일', '이 컴퓨터에 있는 연결 파일'이 있으며, 해당 연결을 선택하고 테이블을 선택한다.

Tip 피벗 테이블의 표/범위를 한 번 지정하면 피벗 테이블을 다른 시트나 통합 문서로 복사해가도 데이터 원본 범위가 새 시트나 통합 문서로 자동 업데이트 되지 않는다. 이 경우에는 [피벗 테이블 도구] –[분석] 탭–[데이터]그룹–[데이터 원본 변경]을 클릭해 데이터 원본 범위를 변경해 줘야 한다.

[피벗 테이블 필드] 작업창의 필드 목록에는 원본 데이터의 필드, 즉 순번, 생활비, 성별, 독립, 지역 필드가 표시된다. 남여의 성별 필드에 대한 구성비를 구하기 위해서는 먼저 남여 인원수를 알아야 한다. 따라서 성별 필드를 [행] 영역에 드래그하여 끌어다 놓고, 값으로는 성별의 개수를 구하도록 성별 필드를 드래그하여 [값] 영역에 끌어다 놓으면 피벗 테이블이 차례대로 채워진다.

- 테이블의 행 레이블에는 성별 필드의 값으로 중복된 값이 제거되어 표시되며 값 영역에는 성별 필드가 '남', '여'의 텍스트 정보이므로 성별의 집계 결과가 개수로 표시된다.

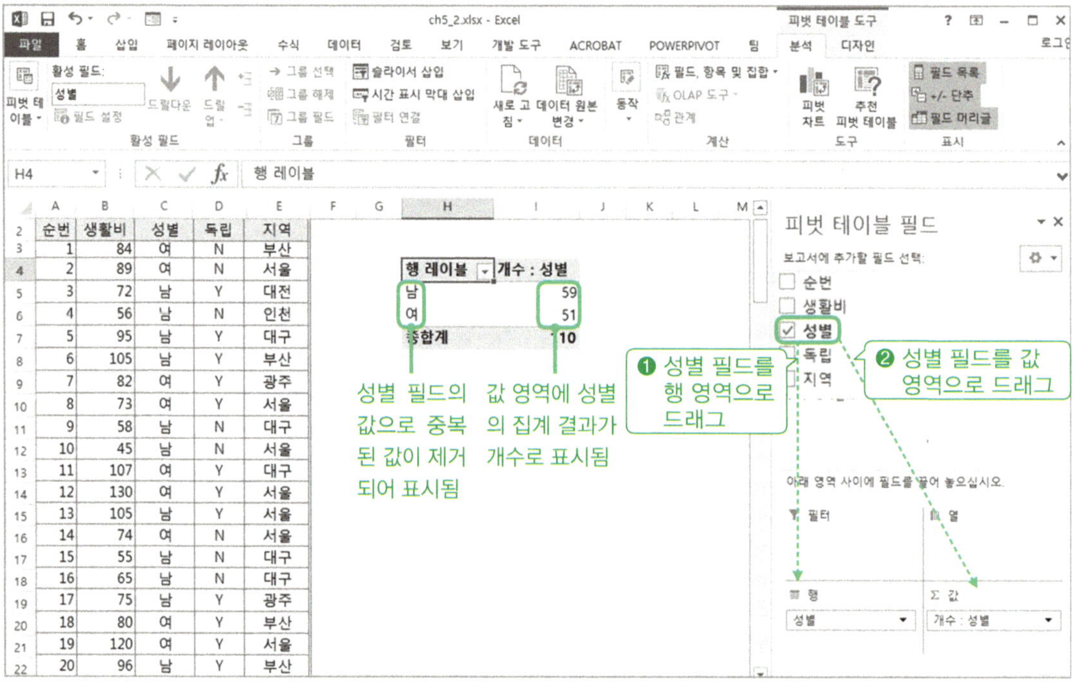

02 Σ 값 추가하기 및 계산 유형 변경하기

- 테이블의 [값] 영역에 생활비 필드를 드래그하여 끌어다 놓으면 열 영역에 'Σ 값'이 추가되며 테이블의 열에 생활비의 합계가 기본적으로 추가된다.

- [값 필드 설정] 대화 상자를 실행하여 계산 유형을 평균으로 변경하고 [값 필드 설정] 창에서 [표시형식]을 클릭하여 평균값의 소수 자릿수를 지정한다. 피벗 테이블 내 값의 표시형식을 한꺼번에 지정하기 위해서는 [값 필드 설정] 대화 상자에서 표시형식을 지정하거나 피벗 테이블 내 임의의 값을 선택한 후 마우스 오른쪽 버튼을 클릭하면 나타나는 팝업 메뉴에서 [필드 표시 형식]으로 지정해야 한다.

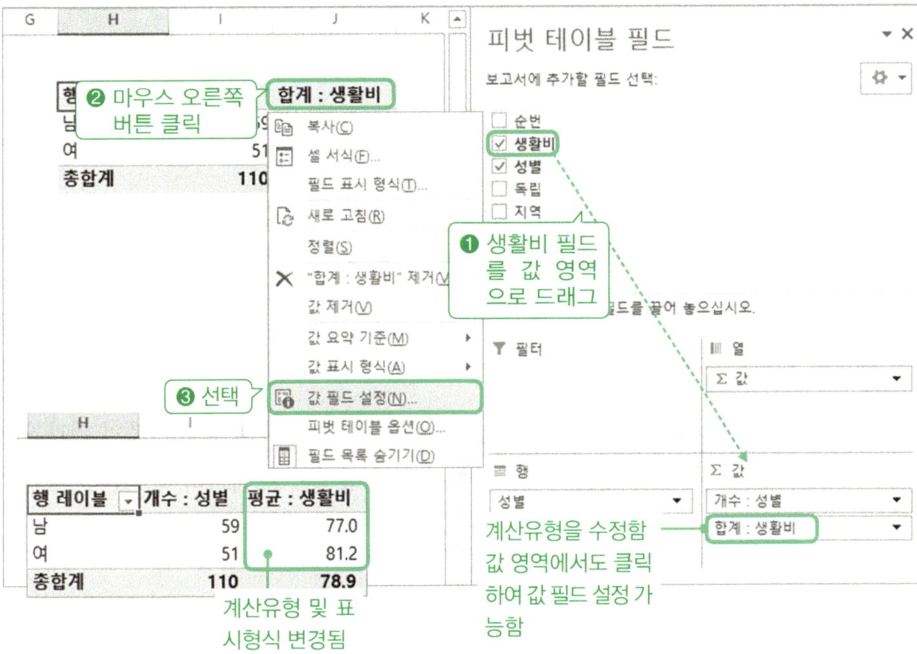

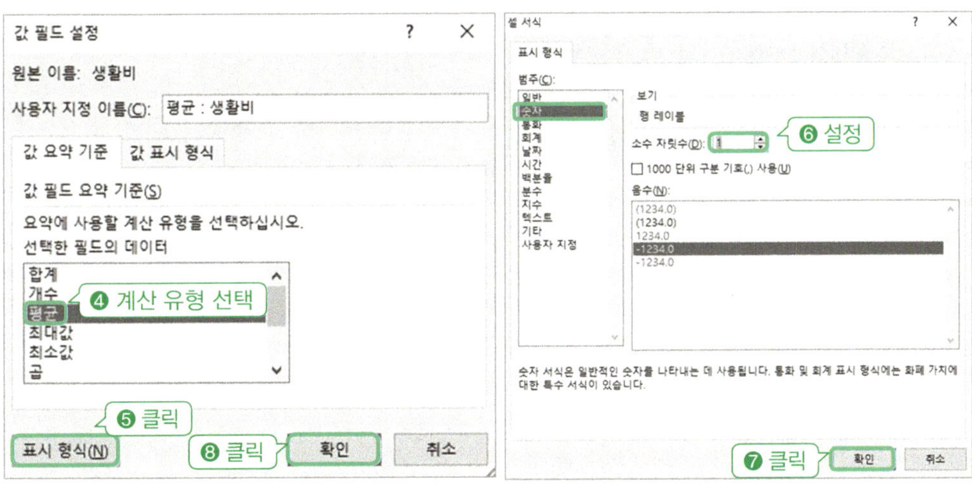

Tip 외부 [값 필드 설정] 대화 상자 실행 방법은 다음과 같이 4가지 방법이 있다.

방법 1: [피벗 테이블 필드] 작업창에서 [값] 영역의 [합계 : 생활비]를 클릭하면 나타나는 팝업 메뉴에서 [값 필드 설정]을 클릭

방법 2: 금액의 임의의 셀을 선택하여 팝업 메뉴를 실행하고 [값 필드 설정]을 클릭한다.

방법 3: 피벗 테이블의 [합계 : 생활비]를 더블클릭한다.

방법 4: 피벗 테이블의 [합계 : 생활비]의 임의의 셀을 클릭한 후 메뉴 상단에서 [피벗 테이블 도구]–[분석] 탭–[활성 필드] 그룹–[필드 설정]을 클릭한다.

B) 남여 독립 비율 구하기

01 피벗 테이블 삽입 및 필드 구성하기

- A)의 01과 같은 방법으로 데이터베이스의 임의의 셀에서 [삽입] 탭–[표] 그룹–[피벗 테이블]을 선택한다. [피벗 테이블 만들기] 대화 상자에서 범위를 확인하고, 기존 워크시트를 클릭하고 임의의 위치([H12])를 지정한 후 [확인]을 클릭하면 피벗 테이블 빈 윤곽과 [피벗 테이블 필드] 작업창이 실행된다.

- [피벗 테이블 필드] 작업창에서 부모와 독립한 남여 비율을 위한 피벗 테이블의 행과 열 영역에 필요한 필드를 드래그한다. 그리고 '독립' 필드를 [값] 영역에 드래그하여 인원을 표시한다.

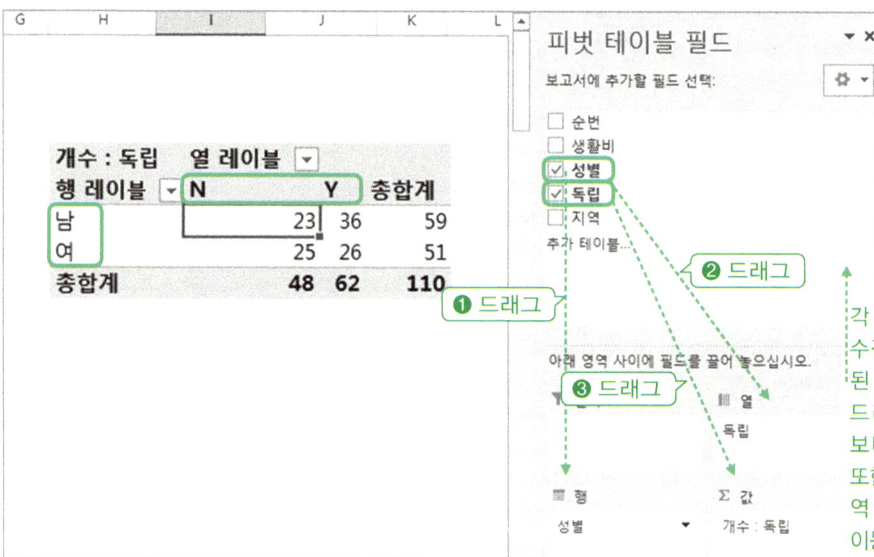

각 영역의 필드를 수정할 때는 삽입된 필드를 누른 후 드래그하여 위로 보내면 사라진다. 또한 행과 열의 영역 내에서도 서로 이동이 가능하다.

02 행 합계에 대한 백분율로 표시하기

- 피벗테이블 값 영역의 임의의 셀에서 ❶ 마우스 오른쪽 버튼을 클릭하여 나타나는 팝업메뉴의 ❷ [값 필드 설정] 대화 상자에서 ❸~❹[값 표시형식]을 '행 합계 비율'로 변경한다. 이는 각 행 또는 범주에 있는 값을 해당 행 또는 범주의 합계에 대한 백분율로 표시한다.

- 값 필드 설정 대화 상자의 ❺~❽ [표시형식]을 클릭하여 소수 자릿수를 1로 지정한다.

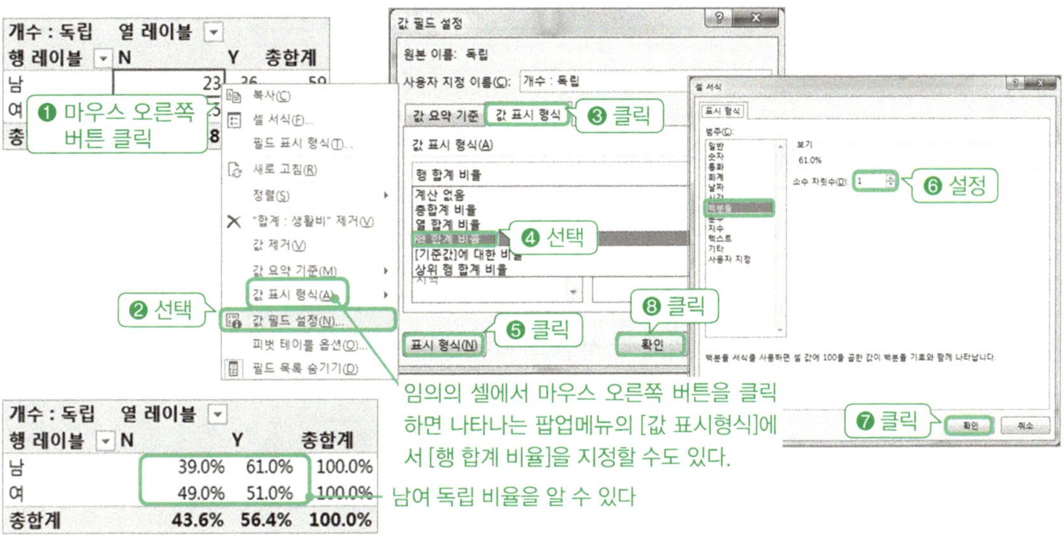

Tip [값 필드 설정] 대화 상자에서 [값 표시형식]은 행 또는 열방향의 합계 비율뿐 아니라 다양한 종류의 계산이 가능하다.

계산 옵션	결과
계산 없음	필드에 입력된 대로 값을 표시
총 합계 비율	값을 보고서의 모든 값이나 데이터 요소의 총 합계에 대한 백분율로 표시
열 합계 비율	각 열 또는 계열에 있는 모든 값을 해당 열 또는 계열의 합계에 대한 백분율로 표시
행 합계 비율	각 행 또는 범주에 있는 값을 해당 행 또는 범주의 합계에 대한 백분율로 표시
[기준값]에 대한 비율	값을 기준 필드에 있는 기준 항목 값에 대한 백분율로 표시
상위 행 합계 비율	(항목에 대한 값)/(행의 상위 항목에 대한 값)
상위 열 합계 비율	(항목에 대한 값)/(열의 상위 항목에 대한 값)
상위 합계 비율	(항목에 대한 값)/(선택한 기준 필드의 상위 항목에 대한 값)
[기준값]과의 차이	값을 기준 필드에 있는 기준 항목 값과의 차이로 표시
[기준값]에 대한 비율의 차이	값을 기준 필드에 있는 기준 항목 값과의 백분율 차이로 표시

누계	기준 필드에 있는 연속 항목에 대한 값을 누계로 표시
누계 비율	기준 필드에 있는 누계로 표시되는 연속 항목에 대한 값을 백분율로 계산
오름차순 순위 지정	특정 필드에 있는 선택한 값의 순위를 오름차순으로 표시. 예를 들어 필드의 가장 작은 항목을 1로 표시하고 그보다 큰 값은 각각 더 높은 순위 값을 사용하여 표시
내림차순 순위 지정	특정 필드에 있는 선택한 값의 순위를 내림차순으로 표시. 예를 들어 필드의 가장 큰 항목을 1로 표시하고 그보다 작은 값은 각각 더 높은 순위 값을 사용하여 표시
지수(index)	((셀에 있는 값)×(총합계의 총합)) / ((행 총합계)×(열 총합계))

03 피벗 테이블 행 레이블, 열 레이블 수정하기

- 피벗 테이블에 추가된 행과 열의 내용은 원하는 값으로 수정 편집이 가능하다.
- 행 레이블 [H13]과 열 레이블 [I12]를 클릭하여 '성별'과 '독립'으로 수정한다. 독립 필드의 'N'과 'Y'도 테이블의 이해를 돕기 위해 각 셀을 클릭하여 '부모와 거주', '혼자 거주'로 수정한다.

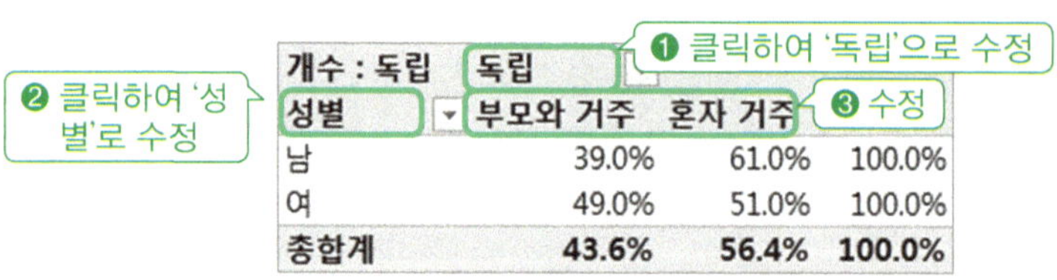

C) 독립하여 혼자 생활하는 지역별 남여 구성 및 평균 생활비 구하기

01 피벗 테이블 삽입 및 필드 구성하기

- 위와 같은 방법으로 임의의 위치([H24])에 피벗 테이블을 삽입하고 [피벗 테이블 필드] 작업 창에서 지역별 남녀 평균 생활비의 테이블에 필요한 필드를 각 영역에 드래그한다.
- 지역 필드는 행 영역에, 성별 필드는 열 영역에, 성별 필드와 생활비 필드는 값 영역에 드래그하여 각 지역의 남녀 구성 인원과 평균 생활비를 피벗 테이블에 표시한다.

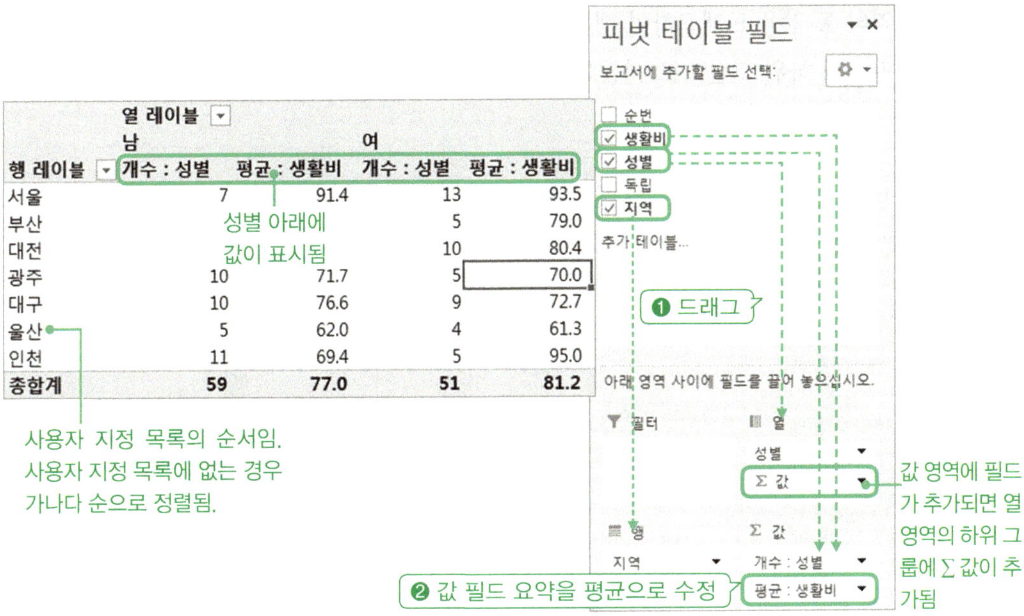

02 값 필드 요약의 위치 바꾸기

- 피벗 테이블의 값 영역에 표시되는 값이 추가되면 열 영역의 성별 하위 그룹에 'Σ 값'이 추가된다.
- 열 영역에서 Σ 값을 드래그하여 성별 위로 옮기면 피벗 테이블에서 성별 개수와 생활비 평균 열이 성별의 상위 그룹으로 이동한다.

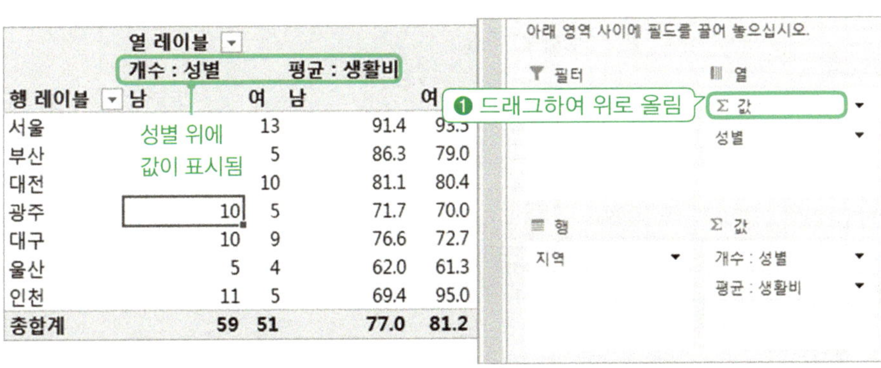

열 영역의 Σ 값을 드래그하여 행 영역의 지역 아래로 이동하면 성별 개수와 생활비 평균 요약 행이 지역의 하위 그룹으로 이동한다.

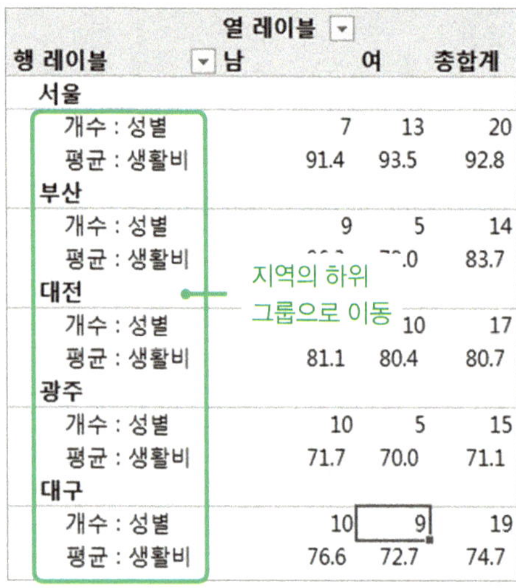

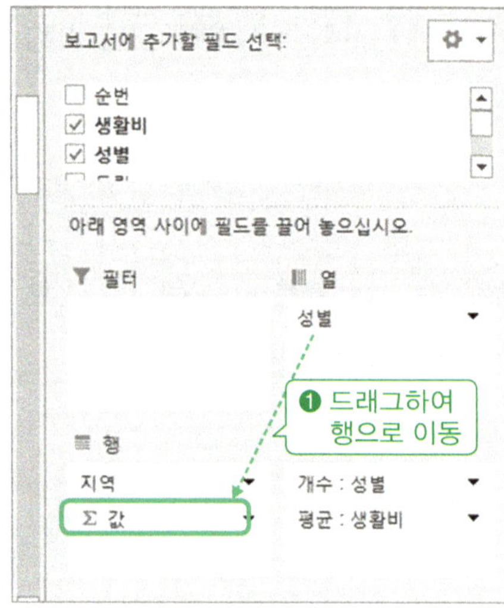

03 필터 추가하여 혼자 사는 학생의 평균 생활비 확인하기

독립 필드를 필터 영역으로 드래그하여 추가한다. 그리고 피벗 테이블의 필터 영역의 드롭다운 단추를 클릭하여 독립 필드의 'Y'를 선택하고 확인을 클릭한다.

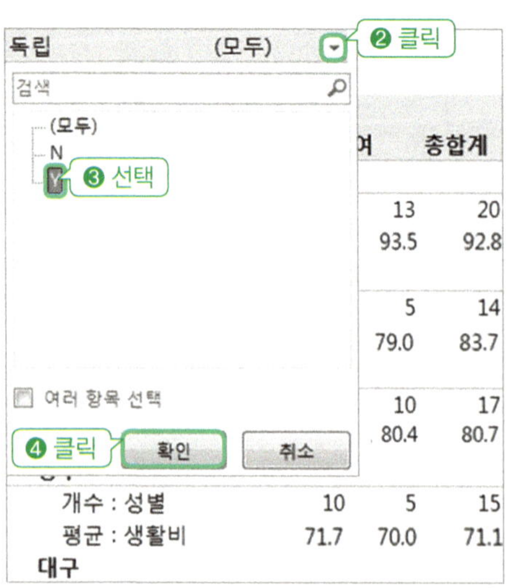

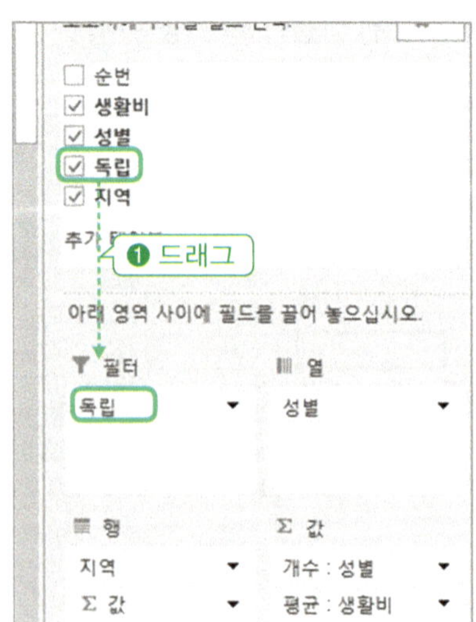

04 피벗 테이블 디자인하기

- [피벗 테이블 도구]-[디자인] 탭에서 피벗 테이블의 스타일을 수정하거나 옵션을 추가할 수 있으며 피벗 테이블의 레이아웃을 설정할 수 있다.
- 위에서 만든 피벗 테이블 스타일을 '피벗 스타일 보통 7'로 지정하고, 보고서를 개요 형식으로 표시하고 행과 열의 총합계를 해제하여 보자.
- ❶~❷ [피벗 테이블 도구]-[디자인] 탭-[피벗 테이블 스타일] 그룹-[보통]에서 '피벗 스타일 보통 7'을 선택한다.
- ❸~❹ [피벗 테이블 도구]-[디자인] 탭-[레이아웃] 그룹의 [보고서 레이아웃]을 클릭하여 [개요 형식으로 표시]를 설정한다. 그리고 ❺~❻ [총합계]를 클릭하여 [행 및 열의 총합계 해제]를 선택하여 피벗 테이블의 총합계를 보이지 않게 한다.

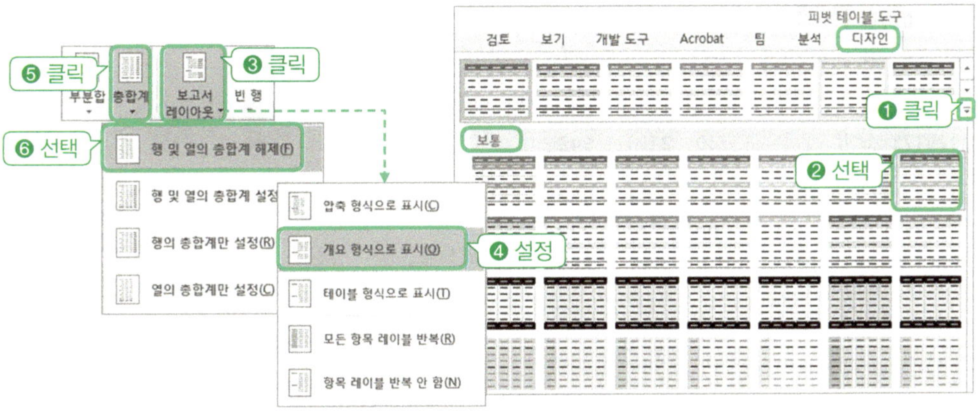

Tip 피벗 스타일 옵션에서 행과 열의 머리글에 스타일을 해제할 수 있으며 각 행 또는 열에 줄무늬 옵션을 추가할 수 있다.

Tip 보고서 레이아웃을 테이블 형식으로 설정하면 표 형태의 피벗 테이블을 만들 수 있다. 또한, [피벗 테이블 도구]-[분석] 탭-[표시] 그룹의 [필드 머리글]을 클릭하면 피벗 테이블에서 행과 열에 추가된 필드의 머리글을 해제할 수 있다.

예제 5-4

ch5_2.xlsx의 '주문및재고' 시트는 어느 회사의 상품 주문 및 재고 관리 데이터이다. 피벗 테이블을 이용하여 월별 및 연도별 구매와 판매의 집계표를 만들어 보자. 그리고 업체별 필터링 결과를 보고서에 나타내어 보자.

준비파일 ch5_2.xlsx '주문및재고' 시트

완성시트 : ch5_2.xlsx '피벗테이블_주문및재고' 시트

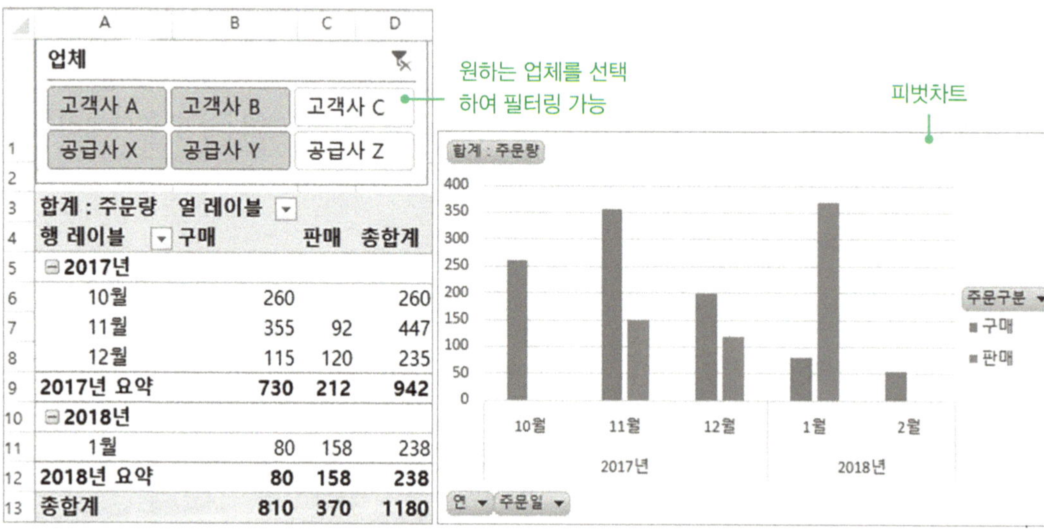

업체: 고객사 A, 고객사 B, 고객사 C, 공급사 X, 공급사 Y, 공급사 Z

합계 : 주문량	열 레이블		
행 레이블	구매	판매	총합계
⊟2017년			
10월	260		260
11월	355	92	447
12월	115	120	235
2017년 요약	**730**	**212**	**942**
⊟2018년			
1월	80	158	238
2018년 요약	**80**	**158**	**238**
총합계	**810**	**370**	**1180**

01 피벗 테이블 삽입 및 필드 지정하기

❶ 데이터베이스의 임의의 셀에서 ❷~❸ [삽입] 탭-[표] 그룹-[피벗 테이블]을 선택한다. ❹ [피벗 테이블 만들기] 대화 상자에서 범위를 확인하고 피벗 테이블 보고서의 위치를 ❺ [새 워크시트]로 하고 ❻ [확인]을 클릭한다. 'Sheet1'의 새로운 시트에 피벗 테이블 빈 윤곽과 [피벗 테이블 필드] 작업창이 실행된다. 시트명을 '피벗테이블_주문및재고'로 수정한다.

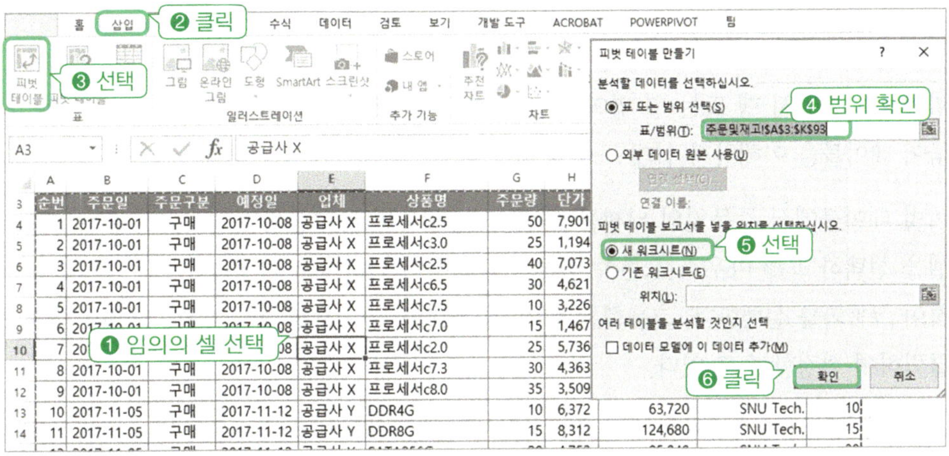

월별 구매와 판매의 집계표에는 행 영역에 날짜를, 열 영역에는 구매와 판매, 즉 주문구분을 그리고 값 영역에 주문량의 합계를 표시한다. [피벗 테이블 필드] 작업창의 필드 목록에서 주문일 필드를 행 영역에, 열 영역에는 주문구분 필드를 끌어다 놓고, 값으로는 주문량 필드를 드래그하여 값 영역에 추가한다.

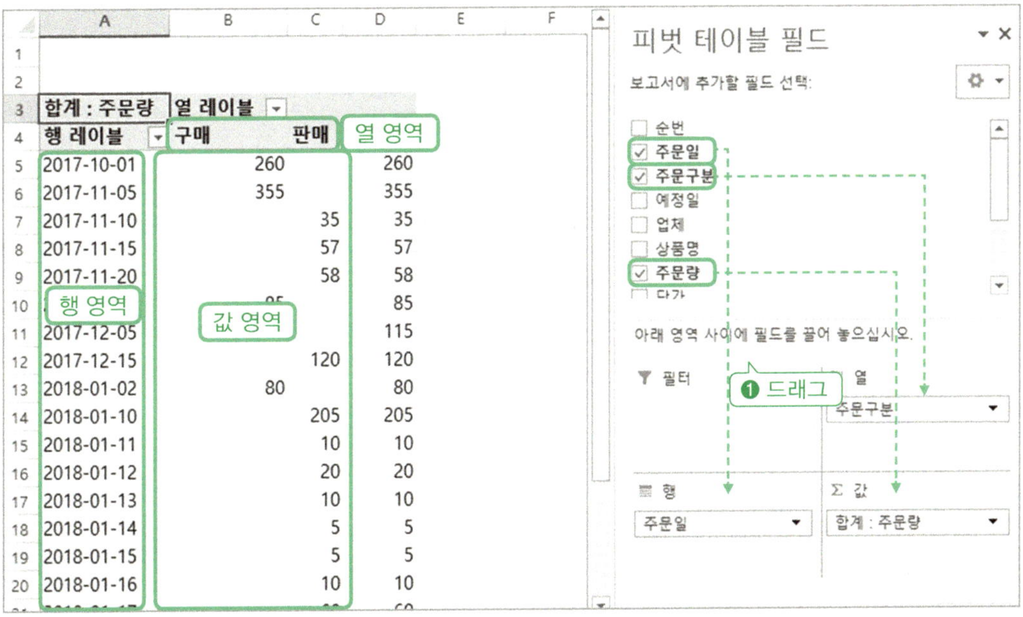

02 피벗 테이블 그룹화하기

- 피벗 테이블에서 행 또는 열 영역에 날짜 또는 숫자로 된 필드를 추가할 경우 값을 그룹으로 묶어 테이블을 이해하기 쉽게 구성할 수 있다.
- 피벗 테이블에서 주문일의 날짜를 월별 또는 연도별로 그룹화할 수 있다. ❶ 임의의 주문일 셀을 선택하고 ❷ 마우스 오른쪽 버튼을 클릭하여 나타나는 팝업 메뉴에서 ❸ [그룹]을 클릭하여 그룹화를 실행한다. 그룹화는 [피벗 테이블 도구]–[분석] 탭–[그룹] 그룹– [그룹 선택]을 클릭하여 설정할 수도 있다.
- ❹~❺ [그룹화] 대화상자에서 단위로 '월', '연'을 선택하면 행 영역에 주문일 그룹이 생성된다.

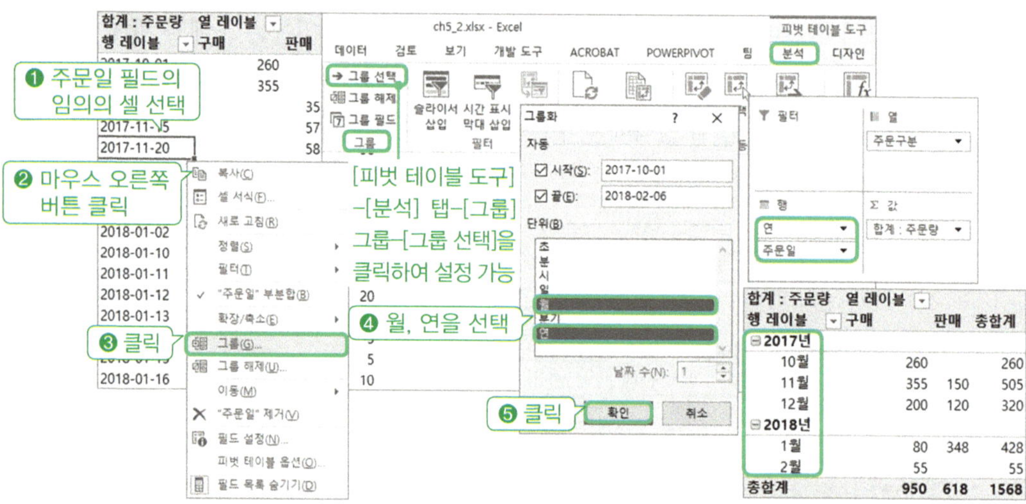

03 피벗 테이블 부분합 레이아웃 설정하기

❶~❷ [피벗 테이블 도구]-[디자인] 탭-[레이아웃] 그룹의 [부분합] 옵션을 선택하여 ❸ 그룹 상단이나 하단에 부분합 요약행을 추가한다.

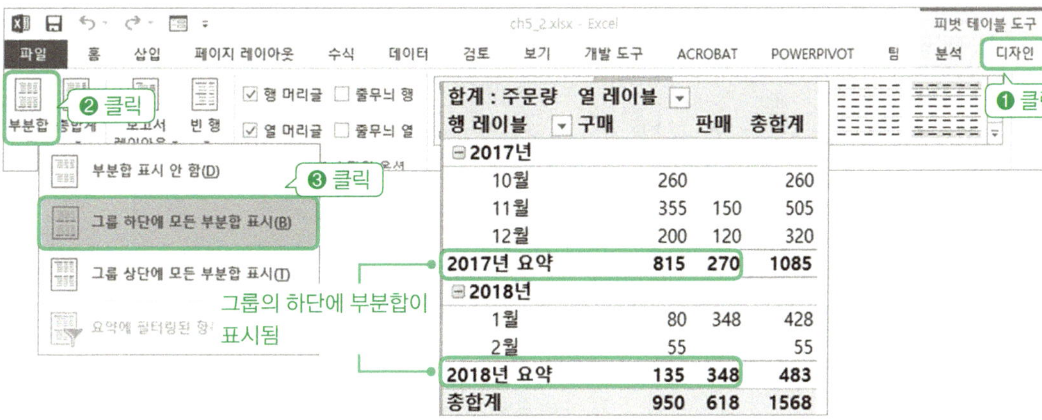

04 슬라이서 삽입하기

슬라이서는 여러 단추가 포함되어 있어 사용하기 쉬운 필터링 구성 요소로, 드롭다운 목록을 열어 필터링할 항목을 찾지 않고도 피벗 테이블 보고서의 데이터를 빠르게 필터링하는 데 사용할 수 있다. 일반 피벗 테이블 필터를 사용하여 여러 항목을 필터링하는 경우 필터에는 여러 항목이 필터링되었다는 것만 나타나며 필터링 세부 정보를 찾으려면 드롭다운 목록을 열어야 한다. 그러나 슬라이서는 적용되는 필터에 알아보기 쉬운 레이블을 지정하고 세부 정보를 제공하므로 필터링된 피벗 테이블 보고서에 표시되는 데이터를 쉽게 알 수 있다.

❶ 피벗 테이블의 임의의 셀을 선택하고 ❷~❸ [분석] 탭-[필터] 그룹-[슬라이서 삽입]을 클릭하여 슬라이서 삽입 대화상자를 실행한다. 슬라이서에 포함할 필드명으로 ❹ '업체'를 선택한 후 ❺ [확인]을 클릭한다.

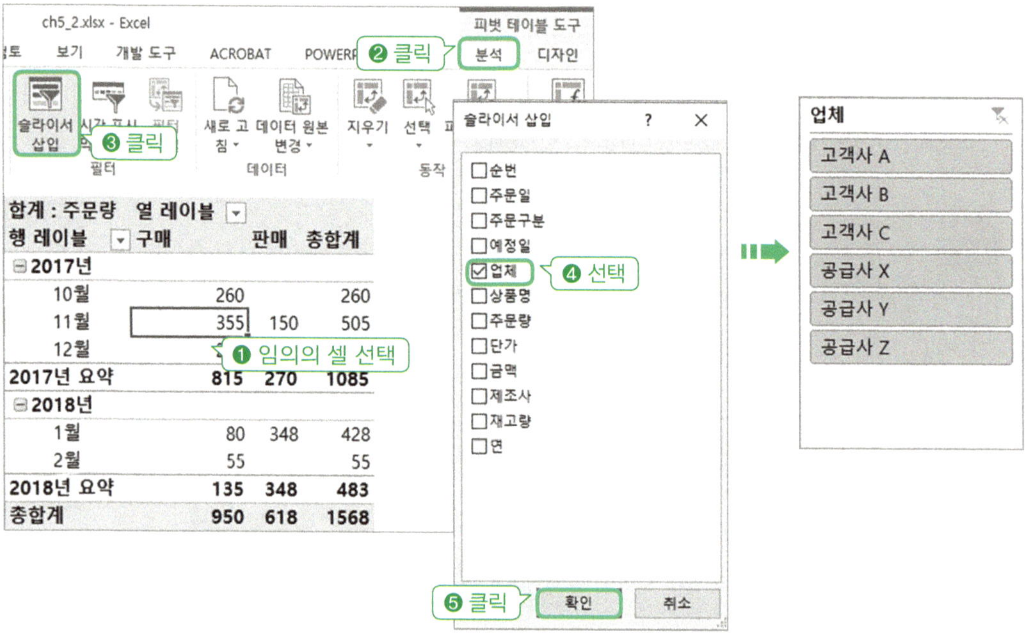

Tip 슬라이서의 제거는 슬라이서를 클릭한 후 〈Delete〉키를 눌러서 제거할 수 있다.

05 슬라이서 모양 편집하기 및 다중 선택으로 필터링하기

- 슬라이서가 삽입된 상태에서 ❶~❷ [슬라이서 도구–옵션]–[단추] 그룹에서 열 크기, 즉 한 행에 표시될 버튼 수를 수정하고 슬라이서의 전체 크기를 조정한다.

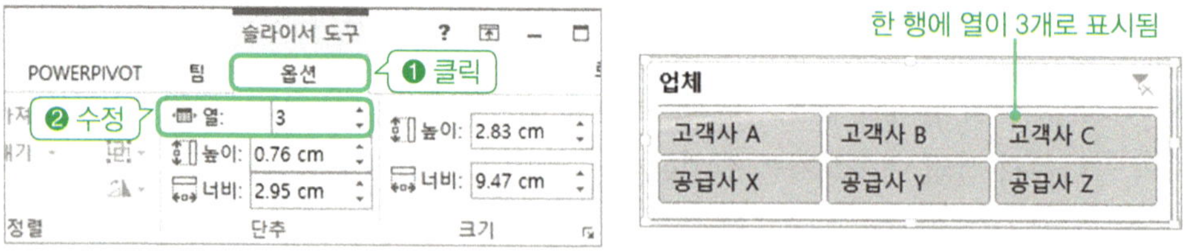

- 슬라이서를 클릭하면 활성화된 버튼을 기준으로 필터링되며, 〈Ctrl〉 키를 사용하여 다중 선택으로 필터링할 수 있다. 슬라이서를 피벗 테이블의 필터 자리로 이동한 후 시트의 1행 높이를 조정한다. 고객사 A를 클릭한 후 〈Ctrl〉 키를 누르고 고객사B, 공급사 X, 공급사 Y를 선택하여 구매와 판매의 주문량을 확인한다.

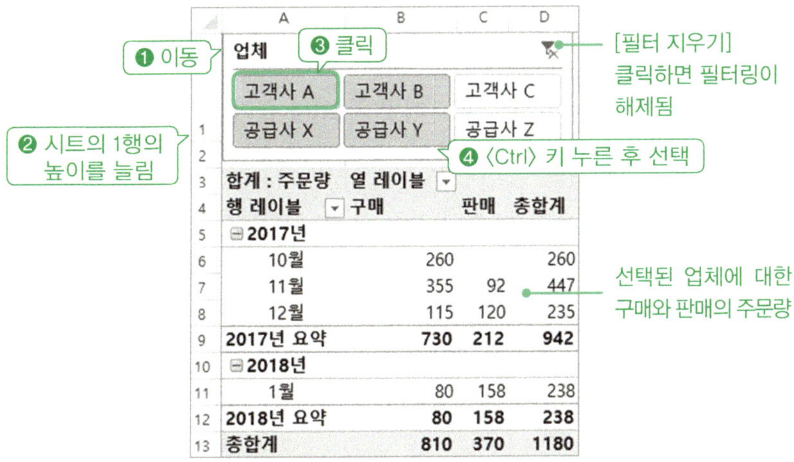

06 피벗 테이블 업데이트하기

- 데이터 베이스의 내용이 변경되면 피벗 테이블이 자동으로 업데이트되지 않는다. [피벗 테이블 도구]–[분석] 탭–[데이터] 그룹–[새로 고침]을 클릭하거나 피벗 테이블의 임의의 셀에서 마우스 오른쪽 버튼을 누른 후 팝업 메뉴의 [새로 고침]을 클릭하면 피벗 테이블을 업데이트 할 수 있다.

- ❶ 2018년 1월 15일 주문량을 15로 수정한 후 ❷~❸ 피벗 테이블에서 [새로 고침]을 클릭하여 수정된 데이터에 대하여 피벗 테이블이 업데이트됨을 확인한다.

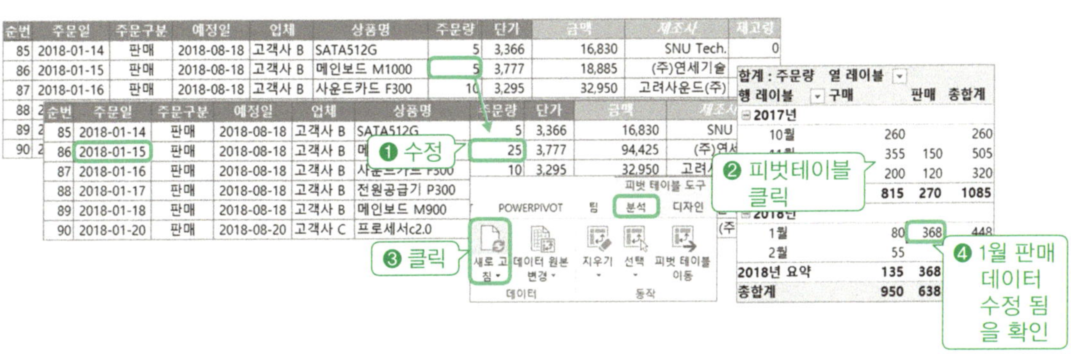

Tip 만약 데이터가 지정된 범위 밖에서 추가되는 경우는 [새로 고침] 기능으로 피벗 테이블이 자동 업데이트되지 않는다. 이 경우에는 [피벗 테이블 도구]–[분석] 탭–[데이터]그룹–[데이터 원본 변경]을 클릭해 데이터 원본 범위를 변경해 줘야 한다.

07 피벗 차트 만들기

❶~❷ 피벗 테이블에서 [분석] 탭–[도구] 그룹–[피벗 차트]를 클릭하여 삽입된 피벗 차트에서 필터를 이용하여 차트 내용을 필터링할 수 있다.

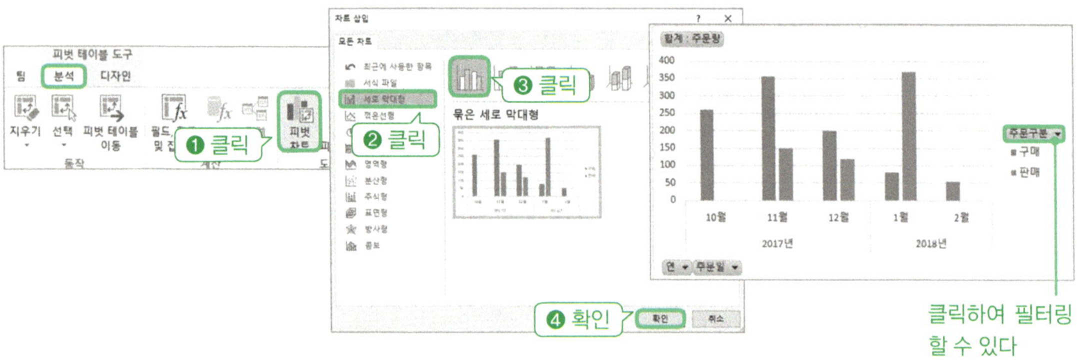

Tip 데이터 원본이 표 형태로 입력되어 있는 경우 표에서 곧바로 피벗 테이블과 피벗 차트를 한꺼번에 만들 수 있다. 피벗 차트를 만들 표에서 [삽입] 탭–[차트] 그룹–[피벗 차트]를 클릭하여 삽입 가능하다.

연습문제

'ch5_2_연습문제.xlsx' 통합문서를 열어 그림과 같은 시트가 되도록 실습해 보자.

01 '대리점' 시트에서 월별로 각 대리점의 품목별 매출 총합계를 나타내는 피벗 테이블을 만들어 보자.

❶ 합계 : 매출		❸ 품목			
날짜	대리점	건강	컴퓨터	패션	총합계
❷ ❻	❺ 대전	8,375,100	7,958,600	4,534,500	20,868,200
5월	부산	5,818,200	8,964,000	14,953,000	29,735,200
	서울	19,609,500	14,649,100	❹ 11,379,000	45,637,600
	수원	3,834,000	3,879,800	9,424,000	17,137,800
❸ 5월 소계		**37,636,800**	**35,451,500**	**40,290,500**	**113,378,800**
6월	대전	1,051,200	11,699,700	9,026,400	21,777,300
	서울	5,600,000		5,020,000	10,620,000
	수원	2,246,400	6,225,800	8,648,500	17,120,700
6월 소계		**8,897,600**	**17,925,500**	**22,694,900**	**49,518,000**
총합계		**46,534,400**	**53,377,000**	**62,985,400**	**162,896,800**

❶ 피벗 테이블을 [J5]의 위치에 삽입하고 위 그림을 참고하여 해당 영역에 필드를 추가하여 작성하시오.

❷ 행 영역에 추가된 날짜를 그룹하여 월 단위로 지정하시오.

❸ 월 요약의 값을 그룹하단에 표시하도록 지정하시오. 그리고 월 요약을 소계로 수정하고 행 레이블과 열 레이블의 텍스트를 '날짜' 와 '품목'으로 수정하시오.

❹ 필드 값의 표시형식을 그림과 같이 회계로 지정하시오.

❺ 피벗 테이블 스타일을 피벗 스타일 밝게 20으로 지정하고 보고서 레이아웃은 테이블 형식으로 지정하시오.

❻ 월 영역은 피벗 테이블 옵션에서 '레이블이 있는 셀 병합 및 가운데 맞춤'으로 지정하시오.

02 '금전출납부' 시트는 어느 회사의 연간 수입과 지출 내역이다. 피벗 테이블을 이용하여 월별 및 분기별 수입과 지출의 요약 보고서를 만들어 보자.

❶ 피벗 테이블을 [I5]의 위치에 삽입하고 위 그림을 참고하여 해당 영역에 필드를 추가하여 작성하시오.

❷ 행 영역에 추가된 날짜를 그룹하여 월 단위 및 분기별로 지정하시오.

❸ 필드 값의 표시형식 및 레이블 등을 그림과 같이 수정하시오.

❹ '구분' 필드의 슬라이서를 삽입하여 세금계산서의 수입과 지출내역만 필터링하시오.

구분 ❹

세금계산서 | 카드 | 현금

❶ 분기	❸ 합계 : 수입	합계 : 지출
⊟1사분기		
❷ 1월	2,600,000	105,000
2월	7,006,000	55,000
3월	5,250,000	427,000
⊟2사분기		
4월	3,550,000	77,000
5월	6,700,000	68,000
6월	4,600,000	70,000
⊟3사분기		
7월	8,400,000	127,000
8월	5,450,000	65,000
9월	5,050,000	135,000
⊟4사분기		
10월	4,550,000	70,000
11월	6,100,000	
12월	3,456,000	135,000
총합계	62,712,000	1,334,000

03 '주문 및 재고' 시트에서 각 업체별 구매와 판매의 주문 건수 및 주문량의 합계를 파악할 수 있는 매출 집계표를 아래 그림을 참고하여 피벗 테이블을 이용하여 만들어 보자.

❶		주문구분 ❸	
업체	값	구매	판매
고객사 A ❺			
	주문건수 ❷		❹ 4건
	주문량 합계		35
고객사 B			
	주문건수		2건
	주문량 합계		30
고객사 C			
	주문건수		4건
	주문량 합계		85
공급사 X			
	주문건수	9건	
	주문량 합계	260	
공급사 Z			
	주문건수	5건	
	주문량 합계	45	
전체 주문건수		14건	10건
전체 주문량 합계		305	150

상품명 ❻

전원공급기 P...
전원공급기 P...
전원공급기 P...
전원공급기 P...
프로세서c2.0 ❼
프로세서c2.5
프로세서c3.0
프로세서c6.5
프로세서c7.0
프로세서c7.3
프로세서c7.5
프로세서c8.0

❶ 피벗 테이블을 [M5]의 위치에 삽입하고 해당 영역에 필드를 추가하여 작성하시오.

❷ 주문건수와 주문량의 합계를 구하도록 [값 필드 설정]에서 계산 유형을 수정하시오.

❸ 피벗테이블의 행의 총합계를 숨기시오.

❹ 필드 값의 표시형식 및 레이블 등을 그림과 같이 수정하시오.

❺ 피벗 테이블의 레이아웃을 개요 형식으로 변경하시오.

❻ '상품명' 필드에 대한 슬라이서를 삽입하고 슬라이스 글자 크기를 9pt로 수정하시오. 슬라이스의 글자 크기는 직접 수정할 수 없으므로 슬라이스 스타일의 [서식]을 수정하여 변경한다.

> **힌트** [슬라이서 스타일] 그룹의 '슬라이서 스타일 밝게 1' 아이콘에서 팝업 메뉴 [중복]을 클릭하여 [슬라이서 스타일 수정] 대화상자를 나타낸다. [이름]에 '글자 크기 9' 이름을 입력하고 [슬라이서 요소] 목록에서 [전체 슬라이서]를 선택한 후 [서식] 버튼을 클릭한다. [글꼴] 탭에서 [크기]를 9로 설정하고 [확인]을 클릭하여 시트로 돌아온다. [슬라이서 스타일] 그룹의 갤러리에서 [사용자 지정] 영역에 방금 추가된 '글자 크기 9'을 클릭하면 새 스타일이 적용된다.

❼ 주어진 그림을 참고하여 상품명에서 프로세서c 시리즈만 비교할 수 있도록 필터링하시오.

06

데이터 분석 및 시각화

6.1

차트를 이용하여 데이터 분석 및 시각화하기

데이터로부터 목적한 예측을 하기 위해서는 정확한 분석이 필요하다. 적절한 데이터 시각화(visualization) 과정을 거치면 데이터를 단순히 모아 놓은 상태에서는 보이지 않는 추세, 서로 간의 관계, 규칙의 패턴 등이 잘 드러날 수 있다. 그러므로 빅데이터의 주목적인 통찰력(insight)을 얻기 위해서는 시각화 작업이 필수라고 할 수 있다. 시각화 작업은 데이터 분석을 위해서도 필요하지만 경영자나 정책 결정자와 같은 최종 사용자(end-user)에게 분석 결과를 빠르고 쉽게 이해할 수 있도록 표현하여 전달하기 위해서도 필수적이다.

빅데이터 시각화를 지원하는 전문적인 도구로 R, 프로세싱(Processing), 태블로(Tableau) 등이 있으며, 프로그래밍 언어로는 파이썬(Python) 등이 있다. 마이크로소프트의 엑셀이나 구글의 스프레드시트는 빅데이터 전문 시각화 도구만큼은 아니지만 빅데이터 시각화에 사용할 수 있는 대표적인 기본 도구이다. 이 장에서는 엑셀의 차트 기능을 이용하여 데이터와 분석 정보를 시각화하는 방법을 소개한다.

예제 6-1

차트의 기본

전체 팀의 연간 분기별 평균 판매 실적의 변화와 특정 팀의 판매 실적 변화를 한꺼번에 보여줌으로써 해당 팀의 실적과 평균을 비교할 수 있는 묶은 세로 막대형과 표식이 있는 꺾은선형 콤보 차트를 만들어 보자.
차트의 기본 기능을 익히기 위해 묶은 세로 막대형 차트를 만든 후, 그림을 배경으로 넣은 콤보 차트로 변경한다.

준비파일 ch6_1.xlsx '팀별실적' 시트

완성시트

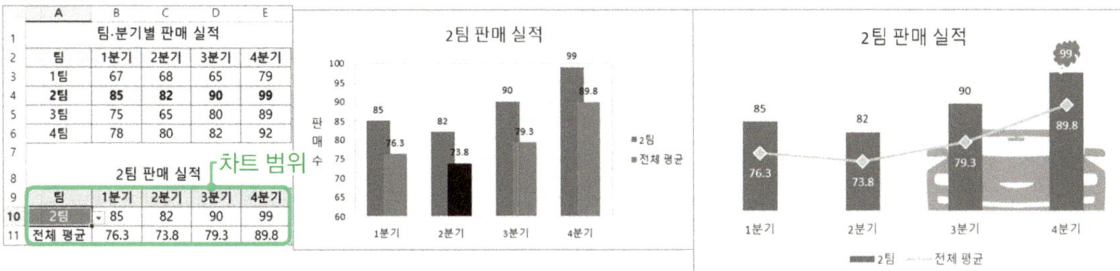

01 누적 가로 막대형 차트 만들기

❶ 차트에 사용할 데이터 원본을 선택한 후 ❷~❹ [삽입] 탭–[차트] 그룹–(가로 막대형 차트 삽입)–(누적 가로 막대형)을 클릭하여 차트를 삽입한다.

차트의 데이터 원본 범위에는 막대로 나타날 값뿐만 아니라 범례에 나타날 계열 이름과 세로 축(세로 막대형이라면 가로 축)에 나타날 항목 레이블까지 포함해야 한다. 아래 그림에서 범위의 좌측 상단에 있는 [A9] 셀은 차트에 전혀 사용되지 않는 셀이지만 반드시 범위에 포함해야 한다(차트 범위는 모든 열의 행수가 같아야 한다).

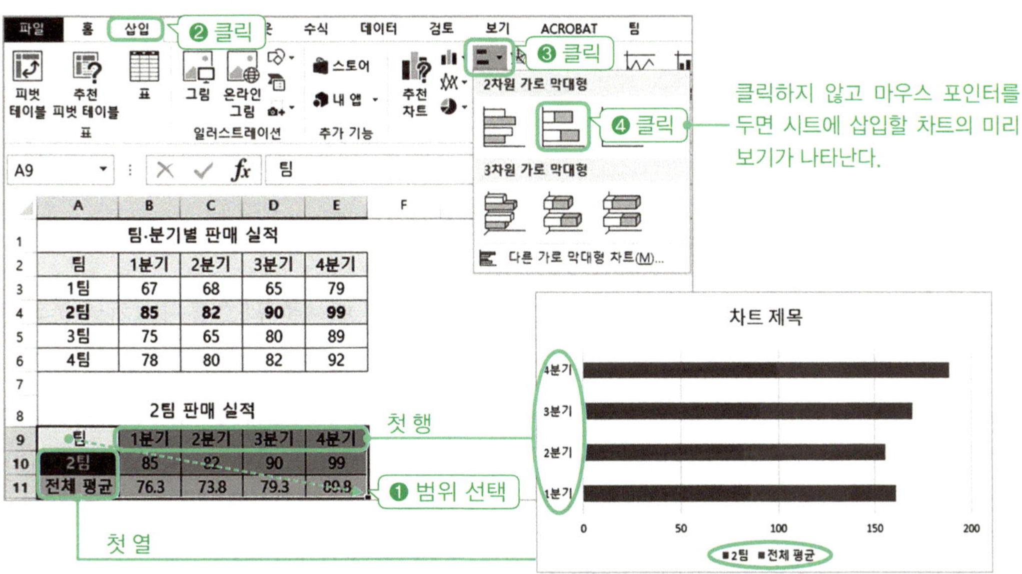

Tip 차트를 클릭하면 이중선 테두리로 바뀌고, 차트 네 모서리와 테두리 중간 지점에 핸들이 생긴다. 이 핸들을 드래그하여 크기를 변경할 수 있다.
차트의 위치는 차트 테두리나 차트 영역 중 구성 요소가 없는 빈 곳에 마우스 포인터를 두어 이동 표식(✥)이 나타나면 드래그하여 옮길 수 있다.

02 차트에 나타나는 행/열 전환하기

가로 막대가 시간의 흐름에 맞게 나타나도록 차트 데이터 원본 범위의 첫 행과 첫 열이 나타나는 위치를 전환한다.

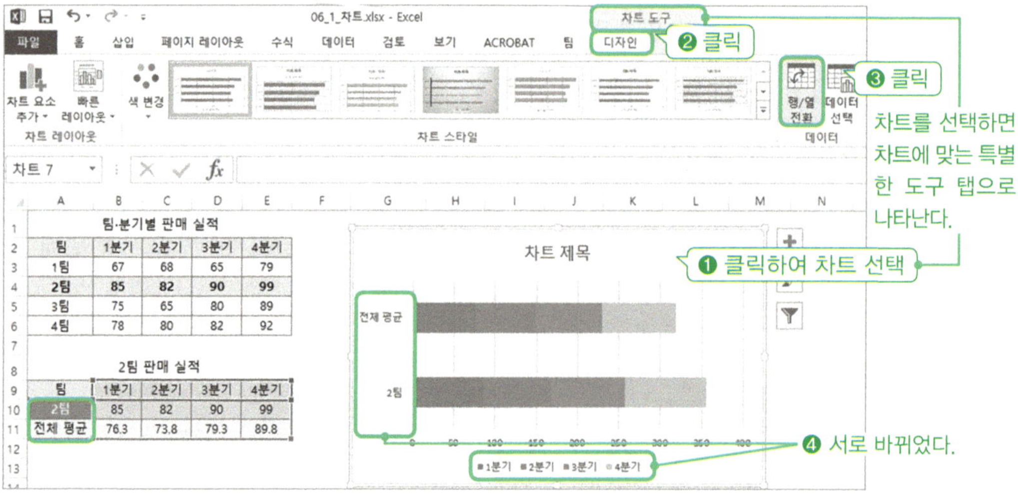

03 차트 종류를 '묶은 세로 막대형'으로 변경하기

❶ 차트를 선택한 상태에서 ❷~❸ [차트 도구:디자인] 탭–[종류] 그룹–[차트 종류 변경]을 클릭하여 ❹~❼ [차트 종류 변경] 대화 상자에서 차트 종류를 선택하여 변경한다.
[차트 종류 변경] 대화 상자의 [추천 차트] 탭에서는 미리 만들어 둔 차트 중 한 개를 골라 차트를 삽입할 수 있다. 차트를 처음 만들 때는 차트 범위를 선택한 후 [삽입] 탭–[차트] 그룹–[추천 차트]를 클릭하면 추천 차트가 나타난다.
묶은 세로 막대형 차트를 삽입하는 단축키는 〈Alt〉+〈F1〉 키이다.

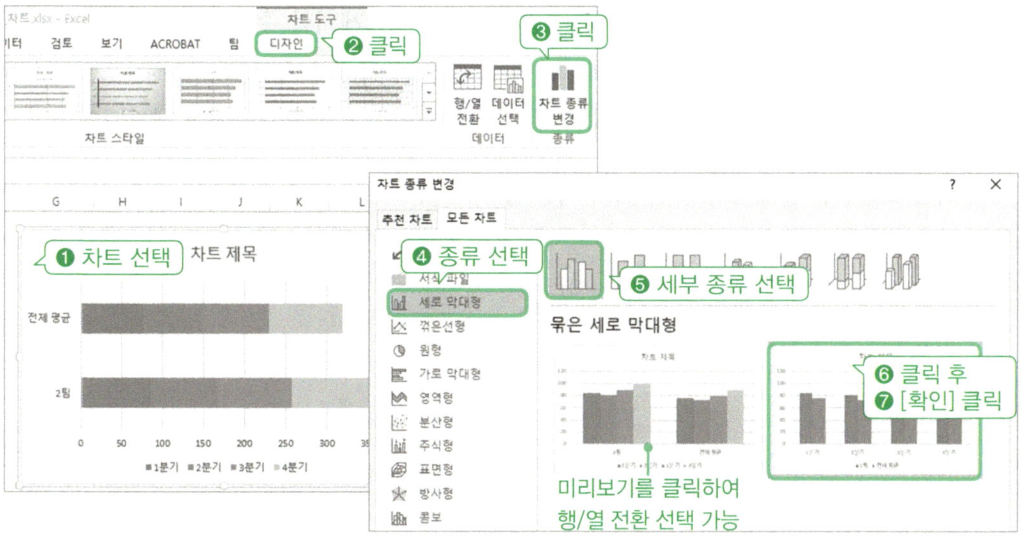

04 차트 제목을 셀 참조로 설정하기

현재 시트에는 [A10] 셀의 팀이 바뀌면 [A8:E8] 병합셀의 제목도 바뀌게 되어 있다. 차트 제목이 [A8:E8] 병합셀을 참조하게 하면 차트 제목도 선택한 팀에 맞게 자동으로 변한다.

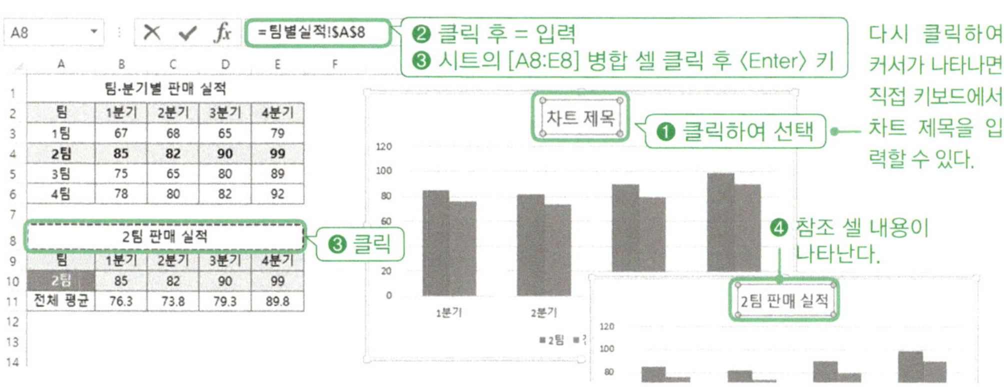

05 세로 축 제목에 판매수를 표시하기: ⊞(차트 요소) 사용하기

차트에 구성 요소를 추가/제거할 때는 차트를 선택하면 우측 상단에 나타나는 ⊞(차트 요소)나 [차트 도구:디자인] 탭–[차트 레이아웃] 그룹–[차트 요소 추가]를 이용한다.

그림과 같이 +(차트 요소)를 클릭하면 차트에 추가/제거할 수 있는 구성 요소를 포함한 갤러리가 나타난다. 이름 왼쪽에 체크가 되어 있으면 이 요소가 현재 차트에 포함되어 있는 상태이며, 이때 요소 이름을 클릭하면 체크가 해제되고 요소가 차트에서 제거된다.

구성 요소 추가/제거가 아닌 위치 이동 등 세부적인 옵션을 설정하려면 요소 이름을 클릭하지 않고 마우스 포인터를 요소 이름 옆에 두어 ▶가 나타나면 ▶를 클릭한다. 하위 옵션이 나타나면 이 중에서 원하는 것을 선택한다.

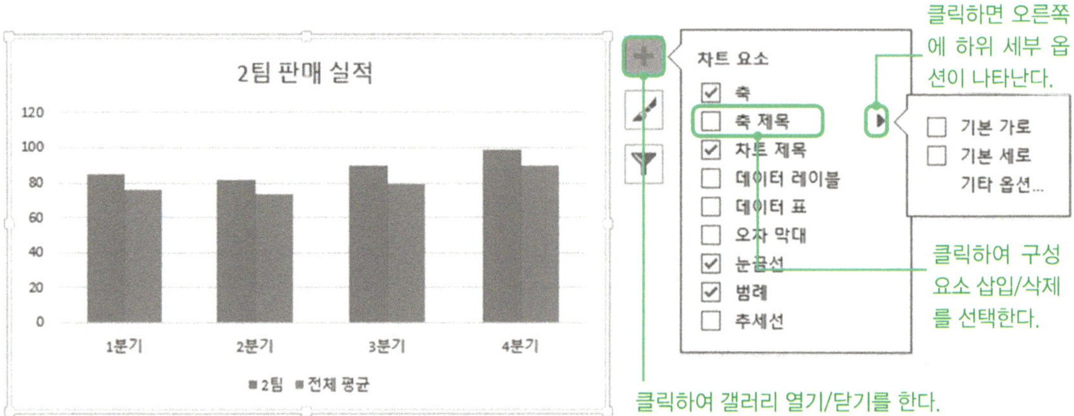

차트를 선택하고 ❶~❷ +(차트 요소)–[축 제목]을 클릭하여 가로/세로 축 제목을 추가한 후 ❸ 가로 축 제목은 제거하고 ❹~❺ 세로 축 제목은 새로 입력한 후 세로 쓰기로 설정한다. 처음부터 세로 축 제목만 추가하려면 ❷ 대신 옆의 ▶를 클릭한 후 [기본 세로]에만 체크를 한다.

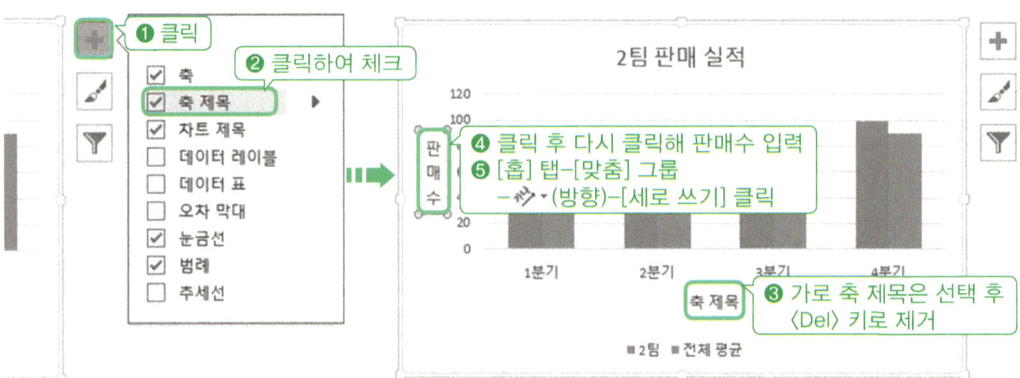

06 데이터 레이블 추가 후 범례를 차트 오른쪽으로 이동하기

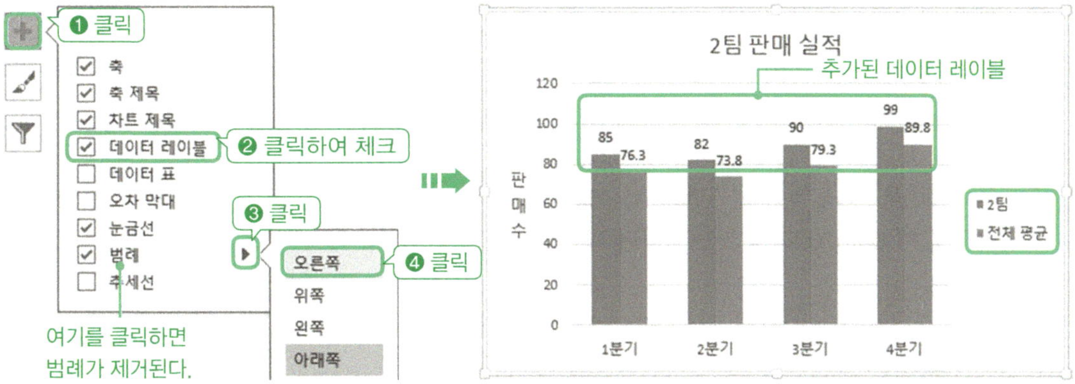

07 그림 영역에 테두리 선 넣기

차트 특정 영역에 마우스 포인터를 두면 해당 요소의 이름이 나타난다. ❶ 차트의 그림 영역을 클릭하여 선택한 후 ❷~❹ [차트 도구:서식] 탭에서 도형 윤곽선을 회색으로 설정한다.

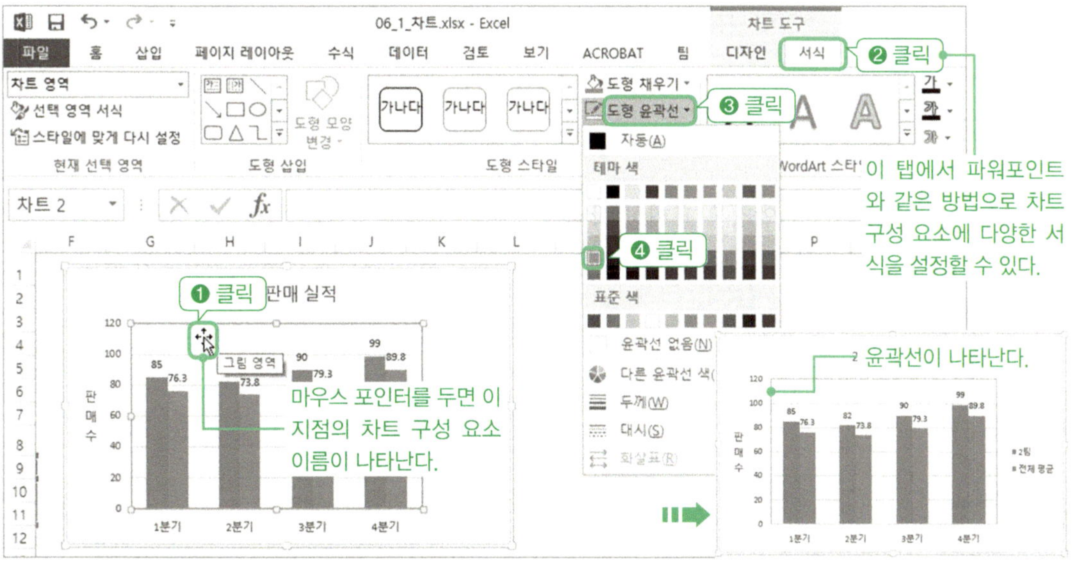

08 세로 축 설정하기: 서식 작업창 사용하기

- 차트 어디서든 더블클릭을 하면 시트 오른쪽에 서식 작업창이 나타난다. 서식 작업창을 이용하면 차트의 세부적인 서식 및 옵션을 설정할 수 있다. 일단 서식 작업창이 나타나 있는 상태에서는 차트의 다른 요소·영역을 클릭하면 해당 요소·영역의 서식 작업창 이름으로 바뀐다.

- 같은 데이터지만 세로 축의 범위를 조절하여 막대 크기의 차이를 강조할 수 있다. ❶~❷ 세로 축의 값이 60~100까지 5 단위마다 나타나게 설정한다.

09 계열 막대를 30% 겹치고 항목 사이를 막대 간격 100%로 띄우기

- 08 단계에서 서식 작업창을 표시한 상태이므로 ❶ 임의의 막대를 클릭하여 [데이터 계열 서식] 작업창으로 바꾼 후 ❷ 계열 막대 겹치기를 30%로, ❸ 항목 사이 간격을 막대의 너비 100%로 설정한다.

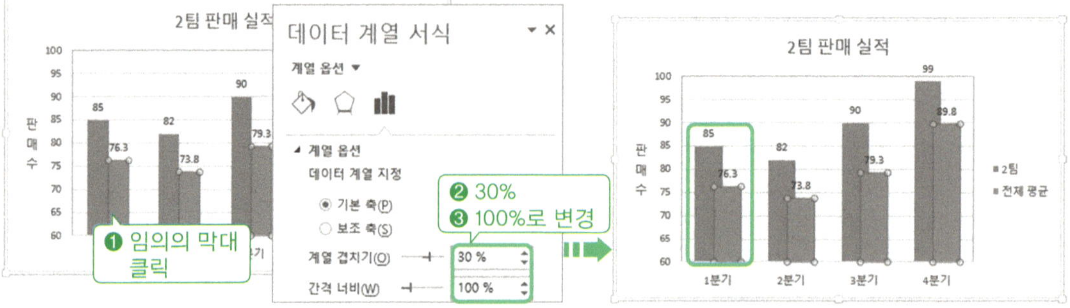

10 판매수가 최저인 전체 평균의 2분기 막대만 진회색으로 채운 후 투명도 설정하기

임의의 막대를 클릭하면 해당 계열의 모든 막대가 자동으로 선택되며 이 중 특정 막대를 한 번 더 클릭하면 해당 막대(데이터 요소)만 선택된다. ❶ 2분기의 전체 평균 막대만 한 번 더 클릭하여 해당 요소를 선택한 후 ❷~❺ [데이터 요소 서식] 작업창에서 서식을 설정한다.

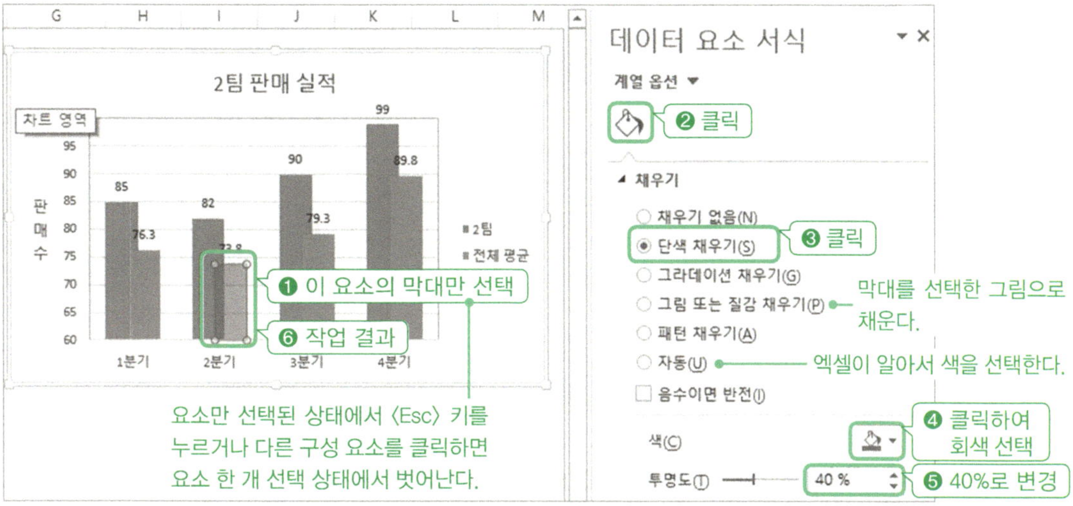

11 범례를 아래로 옮긴 후 차트 종류를 콤보형으로 변경하기

❶ 06 단계와 같은 방법으로 범례를 아래쪽으로 옮긴 후 ❷ 차트의 빈 곳에서 마우스 오른쪽 버튼을 클릭한 후 팝업 메뉴 [차트 종류 변경]을 클릭한다. ❸~❹ [콤보] 형을 선택하면 계열마다 차트 종류를 다르게 설정할 수 있다. ❺~❼ 2팀 계열은 묶은 세로 막대형 그대로 두고, 전체 평균 계열만 (표식이 있는 꺾은선형)으로 변경한다.

특정 계열만 차트 종류를 변경할 때, 차트에서 계열을 선택한 후 [삽입] 탭-[차트] 그룹에서 차트 종류를 선택해도 된다.

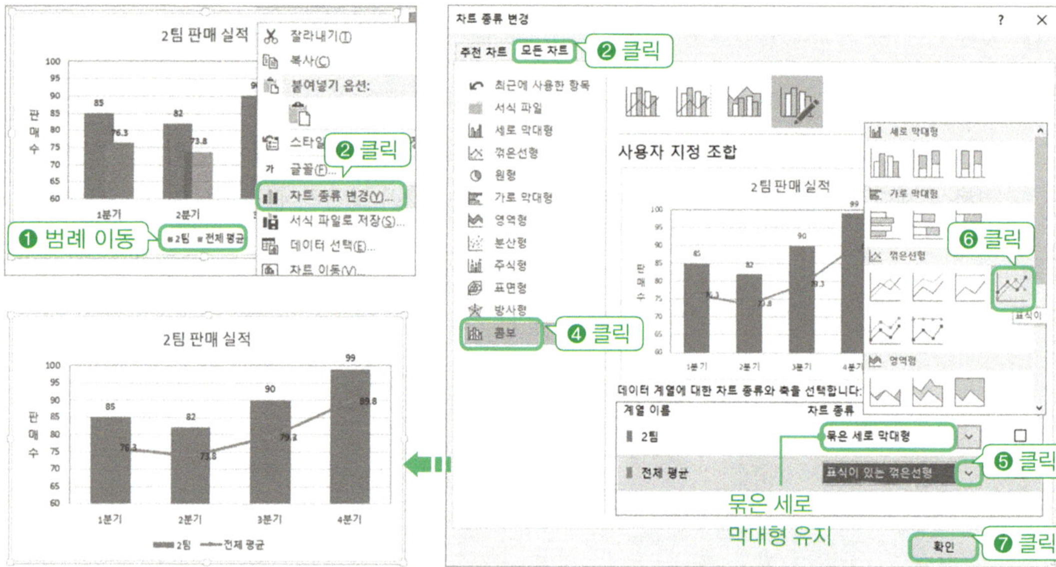

12 전체 평균 계열만 데이터 레이블을 표식 아래에 표시하고 흰색으로 바꾸기

❶ 전체 평균 계열의 데이터 레이블 중 하나를 클릭하여 이 계열의 모든 레이블을 선택한 후 ❷~❹ 레이블을 아래로 이동한다. ❺ 현재 전체 평균 계열의 데이터 레이블이 선택된 상태에서 [홈] 탭–[글꼴] 그룹–가(글꼴 색)의 ▼을 클릭하여 흰색을 선택한다.

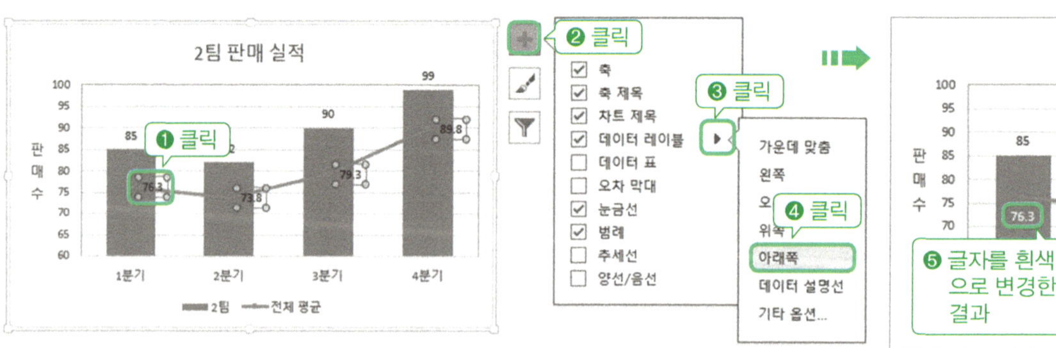

13 꺾은선과 표식의 서식 설정하기

❶~❺ 꺾은선은 황금색으로, ❻~⓬ 표식은 다이아몬드 모양(크기 10, 황금색, 흰색 테두리)으로 서식을 변경한다.

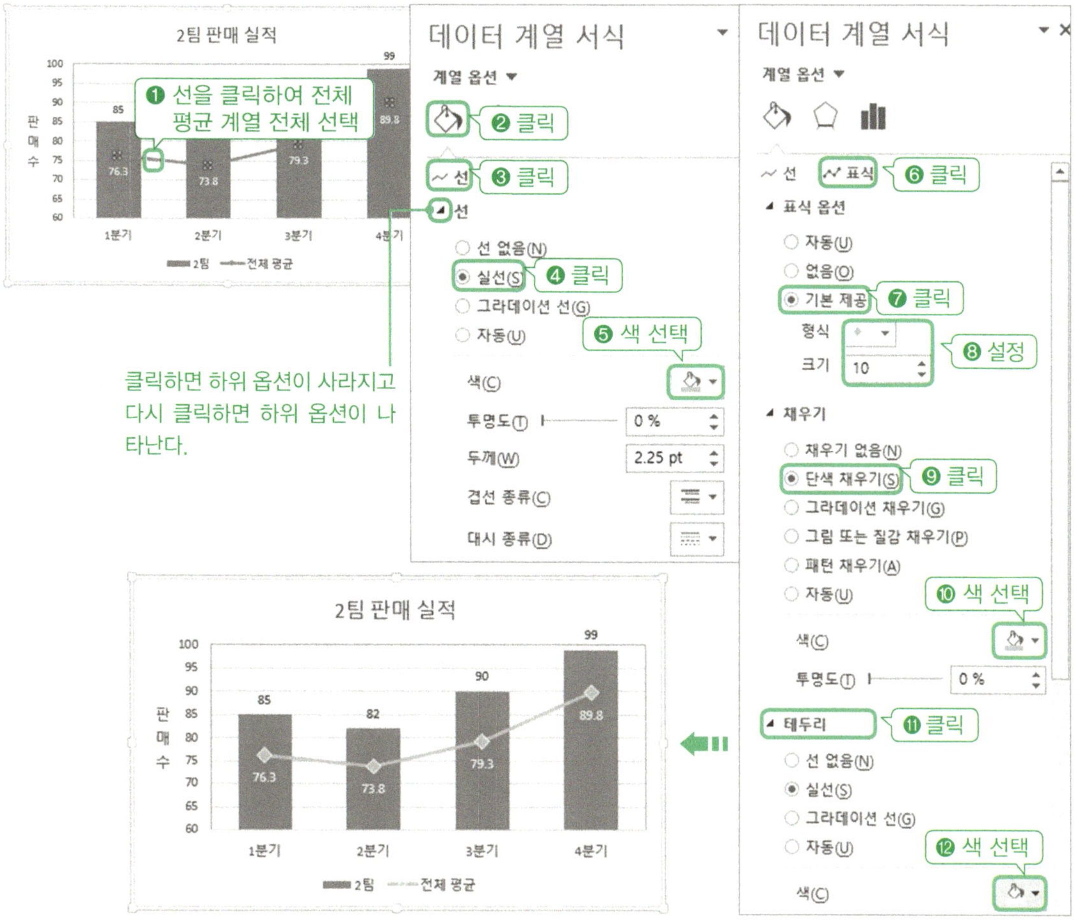

14 주 가로 눈금선, 그림 영역 테두리, 세로 축과 제목 제거 후 막대 간격 늘이기

다양한 방법으로 구성 요소를 제거하고 서식을 설정할 수 있다.

추가하려는 구성 요소 중 [+](차트 요소) 갤러리에 나타나지 않는 것은 [차트 도구:디자인] 탭–[차트 레이아웃] 그룹–[차트 요소 추가]를 이용한다.

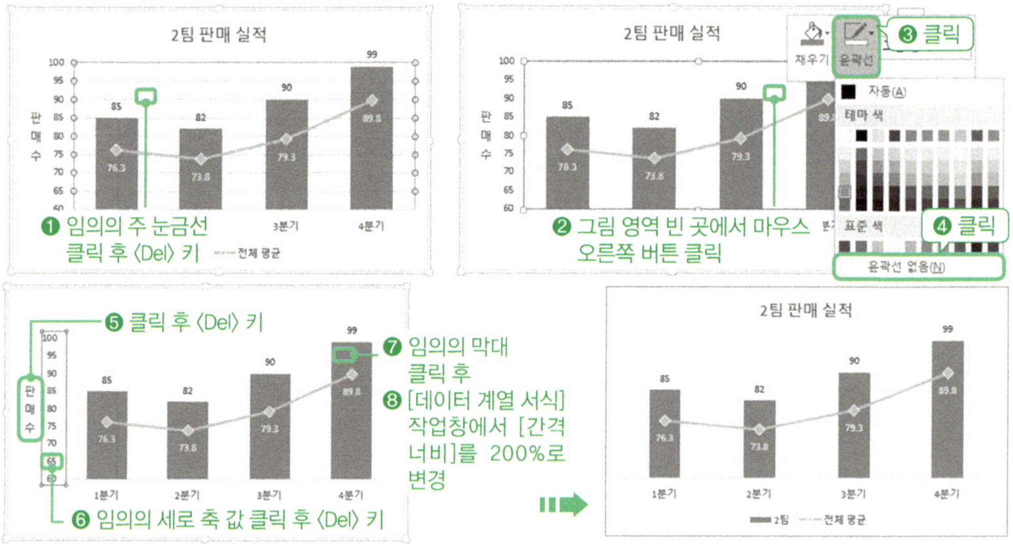

15 4분기 판매수 데이터 레이블을 도형에 표시하고 도형에 빠른 스타일 설정하기

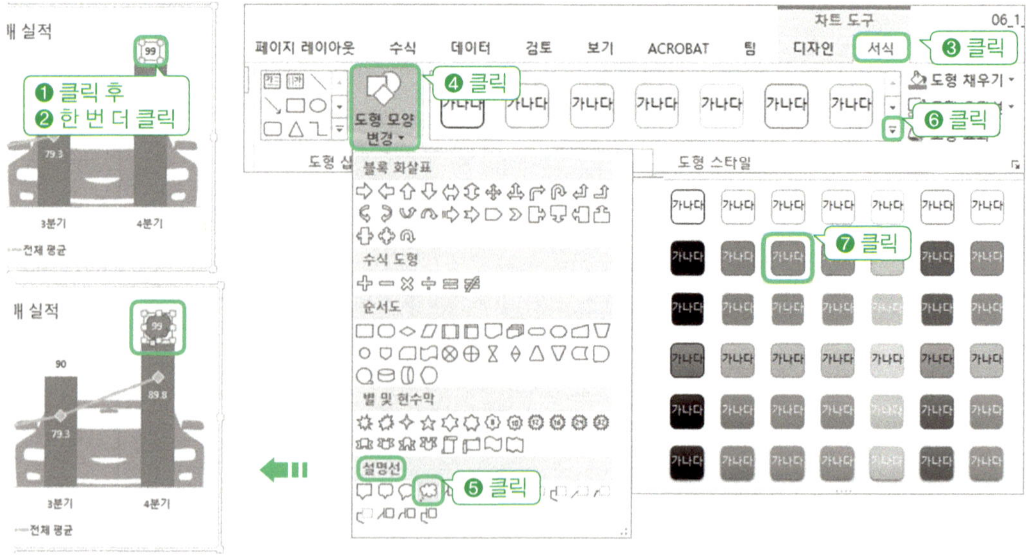

16 그림 영역의 배경으로 그림 넣기

그림 영역의 빈 곳에서 클릭하여 그림 영역을 선택한 후 ❶~❸ [그림 영역 서식] 작업창에서 [온라인] 버튼을 클릭한다. ❹~❻ [그림 삽입] 대화 상자의 [Bing 이미지 검색] 칸에서 '자동차'로 검색하여 원하는 그림을 선택하고 [삽입] 버튼을 클릭하면 선택 영역이 그림으로 채워진다. ❼ 그림을 조금 투명하게 한 후 ❽ 오프셋을 설정하여 그림 영역의 오른쪽 하단에 그림이 나타나게 한다. 온라인 그림을 삽입할 때는 라이선스를 확인해야 한다.

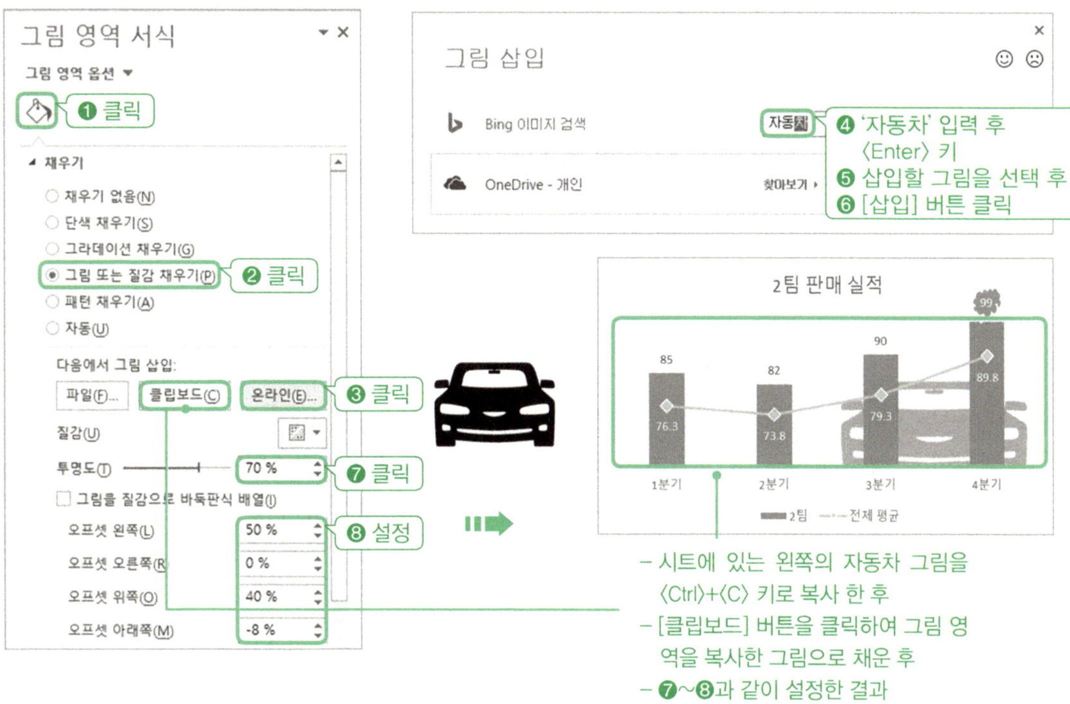

17 차트에 사용한 데이터 원본 범위 변경하기

차트에 사용한 데이터 원본 범위는 다음과 같이 여러 방법으로 변경할 수 있다.

- **차트에서 직접 변경하기:** 제거할 계열의 막대를 클릭하여 계열 전체 막대를 선택한 후 〈Del〉 키로 제거한다. 다른 구성 요소 역시 선택 후 〈Del〉 키로 제거할 수 있다.
- **시트의 차트 데이터 원본에 나타난 박스 크기를 변경하기:** 차트를 클릭하면 데이터 원본 범위에 특정 색의 박스가 나타난다. 이 박스 모서리의 핸들을 이용하여 범위를 축소/확장할 수 있다.

	2팀 판매 실적				
9	팀	1분기	2분기	3분기	4분기
10	2팀	85	82	90	99
11	전체 평균	76.3	73.8	79.3	89.8

핸들에 마우스 포인터를 두어 화살표가 나타났을 때 드래그하여 범위를 축소/확대할 수 있다.

- **[데이터 원본 선택] 대화 상자 이용하기**: 차트의 데이터 원본 범위가 연속적이지 않고 흩어져 있거나 범례나 축 레이블 범위가 잘못 되어 있다면 [차트 도구:디자인] 탭-[데이터] 그룹-[데이터 선택]을 클릭해 나타난 [데이터 원본 선택] 대화 상자에서 모든 범위를 직접 변경할 수 있다. 이 방법은 [예제 6-5]에서 소개한다.
- **차트 필터 사용하기**: 앞서 소개한 방법은 차트의 데이터 원본 범위를 변경하는 것이다. 차트 필터를 사용하면 원본 범위는 그대로이지만 차트에 표시하는 내용만 고를 수 있다. ❶ 차트를 클릭하면 우측 상단에 (차트 필터)가 생긴다. ❷ 를 클릭하여 나타난 갤러리에서 차트에 표시하고 싶은 부분에만 체크를 하고 ❸ [적용]을 클릭하면 차트가 바뀐다.

예제 6-2

보조축을 사용하는 차트

직원들의 근무 기간과 불량률의 관계를 분석하기 위해 보조축을 사용하는 콤보 차트를 만들어 보자. 근무 연수는 3~25 범위이고 불량률은 0.011(1.1%)~0.045(4.5%) 범위이다. 이처럼 두 계열의 값 차이가 심할 때 아주 작은 값의 불량률은 차트에 제대로 나타나지 않는다. 이러한 문제는 축의 값 범위를 다르게 한 보조 축을 이용하여 해결할 수 있다.

준비파일 ch6_1.xlsx '불량률' 시트

완성시트

	A	B	C	D
1				
2	이름	성별	근무 연수	불량률
3	여수정	여	3	3.5%
4	이대로	남	5	4.0%
5	하지만	남	6	4.5%
6	현명한	남	7	3.0%
7	나미인	여	12	1.5%
8	진선미	여	15	1.3%
9	한일군	남	25	1.1%

차트 데이터 원본 범위가 흩어져 있다.

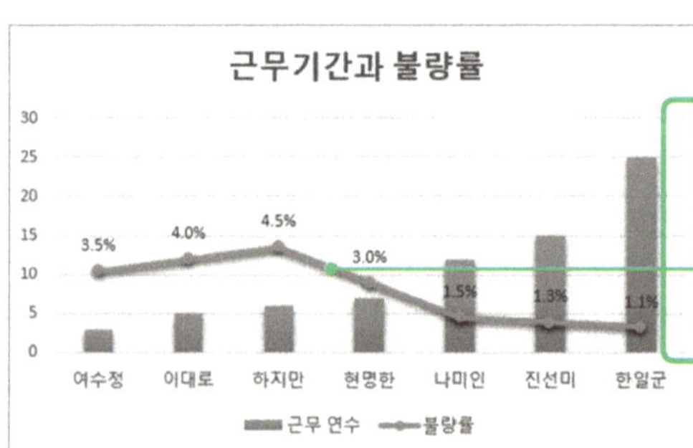

보조 세로 축이 있지만 선과 값 레이블이 없다.

불량률 계열은 오른쪽의 보조 세로 축을 사용한다.

01 흩어진 차트 원본 범위를 선택 후 묶은 세로 막대형 차트 만들기

❶ 이름 [A2:A9] 셀을 드래그 후, ❷ 흩어진 범위는 〈Ctrl〉 키를 누른 채 [C2:D9] 범위를 선택해야 한다. ❷ 〈Alt〉+〈F1〉 키를 눌러 묶은 세로 막대형 차트를 만든다.

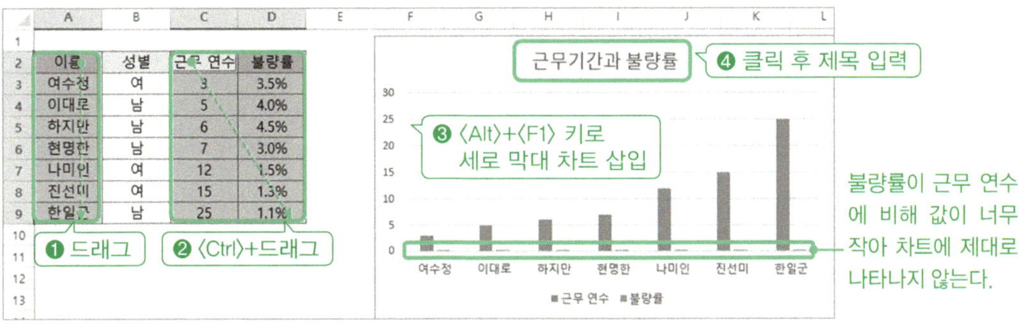

02 불량률 계열을 보조 세로 축을 사용하는 꺾은선형 차트로 변경하기

불량률 계열이 그림 영역에 제대로 나타나도록 기본 세로 축(왼쪽 축)을 사용하지 않고 보조 세로 축(오른쪽 축)을 사용하게 한다.

'방법1'은 차트를 선택한 후 [차트 도구:디자인] 탭–[종류] 그룹–[차트 종류 변경]을 클릭한 후 ❶ [콤보] 형을 선택하고 ❷ 불량률 계열의 차트 종류를 변경하고 ❸ [보조 축]을 사용하도록 체크를 하면 미리보기로 결과를 확인할 수 있다.

'방법2'는 차트의 구성 요소를 차트에서 직접 클릭하여 선택하기 어려울 때 사용할 수 있는 방법이다. 일단 차트에서 더블클릭하여 서식 작업 창을 나타낸 후 ❶ [옵션▼]의 ▼을 클릭하여 ❷ 선택할 구성 요소를 클릭하면 서식 작업 창이 바뀐다. ❸ (계열 옵션)을 클릭한 후 ❹ [보조 축]을 사용하도록 설정한다.

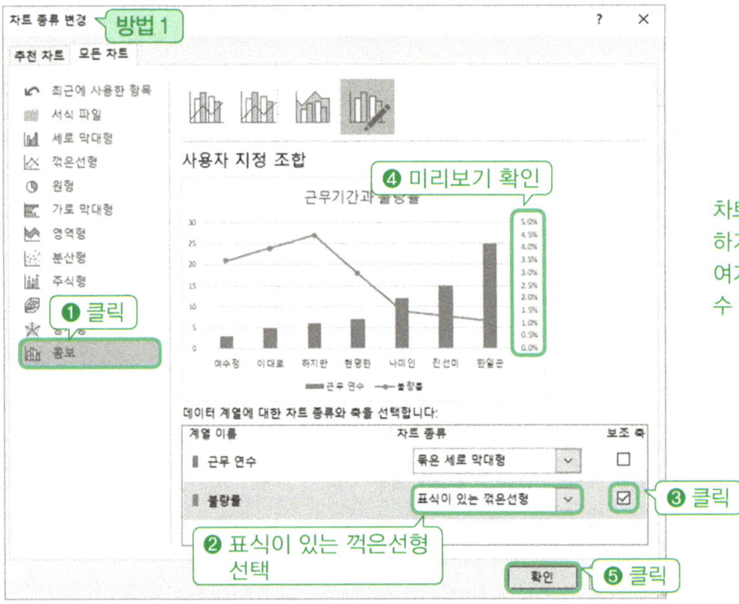

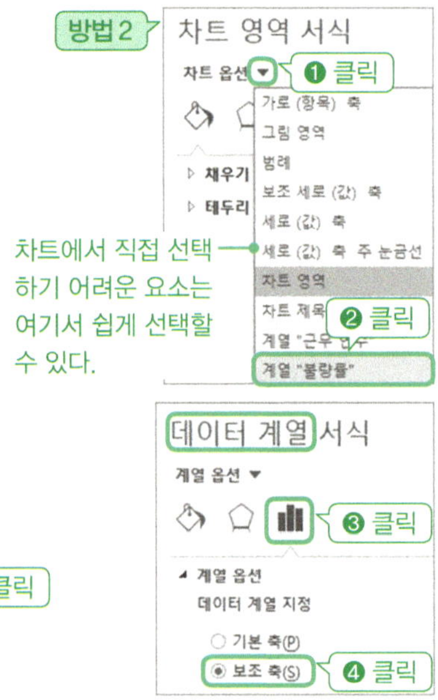

Tip 차트의 구성 요소를 선택하는 또 다른 방법은 [차트 도구:서식] 탭–[현재 선택 영역] 그룹–계열 "불량률" (차트 요소)에서 ▼를 클릭한 후 구성 요소를 선택하는 것이다.

Tip 특정 계열의 차트 종류만 변경할 때는 ❶ 차트 종류를 변경할 계열을 먼저 선택한 후 ❷ 새로 차트를 삽입하는 방법과 같이 리본 메뉴의 [삽입] 탭–[차트] 그룹에서 차트 종류를 선택해도 된다.

03 보조 세로 축 경계 범위, 차트 스타일, 불량률 계열의 데이터 레이블 설정하기

❶~❸ 불량률의 꺾은 선이 완만하도록 보조 세로 축의 경계를 0%(0)~10%(0.1)로 설정한다. ❹~❺ (차트 스타일)을 이용하여 차트에 '스타일 8'을 적용한다. ❻ 차트에서 불량률 선을 클릭하여 불량률 계열을 선택한 후 ❼~❾ 데이터 레이블을 위쪽에 표시한다.

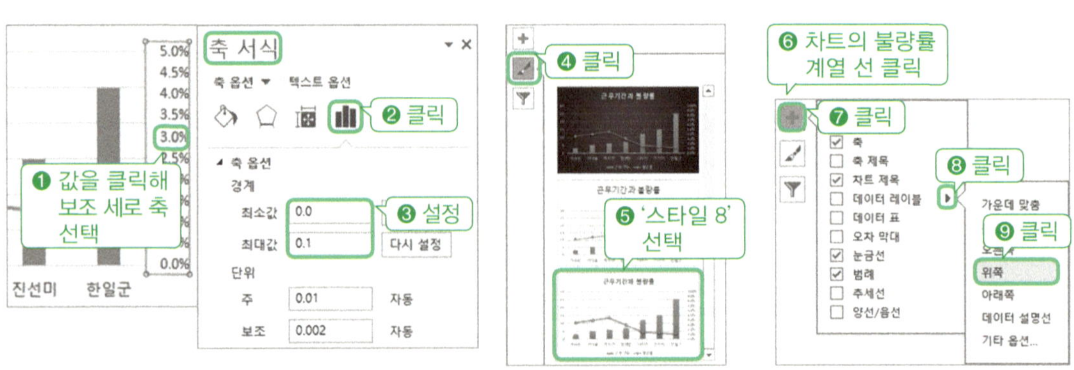

04 보조 세로 축의 값 레이블을 없애기

보조 세로 축을 선택하여 〈Del〉 키로 제거하면, 불량률 계열은 자동으로 기본 축을 사용하게 되어 다시 가로 축 바닥에 표시된다. 그러므로 ❶ 값 중 하나를 클릭하여 보조 세로 축을 선택한 후 ❷~❺ 보조 세로 축의 [레이블 위치]를 '없음'으로 설정한다.

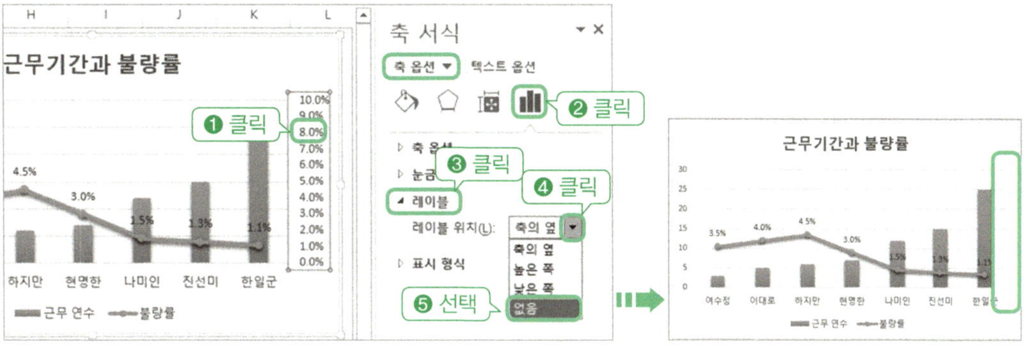

예제 6-3

원형 대 가로 막대형 차트

원형 차트는 값보다는 비율을 강조하는 데 많이 사용한다. 후보가 많을 때 지지율이 낮은 파이 조각의 크기 비교를 잘 할 수 있도록 원형 대 가로 막대형 차트를 만들어 보자.

준비파일 ch6_1.xlsx '설문조사' 시트

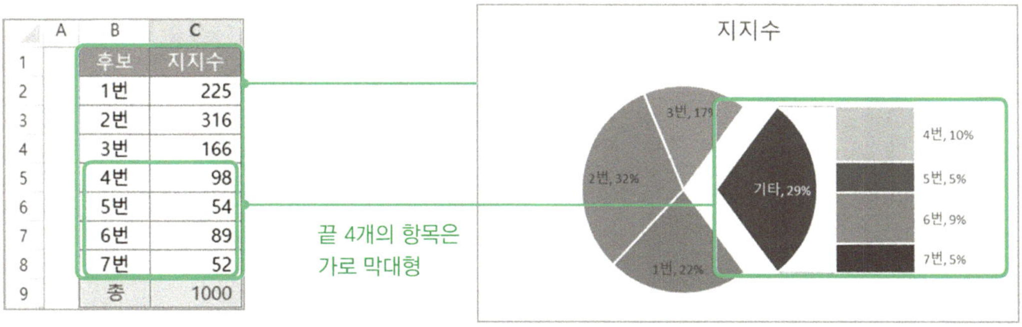

01 원형 대 가로 막대형 차트 만들기

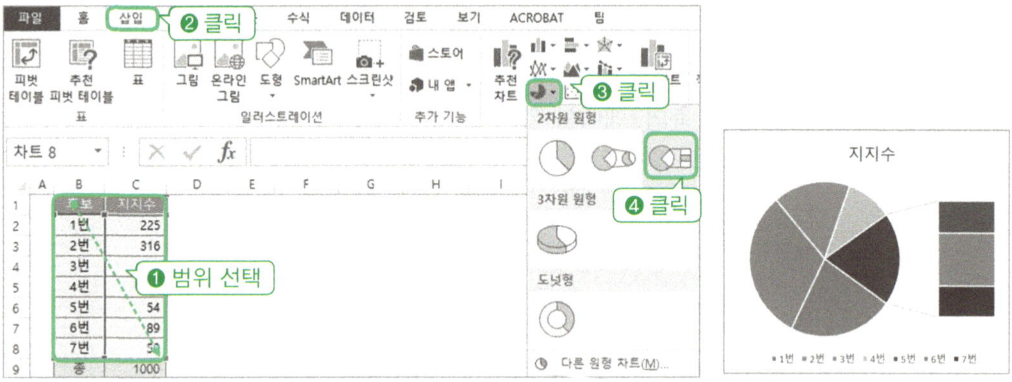

02 데이터 레이블을 '항목 이름, 백분율'로 표시하기

❶~❷ 차트에서 범례를 클릭하여 선택한 후 〈Del〉 키로 제거한다. ❸ 임의의 파이 조각 위에서 마우스 오른쪽 버튼을 클릭하여 ❹ 팝업 메뉴 [데이터 레이블 추가]를 클릭하여 데이터 레이블을 추가한다. ❺ 방금 추가한 데이터 레이블 중 하나를 클릭하여 전체 데이터 레이블을 선택한 후 ❻ [데이터 레이블 서식] 작업 창에서 ❼ [항목 이름]을 체크하고, [값]은 체크를 해제하고, [백분율]에는 체크를 한다. ❽ 방금 추가한 항목 이름과 백분율을 쉼표로 구분하기 위해 구분 기호를 ','로 선택한다.

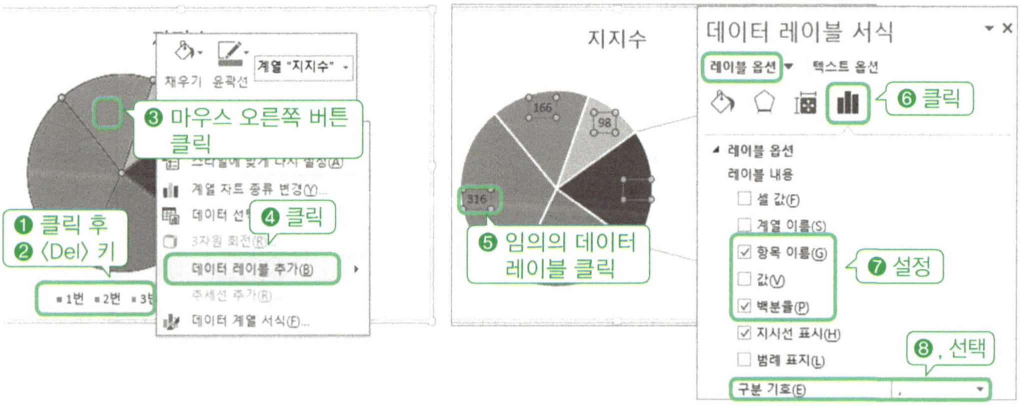

Tip 항목 이름과 백분율 구분 기호를 ,로 지정하는 ❽ 과정에서 ,를 선택해도 차트에 바로 적용되지 않고 줄바꿈으로 나타나는 것은 엑셀의 오류 때문이다. 이런 경우 일단 차트에서 다른 곳을 클릭하여 데이터 레이블 선택 상태에서 벗어난다. 그리고 다시 데이터 레이블을 선택하고 [데이터 레이블 서식] 작업 창에서 ,(쉼표) 구분 기호를 지정하면 제대로 적용된다.

03 가로 막대형에는 끝에서 4개의 항목을 나타내고, 크기를 80%로 확대하기

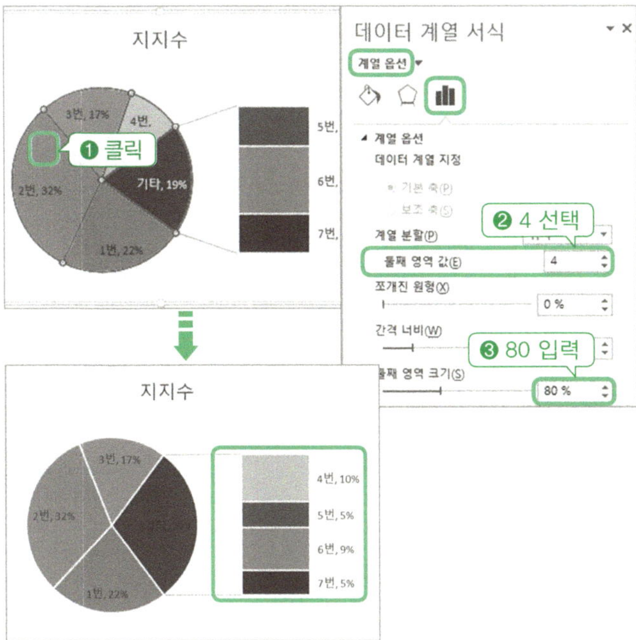

04 '기타'의 데이터 레이블을 흰색으로 변경하고, 파이 조각을 분리하기

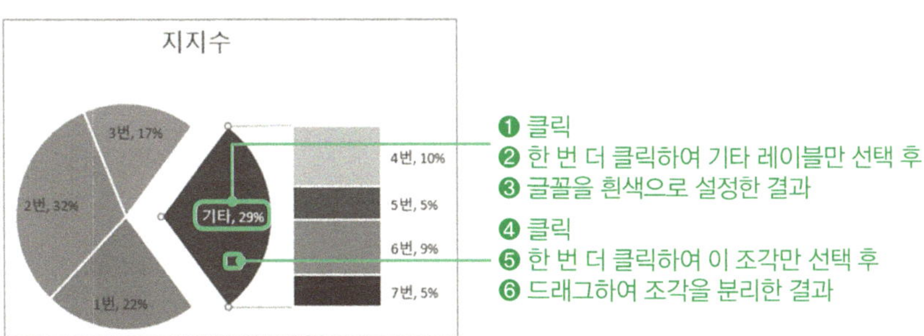

예제 6-4

도넛형 차트

도넛형 차트는 원형 차트와 다르게 여러 계열의 데이터를 표현할 수 있다. 이 예제에서는 '1번후보' 계열만으로 지지자 중 남성이 차지하는 비율을 강조하는 도넛 차트를 만들어 보자.

준비파일 ch6_1.xlsx '설문조사' 시트

완성시트

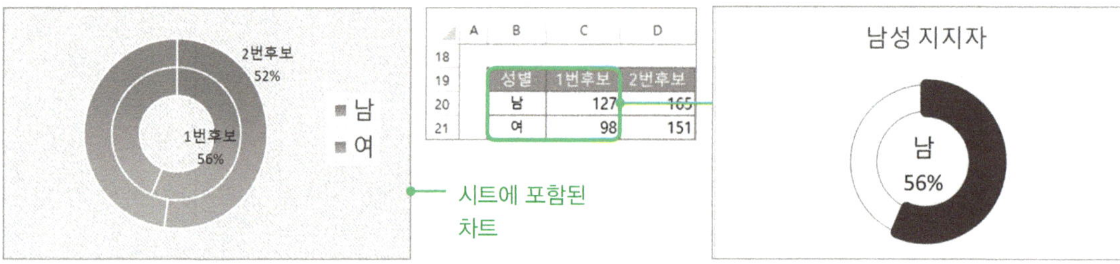

01 1번 후보 지지자의 성별 비율을 도넛형 차트로 나타내고 차트 제목 넣기

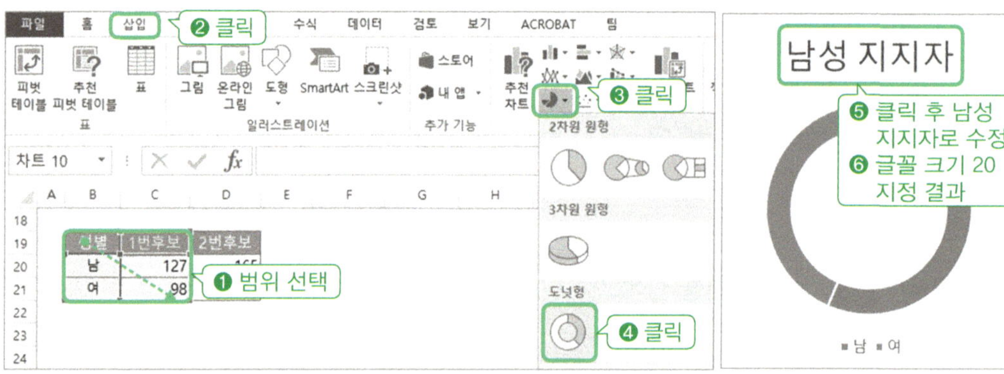

02 범례를 제거하고 도넛 구멍 크기를 65%로 줄이기

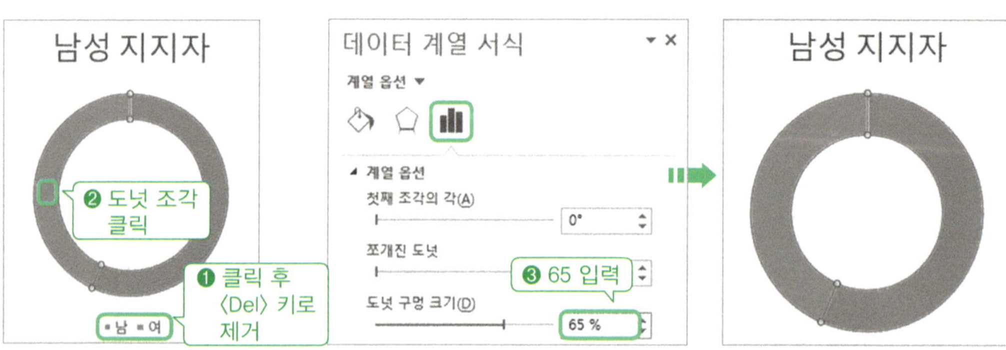

03 여성 도넛 조각을 흰색에 테두리만 보이게 설정하기

❶ 임의의 도넛 조각을 클릭하여 데이터 계열을 선택한 후 ❷ 여성 도넛 조각만 한 번 더 클릭하여 선택한 다음 ❸~❼ 흰색으로 채우고 도형 윤곽선을 파랑으로 설정한다.

04 남성 도넛 조각을 파랑으로 서식 설정하기

❶ 남자 도넛 조각만 선택한 다음 ❷~❹ 파랑으로 채우고 ❺~❼ 테두리도 같은 파랑이되 두께를 10포인트로 두껍게 한다.

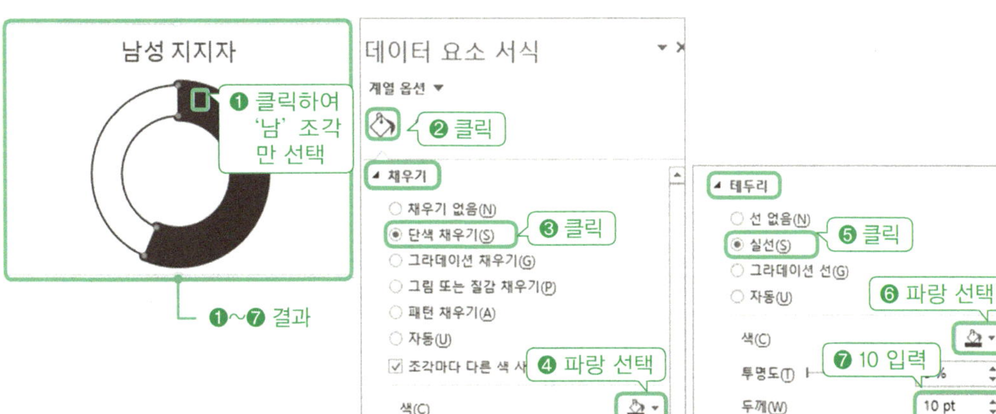

05 데이터 레이블 추가하기

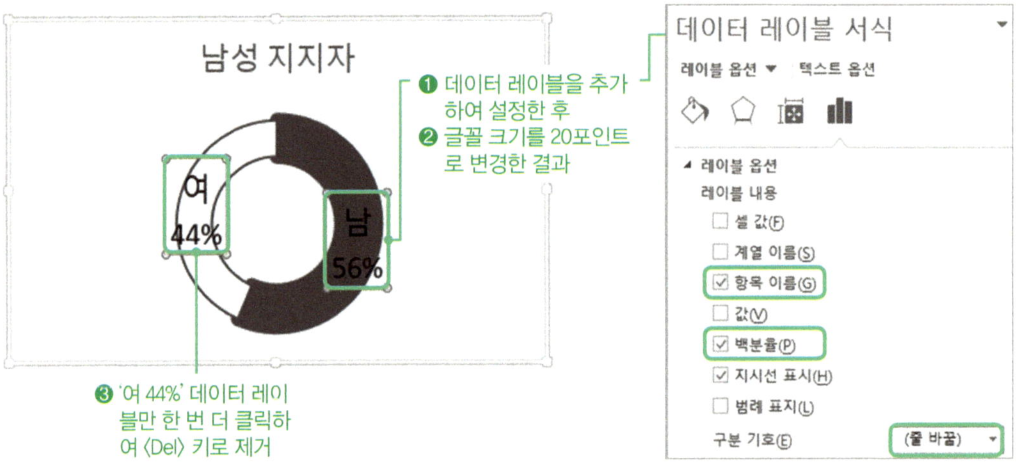

06 남자 데이터 레이블만 강조하여 도넛 구멍에 두기

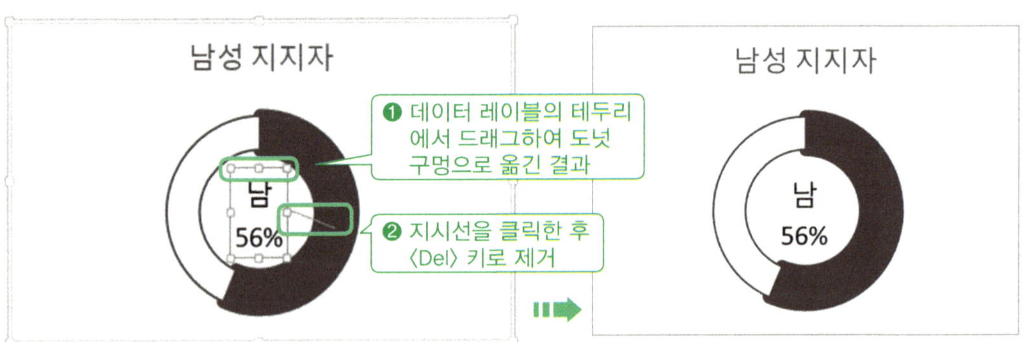

예제 6-5

차트 원본 범위 고치기

차트 원본 범위의 첫 행이나 첫 열이 모두 숫자이면서 범위의 첫 셀에 내용이 있다면, 잘못된 차트가 만들어진다. 이를 해결하는 방법을 알아보자.

준비파일 ch6_1.xlsx '근무연수' 시트

01 근무 연수 증가에 따른 불량률의 변화를 확인하기 위한 꺾은선형 차트 만들기(잘못된 결과)

[A2:B9] 범위로 꺾은선형 차트를 만들면 그림과 같이 잘못된 차트가 나타난다. 그 이유는 차트를 클릭하면 시트의 데이터 원본에 표시되는 빨강과 파랑 박스를 보면 알 수 있다. 데이터 원본 범위의 첫 열이 모두 숫자인데 범위 첫 셀 [A2]에 내용이 있으므로 [A2]를 계열 이름으로, [A3:A9] 범위의 숫자를 그림 영역에 나타낼 계열 값으로 간주하기 때문이다. 즉, 이런 현상은 차트 원본 범위의 첫 행 또는 첫 열이 모두 숫자이면서 범위의 첫 셀에 내용이 있을 때 일어난다.

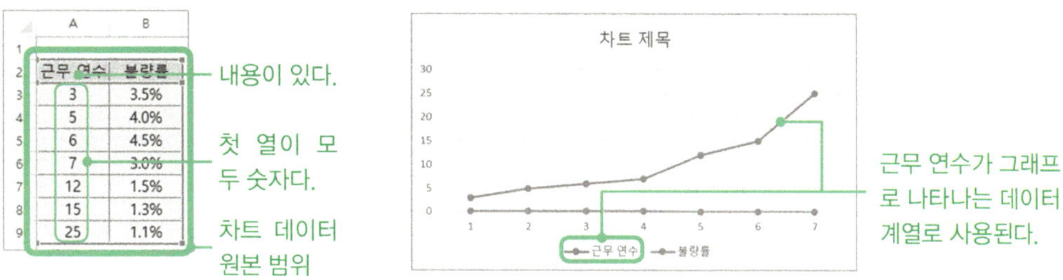

02 해결 방법 1: 범위의 첫 셀 내용을 지워서 해결하기

아주 간단한 방법은 첫 셀 내용을 없애서 엑셀이 계열 이름으로 오인할 여지를 없애는 것이다. 그림과 같이 첫 셀 내용을 지우고 차트를 만든 후, 첫 셀 내용을 다시 입력하면 된다.

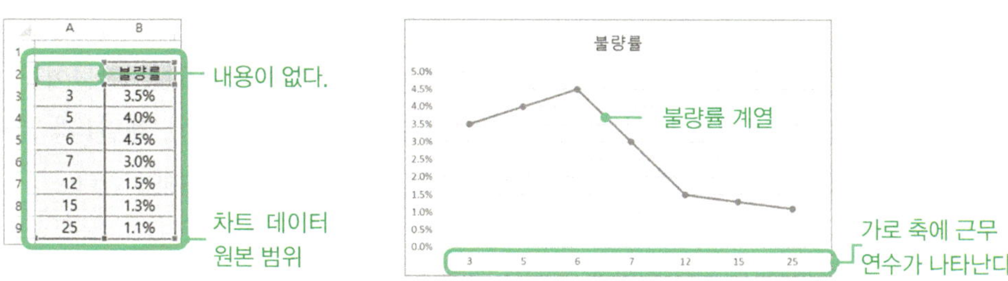

03 해결 방법 2: 차트 데이터 원본 범위를 다시 설정하기

01 단계와 같이 잘못된 차트가 만들어졌을 때 이를 해결하는 또 다른 방법은 차트의 데이터 원본 범위를 직접 변경하는 것이다.

차트를 선택하고 [차트 도구: 디자인] 탭–[데이터] 그룹–[데이터 선택]을 클릭한다. ❶ [데이터 원본 선택] 대화 상자에서 ❷~❹ 잘못된 가로(항목) 축 레이블 범위를 근무 연수로 수정한다.

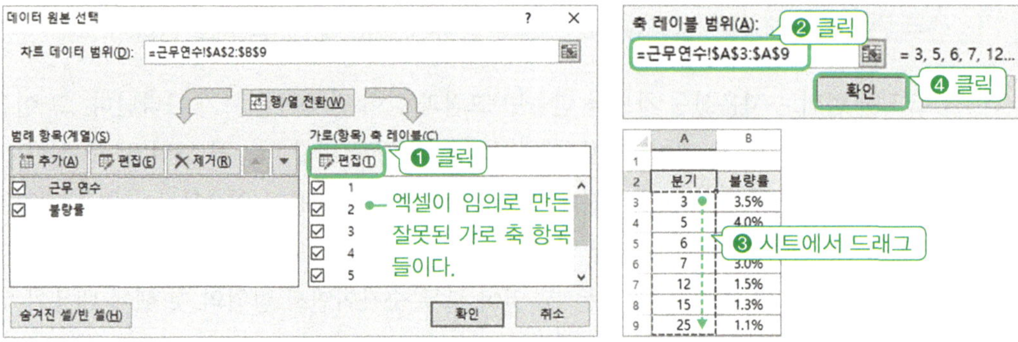

다음으로 잘못 추가된 '근무 연수' 계열을 제거한다. ❶ [범례 항목(계열)] 목록에 포함된 [근무 연수]에 체크를 하고 ❷ [제거] 버튼을 클릭한 후 ❸ [확인] 버튼을 클릭하면 제대로 된 차트가 나타난다.

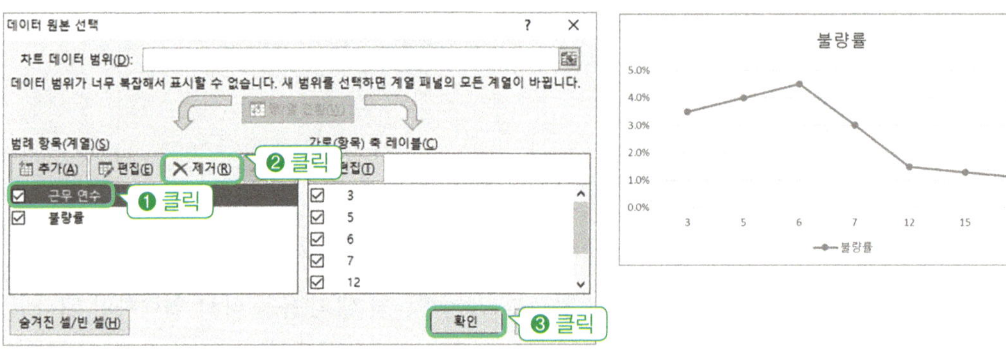

다음 그림은 원본 범위 첫 셀에 내용이 있고 첫 행이 모두 숫자일 때 잘못 만들어진 차트이다. 이 경우는 데이터 원본을 직접 변경할 때 [범례 항목(계열)]에 포함된 '계열1'과 '계열2' 각각에 대해 [편집] 버튼을 클릭하여 [계열 이름]과 [계열 값] 범위를 수정해야 한다.

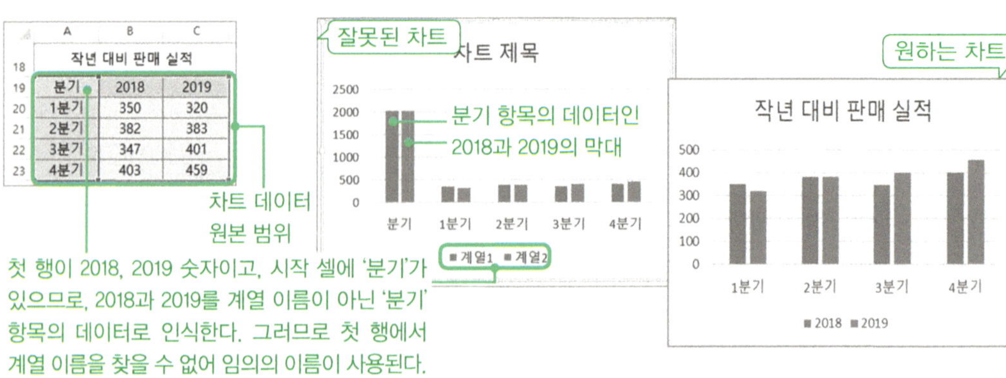

연습문제

'ch6_1_연습문제.xlsx' 통합 문서를 열어 다음 문제를 해결하시오.

01 '여론조사' 시트에서 다음과 같은 묶은 세로 막대형 차트를 만들어 보자.

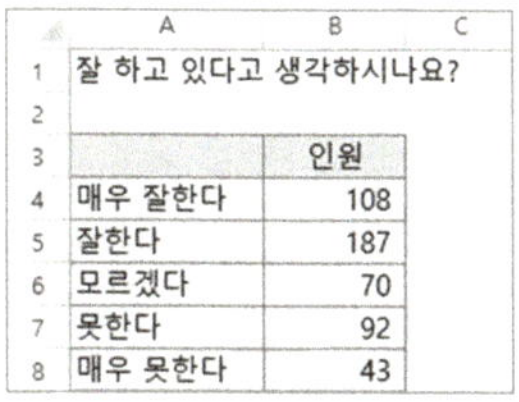

	A	B	C
1	잘 하고 있다고 생각하시나요?		
2			
3		인원	
4	매우 잘한다	108	
5	잘한다	187	
6	모르겠다	70	
7	못한다	92	
8	매우 못한다	43	

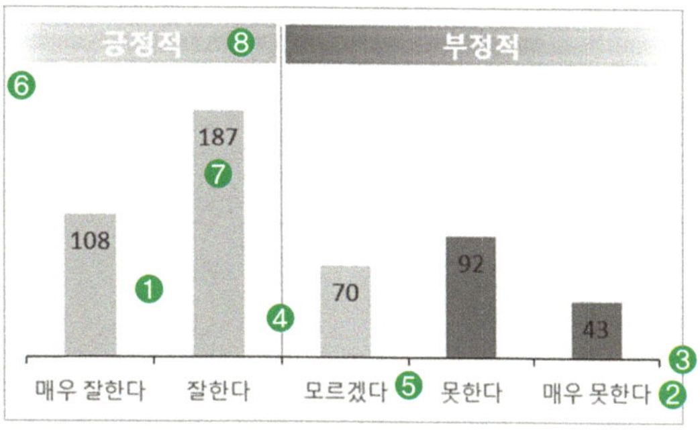

❶ 막대 간격을 150%로 줄이고, 막대 한 개씩 선택하여 녹색, 녹색, 황금색, 진회색, 진회색 순서로 변경하시오.

❷ 가로 축 항목의 글꼴 크기를 11로 설정하시오.

❸ 가로 축 선 색을 진회색으로 설정하시오.

❹ 가로 축의 세 번째 항목인 '모르겠다'에서 세로 축을 교차시키시오. 가로 축을 선택한 후 [축 서식] 작업창의 [축 옵션]-[세로 축 교차]의 [항목 번호]를 '3'으로 설정한다.

❺ 주 눈금을 가로 축 바깥쪽에 나타내시오. 가로 축에서 세로 축이 교차하는 지점을 설정해야 하므로, [축 옵션]-[눈금]-[주 눈금]을 '바깥쪽'으로 설정한다.

❻ 세로 축을 0~250 범위로 설정하고, 축 옆에 값 레이블이 보이지 않게, 축 선은 회색으로 설정한 다음, 가로 주 눈금선과 차트 제목을 제거하시오.

❼ 막대 안쪽 끝에 데이터 레이블을 표시한 후 글꼴 크기를 14로 설정하시오.

❽ 시트에 포함된 그라데이션이 들어간 도형(긍정적)을 차트에 복사해 넣으시오. 차트를 클릭하여 선택한 상태에서 복사한 도형을 붙여 넣어야 차트와 도형이 자동으로 그룹이 된다. 그룹이 되지 않으면 차트를 이동하거나 축소 · 확대해도 도형은 변하지 않는다.

02 01에서 작업한 '여론조사' 시트에 다음과 같은 자료와 도넛형 차트를 만들어 보자.

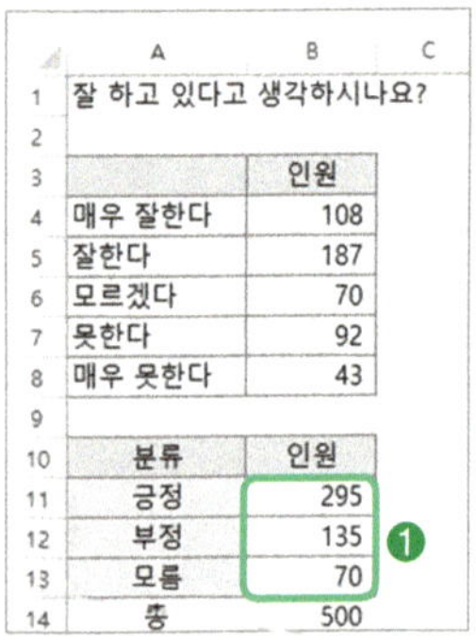

	A	B	C
1	잘 하고 있다고 생각하시나요?		
2			
3		인원	
4	매우 잘한다	108	
5	잘한다	187	
6	모르겠다	70	
7	못한다	92	
8	매우 못한다	43	
9			
10	분류	인원	
11	긍정	295	
12	부정	135	
13	모름	70	
14	총	500	

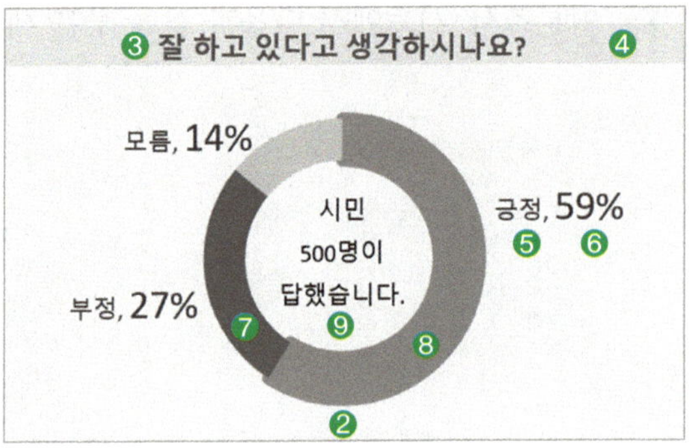

❶ [A4:B5] 범위의 잘한다는 긍정, [A7:B8]의 못한다는 부정으로, [A6:B6]의 모르겠다는 모름으로 처리한 인원을 구한 후 도넛형 차트를 만드시오.

❷~❸ 범례는 제거하고, 차트 영역을 연회색으로 채우고, 차트 제목은 언제나 [A1] 셀 내용으로 굵게 설정하시오.

❹ 차트 제목 위에 직사각형 도형을 추가하고, 채우기 색은 '황금색 강조4, 25% 더 어둡게'로, 투명도는 85%로 지정하여 뒤의 차트 제목이 보이게 하시오. 차트를 클릭하여 선택한 후 ⓐ [삽입] 탭–[일러스트레이션] 그룹–[도형▼]–(직사각형) 선택 후 차트에서 드래그하여 도형 삽입 ⓑ [그리기 도구:서식] 탭–[도형 스타일] 그룹–[도형 채우기▼] 색은 '황금색 강조4, 25% 더 어둡게' 선택, [도형 윤곽선▼] 색은 [윤곽선 없음] 선택한다. ⓒ 도형 위에서 마우스 오른쪽 버튼 클릭 후 팝업 메뉴 [개체 서식]을 클릭하여 [도형 서식] 작업창을 나타낸 후 ⓓ [도형 옵션]–(채우기)–[투명도]를 85%로 설정한다.

❺ 도넛에 데이터 레이블을 추가하고, 글꼴 크기를 12로 설정하시오.

❻ 긍정 조각의 데이터 레이블만 선택하여 백분율의 글꼴 크기를 20으로 키운 후, 서식 작업창의 [현재 레이블] 버튼을 이용하여 다른 데이터 레이블도 같은 서식으로 한꺼번에 변경하시오. 그리고 데이터 레이블을 각 도넛 조각 바깥으로 옮기시오. 데이터 레이블의 일부만 설정을 변경하려면 다음 그림과 같이 작업한다.

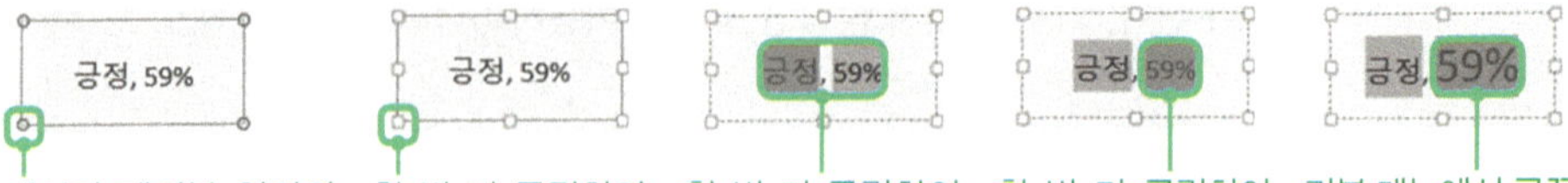

데이터 레이블 임의의 위치에서 한 번 클릭하여 계열의 모든 데이터 레이블이 선택된 상태	한 번 더 클릭하여 이 데이터 레이블만 선택된 상태	한 번 더 클릭하여 이 데이터 레이블의 내용만선택된 상태	한 번 더 클릭하여 내용 중 백분율만 선택된 상태	리본 메뉴에서 글꼴 크기를 20으로 설정하여 커진 상태

현재 선택한 긍정 요소의 데이터 레이블 모양을 다른 모든 요소에 적용하려면, [데이터 레이블 서식] 작업창–[레이블 옵션▼]–[데이터 레이블 계열] 영역의 [현재 레이블] 버튼을 클릭한다. 도넛형 차트는 데이터 레이블 위치가 한 곳만 있으므로 옵션을 이용해서 위치를 바꿀 수 없다. 데이터 레이블을 도넛 조각 밖으로 옮기려면 테두리에서 직접 드래그하여 옮긴다.

❼ 부정 도넛 조각은 진회색, 모름 조각은 황금색, 두 조각의 테두리는 '윤곽선 없음'으로 설정하시오.

❽ 긍정 도넛 조각은 녹색 채우기와 굵기 6의 녹색 테두리로 설정하시오.

❾ 도넛 구멍 크기는 70%로 변경하고, 도넛 구멍 위치에 도형(텍스트 상자)을 추가하여 문장을 나타내시오. 차트를 클릭한 후 ⓐ 도넛 구멍 위에 직사각형 도형(□)을 넣은 후 ⓑ 도형을 선택한 상태에서 키보드에서 문장을 입력한다. ⓒ [그리기 도구:도형 채우기▼] 색은 [채우기 없음], [도형 윤곽선▼] 색은 [윤곽선 없음] 선택 ⓓ 도형 안의 텍스트가 세로로 가운데 오도록 [홈] 탭–[맞춤] 그룹–☰(세로로 가운데 맞춤) 설정 ⓔ 도형 테두리에서 드래그하여 위치 변경 ⓕ 도형 테두리에 있는 핸들에서 드래그하여 크기를 적당히 변경한다.

03 '차주분석' 시트에서 다음과 같은 콤보 차트를 만들어 보자.

	A	B	C
1	자동차주 월소득과 나이 분석		
2			
3	배기량(cc)	월소득	평균나이
4	800	1,500만원	31세
5	1,000	2,000만원	33세
6	1,500	2,500만원	37세
7	2,000	3,000만원	40세
8	2,500	3,500만원	42세
9	3,000	4,000만원	45세
10	3,500	4,500만원	48세
11	4,000	5,000만원	50세
12	4,500	5,500만원	52세

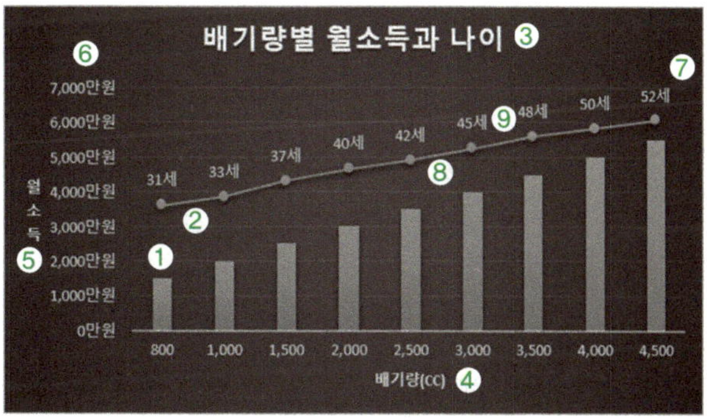

❶ 일단 가로 축에는 배기량(cc) 항목이, 월소득과 평균나이 계열은 묶은 세로 막대형으로 나타나는 차트를 만드시오. (첫 열의 배기량이 모두 숫자이고 범위 첫 셀 [A3]에 내용이 있어서 차트에 배기량(cc) 계열이 추가되므로 주의한다.)

❷ 평균나이 계열은 표식이 있는 꺾은선형이며 보조 세로 축을 사용하는 콤보형 차트로 변경한 후 차트 스타일 중 '스타일 6'을 적용하시오.

❸~❻ 차트 제목, 가로 축, 기본 세로 축에 제목을 입력하고, 범례를 제거하시오. 그리고 기본 가로 축에 7,000만 원까지 나타내시오.

❼ 보조 세로 축의 값 레이블이 보이지 않게 하시오. (보조 세로 축 선택, [축 서식] 작업창–[축 옵션]–[레이블]의 [레이블 위치]를 '없음'으로 설정)

❽~❾ 나이의 꺾은선 두께를 1 포인트로 줄인 후 데이터 레이블을 표시하시오.

04

'기온분석' 시트에는 조건부 서식에서 사용했던 2009년~2017년 최고 기온 데이터를 이용하여 5월~7월까지 매달마다 최고 기온이 30도 이상인 일수를 구한 자료와 이를 분석하기 위해 만든 꺾은선형 차트가 있다. 차트를 다음과 같이 완성해보자.

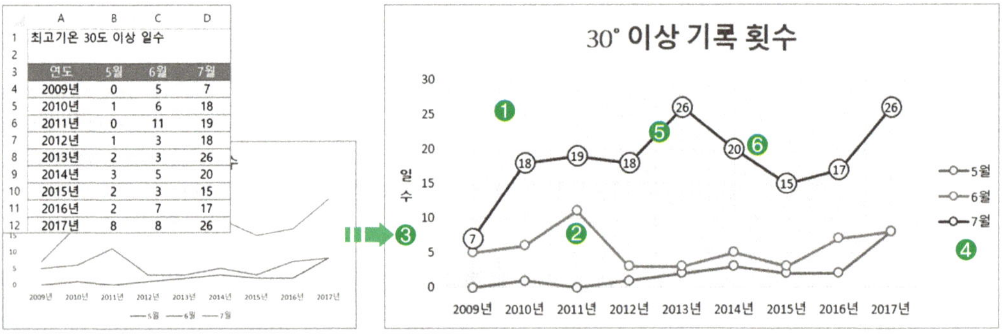

❶ 차트 스타일 중 '스타일 5'를 적용하시오. (차트 선택 후 [차트 도구:디자인] 탭–[차트 스타일] 그룹–'스타일 5' 선택)

❷ 차트 종류를 '표식이 있는 꺾은선형'으로 변경하시오.

❸ 세로 축 제목을 추가한 후 세로 쓰기로 설정하시오.

❹ 범례를 오른쪽으로 이동하시오.

❺ 7월 계열의 표식 크기는 13으로, 표식의 테두리는 녹색으로 설정한 후, 꺾은선의 색도 녹색으로 설정하시오.

❻ 7월 계열에만 데이터 레이블을 표식 가운데 표시하시오.

6.2 데이터 가상 분석

엑셀은 단순한 연산만이 아니라 데이터를 활용해 가상으로 최종 데이터나 데이터의 흐름을 분석할 수 있는 기능을 가지고 있다. 증권이나 영업실적, 성적 등 변동 흐름과 관련된 문서나 보고서를 작성할 경우 손쉬운 예측이 가능할 뿐만 아니라 현재의 상황을 분석하여 향후 어떤 흐름이 될지에 대한 예측까지 가능하다.

엑셀에서 제공하는 가상분석 도구로 목표값 찾기, 시나리오 관리자, 데이터 표 기능을 사용하여 하나 이상의 수식을 근거로 다양한 값 집합을 사용하여 향후 변동값을 예측하여 보자.

(1) 목표값 찾기

수식에서 원하는 결과를 알고 있지만, 그 결과를 얻기 위해 수식에 필요한 입력 값이 확실하지 않은 경우 목표값 찾기 기능을 사용할 수 있다. 예를 들어 돈을 빌려야 한다고 가정했을 때 대출받을 금액과 상환 기간, 월별 상환액을 알고 있다면 목표값 찾기를 사용하여 대출 목표를 충족하기 위한 이자율이 얼마여야 하는지 예측할 수 있다. 즉, 가상의 결과 값을 나타내기 위해 특정 값을 역으로 추산하는 방법이다.

목표값 찾기는 셀 값의 변경으로 워크시트의 수식 결과에 어떤 영향을 줄지 확인하기 위한 과정으로 수식의 결과 값을 기반으로 수식에 필요한 입력 값을 변경하여 새로운 결과 값을 예측하고자 할 때 목표값 찾기 기능을 사용할 수 있다.

다시 말해 목표값 찾기 기능이란 다른 한 셀의 값을 조정하여 셀에 대한 특정 값을 찾는 방법으로 목표값을 찾을 때는 해당 셀을 참조하는 수식에서 원하는 결과를 반환하게 될 때까지 지정한 셀 값이 계속 바뀌게 된다.

예제 6-6

월 납입액과 목표값 찾기

대학생활 4년 동안 작심하여 5백만 원을 모으려고 계획을 세운다. 연이율이 7.02%라고 했을 때 매월 얼마를 납입을 해야 하는가? 매월 납입금액을 구한 후 매월 납입금액을 50,000원으로 변경하면 목돈이 얼마가 될지 '목표값 찾기'를 통하여 구해 보자.

준비파일 ch6-1.xlsx '월납입액' 시트

완성시트

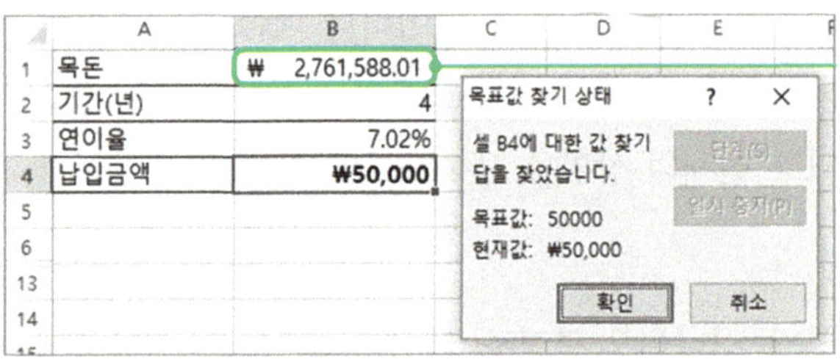

01 PMT함수를 사용하여 월납입액 구하기

다음과 같이 월납입액과 목표값을 구하기 위한 데이터를 시트에 입력한다. ❶ [B4]셀을 클릭한 후 월납입액을 구하기 위해 ❷함수 마법사를 사용하여 PMT 함수를 불러온다.

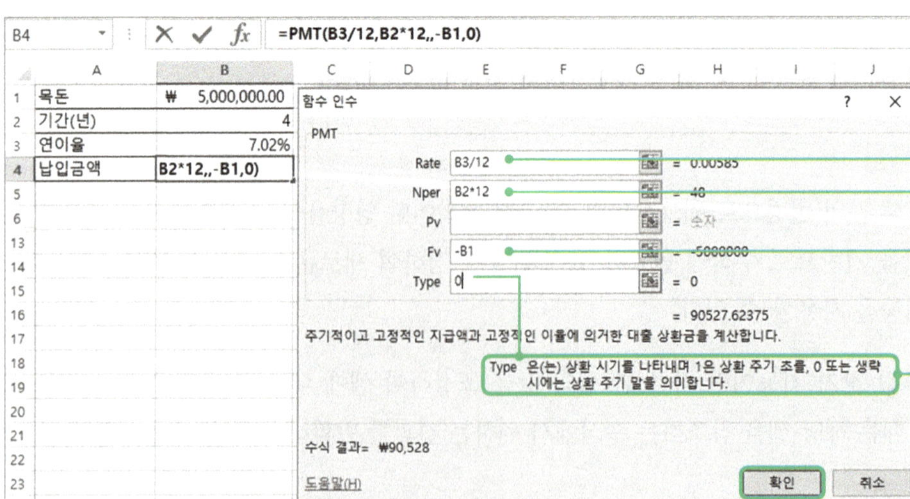

- **PMT함수**: 재무함수 중 하나로 일정 금액을 정기적으로 납입하고 일정한 이자율이 적용되는 대출상환금을 계산한다. PMT 함수의 사용형식은 다음과 같다.

> **PMT(rate, nper, pv, [fv], [type])**
>
> – **rate** (이율): 고정된 대출 이자율
> – **nper** (납입 기간): 총 상환 기간 (이율과 기간 단위를 일치시켜야 함)
> – **pv** (현재 자산): 대출인의 현재 자산, 즉 대출금이지만 상환을 시작하는 현재 시점에 납입자가 가지고 있는 자산이므로 + 값이며, 함수 결과인 상환액은 납입자가 내는 자산이므로 – 값
> – **fv** (미래 자산): 납입 기간 후의 자산으로 대출의 경우 모두 상환해야 하므로 0(생략 가능), 양수 값을 사용하면 납입 기간 후의 저금액을 의미
> – **type** (납입 시점): 상환 주기(1년 또는 1개월)의 시작일마다 납입한다면 1, 마지막 일마다 납입한다면 0(생략 가능)

- PMT 함수로 반환되는 납입액에는 세금, 납입 보증금, 기타 수수료는 포함되지 않고 원금과 이자만 포함되며, 이자율(rate)과 기간(nper)을 지정할 때는 동일한 단위를 사용해야 한다. 즉, 납입 기간이 월 단위이면 이율도 월이율이 되어야 한다.

02 월 납입액을 변경하여 목돈 목표값 구하기

- 메뉴에서 ❶~❸ [데이터] 탭–[데이터 도구] 그룹–[가상분석]–[목표값 찾기]를 선택한 후 '목표값 찾기' 대화 상자에 ❹~❻ 다음과 같이 지정한 후 [확인] 버튼을 클릭한다.

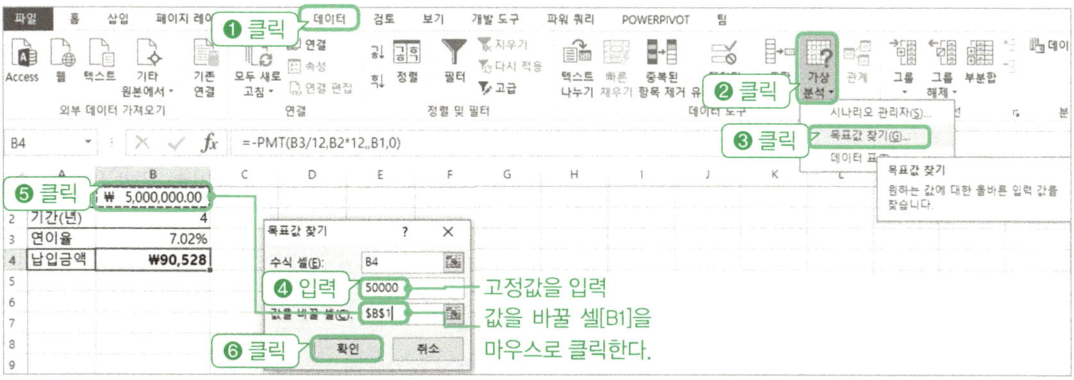

– **수식 셀**: 결과 값이 출력되는 셀 주소로 해당 셀에는 반드시 수식이 있어야 한다.
– **찾는 값**: 목표로 하는 값을 입력한다. 즉, 목표값을 구하기 위해 주어지는 고정값을 입력한다.
– **값을 바꿀 셀**: 목표값을 바꾸기 위해 변경되는 값이 들어 있는 셀 주소로 해당 셀에는 수식이 아닌 수치데이터가 있어야 한다.

다음과 같이 목표값을 찾은 결과 화면으로 변경된다. 결과가 매월 5만 원을 납입했을 때는 목돈 2,761,588원을 목표값으로 찾은 것을 알 수 있다.

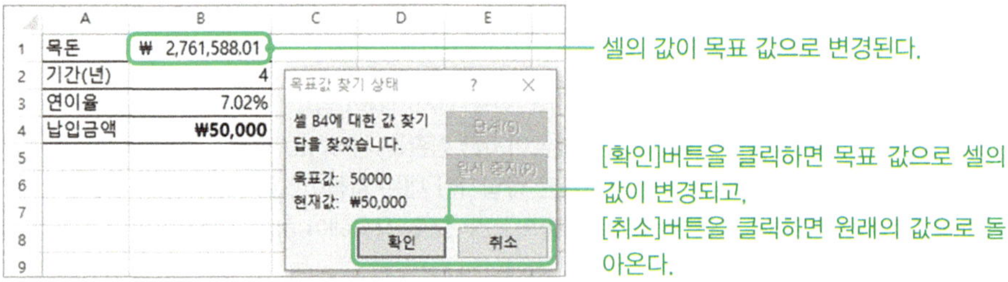

'목표값 찾기 상태' 대화 상자에서 [확인] 버튼을 클릭하면 시트의 값은 목표값으로 변경되고, [취소] 버튼을 클릭하면 원래의 값으로 돌아온다.

03 월납입액을 변경하여 기간 목표값 구하기

[B4] 셀을 클릭한 후 ❶~❷ 메뉴에서 [데이터] 탭-[데이터 도구] 그룹-[가상분석]-❸[목표값 찾기] 를 선택하여 다음과 같이 입력한 후 [확인] 버튼을 클릭한다.

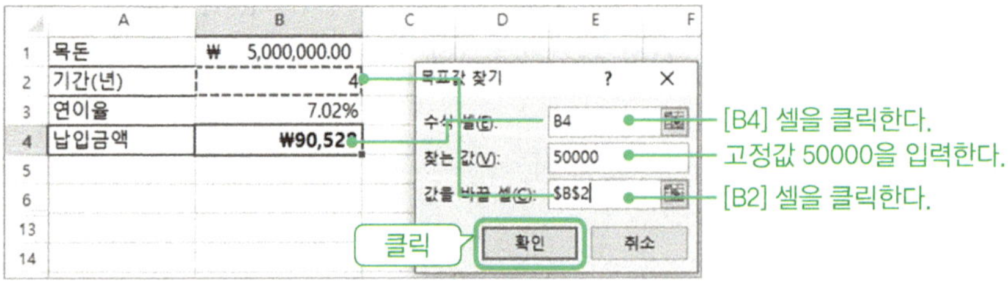

'목표값 찾기'를 통해 실행 결과가 셀 영역에 표시된다. 시트의 값을 변경하려면 [확인] 버튼을, 원래의 값을 유지하려면 [취소] 버튼을 클릭한다.

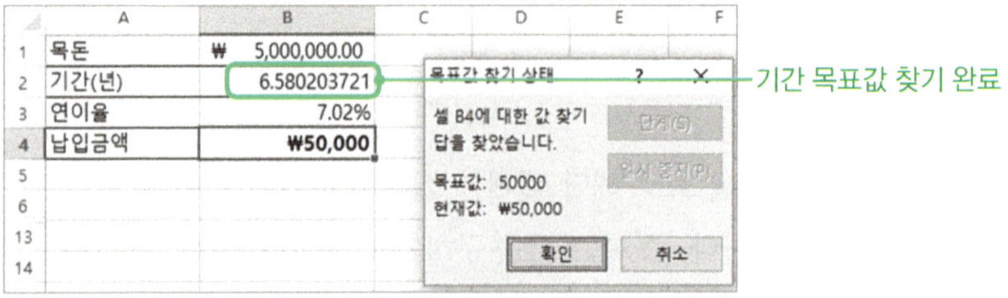

예제 6-7

환율과 구매물품 환산가격 구하기

다음과 같이 구매한 물품의 합계가 환산가격(원)으로 20만원을 초과하는 경우 관부가세가 부과된다면 관부가세를 피하려면 환율(원/달러)이 얼마일 때 물품을 구매해야 하는지 계산하여 보자. [H4]셀의 환산가격은 [H2]셀의 환율을 적용하여 계산하도록 한다.

준비파일 ch6-2.xlsx '구매물품' 시트

완성시트

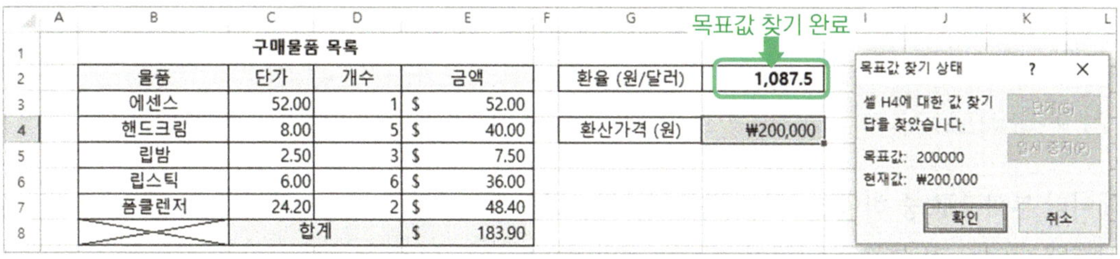

01 환산 가격 구하기

[H4] 셀을 클릭한 후 수식 '=E8*H2' 를 입력하여 환산 가격을 구한다.

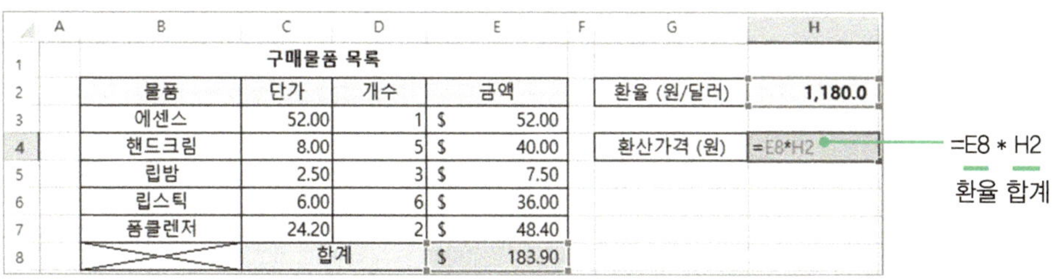

02 환산 가격에 따른 환율 목표값 구하기

[H4] 셀을 클릭한 후 ❶~❷ 메뉴에서 [데이터] 탭–[데이터 도구] 그룹–[가상분석]–❸[목표값 찾기]를 선택하여 다음과 같이 입력한 후 [확인] 버튼을 클릭한다.

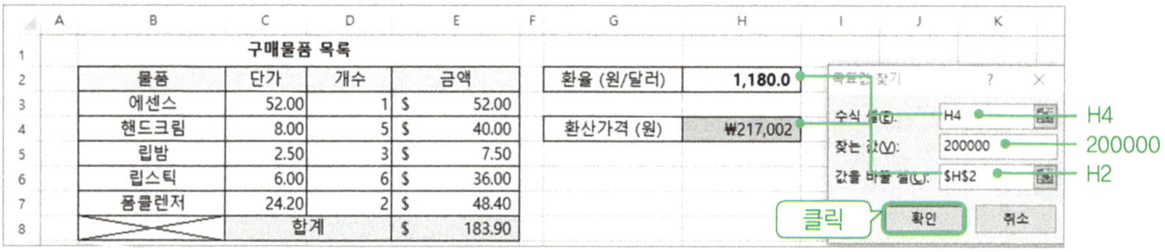

(2) 시나리오

데이터 분석도구 중 하나인 시나리오는 워크시트의 셀을 자동으로 대체할 수 있는 값 집합으로 워크시트에 다양한 값 그룹을 만들어 저장한 시나리오를 만든 다음 이러한 새 시나리오 중 원하는 시나리오로 전환하여 다양한 결과를 확인할 수 있다. 목표값 찾기에서는 하나의 값만 구할 수 있는 반면 시나리오에서는 여러 개의 예상치를 알아볼 수 있다.

시나리오는 결과를 예측하기 어려운 경우, 여러 가지 가상 상황에 따른 결과 값을 비교 분석해 보고 계획을 세우기 위해 사용한다. 각 가상 상황에 따른 변수의 입력 값을 시나리오로 저장할 수 있으며, 이러한 변수의 입력 값을 그룹 변경 셀이라고 한다. 하나의 시나리오에는 32개까지 변경 셀을 설정 할 수 있다.

예제 6-8

시나리오를 이용한 인원배치 계획 알아보기

각 부서별로 인원이 준비파일과 같이 각각 부서별로 15, 155, 35로 배치되었을 때 각 부서별로 인건비 합계와 전체 부서의 총 인건비 합계를 구한 후 이것을 계획1(10, 45, 32)과 계획2(10, 65, 15) 와 계획3(5, 20, 9) 인원으로 변경했을 때 소요되는 총 인건비 합계를 시나리오를 이용해서 시나리오 요약과 시나리오 피벗 테이블을 만들어 보자.

준비파일 ch6-2.xlsx '인원배치' 시트

완성시트

원본데이터

인원배치 계획

(단위: 천원)

	인건비단가	사람수	합계
총무부	15	15	225
영업부	25	155	3,875
개발부	55	35	1,925
		인건비합계	6,025

시나리오 요약 보고서

시나리오 요약	현재 값:	계획1	계획2	계획3
변경 셀:				
총무부	15	10	10	5
영업부	155	45	65	20
개발부	35	32	15	9
결과 셀:				
인건비합계	6,025	3,035	2,600	1,070

참고: 현재 값 열은 시나리오 요약 보고서가 작성될 때의 변경 셀 값을 나타냅니다. 각 시나리오의 변경 셀들은 회색으로 표시됩니다.

시나리오 피벗테이블 보고서

시나리오피벗테이블 (모두)

시나리오	인건비합계
계획1	3,035
계획2	2,600
계획3	1,070
총합계	**6,705**

01 각 부서별 인건비 합계와 총인건비 합계 구하기

기본데이터를 입력한 후 각 부서별 인건비합계(인건비단가*사람수)와 총인건비의 합계를 구한다.

인원배치 계획

(단위: 천원)

	인건비단가	사람수	합계
총무부	15	15	
영업부	25	155	
개발부	55	35	
		인건비합계	

→

인원배치 계획

(단위: 천원)

	인건비단가	사람수	합계
총무부	15	15	225
영업부	25	155	3,875
개발부	55	35	1,925
		인건비합계	6,025

02 시나리오 요약 보고서 만들기

- 변경사항이 사람수이기에 ❶ 셀범위를 사람수 자리([C5:C7])로 드래그하여 지정한다. ❷~❹ 리본 메뉴에서 [데이터]탭-[데이터 도구] 그룹-[가상분석]-[시나리오 관리자]를 선택한다.

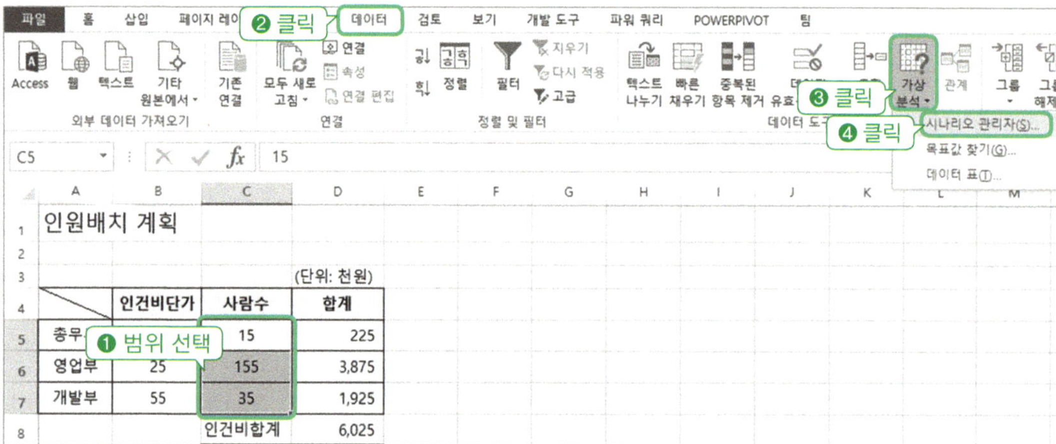

- '시나리오 관리자' 대화 상자에서 [추가] 버튼을 클릭한다.

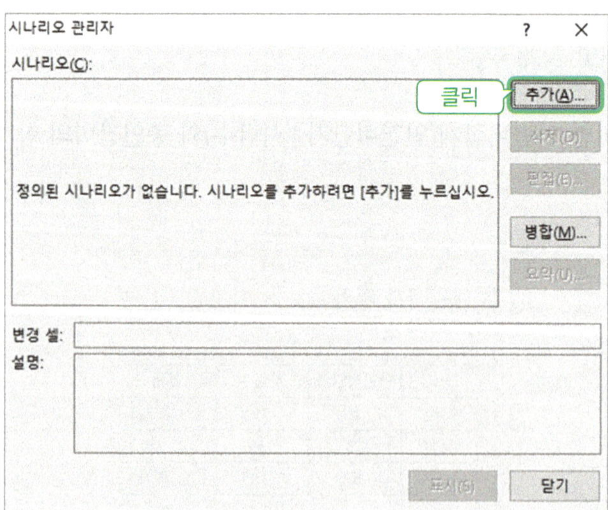

- '시나리오 추가' 대화 상자에서 시나리오 이름과 값을 변경할 셀을 지정한다. 시나리오 이름은 사용자 임의로 지정하면 된다. 여기서는 '계획1'로 입력한다. 변경 셀에서는 이미 범위를 지정하였기에 변경 셀이 지정되어 있다. [확인] 버튼을 클릭한다.

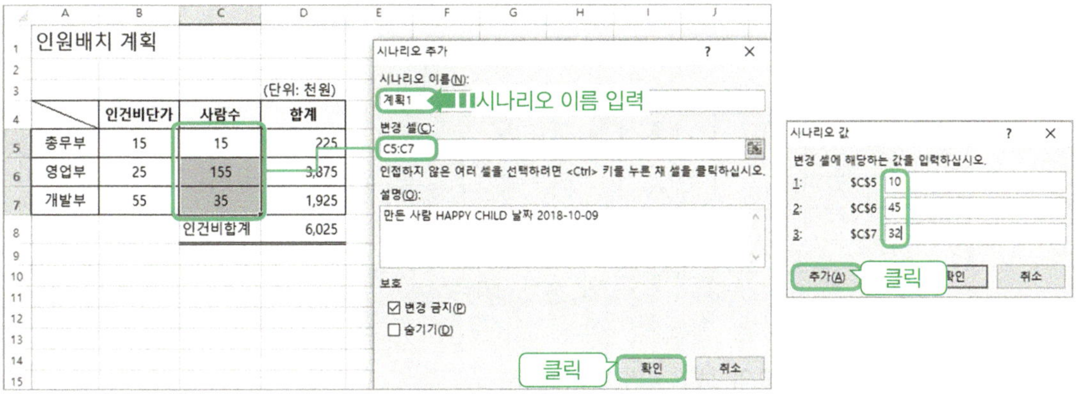

- [시나리오 값] 대화 상자의 입력창에서 '계획1'의 인원수 10, 45, 32를 차례로를 입력한다. [추가] 버튼을 클릭하여 주어진 '계획2', '계획3'의 인원수를 입력한다. '계획3'까지 입력을 마치면 [확인]버튼을 클릭한다. 다음과 같이 시나리오 관리자 화면에서 [요약]을 선택한다.

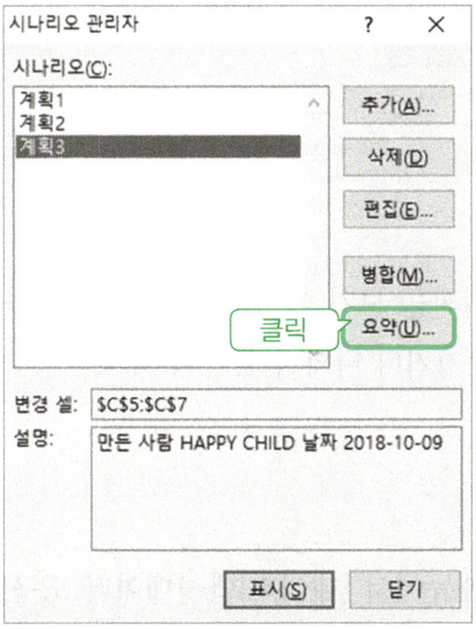

시나리오 요약 결과를 무엇으로 볼 것인지를 선택한 후 [확인] 버튼을 클릭한다. 보고서 종류로 '시나리오 요약'을 선택하고 결과 셀은 전체 인건비합계가 어떻게 달라질 것인가를 알려고 하니까 인건비합계 셀인 [D8]를 지정한다.

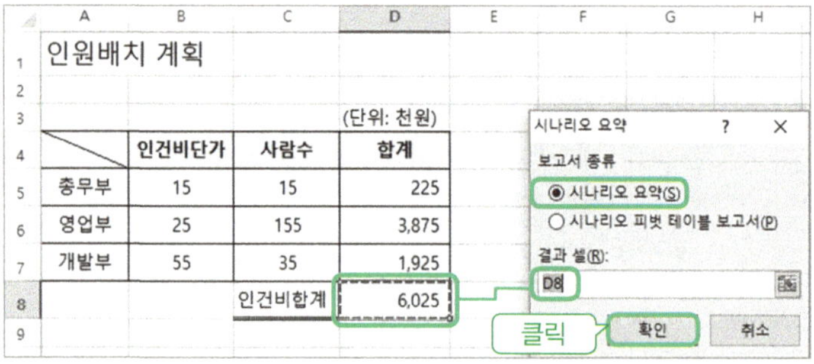

새 시트에 시나리오 요약 보고서가 완성된다.

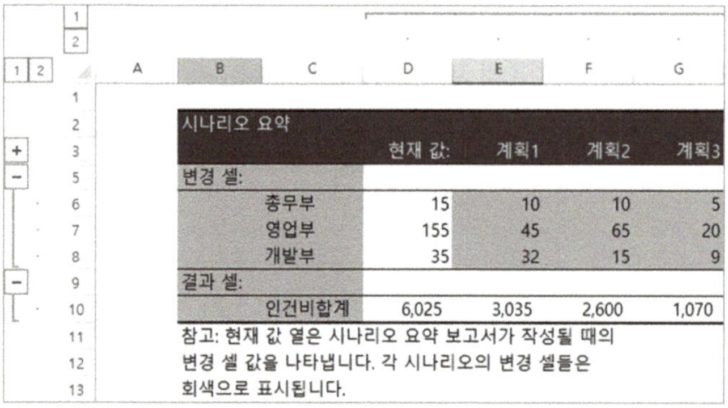

시나리오 값이 많을 경우 행이 너무 길어 한 눈에 결과를 보기 어려운 경우 해당시트의 좌측에 있는 + 와 - 단추를 클릭하여 그룹화된 행을 숨기거나 나타나게 할 수 있다.

03 시나리오 피벗 테이블 보고서 만들기

시나리오는 저장되어 있어서 [D8]셀을 클릭한 후 메뉴에서 [데이터]탭-[데이터 도구]그룹-[가상분석]-[시나리오 관리자]를 선택한다.

시나리오 관리자 대화 상자에서 '요약'을 클릭한 후 시나리오 요약 대화 상자에서 보고서 종류로 [시나리오 피벗 테이블 보고서]를 선택, [확인] 버튼을 클릭한다.

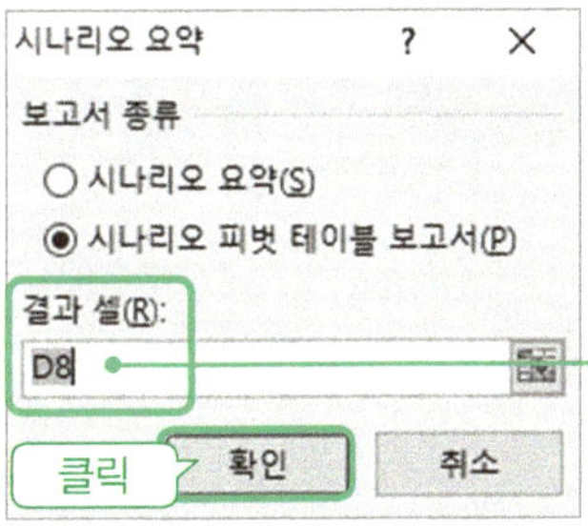

다음과 같이 새 워크시트에 시나리오 피벗 테이블이 만들어진다.

	A	B
1	시나리오피벗테이블	(모두)
2		
3	**시나리오**	**인건비합계**
4	계획1	3,035
5	계획2	2,600
6	계획3	1,070
7	**총합계**	**6,705**

예제 6-9

'특별상여율' 변동에 따른 '총급여액' 변화

다음과 같이 사원별 급여현황에서 특별상여율이 각각 20%, 5% 변동에 따른 총급여액의 합계가 어떻게 달라지는지 시나리오를 만들어 보자.

준비파일 ch6-2.xlsx '급여현황' 시트

	A	B	C	D	E	F	G	H	I	J
1						사원별 급여 현황				
2		2018년 10월 13일 현재								
3		성명	부서	직급	직위	인사고과	기본급	상여비율	수당	총급여액
4		홍길동	판매부	4급	대리	6	1,200,000	3%	156,000	₩ 1,356,000
5		김세연	홍보부	3급	과장	10	1,350,000	5%	202,500	₩ 1,552,500
6		이승연	기획부	2급	부장	30	1,450,000	10%	290,000	₩ 1,740,000
7		김경수	판매부	3급	과장	25	1,350,000	7%	229,500	₩ 1,579,500
8		이학봉	기획부	3급	과장	20	1,350,000	7%	229,500	₩ 1,579,500
9		지순녀	기획부	4급	대리	18	1,200,000	5%	180,000	₩ 1,380,000
10		김지연	홍보부	2급	부장	28	1,450,000	7%	246,500	₩ 1,696,500
11		박원래	판매부	2급	부장	24	1,450,000	7%	246,500	₩ 1,696,500
12		최지은	홍보부	4급	대리	15	1,200,000	5%	180,000	₩ 1,380,000
13		합계					12,000,000		1,960,500	₩ 13,960,500
14										
15		특별상여율	10%							
16										
17		상여지급율표								
18		인사고과	상여비율							
19		1	3%							
20		10	5%							
21		20	7%							
22		30	10%							

완성시트

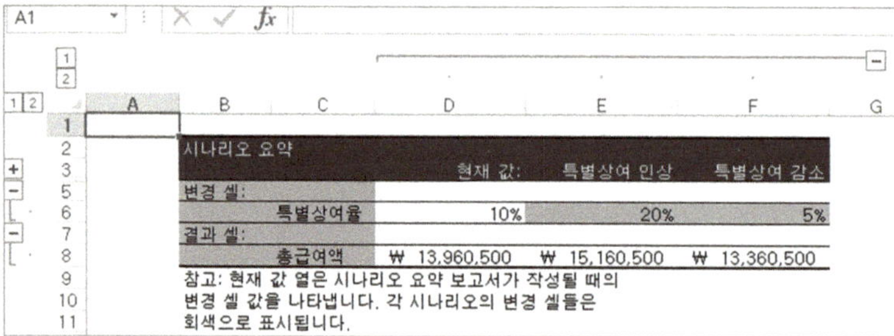

01 이름 정의하기

시나리오 보고서에 이름이 표시되도록 각 셀에 다음과 같이 이름 정의한나. 이름 정의 : '급여현황' 시트 [J13] 셀의 이름을 '총급여액'으로, [C15] 셀의 이름을 '특별상여율'로 정의한다.

02 시나리오 만들기

다음과 같이 시나리오 이름을 지정하여 시나리오를 추가한다. ❶ [J13]셀을 클릭하여 선택한 후 메뉴에서 ❷~❹ [데이터]탭–[데이터 도구]그룹–[가상분석]–[시나리오 관리자]를 선택한다.

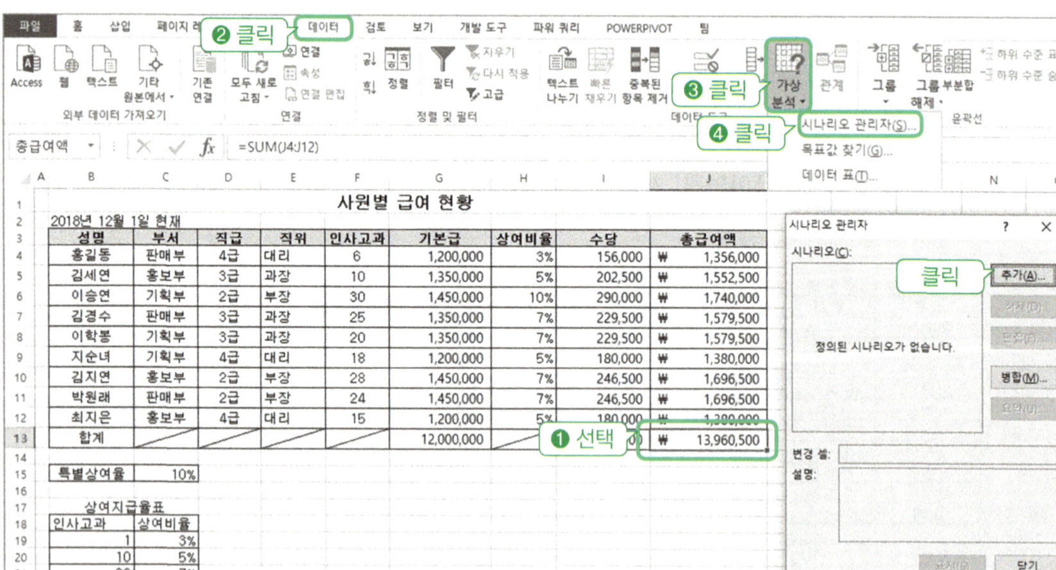

'시나리오 관리자' 대화 상자에서 [추가] 버튼을 클릭하여 '시나리오 추가' 대화 상자에서 특별상여율이 20% 일 경우 시나리오 이름을 '특별상여인상'으로 시나리오를 추가한다.

❶ 시나리오 이름을 '특별상여인상'으로 입력하고, ❷~❸ 변경 셀에서는 [C15]셀을 클릭하여 선택하고 [확인] 버튼을 클릭, 시나리오 값 대화 상자에 변경값 '0.2'를 입력하고 [추가] 버튼을 클릭한다.

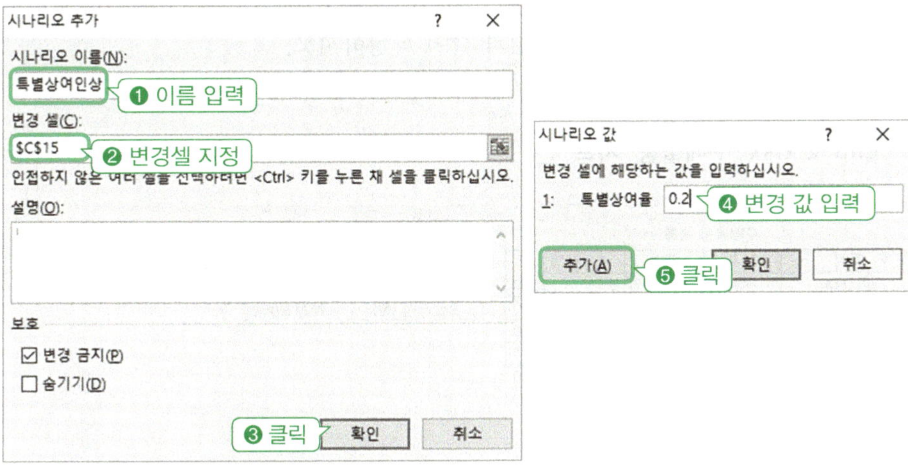

위와 동일한 방법으로 특별상여율이 5%일 경우의 '특별상여감소' 시나리오를 추가한다.

시나리오 추가가 완료되면 위 두 시나리오에 의한 '시나리오 요약' 보고서 작성을 위해 시나리오 관리자 대화 상자에서 ❶ [요약] 버튼을 클릭한 후 보고서 종류를 ❷ '시나리오 요약'으로 선택하고 ❸ 결과 셀은 [J13]으로 지정한다. ❹ [확인] 버튼을 클릭하여 완료한다.

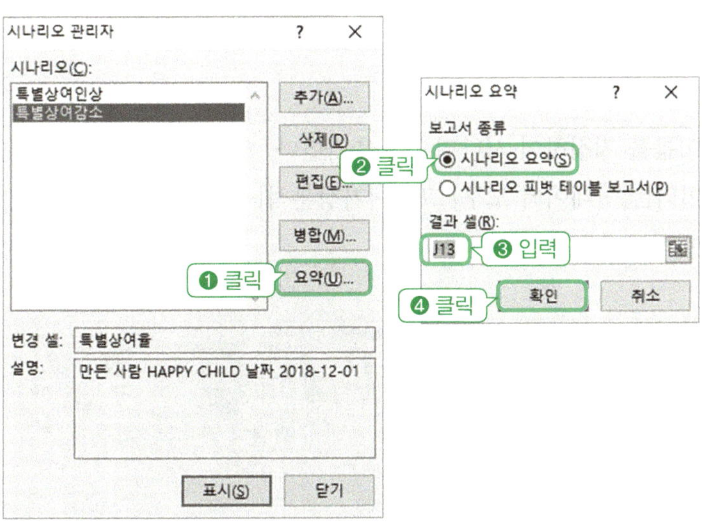

예제 6-10

환율 변동에 따른 총구매액 변화 알아보기

'목표값 찾기'에서 사용한[예제6-7] '환율과 구매물품 환산가격'에서 이번에는 환율이 1,100원일 때, 1,150원일 때, 1,200원일 때의 세 가지 시나리오를 고려하여 환율 변동에 따른 총구매액(원)에 대한 요약 보고서를 다음 그림과 같이 작성하시오.

준비파일 ch6-2.xlsx '구매물품' 시트

	A	B	C	D	E	F	G	H
1			구매물품 목록					
2		물품	단가	개수	금액		환율 (원/달러)	1,180.0
3		에센스	52.00	1	$ 52.00			
4		핸드크림	8.00	5	$ 40.00		환산가격 (원)	₩217,002
5		립밤	2.50	3	$ 7.50			
6		립스틱	6.00	6	$ 36.00			
7		폼클렌저	24.20	2	$ 48.40			
8			합계		$ 183.90			

완성시트

	A	B	C	D	E	F	G	H
1								
2		시나리오 요약						
3				현재 값:	환율1100	환율1150	환율1200	
5		변경 셀:						
6			환율	1,180.0	1,100.0	1,150.0	1,200.0	
7		결과 셀:						
8			합계	₩217,002	₩202,290	₩211,485	₩220,680	
9		참고: 현재 값 열은 시나리오 요약 보고서가 작성될 때의						
10		변경 셀 값을 나타냅니다. 각 시나리오의 변경 셀들은						
11		회색으로 표시됩니다.						

다음과 같이 시나리오 이름을 지정하여 시나리오를 추가한다. ❶ [H4]셀을 클릭하여 선택한 후 메뉴에서 ❷~❹ [데이터]탭–[데이터 도구] 그룹–[가상분석]–[시나리오 관리자]를 선택한 후 각 단계를 따라 진행한다.

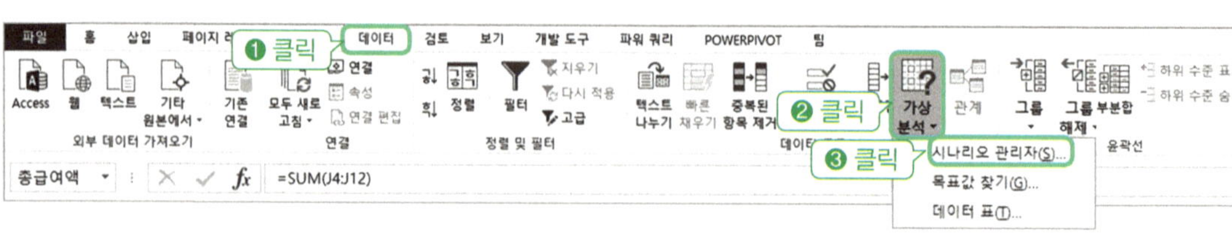

'시나리오 관리자' 대화상자에서 [추가] 버튼을 클릭, '시나리오 추가' 대화 상자에서 시나리오 이름을 '환율1100'으로, 변경 셀을 [H2]로 지정한다. '시나리오 값' 대화 상자에서 변경값 '1100'을 입력하고 [확인] 버튼을 클릭한다.

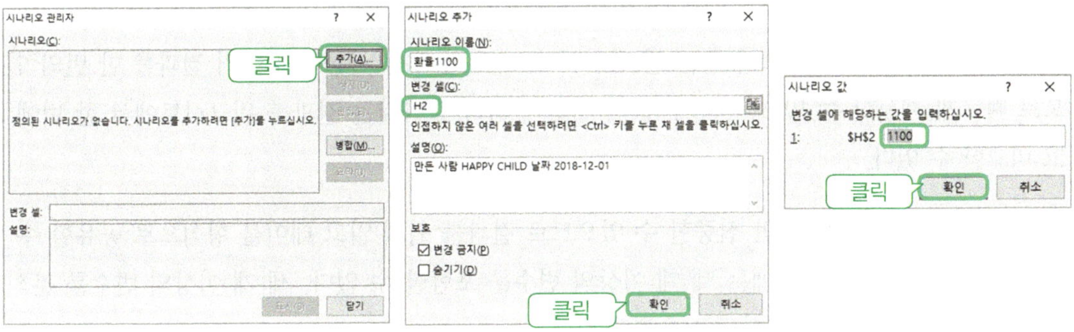

위와 동일한 방법으로 시나리오 이름 '환율1150' , 변경값 '1150' , 시나리오 이름 '환율1200' 변경값 '1200' 에 대한 시나리오를 추가한다.

'시나리오 관리자' 대화 상자에서 [요약] 버튼을 클릭한 후 '시나리오 요약' 대화 상자에서 보고서 종류는 '시나리오 요약', 결과 셀에 [H4]를 지정하고 [확인] 버튼을 클릭한다.

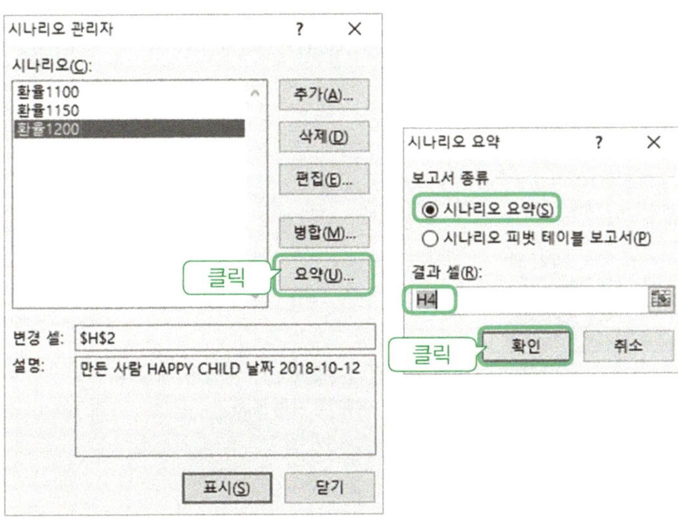

(3) 데이터 표로 값 예측하기

데이터 표는 가능한 결과 집합을 탐색할 수 있도록 한다는 점에서 시나리오와 동일하지만 모든 결과를 워크시트에서 표 하나에 나타낸다는 점에서는 시나리오와 다르다. 데이터 표를 사용하면 가능한 결과 범위를 한눈에 쉽게 살펴볼 수 있도록 수식에서 한 개 또는 두 개의 변수를 변경하면 수식 결과에 미치는 영향을 보여 주는 셀 범위이다. 데이터 표를 사용하면 여러 결과를 한 번의 연산으로 빠르게 계산할 수 있으며, 변수 값의 변화에 따라 달라지는 결과를 워크시트에서 한 번에 보고 비교할 수 있다.

한 개 또는 두 개의 변수에만 집중할 수 있으므로 결과를 쉽게 읽고 테이블 형식으로 공유할 수 있는 장점이 있다. 데이터 표에는 세 개 이상의 변수를 포함할 수 없다. 세 개 이상의 변수를 분석하려면 데이터 표 대신 시나리오를 사용해야 한다.

예제 6-11

이자율 변동에 따른 대출 상환액 알아보기

기간과 이자, 대출액이 주어졌을 때 월 대출 상환액을 구한 후 이를 바탕으로 이자율이 달라졌을 때 월상환액이 어떻게 되는지 알아본다.
변수가 하나인 데이터 표에서는 열 방향, 단일 열 또는 행 (행 방향)의 입력된 값이 포함되며, 데이터 테이블의 모든 수식을 대표하여 한 개만 입력하며 셀 참조할 수 있다.

준비파일 ch6-2.xlsx '대출 상환액(변수1개)' 시트

완성시트

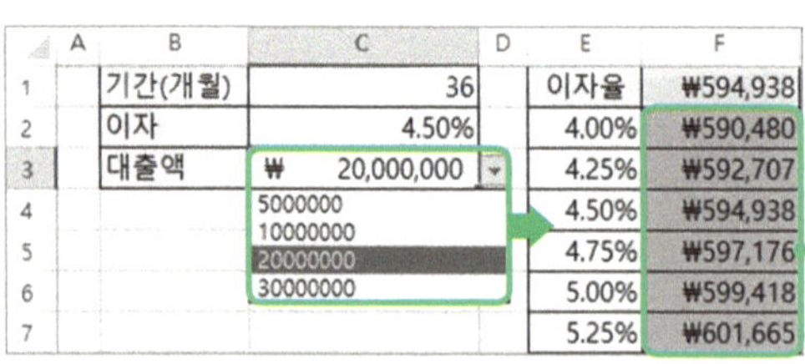

[C3]셀의 값 목록에서 선택한 대출액에 따라 대출 상환액 자동표시

01 기본 데이터 입력하기

- [B1:C3] 열에 시트와 같이 데이터를 입력하고 [E1:F7] 셀 범위에서 [E]열([E2:E7])에서는 이자율의 변동 데이터를 작성한다.

대출액 [B3] 셀에 대출액의 변동에 따른 월상환액을 구하기 위해 5000000, 10000000, 20000000, 30000000으로 값 목록을 만든다. 메뉴에서 ❶~❸ [데이터] 탭–[데이터 도구] 그룹–[데이터 유효성 검사]–[데이터 유효성검사]를 선택한다. '데이터 유효성' 대화상자에서 제한대상 영역에서 [목록]를 선택하고, 원본 영역에서 5000000,10000000,20000000,30000000를 입력 후 [확인]버튼을 클릭한다.

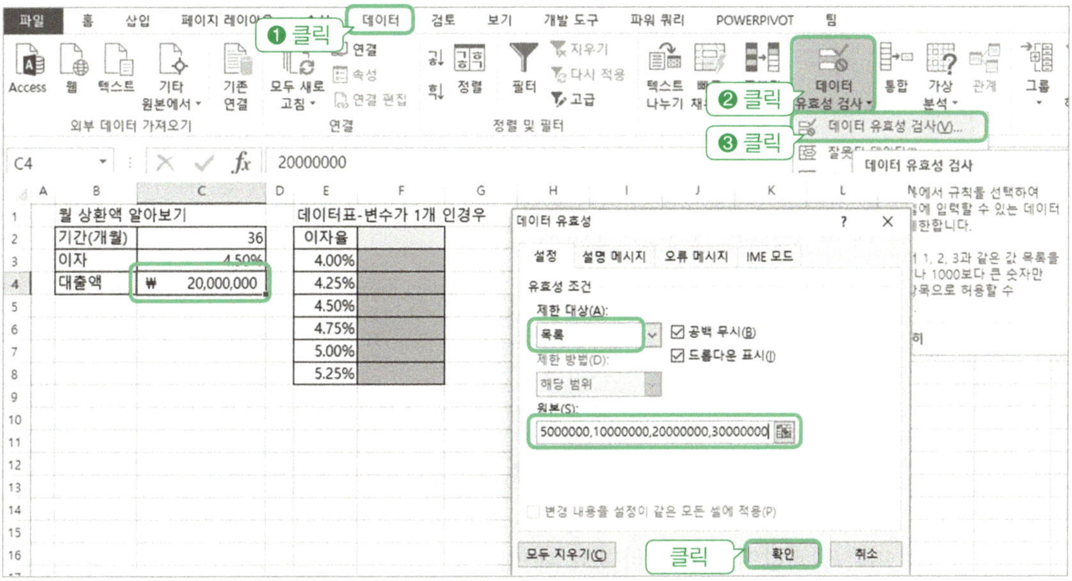

02 PMT 함수를 사용하여 월대출 상환액 구하기

[F1] 셀을 클릭한 후 PMT 함수를 사용하여 월대출 상환액을 구한다.

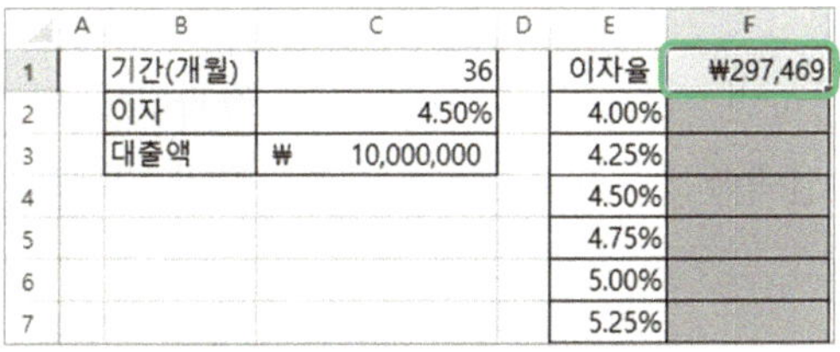

[E1:F7] 셀 범위를 지정한 후 리본메뉴에서 ❶~❸ [데이터]탭–[데이터 도구]그룹–[가상분석]–[데이터 표]를 선택한다.

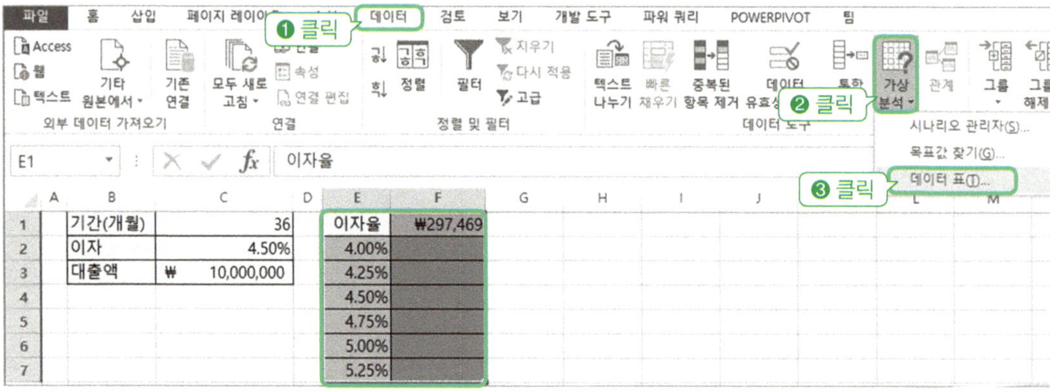

'데이터 표' 대화상자에서 열 방향으로 이자율이 변경되기에 '열 입력 셀' 위치에 [C2] 셀을 클릭하여 선택한 후 [확인] 버튼을 클릭한다.

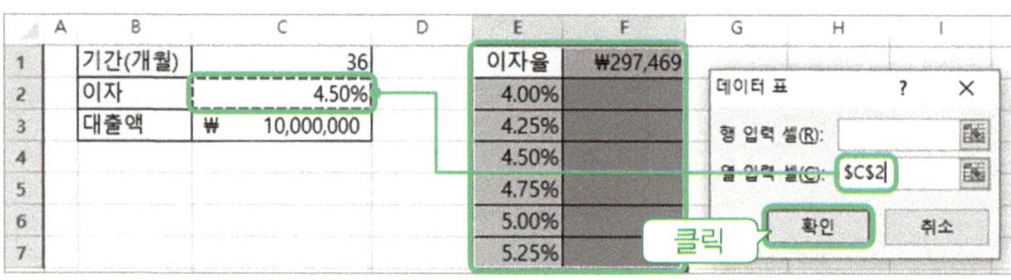

이자율에 따른 결과값이 표에 나타나고 '데이터 표'가 완성된다.

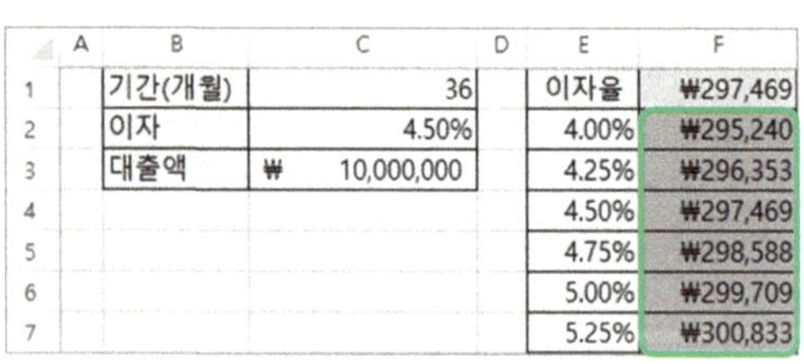

대출액 [B3] 셀의 목록에서 대출액을 변경하면 자동으로 데이터 표의 결과값도 달라진다. 다음과 같이 [C3]셀의 목록에서 대출액을 선택한 후 데이터 표에서 결과값이 변동되는 것을 확인하여 보자.

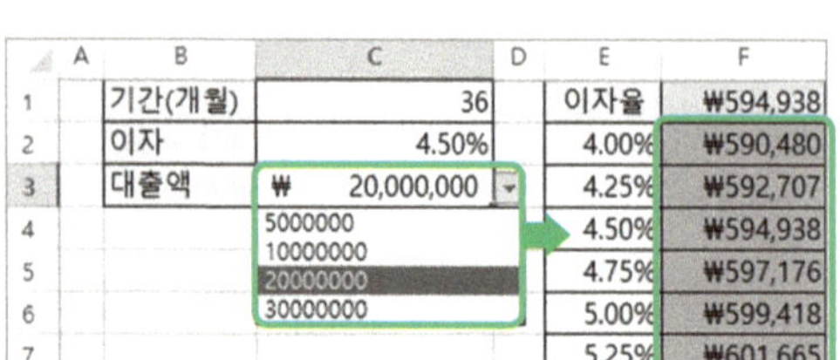

예제 6-12

기간과 이자율의 변동에 따른 대출상환액 알아보기

한 수식에서 두 변수의 값을 다르게 지정함에 따라 해당 수식의 결과가 어떻게 달라지는지 확인하려면 변수가 두 개인 데이터 표를 사용한다. 예를 들어 변수가 두 개인 데이터 표를 사용하여 이자율과 대출 기간의 다양한 조합에 따라 월별 대출 상환액이 어떻게 달라지는지 확인하여 보자.

준비파일 ch6-2.xlsx '대출상환액(변수2개)' 시트

완성시트

F2 {=TABLE(C1,C2)}

	A	B	C	D	E	F	G	H	I	J
1		기간(개월)	36		₩297,469	12	24	36	48	60
2		이자	4.50%		4.00%	851,499	434,249	295,240	225,791	184,165
3		대출액	₩10,000,000		4.25%	852,642	435,363	296,353	226,911	185,296
4					4.50%	853,785	436,478	297,469	228,035	186,430
5					4.75%	854,930	437,595	298,588	229,162	187,569
6					5.00%	856,075	438,714	299,709	230,293	188,712
7					5.25%	857,221	439,834	300,833	231,427	189,860

01 데이터 표를 위한 데이터 입력과 월상환액 구하기

- 데이터 표를 위해 다음 그림처럼 입력한다. 행으로는 기간 변경값을, 열로는 이자율의 변경값을 입력한다.
- [E1] 셀을 클릭한 후 PMT 함수를 사용하여 월 상환액을 구한다([예제6-11] 참조).

반드시 수식으로 작성하기

	A	B	C	D	E	F	G	H	I	J
1		기간(개월)	36		₩297,469	12	24	36	48	60
2		이자	4.50%		4.00%					
3		대출액	₩10,000,000		4.25%					
4					4.50%					
5					4.75%					
6					5.00%					
7					5.25%					

02 데이터 표를 이용하여 기간과 이율의 변동에 따른 월상환액 구하기

- 가상 분석할 데이터 표 [E1:J7]까지를 마우스로 드래그하여 선택한다.
- ❶~❸ [데이터]탭-[데이터 도구]그룹에서 [가상분석]-[데이터 표]를 선택한다.

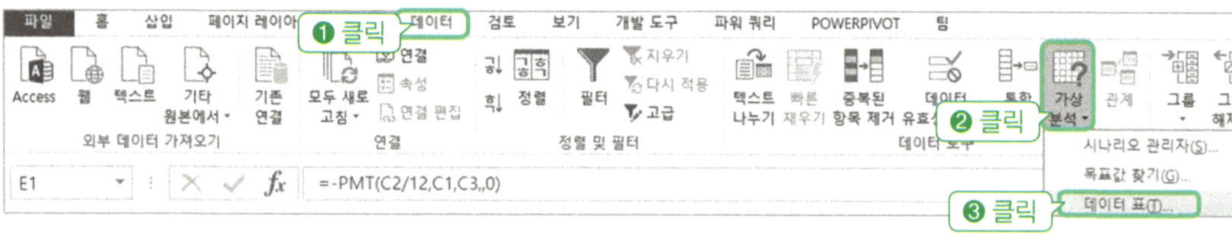

- '데이터 표' 대화상자에서 [행 입력 셀]과 [열 입력 셀]에 각각 기간[C1] 이자[C2]의 셀주소를 지정한다.

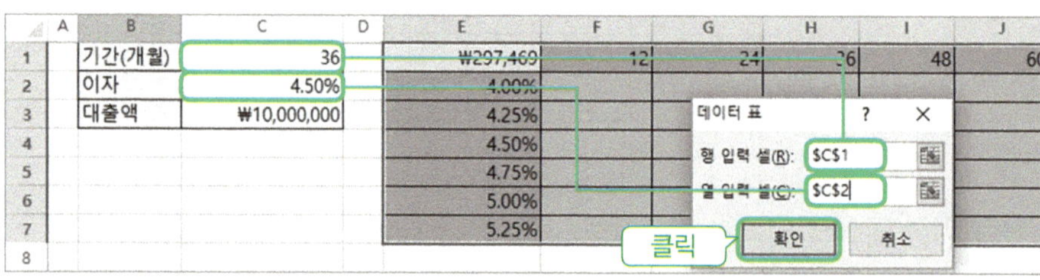

- '데이터 표' 셀에 배열 수식 '{=TABLE(C1,C2)}'이 자동으로 추가되어 '데이터 표'가 완성된다.

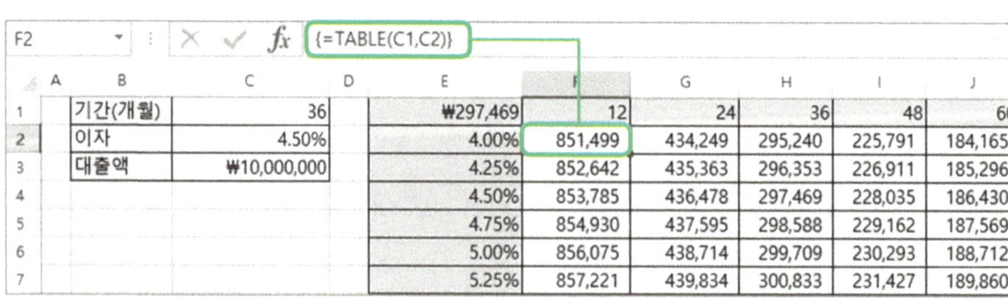

	A	B	C	D	E	F	G	H	I	J
1		기간(개월)	36		₩297,469	12	24	36	48	60
2		이자	4.50%		4.00%	851,499	434,249	295,240	225,791	184,165
3		대출액	₩10,000,000		4.25%	852,642	435,363	296,353	226,911	185,296
4					4.50%	853,785	436,478	297,469	228,035	186,430
5					4.75%	854,930	437,595	298,588	229,162	187,569
6					5.00%	856,075	438,714	299,709	230,293	188,712
7					5.25%	857,221	439,834	300,833	231,427	189,860

연습문제

'ch6_2_연습문제.xlsx' 의 통합문서를 열어 다음의 문제를 해결하시오.

01 '미래값' 시트에서 현재 100만 원인 순자산을 4년 후에 500만 원으로 만들려면 매년 몇 %의 수익율을 달성해야 할까? FV 함수를 사용하여 미래값을 구한 후 '목표값 찾기'로 복리수익율을 구하시오.

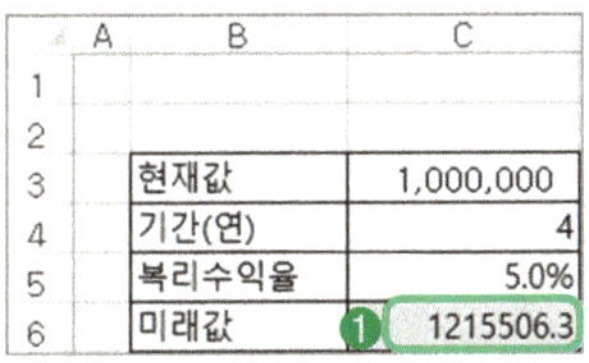

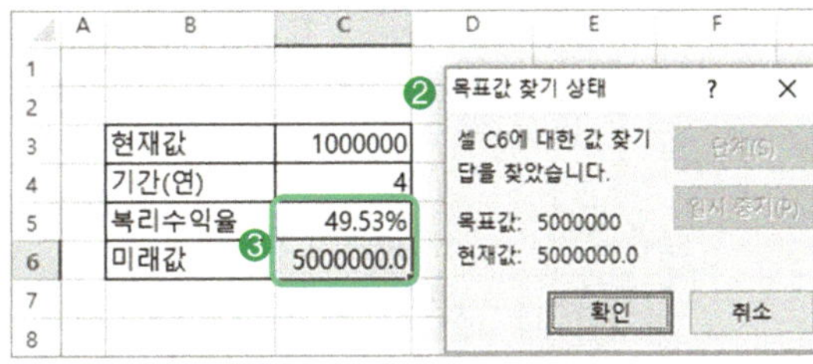

❶ [C6]셀에 주어진 데이터에 대한 미래값을 FV 함수를 사용하여 구하시오.

❷~❸ ❶에서 구한 미래값을 근거로 순자산을 500만 원으로 만들려면 몇 %의 수익율을 올려야 하는지 '목표값 찾기'를 사용하여 구하시오.

FV 함수: 이율이 고정되어 있으며 일정액을 특정 기간 동안 정기적으로 투자했을 때 기간 만료 후 찾는 금액(미래 가치)을 구한다. 대표적인 예로 적금 만기액을 구하는 데 사용한다.

FV(rate, nper, pmt, [pv], [type])

- **rate** (이율): 고정된 이자율납입 기간이 년 단위이면 이율도 연이율, 납입 기간이 월 단위이면 이율도 월이율이 되어야 함.
- **nper** (납입 기간): 총 납입 기간 (이율과 기간 단위를 일치시켜야 함)
- **pmt** (납입액): 한 번에 납입할 금액(– 금액). 기본적으로 납입액은 납입자에게서 나가는 금액으로 자산 가치가 떨어지는 것이므로 음수 값이며, 함수 결과값은 납입자에게 들어오는 금액이므로 양수 값이다. 반대 입장으로 은행 측을 기준으로 한다면 함수 결과값이 음수 값이고 납입액이 양수 값이다. 이 함수를 사용할 때는 납입자 또는 은행 측 한 측을 기준으로 음수와 양수를 결정한다.
- **pv** (현재 자산): 투자 시작 시 투자한 금액(– 금액) 또는 지급 받은 금액(+ 금액)으로 0원이면 생략 가능
- **type** (납입 시점): 납입 주기(1년 또는 1개월)의 시작일마다 납입한다면 1, 마지막 일마다 납입한다면 0(생략 가능)

02 '손익계산서' 시트의 표에서 순이익의 평균(F9)이 250,000,000이 되려면 연평균 성장율(I4)이 몇 %가 되어야 하는지 '목표값 찾기' 기능을 이용하여 계산하시오.

	A	B	C	D	E	F	G	H	I
1	손익계산서								
2						2018년 10월 9일			
3	년도	매출액	영업비	관리비	세금	순이익		세율	18%
4	2015년	221,062,500	1,000,000	2,500,000	55,265,625	162,296,875		연평균 성장율	13%
5	2016년	249,800,625	1,000,000	3,000,000	62,450,156	183,350,469			
6	2017년	282,274,706	1,500,000	3,000,000	70,568,677	207,206,030			
7	2018년	318,970,418	2,000,000	4,000,000	79,742,605	233,227,814			
8	2019년	360,436,572	2,500,000	5,000,000	90,109,143	262,827,429			
9	평균	286,508,964	1,600,000	3,500,000	71,627,241	209,781,723			

	A	B	C	D	E	F	G	H	I
1	❶	손익계산서							
2						2018년 11월 27일			
3	년도	매출액	영업비	관리비	세금	순이익		세율	18%
4	2015년	221,062,500	1,000,000	2,500,000	55,265,625	162,296,875		연평균 성장율	22%
5	2016년	269,017,672	1,000,000	3,000,000	67,254,418	197,763,254			
6	2017년	327,375,777	1,500,000	3,000,000	81,843,944	241,031,833			❷
7	2018년	398,393,529	2,000,000	4,000,000	99,598,382	292,795,147			
8	2019년	484,817,188	2,500,000	5,000,000	121,204,297	356,112,891			
9	평균	340,133,333	1,600,000	3,500,000	85,033,333	250,000,000			

❶ 원본 내용을 유지하기 위해여 원본 시트를 복사하여 사용한다.

❷ '목표값 찾기' 대화상자에서 각 입력 부분에 지정해야 할 내용은 무엇인지 작성하시오.

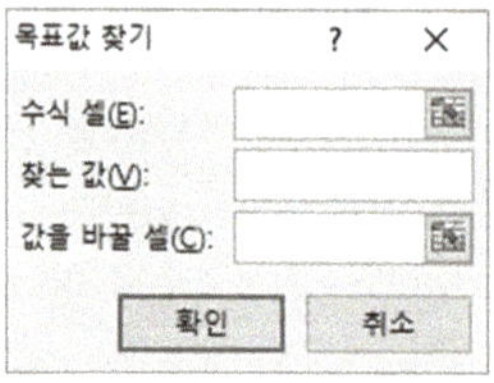

03 '적금만기액' 시트에 다음과 같이 데이터가 주어졌을 때 적금 만기액을 구하는 수식을 입력한 후 '시나리오' 요약 보고서를 만들어 보자.

	A	B
1	적금 만기액 구하기	
2		
3	이율(연)	4%
4	기간(월)	15
5	납입액	30000
6	적금만기액	₩462,189 ❶

	B	C	D	E	F	G	H
2	시나리오 요약			❷	❸	❹	❺
3			현재 값:	최고이율	최장기간	최저납입액	최단기간최고납입
5	변경 셀:						
6		이율(연)	4%	5%	4%	4%	4%
7	❻	기간(월)	15	15	20	15	10
8		납입액	30000	30000	30000	20000	70000
9	결과 셀:						
10		만기액	₩462,189	₩465,296	₩621,450	₩308,126	₩712,963
11	참고: 현재 값 열은 시나리오 요약 보고서가 작성될 때의						
12	변경 셀 값을 나타냅니다. 각 시나리오의 변경 셀들은						
13	회색으로 표시됩니다.						

❶ 시트에 입력된 연이율, 기간, 납입액에 따른 적금 만기액을 구하는 수식을 입력하시오. (납입액이 양수이므로 FV 함수의 세 번째 인수를 –B5로 사용.)

❷~❺ 표시된 이름의 4가지 시나리오로 구성된 시나리오 요약 보고서를 만드시오.

시나리오 이름	변경셀	변경값
최고이율	B3	5%
최장기간	B4	20
최저납입액	B5	20000
최단기간최고납입	B4:B5	10, 70000

❻ [C6:C8] 셀 범위 내용을 알기 쉽도록 셀 주소 대신 제목 텍스트를 입력하시오.

04 '스마트폰' 시트의 '스마트폰 판매 현황' 표에서 할인율[B19]이 다음과 같이 변동하는 경우 통신요금 평균[G17]이 어떻게 달라지는지 시나리오를 작성하시오.

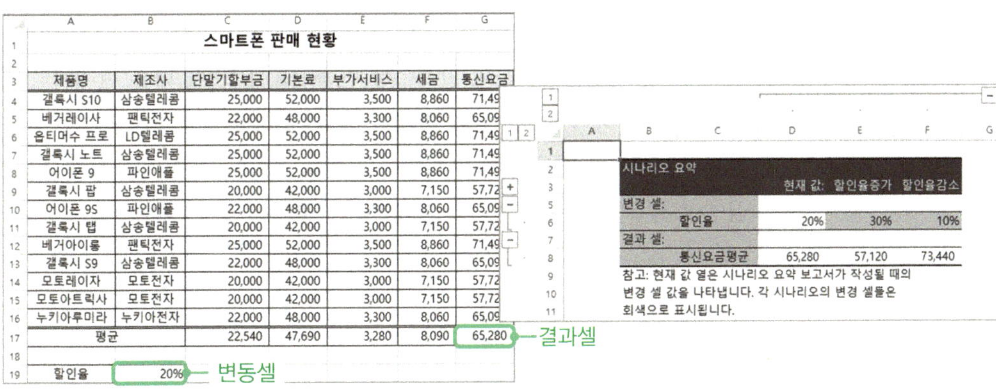

❶ 셀 이름 정의 : [B19] 셀은 '할인율', [G17] 셀은 '통신요금평균'으로 정의하시오.

❷ 시나리오1 : 시나리오 이름은 '할인율증가', 할인율을 30%로 설정하시오.

❸ 시나리오2 : 시나리오 이름은 '할인율감소', 할인율을 10%로 설정하시오.

05 '판매이익분석' 시트에서 판매수량에 따른 판매이익을 한눈에 파악하기 위해 '데이터 표' 기능을 사용하여 판매이익 열을 완성하시오.

판매수량	판매가격	판매금액	변동비	고정비	판매 이익
120	150	18,000	16,380	11,000	-9380

판매수량	판매이익
120	- 9,380 ❶
200	- 8,300
250	- 7,625
300	- 6,950
350	- 6,275 ❷
400	- 5,600
450	- 4,925
500	- 4,250
1,000	2,500
1,500	9,250
2,000	16,000

❶ [G5] 셀에서 구한 식을 복사하여 [C9] 셀에 붙여넣기 하시오([G5] 셀에서 [F2]키를 눌러 식을 복사한다).

❷ [C9] 셀의 판매 이익을 참조하여 판매수량 변동[B10:B19]에 따른 판매이익 [C10:C19]을 데이터 표로 구하여 판매수량과 판매이익간의 관계를 분석하시오. 여기서 변수는 판매수량이 된다. 즉 몇 개를 팔아야 이익이 되는지 구한다. 변동비는 판매수량에 따라 바뀌는 금액이고, 고정비는 언제나 같은 금액이 지출되는 것을 의미한다.

06 '영업이익' 시트에서 판매단가와 판매량의 변화에 따른 순 영업이익의 변화를 '데이터 표'를 만들어 분석하시오.

영업이익 계산 ①	
판매량	₩50
판매단가	₩1,500
매출액	₩75,000
원가	₩1,200
실매출액	₩60,000
영업이익	₩15,000
고정지출	
인건비	₩5,000
관리비	₩2,000
순이익	₩8,000

② 판매량 (열), 판매단가 (행)

₩8,000	10	20	30	40	50	60
₩1,500	(₩4,000)	(₩1,000)	₩2,000	₩5,000	₩8,000	₩11,000
₩1,600	(₩3,000)	₩1,000	₩5,000	₩9,000	₩13,000	₩17,000
₩1,700	(₩2,000)	₩3,000	₩8,000	₩13,000	₩18,000	₩23,000
₩1,800	(₩1,000)	₩5,000	₩11,000	₩17,000	₩23,000	₩29,000
₩1,900	₩0	₩7,000	₩14,000	₩21,000	₩28,000	₩35,000
₩2,000	₩1,000	₩9,000	₩17,000	₩25,000	₩33,000	₩41,000

① 다음과 같이 판매에 따른 순이익 구하기.

- 매출액: 판매량*판매단가
- 실매출액: 판매량*원가
- 영업이익: 매출액-실매출액
- 순이익: 영업이익-인건비-관리비

② 판매단가와 판매량의 변화값을 표로 만들어 순이익의 변화를 추이하여 보자.

07 데이터 통계분석 및 예측

7.1 데이터 기술통계분석

빅데이터의 활용은 기술혁신이나 산업구조의 변화를 촉진하고, 실생활에서의 응용 분야도 커지고 있다. 특히, 데이터의 통계분석은 실생활에 많은 영향을 끼치고 있으며, 미래를 예측하기 위해 매우 중요한 역할을 한다. 수집된 자료를 요약하여 신뢰할 수 있는 객관적인 결과를 얻기 위한 통계분석 방법은 다양하다. 통계분석 방법에는 수집한 자료를 단순히 요약 정리하여 기술하는 기술통계(descriptive statistics)와 표본 집단에서 얻어진 통계치를 통해 모집단의 특성을 파악하는 추리통계(inferential statistics)로 구분된다. 따라서 수집한 자료의 특성과 목적에 적합한 방법을 찾아 자료를 분석하는 것이 중요하다.

엑셀에서는 데이터 분석 도구를 사용하여 통계적 분석을 할 수 있다. 복잡한 통계 또는 공학 분석을 위해 분석 도구를 사용하면 많은 시간과 단계를 절약할 수 있다. 각 분석에 데이터와 매개 변수를 제공하기만 하면 데이터 분석 도구에서 통계 또는 공학용 매크로 함수를 사용하여 결과를 계산하고 출력 테이블에 표시한다. 또한, 일부 도구에서는 출력 테이블에 차트를 만들기도 한다. 본 절에서는 기술통계량과 히스토그램 등에 관한 정의를 살펴보고 예제를 통하여 기술통계량, 히스토그램 등을 구하여 데이터 분포 특성을 분석해 본다.

(1) 기술통계량

기술통계량(descriptive statistics)은 주어진 자료를 요약 및 기술하여 자료의 전반적인 특성을 파악할 수 있는 통계 수치들을 말하며 기술측도(descriptive measure)라고도 한다. 주어진 자료가 모집단의 특성을 잘 반영하는 경우 이에 기초하여 모집단 추론에 많이 사용된다. 이는 관찰된 자료가 어느 위치에 집중되어 있는지, 데이터의 퍼짐 정도나 또는 데이터 분포의 형태와 대칭성을 나타낼 수 있는 통계량들이다. 즉 기술통계량은 단일변수에 대해서 평균, 중앙값, 최빈값, 범위, 분산, 표준편차, 최대, 최소, 왜도, 첨도 등을 보여주는데 이를 통해 분포의 형태를 추측하는 등 데이터 특성 중 많은 부분을 알아낼 수 있다.

중심위치 주변에 데이터들이 얼마나 분포되어 있는지 판단하기 위해서는 평균이나 중앙값 등을 알아야 한다. 또한, 표준편차나 분산 등의 측도를 이용하면 주어진 자료의 산포도, 즉 어떻게 흩어져 있는지를 분석할 수 있다. 그리고 첨도나 왜도 등을 통해 중앙값 주위에 얼마나 모여 있는가 또는 분포의 좌우 대칭 정도를 파악할 수 있다. 일반적으로 데이터의 분포를 간략화하고 적절하게 요약하여 데이터의 분포 특성을 조사하기 위한 기술통계량들은 [표7-1]과 같다.

표 7-1 기술 통계량

통계량	설명
평균(mean)	전체 자료의 값을 모두 더한 후 자료의 수로 나눈 값
중앙값(median)	최솟값에서 최댓값까지 크기순으로 나열했을 때 중앙에 위치한 값
최빈값(mode)	분포에서 가장 많은 도수를 갖는 변수값
표준편차(standard deviation)	평균과 각 변수값의 차이인 편차들의 평균
분산(variance)	편차를 제곱하여 모두 더한 후 자료의 총 개수로 나눈 값. 표준편차의 제곱
최댓값(maximum)	가장 큰 값
최솟값(minimum)	가장 작은 값
범위(range)	최솟값과 최댓값의 차이
첨도(kurtosis)	데이터의 뾰족한 정도를 나타내며 분포의 모양이 중앙값 주위에 얼마나 모여 있는가를 알 수 있음. 양의 첨도는 상대적으로 더 뾰족하고 음의 첨도는 덜 뾰족함
왜도(skewness)	데이터 분포의 기울어진 정도, 즉 평균에 대한 분포의 비대칭 정도를 나타냄. 양수이면 분포의 비대칭 꼬리가 양의 값 쪽으로 치우치며 음수이면 음의 값 쪽으로 치우침

(2) 히스토그램과 도수분포표

히스토그램(histogram)은 주어진 자료가 연속형일 때 변수 값을 몇 개의 구간으로 나눈 후, 각 구간에 속하는 자료의 도수 또는 상대도수를 막대그림으로 나타낸 것으로 도수분포표에 기초하여 작성할 수 있다. 도수분포표(frequency distribution table)란 조사된 관측 값을 적당한 크기의 구간으로 나누어 각 구간에 속하는 도수, 상대도수, 누적상대도수 등을 계산하여 정리한 표이다. 도수란 각 구간에 속한 값들의 양이며, 상대도수란 각 구간의 도수를 전체 도수로 나눈 값이다. 상대도수는 한 집단 내에서 각 구간에서의 도수비교뿐만 아니라, 자료의 수가 다른 두 집단의 분포상태를 비교할 때 유용하게 쓰인다.

도수분포표는 모든 데이터에 대한 도수를 구하면 자료를 한눈에 파악하기 힘들다. 도수분포표를 작성하기 위해서는 먼저 도수를 구하기 위한 전체 자료를 동일한 간격으로, 또한 중복되지 않도록 구간을 나누어야 한다. 그리고 각 구간에 속한 자료의 개수를 세어 표를 만들면 된다. 여기서 구간의 수는 적절한 값으로 선택해야 하는데, 자료의 수가 n개일 때 구간 수의 근사값은 Sturges 공식인 $1+3.3\log_{10}n$에 기초하여 정할 수 있다. 하지만 일반적으로 자료의 수가 100~200개이면 8~9, 200~500개이면 9~10, 500~1000개이면 10~11로 구간의 수를 정한다.

❖ 도수분포표를 작성하는 방법 ❖

1) 적당한 구간의 수를 정한다.
2) 자료의 최댓값, 최솟값을 이용하여 구간의 크기(폭)을 결정한다. 구간의 크기는 (최댓값-최솟값)/구간의 수로 정할 수 있다. 그러나 자료의 특성이나 목적에 따라 구간의 크기나 경계는 임의로 정할 수도 있다.
3) 계산된 구간의 크기에 따라 자료의 구간을 설정한다.
4) 각 구간에 속하는 자료의 개수를 세어 표를 만든다.

예제 7-1

ch7_1.xlsx의 '키' 시트는 D회사 직원 100명의 키 데이터이다. 주어진 자료의 특성을 파악하기 위해 기술통계량을 구하여 보자. 또한, 직원들의 키 분포를 도수분포표로 작성하고, 도수분포표를 바탕으로 히스토그램으로 표현해 보자.

준비파일 ch7_1.xlsx '키' 시트

완성시트

함수를 이용한 통계량구하기	
평균	173.6
중앙값	174.5
최빈값	179
표준 편차	8.205689083
분산	67.33333333
첨도	-0.727035916
왜도	-0.244946656
최소값	153
최대값	189

데이터분석도구이용하기	
키	
평균	173.6
표준 오차	0.820568908
중앙값	174.5
최빈값	179
표준 편차	8.205689083
분산	67.33333333
첨도	-0.727035916
왜도	-0.244946656
범위	36
최소값	153
최대값	189
합	17360
관측수	100

범위		빈도수	상대도수
151~	155	1	0.01
156~	160	5	0.05
161~	165	16	0.16
166~	170	12	0.12
171~	175	23	0.23
176~	180	25	0.25
181~	185	12	0.12
186~	190	6	0.06

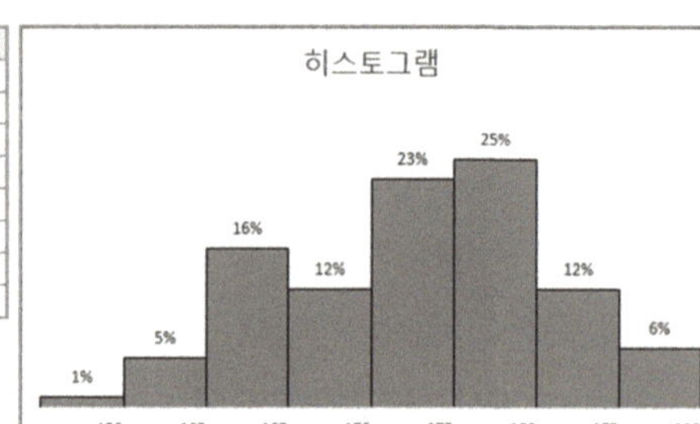

01 함수를 이용한 통계량 구하기

앞에서 살펴본 여러 가지 측도들은 통계 함수를 이용하여 구할 수 있다. 기술통계량과 관련된 함수들은 [수식] 탭-[함수 라이브러리] 그룹-[기타함수]의 하위메뉴 중에서 [통계]영역에서 찾을 수 있다. '키' 시트의 [F3:F11]에 다음의 표와 같이 함수를 직접 입력하여 구한다. 100명의 키 데이터에 대한 통계량을 구하므로 [B2:B101]의 범위에 대하여 '키' 로 이름을 정의하여 다음 함수를 적용하면 편리하다.

기술통계량	함수
평균	=AVERAGE(키)
중앙값	=MEDIAN(키)
최빈값	=MODE.SNGL(키)
표준 편차	=STDEV.S(키)
분산	=VAR.S(키)
첨도	=KURT(키)
왜도	=SKEW(키)
최솟값	=MIN(키)
최댓값	=MAX(키)

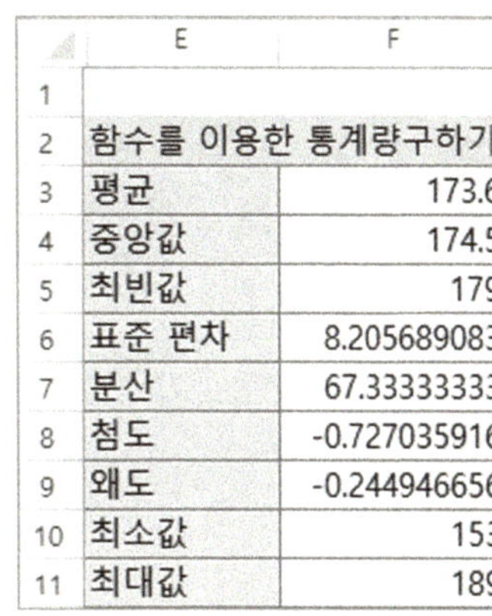

	E	F
1		
2	함수를 이용한 통계량구하기	
3	평균	173.6
4	중앙값	174.5
5	최빈값	179
6	표준 편차	8.205689083
7	분산	67.33333333
8	첨도	-0.727035916
9	왜도	-0.244946656
10	최소값	153
11	최대값	189

02 데이터 분석도구 이용하기

먼저 데이터 분석 도구를 활성화해 보자. [파일] 탭-[옵션]을 클릭하여 [Excel 옵션] 창을 실행한다. ❶ [Excel 옵션] 창의 [추가 기능]에서 ❷ [Excel 추가 기능]을 선택하고 ❸ [이동]을 클릭하면 [추가 기능] 대화 상자가 실행된다. ❹ [분석 도구]를 선택하고 ❺ [확인]을 클릭하면 [데이터] 탭-[분석] 그룹에 [데이터 분석] 명령이 추가된다.

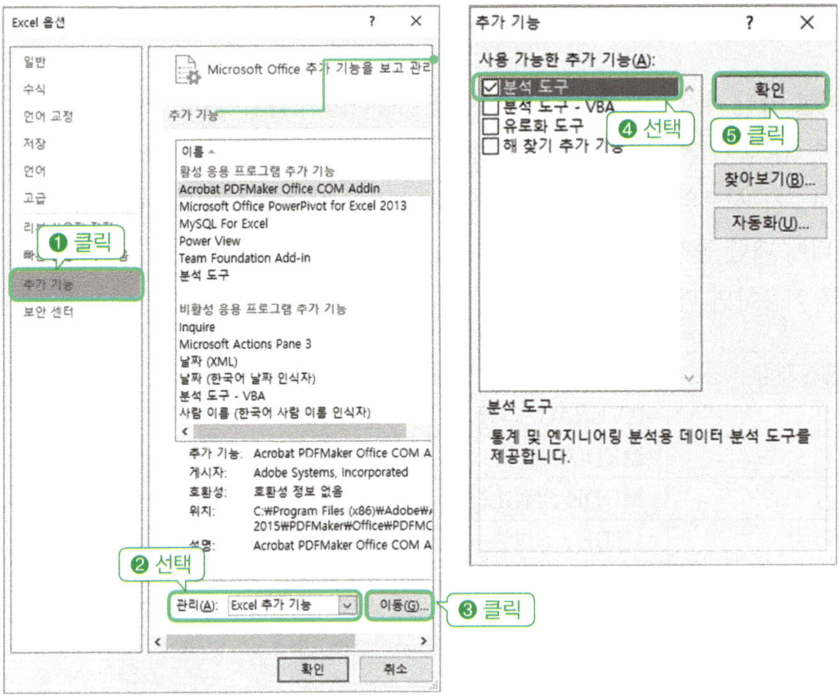

❶ [데이터] 탭–[분석] 그룹의 ❷ [데이터 분석]을 클릭하여 [통계 데이터 분석] 창을 실행한다. [통계 데이터 분석] 창에서 ❸~❹ [기술 통계법]을 선택하면 [기술 통계법] 창이 실행된다.

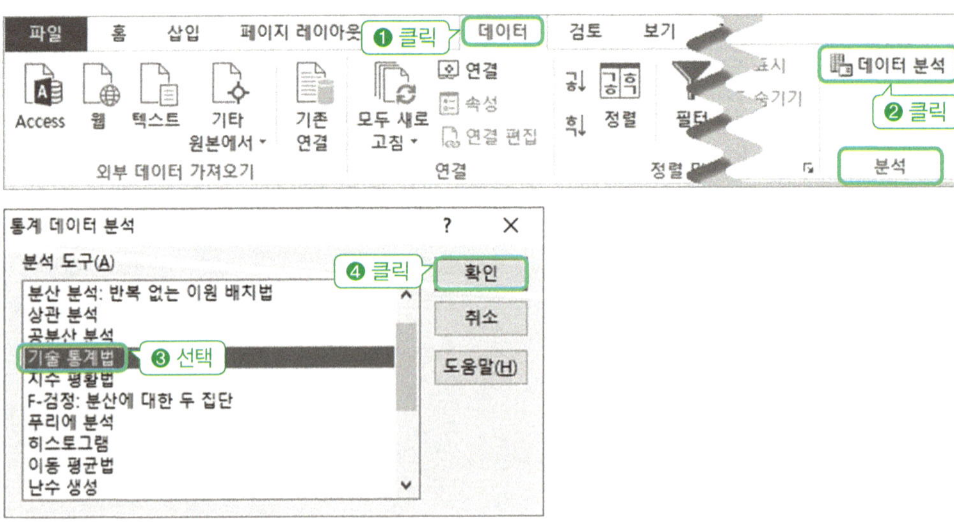

[기술 통계법] 창의 [입력]의 ❶ [입력범위]에는 키 데이터가 있는 [B1:B101]의 영역을 선택하여 지정하고 ❷ [첫째 행 이름표 사용] 옵션을 클릭하여 기술통계량의 출력에 이름이 표시

되도록 한다. [출력 옵션]에서 ❸ [출력 범위]에 출력할 셀의 위치를 클릭하여 지정하고 ❹ [요약 통계량]을 클릭하여 지정하고 ❺ [확인]을 클릭한다.

- 기술통계량은 01에서와 같이 통계함수를 이용하여 직접 입력하여 구할 수도 있지만 데이터 분석도구의 [기술 통계법]으로 한꺼번에 구하여 전체적인 데이터의 분포나 형태 등을 간단히 수치적으로 분석할 수 있다. 그러나 원본 데이터가 계속 수정이 되는 경우라면 함수를 이용하여 통계량이 자동으로 수정되도록 하는 것이 편리하다.

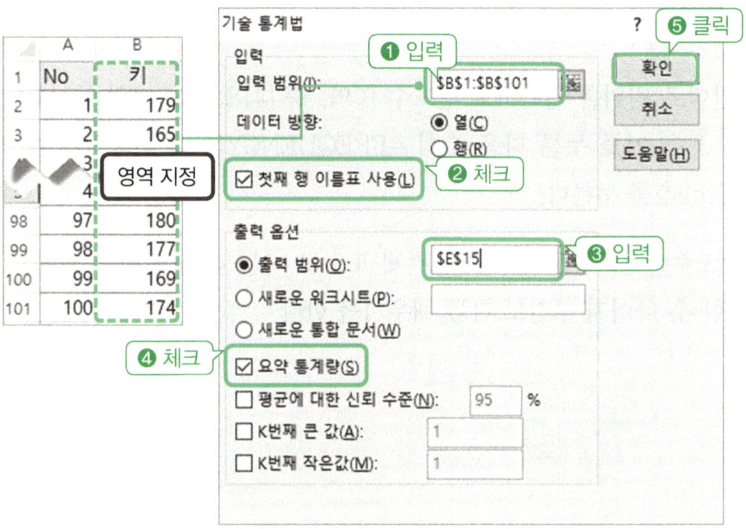

데이터분석도구이용하기	
키	
평균	173.6
표준 오차	0.820568908
중앙값	174.5
최빈값	179
표준 편차	8.205689083
분산	67.33333333
첨도	-0.727035916
왜도	-0.244946656
범위	36
최소값	153
최대값	189
합	17360
관측수	100

03 도수분포표 작성하기

- 먼저 도수분포표를 작성하기 위해서는 구간의 수를 정해야 한다. 즉 각 구간별로 관측된 값이 몇 개인지를 표시한다. 구간의 수는 일반적으로 데이터의 특성이나 목적에 따라 임의로 정할 수 있지만 여기서는 Sturges 공식을 적용해 보자. 즉, $1+3.3\log_{10}$(자료의 개수)의 수식에서 100개 데이터에 대하여 수식을 계산하면 7.6이 된다.

- 다음으로 구간의 크기는 '(자료의 최댓값−자료의 최솟값)/구간의 수'를 이용하여 구하여 보자. 즉 02에서 구한 기술통계량에 의하면 주어진 자료의 최댓값은 189, 최솟값은 153이므로 구간의 크기는 (189−153)/7.6의 값을 계산하면 4.7368이 된다.

구간의 수	7.6
계급구간의 크기	4.7368421

❶ = 1+3.3*LOG10(100)
❷ = (F11−F10)/7.6 — (최댓값−최솟값)/구간의 수

- 앞에서 구한 구간의 수, 구간의 크기를 반올림하면 8과 5이다. 즉, 8개의 구간, 각 구간의 크기는 5단위로 하여 도수분포표에 범위를 만든다.

- 각 구간에 속하는 자료의 개수(도수)는 COUNTIFS 함수를 이용하여 구할 수 있지만 여기서는 FREQUENCY 함수로 구해 보자. FREQUENCY 함수는 단어의 의미대로 빈도수를 구하는 함수이며 데이터 배열에서 각 구간에 해당하는 값의 발생 빈도수를 계산하여 세로 배열 형태로 결과 값을 반환한다. 따라서 수식을 작성할 때 배열 수식으로 입력해야 한다. 배열 수식을 입력하는 방법은 먼저 빈도수를 구할 곳의 범위를 지정한 후 수식을 입력한 후에 〈Ctrl〉+〈Shift〉+〈Enter〉를 누른다.

- 도수분포표에 각 구간별로 범위를 입력하고 빈도수 영역, 즉 [J18:J25] 범위를 선택한 후 수식 입력줄에서 또는 〈F2〉 키를 누른 다음 수식 =FREQUENCY(키, I18:I25)을 입력한 후 〈Ctrl〉+〈Shift〉+〈Enter〉를 누른다.

- 도수분포표에서 상대도수는 각 구간의 도수를 전체 도수로 나눈 값이다. 즉 =J18/SUM($-J$18:$J$25)를 입력한 후 나머지 구간도 자동 채우기를 한다.

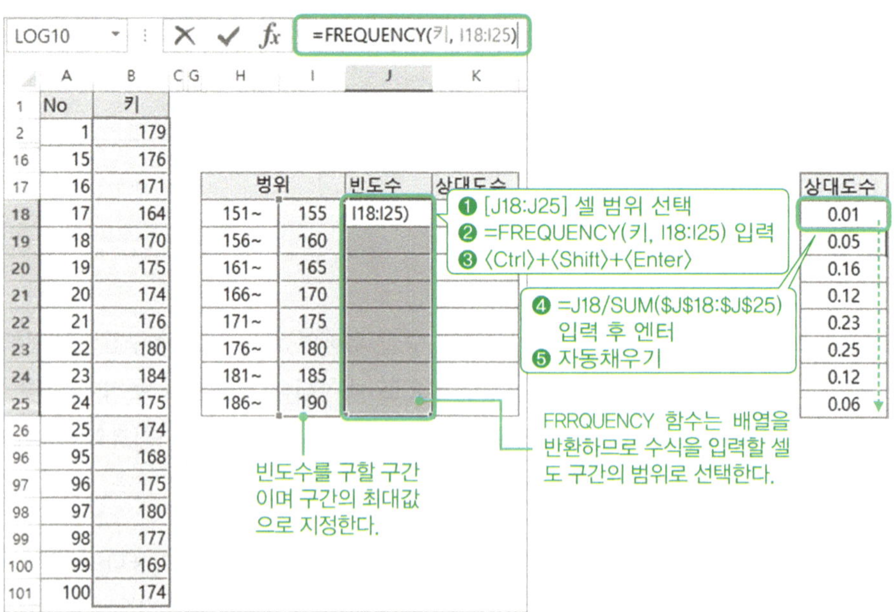

Tip 배열은 행, 열 또는 행과 열의 조합으로 이루어진 일련의 데이터이다. 배열 수식은 하나 이상의 배열로 구성된 데이터에 대해 하나의 결과나 여러 결과를 반환하는 계산을 수행한다. 먼저 수식을 입력할 범위를 지정한 후 배열 수식을 입력하고 〈Ctrl〉+〈Shift〉+〈Enter〉를 동시에 눌러서 결과를 구한다.

04 히스토그램 작성하기

도수분포표에 기초하여 도수나 상대도수를 히스토그램으로 표현하여 데이터 분포를 시각화해 보자. 03에서 만든 도수분포표에서 [차트]를 삽입하여 작성하거나 [데이터 분석] 도구에서 [히스토그램]을 작성할 수 있다.

먼저 도수분포표에서 [차트]를 삽입하여 상대도수의 값을 히스토그램으로 작성해 보자.

- 먼저 차트에 사용할 ❶ 데이터 범위를 선택한 후 히스토그램을 나타내기 위해 ❷~❸ [삽입] 탭–[차트] 그룹–[세로 막대형 차트 삽입]–[묶은 세로 막대형]을 선택한다. 데이터 범위는 구간 범위의 최댓값([I18:I25])을 드래그한 후 〈Ctrl〉 키를 누르고 상대도수([K18:K25])를 선택한다.

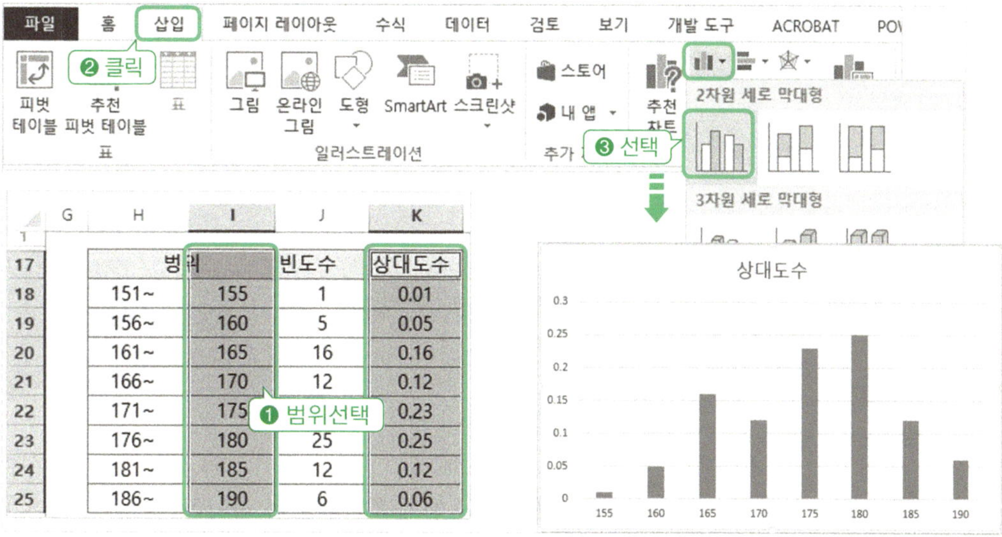

- 히스토그램에서는 계급의 크기가 모두 같으므로 직사각형의 가로의 길이는 모두 같고, 계급이 연속되어 있으므로 직사각형을 연속적으로 붙여서 그린다. [묶은 세로막대형 차트]에서 상대도수의 계열을 더블클릭하여 [계열 옵션]에서 [간격 너비]를 0%로 조정하여 막대가 붙게 한다. 그리고 테두리선 색을 지정하여 경계를 표시한다.

- 전체적인 데이터 분포의 이해를 돕기 위해 상대도수의 값을 백분율로 표시해 보자. 차트를 클릭하여 + 버튼에서 [데이터 레이블] 요소를 추가한다. 그리고 데이터 레이블을 선택한 후 [데이터 레이블 서식]에서 [표시형식]을 백분율로 지정한다.

• 마지막으로 세로축, 눈금선을 제거하고 차트의 제목 영역을 클릭하여 '히스토그램'으로 수정한다. 가로축 구간의 값도 막대의 가장자리에 값이 보이게 오른쪽 정렬을 지정한다.

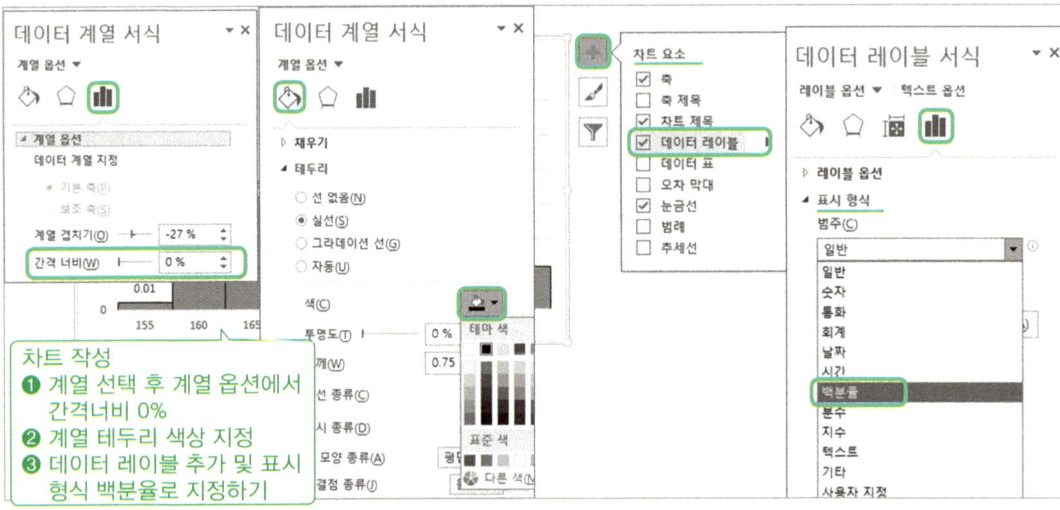

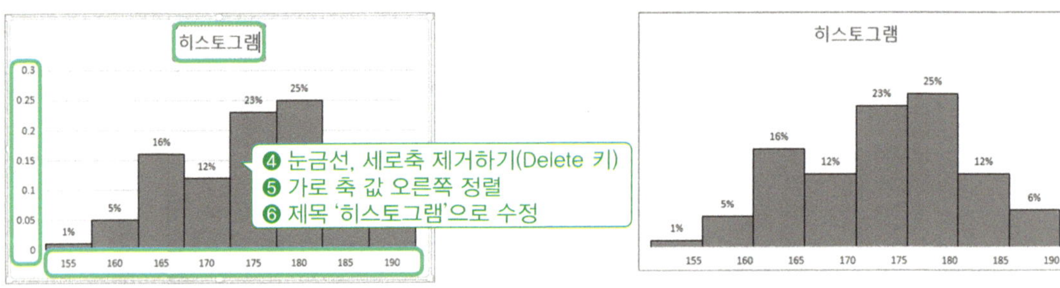

• 완성된 히스토그램은 주어진 키 데이터의 전체적인 분포를 파악할 수 있다. 같은 방법으로 각 구간별 빈도수를 이용하여 히스토그램을 작성할 수도 있다.

[통계 데이터 분석] 도구의 [히스토그램] 분석 방법을 사용하여 히스토그램을 작성해 보자.

• [데이터] 탭-[분석] 그룹의 [데이터 분석]을 클릭하여 [통계 데이터 분석] 창을 실행한다. ❶~❷ [통계 데이터 분석] 창에서 [히스토그램]을 선택한 후 [확인]을 클릭한다.

• 히스토그램 대화 상자에서 ❸ [입력 범위]에 주어진 키의 데이터 범위를 선택하고 ❹ [계급 구간]은 03에서 작성한 도수분포표의 구간([I18:I25])을 지정한다. 대화 상자의 ❺~❼ [출력 옵션]에서 출력할 위치를 지정하고 [차트 출력]을 선택한 후 [확인]을 클릭한다. 지정된 출력 위치에 도수분포표와 함께 히스토그램을 출력한다.

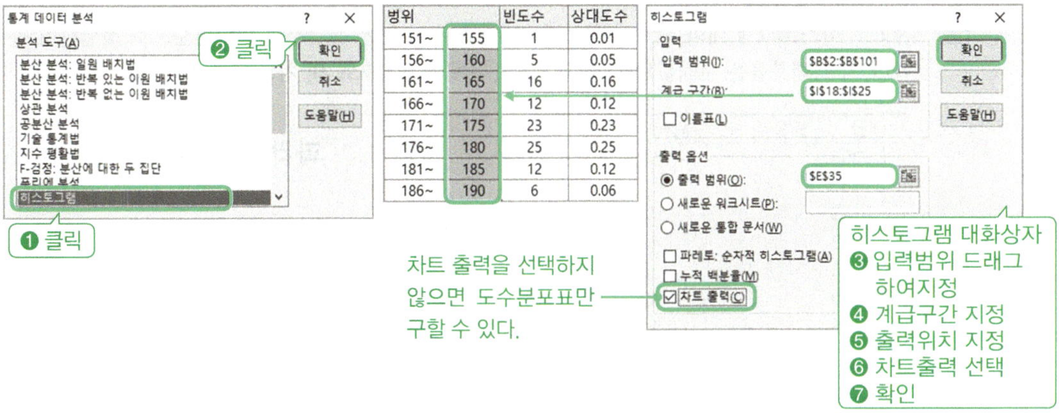

계급	빈도수
155	1
160	5
165	16
170	12
175	23
180	25
185	12
190	6
기타	0

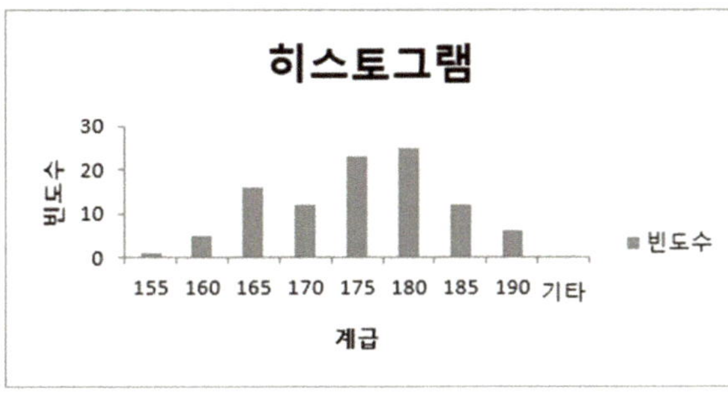

- 출력된 히스토그램은 구간별로 막대가 떨어져 있으므로 연속형 데이터를 나타내기에 적합하지 않다. 따라서 ❶~❷ 막대 계열을 더블클릭하여 [데이터 계열 서식]의 [계열 옵션]에서 간격 너비를 0%로 조정하고 ❸ 테두리 색을 지정하여 히스토그램을 완성한다.

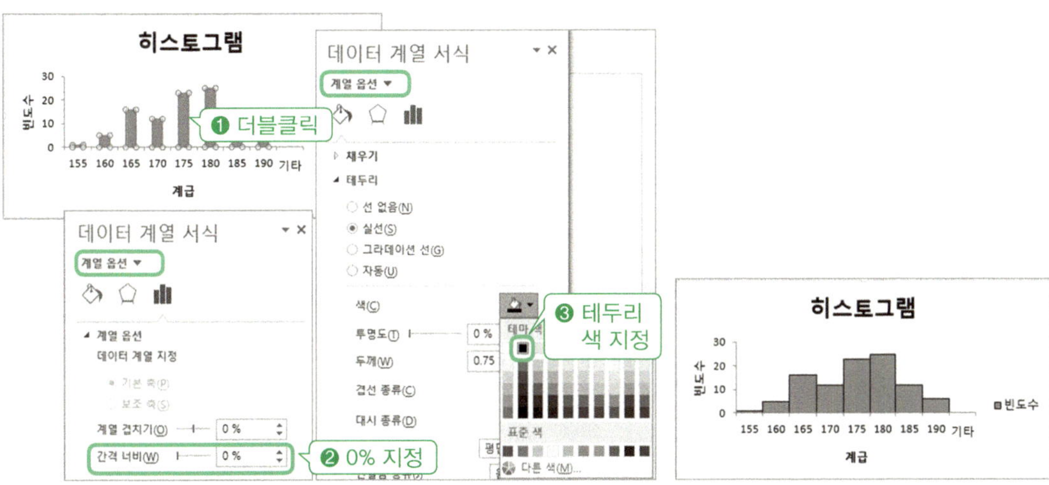

Tip 참고로 히스토그램 대화 상자에서 파레토는 빈도수가 높은 계급부터 내림차순으로 정렬하여 출력하며, 누적백분율은 누적값의 백분율을 계산하여 도수분포표 및 차트에 함께 출력한다.

계급	빈도수	계급	빈도수
155	1	180	25
160	5	175	23
165	16	165	16
170	12	170	12
175	23	185	12
180	25	190	6
185	12	160	5
190	6	155	1
기타	0	기타	0

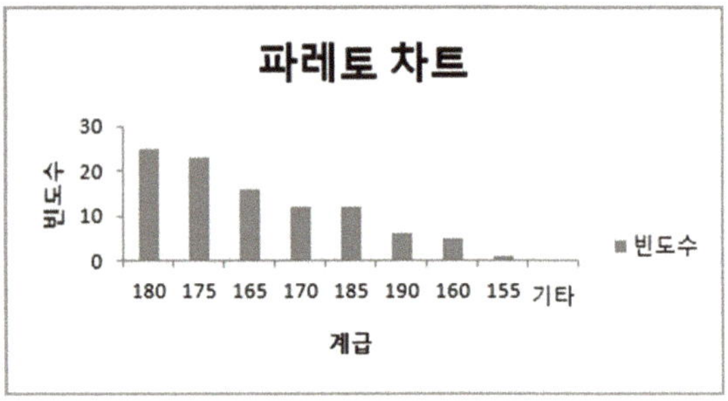

계급	빈도수	누적 %
155	1	1.00%
160	5	6.00%
165	16	22.00%
170	12	34.00%
175	23	57.00%
180	25	82.00%
185	12	94.00%
190	6	100.00%
기타	0	100.00%

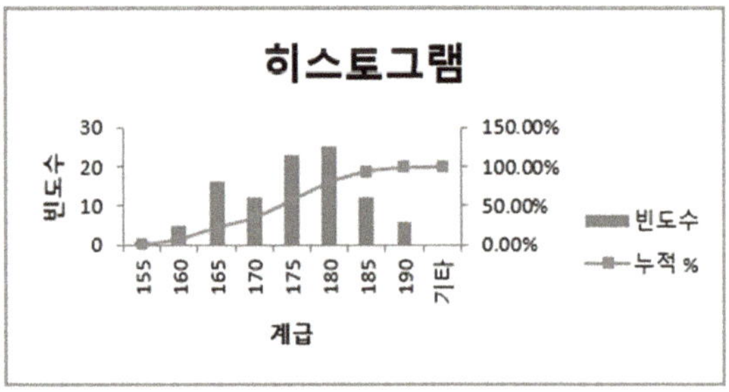

Tip 도수분포표의 구간을 직접 정하지 않고 엑셀에서 제공하는 기본 값을 이용하여 히스토그램을 작성할 수도 있다. 위에서 공식을 사용하여 구한 결과와 비슷한 분포를 가짐을 알 수 있다.

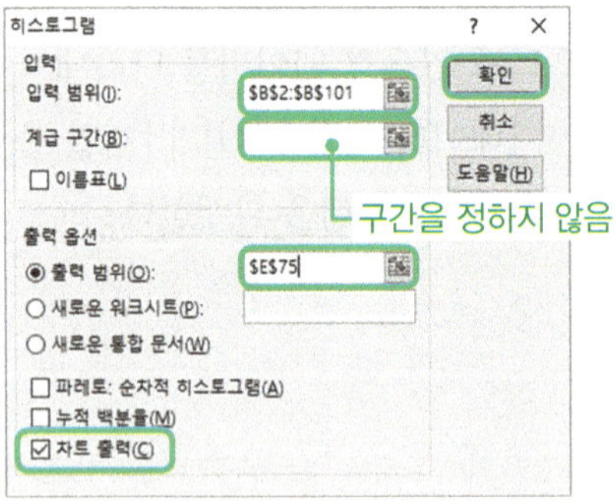

계급	빈도수
153	1
156.6	0
160.2	5
163.8	8
167.4	10
171	13
174.6	13
178.2	14
181.8	21
185.4	9
기타	6

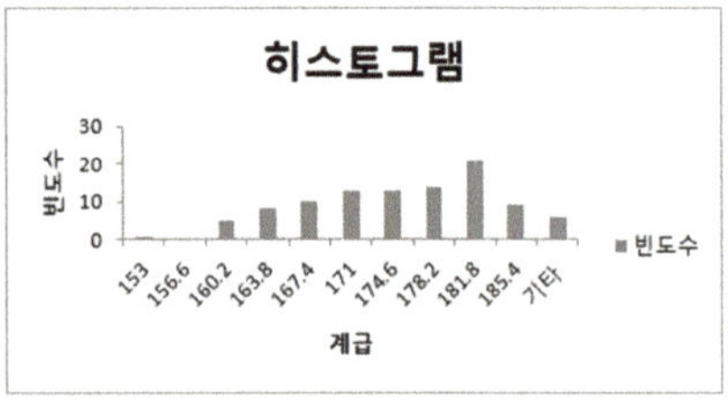

예제 7-2

ch7_1.xlsx의 '기후' 시트는 2017년 서울의 연간 기후 자료이다. 주어진 자료는 하루 평균기온, 하루 중 최고기온, 최저기온 및 강수량과 습도를 1년간 기록한 데이터이다. 통계 데이터 분석 도구의 기술 통계법으로 평균기온, 최고기온, 최저기온 및 강수량과 습도의 연간 데이터의 분포 특성을 요약해 보자. 그리고 주어진 자료를 이용하여 월별 요약자료를 만들어보고 연중 가장 더운 날과 가장 추운 날을 검색하여 보자.

준비파일 ch7_1.xlsx '기후' 시트

	A	B	C	D	E	F
1	2017년 서울 기후 자료					
2						
3	년월일	평균기온(℃)	최고기온(℃)	최저기온(℃)	강수량(mm)	상대습도(%)
4	2017-01-01	2.7	6.9	-1.6		75.9
5	2017-01-02	5	9.2	1.8	0.3	77.8
6	2017-01-03	2	7.7	-2.3		61.8
7	[illegible]17-01-04	[illegible]	8.9	1		55
[illegible]	[illegible]	[illegible]	[illegible]	[illegible]	[illegible]	[illegible]
364	2017-12-[illegible]	-6.9	-2.6	-10.[illegible]		[illegible].4
365	2017-12-28	-2.1	0.8	-6.8	0	47
366	2017-12-29	2.1	6	-0.4	0	67
367	2017-12-30	1.4	4.5	-1.2	0.7	79.5
368	2017-12-31	-0.3	3.3	-3.2	1	54.4

완성시트

평균기온		최고기온		최저기온		강수량		상대습도	
평균	13.07342	평균	18.11205	평균	8.845205	평균	8.563889	평균	57.72438
표준 오차	0.574917	표준 오차	0.57976	표준 오차	0.58578	표준 오차	1.932888	표준 오차	0.761354
중앙값	15.1	중앙값	20.6	중앙값	10.5	중앙값	0.85	중앙값	56.9
최빈값	14.4	최빈값	27.6	최빈값	23.9	최빈값	0	최빈값	43.1
표준 편차	10.98377	표준 편차	11.07629	표준 편차	11.19131	표준 편차	23.19466	표준 편차	14.54565
분산	120.6432	분산	122.6843	분산	125.2455	분산	537.9923	분산	211.5759
첨도	-1.22886	첨도	-1.17422	첨도	-1.22757	첨도	19.16348	첨도	-0.45495
왜도	-0.28329	왜도	-0.38086	왜도	-0.15937	왜도	4.259495	왜도	0.239072
범위	40.8	범위	40.8	범위	40.8	범위	144.5	범위	74.7
최소값	-9.4	최소값	-5.4	최소값	-12.6	최소값	0	최소값	21.8
최대값	31.4	최대값	35.4	최대값	28.2	최대값	144.5	최대값	96.5
합	4771.8	합	6610.9	합	3228.5	합	1233.2	합	21069.4
관측수	365	관측수	365	관측수	365	관측수	144	관측수	365

01 통계 데이터 분석 도구를 이용하여 항목별 기술통계량 구하기

- [데이터] 탭-[분석] 그룹의 [데이터 분석]을 클릭하여 [통계 데이터 분석] 창을 실행한다. [통계 데이터 분석] 창에서 ❶ [기술 통계법]을 선택한다. 앞의 예제와 같은 방법으로 기술통계량의 요약 자료를 얻을 수 있다.

- [기술 통계법] 대화 상자에서 입력 범위를 평균 기온부터 습도의 범위까지 선택하여 연속된 자료의 기술통계량을 한 번에 구한다. ❷ [입력 범위]에 [$B$3:$F$368], ❸ [첫째 행 이름표 사용]에 체크, ❹ [출력 범위] 지정, ❺~❻ [요약 통계량] 체크한 후 [확인]을 클릭한다. 입력 범위 지정 시 연간 자료이기 때문에 자료의 범위가 방대하므로 단축키 〈Shift〉+〈Ctrl〉+→ +↓를 이용하면 편리하다.

- 분석된 요약 통계량을 보면 평균기온, 최고기온, 최저기온 자료의 분포 특성은 비슷한 반면에 강수량은 표준편차도 크고 첨도와 왜도가 다른 관측 값에 비해 큰 값을 가지는 것을 알 수 있다. 첨도의 값이 양의 큰 값을 가지므로 강수량의 데이터 분포는 상대적으로 많이 뾰족한 모양, 즉 강수량이 어느 기간에 집중되어 있음을 알 수 있다.

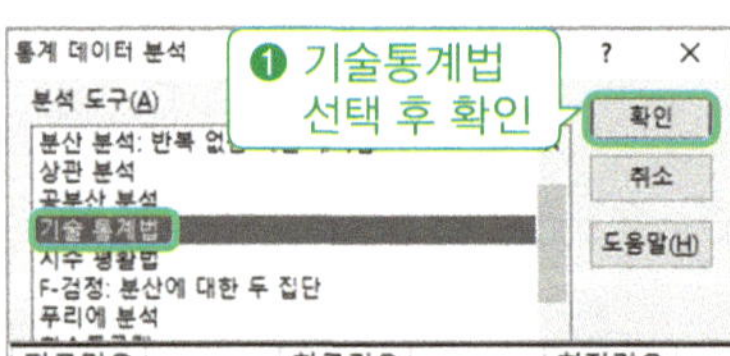

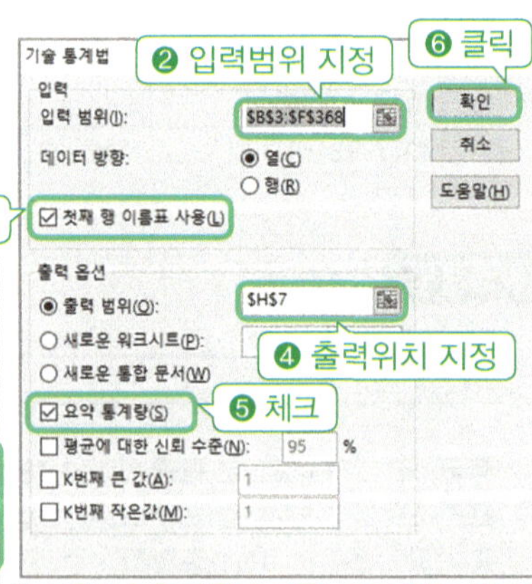

평균기온		최고기온		최저기온		강수량		상대습도	
평균	13.07342	평균	18.11205	평균	8.845205	평균	8.563889	평균	57.72438
표준 오차	0.574917	표준 오차	0.57976	표준 오차	0.58578	표준 오차	1.932888	표준 오차	0.761354
중앙값	15.1	중앙값	20.6	중앙값	10.5	중앙값	0.85	중앙값	56.9
최빈값	14.4	최빈값	27.6	최빈값	23.9	최빈값	0	최빈값	43.1
표준 편차	10.98377	표준 편차	11.07629	표준 편차	11.19131	표준 편차	23.19466	표준 편차	14.54565
분산	120.6432	분산	122.6843	분산	125.2455	분산	537.9923	분산	211.5759
첨도	-1.22886	첨도	-1.17422	첨도	-1.22757	첨도	19.16348	첨도	-0.45495
왜도	-0.28329	왜도	-0.38086	왜도	-0.15937	왜도	4.259495	왜도	0.239072
범위	40.8	범위	40.8	범위	40.8	범위	144.5	범위	74.7
최소값	-9.4	최소값	-5.4	최소값	-12.6	최소값	0	최소값	21.8
최대값	31.4	최대값	35.4	최대값	28.2	최대값	144.5	최대값	96.5
합	4771.8	합	6610.9	합	3228.5	합	1233.2	합	21069.4
관측수	365	관측수	365	관측수	365	관측수	144	관측수	365

강수량의 표준편차가 가장 크고 첨도 왜도의 값이 양의 큰값을 가지므로 다른 관측값에 비해 왜곡정도가 크고 특정기간에만 큰 값이 관측되었음을 알 수 있다.

02 월별 요약 분석자료 만들기

- 주어진 연간 기후 자료를 월별 자료로 요약해 보자. 먼저 주어진 연간 데이터에서 각 해당 월의 평균 기온과 강수량의 합을 구하여 보자. 이는 조건이 참인 경우에만 평균과 합을 구하는 AVERAGEIF 함수와 SUMIF 함수를 사용하여 해당 월의 평균 기온과 강수량의 합을 구하면 된다. 이를 이용하기 위해서는 ❶~❺ 열을 추가하여 기후의 날짜정보에서 MONTH 함수로 월 정보를 만든다.

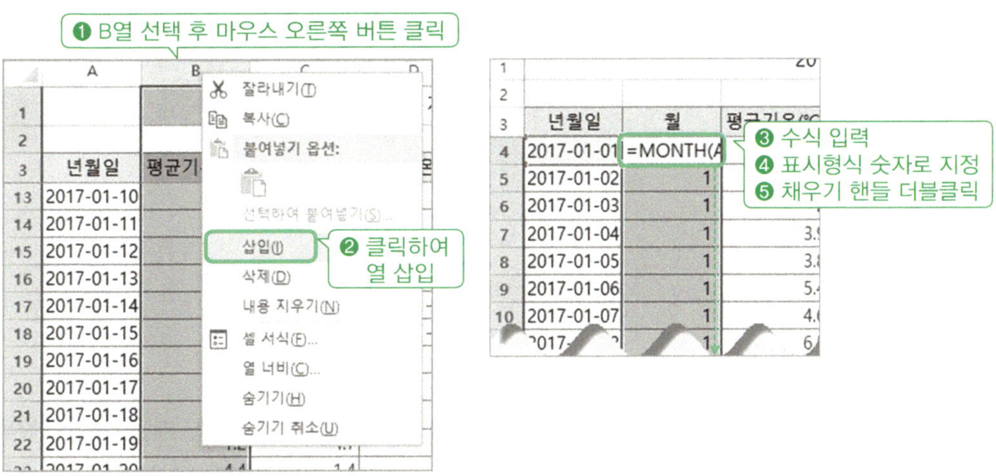

- 수식에서 연간 자료의 범위 선택 시 편의를 위해 이름을 정의한다. 즉 ❶ 연간 기후 자료 전체를 선택하고 ❷ [수식] 탭–[정의된 이름] 그룹– [선택영역에서 만들기]를 클릭하여 창을 실행한다. [선택영역에서 만들기] 대화 상자에서 왼쪽 열의 체크를 해제하고 전체 표의 ❸~❹ [첫 행]을 이용하여 이름을 정의한다.

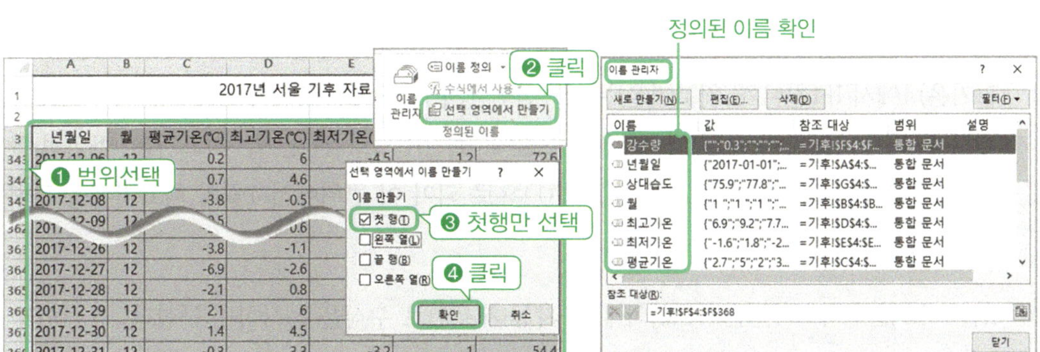

- '평균기온' 범위에서 1월에 해당하는 값들의 평균을 구한 후 수식을 복사하여 나머지 월의 평균 기온도 구한다. 즉 ❶~❷[J26] 셀에 =AVERAGEIF(월,I26,평균기온)의 수식을 입력하여 1월의 평균기온을 구한다. 그리고 채우기 핸들을 더블클릭하여 12월까지의 평균기온을 구한다.

- 마찬가지로 월별 강수량의 합도 SUMIF 함수를 사용하여 같은 방법으로 구할 수 있다. ❸~❹[M26] 셀에 =SUMIF(월,I26,강수량)의 수식을 입력하여 1월의 강수량의 합을 구한 후 수식을 복사하여 나머지 값도 구한다.

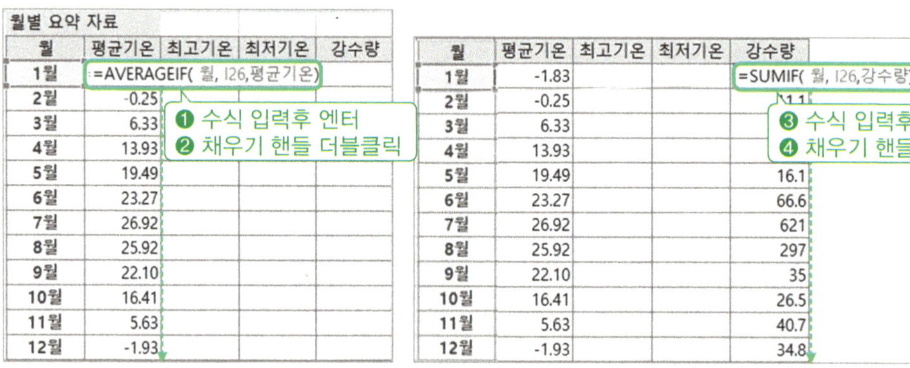

- 요약 자료의 최고기온도 해당 월에서 최댓값을 찾아 표시해야 한다. 예를 들어 1월의 최고기온은 '월' 전체 범위에서 1월에 해당하는 값들 중에서 최댓값이다. 이는 MAX함수를 사용할 수 있는데 '월' 범위에서 각 월(I열)에 해당하는 범위가 지정되도록 해야 한다. 엑셀 2013에서는 MAXIF 함수가 제공되지 않기 때문에 배열 수식을 사용하여 '최고기온' 범위의 값을 조정하도록 하면 된다. 즉 여기서 배열 수식은 MAX 함수와 IF 함수를 중첩 사용하여 조건이 참인 경우는 최고기온의 값으로, 아닌 경우는 0으로 하여 해당 월의 값만 포함한다.

- 먼저 1월의 최고기온을 구하여 보자. [K26] 셀에 =MAX(IF(월=I26,최고기온))을 입력한 후 〈Ctrl〉+〈Shift〉+〈Enter〉를 동시에 눌러 결과를 구한다. 배열 수식 {=MAX(IF(월=I26,최고기온))}에서 IF(월=I26,최고기온)는 '월' 범위에서 I26의 값, 즉 1(월)에 해당하는 '최고기온'의 값을 포함하고 1이 아닌 경우(2월~12월의 값)는 0으로 된다. 즉 '최고기온' 범위의 값은 { 6.9, 9.2, 7.7, ... ,0.9, 0.2, 0, 0, ⋯ ,0 }으로 되어 이 범위에서 1월의 최고기온을 구하는 것이다.

- 2월~ 12월의 최고기온은 [K26]의 값을 자동 채우기로 수식을 복사하여 구한다.

요약 자료의 최저기온도 앞에서와 같은 방법으로 [L26] 셀에 =MIN(IF(월=I26,최저기온))을 입력한 후 〈Ctrl〉+〈Shift〉+〈Enter〉를 동시에 눌러 결과를 구한다. 그리고 더블클릭하여 나머지 값들도 구한다.

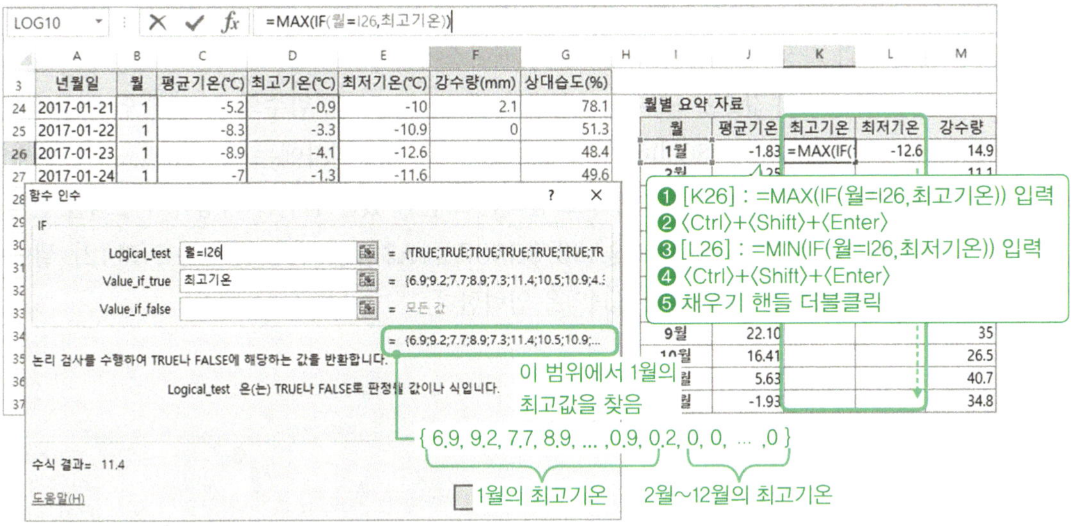

Tip 해당 월의 평균 기온과 강수량의 합도 AVERAGEIF, SUMIF 함수 대신 {=AVERAGE(IF(월=I26,평균기온))}, {=SUM(IF(월=I26,강수량))}을 사용하여 구할 수 있다.

Tip 일반적으로 배열수식 작성 시 조건이 참인 경우 해당 함수를 수행하는 경우 다음의 두 가지 형태로 수식을 사용할 수 있다. 여기서 여러 조건을 사용할 때 AND 조건은 '*', OR 조건은 '+' 기호를 사용하여 표시한다. ❶ =함수(IF(조건, 계산범위)) ❷ =함수((조건)*(계산범위))

Tip 월별 요약 자료는 위 예제의 배열 수식 대신에 5.2절에서 다룬 [삽입] 메뉴–[표] 그룹–[피벗테이블]을 이용하여 간단히 구할 수도 있다.

03 연중 가장 더운 날과 가장 추운 날 검색하기

연중 가장 더운 날과 가장 추운 날이 언제인지 검색해 보자. 앞에서 배운 INDEX 함수를 이용하여 검색할 수 있지만 여기서는 데이터베이스 함수인 DGET 함수를 적용하여 구하여 본다. DGET 함수는 데이터베이스에서 조건을 만족하는 레코드를 찾아 추출 필드의 값을 구한다. 이때 해당 조건을 별도의 셀에 작성하고 작성된 조건 범위를 이용하여 구한다. 조건을 작성할 때는 4.3절의 고급필터의 조건을 작성하는 것과 같은 방법으로 표현한다.

- 기후 데이터베이스에서 가장 더운 날과 가장 추운 날은 '최고기온' 범위에서 최댓값과 '최저기온' 범위에서 최솟값을 말한다. 이를 DGET 함수로 원하는 값을 추출하기 위해 먼저 [I41:J42]에 조건을 입력한다. 기후 데이터의 필드 이름을 이용하여 최고기온과 최저기온 중에서 최댓값(=MAX(최고기온))과 최솟값(=MIN(최저기온))을 구한다.

- 가장 더운 날과 가장 추운 날을 전체 데이터베이스에서 [I41:J42]의 조건을 만족하는 레코드에서 '년월일' 필드의 값으로 구한다. ❶[K42] 셀에 =DGET( ) 함수의 첫 번째 인자인 데이터베이스를 선택([$A$3:$G$368])하여 입력한다. ❷ 두 번째 인자에는 가져올 필드, 즉 '년월일' 필드를 클릭한다. ❸ 그리고 마지막으로 입력한 조건이 있는 범위를 지정하여 수식을 완성한다. 즉 [K42] 셀에는 =DGET($A$3:$G$368,$A$3,I41:I42), ❹~❻[M42] 셀에는 =DGET($A$3:$G$368,$A$3,J41:J42)을 입력한다.

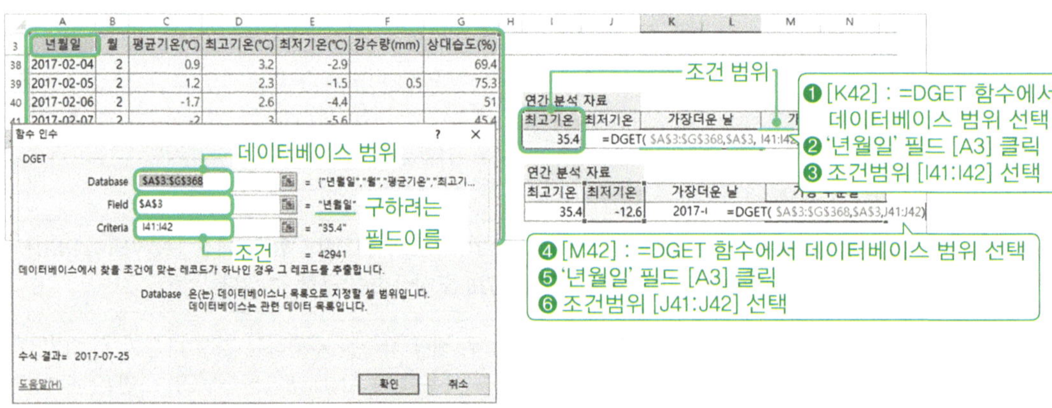

연습문제

'ch7_1_연습문제.xlsx' 의 통합문서를 열어 다음 각 문제를 해결하시오.

01 '평균기온' 시트는 연간 일일 평균기온의 자료이다. 여름 날씨에 대한 기술통계량을 조사하고 분석하여 보자.

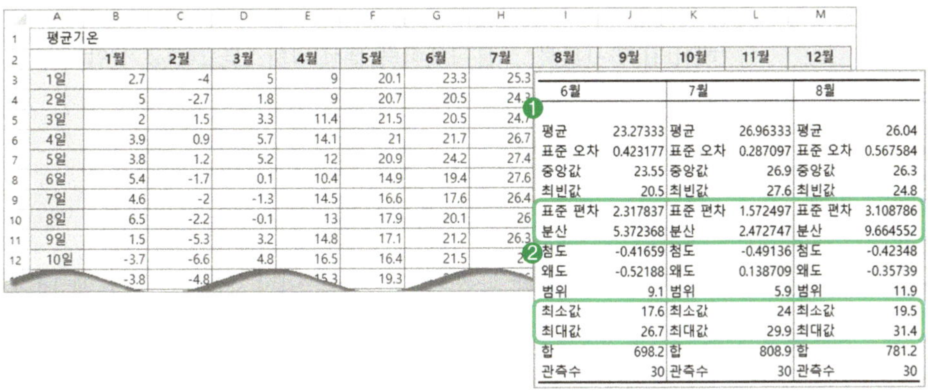

❶ 여름(6월~8월)의 평균기온에 대하여 [데이터] 탭–[분석] 그룹–[데이터 분석]을 클릭하여 월별 기술통계량을 조사하시오.

❷ 월별 최고기온, 최저기온, 표준편차 등을 확인하여 기온을 분석하시오.

02 '생활비' 시트는 대학생들의 한달 생활비를 조사하기 위해 대학생 110명을 표본으로 추출하여 조사하였다. 대학생 110명에 대한 생활비의 도수분포표를 구하고 히스토그램을 나타내보자.

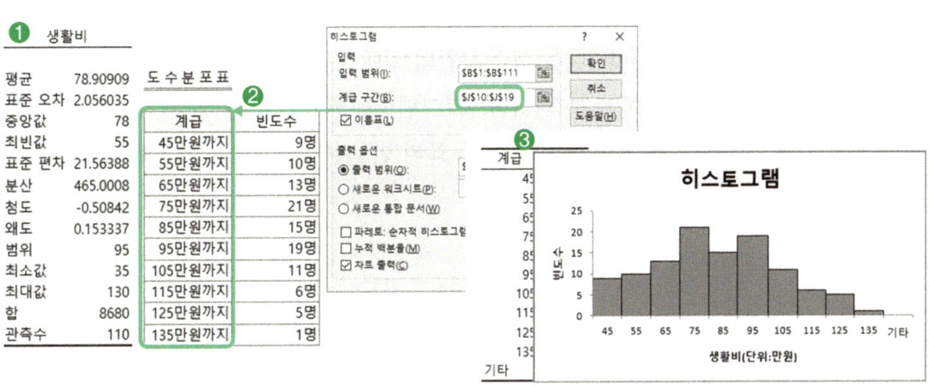

❶ [데이터 분석]의 [기술통계법]으로 기술통계 요약자료를 만드시오.

❷ 주어진 데이터의 최댓값과 최솟값을 이용하여 계급의 구간을 10만원 단위로 구간을 정하여 구간별 빈도수를 구하시오. 이때 빈도수는 FREQUENCY 함수를 사용하여 구하여 보자. FREQUENCY 함수는 구간에서의 빈도수를 구하며, 이때 구간의 최댓값을 사용하여 구한다.

❸ [데이터] 탭–[분석] 그룹–[데이터 분석]–[히스토그램]을 삽입하여 히스토그램 차트를 그림과 같이 수정하시오. ([데이터 계열 서식]에서 테두리는 검정, 계열 옵션에서 간격 너비를 0%로 지정한다.)

03 '성적'시트는 미적분학 과목의 시험 점수이다. 주어진 자료에 대하여 다음을 구하시오.

❶

평균	77.013
중앙값	78.5
분산	170.29
표준편차	13.05
최고점수	98
최저점수	51
범위	47

❷

점수	인원수
50-59	14명
60-69	9명
70-79	19명
80-89	22명
90-100	16명
총합계	**80명**

❸

계급	빈도수
59	14
69	9
79	19
89	22
100	16
기타	0

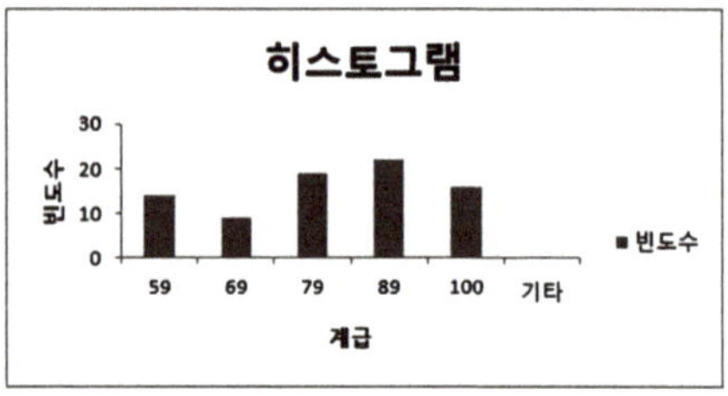

❶ 주어진 자료에서 점수의 평균, 중앙값, 표준편차, 최고점수, 최저점수, 범위(최고점수–최저점수)를 구하시오. 단, 함수를 사용하여 구하시오.

❷ [삽입] 메뉴–[표] 그룹–[피벗테이블]을 [G4]에 삽입하여 도수분포표를 작성하시오. 이때 점수의 분포는 그림과 같이 10 단위로 그룹화하시오.

❸ ❷번의 피벗테이블 점수 구간의 최댓값을 이용하여 [J5:J9]에 계급을 작성하고 이를 이용하여 [데이터 분석]–[히스토그램]을 클릭하여 [L4]의 위치에 히스토그램 차트를 삽입하시오. ❷에서 구한 도수분포표의 빈도수와 동일한지 확인한다.

7.2 통계분석을 이용한 데이터 예측하기

상관관계는 연속적 속성을 갖는 두 변수들 간 상호 연관성에 대한 기술통계 정보를 제공해준다. 현실에서는 다양한 현상들이 서로 간에 특정한 관계를 맺고 있으며, 상관 분석은 이런 사회 현상 간의 관계를 밝혀줄 수 있는 통계적 분석이다. 예를 들어 병의원에서 처방되는 의약품 종류와 질병 간의 상관관계를 분석하면 어느 지역에 어떤 질병이 퍼지는지를 알 수 있으며 이로 인해 위기에 대응할 수 있다. 그리고 가상청의 기후 정보와 질병과의 상관관계를 분석함으로 날씨에 따라 발생할 확률이 높은 질환을 예측할 수도 있다.

이와 같이 상관분석은 두 변수 간의 상관관계가 존재하는지를 파악하고 상관관계의 정도를 측정하는 것이다. 또한, 두 변수 간의 관계가 있는 경우 어느 한 변수의 값이 주어지면 다른 변수의 값을 예측할 수 있다. 변수를 기초로 하여 알려지지 않는 변수의 값을 예측하는 통계적 분석을 회귀분석이라 한다. 본 절에서는 엑셀의 데이터 분석 도구에서 상관분석, 회귀분석 등을 이용하여 데이터의 연관관계 및 데이터 예측 방법을 알아본다.

(1) 상관분석

상관분석은 두 변수 간의 상관관계(corelation)를 파악하여 서로 얼마나 밀접한 관계를 가지고 있는지 또는 어떤 선형적 관계를 갖고 있는지를 분석하는 통계적 분석 방법이다. 두 변수 간의 관련성을 가장 쉽게 파악할 수 있는 방법은 [그림 7-1]과 같이 산점도(scatter plot)를 이용하여 자료를 표현해보는 것이다. 즉 좌표 평면상에 해당 변수의 관측 값을 표현하여 시각적으로 판단할 수 있다. 산점도를 통해서 두 변수 사이의 관계가 선형적인 관계인지 곡선적인 관계에 있는지 대략적으로 파악할 수 있다.

(a) 양의 상관관계 (b) 음의 상관관계 (c) 관련없음

그림 7-1 산점도를 이용한 관련성 유형

두 변수 X, Y 사이의 관련 정도를 수치로 표현하는 측도로 상관계수(corelation coefficient)가 있다. 상관계수 ρ는 다음과 같이 정의되며 -1과 1사이의 값을 갖는다.

$$\rho = \frac{\sigma_{XY}}{\sigma_X \sigma_Y}, \ (\sigma_X : X\text{의 표준편차}, \ \sigma_Y : Y\text{의 표준편차}, \ \sigma_{XY} : \text{공분산})$$

상관계수 ρ가 1에 가까운 값을 가질수록 양의 상관관계가 강하며 -1에 가까울수록 음의 상관관계가 강하다고 할 수 있다. 그리고 상관계수가 0에 가깝다면 선형의 관계가 없음을 의미한다.

예제 7-3

ch7_2.xlsx의 '상관분석' 시트는 A 제품을 생산하는 공장의 월별 생산량 및 불량품 수를 조사한 결과이다. 월별 평균 기온이 생산량과 불량품에 미치는 영향을 알아보기 위해 데이터 분석 도구의 상관분석을 통하여 관계를 조사하고 산점도를 그려 보자.

준비파일 ch7_2.xlsx '상관분석' 시트

월별 기온과 생산량

	평균기온	생산량	불량품수
1월	-1.8	2,520	33
2월	-0.2	2,728	26
3월	6.3	3,098	24
4월	13.9	3,172	17
5월	19.5	3,284	12
6월	23.3	3,247	19
7월	26.9	3,268	28
8월	25.9	3,308	29
9월	22.1	3,488	21
10월	16.4	3,312	20
11월	5.6	2,501	28
12월	-1.9	2,406	30

완성시트

	평균기온	생산량	불량품수
평균기온	1		
생산량	0.883641	1	
불량품수	-0.45002	-0.63373	1

상관 분석 결과

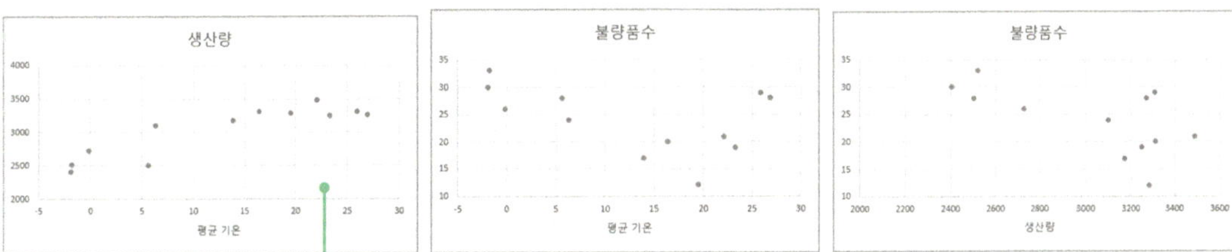

평균 기온과 생산량의 관계 (산점도로 표현)

01 월별 평균기온과 생산량 및 불량품수와의 상관계수 구하기

- ❶ [데이터] 탭–[분석] 그룹의 ❷ [데이터 분석]을 클릭하여 [통계 데이터 분석] 창을 실행한다. [통계 데이터 분석] 창에서 ❸ [상관 분석]을 선택한 후 ❹ [확인]을 클릭한다.

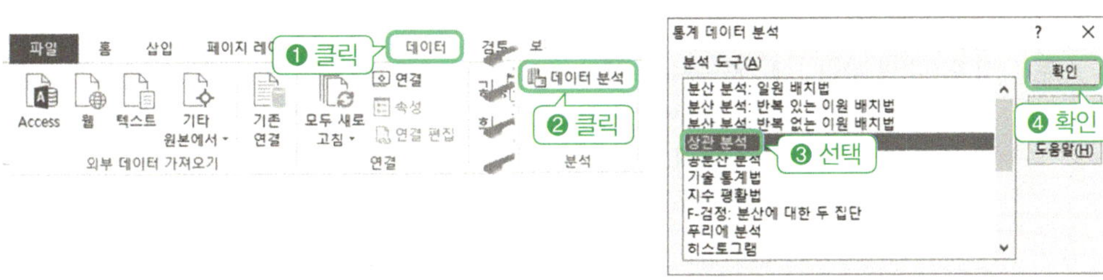

- [상관 분석] 대화 상자에서 [입력]의 ❶ [입력범위]에는 상관관계를 조사할 데이터 [B3:D15]의 영역을 선택하여 지정하고 ❷ [첫째 행 이름표 사용] 옵션을 클릭하여 결과에 이름이 표시되도록 한다. [출력 옵션]에서 ❸ [출력 범위]에 출력할 셀의 위치를 클릭하여 지정하고 ❹ [확인]을 클릭한다.
- 통계 데이터 분석 도구 외에도 =CORREL(B4:B15,C4:C15) 함수의 수식으로도 두 데이터 집합 사이의 상관계수를 구할 수 있다.
- 평균기온과 생산량의 상관계수는 0.883641로 상당히 강한 양의 상관관계가 보인다. 따라서 기온이 올라가면 생산량이 많으며 기온이 낮은 겨울에는 생산량이 적음을 알 수 있다. 그리

고 평균기온과 불량품수의 상관계수는 -0.4500233으로 음의 상관관계이며 기온이 낮은 겨울에 불량품수가 좀 더 많음을 알 수 있다. 또한, 생산량과 불량품수의 상관관계도 음수의 값으로 -0.63373이다. 이는 생산량이 많을수록 불량품수가 줄어들고 음의 선형관계가 형성됨을 알 수 있다. 이들의 관계를 산점도를 통해서 확인해 볼 수 있다.

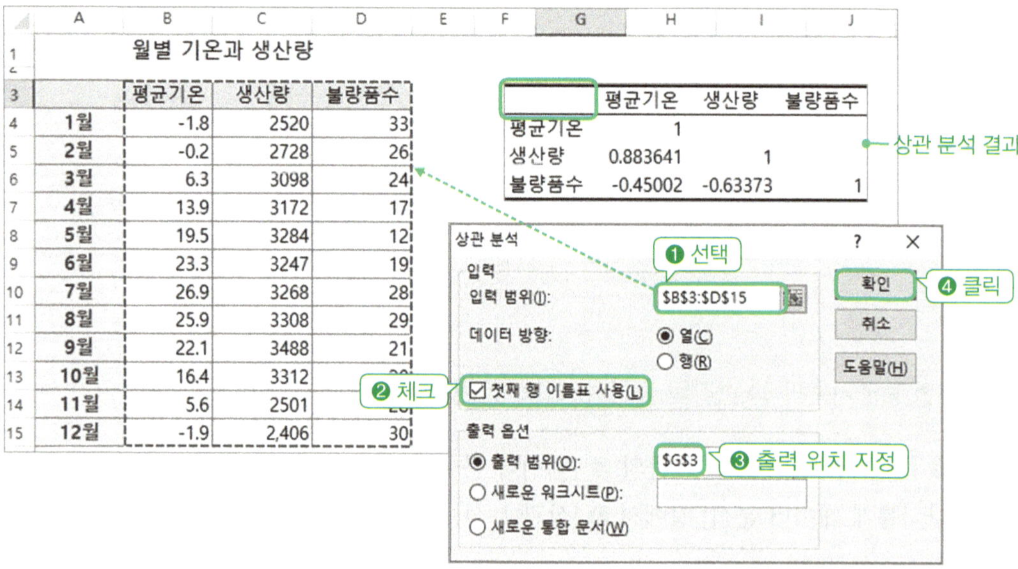

Tip 상관계수의 값이 1에 가까울수록 양의 상관관계, −1에 가까울수록 음의 상관관계가 크고 선형관계가 아주 강하다. 그리고 상관계수의 절댓값이 0.7~1 사이이면 강한 선형관계, 0.3~0.7 사이의 값이면 뚜렷한 선형관계, 0.1~0.3 이면 약한 선형관계에 있다고 할 수 있다. 그리고 −0.1~0.1 사이인 경우 거의 무시될 수 있는 선형관계라 할 수 있다.

02 산점도로 표현하기

- 평균기온과 생산량의 관계, 평균기온과 불량품수, 생산량과 불량품수의 관계를 산점도로 각각 표현해 보자. 두 데이터 집합 사이의 관계를 표시하는 산점도는 분산형 차트로 표현할 수 있다.

- 평균기온과 생산량의 ❶ 데이터 범위를 선택한 후 ❷~❹ [삽입] 탭–[차트] 그룹의 [분산형]을 클릭하여 차트를 삽입한다.

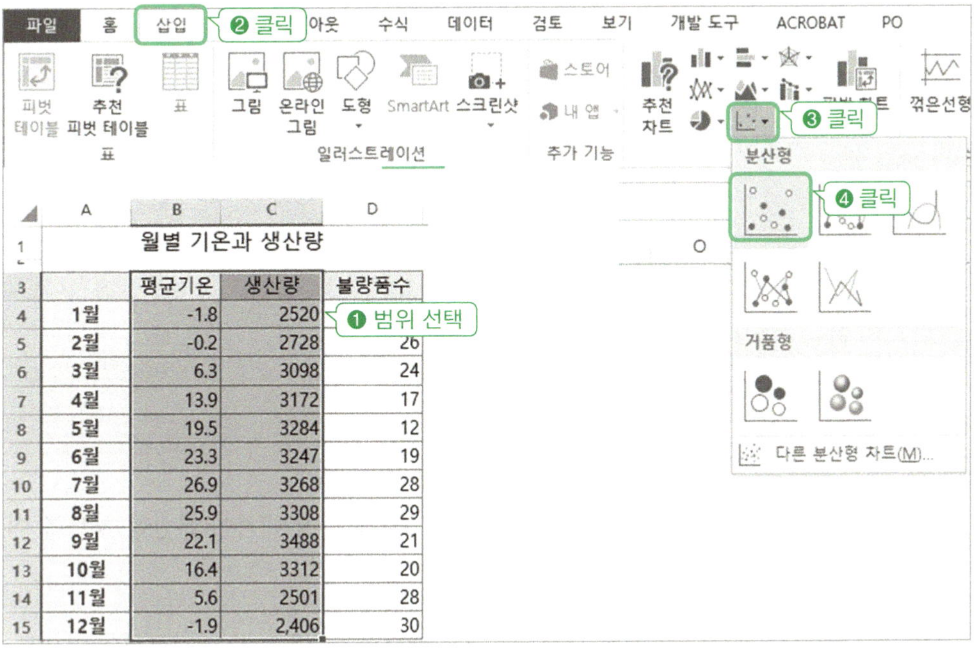

삽입된 차트에서 ❶~❷ [가로 축 제목]의 차트요소를 추가하고 ❸ [축 제목]에 '평균기온'을 입력한다. ❹~❺ 세로 축을 더블클릭하여 서식 작업 창의 [축 옵션]에서 세로 축 경계 범위를 최솟값 2000, 최댓값 4000으로 조정한다. ❻~❼ 가로 축을 클릭하여 [축 옵션]에서 세로 축 교차의 축 값을 '-5'로 지정하여 -5에서 세로 축이 교차되도록 한다.

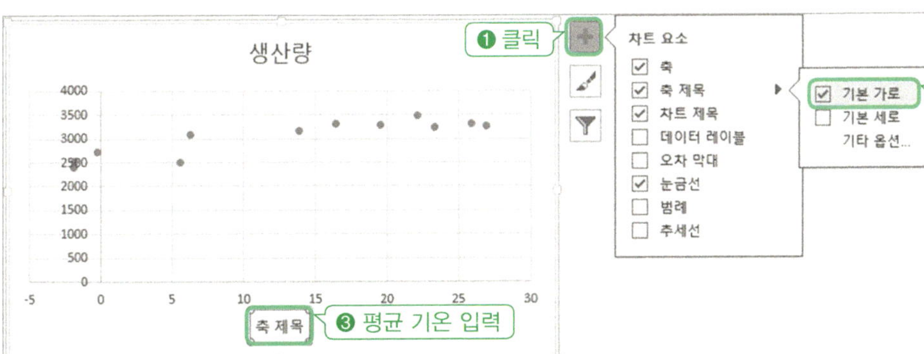

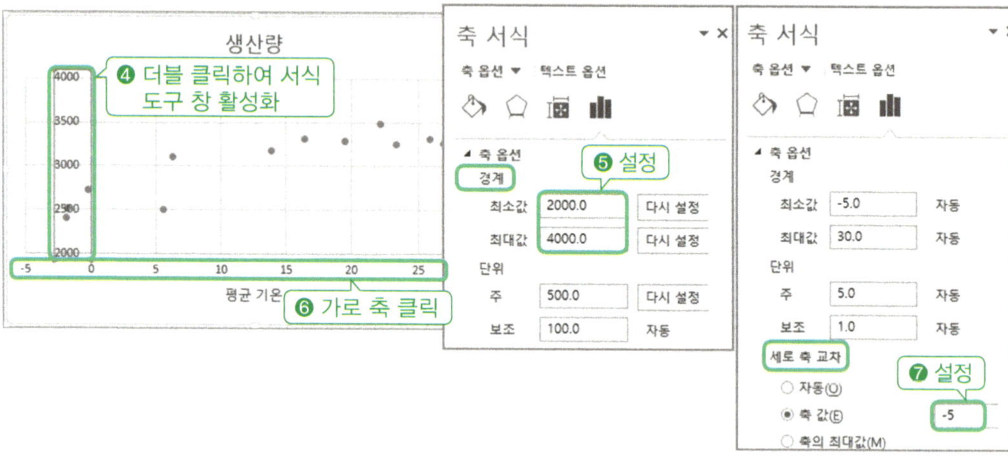

- 같은 방법으로 평균기온과 불량품수, 생산량과 불량품수에 대하여 분산형 차트를 이용하여 산점도를 완성한다.
- 01에서 구한 상관계수와 아래의 산점도를 조사해보면 두 변수 간의 선형성의 정도를 파악할 수 있다.

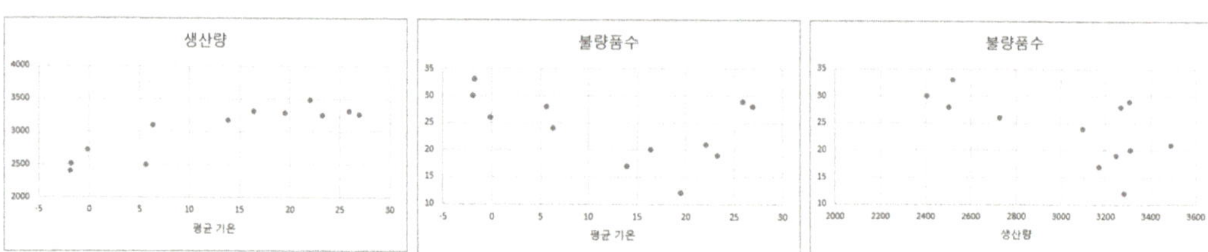

예제 7-4

ch7_2.xlsx의 '도서간_연관성분석' 시트는 고객 100명이 8개 종류의 책을 함께 구입한 정보로부터 도서 종류 간의 연관성을 분석하기 위해 그룹별로 요약한 자료이다. [표1]은 해당 종류를 선택한 사람의 빈도수이며, [표2]는 해당 그룹에서 다른 종류의 책을 구입한 비율이다. 여기서 1그룹은 종류1을 선택한 고객을 의미한다. 주어진 자료를 이용하여 각 도서 종류 간의 연관성을 거품 크기로 나타내는 거품 차트로 표현하여 보자. 단, 7, 8그룹은 빈도수가 많지 않으므로 차트에서 제외한다.

준비시트 : ch7_2.xlsx '도서간_연관성분석' 시트

[표1] 함께 구입한 도서 종류의 빈도수

그룹	해당자	종류1	종류2	종류3	종류4	종류5	종류6	종류7	종류8
1그룹 요약	**40**	40	17	22	10	11	17	3	2
2그룹 요약	**30**	17	30						
3그룹 요약	**34**	22	15						
4그룹 요약	**13**	10	7						
5그룹 요약	**18**	11	10						
6그룹 요약	**23**	17	9						
7그룹 요약	**4**	3	3						
8그룹 요약	**2**	2	1						

[표2] 함께 구입한 도서 종류의 구성비

그룹	종류1	종류2	종류3	종류4	종류5	종류6	종류7	종류8
1그룹	100.0%	42.5%	55.0%	25.0%	27.5%	42.5%	7.5%	5.0%
2그룹	56.7%	100.0%	50.0%	23.3%	33.3%	30.0%	10.0%	3.3%
3그룹	64.7%	44.1%	100.0%	23.5%	23.5%	26.5%	11.8%	2.9%
4그룹	76.9%	53					15.4%	15.4%
5그룹	61.1%	55					16.7%	11.1%
6그룹	73.9%	39.1%	39.1%	26.1%	34.8%	100.0%	4.3%	8.7%
7그룹	75.0%	75.0%	100.0%	50.0%	75.0%	25.0%	100.0%	25.0%
8그룹	100.0%	50.0%	50.0%	100.0%	100.0%	100.0%	50.0%	100.0%

종류1을 구입한 고객이 함께 구입한 도서 종류에 대한 비율

완성시트

[표3]

그룹	종류	동시구입율
1	1	
1	2	42.5%
1	3	55.0%
1	4	25.0%
1	5	27.5%
1	6	42.5%
1	7	7.5%
1	8	5.0%
2	1	56.7%
6	3	
6	4	26.1%
6	5	34.8%
6	6	
6	7	4.3%
6	8	8.7%

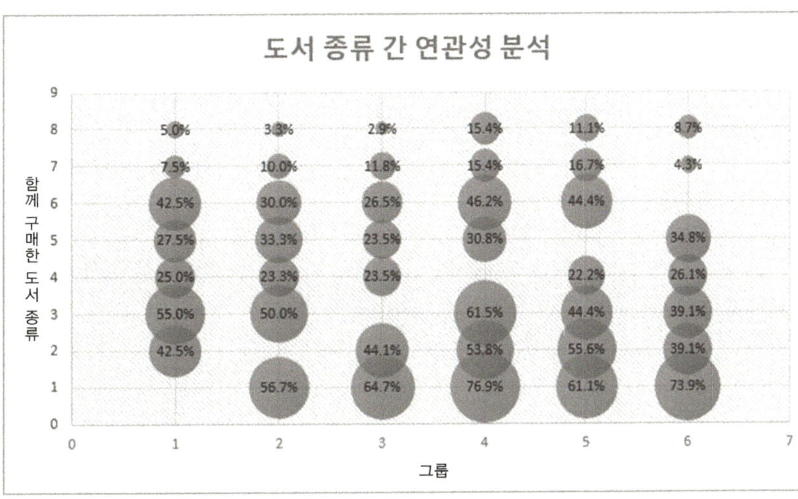

01 거품형 차트를 위한 데이터 정형화

- 엑셀 차트에서 분산형 차트는 X축, Y축의 두 기준 값을 점으로 표현하여 비교한다. 그러나 거품형 차트는 두 기준 값의 집합 대신 세 개의 기준에 대한 값을 표현할 수 있다. 이 경우 세 번째 값을 거품의 상대적인 크기로 표시하여 값의 대소를 한 눈에 파악할 수 있으며 값들 사이의 관계를 쉽게 분석할 수 있다.

- 거품형 차트의 데이터 원본은 X 값 범위, Y 값 범위, 거품 크기로 표현될 값 범위, 즉 세 개의 범위를 설정하여야 하며, 각 범위는 단일 행 또는 열의 값으로 참조 되어야 한다. [표2]는 각 그룹에서 다른 종류의 책을 함께 구입한 비율이며 각 그룹의 책 종류를 선택한 비율의 값이 2차원, 즉 표 형태로 범위가 주어져 있기 때문에 거품형 차트로 나타낼 수 없다.

- 따라서 시트에서 주어진 [표2]의 데이터를 거품형 차트로 표현하기 위해 X축, Y축 및 거품의 크기로 표현할 데이터를 [표3]에 새로 만든다. 이는 X축, Y축, 거품 크기의 값이 모두 일대일 매칭이 되도록 값이 주어져야 한다. 즉 각 그룹은 종류1부터 종류8까지 해당되는 동시구입율이 열 순서대로 값이 주어져야 한다.

- [표3]의 첫 번째 열에는 X값(그룹), 두 번째 열에는 Y값(종류), 세 번째 열에는 거품의 크기(동시구입율) 값이 주어지도록 [표2]를 참고하여 다시 작성한다. 여기에 X축과 Y축은 값으로 주어져야 하므로 그룹과 종류를 숫자만 입력하도록 한다. 1그룹에서 6그룹까지 각 그룹별로 종류1부터 8까지의 해당 값 들을 [표2]로부터 복사하여 붙여 넣는다.

[표3]

그룹	종류	동시구입율
1	1	
1	2	42.5%
1	3	55.0%
1	4	25.0%
1	5	27.5%
1	6	42.5%
1	7	7.5%
1	8	5.0%
2	1	56.7%
6	3	[illegible]
6	4	26.1%
6	5	34.8%
6	6	
6	7	4.3%
6	8	8.7%

1그룹은 책 종류1을 구입한 경우이므로 거품으로 나타낼 필요가 없으므로 비워둔다.

02 거품형 차트 삽입하기

- [M3:O51]의 ❶ 데이터 범위를 선택한 후 ❷~❹ [삽입] 탭-[차트] 그룹의 [거품형]을 클릭하여 차트를 삽입한다.
- 삽입된 차트가 차트 범위의 첫 행을 계열로 제대로 인식하지 못하면 X축과 거품이 다르게 나타날 수 있다. 이 경우는 시트의 데이터 원본 범위에서 모서리 부분을 드래그하여 첫 행을 제외시킨다.

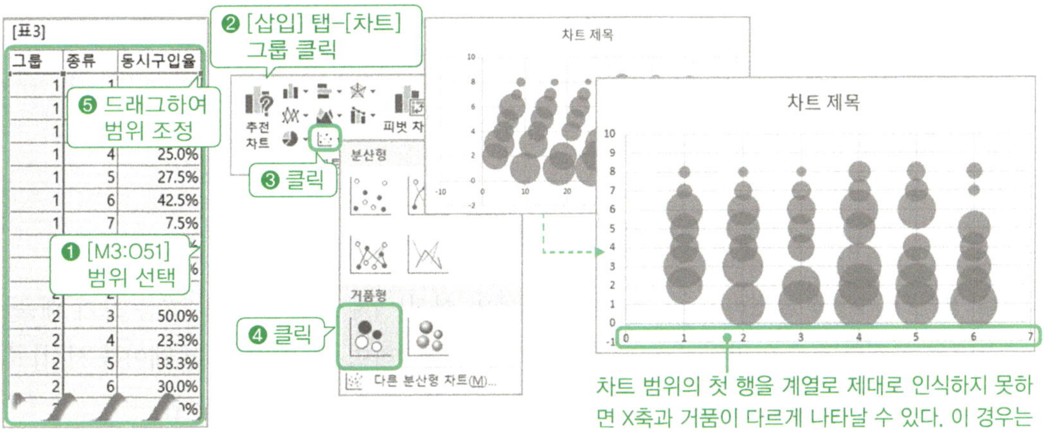

차트 범위의 첫 행을 계열로 제대로 인식하지 못하면 X축과 거품이 다르게 나타날 수 있다. 이 경우는 시트의 데이터 원본 범위에서 모서리 부분을 드래그하여 첫 행을 제외시킨다.

03 차트 제목, 축 제목, 차트 스타일 및 세로 축 범위 설정하기

- ❶ 차트 제목을 '도서 종류 간 연관성 분석'으로 입력하고, 차트 옆의 ❷ [+]를 클릭하여 [차트 요소]에서 ❸~❺ [축 제목]을 체크하여 추가한 후 가로축, 세로축 제목을 변경한다. 그리고 세로축 제목은 ❻~❽ [축 제목서식] 작업창-[텍스트 옵션]-[텍스트 상자]의 [텍스트 방향]을 '세로'로 설정한다.
- ❾ 차트의 세로축을 클릭한 후 ❿ [축 서식 작업창-[축 옵션]-[경계]에서 [최솟값]을 '0'으로 [최댓값]을 '9'로 설정하여 숫자 범위를 조정한다. 그리고 ⓫~⓬ [🖌]를 클릭하여 차트 스타일을 '스타일 7'로 설정한다.

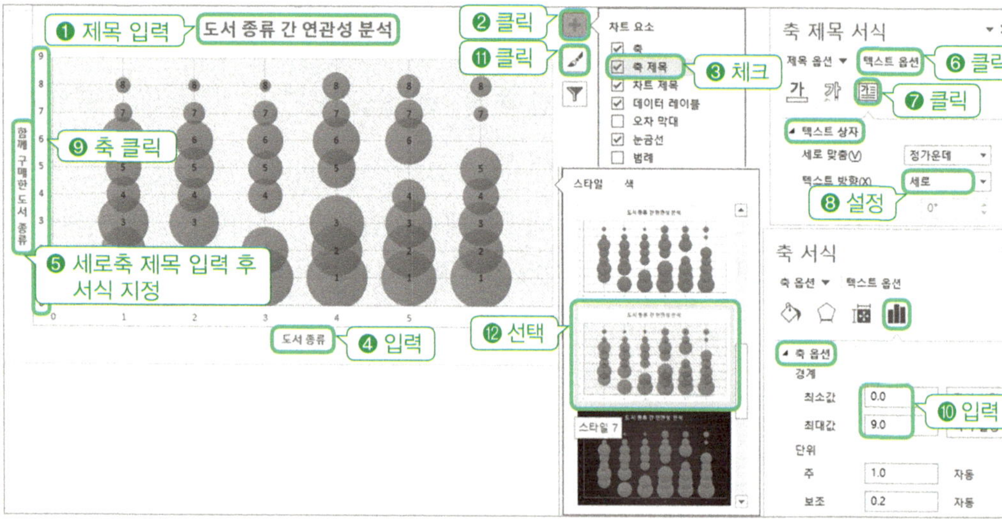

04 거품 크기 조정 및 거품의 데이터 레이블 수정하기

❶ 임의의 거품을 클릭하여 ❷~❸ [데이터 계열 서식]-[계열 옵션]에서 [거품 크기 배율]을 70으로 조정하고 ❹ 임의의 거품 데이터 레이블을 클릭하여 ❺~❻ [데이터 레이블 서식]-[레이블 옵션]-[레이블 내용]에서 Y 값을 해제하고 거품 크기 값으로 표시한다.

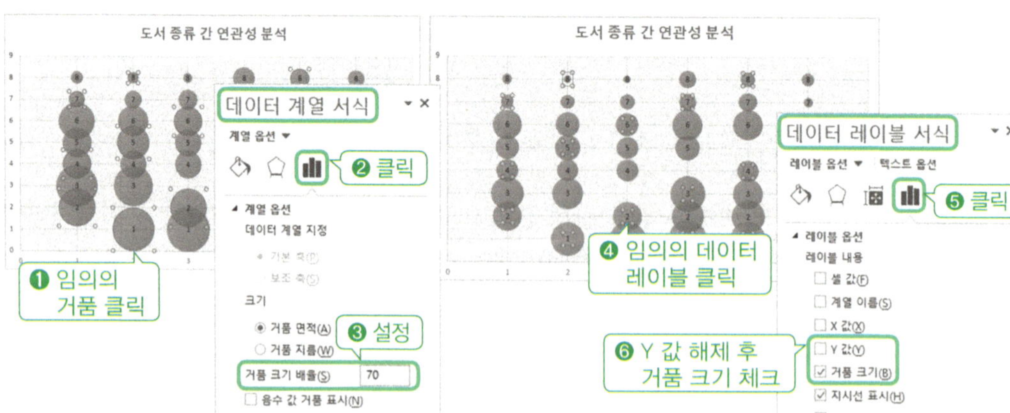

05 도서 종류 간 연관성 분석하기

도서 종류 간 함께 구매한 구입율을 거품의 크기로 나타내면 각 도서 종류 간의 연관성을 시각화하여 쉽게 파악이 가능하다. 아래 차트에서 종류1을 구입한 고객의 경우 종류2를 가장 많이 구입하였으며, 종류3을 구입한 고객의 경우 종류1을 가장 많이 구매했음을 파악할 수 있다. 이와 같은 데이터 서로 간의 연관성 분석은 고객에 대한 전략 및 마케팅 등에 적용 가능하다.

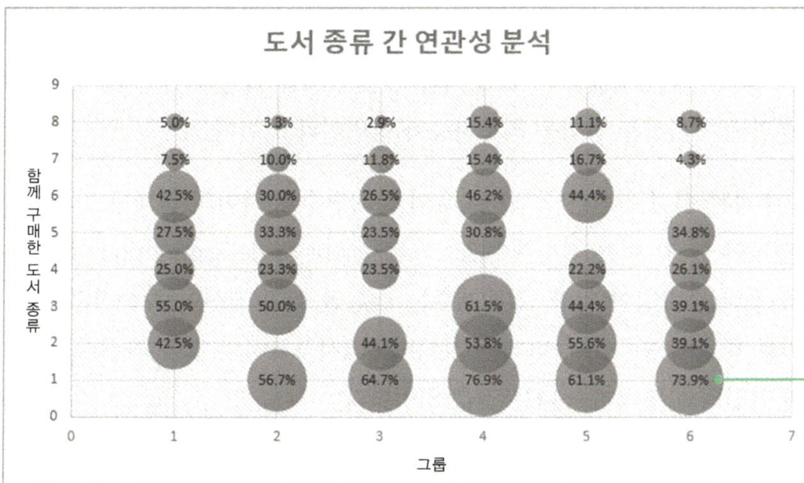

(2) 회귀분석

상관분석은 변수들 간의 단순한 관련성의 정도를 파악하는 것이고, 회귀분석은 함수적인 관계를 파악하여 변수 간의 인과 관계를 분석하는 방법이다. 일반적으로 독립변수에 대하여 종속변수로 지정한 다른 변수 사이의 관계를 수학적인 모형으로 설정하여 두 변수 사이의 관계를 파악하고 예측하는 경우에 주로 사용된다. 두 변수 사이의 관계가 선형이면 선형회귀(linear regression)라 하고 비선형 함수 관계인 경우 비선형회귀(nonlinear regression)라고 한다. 그리고 독립변수가 하나이고 종속변수와의 관계가 선형인 경우를 단순선형회귀(simple linear regression)이라 한다. 여기서는 독립변수가 하나인 단순선형회귀분석에 대해서 알아보기로 한다.

X_i를 i번째 독립변수의 값, X_i에서 관측된 종속변수의 값을 Y_i라 할 때 단순선형 회귀분석의 수학적 모형은 다음과 같다.

$$\hat{Y}_i = \alpha + \beta X_i + \epsilon_i \quad , (i = 1, \cdots , n)$$

여기서 α, β는 모집단에 대한 회귀식의 절편과 기울기이며 ϵ_i는 i번째 관측된 오차를 나타낸다. Y_i의 실제 값과 i번째 독립변수 X_i를 통해 예측된 $\widehat{Y}_i$사이의 차이를 최소화하는 회귀식을 산출한다. 즉, 오차의 제곱 합(SSE, Sum of Squares for Error)이 최소가 되게 하는 α(절편)와 β(회귀계수, 기울기)를 추정한다. 실제 값 Y_i와 추정된 값 $\widehat{Y}_i$와의 차이를 잔차(residual)라고 한다. 즉,

$$\epsilon_i = Y_i - \widehat{Y}_i$$

이다. 회귀분석에서 궁극적으로 얻고자하는 것은 ϵ_i에 대한 제곱 합을 최소로 만드는 회귀 계수 α와 β를 찾는 것이다. 이와 같이 측정값을 기초로 해서 적당한 제곱 합을 만들고 그것을 최소로 하는 값을 구하여 측정결과를 처리하는 방법을 최소자승화 방법이라고 한다.

최소자승화 방법으로 추정된 회귀 직선은 독립변수 X와 종속변수 Y 사이의 관계를 얼마나 잘 설명해 주고 있는가를 확인해야 한다. 이는 결정계수(R^2, coefficient of determination)를 이용하거나 추정된 표준 오차를 이용하는 방법이 있다. 결정계수는 추정된 회귀 직선이 종속변수 Y의 변동을 얼마나 잘 설명하는가를 하나의 수치로 나타내는 값이며 0에서 1사이의 값을 가진다. 1에 가까운 값일수록 추정된 회귀 직선의 설명력이 높다는 것을 의미한다.

추정된 표준 오차는 잔차 $\epsilon_i = Y_i - \widehat{Y}_i$에 관한 값으로 만약 실제 값 Y_i이 회귀 직선 주변에 모여 있다면 잔차의 크기는 작고, 반대로 실제 값 Y_i가 회귀 직선으로부터 많이 떨어져 있다면 잔차의 크기는 크다. 이와 같은 잔차의 표준오차를 추정치의 표준오차라 하며 이 값이 작을수록 추정된 회귀 직선은 독립변수 X와 종속변수 Y 사의의 관계를 잘 설명해 준다고 할 수 있다.

여기서는 수학적인 해석 및 유도 과정은 생략하고 엑셀의 회귀분석 기능을 이용하여 회귀직선을 찾아보고 분석 결과를 요약해 본다. 다음의 예제를 통하여 회귀분석 결과를 조사하고 데이터 예측 방법을 살펴보자.

예제 7-5

ch7_2.xlsx의 '회귀분석' 시트는 A 회사의 연간 광고비 지출에 따른 매출 금액 데이터이다. 광고비가 매출액에 영향을 준다고 할 때 두 변수 간의 함수관계를 회귀분석 방법으로 파악하여 회귀직선과 결정계수를 계산하고 광고비에 따른 매출액을 예측해 보자. 그리고 광고비에 따른 매출액을 산점도로 표현하고 회귀직선을 표시해 보자.

준비파일 ch7_2.xlsx '회귀분석' 시트

	A	B	C
1	광고비와 매출액		
2			(단위: 백만원)
3		광고비	매출액
4	2001년	25	521
5	2002년	32	720
6	2003년	30	831
7	2004년	41	910
8	2005년	55	1023
9	2006년	60	1010
10	2007년	80	1210
11	2008년	150	2109
12	2009년	140	2410
13	2010년	145	2590
14	2011년	170	3045
15	2012년	200	4010
16	2013년	210	4210
17	2014년	305	6102
18	2015년	320	7400
19	2016년	370	8090
20	2017년	410	9550

X 축 : 독립변수 Y축 : 종속변수

완성시트

요약 출력

회귀분석 통계량	
다중 상관계수	0.988838
결정계수	0.9778
조정된 결정계	0.97632
표준 오차	441.5908
관측수	17

독립변수가 하나이므로 상관분석의 상관계수와 같음

1에 가까우므로 추정된 회귀직선의 계수는 광고비에 대한 매출액의 회귀직선에 의해 잘 설명됨을 의미

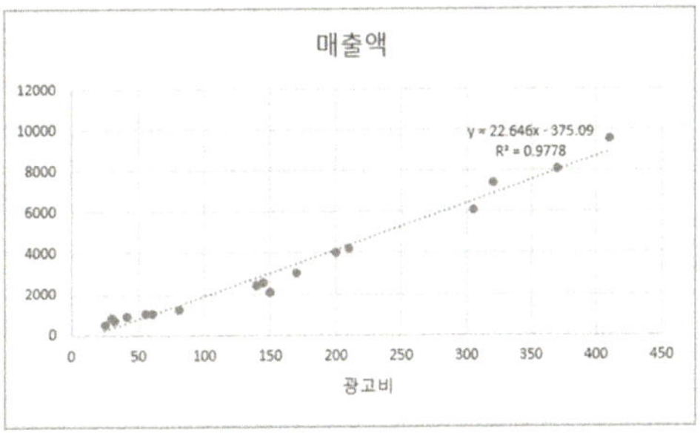

분산 분석

	자유도	제곱합	제곱 평균	F 비	유의한 F
회귀	1	1.29E+08	1.29E+08	660.6653	8.1E-14
잔차	15	2925036	195002.4		
계	16	1.32E+08			

0에 가까울수록 회귀모형의 적합함을 의미

	계수	표준 오차	t 통계량	P-값	하위 95%	상위 95%	하위 95.0%	상위 95.0%
Y 절편	-375.095	177.9887	-2.10741	0.052321	-754.469	4.279319	-754.469	4.279319
광고비	22.64587	0.881045	25.70341	8.1E-14	20.76796	24.52377	20.76796	24.52377

회귀직선의Y 절편 회귀직선의 기울기

01 회귀분석으로 요약자료 만들기

❶~❷ [데이터] 탭-[분석] 그룹의 [데이터 분석]을 클릭하여 [통계 데이터 분석] 창을 실행한다. [통계 데이터 분석] 창에서 ❸ [회귀분석]을 선택한 후 ❹ [확인]을 클릭한다.

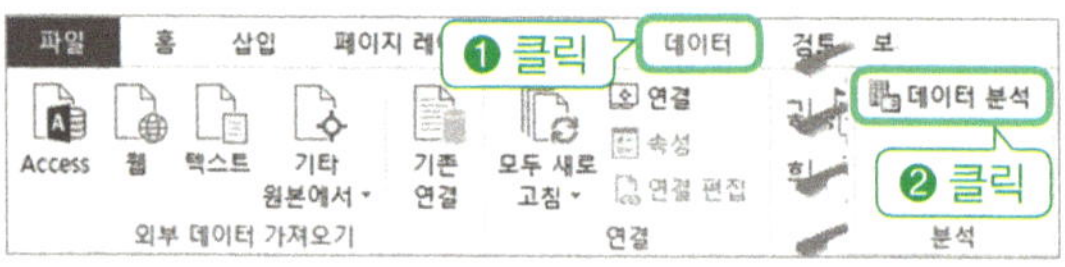

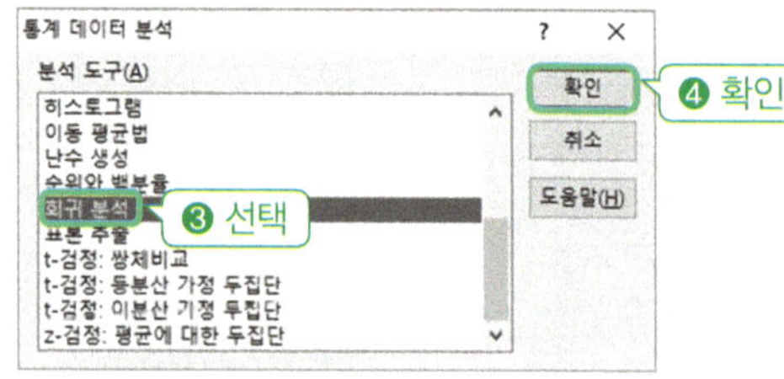

[회귀 분석] 창에서 [입력]의 ❶ [Y축 입력범위]에는 매출액을 [X축 입력범위]에는 광고비를 지정한다. 즉 X축에는 독립변수, Y축에는 종속변수로 할 데이터 범위를 지정한다. ❷ [이름표] 옵션을 클릭하고 [출력 옵션]에서 ❸ [출력 범위]에 출력할 셀의 위치를 클릭하여 지정하고 ❹ [확인]을 클릭한다.

	A	B	C
1	광고비와 매출액		
2			(단위: 백만원)
3		광고비	매출액
4	2001년	25	521
5	2002년	32	720
6	2003년	30	831
7	2004년	41	910
8	2005년	55	1023
9	2006년	60	1010
10	2007년	80	1210
11	2008년	150	2109
12	2009년	140	2410
13	2010년	145	2590
14	2011년	170	3045
15	2012년	200	4010
16	2013년	210	4210
17	2014년	305	6102
18	2015년	320	7400
19	2016년	370	8090
20	2017년	410	9550

X 축 : 독립변수　Y축 : 종속변수

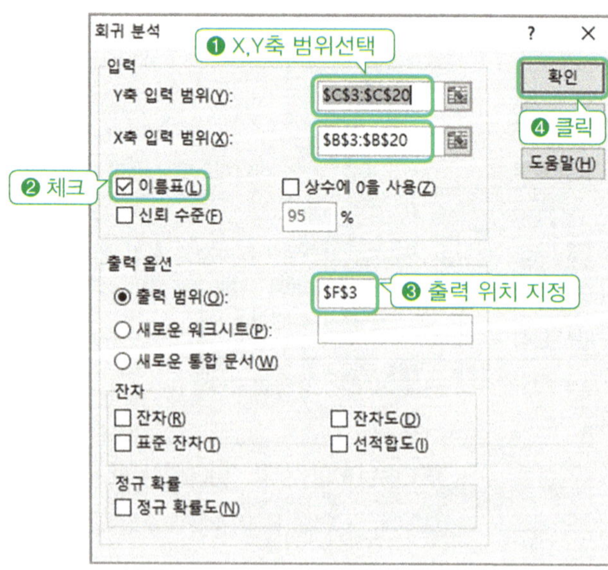

회귀 분석의 결과는 다음과 같다. 회귀 분석 통계량의 다중 상관계수는 광고비, 즉 독립변수가 하나인 경우에 대한 단순 회귀 분석으로 상관분석의 상관계수와 값이 같다. 상관계수가

0.988838로 매우 강한 양의 관계가 있음을 알 수 있다. 그리고 결정계수는 0.9778로 광고비 즉 X의 값으로 추정되는 Y의 값을 결정하는 정도가 97%로 매우 높음을 설명한다. 이 결정계수는 분산분석의 결과, 즉 회귀 제곱합을 잔차의 제곱합으로 나눈 값으로 계산된다.

요약 출력

회귀분석 통계량	
다중 상관계수	0.988838
결정계수	0.9778
조정된 결정계	0.97632
표준 오차	441.5908
관측수	17

다중 상관계수 0.988838 → 독립변수가 하나이므로 상관분석의 상관계수와 같음

결정계수 0.9778 → 1에 가까우므로 추정된 회귀직선의 계수는 광고비에 대한 매출액의 회귀직선에 의해 잘 설명됨을 의미

분산 분석

	자유도	제곱합	제곱 평균	F 비	유의한 F
회귀	1	1.29E+08	1.29E+08	660.6653	8.1E-14
잔차	15	2925036	195002.4		
계	16	1.32E+08			

유의한 F 8.1E-14 → 0에 가까울수록 회귀모형의 적합함을 의미

	계수	표준 오차	t 통계량	P-값	하위 95%	상위 95%	하위 95.0%	상위 95.0%
Y 절편	-375.095	177.9887	-2.10741	0.052321	-754.469	4.279319	-754.469	4.279319
광고비	22.64587	0.881045	25.70341	8.1E-14	20.76796	24.52377	20.76796	24.52377

-375.095 → 회귀직선의 Y 절편

22.64587 → 회귀직선의 기울기

02 2018년 광고비와 매출액 예측하기

- 01의 회귀 분석 결과 Y절편은 −375.095이고 독립변수인 광고비에 대해 추정된 값, 즉 회귀직선의 기울기는 22.64587이다. 따라서 추정된 회귀직선은 $\hat{Y}_i = 22.64587X - 375.095$이다.

- 01의 회귀 분석 결과 광고비와 매출액의 관계는 매우 강한 상관관계이며 회귀식의 결정 정도가 매우 높기 때문에 미래 데이터에 대한 예측 값도 선형관계가 유지된다고 가정한다. 2017년 광고비가 410이므로 450부터 50씩 상향된 광고비에 대해 위 회귀식을 이용하면 매출액의 예측값을 [B25:B29]와 같이 구할 수 있다. 따라서 광고비 지출에 따른 매출액의 예측 데이터를 참고하여 2018년 광고비 및 매출액의 목표값을 정할 수 있다. 만약 2018년에 5억의 광고비를 지출한다면 예상되는 매출액은 109억 정도가 예상된다.

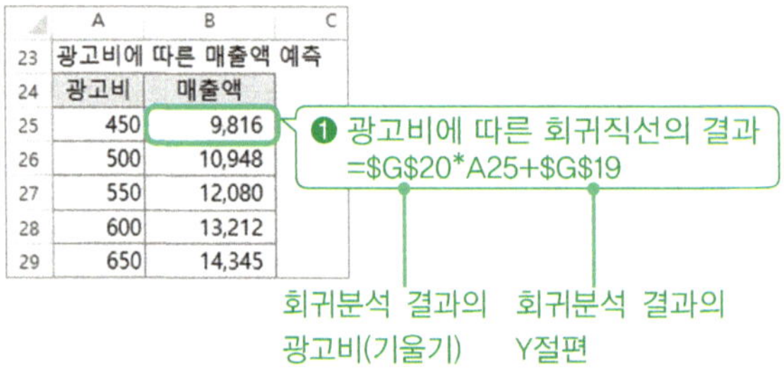

Tip 이와 같이 회귀 분석은 수집된 데이터를 기초로 임의의 모르는 값에 대해서 예측이 가능하다. 그러나 데이터 값을 예측할 때는 일반적으로 독립변수의 범위 안에서 유효함에 주의해야 한다. 예를 들면 본 예제의 광고비의 범위는 25 ~ 410이다. 이 범위 내 임의의 모르는 값에 대해서 예측하는 값의 유효성은 보장 되지만 범위 밖의 값에 대한 예측은 함수 관계가 선형이라는 가정이 따라야 한다.

Tip 엑셀의 차트에서 추세선을 표시하면 데이터에 적합한 회귀모형을 간단하게 선택할 수 있다.

03 산점도에서 회귀직선 표현하기

광고비와 매출액의 ❶ 데이터 범위 [B3:C20]를 선택한 후 ❷~❹ [삽입] 탭-[차트] 그룹의 [분산형]을 클릭하여 차트를 삽입한다.

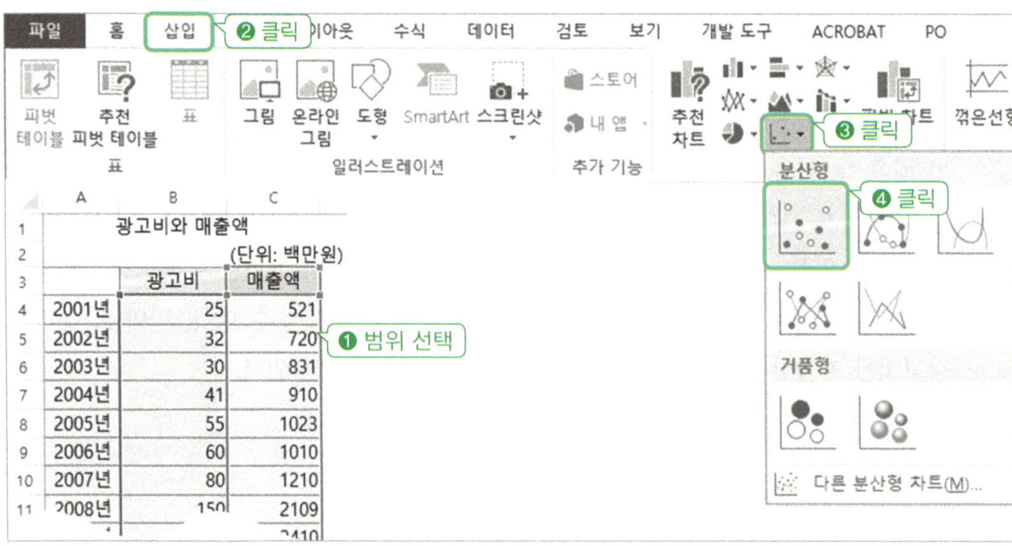

❶~❸ 가로 축 제목의 차트요소를 추가하고 축 제목에 '광고비'를 입력한다. ❹ [+]를 클릭하여 [추세선]을 체크하여 추가한다. ❺ 차트에 추가된 [추세선]을 더블클릭하여 추세선 서식 작업창을 활성화한다. ❻ [추세선 옵션]에서 [수식을 차트에 표시], [R-제곱 값을 차트에 표시]를 체크한다. 삽입된 추세선 옆에 회귀직선 식과 결정 계수의 값이 추가됨을 확인한다.

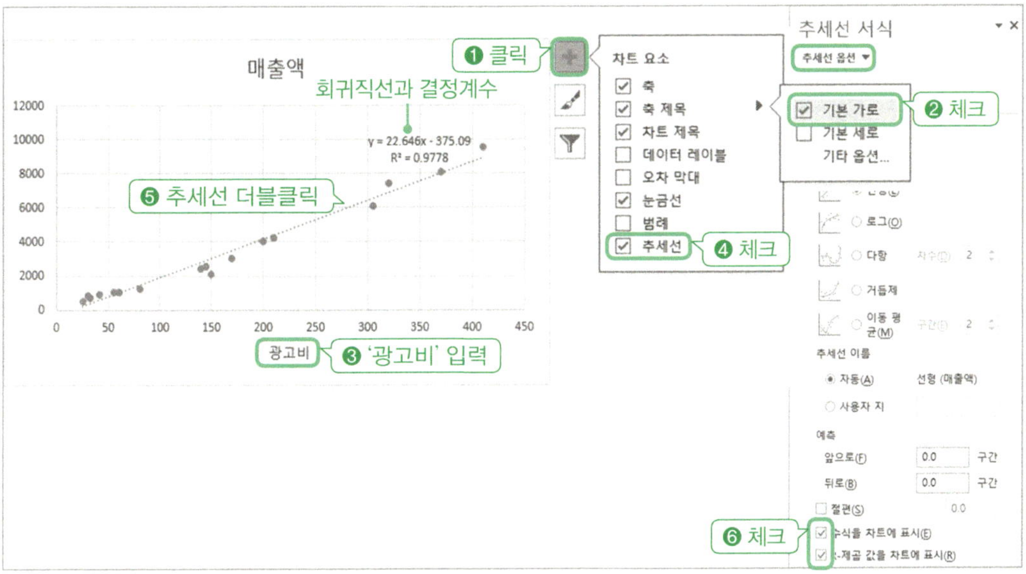

Tip 만약 두 변수 간의 관계가 선형관계가 약한 경우 추세선 옵션에서 지수, 로그, 다항 등의 옵션에서 적합한 회귀모형을 선택할 수 있다. 다항함수의 경우는 차수를 지정하여 간단하게 회귀 모형을 구할 수 있다. 또한 [추세선 옵션]에서 [예측]의 [앞으로] 몇 구간을 지정하여 추세선을 확장할 수 있다.

연습문제

'ch7_2_연습문제.xlsx' 의 통합문서를 열어 다음 각 문제를 해결하시오.

01 '공부시간' 시트는 학생 60명의 공부시간 대비 점수 결과 자료이다. 공부시간과 점수가 서로 관련성이 있는지 상관계수를 구하여 확인해 보시오. 그리고 두 변수(공부시간, 점수)를 이용하여 산점도를 표현하시오.

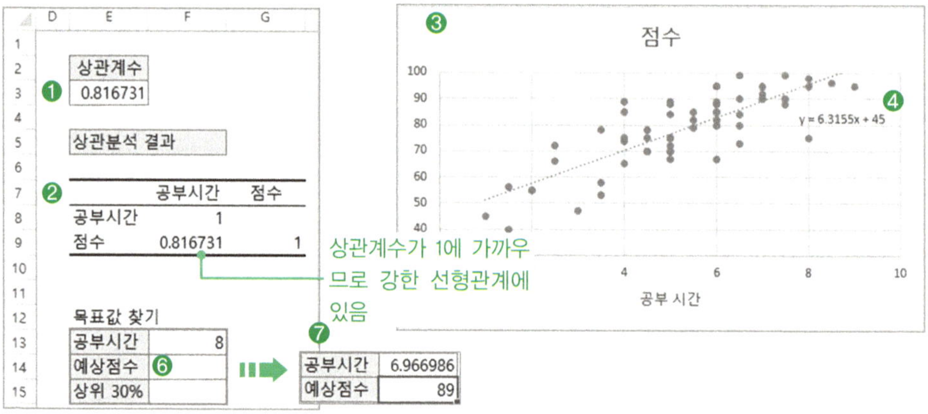

❶ 공부시간과 점수의 연관성 조사를 위해 [E3] 셀에 CORREL 함수를 사용하여 상관계수를 구하시오.

❷ [데이터] 탭–[분석] 그룹–[데이터 분석]에서 [상관 분석]을 클릭하여 [E7]에 결과를 출력하시오.

❸ 공부시간과 점수의 분포를 산점도로 나타내어 상관관계를 조사하여 보자. 가로축에는 공부시간, 세로축에는 점수를 나타내는 분산형 차트를 삽입하시오.

❹ 차트에서 [추세선]을 추가하고 추세선 서식 작업창에서 [추세선 옵션]의 [수식을 차트에 표시]을 설정하여 회귀식을 차트에 삽입하시오.

❺ 위에서 구한 결과를 참고하여 주어진 데이터 즉 공부시간과 점수와의 관계를 분석하시오.

❻ 공부시간과 점수와의 관계가 강한 양의 상관관계를 가지므로 ❹의 회귀식이 유의하다고 가정했을 때 ❹의 식을 사용하여 공부시간 [F13]에 대한 예상점수를 [F14]에 수식으로 구하시오.

❼ [F14]의 예상점수가 상위 30%에 들려면 몇 시간 정도의 공부시간을 투자해야 하는지 [목표값 찾기]를 이용하여 조사해보시오.(힌트, 상위 30%의 값은 =LARGE(점수범위, COUNT(점수범위)*0.3)으로 구할 수 있다.)

02 '판매예측' 시트에 두 상품의 판매 실적 및 선형 예측을 포함한 차트를 만들어 보자. 그리고 이 예측선의 수식을 이용하여 4분기 예측 판매수를 구해 보자.

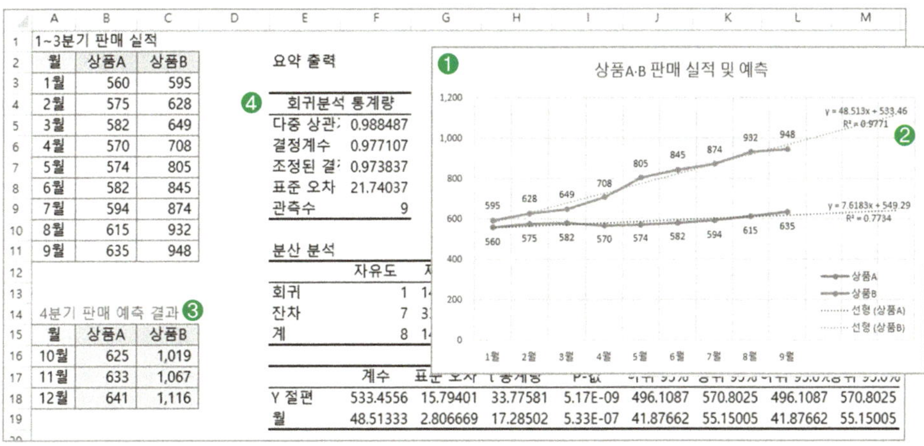

❶ 1~3분기 판매 실적을 이용해 꺾은선형 차트를 삽입하시오. 위 삽입된 차트를 보고 차트 제목, 데이터 레이블, 눈금선 등 필요한 차트요소를 추가하시오.

❷ 상품A와 상품B의 4분기 판매수를 예측하기 위해 추세선을 추가하고 회귀직선의 수식과 결정계수를 추가하시오. [추세선 서식] 작업창–[아이콘]–[추세선 옵션]–[예측]의 [앞으로]를 3으로 지정하여 4분기 데이터를 예측한다.

❸ ❷에서 삽입된 수식을 이용하여 4분기의 예측 판매수를 구하시오.

❹ [E4]의 위치에 월에 대한 상품 B의 회귀분석 결과를 출력하여 ❷의 수식 및 결정계수가 같음을 확인하시오. (힌트, [데이터] 탭–[분석] 그룹–[데이터 분석]을 클릭하여 [통계 데이터 분석]에서 [회귀분석]을 선택한다. 그리고 [회귀분석] 창에서 월은 독립변수 즉 X축의 범위로, 상품 B의 데이터는 종속 변수 즉 Y축의 범위로 한다.)

08

R 프로그래밍 기초

8.1 기본 문법 배우기

R은 데이터 분석을 위한 통계 및 시각화 도구로 많이 사용되고 있다. R은 프로그래밍 언어이자 통계, 기계학습, 금융, 그래픽스에 이르는 다양한 패키지를 무료로 제공한다. 또한 빅데이터 처리를 위한 환경에서도 사용 가능하다. 무엇보다 R의 가장 큰 장점은 프로그래밍 경험이 없어도 기초부터 쉽게 배울 수 있는 환경이 잘 갖추어져 있다는 것이다. 8장에서는 R의 기초 사용법을 배우고 빅데이터 분석의 출발점인 데이터 추출 과정을 실습하면서 배운다.

(1) 설치 및 실행 환경 익히기

01 R 다운로드 및 설치하기

R의 공식 사이트(www.r-project.org)에서 최신 버전을 다운로드 받아 설치할 수 있다. R로도 프로그래밍할 수 있으나 RStudio를 추가 설치하면 좀 더 편리하게 작업할 수 있다. RStudio 사이트(www.rstudio.com)에서 최신 버전을 다운로드하고 설치한다.

- R의 공식 사이트(www.r-project.org)에서 ❶ [Download]의 [CRAN]을 클릭한다. ❷ [CRAN] 미러 사이트의 [Korea]에서 특정 미러 사이트를 선택한다. ❸ 윈도우즈용 설치 파일을 다운로드 하기 위한 [Download R for Windows]를 클릭한다.

그림 8-1 윈도우즈용 R 다운로드 웹 사이트 접속

❶ [base] 배포를 선택하고 ❷ [Download R 3.6.1 for Windows]를 클릭하여 설치 프로그램을 지정된 폴더에 다운로드한다.

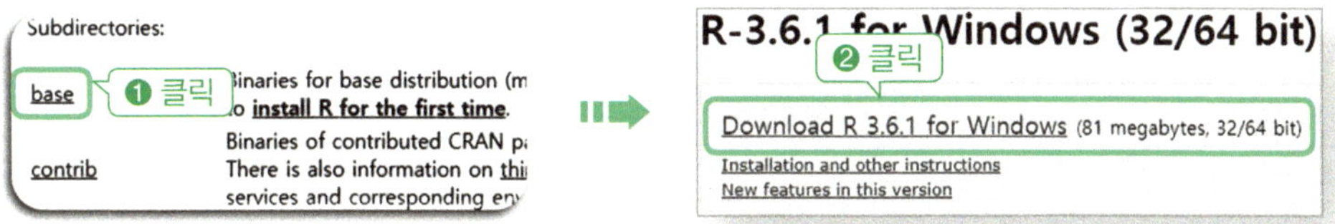

그림 8-2 최신 윈도우즈용 R 다운로드

❶ 다운로드한 파일 R-3.6.1-win.exe을 선택하고 오른쪽 마우스를 클릭하고 ❷ [관리자 권한으로 실행] 한다. 기본 선택을 유지하며 [확인] 또는 [다음] 버튼을 클릭하여 설치를 완료한다.

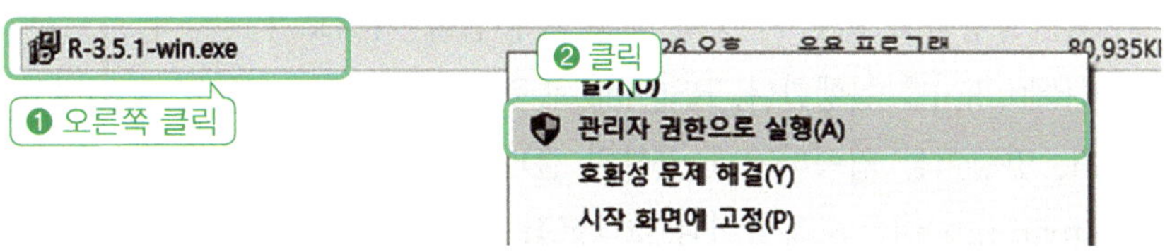

그림 8-3 R 설치

02 RStudio 다운로드 및 설치

R만으로도 실습할 수 있으나 콘솔에서 사용하는 환경이기 때문에 초보자가 사용하기 불편하다. RStudio를 추가로 설치하면 파일 편집, 데이터 보기, 이력, 차트 등을 쉽게 확인할 수 있다. RStudio 프로그램은 R을 사용하는 데에 편리하고 유용한 기능을 제공하며, R과 동일하게 오픈소스(open source) 버전과 상용 버전 두 가지가 있다. 여기서는 오픈소스 버전으로 개인이나 기관에서 무료로 사용할 수 있는 것을 설치한다. RStudio는 명령어를 직접 입력하는 방식으로 작동된다.

❶ RStudio 사이트(www.rstudio.com)에 접속하여 [Download]를 클릭하고 ❷ [Download] 클릭 ❸ [Rstudio 1.1... Windows...10]을 클릭한다. 다운로드한 [RStudio-1...exe]를 더블 클릭하고 기본 설정으로 설치한다.

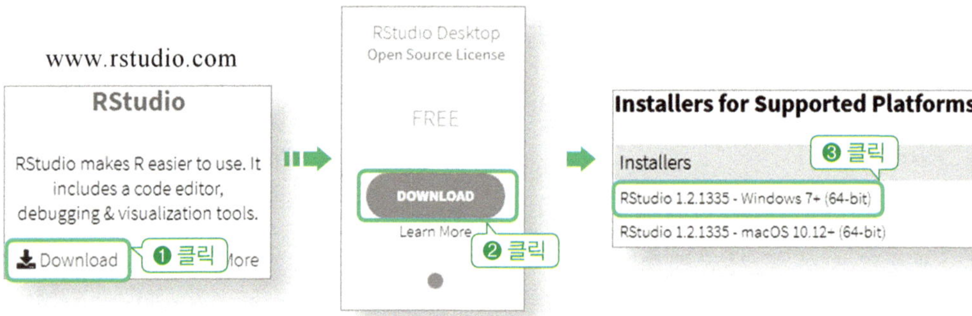

그림 8-4 RStudio 다운로드

03 RStudio 실행하기

설치된 RStudio를 실행하고 화면 구성과 기본 사용법을 익혀보자. [시작]-[모든 프로그램]-[RStudio]-[RStudio]를 실행한다. RStudio 프로그램의 화면은 기본으로 3개의 화면으로 구성되어 있다. 명령어를 입력하거나 연산의 결과를 보여주는 콘솔(Console), 객체들을 보여주는 환경(Environment), 도움말이나 그래프를 보여주는 플롯(Plot)이다. 화면의 제일 위에는 메뉴가 있고, 메뉴 중에서 자주 사용하는 기능은 도구모음으로 만들어 놓았다. 기본 구성에서 스크립트 창을 추가해 보자.

❶ 새 스크립트 버튼을 클릭하고 ❷ 스크립트 영역에 그림과 같이 스크립트를 입력한 후 마우스로 입력한 텍스트를 드래그하여 블록을 선택한다. ❸ 실행 버튼을 클릭하고 ❹ 실행 결과를 확인한다. score <- c(95, 80, 100), mean(score)은 세 과목의 점수 평균을 구하는 예이다.

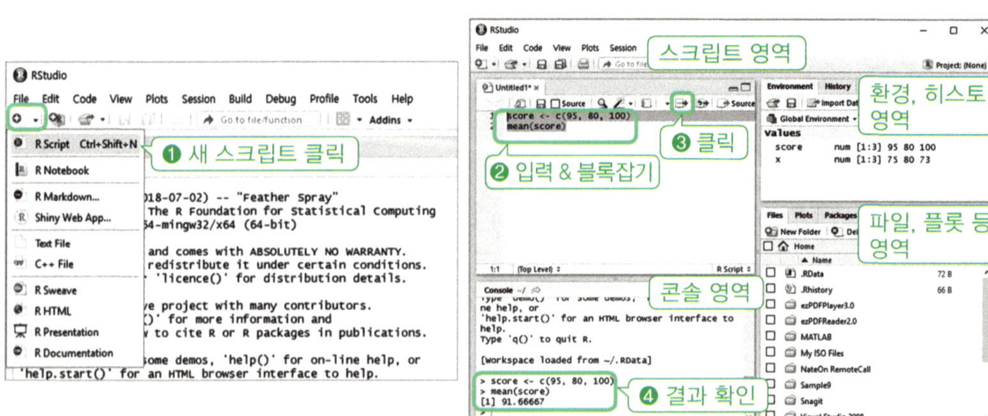

그림 8-5 RStudio 실행환경

(2) R 기초 익히기

RStudio 프로그램을 이용하여 R의 기본적인 문법과 데이터의 유형을 학습한다. R에서는 콘솔(console)에도 명령어를 입력하여 실행할 수 있지만 가능하면 스크립트(script)를 이용하여 명령어를 실행하고 저장하는 것이 좋다. 여기서는 RStudio에서 제공하는 스크립트를 기준으로 설명한다. R은 아주 많은 기능을 가진 공학용 계산기로 비유할 수 있다. 기본 계산 기능을 실행해보고 계산 결과를 저장하기 위한 기본 데이터형, 통계 데이터 처리를 위한 확장된 데이터형에 대하여 살펴본다.

#

주석(comment)이라고 하며 프로그램 전반적인 내용, 명령어의 내용 등이 무엇을 의미하는지 알 수 있도록 설명을 달아주는 기능이다. # 뒤에 있는 한 줄이 주석으로 처리되며 R에서 지정된 문법을 검사하지 않는다. 단 한 줄만 주석으로 처리되므로 다른 줄을 주석처리하고 싶으면 해당 줄 앞에 #을 써 주어야 한다.

;

세미콜론은 하나의 명령어가 끝났음을 알려주는 기능이다. 하지만 한 줄에 하나의 명령밖에 없으면 세미콜론을 해 주지 않아도 명령어가 끝났음을 의미한다.

Enter

다음 줄로 이동할 때 사용한다.

Ctrl+Enter

R의 명령어를 실행하는 기능이다. 명령어가 한 줄인 경우는 마우스의 위치는 해당 줄의 아무 곳에 있어도 상관이 없다. 명령어가 두 줄 이상인 경우에는 반드시 해당 명령어가 있는 곳을 블록잡고 실행시켜야 한다.

Shift+Enter

함수를 사용할 때에 함수에 들어가는 값을 인자라고 한다. 함수 안에 들어가는 인자가 많아지면 하나의 명령어가 길게 표현된다. 그러면 명령어를 이해하는 데에 불편함이 있다. Shift + Enter를 하면 동일한 위치에 다른 인자가 올 수 있도록 해 준다.

대소문자

R은 대소문자를 구별한다. 소문자 x와 대문자 X는 전혀 다른 것을 의미하기 때문에 주의하여야 한다.

01 간단한 계산해 보기

[그림 8-5]의 RStudio에서 콘솔 영역이나 스크립트 영역에 다음 수식을 구하기 위한 식을 입력하여 계산 결과를 확인해 보자.

10+20 : 10과 20의 합

2^10 : 2^{10}, 2의 10승

log10(2) : $\log_{10}(2)$, 상용로그 2

log(2) : $\log_{e}(2)$, 자연로그 2

log(exp(1)) : $\log_{e}(e^{1})$

```
> 10+20
[1] 30
> 2^10
[1] 1024
> log10(2)
[1] 0.30103
> log(2);log(exp(1))
[1] 0.6931472
[1] 1
```

명령어 입력 다음 줄 [1]이라는 표시는 R이 명령어 수행 결과를 벡터로 출력하기 때문에 결과 벡터의 첫 번째 요소라는 의미이다. 세미콜론(;)은 한 줄에 여러 개의 명령을 입력할 때 사용한다. 기본 산술 연산자는 [표 8-1]과 같다.

산술 연산자(Arithmetic Operator)는 1개 이상의 수치에 대한 연산으로 더하기, 빼기, 곱하기, 나누기, 거듭제곱, 몫, 나머지를 구할 수 있다. 산술 연산자의 우선순위는 괄호(( ))가 가장 높고, 거듭제곱(^, **), 곱하기와 나누기(*, /), 더하기와 빼기(+, -)순위이다. 곱하기와 나누기는 우선순위가 동일하고, 더하기와 빼기도 동일하다. 동일한 우선순위를 가지는 산술 연산자가 나열되어 있다면 왼쪽이 오른쪽보다 우선순위가 높다.

표 8-1 연산자

연산자	설명	예	결과
+	더하기	5+2	7
−	빼기	5−2	3
*	곱하기	5*2	10
/	나누기	5/2	2.5
^ or **	승수	5^2 또는 5**2	25
x %% y	x를 y로 나눈 나머지 값 반환	5%%2	1

관계 연산자(Relational Operator)는 두 값을 비교하기 위한 연산자이며 맞으면 TRUE, 틀리면 FALSE를 반환한다. 비교 연산의 최종적인 결과로 갖는 값이다. 관계 연산자에는 크다, 크거나 같다, 작다, 작거나 같다, 같다, 같지 않다, 아니다가 있다. 크거나 같다(>=), 작거나 같다(<=), 같다(==), 같지 않다(!=) 관계 연산자를 사용할 때에 주의할 점은 연산자 안에 공백이 있으면 에러(error)가 발생한다는 것이다. 즉 '크거나 같다'를 사용할 때에 '>공백='로 사용하면 안된다.

표 8-2 관계 연산자

연산자	설명	예	결과
<	좌변이 보다 작은	5 < 5	FALSE
<=	좌변 이하	5 <= 5	TRUE
>	좌변이 보다 큰	5 > 5	FALSE
>=	좌변 이상	5 >= 5	TRUE
==	같은	5 == 5	TRUE
!=	다른	5 != 5	FALSE

논리 연산자(Logical Operator)는 두 개 이상의 조건을 비교한다. &, &&는 모든 조건이 참일 때에만 최종적인 결과가 TRUE가 되며, |, ||는 조건 중에서 하나라도 참이면 최종적인 결과가 TRUE가 된다. 하지만 조건에 벡터(vector)가 오면 &와 &&의 결과, 또는 |와 ||의 결과에는 차이가 있다.

표 8-3 논리 연산자

연산자	설명	예	결과
!x	부정 연산	!TRUE	FALSE
x | y	x 또는 y	TRUE | FALSE	TRUE
x || y	x 또는 y	TRUE || FALSE	TRUE
x & y	x 그리고 y	TRUE & FALSE	FALSE
x && y	x 그리고 y	TRUE && FALSE	FALSE
isTRUE(x)	x의 TRUE 여부 조사	isTRUE(TRUE)	TRUE

&

&는 AND를 의미하며 두 개(또는 그 이상)의 조건을 동시에 만족할 때만 TRUE가 되는 논리 연산이다. &는 데이터가 하나인 스칼라(scalar)나 데이터가 두 개 이상을 가지는 벡터(vector)인 경우에도 작동한다.

&&

&&는 AND를 의미하며 두 개(또는 그 이상)의 조건을 동시에 만족할 때만 TRUE가 되는 논리 연산이다. &&는 데이터가 하나인 스칼라인 경우에만 가능하며 벡터인 경우에는 벡터의 첫 번째만 계산되고 나머지는 버려진다.

|

|는 OR를 의미하며 두 개(또는 그 이상)의 조건 중에서 하나만 만족하여도 TRUE가 되는 논리 연산이다. |는 데이터가 하나인 스칼라(scalar)나 벡터(vector)인 경우에도 작동한다.

||

||는 OR를 의미하며 두 개(또는 그 이상)의 조건 중에서 하나만 만족하여도 TRUE가 되는 논리 연산이다. ||는 데이터가 하나인 스칼라인 경우에만 가능하며 벡터인 경우에는 벡터의 첫 번째만 작동하고 나머지는 작동하지 않는다.

!

!는 NOT의 개념으로 지정된 조건의 결과를 반대(부정)하는 논리 연산이다. 조건이 TRUE이면 최종 결과가 FALSE가 되고, 조건이 FALSE이면 최종 결과가 TRUE가 된다.

아래의 그림처럼 스크립트 창에 표에 있는 입력내용을 입력하고 한 줄씩 실행하거나, 실행할 명령어를 블록 선택하고 〈Ctrl+Enter〉를 입력하여 한번에 실행한다.

그림 8-6 기본 연산 예

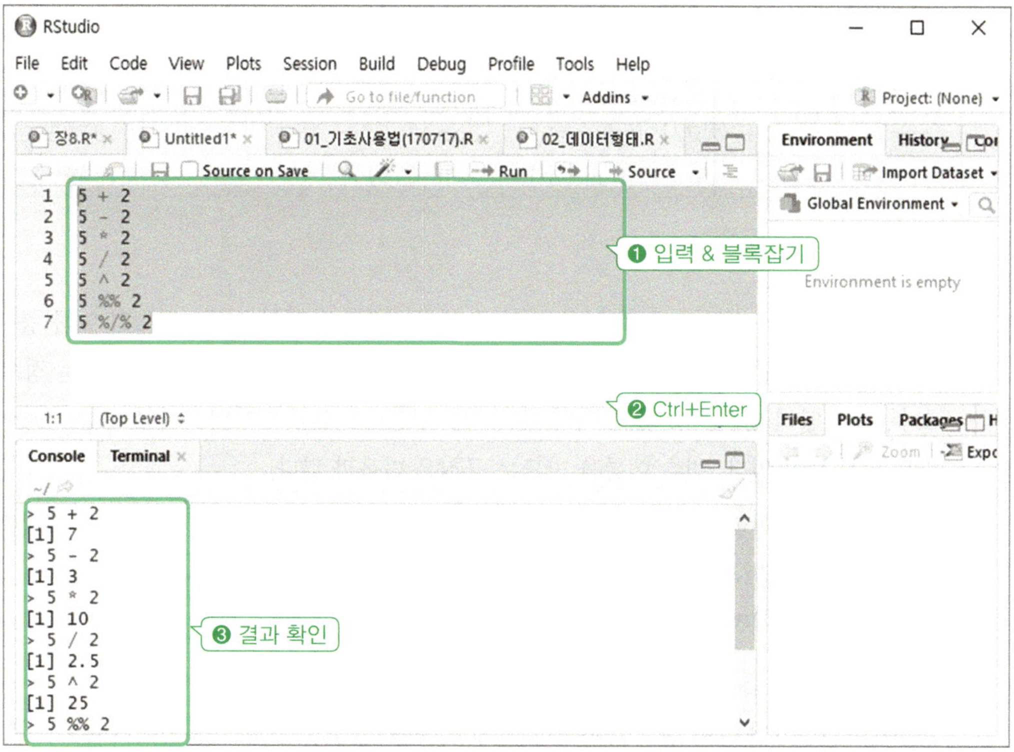

[표 8-4]는 앞의 예에서 자연로그를 구하기 위하여 `log()`를 사용한 것과 같이 수학 삼각 함수를 계산하기 위하여 R에서 제공하는 기본 함수를 나열한 것이다.

표 8-4 기본 함수

함수명	설명	입력내용	결과 내용
abs()	절댓값	abs(-3)	3
sqrt()	제곱근	sqrt(16)	16
pi	원주율	pi	3.141593
sign()	부호	sign(-3)	-1
round()	반올림	round(2.345, digits=2)	2.35

ceiling()	무조건 올림	ceiling(2.3)	3
floor()	무조건 내림	floor(2.7)	2
exp()	지수	exp(10)	22026.47
log()	자연로그	log(10)	2.302585
log10()	사용로그	log10(10)	1
log2()	로그(2)	log2(10)	3.321928
logb()	일반화 로그	logb(10, base=3)	2.095903
factorial()	계승	factorial(4)	24
choose()	조합	choose(4, 2)	6
prod()	곱	prod(1:4)	24
sin()	사인(sine)	sin(0.5)	0.4794255
cos()	코사인(cosine)	cos(0.5)	0.8775826
tan()	탄젠트(tangent)	tan(0.5)	0.5463025

02 변수 만들기

변수는 데이터를 담는 그릇의 역할을 하며 자연어에서 사람의 이름, 건물의 이름 등과 같은 고유 명사에 해당한다. 데이터형은 일반적인 프로그래밍 언어에서 흔히 사용되는 정수, 부동소수, 문자열이 있다. 그 밖에 벡터(vector), 행렬(matrix), 데이터프레임 (data frame), 리스트(list) 등이 있다. 변수 이름을 만드는 규칙은 다음과 같다.

- 변수 이름은 알파벳, 숫자, 마침표(.), underscore(_) 등의 조합. 대소문자 구별함
- 변수에 특정 값(혹은 변수)을 할당할 때 〈- 또는 =을 사용
- 모든 이름의 시작은 알파벳 또는 마침표(.)

R에서는 마침표를 사용하여 변수의 이름을 만드는 것을 권장한다. 예를 들어 'score.total', 'score.average'와 같이 변수의 용도에 맞게 이름을 만든다. ① 'abc'는 변수 이름이 가능하다. ② '.jeong'는 .기호로 시작하기 때문에 올바른 변수 이름이다. ③ '2.res'는 숫자로 시작하므로 올바른 변수 이름이 아니다. 'Error:unexpected symbol in "2.res"오류 메시지가 출력된다. 'abc'에 3을 저장하고 'abc'의 값을 다시 '.jeong'에 저장한다.

```
> abc <- 3 # ①
> .jeong <- abc # ②
> 2.res <- 3 # ③
Error: unexpected symbol in "2.res"
> |
```

R에는 여러 개의 데이터형(data type)이 있다. 즉 데이터가 어떤 값으로 이루어져 있는가를 의미한다. 숫자로 되어 있는지, 문자로 되어 있는지 등을 말한다. 데이터형에는 기본적인 것과 특수한 형태로 구성되어 있는데, 기본적인 데이터형이 많이 사용된다. 자료 저장을 위해 R에서 사용하는 기본 데이터형은 다음과 같이 숫자형, 문자형, 논리형, 복소수형이 있다. 〈−나 =로 변수에 값을 할당할 때 변수의 형이 결정된다. 논리형의 값 참, 거짓은 각각 TRUE(또는 T), FALSE(또는 F)로 표현된다. 복소수형에서 허수는 '숫자i' 형태로 표현해야 한다.

기본 데이터형

기본적인 데이터형에는 수치형, 문자형, 논리형, 복소수형이 있다. 이 중에서 수치형, 문자형, 논리형이 자주 사용되며, 복소수형은 수학, 물리학, 공학용 계산식에 주로 사용된다. 특수한 상태를 나타내는 시스템 변수와 원주율과 같이 일반적으로 사용하는 상수는 변수를 사용할 수 없다. 특수한 상태를 나타내는 값으로 NULL, NA, Inf, NaN이 있다. NULL은 정의되지 않은 값, NA은 유효하지 않은 값, −Inf와 Inf는 음과 양의 무한대 값, NaN은 수의 연산에서 불능인 경우의 표현으로 분모가 0인 연산이나 Inf/Inf 등의 수식의 결과 값이다.

- **수치형(numeric)**
  숫자로 되어 있으며, 정수형(integer)과 실수형(double)이 있다.
- **문자형(character)**
  하나의 문자 또는 문자열로 되어 있으며, " " 또는 ' '로 묶여 있다.
- **논리형(logical)**
  참과 거짓의 논리값으로 TRUE(or T)나 FALSE(or F)를 가진다.
- **복소수형(complex)**
  실수와 허수로 이루어진 복소수이다.

```
> student.name <- "Kildong Hong"     #문자형
> student.kor <- 100                 #숫자형 (정수)
> student.eng <- 95.5                #숫자형 (실수)
> student.pass <- TRUE               #논리형
> com.ex = 1+1i                      #복소수형
```

특수 형태의 데이터형

특수한 형태의 데이터형은 다음과 같다.

- NULL
  객체(object)로서 존재하지 않는 객체로 지정할 때 사용함.
- NA
  Not Available의 약자로 값이 없음(missing value)을 의미함.
- NaN
  Not available Number의 약자로 수학적으로 계산이 불가능한 수를 의미한다. 예를 들면 sqrt(−3)로 음수에 대한 제곱근은 구할 수 없다.
- Inf
  Infinite의 약자로 양의 무한대이다.
- − Inf
  음의 무한대이다.

```
> pi
[1] 3.141593
> NULL
NULL
> NA
[1] NA
> Inf
[1] Inf
> NaN
[1] NaN
```

변수의 데이터형을 판단하거나 데이터형 변환을 위해 다음과 같은 R 내장 함수를 지원한다.

데이터형을 판단하는 함수: 함수별로 비슷한 결과를 가져오지만 각각 차이가 있다. 데이터형을 알려주는 함수에는 `mode()` 함수와 is로 시작하는 함수들이 있다. `mode()` 함수는 문자형 형태로 최종적인 결과를 알려준다. 즉 "numeric", "character", "logical", "complex" 중에 하나로 표현된다. is로 시작하는 함수들의 최종적인 결과는 TRUE 또는 FALSE 형태로 나타난다.

– class() : R 객체의 데이터형

– typeof(), mode() : 원시 데이터형

```
> class(student.name)
[1] "character"
> typeof(student.name)
[1] "character"
> mode(student.name)
[1] "character"
```

데이터형을 확인하는 함수

is.integer(x): x가 정수형이면 TRUE, 아니면 FALSE

is.numeric(x): x가 실수형이면 TRUE, 아니면 FALSE

is.complex(x): x가 복소수형이면 TRUE, 아니면 FALSE

is.character(x): x가 문자열이면 TRUE, 아니면 FALSE

is.na(x): x가 NA 이면 TRUE, 아니면 FALSE

데이터형을 강제적으로 변경하는 함수

표 8-5 데이터형 변환 함수

함수명	설명	입력내용	결과 내용
as.numeric()	수치형으로 변환	as.numeric(데이터)	변환되거나 NA
as.integer()	정수형으로 변환	as.integer(데이터)	변환되거나 NA
as.double()	실수형으로 변환	as.double(데이터)	변환되거나 NA
as.character()	문자형으로 변환	as.character(데이터)	변환되거나 NA
as.logical()	논리형으로 변환	as.logical(데이터)	변환되거나 NA
as.complex()	복소수형으로 변환	as.complex(데이터)	변환되거나 NA

03 자료구조(객체)

데이터형이 단일 값(scalar)의 데이터형을 말한다면 R의 자료구조는 이런 단일 값들로 구성된 자료 모음을 말하며, 실제 사용에 있어서는 단일 값보다 자주 사용되므로 R에서 데이터형이라면 자료구조를 주로 의미한다. R이 지원하는 자료구조는 벡터(vector), 요인(factor), 행렬(matrix), 배열(array), 리스트(list), 데이터프레임(dataframe)이다.

- **벡터(vector)**: R에서 가장 기본이 되는 자료구조이다. 동일한 데이터형의 데이터를 일렬로 나열한 형태의 자료구조이다. 원소가 1개인 벡터를 스칼라라고 한다.

  – **원소에 접근하는 방법**: 벡터명[index]

- **요인(factor)**: 문자형 변수로서 특정 수준 값만을 가질 수 있는 데이터형을 의미한다. 예를 들어 ABO 혈액형을 나타내는 변수를 문자형 변수를 정의할 때 이 변수가 취할 수 있는 값은 A, B, AB, O의 네 가지 값만을 가져야 할 것이고, 다른 종류의 문자를 저장할 수 없도록 제한 할 수 있다.

- **행렬(matrix)**: 행렬은 행과 열에 수를 배열하여 2차원 형태로 만들어진 수의 집합이다. matrix 함수를 사용하여 만든다.

- **배열(array)**: 행렬의 확장된 데이터형이다. array함수를 사용하여 만든다.

- **리스트(list)**: 확장된 형태의 벡터이다. 단일한 데이터형으로 구성해야 하는 벡터와 달리 어떠한 데이터형도 원소로 올 수 있다. 예를 들어 리스트를 원소로 갖는 리스트도 가능하다. (key–value) 형식으로 데이터 저장이 가능하다.

  – **변수에 접근하는 방법**: list명[첨자], list명$key명

- **데이터프레임(data frame)**: 가장 중요한 자료구조이다. 2차원 형태의 데이터 구조를 가지고 있다. 2장의 데이터베이스에서 테이블의 형태와 같다. 벡터의 집합으로 각 벡터들은 데이터프레임의 열을 구성한다.

  – **데이터에 접근하는 방법**: 데이터프레임명$col명, 데이터프레임명[i, j]
  – **데이터프레임의 구조 확인**: `str()`
  – **요약 정보**: `summary()`
  – **컬럼 이름 확인**: `colnames()`, `names()`

04 벡터 사용하기

벡터는 스칼라의 확장으로 한 개 이상의 데이터를 갖는다. 벡터는 하나의 열로 되어 있으며, 콘솔에 출력될 때에는 하나의 행으로 나타난다. 벡터는 데이터에 대한 통계 분석이나 그래프를 작성할 때 사용되는 데이터 형태로 많이 활용된다. 여기서는 벡터를 생성하는 방법, 벡터의 속성 등을 다루도록 한다.

연산자 : 을 이용한 벡터 생성

콜론(:)은 수치형에만 적용되며, 1씩 증가되거나 1씩 감소되는 규칙이 있는 값으로 이루어진 벡터를 생성할 때 사용한다. start : end 구조로 사용하며, start, end는 숫자이고, start 〉 end이면 1씩 감소되고, start 〈 end이면 1씩 증가되며, start=end 이면 start 또는 end가 된다. 시작은 무조건 start에서 시작해서 end를 넘지 않는다.

예 `v = 1:5` # 1, 2, 3, 4, 5의 다섯 개로 구성된 벡터 생성

start는 1, end는 5이다. start 〈 end가 성립하므로 1씩 증가된다. start부터 시작해서 end를 넘지 않을 때까지 1씩 증가하는 수치형으로 이루어지는 벡터가 된다. 즉 1부터 시작해서 5를 넘지 않을 때까지 1씩 증가하는 수치형 벡터가 생성된다. v는 1, 2, 3, 4, 5로 되어 있다.

예 `v = 5:1` # 5, 4, 3, 2, 1의 다섯 개로 구성된 벡터 생성

start는 5, end는 1이고, start 〉 end가 성립하므로 1씩 감소된다. start부터 시작해서 end를 넘지 않을 때까지 1씩 감소하는 수치형으로 이루어지는 벡터가 된다. 즉 5부터 시작해서 1을 넘지 않을 때까지 1씩 감소하는 수치형 벡터가 생성된다. v는 5, 4, 3, 2, 1로 되어 있다.

함수(c, seq, rep)를 이용한 벡터 생성

`c(length=n)`: 벡터 생성함수로 n개의 원소를 갖는 빈 벡터를 생성한다.

`c()` 함수는 combine 또는 concatenate를 의미하며, 벡터를 생성하는 가장 대표적인 방법이다. `c()` 함수는 네 가지 유형(수치형, 문자형, 논리형, 복소수형)에 적용할 수 있다. 즉 수치형 벡터, 문자형 벡터, 논리형 벡터, 복소수형 벡터를 생성할 수 있다. 그리고 규칙이 없는 데이터로 이루어진 벡터를 생성할 때 사용한다. 규칙이 있을때에는 다른 기능을 이용한다. `c()` 함수를 사용하는 방법은 다음과 같다.

예 `c(1, 2, 3)` # 1, 2, 3의 세 개의 자료로 구성된 벡터 생성

seq(): 순열 형태로 벡터를 생성하는 함수이다. from : 초기값, to : 종료값, by : 증가분, length.out : 생성할 벡터의 개수 지정

예 `seq(from=1, to=5, by=2)` # 1부터 5까지 2씩 증가하는 벡터 생성

예 `seq(1, 5, by=2)` # 위의 예와 동일

예 `seq(0, 1, by=0.001)` # 0부터 1까지 0.001씩 증가. 생성된 자료는 1001개.

예 `seq(0, 1, length.out=1000)` # 0부터 1까지 1000개가 되는 자료 생성

참고로 seq() 함수에는 from, to, by라는 인자(argument)가 있다. R을 사용하면서 함수에 있는 인자를 생략 가능하지만 생략하지 않기를 권장한다. 그래서 함수 안에 있는 값들이 무엇인지 알 수 있도록 하는 것이 본인에게도, 코드를 보게 될 다른 사람에게도 도움이 될 것이다. 인자의 순서는 문법에 영향을 주지 않지만 최대한 순서를 중요하게 생각해서 작성하는 것을 추천한다.

rep(): 반복 생성 함수를 사용하여 벡터를 생성한다. x: 반복할 자료, times: 자료 x 의 전체 반복 횟수, each: 자료 x 의 개별 원소들의 반복 횟수

예 `rep(c(1, 2, 3), times=2)` # 벡터1, 2, 3을 두 번 반복하는 벡터
 # 결과: 1, 2, 3, 1, 2, 3

예 `rep(1:3, each=2)` # 벡터1, 2, 3의 원소를 두 번 반복하는 벡터
 # 결과: 1, 1, 2, 2, 3, 3

대표적인 네 가지 데이터형에는 우선순위가 있다. 즉 벡터는 하나의 유형만 가질 수 있다. 그러므로 벡터를 만들 때에 여러 가지의 유형을 넣어도 최종적인 결과에는 하나의 유형으로 변경된다. 네 가지 데이터형의 우선순위는 다음과 같다.
문자형(character) 〉 복소수형(complex) 〉 수치형(numeric) 〉 논리형(logical)
다음 예에서 모든 원소가 문자형으로 변환되어 저장된다.

예 `pri <- c(100, "park", TRUE, 1-1i)`
 # 결과: "100" "park" "TRUE" "1-1i"

데이터의 개수 벡터가 몇 개의 데이터를 가지고 있는지를 데이터의 개수라고 하며, `length()` 함수를 사용한다. 그 사용 방법은 다음과 같다.

```
length(벡터)
```

예 `length(pri) #결과 4`

벡터 원소 참조하기

벡터의 이름과 첨자를 사용하여 개별 원소나 원소 집합을 참조할 수 있다. 아래의 sales 변수는 월별 매출을 저장한다.

예 `sales <- c(250,300,410,520,280,200,310,550,410,420,600,800)`

예 `sales[2]                    # 2월 매출`

예 `sales[4:6]                  # 4~6월 매출`

예 `sales[c(4,7,10)]            # 4, 7, 10월 매출`

`# sales[-c(4, 7, 10)] 4, 7, 10월을 제외한 매출`

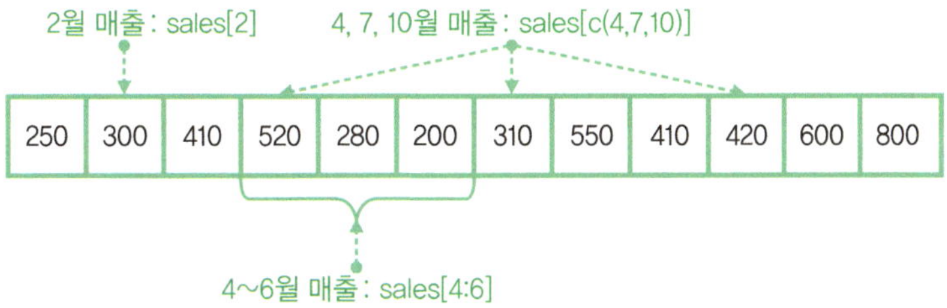

데이터의 이름

`names()` 함수를 사용하며, 해당 벡터를 지정하면 된다. 벡터의 원소 각각에 이름이 있으면, 이름을 문자형 형태로 알려주고, 이름이 없으면 NULL을 반환한다. 이름을 붙여 주고 싶을 때에는 다음 예와 같이 `c()` 함수 등을 이용하여 이름을 지정한다.

```
names(벡터)
names(벡터) = c(원소의 이름)
> height <- c(80, 90, 70, 170)
```

```
> names(height) <- c("김길동", "이길동", "박길동", "홍길동")
> height
김길동 이길동 박길동 홍길동
    80     90     70    170
> names(height)
[1] "김길동" "이길동" "박길동" "홍길동"
```

벡터 계산하기

스칼라(단일값)와 벡터의 연산은 벡터의 모든 원소와 연산을 수행한 벡터를 생성한다. 하나의 수치형 벡터에 수치형 스칼라의 값을 이용하여 사칙연산을 통해 새로운 값을 가지는 벡터를 생성할 수 있고, 벡터와 벡터 간에 사칙연산을 할 수 있다.

예

```
sales / 10
[1] 25 30 41 52 28 20 31 55 41 42 60 80
```

– 동일한 크기(원소의 갯수가 같은 경우)의 벡터 연산은 서로 같은 위치의 원소와 연산한다.

예

```
sales2018 <- c(250,300,410,520,280,200,310,550,410,420,600,800)
> sales2019 <- c(400,414,584,335,520,360,373,381,491,341,263,483)
> sales2018+sales2019
[1]  650  714  994  855  800  560  683  931  901  761  863 1283
```

– 벡터의 길이가 동일하지 않은 경우

벡터 자체는 변하지 않지만 연산과정에서 데이터의 개수가 작은 쪽의 벡터는 데이터 개수가 많은 쪽의 벡터와 동일하게 데이터의 개수를 맞춘다. 즉 데이터 개수가 차이가 나는 만큼 임시적으로 데이터가 생성된다. v1은 3개의 데이터, v2는 6개의 데이터가 있고 v1 과 v2 벡터 간의 연산을 했을 경우, v1의 데이터는 추가적으로 3개가 더 생성되어 6개가 된다. 그렇다면 새롭게 생성되는 3개의 데이터는 어떤 값을 가질까? v1이 가지고 있는 값을 순서적으로 새롭게 생성되는 데이터에 지정하게 된다.

예

```
> v1 = 1:3
> v2 = 1:10
> v1+v2
```

```
 [1]  2  4  6  5  7  9  8 10 12 11
Warning message:
In v1+v2 :
  longer object length is not a multiple of shorter object length
```

재사용규칙이 동일하게 적용되어 v1은 연산과정에서 7개가 추가적으로 생성되고, 추가로 생성된 데이터의 값은 v1에 있는 1, 2, 3을 순서적으로 갖게 된다. 즉 1, 2, 3, 1, 2, 3, 1, 2, 3, 1이 된다. 그리하여 v1과 v2 벡터 간에 연산이 된다. 하지만 경고 메시지(warning message)가 발생하였다. 그 이유는 v1의 데이터 개수와 v2의 데이터 개수 간에 배수가 존재하지 않기 때문이다. 즉 3과 10은 배수의 관계가 아니다. R은 두 벡터의 데이터 개수가 배수의 관계가 아니기 때문에 혹시 결과에 사용자가 원하는 결과가 아닐지도 모르니 잘 살펴보라는 의미에서 경고 메시지를 발생한다.

05 요인 사용하기

요인(factor)은 데이터를 질적 자료(또는 범주형 자료)로 변환해 주는 기능이다. 질적 자료로 변경되면 집단별로 통계분석을 할 수 있다.

요인 만들기

factor() 함수를 사용하며, 그 사용 방법은 다음과 같다.

6명의 혈액형 데이터를 bloods라는 벡터에 저장하고, bloods라는 벡터를 요인(factor)으로 변환해 본다.

```
> bloods  = c("A", "O", "A", "AB", "O", "B")
> bloods
[1] "A"  "O"  "A"  "AB" "O"  "B"
> blood_type = factor(bloods)
> blood_type
[1] A  O  A  AB O  B
Levels: A AB B O
> levels(blood_type)
[1] "A"  "AB" "B"  "O"
```

요인 이름 수정하기

요인이 가지는 그룹(또는 집단)이 몇 개 이며, 그 이름이 무엇인지를 알려면 levels() 함수를 사용한다. 그리고 이름을 변경하고 싶으면 c() 함수를 이용한다.

```
> levels(blood_type) = c("A형", "B형", "AB형", "O형")
> blood_type
[1] A형  O형  A형  B형  O형  AB형
Levels: A형 B형 AB형 O형
```

06 리스트 사용하기

리스트(list)는 주로 통계분석의 결과를 저장할 때 사용하는 데이터 형태이며, 리스트의 원소로 스칼라, 벡터, 행렬, 배열, 데이터프레임, 요인 그리고 리스트 자신을 가질 수 있다. 사용 방법은 다음과 같다.

```
> s1 = 10
> v1 = 1:10
> m1 = matrix(1:4, nrow=2, ncol=2)
> a1 = array(1:8, dim=c(2, 2, 2))
> df1 = data.frame(id=1:3, age=c(20, 30, 40))
> f1 = factor(c("A", "O", "A", "AB", "O", "B"))
> result = list(s1, v1, m1, a1, df1, f1)
```

01 다음 순서대로 스크립트를 입력하고 결과를 확인해 보자.

❶ 임의의 숫자를 정한 후 num1에 저장한다. > num1 <- 20

❷ num1에 2를 곱한 후 num2에 저장한다. > num2 <- num1*2

❸ num2 더하기 10 한 후 num3에 저장한다. > num3 <- num2+10

❹ num3 나누기 2 한 후 num4에 저장한다. > num4 <- num3/2

❺ num4 빼기 num1 한 후 num5에 저장한다. > num5 <- num4 - num1

02 다음 데이터를 사용하여 데이터를 만들고 결과를 확인해 보자.

```
1 4 6 8 9
```

❶ 데이터 벡터 x를 만드시오.

❷ 각 데이터의 제곱으로 구성된 벡터 x2를 만드시오.

❸ 각 데이터의 제곱의 합을 구하시오.

❹ 각 데이터에서 2를 뺀 값을 구하시오.

❺ 최댓값과 최솟값을 구하시오.

❻ 5보다 큰 값들로만 구성된 데이터 벡터 x_up을 만드시오.

❼ 벡터 x의 길이를 구하시오.

❽ x'x, xx'를 구하시오.

❾ 벡터 x와 x2를 열결합(column bind)하여 xc에 저장하시오.

❿ 벡터 x와 x2를 행결합(row bind)하여 xr에 저장하시오.

03

❶ c(1, 2, NA, 4) 벡터에서 NA를 제거하시오.

```
> myVec <- c(1, 2, NA, 4)
```

```
> myVec[!is.na(myVec)]
```

❷ 1~100사이의 숫자에서 50개의 숫자를 임의로 추출하시오.

```
> mySample <- sample(1:100, 50, replace=T)
```

❸ 위의 변수 mySample의 class를 확인하시오.

```
> class(mySample)
```

❹ mySample에서 11~20번째 자료를 추출하시오.

```
> mySample[11:20]
```

❺ mySample에서 홀수 번째의 자료를 추출하시오.

```
> mySample[seq(1,50,2)]
```

❻ mySample에서 10, 20, 30, 40, 50번째를 제외한 자료를 추출하시오.

```
> mySample[-seq(10,50,10)]
```

04

학생 3명의 국어, 영어, 수학 시험 결과이다.

국어 학생 1 : 85 학생 2 : 100 학생 3 : 90 영어 학생 1 : 70 학생 2 : 80 학생 3 : 100

❶ 데이터를 scores 리스트에 저장하시오.

```
> scores = list(name=c('학생1', '학생2', '학생3'),
> kor=c(85, 100, 90), eng=c(70, 80, 100))
```

❷ scores에서 국어 성적을 추출하시오.

```
> scores$kor
```

❸ scores에 수학 성적90, 85, 100점을 추가하시오.

```
> scores$math <- c(90, 85, 100)
```

8.2 데이터 검색 / 추출하기

본 절에서는 데이터를 읽어 오는 방법과 복잡한 데이터를 저장하는 데이터프레임의 사용법을 배운다.

분석 대상 데이터는 일반적으로 R이 아닌 다른 파일로 저장되어 있다. 텍스트, 엑셀, CSV(Comma Separated Vaule), 그리고 오라클(Oracle)과 같은 데이터베이스 (Database)로 되어 있다. 여기서는 텍스트, 엑셀, CSV로 되어 있는 데이터를 R에서 불러오는 방법만 다룬다. 참고로 데이터는 정형 데이터와 비정형 데이터로 구분할 수 있으며, 여기서는 정형 데이터만 다룬다. R에 대한 실력이 향상되면 비정형 데이터도 다룰 수 있을 것이다.

(1) 외부데이터 가져오기

01 텍스트 데이터

텍스트 데이터는 데이터를 구분하기 위해서 공백(blank), 콤마(comma), 탭 (tab)와 같은 구분자(separator)를 사용한다. 텍스트 데이터를 R에서 읽어오기 위해서는 `read.table()` 함수를 사용하며, 그 사용 방법은 다음과 같다.

표 8-6 read.table 함수 사용법

인자	설명
file	R에서 읽어올 외부 데이터가 있는 파일의 위치(경로)와 파일명(확장자 포함)을 문자형으로 지정한다.
header	논리형으로 TRUE를 지정하면 외부 데이터에 있는 변수명을 R 데이터에서도 동일하게 사용하며, FALSE를 지정하면 외부 데이터의 변수명을 사용하지 않고 R에서 자체적으로 변수명을 지정한다.
sep	문자열을 사용하여 구분자를 지정한다.

stringsAsFac-tors	문자형 데이터를 요인(factor)으로 변경할지를 설정한다. FALSE를 지정하면 문자형 데이터를 요인으로 변경하지 않고 문자형으로 읽어들인다.
na.strings	데이터에 결측치가 있거나 결측치로 지정할 내용을 문자형으로 지정한다.

구분자가 공백인 경우

구분자가 공백으로 되어 있는 경우는 다음과 같이 실행한다. 만약에 R에서 불러오고 싶은 텍스트 데이터가 d드라이브에 `blank.txt`로 되어 있다면 다음과 같이 실행한다.

```
rblank = read.table(file="d:/blank.txt", header=TRUE, sep=" ")
```

구분자가 콤마인 경우

구분자가 콤마로 되어 있는 경우는 다음과 같이 실행한다. 만약에 R에서 불러오고 싶은 텍스트 데이터가 d드라이브에 `comma.txt`로 되어 있다면 다음과 같이 실행한다.

```
rcomma = read.table(file="d:/comma.txt", header=TRUE, sep=",")
```

구분자가 탭인 경우

구분자가 탭으로 되어 있는 경우는 다음과 같이 실행한다. 만약에 R에서 불러오고 싶은 텍스트 데이터가 d드라이브에 `tab.txt`로 되어 있다면 다음과 같이 실행한다.

```
rtab = read.table(file="d:/tab.txt", header=TRUE, sep="₩t")
```

02 CSV 데이터

CSV 데이터는 엑셀 데이터의 특별한 형태로 콤마로 구분된 형태의 데이터이다. 이것은 R의 기본 기능으로 읽어올 수 있다. 참고로 CSV는 Comma Separated Value의 약자이다. CSV 데이터는 `read.csv()` 함수를 사용하면 되고, 그 사용 방법은 다음과 같다.

- **file** : R에서 읽어올 외부 데이터가 있는 파일의 위치(경로)와 파일명(확장자 포함)을 문자형으로 지정한다.
- **header** : 논리형으로 CSV 데이터 있는 변수명을 사용하려면 TRUE를 지정한다.

d 드라이브에 survey.csv 데이터가 있다면 다음과 같이 실행한다.

```
rsurvey = read.csv(file="d:/survey.csv", header=TRUE)
```

03 엑셀 데이터

R의 기본 기능으로는 엑셀 데이터를 읽어오는 함수가 없다. 새로운 기능을 설치해야 한다. 이러한 새로운 기능을 R에서는 패키지(package)라고 한다. R의 패키지에는 예제 데이터(data), 함수(function), 도움말(help), 예제(example)가 포함되어 있다. 이 중에서 R의 패키지를 설치하는 가장 주된 이유는 새로운 기능을 제공하는 함수를 사용하기 위해서이다.

- 패키지를 설치하는 방법은 install.packages("패키지명") 함수를 실행하면 된다. 새로운 패키지를 설치하기 위해서는 인터넷을 사용할 수 있는 환경이 되어야 한다. 엑셀 데이터를 읽어오는 기능을 제공하는 많은 패키지가 있지만 본 교재에서는 엑셀 데이터를 쉽고 빠르게 불러올 수 있는 reaxl 패키지를 사용한다.

```
install.packages("readxl")
```

- 패키지가 설치되고 나면 R과 패키지를 연결해 주기 위해서 require(패키지명) 또는 library(패키지명)을 해 주어야 한다. 이것을 구동하기, 또는 로딩하기 라고 한다.

```
library(readxl)
```

패키지의 설치는 한 번만 하면 되지만 해당 패키지의 기능을 사용하기 위해서는 R을 다시 실행할 때마다 로딩하기를 매번 실행해 주어야 한다.

- readxl 패키지에 있는 `read_excel()` 함수를 사용하여 엑셀 데이터를 읽을 수 있다. 그 사용 방법은 다음과 같다.

  - **path**: R에서 읽어올 외부 데이터가 있는 파일의 위치(경로)와 파일명(확장자 포함)을 문자형으로 지정한다.
  - **sheet**: 엑셀 파일의 시트(sheet) 중에서 어떤 시트인지를 지정하는 것으로 시트명을 알고 있으면 문자형으로 지정하며, 시트의 위치(index)를 알면 수치형으로 지정하면 된다.
  - **col_names**: 논리형으로 엑셀에 있는 변수명을 사용할지를 의미한다. TRUE이면 엑셀에 있는 변수명을 사용한다.

- d드라이브에 big.xlsx가 있고, Sheet1에 데이터가 있다고 가정하면 다음과 같이 엑셀 데이터를 불러올 수 있다.

```
rbig = read_excel(path="d:/big.xlsx", sheet="Sheet1", col_names=TRUE)
```

(2) 배열과 행렬

배열은 수학에서 이야기하는 차원을 갖는 자료 구조로 각 자료들이 벡터로 구성된다. 만일 3차원 자료일 경우 1차원이 세 개의 벡터, 2차원이 5개의 벡터, 3차원이 10개의 단일 값(scalar)으로 구성될 경우 전체 원소들의 개수는 3 × 5 × 10 = 150 개의 원소이고 1차원 원소들은 각각 5개씩의 원소를 갖는 세 개의 벡터의 집합이 되고 2차원의 원소는 각각 10개의 단일값을 갖는 벡터로 구성된다.

01 배열 생성하기

array() 함수를 사용한다.

array(data = NA, dim = length(data), dimnames = NULL)

data: 벡터 자료

dim: 각 차원을 정의하는 벡터

> c(2, 5, 10): 전체는 3차원이고 1차원의 원소는 2, 2차원은 5, 3차원은 10개로 전체 원소의 개수는 2×5×10=100개

[dimnames]: (옵션) 각 차원의 이름을 갖는 벡터

```
> arr <- array(1:3, c(2, 4))
> arr
     [,1] [,2] [,3] [,4]
[1,]    1    3    2    1
[2,]    2    1    3    2
> arr[1, ] # 1행 원소 반환
[1] 1 3 2 1
> arr[, 2] # 2열의 원소 반환
[1] 3 1
```

02 행렬 생성하기

배열의 특수한 경우(2차원 배열)이다. matrix() 함수를 사용하여 생성한다.

matrix(data = NA, nrow = 1, ncol = 1, byrow = FALSE, dimnames = NULL)

data: 행렬로 재구성할 벡터 혹은 외부 데이터

nrow: 행 요소의 개수

ncol: 열 요소의 개수

byrow = FALSE: data를 행 단위로 배치할지 여부

[dimnames = NULL]: 행과 열의 이름 list

```
> tmp <- c(1:12);tmp;
 [1]  1  2  3  4  5  6  7  8  9 10 11 12
> matrix(tmp, nrow=3)
     [,1] [,2] [,3] [,4]
[1,]    1    4    7   10
[2,]    2    5    8   11
[3,]    3    6    9   12
```

(3) 데이터프레임

데이터의 가장 대표적인 형태인 데이터프레임의 속성을 알아보고, 데이터 분석을 하기 전에 데이터 중에서 일부를 추출하거나 특정한 변수를 기준으로 오름차순 또는 내림차순으로 정렬하고, 여러 개의 데이터를 합치는 방법을 다룬다.

01 데이터프레임의 속성

데이터프레임은 행과 열로 구성되어 있고, 여러 유형의 데이터를 가지는 특징이 있다. 데이터프레임의 속성에는 행의 개수, 열의 개수, 행의 이름, 열의 이름, 차원, 차원의 이름이 있다.

샘플 데이터 diamonds를 사용하기 위하여 ggplot2 패키지를 사용한다.

```
install.packages("ggplot2")
library(ggplot2)
```

행의 개수

```
# 사용법: nrow(데이터명)
> nrow(diamonds)
```

열의 개수

```
# 사용법: ncol(데이터명)
> ncol(diamonds)
```

행의 이름

```
# 사용법: row.names(데이터명)
> row.names(diamonds)
```

기본적으로 행의 이름은 문자형이며, 1부터 시작하는 일련번호로 되어 있다. 행의 이름을 변경하고 싶으면 c() 함수나 paste() 함수 등을 이용하여 수정할 수 있다.

```
> row.names(데이터명) = paste("R", 1:53940, sep="")
```

열의 이름

```
# 사용법: colnames(데이터명)
> colnames(diamonds)
```

열의 이름도 문자형으로 되어 있다. 열의 이름을 변경하려면 행의 이름과 동일하게 c() 함수나 paste() 함수 등을 이용하면 된다.

차원

차원(dimension)은 행과 열이 몇 개인지를 알려준다.

```
# 사용법: dim(데이터명)
> dim(diamonds)
```

dim() 함수의 결과물에서 첫 번째 값은 행의 개수, 두 번째 값은 열의 개수이다.

차원의 이름

차원의 이름은 행과 열의 이름을 알려준다.

```
# 사용법: dimnames(데이터명)
> dimnames(diamonds)
```

dimnames() 함수의 결과는 리스트 형태이며, 첫 번째가 행의 이름, 두 번째가 열의 이름이다.

데이터의 구조

데이터프레임의 구조(structure)를 알아볼 수 있으며, str() 함수를 사용한다.

```
# 사용법: str(데이터명)
> str(diamonds)
```

데이터의 구조로 데이터의 형태, 행의 개수, 열의 개수, 변수명, 자료형 등을 알려준다.

추가적으로 length(), nrow(), ncol(), names() 함수도 있다. 데이터프레임에서의 length() 함수는 열의 개수를 알려주고, nrow() 함수는 벡터와 데이터프레임에서 동시에 사용할 수 있으며, 벡터에서는 벡터의 원소의 개수, 데이터프레임에서는 행의 개수를 알려준다. ncol() 함수도 nrow() 함수처럼 벡터와 데이터프레임에 동시에 사용할 수 있고, 벡터에서는 원소의 개수, 데이터프레임에서는 열의 개수를 알려준다. names() 함수는 데이터프레임에서 사용하면 열의 이름을 나타낸다.

02 데이터 추출하기

데이터에서 일부를 추출하는 것으로 특정한 열이나 행을 추출하거나 특정한 열과 행을 동시에 추출할 수 있다. 두 개 이상의 열이나 행을 추출할 때는 벡터를 생성할 때 배웠던 c(), :, seq(), sequence(), rep(), paste() 함수와 문자형 관련 함수들을 이용한다.

데이터의 일부 보기

데이터 중에서 일부를 보기 위해서는 head() 함수와 tail() 함수를 사용한다. 즉 head(데이터명), tail(데이터명)을 실행하면 된다. head() 함수는 데이터 중에서 1~6행의 데이터를 보여주고, tail() 함수는 데이터의 끝부분에 있는 6개 행의 데이터를 보여준다. head()와 tail()함수의 사용 방법은 다음과 같다.

x: 객체로서 데이터프레임을 지정한다.

n: 정수형을 지정한다. 기본으로는 위쪽 중에서 6개의 행을 보여주며, 변경하려면 정수형으로 지정해 주면 된다.

```
> head(diamonds)
> head(diamonds, n=10)
> tail(diamonds)
> tail(diamonds, n=10)
```

```
> head(diamonds)
# A tibble: 6 × 11
  carat cut       color clarity depth table price     x     y     z gprice
  <dbl> <ord>     <ord> <ord>   <dbl> <dbl> <int> <dbl> <dbl> <dbl> <fct>
1 0.23  Ideal     E     SI2      61.5    55   326  3.95  3.98  2.43 (0,5e+03]
2 0.21  Premium   E     SI1      59.8    61   326  3.89  3.84  2.31 (0,5e+03]
3 0.23  Good      E     VS1      56.9    65   327  4.05  4.07  2.31 (0,5e+03]
4 0.290 Premium   I     VS2      62.4    58   334  4.2   4.23  2.63 (0,5e+03]
5 0.31  Good      J     SI2      63.3    58   335  4.34  4.35  2.75 (0,5e+03]
6 0.24  Very Good J     VVS2     62.8    57   336  3.94  3.96  2.48 (0,5e+03]
```

열 추출하기

데이터프레임에서 특정한 열을 추출할 때에는 대괄호([ ])를 사용하고, 대괄호에 콤마(,)를 넣어서 행과 열을 구분한다. 즉 데이터[행index, 열index] 형태로 추출한다.

diamonds 데이터의 첫 열을 추출하려면 다음과 같이 한다.

```
> diamonds[ , 1]
```

```
> diamonds [ , 1]
# A tibble: 53,940 × 1
   carat
   <dbl>
 1 0.23
 2 0.21
 3 0.23
 4 0.290
 5 0.31
 6 0.24
 7 0.24
 8 0.26
 9 0.22
10 0.23
# ... with 53,930 more rows
```

데이터프레임에서 하나의 열만 추출하거나 하나의 행만 추출하면 최종적인 결과는 벡터 형태가 된다. 하나의 열만 추출해도 최종적인 결과를 데이터프레임으로 유지하고 싶으면 drop=FALSE를 지정하면 된다.

```
> diamonds[ , 1, drop=FALSE]
```

```
> diamonds [ , 1, drop=FALSE]
# A tibble: 53,940 × 1
   carat
   <dbl>
 1 0.23
 2 0.21
 3 0.23
 4 0.290
 5 0.31
 6 0.24
 7 0.24
 8 0.26
 9 0.22
10 0.23
# ... with 53,930 more rows
```

두 개 이상의 열을 추출하며, 인덱스에 규칙이 없을 때에는 c() 함수를 사용하면 된다. 1, 3, 4번째 열을 가져오려면 다음과 같이 한다.

```
> diamonds[ , c(1, 3, 4)]
```

```
> diamonds [ , c(1, 3, 4)]
# A tibble: 53,940 × 3
   carat color clarity
   <dbl> <ord> <ord>
 1 0.23  E     SI2
 2 0.21  E     SI1
 3 0.23  E     VS1
 4 0.290 I     VS2
 5 0.31  J     SI2
 6 0.24  J     VVS2
 7 0.24  I     VVS1
 8 0.26  H     SI1
 9 0.22  E     VS2
10 0.23  H     VS1
# ... with 53,930 more rows
```

두 개 이상의 열을 추출하지만 연이어 있는 경우에는 콜론(:)를 사용한다. 2~5번째 열을 가져오면 다음과 같다.

```
> diamonds[ , 2:5]
```

```
> diamonds [ , 2:5]
# A tibble: 53,940 × 4
   cut       color clarity depth
   <ord>     <ord> <ord>   <dbl>
 1 Ideal     E     SI2      61.5
 2 Premium   E     SI1      59.8
 3 Good      E     VS1      56.9
 4 Premium   I     VS2      62.4
 5 Good      J     SI2      63.3
 6 Very Good J     VVS2     62.8
 7 Very Good I     VVS1     62.3
 8 Very Good H     SI1      61.9
 9 Fair      E     VS2      65.1
10 Very Good H     VS1      59.4
# ... with 53,930 more rows
```

두 개 이상의 열을 추출하는 것으로 일정한 간격으로 떨어져 있는 열들을 추출할 때에는 seq() 함수를 사용한다. 홀수 번째의 열을 추출하려면 다음과 같이 한다.

```
> diamonds[ , seq(from=1, to=ncol(diamonds), by=2)]
```

```
> diamonds [ , seq(from=1, to=ncol(diamonds), by-2)]
# A tibble: 53,940 × 6
   carat color depth price     y gprice
   <dbl> <ord> <dbl> <int> <dbl> <fct>
 1 0.23  E      61.5   326  3.98 (0,5e+03]
 2 0.21  E      59.8   326  3.84 (0,5e+03]
 3 0.23  E      56.9   327  4.07 (0,5e+03]
 4 0.290 I      62.4   334  4.23 (0,5e+03]
 5 0.31  J      63.3   335  4.35 (0,5e+03]
 6 0.24  J      62.8   336  3.96 (0,5e+03]
 7 0.24  I      62.3   336  3.98 (0,5e+03]
 8 0.26  H      61.9   337  4.11 (0,5e+03]
 9 0.22  E      65.1   337  3.78 (0,5e+03]
10 0.23  H      59.4   338  4.05 (0,5e+03]
# ... with 53,930 more rows
```

지금까지는 추출하고 싶은 열의 위치(index)를 알고 있을 경우이다. 위치를 모르고 변수명을 알고 있는 경우는 변수명을 c함수의 인자로 지정한다. 변수명이 x, y, z인 열을 추출하면 다음과 같다.

```
> diamonds[ , c("x", "y", "z")]
```

```
> diamonds [ , c("x", "y", "z")]
# A tibble: 53,940 × 3
       x     y     z
   <dbl> <dbl> <dbl>
 1  3.95  3.98  2.43
 2  3.89  3.84  2.31
 3  4.05  4.07  2.31
 4   4.2  4.23  2.63
 5  4.34  4.35  2.75
 6  3.94  3.96  2.48
 7  3.95  3.98  2.47
 8  4.07  4.11  2.53
 9  3.87  3.78  2.49
10  4     4.05  2.39
# ... with 53,930 more rows
```

grep 함수로 추출하기

변수명 중에서 특정 문자로 시작하거나 끝나거나 포함하고 있는 것을 추출할 때에는 grep() 함수를 이용한다. grep() 함수의 간단한 사용 방법을 소개하면 다음과 같다.

pattern: 특정한 문자로 시작하거나 끝나거나 포함하고 있는지를 문자형으로 표현한다. a로 시작하는 것은 "^a", a로 끝나는 것은 "a$", a를 포함하는 것은 "a"로 지정한다.

x: 문자형 벡터를 지정한다.

value: 논리형으로 TRUE이면 pattern을 만족하는 벡터의 값을 반환하고, FALSE를 지정하면 pattern을 만족하는 벡터의 위치(index)를 반환한다.

a문자를 포함하고 있는 변수명들을 모두 추출하려면 다음과 같이 한다.

```
> diamonds[ , grep("a", colnames(diamonds), value=TRUE)]
> diamonds[ , grep("a", colnames(diamonds), value=FALSE)]
```

```
> diamonds [ , grep("a", colnames(diamonds), value=TRUE)]
# A tibble: 53,940 × 3
  carat clarity table
  <dbl> <ord>   <dbl>
1 0.23  SI2        55
2 0.21  SI1        61
3 0.23  VS1        65
4 0.290 VS2        58
```

substr 함수로 추출하기

문자 중에서 일부를 추출하는 것으로 substr() 함수가 있다. 변수명 중에서 일부의 문자를 추출하고, 추출된 문자형이 특정한 문자인지를 비교하여 특정한 열을 추출할 수 있다. substr() 함수의 사용 방법은 다음과 같다.

x: 문자형 벡터를 지정한다.
start: 추출할 문자의 첫 번째 위치를 정수형으로 지정한다.
stop: 추출할 문자의 마지막 위치를 정수형으로 지정한다.
변수명 중에서 처음 두 개의 문자를 추출하려면 다음과 같이 한다.

```
> substr(colnames(diamonds), start=1, stop=2)
```

```
> substr(colnames(diamonds), start=1, stop=2)
 [1] "ca" "cu" "co" "cl" "de" "ta" "pr" "x" "y" "z" "gp"
```

변수명 중에서 처음 두 개의 문자를 추출한 것이 "co"과 같은 열을 추출하려면 다음과 같이 한다.

```
> diamonds[ , substr(colnames(diamonds), start=1, stop=2) == "co"]
```

```
> diamonds[ , substr(colnames(diamonds), start=1, stop=2) == "co"]
# A tibble: 53,940 × 1
   color
   <ord>
 1 E
 2 E
 3 E
 4 I
 5 J
 6 J
 7 I
 8 H
 9 E
10 H
# ... with 53,930 more rows
```

행 추출하기

데이터프레임에서 특정한 행을 추출할 때에는 열 추출하기에서 학습했던 대부분의 내용들을 적용할 수 있다. 몇 가지 특수한 형태의 행을 추출하는 방법을 소개한다.

- diamonds 데이터에서 품질 상태를 나타내는 cut이라는 변수가 있다. cut에는 “Fair”, “Good”, “Very Good”, “Premium”, “Ideal”이 있다. 이 중에서 “Good”에 해당하는 행만 추출한다.

```
> diamonds[diamonds$cut == "Good", ]
```

```
> diamonds[diamonds$cut == "Good", ]
# A tibble: 4,906 × 11
   carat cut   color clarity depth table price     x     y     z gprice
   <dbl> <ord> <ord> <ord>   <dbl> <dbl> <int> <dbl> <dbl> <dbl> <fct>
 1 0.23  Good  E     VS1     56.9     65   327  4.05  4.07  2.31 (0,5e+03]
 2 0.31  Good  J     SI2     63.3     58   335  4.34  4.35  2.75 (0,5e+03]
 3 0.3   Good  J     SI1     64       55   339  4.25  4.28  2.73 (0,5e+03]
 4 0.3   Good  J     SI1     63.4     54   351  4.23  4.29  2.7  (0,5e+03]
 5 0.3   Good  J     SI1     63.8     56   351  4.23  4.26  2.71 (0,5e+03]
 6 0.3   Good  I     SI2     63.3     59   351  4.26  4.3   2.71 (0,5e+03]
 7 0.23  Good  F     VS1     58.2     59   402  4.06  4.08  2.37 (0,5e+03]
 8 0.23  Good  E     VS1     64.1     59   402  3.83  3.85  2.46 (0,5e+03]
 9 0.31  Good  H     SI1     64       54   402  4.29  4.31  2.75 (0,5e+03]
10 0.26  Good  D     VS2     65.2     56   403  3.99  4.02  2.61 (0,5e+03]
# ... with 4,896 more rows
```

- diamonds의 가격이 10000달러 이상인 다이아몬드만 추출하는 것은 다음과 같다. 다이아몬드의 가격을 나타내는 변수명은 price이다.

```
> diamonds[diamonds$price >= 10000, ]
```

```
> diamonds[diamonds$price >= 10000, ]
# A tibble: 5,223 × 11
   carat cut       color clarity depth table price     x     y     z gprice
   <dbl> <ord>     <ord> <ord>   <dbl> <dbl> <int> <dbl> <dbl> <dbl> <fct>
 1 1.51  Good      H     VS2     64       59 10000  7.25  7.19  4.62 (5e+03,1e+04]
 2 1.7   Ideal     J     VS2     60.5     58 10002  7.73  7.74  4.68 (1e+04,1.5e+04]
 3 1.03  Ideal     E     VVS2    60.6     59 10003  6.5   6.53  3.95 (1e+04,1.5e+04]
 4 1.23  Very Good G     VVS2    60.6     55 10004  6.93  7.02  4.23 (1e+04,1.5e+04]
 5 1.25  Ideal     F     VS2     61.6     55 10006  6.93  6.96  4.28 (1e+04,1.5e+04]
 6 2.01  Very Good I     SI2     61.4     63 10009  8.19  7.96  4.96 (1e+04,1.5e+04]
 7 1.21  Very Good F     VS1     62.3     58 10009  6.76  6.85  4.24 (1e+04,1.5e+04]
 8 1.51  Premium   I     VS2     59.9     60 10010  7.42  7.36  4.43 (1e+04,1.5e+04]
 9 1.01  Fair      D     SI2     64.6     58 10011  6.25  6.2   4.02 (1e+04,1.5e+04]
10 1.05  Ideal     F     VVS2    60.5     51 10011  6.67  6.58  4.01 (1e+04,1.5e+04]
# ... with 5,213 more rows
```

- 다이아몬드의 품질이 “Good”이고 가격이 10000달러 이상인 다이아몬드를 추출하려고 한다. 두 가지 조건을 동시에 만족해야 한다. 두 개의 조건을 동시에 만족할 때만 TRUE를 가지는 논리 연산은 AND이다. R에서 AND는 &를 사용한다. 참고로 &는 스칼라와 벡터에도 작동되며, &&도 동일하게 AND로 사용되지만 스칼라에서만 작동된다.

```
> diamonds[(diamonds$cut == "Good") & (diamonds$price >= 10000), ]
```

```
> diamonds[diamonds$cut == "Good") & (diamonds$price >= 10000), ]
# A tibble: 375 × 11
   carat cut   color clarity depth table price     x     y     z gprice
   <dbl> <ord> <ord> <ord>   <dbl> <dbl> <int> <dbl> <dbl> <dbl> <fct>
 1 1.51  Good  H     VS2     64    59    10000 7.25  7.19  4.62  (5e+03,1e+04]
 2 1.5   Good  G     VS1     63.6  57    10036 7.23  7.14  4.57  (1e+04,1.5e+04]
 3 1.52  Good  H     SI1     63.6  57    10078 7.3   7.25  4.63  (1e+04,1.5e+04]
 4 1.52  Good  H     SI1     63.8  60    10078 7.3   7.24  4.64  (1e+04,1.5e+04]
 5 1.72  Good  G     SI2     62.8  59.3  10084 7.55  7.62  4.76  (1e+04,1.5e+04]
 6 1.51  Good  G     SI1     63.3  58    10085 7.2   7.26  4.58  (1e+04,1.5e+04]
 7 1.51  Good  E     SI1     60.4  61    10088 7.33  7.37  4.44  (1e+04,1.5e+04]
 8 1.33  Good  G     VS1     62.8  60    10096 6.87  6.92  4.33  (1e+04,1.5e+04]
 9 1.64  Good  I     SI1     57.9  61    10102 7.78  7.74  4.49  (1e+04,1.5e+04]
10 1.51  Good  H     VS1     59.9  61    10129 7.34  7.39  4.41  (1e+04,1.5e+04]
```

– 이번에는 다이아몬드의 품질이 "Good"이거나 가격이 10000달러 이상인 다이아몬드를 추출하려고 한다. 두 가지 조건 중에서 하나만 만족해도 된다. 두 개의 조건 중에서 하나만 만족해도 TRUE가 되는 논리연산은 OR이다. R에서는 파이프(|)를 사용한다. 파이프가 두 개인 ||도 OR로 사용되지만 스칼라에서만 작동된다.

```
> diamonds[(diamonds$cut == "Good") | (diamonds$price >= 10000), ]
```

```
> diamonds[diamonds$cut == "Good") | (diamonds$price >= 10000), ]
# A tibble: 9,754 × 11
   carat cut   color clarity depth table price     x     y     z gprice
   <dbl> <ord> <ord> <ord>   <dbl> <dbl> <int> <dbl> <dbl> <dbl> <fct>
 1 0.23  Good  E     VS1      56.9    65   327  4.05  4.07  2.31 (0,5e+03]
 2 0.31  Good  J     SI2      63.3    58   335  4.34  4.35  2.75 (0,5e+03]
 3 0.3   Good  J     SI1      64      55   339  4.25  4.28  2.73 (0,5e+03]
 4 0.3   Good  J     SI1      63.4    54   351  4.23  4.29  2.7  (0,5e+03]
 5 0.3   Good  J     SI1      63.8    56   351  4.23  4.26  2.71 (0,5e+03]
 6 0.3   Good  I     SI2      63.3    56   351  4.26  4.3   2.71 (0,5e+03]
 7 0.23  Good  F     VS1      58.2    59   402  4.06  4.08  2.37 (0,5e+03]
 8 0.23  Good  E     VS1      64.1    59   402  3.83  3.85  2.46 (0,5e+03]
 9 0.31  Good  H     SI1      64.9    54   402  4.29  4.31  2.75 (0,5e+03]
10 0.26  Good  D     VS2      65      56   403  3.99  4.02  2.61 (0,5e+03]
# ... with 9,744 more rows
```

행과 열 추출하기

데이터프레임에서 행과 열을 동시에 추출하는 방법은 행과 열에 대해서 각각의 위치(index)를 지정한다. 다이아몬드의 품질이 "Good"인 다이아몬드의 x, y, z의 변수만 가져오려면 다음과 같이 한다.

```
> diamonds[diamonds$cut == "Good", c("x", "y", "z")]
```

```
> diamonds[diamonds$cut == "Good"), c("x", "y", "z")]
# A tibble: 4,906 × 3
       x     y     z
   <dbl> <dbl> <dbl>
 1  4.05  4.07  2.31
 2  4.34  4.35  2.75
 3  4.25  4.28  2.73
 4  4.23  4.29  2.7
 5  4.22  4.26  2.71
 6  4.26  4.3   2.71
 7  4.06  4.08  2.37
 8  3.83  3.85  2.46
 9  4.29  4.31  2.75
10  3.99  4.02  2.61
# ... with 4,896 more rows
```

03 데이터 정렬하기

데이터 정렬에는 오름차순과 내림차순이 있다. 오름차순은 데이터가 한글이면 'ㄱ'으로 시작하는 것이 가장 먼저 오고, 알파벳인 경우에는 'a'가, 숫자인 경우에는 가장 작은 값이 먼저 오도록 정렬하는 방식이다. 내림차순은 오름차순의 반대이다. R에서는 벡터를 정렬해 주는 sort() 함수와 데이터프레임을 정렬하는 order() 함수가 있다.

- 벡터를 정렬해 주는 sort() 함수의 사용 방법은 다음과 같다.

  x: 정렬하고 싶은 벡터를 지정한다.
  decreasing: 오름차순으로 정렬할 것인지, 내림차순으로 정렬할 것인지를 논리형으로 지정한다. 기본값은 FALSE로 오름차순이며, TRUE를 지정하면 내림차순으로 정렬한다.

  – 4명의 나이가 32, 27, 40, 15라고 하자. 이것을 age라는 이름으로 저장하고, 오름차순과 내림차순으로 정렬하면 다음과 같다.

```
> age = c(32, 27, 40, 15)
> sort(age) # 오름차순
[1] 15 27 32 40
> sort(age, decreasing=TRUE) # 내림차순
[1] 40 32 27 15
```

- 데이터프레임 형태의 데이터를 정렬할 때에는 sort() 함수를 사용할 수 없고, order() 함수를 넣어야 한다. order() 함수의 사용 방법은 다음과 같다.

  x: 데이터프레임 중에서 정렬하고 싶은 변수(열)를 지정한다.

  decreasing: 오름차순으로 정렬할 것인지, 내림차순으로 정렬할 것인지를 논리형으로 지정한다. 기본값은 FALSE로 오름차순이며, TRUE를 지정하면 내림차순으로 정렬한다.

  order() 함수의 최종적인 결과는 데이터프레임을 정렬해 주는 것이 아니라 정렬했을 때의 위치(index)를 정수형으로 알려 준다. 이 값을 데이터프레임의 행의 위치(index)에 넣어주면 데이터프레임이 정렬된다. 기본값은 오름차순이다.

  – sort() 함수를 학습할 때에 사용했던 age를 이용하여 원리를 알아보자.

```
> age = c(32, 27, 40, 15)
> order(age) # 오름차순
[1] 4 2 1 3
```

  order(age)의 최종적인 결과로 4, 2, 1, 3를 출력한다. 여기서 4는 정렬하지 않은 age의 4번째 원소의 값이 정렬했을 때에 제일 먼저 온다는 뜻이다. 즉 15라는 값이 정렬 했을 때에 제일 먼저 온다. 2는 정렬하지 않은 age의 2번째 원소인 27이 정렬했을 때에 두 번째로 온다는 의미이다. 이 위치(index)를 age라는 벡터에 넣어 주면 sort() 함수의 결과와 같아진다.

```
> age[order(age)] # 오름차순
> age[order(age, decreasing=TRUE)] # 내림차순
```

- order() 함수가 이해되었으면, order() 함수를 이용하여 데이터프레임을 정렬해 보자.

  – diamonds의 price 변수를 이용하여 오름차순 또는 내림차순으로 정렬하면 다음과 같다.

```
> diamonds[order(diamonds$price), ] # 오름차순
> diamonds[order(diamonds$price, decreasing=TRUE), ] # 내림차순
```

  – 두 개 이상의 변수를 기준으로 정렬하고 싶으면 order() 함수에 해당 변수들을 콤마(,)로 구분해서 넣어주면 된다. 우선순위는 order() 함수에 먼저 들어간 변수명이 가장 높다. 기본값은 오름차순이고, 내림차순으로 하려면 decreasing=TRUE를 지정하면 된다.

- cut 변수를 기준으로 오름차순 정렬하고, 그 다음으로 price를 기준으로 오름차순으로 정렬하려면 다음과 같이 한다.

```
> diamonds[order(diamonds$cut, diamonds$price), ]
```

- cut 변수를 기준으로 내림차순 정렬하고, 그 다음으로 price를 기준으로 내림차순으로 정렬하려면 다음과 같이 한다.

```
> diamonds[order(diamonds$cut, diamonds$price, decreasing=TRUE), ]
```

- x 변수를 기준으로 오름차순 정렬하고, 그 다음으로 y 변수를 기준으로 내림차순으로 정렬하려면 다음과 같이 한다. 기본값은 오름차순이며, 해당 변수 앞에 -를 붙이면 기본값의 반대가 되어 내림차순이 된다. 이렇게 할 수 있는 것은 해당 변수가 수치형으로 되어 있어야 한다.

```
> diamonds[order(diamonds$x, -diamonds$y), ]
```

cut 변수를 기준으로 오름차순 정렬하고, 그 다음으로 color 변수를 기준으로 내림차순으로 정렬하려면 어떻게 해야 할까? `diamonds[order(diamonds$cut, -diamonds$color),]`를 생각할 수 있다. 하지만 실행을 하면 오류(error)가 발생한다. 그 이유는 cut과 color 변수가 factor 형태 또는 문자형으로 되어 있기 때문이다. 이 문제를 해결하는 방법은 새로운 패키지를 설치하는 것이다. data.table 패키지에 `setorder()` 함수가 있다. 다른 패키지에도 있을 수 있다. 여기서는 data.table 패키지의 `setorder()` 함수만 소개 한다. 참고로 data.table 패키지는 데이터를 처리하기 위한 유용한 함수를 제공한다.

```
> install.packages("data.table")
> require("data.table")
> diamonds_dt = as.data.table(diamonds) #데이터프레임을 데이터테이블로 변환
> setorder(daimonds_dt, cut, -color)
```

04 데이터 합치기

두 개 이상의 데이터를 합치는 방법은 위/아래로 합치는 것과 왼쪽/오른쪽으로 합치는 방법이 있다. 위/아래로 합치는 것은 동일한 주제를 여러 사람들에게 조사했을 때에 하나의 데이터는 A 지역의 사람들 데이터만 저장했고, 다른 데이터는 B지역의 사람들 데이터만 저장했다고 할 때 두 데이터를 합치는 방식이다. 왼쪽/오른쪽으로 합치는 것은 두 데이터가 각각 다른 정보를 저장하고 있을 때에 합치는 방식이다. 예를 들면, A는 고객의 인적사항에 대한 정보를 저장하고 있는 데이터이고, B는 고객들의 소비 정보를 저장하고 있는 데이터라고 할 때, 두 데이터를 합치는 방식이다. 위/아래로 행을 합치는 방식은 `rbind()` 함수를 이용하고, 왼쪽/오른쪽으로 열을 합치는 방식은 `merge()` 함수를 이용한다.

rbind( ) 함수를 이용

행 데이터를 합치는 `rbind()`의 사용 예는 다음과 같다.

```
> df1 = data.frame(id=1:3, gender=c("M", "M", "F"), age=c(10, 20, 30))
> df2 = data.frame(id=4:5, gender=c("F", "F"), age=c(40, 50))
> rbind(df1, df2)
```

```
> rbind(df1, df2)
  id gender age
1  1      M  10
2  2      M  20
3  3      F  30
4  4      F  40
5  5      F  50
```

merge( ) 함수를 이용

열 데이터를 합치기 위해서는 `merge()` 함수를 이용하며, 4가지 join 방법이 있다. inner join, outer join(full join, left join, right join)이다. `merge()` 함수의 사용 방법은 다음과 같다.

x : 합쳐질 첫 번째 데이터를 지정한다.
y : 합쳐질 두 번째 데이터를 지정한다.
by : 두 데이터를 합칠 때에 사용할 변수명으로 두 데이터에 공통적으로 있는 변수여야 하며, 이 변수는 각각의 데이터를 식별할 수 있어야 한다.

all: 논리형으로 TRUE를 지정하면 full join 방식으로 두 데이터가 합쳐진다.

all.x: 논리형으로 TRUE를 지정하면 left join 방식으로 두 데이터가 합쳐진다.

all.y: 논리형으로 TRUE를 지정하면 right join 방식으로 두 데이터가 합쳐진다.

```
> df3 = data.frame(id=1:3, gender=c("M", "M", "F"))
> df4 = data.frame(id=c(1, 2, 4, 5), age=c(10, 20, 40, 50))
```

– inner join

inner join은 두 데이터에 공통으로 기준이 되는 변수가 가지는 값의 교집합 (intersecion), 즉 동일한 것만 합쳐지는 것을 말한다.

```
> merge(df3, df4, by="id")
```

```
> merge(df3, df4, by="id")
  id gender age
1  1      M  10
2  2      M  20
```

– full join

full join은 두 데이터에 공통으로 기준이 되는 변수가 가지는 값의 합집합(union)으로 합쳐지는 것을 말한다. 두 데이터의 기준이 되는 변수의 값이 없는 경우에는 수치형인 경우에는 NA, 문자형인 경우에는 〈NA〉가 된다.

```
> merge(df3, df4, by="id", all=TRUE)
```

```
> merge(df3, df4, by="id", all=TRUE)
  id gender age
1  1      M  10
2  2      M  20
3  3      F  NA
4  4   <NA>  40
5  5   <NA>  50
```

– left join

left join은 두 데이터에 공통으로 기준이 되는 변수가 가지는 값 중에서 첫 번째 들어가는 데이터의 값에 대하여 두 번째 데이터와 일치하는 경우에는 두 번째 데이터의 값을 가져오며, 일치하지 않을 경우에는 NA가 된다.

```
> merge(df3, df4, by="id", all.x=TRUE)
```

```
> merge(df3, df4, by="id", all.x=TRUE)
  id gender age
1  1      M  10
2  2      M  20
3  3      F  NA
```

– right join

right join은 두 데이터에 공통으로 기준이 되는 변수가 가지는 값 중에서 두 번째 들어가는 데이터의 값에 대하여 첫 번째 데이터와 일치하는 경우에는 첫 번째 데이터의 값을 가져오며, 일치하지 않을 경우에는 NA가 된다.

```
> merge(df3, df4, by="id", all.y=TRUE)
```

```
> merge(df3, df4, by="id", all.y=TRUE)
  id gender age
1  1      M  10
2  2      M  20
3  4   <NA>  40
4  5   <NA>  50
```

연습문제

01 학생 3명이 수학 쪽지 시험과 영어 쪽지 시험, 국어 쪽지 시험을 3번 치렀다.

❶ 위 결과를 다차원 배열로 나타내시오.

❷ 모든 3번의 테스트에서 채점된 국어 시험 평균을 구하시오.

❸ 모든 3번의 테스트에서 2번째 학생의 영어 시험 평균을 구하시오.

❹ 각 학생들이 가장 잘하는 과목은 무엇인가? 가장 못하는 과목은 무엇인가? 가장 실력이 불안정한 과목은 무엇인가?

❺ 최댓값과 최솟값을 구하시오.

❻ 시험점수를 data.frame으로 표현하시오.

❼ 성별 필드를 추가하시오. 학생1은 여학생, 나머지는 남학생.

❽ 여학생인 학생 4의 데이터를 추가하시오. 수학 90, 영어 80, 국어 90.

❾ 수학점수가 80점 이하인 학생의 데이터를 제거하시오.

❿ 각 과목의 평균을 구하시오.

[첫 번째 시험]
수학
학생 1 : 90
학생 2 : 85
학생 3 : 100
영어
학생 1 : 70
학생 2 : 80
학생 3 : 100
국어
학생 1 : 85
학생 2 : 100
학생 3 : 90

[두 번째 시험]
수학
학생 1 : 95
학생 2 : 90
학생 3 : 100
영어
학생 1 : 75
학생 2 : 85
학생 3 : 85
국어
학생 1 : 80
학생 2 : 100
학생 3 : 90

[세 번째 시험]
수학
학생 1 : 85
학생 2 : 75
학생 3 : 100
영어
학생 1 : 90
학생 2 : 95
학생 3 : 90

국어
학생 1 : 85
학생 2 : 95
학생 3 : 100

02 iris 데이터프레임에 대하여 다음을 추출하는 스크립트를 작성하시오.

❶ iris의 class이름은? > class (iris)

❷ 열 이름을 가져오시오. > sapply (iris, class)

❸ 요약 정보를 출력하시오. > summary (iris)

❹ 데이터를 스프레드시트 형식으로 나타내시오. > fix (iris)

❺ 행, 열 이름을 출력하시오. > rownames (iris) > colnames (iris)

❻ 행, 열의 크기를 출력하시오. > nrow (iris) > ncol (iris)

09

R 프로그래밍 활용

9.1 통계 분석 및 시각화

9.2 빅데이터 분석

9.1 통계분석 및 시각화

일변량 질적 자료를 분석하는 방법으로 표(빈도, 백분율)와 그래프(막대그래프, 원그래프)가 있고, 이것을 통하여 자료가 가지는 중요한 특징을 찾아내며, R 프로그램을 이용하여 빈도, 백분율, 막대그래프, 원그래프를 작성하는 것을 학습한다.

(1) 빈도와 백분율의 개념

빈도는 자료가 가지는 각각의 값이 몇 개가 있는지를 구한 수치이며, 백분율은 자료가 가지는 각각의 값이 전체를 100으로 보았을 때에 얼마나 차지하고 있는지를 알려주는 수치이다. 예를 들어, ggplot2 패키지에서 제공하는 diamonds에는 cut이라는 변수가 있다. 다이아몬드의 품질을 조사한 자료이다. cut에는 'Fair', 'Good', 'Very Good', 'Premium', 'Ideal' 5가지로 구성되어 있다. 이것을 표로 작성하면 다음과 같다.

구분	빈도	백분율(%)
Fair	1,610	3.0
Good	4,906	9.1
Very Good	12,082	22.4
Premium	13,791	25.6
Ideal	21,551	40.0
합계	53,940	100.0

Fair의 빈도는 1,610이고, Fair의 백분율은 3.0%로 나타났고, 'Ideal'의 빈도가 21,551이고, 백분율은 40.0%로 다이아몬드의 품질 상태로 가장 많이 차지하고 있음을 알 수 있다.

데이터를 분석할 때에는 다양한 관점으로 분석된 결과를 해석하고 표현할 수 있기 때문에 정답은 없다. 하지만 표를 작성할 때에는 데이터의 특징을 잘 알 수 있도록 표현하는 것이 바람직하다. 아래의 표처럼 cut이 가지는 값의 순서대로 표를 작성 할 수도 있고, 내림차순으로 정렬해서 표현할 수도 있다.

구분	빈도	백분율(%)
Ideal	21,551	40.0
Premium	13,791	25.6
Very Good	12,082	22.4
Good	4,906	9.1
Fair	1,610	3.0
합계	53,940	100.0

그리고 표에 대한 해석을 기술할 때에는 빈도(백분율) 또는 백분율(빈도) 형태로 한다. 'Ideal'인 경우는 21,551(40.0%) 또는 40.0%(21,551)로 표현할 수 있다.

참고로 백분율(%)의 정보를 해석할 때 주의할 점은 다음과 같다.

- 빈도도 함께 있는가?
- 백분율을 구할 때에 분모와 분자는 무엇인가?
- 백분율과 백분율의 차이를 언급하고 있는가?

첫 번째로 빈도 없이 백분율만 있다면 매우 위험할 수 있다. 예를 들어, "국민의 80%가 A정책을 반대하는 것으로 나타났다"고만 표현한다면, 80%를 의미하는 사람들이 몇 명인지 알 수가 없다. 5명 중에 4명이 반대해도, 50명 중에 40명이 반대해도, 500명 중에 400명이 반대해도, 5000명 중에 4000명이 반대해도 동일하게 80%가 나온다. "국민의 80%가 A정책을 반대하는 것으로 나타났다"라는 표현은 거짓말을 한 것은 아니지만 그렇다고 정확하게 정보를 전달한 것은 아니다. 이러한 표현은 정보를 왜곡할 수 있기 때문에 백분율과 빈도를 꼭 함께 쓰는 것이 바람직하다.

두 번째로 "전국 성인 남녀 1000명을 조사한 결과, 응답자의 80%가 A후보를 지지하는 것으로 나타났다"라는 표현을 바탕으로 A후보를 지지한 사람은 몇 명인가 라고할 때, 많은 사람들은 800명이라고 쉽게 생각한다. 조사자와 응답자의 차이가 있음을 생각해 보아야 한다. 조사자가 분모로 가는 것과 응답자가 분모로 가는 것은 백분율의 값을 크게 다르게 할 수 있다. 참고로 여론조사에서 응답률은 1000명을 최종 응답자로 하고, 1000명을 채우기 위해서 조사한 사람을 분모로 하여 나눈 값이다.

세 번째로 백분율의 차이를 언급할 때에 그냥 백분율로 얘기하는 경우가 있다. 보건복지부 · 질병관리본부의 「국민건강영양조사」에 따르면 우울증상 경험률(전체)이 2012년도 12.5%에서 2013년도 10.3%로 감소한 것으로 나타났다. 우울증상 경험률이 2012년도에 비해서 2013년도 얼마나 감소했는가 질문하면 2.2% 감소했다고 일반적으로 대답한다. 백분률의 차이 값을 나타낼 때에는 퍼센트 포인트(percent point) p를 사용하며, 2.2%p 감소했다고 해야 한다.

(2) 막대그래프와 원그래프

막대그래프와 원그래프는 질적 자료의 특징을 파악하기 위해서 작성하는 그래프이다. 막대그래프에는 세로 막대그래프와 가로 막대그래프가 있고, 막대그래프를 작성 할 때에 빈도 또는 백분율을 이용하며 일반적으로 빈도를 더 많이 사용한다. 세로 막대그래프인 경우에는 y축 제목이 반드시 있도록 하고, 가로 막대그래프인 경우에는 x축 제목이 반드시 있도록 하여 막대의 높이(또는 길이)가 무엇을 의미하는지 알 수 있도록 해준다. 세로 막대그래프인 경우에는 내림차순으로, 가로 막대그래프인 경우에는 오름차순으로 하여 빈도(또는 백분율)가 가장 많은 것부터 시작해서 빈도가 가장 작은 순서로 표현하는 것이 바람직하다.

원그래프는 질적 자료가 가지는 항목(값)이 5개 이하인 경우에 적당하며, 각 항목이 전체 중에서 얼마나 차지하고 있는지를 표현하는 데에 유용하다. 강조하고 싶은 항목이 있다면 해당 조각을 분리해서 표현하는 것도 좋다.

그래프의 색상은 다양하거나 화려하지 않도록 하는 것이 좋다. 질적 자료가 가지는 자료의 특징을 파악하는 것이 가장 중요한 일이기 때문에 색상을 너무 다양하게 하면 자료의 특징보다는 화려함에 집중된다.

예제 9-1

일변량 질적 자료의 분석

예제 데이터는 ggplot2 패키지에서 제공하는 diamonds이다. diamonds 데이터에는 cut, color, clarity라는 질적 자료가 3개 있다.

01 빈도 구하기

빈도는 R에서 기본적으로 제공하는 table() 함수를 이용하여 구할 수 있다. table() 함수의 사용법은 다음과 같다.

- x: 분석하고 싶은 질적 자료를 의미하며, 데이터명$변수명, 데이터명[, "변수명"], 데이터명[, 변수명 위치]로 표현할 수 있다.

cut, color, clarity에 대한 빈도를 구하는 명령어는 아래와 같다.

```
> table(diamonds$cut)

     Fair      Good Very Good   Premium     Ideal
     1610      4906     12082     13791     21551
> table(diamonds$color)

    D     E     F     G     H     I     J
 6775  9797  9542 11292  8304  5422  2808
> table(diamonds$clarity)

   I1   SI2   SI1   VS2   VS1  VVS2  VVS1    IF
  741  9194 13065 12258  8171  5066  3655  1790
```

빈도의 결과를 내림차순으로 정렬할 때에는 sort() 함수를 사용하면 된다.

- x: 정렬하고 싶은 벡터(vector)를 의미한다. 여기서는 table()의 결과를 넣어주면 된다.
- decreasing: 정렬기준으로 TRUE는 내림차순, FALSE는 오름차순을 의미 한다.

위에서 구한 빈도를 내림차순으로 표현하면 다음과 같다.

```
sort(table(diamonds$cut), decreasing=TRUE)
sort(table(diamonds$color), decreasing=TRUE)
sort(table(diamonds$clarity), decreasing=TRUE)
```

```
> sort(table(diamonds$cut), decreasing=TRUE)

    Ideal   Premium Very Good      Good      Fair
    21551     13791     12082      4906      1610
> sort(table(diamonds$color), decreasing=TRUE)

    G     E     F     H     D     I     J
11292  9797  9542  8304  6775  5422  2808
> sort(table(diamonds$clarity), decreasing=TRUE)

  SI1   VS2   SI2   VS1  VVS2  VVS1    IF    I1
13065 12258  9194  8171  5066  3655  1790   741
```

02 백분율 구하기

백분율은 R에서 기본적으로 제공하는 `prop.table()` 함수를 이용하며, tables of proportions의 약자로 비율 테이블을 의미한다. `prop.table()` 함수의 사용방법은 다음과 같다.

- x: 질적 자료에 대한 빈도 결과를 의미하며, table(데이터명$변수명), table(데이터명[, "변수명"]), table(데이터명[, 변수명위치])를 넣어준다.

하지만 `prop.table()` 함수는 0~1 사이의 값을 반환하기 때문에 백분율로 표현하기 위해서는 `prop.table()`의 결과에 100을 곱해 주어야 한다.

cut, color, clarity에 대한 빈도를 구하는 명령어는 아래와 같다.

```
prop.table(table(diamonds$cut))*100
prop.table(table(diamonds$color))*100
prop.table(table(diamonds$clarity))*100
```

```
> prop.table(table(diamonds$cut))*100

     Fair      Good Very Good   Premium     Ideal
 2.984798  9.095291 22.398962 25.567297 39.953652
> prop.table(table(diamonds$color))*100

        D         E         F         G         H         I
12.560252 18.162773 17.690026 20.934375 15.394883 10.051910
        J
 5.205784
> prop.table(table(diamonds$clarity))*100)

       I1       SI2       SI1       VS2       VS1      VVS2
 1.373749 17.044865 24.221357 22.725250 15.148313  9.391917
     VVS1        IF
 6.776047  3.318502
```

백분율은 일반적으로 소수점 첫째 자리까지 표현한다. 즉 소수점 둘째 자리에서 반올림된 결과로 소수점 둘째 자리가 5이상이면 소수점 첫째 자리는 1 증가되고, 소수점 둘째 자리가 5보다 작으면 소수점 첫째 자리는 그대로 이다. R에서 반올림은 `round()` 함수를 사용한다.

- x: 반올림시키고 싶은 숫자가 들어 있는 벡터를 의미하며, 여기서는 백분율의 결과를 넣어준다.
- digits: 표현되고 싶은 소수점의 자리수를 의미하며, 여기서는 1로 넣어준다.

```
round(prop.table(table(diamonds$cut))*100, digits=1)
round(prop.table(table(diamonds$color))*100, digits=1)
round(prop.table(table(diamonds$clarity))*100, digits=1)
```

```
> round(prop.table(table(diamonds$cut))*100, digits=1)

   Fair      Good Very Good   Premium     Ideal 
    3.0       9.1      22.4      25.6      40.0 
> round(prop.table(table(diamonds$color))*100, digits=1)

   D    E    F    G    H    I    J 
12.6 18.2 17.7 20.9 15.4 10.1  5.2 
> round(prop.table(table(diamonds$clarity))*100, digits=1)

  I1  SI2  SI1  VS2  VS1 VVS2 VVS1   IF 
 1.4 17.0 24.2 22.7 15.1  9.4  6.8  3.3 
```

03 prettyR 패키지의 freq( ) 함수

prettyR 패키지에 있는 freq() 함수를 사용하면, 빈도와 백분율을 한꺼번에 구해준다. freq() 함수를 사용하기 위해서는 prettyR 패키지를 설치하고 로딩해 주어야 한다.

```
> install.packages("prettyR")
> require(prettyR)
```

freq() 함수의 사용방법은 다음과 같다.

- x: 분석하고 싶은 질적 자료를 의미하며, 데이터명$변수명 형태로 지정한다.
- variable.labels: 분석결과에서 변수명을 어떻게 표현할 것인가를 지정하는 것으로 기본값은 NULL로 되어 있어 x에 지정된 내용이 변수명이 출력된다. 만약에 변경하고 싶으면 "변수명" 형태로 지정한다.
- display.na: R에서 NA는 Not Available의 약자로 통계에서 결측치(또는 결측값, missing value)를 의미하며, 결측치가 있으면 출력할 것인지를 지정한다. 기본값은 TRUE로 결측치가 있으면 출력한다. 결측치의 출력을 원하지 않으면 FALSE로 변경한다.
- decr.order: 정렬을 설정하는 것으로 기본값은 TRUE로 내림차순으로 정렬된다. 오름차순으로 정렬하고 싶으면 FALSE로 지정한다.

freq() 함수를 이용하여 질적 자료인 cut에 대해서만 분석하면 다음과 같다.

```
> freq(diamonds$cut)
```

```
> freq(diamonds$cut)

Frequencies for diamonds$cut 
          Ideal   Premium Very Good      Good      Fair        NA 
    21551 13791 12082  4906  1610     0 
%      40 25.6 22.4  9.1     3     0 
%!NA   40 25.6 22.4  9.1     3 
```

cut 자료에는 결측치가 없으므로 NA의 값이 0이 된다. %는 백분율이고, %!NA는 결측치를 제외한 합계를 이용하여 백분율을 구한 값으로 유효 백분율이라고 한다. 결측치가 없으면 백분율과 유효 백분율은 동일하지만 결측치가 있으면 백분율과 유효 백분율은 차이가 난다. 보고서를 작성할 때에는 백분율과 유효 백분율 중에서 선택해야 한다.

결과에서 결측치가 출력되지 않도록 하려면 다음과 같다.

```
> freq(diamonds$cut, display.na=FALSE)
```

```
> freq(diamonds$cut, display.na=FALSE)

Frequencies for diamonds$cut
      Ideal   Premium Very Good      Good      Fair
    21551 13791 12082  4906  1610
%      40 25.6 22.4  9.1    3
```

04 막대 그래프

막대그래프는 R에서 기본으로 제공하는 barplot() 함수를 이용하며, 사용 방법은 다음과 같다.

- height: 빈도의 정보를 의미하며, table()의 결과를 지정한다.
- col: 막대의 색상을 지정하며, 기본값은 gray로 설정되어 있다. 색상을 변경 하려면 "색상"으로 지정한다.
- main: 차트의 제목을 의미하며, 기본값은 공백으로 되어 있다. 그래프에 제목을 추가하려면 "제목" 형태로 지정한다.
- xlab: x축 제목을 의미하며, 기본값은 공백으로 되어 있다. x축제목을 추가하려면 "x축제목" 형태로 지정한다.
- ylab: y축 제목을 의미하며, 기본값은 공백으로 되어 있다. y축제목을 추가하려면 "y축제목" 형태로 지정한다.
- xlim: x축 눈금을 의미하며, x축눈금을 조정할 때는 기본적으로 최솟값과 최댓값을 변경한다. c() 함수를 이용하여 최솟값과 최댓값을 지정한다.
- ylim: y축 눈금을 의미하며, y축눈금을 조정할 때는 기본적으로 최솟값과 최댓값을 변경한다. c() 함수를 이용하여 최솟값과 최댓값을 지정한다.
- horiz: 세로 막대그래프를 작성할지, 가로 막대그래프를 작성할 지를 지정하는 것으로 기본값은 세로 막대그래프로 되어 있다. 가로 막대그래프로 변경하려면 FALSE로 지정한다.

위에서 소개한 8개의 인자 이외에도 다양한 인자가 존재한다. 더 자세히 알고 싶으면 도움말 기능을 이용하여 인자의 기능을 살펴보면 된다. 여기서는 8개의 인자에 대해서만 다루며, cut 자료로 설명한다.

barplot() 함수의 기본사용법은 다음과 같다.

```
> barplot(table(diamonds$cut))
```

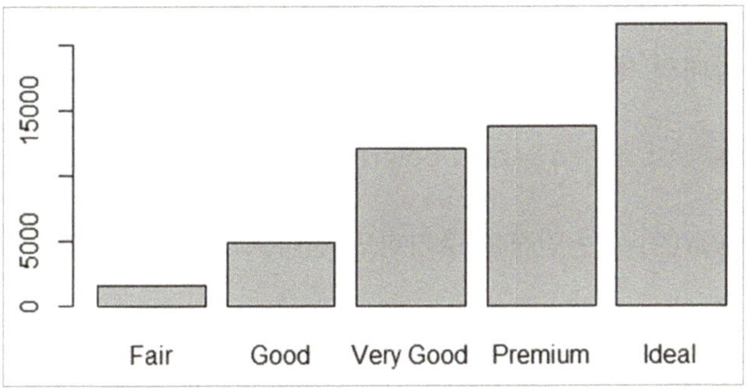

- 막대 색상을 변경하려면 'col'이라는 인자를 추가하여 색상을 지정하면 된다. 색상을 변경을 몇 가지 방법을 소개한다. 막대의 색상을 기본으로 설정된 'gray'에서 보라색인 'purple'로 지정한다.

```
> barplot(table(diamonds$cut), col="purple")
```

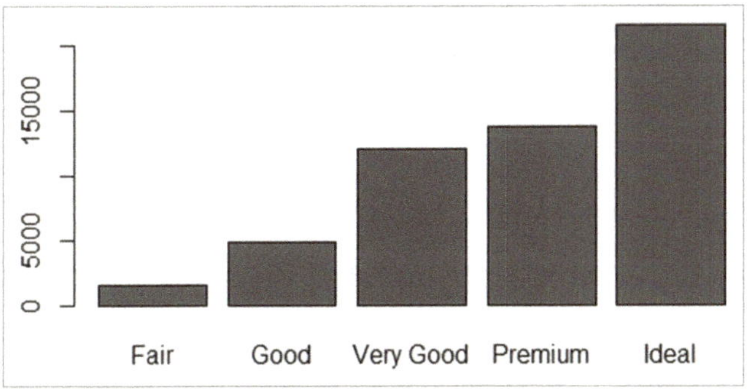

- 5개 막대의 색상을 각각 다른 색으로 설정한다.

```
> barplot(table(diamonds$cut), col=c("red", "blue", "green", "purple",
  "yellow"))
```

- rainbow() 함수를 이용하여 막대의 색상을 각각 다르게 설정한다.

```
> barplot(table(diamonds$cut), col=rainbow(5))
```

- 그래프에 제목을 추가하려면 'main'이라는 인자를 추가하면 된다. main은 문자열 유형으로 입력 되어야 한다.

```
> barplot(table(diamonds$cut), col="purple", main="다이아몬드의 품질 현황")
```

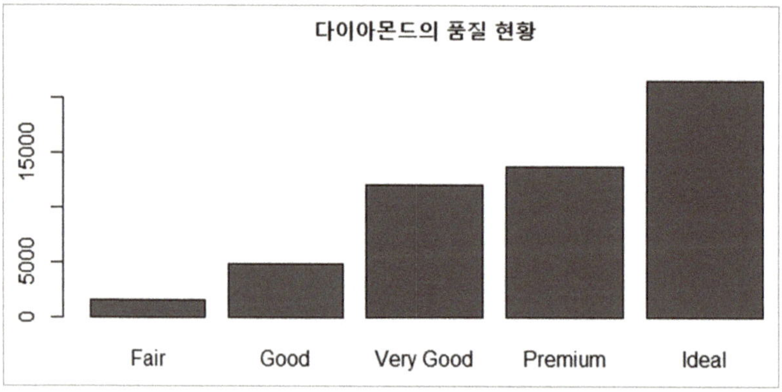

- 그래프에 y축 제목을 추가하려면 'ylab'라는 인자를 추가하면 되고, ylab도 문자열 유형으로 입력되어야 한다. y축의 눈금이 무엇을 의미하는지 알아야하기 때문에 y축 제목이 반드시 있어야 한다.

```
> barplot(table(diamonds$cut), col="purple", main="다이아몬드의 품질 현황",
  ylab="빈도")
```

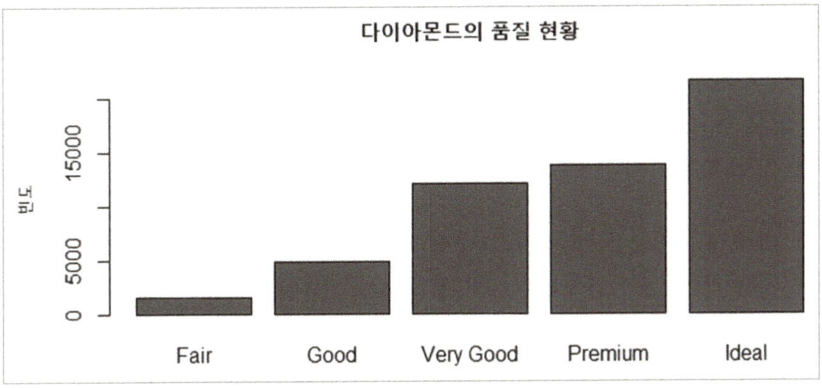

그래프에 x축 눈금을 추가하려면 'xlim'이라는 인자를 추가하면 되고, x축 눈금은 x축의 최솟값과 최댓값을 수정한다. 최솟값과 최댓값이라는 두 개의 수치형을 지정하기 때문에 c() 함수를 사용하면 된다. horiz=TRUE를 하면 가로 막대 그래프가 된다.

```
> barplot(table(diamonds$cut), col="purple", main="다이아몬드의 품질 현황",
  xlab="빈도", xlim=c(0, 25000), horiz=TRUE)
```

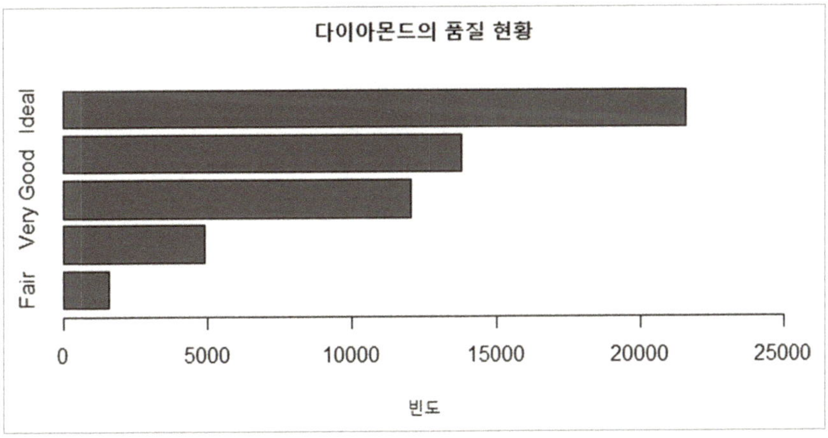

R의 기본 기능에서 제공하는 그래프 작성 방법보다 보기 좋게 해 주는 ggplot2, plotly 등과 같은 유용한 패키지들이 있다. 먼저 plotly 패키지에 있는 plot_ly() 함수를 이용하여 막대 그래프를 작성하는 방법을 살펴보자.

```
> install.packages("plotly")
> library(plotly)
```

- data : 분석할 데이터를 지정하며, 데이터의 형태는 데이터프레임 (data.frame)이다.
- x : x축에 표현될 질적 자료의 항목을 지정한다.
- y : y축에 표현될 질적 자료의 빈도나 백분율을 지정한다.
- type : 그래프의 유형으로 "bar"를 지정한다.

diamonds 데이터의 cut 변수에 대한 세로 막대그래프를 작성하는 방법은 다음과 같다. 참고로 names(table(cut))은 cut이 가지는 5가지의 항목의 이름을 구한 것이고, table(cut)은 cut이 가지는 5가지 항목의 빈도를 구한 것이다.

```
plot_ly(x=names(table(diamonds$cut)), y=table(diamonds$cut), type="bar")
```

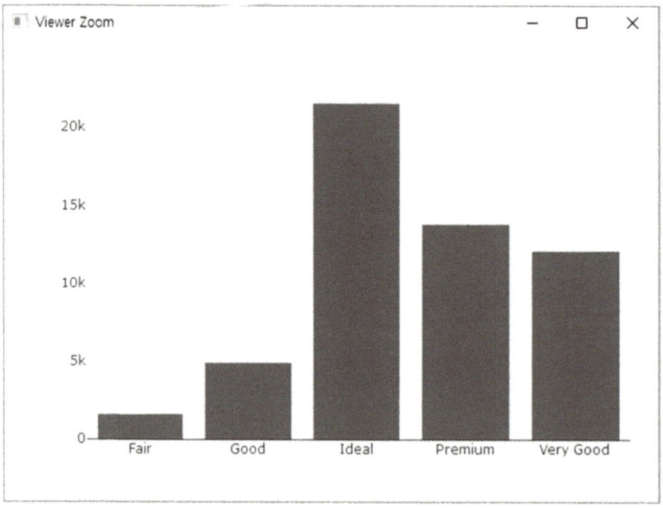

05 원 그래프

원 그래프는 `pie()` 함수를 사용하며, 사용방법은 다음과 같다.

- x : 빈도의 정보를 의미하며, `table()`의 결과를 지정한다.
- radius : 원의 반지름을 의미하며, −1 ~ 1 사이의 값으로 절댓값이 1에 가까울수록 원의 반지름이 최대가 된다.
- init.angle : 원 조각이 처음으로 시작하는 각도를 의미하며, 양의 값을 가지면 왼쪽으로 회전하고, 음의 값을 가지면 오른쪽으로 회전하게 된다.

위의 표에서 소개된 것 이외의 다양한 인자가 있고, 자세한 것을 보려면 도움말을 참조하면 된다.

```
> pie(table(diamonds$cut))
```

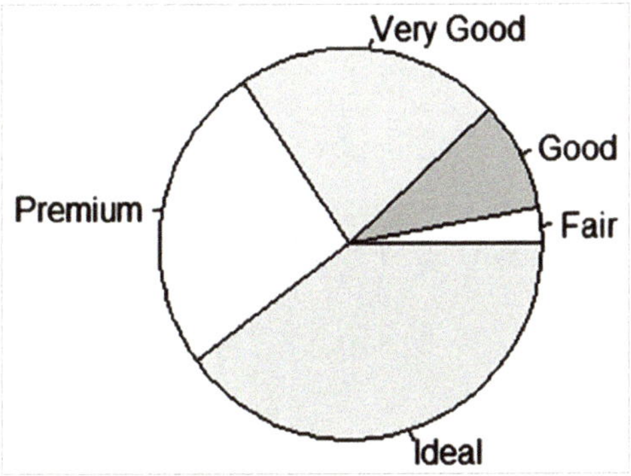

반지름을 최대로 지정하고, 원 조각의 처음 시작하는 각도를 −30으로 지정하면 다음과 같다.

```
> pie(table(diamonds$cut), radius=1, init.angle=-30)
```

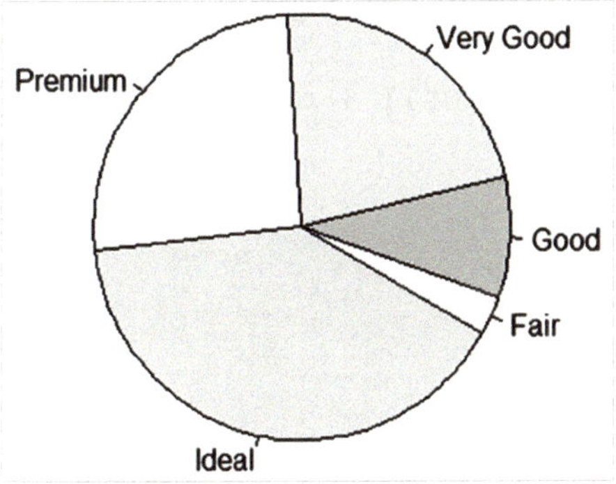

막대그래프와 동일하게 plotly와 ggplot2 패키지를 이용하여 원그래프를 작성해 본다. 먼저 plotly 패키지에 있는 plot_ly( ) 함수를 사용하여 원그래프를 작성하는 방법은 다음과 같다.

- data : 분석할 데이터를 지정하며, 데이터의 형태는 데이터프레임 (data.frame)이다.
- values : 원 조각에 표현될 질적 자료의 항목의 빈도나 백분율을 지정한다.
- levels : 원 조각에 표현될 질적 자료의 항목의 이름이다.
- type : 그래프의 유형으로 "pie"를 지정한다.

```
> plot_ly(data=diamonds, values=table(diamonds$cut),
> labels=names(table(diamonds$cut)), type="pie")
```

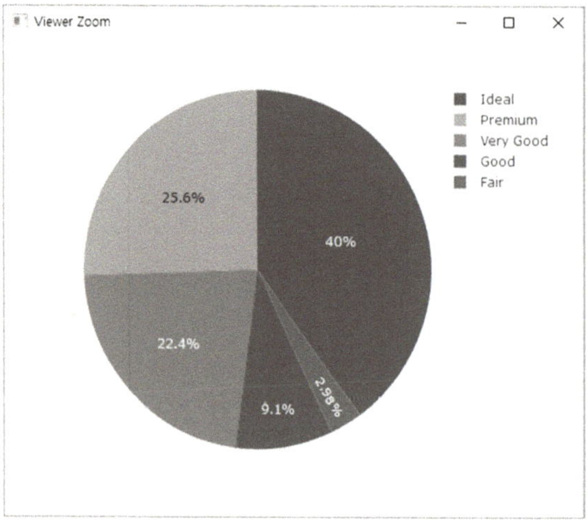

ggplot2 패키지를 이용하여 원그래프 작성하는 방법은 다음과 같다.

```
> ggplot(data=diamonds, aes(x="", fill=cut)) + geom_bar(width=1)
  + coord_polar("y")
```

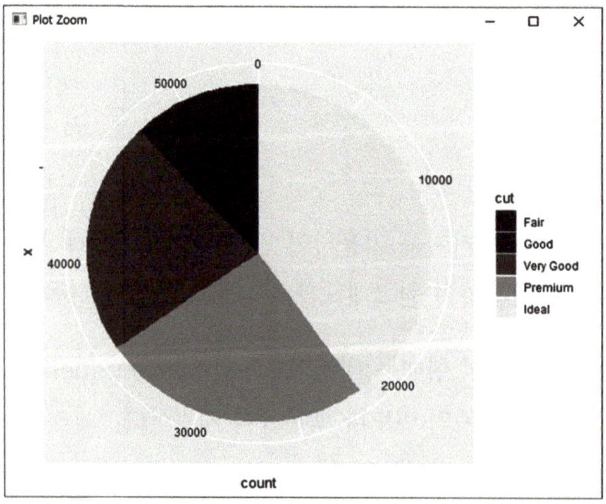

반복문을 이용한 분석

ggplot2 패키지에서 제공하는 diamonds 데이터에는 cut, color, clarity라는 세 개의 질적 자료가 있다. 실무에서 데이터를 분석할 때에는 훨씬 더 많은 질적 자료가 존재 할 것이다.

일변량 질적 자료에 대한 빈도, 백분율, 막대그래프, 원그래프를 작성하는 프로그램을 작성하면 라인(line) 수가 많아진다. 라인 수가 적으면서도 동일한 기능을 수행할 수 있는 방법은 반복문을 사용하는 것이다. 여기서는 for라는 반복문을 이용하여 세 개의 질적 자료를 분석하면 다음과 같다.

분석하고 싶은 질적 자료가 있는 열의 위치를 알고, 그 위치가 연이어 있으면 콜론 (:)을 사용하고, 규칙 없이 떨어져 있으면 c() 함수를 사용하면 된다.

```
for(i in 2:4)
    print(table(diamonds[ , i]))
    print(round(prob.table(table(diamons[ , i])*100, digits=1))
    barplot(table(diamonds[ , i]))
    pie(table(diamonds[ , i]))
```

- 분석하고 싶은 질적 자료의 이름을 알고 있으면 c( ) 함수를 이용하면 된다.

```
for(i in c("cut", "color", "clarity"))
   print(table(diamonds[ , i]))
   print(round(prob.table(table(diamons[ , i])*100, digits=1))
   barplot(table(diamonds[ , i]))
   pie(table(diamonds[ , i]))
```

06 그래프 저장하기

- 분석하는 과정에서 작성한 그래프들을 다양한 형태(png, jpeg, bmp, pdf, postscript 등)의 파일로 저장할 수 있다. png(), jpeg(), bmp(), pdf(), postscript() 함수를 이용하면 되고, 사용방법은 다음과 같다.

– png 방식

```
png(file="d:/output.png")
barplot(table(diamonds$cut))
dev.off( )
```

– jpeg 방식

```
jpeg(file="d:/output.jpg")
```

```
barplot(table(diamonds$cut))
dev.off( )
```

– bmp 방식

```
bmp(file="d:/output.bmp")
barplot(table(diamonds$cut))
dev.off( )
```

– pdf 방식

```
pdf(file="d:/output.pdf")
barplot(table(diamonds$cut))
dev.off( )
```

– pdfscript 방식

```
pdfscript(file="d:/output.ps")
barplot(table(diamonds$cut))
dev.off( )
```

예제 9-2

일변량 양적 자료의 분석

일변량 양적 자료를 분석하는 방법으로 표(구간의 빈도, 백분율)와 그래프(히스토그램, 줄기와 잎 그림, 상자 그림), 기술통계량(요약통계량)이 있으며, 이것을 통하여 양적 자료가 가지는 중요한 특징을 찾아내며, R 프로그램을 이용하여 새롭게 구간의 정보를 가지는 자료를 생성하고, 구간에 대한 빈도와 백분율, 히스토그램, 줄기와 잎 그림, 상자 그림, 기술통계량을 구하는 방법을 학습한다.

01 구간의 표

- 일변량 양적 자료의 빈도와 백분율을 구하기 위해서는 구간의 정보를 가지는 새로운 변수를 생성해야 한다. 이것을 위해서 `cut()` 함수를 사용하면 되고, 사용하는 방법은 다음과 같다.

  – data : 분석할 일변량 양적 자료를 지정하며, 데이터의 형태는 벡터이다.
  – breaks : 구간의 정보로 `c()`, `:`, `seq()`, `quantile()` 함수를 적절하게 사용하면 된다.

diamonds 데이터의 price라는 양적 자료를 이용하며, 구간을 0~5000, 5000~10000, 10000~15000, 15000~20000으로 한다. 구간의 정보를 갖는 새로운 변수명은 gprice로 한다.

> diamonds$gprice = cut(diamonds$price, breaks=c(0, 5000, 10000, 15000, 20000))

또는 diamonds$gprice = cut(diamonds$price, breaks=seq(start=0, to=20000, by=5000))

```
[925]  (0,5e+03] (0,5e+03] (0,5e+03] (0,5e+03] (0,5e+03] (0,5e+03] (0,5e+03]
[932]  (0,5e+03] (0,5e+03] (0,5e+03] (0,5e+03] (0,5e+03] (0,5e+03] (0,5e+03]
[939]  (0,5e+03] (0,5e+03] (0,5e+03] (0,5e+03] (0,5e+03] (0,5e+03] (0,5e+03]
[946]  (0,5e+03] (0,5e+03] (0,5e+03] (0,5e+03] (0,5e+03] (0,5e+03] (0,5e+03]
[953]  (0,5e+03] (0,5e+03] (0,5e+03] (0,5e+03] (0,5e+03] (0,5e+03] (0,5e+03]
[960]  (0,5e+03] (0,5e+03] (0,5e+03] (0,5e+03] (0,5e+03] (0,5e+03] (0,5e+03]
[967]  (0,5e+03] (0,5e+03] (0,5e+03] (0,5e+03] (0,5e+03] (0,5e+03] (0,5e+03]
[974]  (0,5e+03] (0,5e+03] (0,5e+03] (0,5e+03] (0,5e+03] (0,5e+03] (0,5e+03]
[981]  (0,5e+03] (0,5e+03] (0,5e+03] (0,5e+03] (0,5e+03] (0,5e+03] (0,5e+03]
[988]  (0,5e+03] (0,5e+03] (0,5e+03] (0,5e+03] (0,5e+03] (0,5e+03] (0,5e+03]
[995]  (0,5e+03] (0,5e+03] (0,5e+03] (0,5e+03] (0,5e+03] (0,5e+03] (0,5e+03]
 [ reached getOption("max.print") -- omitted 52940 entries ]
Levels: (0,5e+03] (5e+03,1e+04] (1e+04,1.5e+04] (1.5e+04,2e+04]
```

빈도 구하기

> table(diamonds$gprice)

```
> table(diamonds$gprice)

    (0,5e+03]   (5e+03,1e+04] (1e+04,1.5e+04] (1.5e+04,2e+04]
        39226            9492            3567            1655
```

백분율 구하기

> prop.table(table(diamonds$gprice))*100

```
> prop.table(table(diamonds$gprice))*100

    (0,5e+03]   (5e+03,1e+04] (1e+04,1.5e+04] (1.5e+04,2e+04]
    72.721542       17.597330        6.612903        3.068224
```

히스토그램

히스토그램은 hist() 함수를 사용하며, 그 방법은 다음과 같다.

- x: 분석할 일변량 양적 자료를 지정하며, 데이터의 형태는 벡터이다.
- breaks: 구간의 정보로 c(), :, seq(), quantile() 함수 또는 구간의 개수를 적절하게 사용하면 된다.

```
> hist(diamonds$price)
```

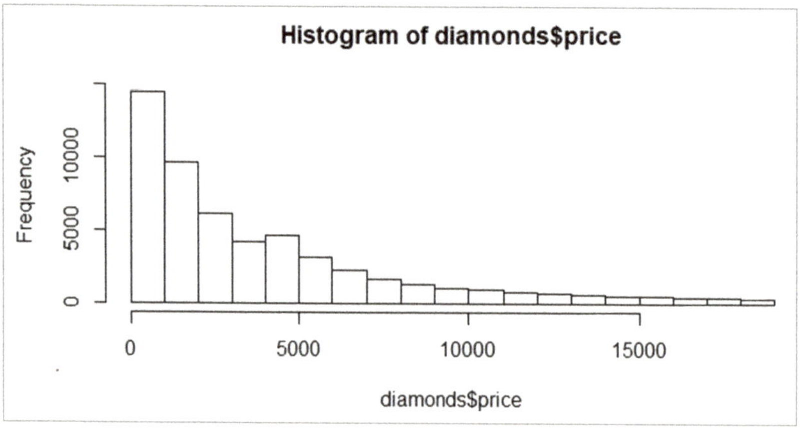

구간을 새롭게 지정

```
> hist(diamonds$price, breaks=c(0, 5000, 10000, 15000, 20000))
```

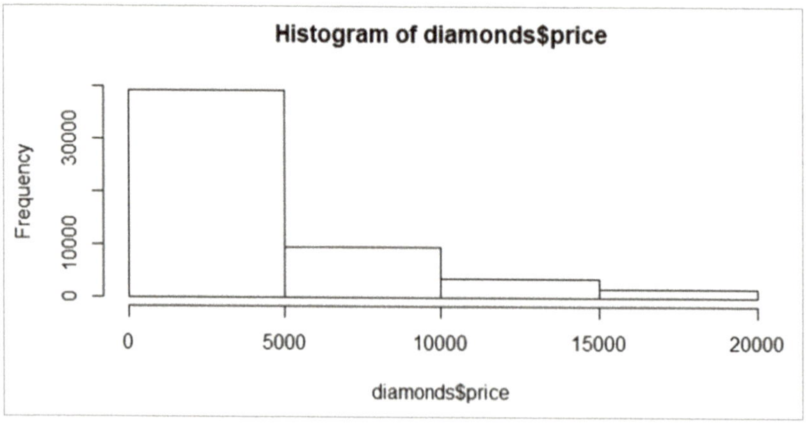

구간의 개수를 지정

```
> hist(diamonds$price, breaks=10)
```

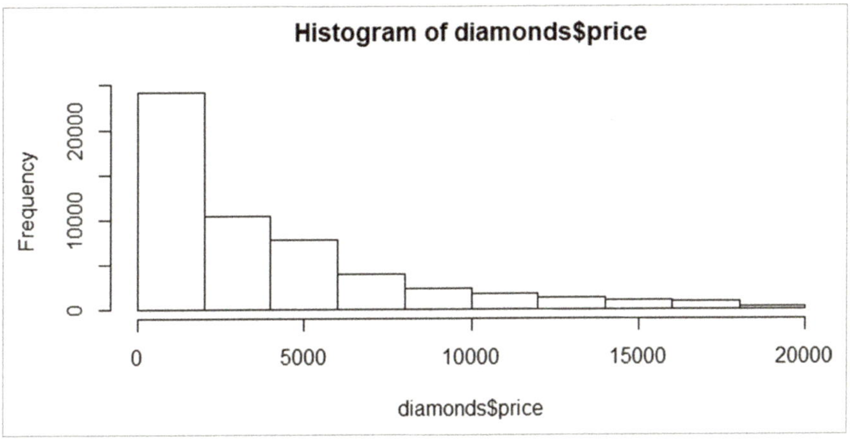

상자 그림(Boxplot)

상자 그림은 `boxplot()` 함수를 사용하면 되고, 히스토그램과 줄기와 잎 그림과는 다르게 집단별로 작성할 수 있다. 사용 방법은 다음과 같다.

- formular : 집단별로 상자 그림을 그릴 때 사용할 수 있다. 양적 자료(y)~질적 자료(group) 형태이다.
- x : 분석할 일변량 양적 자료를 지정하며, 데이터의 형태는 벡터이다.
- range : 이상치를 판단하는 기준으로 1.5가 기본이다.

diamonds의 price를 이용한 기본 상자 그림

```
> boxplot(diamonds$price)
```

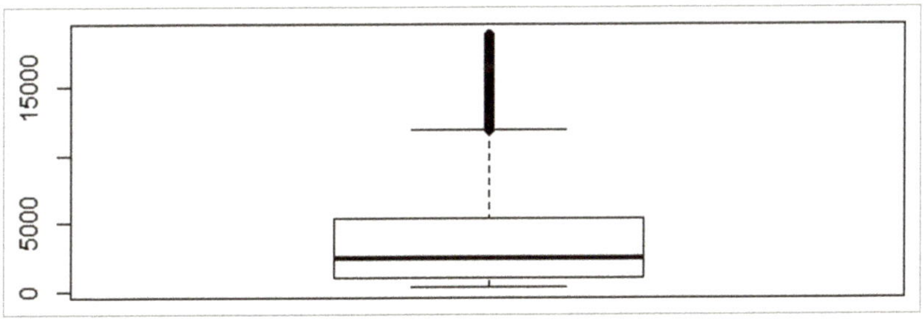

range=3인 경우

```
> boxplot(diamonds$price, range=3)
```

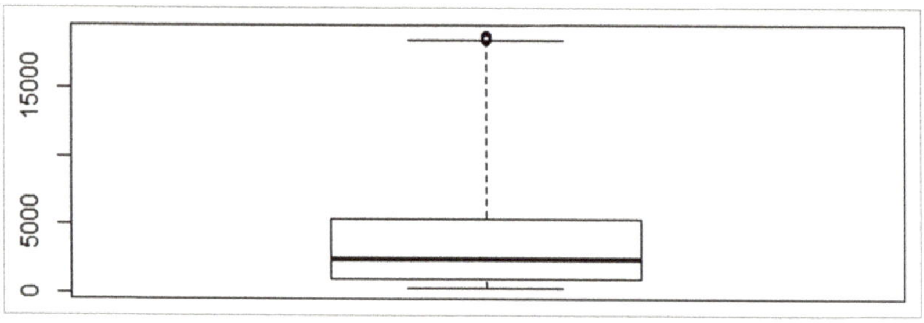

집단별 상자 그림

cut별로 price에 대한 상자 그림을 작성하려면 다음과 같이 한다.

```
> boxplot(diamonds$price ~ diamonds$cut)
```

또는 `boxplot(price ~ cut, data=diamonds)`

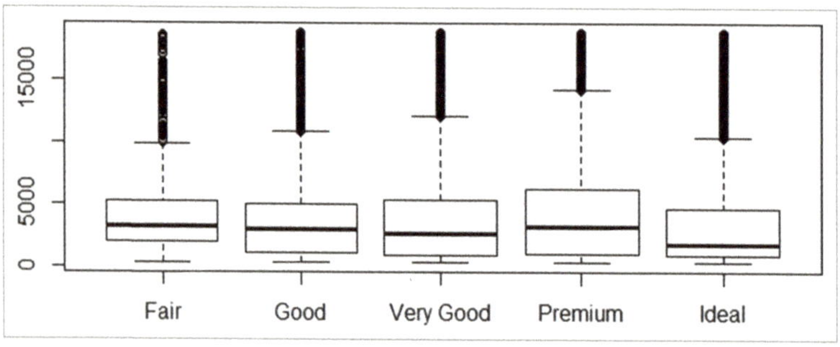

02 기술 통계량(요약 통계량)

기술통계량은 각각에 대한 함수를 사용하는 방법과 `summary()` 함수나 psych 패키지에 있는 `describe()` 함수나, `describeBy()` 함수를 이용하여 한번에 여러 개의 기술 통계량을 구할 수 있다.

평균

평균은 mean() 함수를 이용하며, 사용 방법은 다음과 같다.

- x : 분석할 일변량 양적 자료를 지정하며, 데이터의 형태는 벡터이다.
- trim : 절사평균을 구할 때 사용하며, 몇 %의 절사평균인지를 지정하는 값으로 0~0.5 사이의 값을 가진다.
- na.rm : 자료 안에 결측치인 NA가 있을 때에 평균이 계산되지 않으므로 제거해야 계산이 된다. 기본값은 FALSE이며 결측치가 있을 때에는 TRUE로 수정해야 한다.

```
> mean(diamonds$price)
[1] 3932.8
```

결측치 제거

```
> mean(diamonds$price, na.rm=TRUE)
[1] 3932.8
```

5% 절사 평균

```
> mean(diamonds$price, trim=0.05)
[1] 3470.837
```

중위수

중위수는 양적 자료를 정렬한 후에 데이터의 개수를 반으로 나누게 하는 값으로 양적 자료의 중심을 알려준다. 평균과 다르게 이상하게 크거나 작은 값에 영향을 작게 받는 특징이 있다.

```
> median(diamonds$price)
[1] 2401
```

최빈수(Mode)

최빈수는 양적 자료 중에서 동일한 값이 가장 많은 값으로 양적 자료의 중심을 알려준다. 최빈수는 다른 값과 다르게 두 개 이상이 나올 수 있다.

```
> index = which.max(table(diamonds$price))
> table(diamonds$price)[index]
605
132
> names(table(diamonds$price)[index])
[1]"605"
```

범위(Range) : 최댓값(Max) – 최솟값(Min)

범위는 양적 자료의 퍼짐(산포)을 알려주는 값으로 최댓값에서 최솟값을 뺀 값이다. 범위가 큰 값을 가지면 자료가 많이 퍼져 해석한다. 하지만 범위도 평균과 마찬가지로 아주 작은 값이나 아주 큰 값에 영향을 받기 때문에 해석에 주의가 필요하다. R에서는 범위를 바로 구해주는 함수가 없다. `range()` 함수는 최솟값과 최댓값을 알려주며, `diff()` 함수는 함수 안에 지정된 숫자값의 차이를 알려준다. 여기서 차이는 뒤에 있는 숫자에서 앞에 있는 숫자를 뺀 값이 된다. 그러므로 R에서 범위를 구하기 위해서는 `diff()` 함수 안에 `ragne()` 함수의 결과를 지정해 주어야 한다.

```
> diff(range(diamonds$price))
[1] 18497
```

분산(Variance)

분산은 각 자료에서 평균을 뺀 값, 즉 편차(deviation)를 제곱한 값을 평균한 것이다. 분산은 양적 자료의 퍼짐(산포)을 알려주는 값으로 분산이 크면 자료가 많이 다르고, 분산이 작으면 자료가 비슷하다고 해석한다. 하지만 분산도 아주 작은 값이나 아주 큰 값이 영향을 받는 특징이 있다.

```
> var(diamonds$price)
[1] 15915629
```

표준편차(Standard Deviation)

표준편차는 분산의 제곱근(square root)이며, 양적 자료의 퍼짐(산포)을 알려주는 대표적인 값이다. 표준편차는 자료들이 평균과 얼마나 다른지를 알려주며, 표준편차가 크게 나오면 평균과 차이가 많이 나는 자료들로 구성되어 있고, 표준편차가 작게 나오면 평균과 비슷한 자료들로 구성되어 있다고 해석한다. 표준편차도 평균, 범위, 분산과 동일하게 이상한 값에 영향을 많이 받는 특징이 있다.

```
> sd(diamonds$price)
[1] 3989.44
```

하나의 함수로 6개의 기술통계량(최솟값, 제1 사분위수, 중위수, 평균, 제3 사분 위수, 최댓값)을 구하기

```
> summary(diamonds$price)
```

```
> summary(diamonds$price))
   Min. 1st Qu.  Median    Mean 3rd Qu.    Max.
    326     950    2401    3933    5324   18823
```

01 다음 조건에 맞는 샘플 데이트를 생성하고 히스토그램을 그려보자.

❶ 키 평균이 1.7m이고, 표준편차가 0.1인 랜덤 데이터 100개를 생성하시오.

```
> heights <- rnorm(100, mean=1.7, sd=0.1)
```

❷ hist 함수를 사용하여 다음과 같은 히스토그램을 그리시오.

```
> h <- hist(heights, breaks=10, col="gray", xlab="키(m)", ylab="명",
  main="키 히스토그램")
```

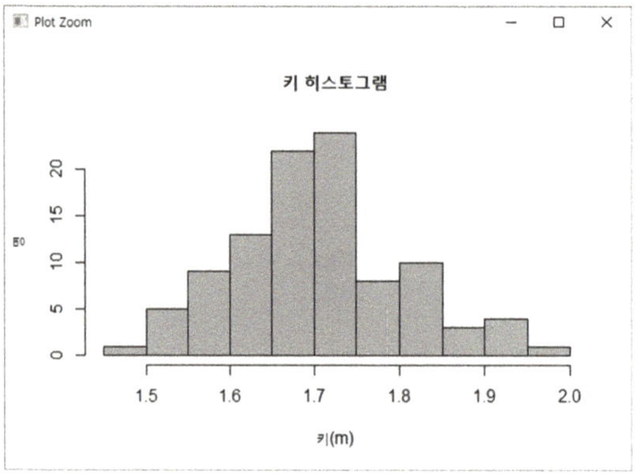

❸ dnorm 함수를 사용하여 정규분포 라인을 차트에 추가하시오.

```
> plot.x <- seq(min(heights), max(heights), length=40)

> plot.y <- dnorm(plot.x, mean=1.7, sd=0.1)

> plot.y <- plot.y * diff(h$mids[1:2]) * length(heights)

> lines(plot.x, plot.y, col="red", lwd=2)
```

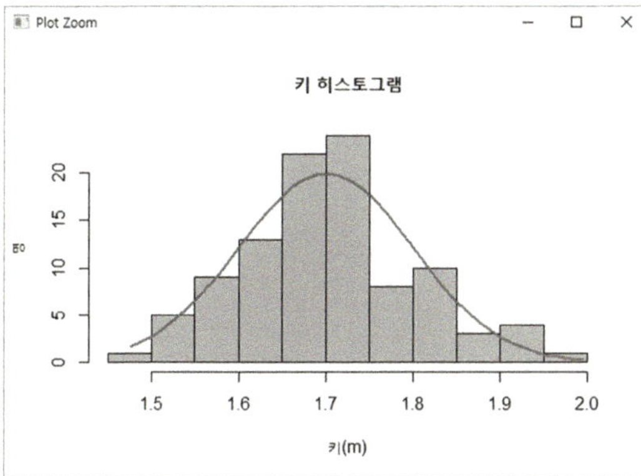

	A	B
1	height	weight
2	147.3	52.2
3	149.9	53.1
4	152.4	54.4
5	154.9	55.8
6	157.5	57.2
7	160.0	58.5
8	162.6	59.9
9	165.1	61.2
10	167.6	63
11	170.2	64.4
12	172.7	66.2
13	175.3	68
14	177.8	69.9
15	180.3	72.1
16	182.9	74.4

02 파일에서 데이터를 읽어 들이고 상관 분석을 수행하시오.

❶ 키와 몸무게를 “weight_height.xlsx” 파일에서 데이터를 읽어 들이시오.

```
> wh = read_excel(path="weight_height.xlsx", sheet="Sheet1", col_names=TRUE)
```

❷ plot 함수를 사용하여 키와 몸무게를 플롯하시오.

```
> plot(weight~height,data=wh)
```

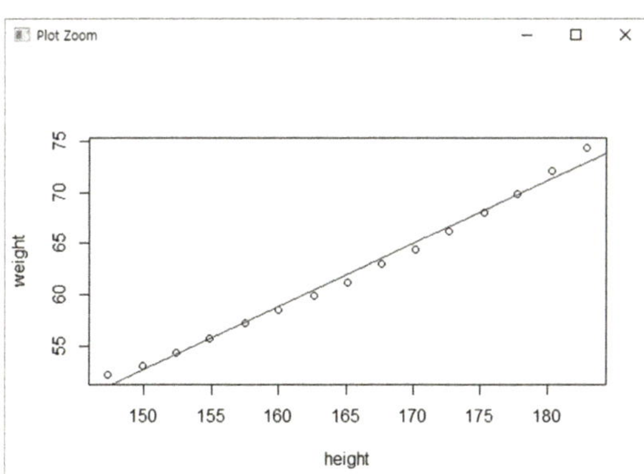

❸ lm 함수를 사용하여 키, 몸무게의 관계를 단순회귀 분석을 수행하시오.

```
> fit <- lm(weight~height,data=wh)
```

❹ abline 함수를 사용하여 회귀 분석 모형을 차트에 표시하시오.

```
> abline(fit,col="blue")
```

9.2 빅데이터 분석

본 절에서는 ggplot2 패키지의 사용법을 간단히 살펴보고 공공데이터에서 데이터를 실시간으로 불러와서 처리하는 방법에 대하여 배운다.

(1) ggplot2로 시각화

9.1장의 시각화에서 배운 plot 등의 기본 시각화 방법을 사용해도 되나 일반적으로 데이터를 시각화 할 때 그래프에 특화된 패키지인 ggplot2를 사용한다. ggplot2의 경우 기본 옵션으로 플로팅해도 아주 실용적인 색상 조합과 더불어 미려한 그래픽으로 정보를 시각화한다. ggplot2는 다른 그래프라 하더라도 문법 내에서 간단한 코드 추가/삭제로 플로팅을 할 수 있다. 하나의 데이터를 기반으로 다양한 그래프를 많이 그려야 하는 빅데이터 시각화에 필수적으로 사용된다.

01 기초 사용법

그래프에 사용할 데이터는 R에서 기본으로 제공하는 연습용 데이터인 diamonds 데이터 셋을 사용한다. 5만 여개의 다이아몬드에 대한 가격과 관련 정보를 포함한다. 무게(carat), 컷팅의 품질(cut : Fair, Good, Very Good, Premium, Ideal), 가격(price) 등 10개 속성을 가진다.

```
> diamonds
# A tibble: 53,940 × 10
   carat cut       color clarity depth table price     x     y     z
   <dbl> <ord>     <ord> <ord>   <dbl> <dbl> <int> <dbl> <dbl> <dbl>
 1 0.23  Ideal     E     SI2      61.5    55   326 3.95  3.98  2.43
 2 0.21  Premium   E     SI1      59.8    61   326 3.89  3.84  2.31
 3 0.23  Good      E     VS1      56.9    65   327 4.05  4.07  2.31
 4 0.290 Premium   I     VS2      62.4    58   334 4.2   4.23  2.63
 5 0.31  Good      J     SI2      63.3    58   335 4.34  4.35  2.75
 6 0.24  Very Good J     VVS2     62.8    57   336 3.94  3.96  2.48
 7 0.24  Very Good I     VVS1     62.3    57   336 3.95  3.98  2.47
 8 0.26  Very Good H     SI1      61.9    55   337 4.07  4.11  2.53
 9 0.22  Fair      E     VS2      65.1    61   337 3.87  3.78  2.49
10 0.23  Very Good H     VS1      59.4    61   338 4     4.05  2.39
# ... with 53,930 more rows
```

패키지를 인스톨하고 탑재한다.

```
install.packages("ggplot2")
library(ggplot2)
```

ggplot2에서는 qplot이라는 함수를 제공한다. 이는 R에서 기본적으로 제공하는 plot( )과 유사한 인터페이스를 제공하는데 목적을 둔 함수다. 이를 사용하는 예는 다음과 같다. x축은 carat을, y축은 price를 의미한다. 그래프의 종류는 각 점마다 point를 찍는 scatter plot을 그려준다. 이와 동시에 다이아몬드의 선명도(clarity)에 따른 컬러도 매핑을 시켜줬다. ggplot2를 사용해도 동일한 그래프를 그릴 수 있다.

```
qplot(carat, price, data = diamonds, geom="point" ,colour=clarity)
ggplot(data=diamonds, aes(x=carat,y=price))+geom_point(aes(colour
=clarity))
```

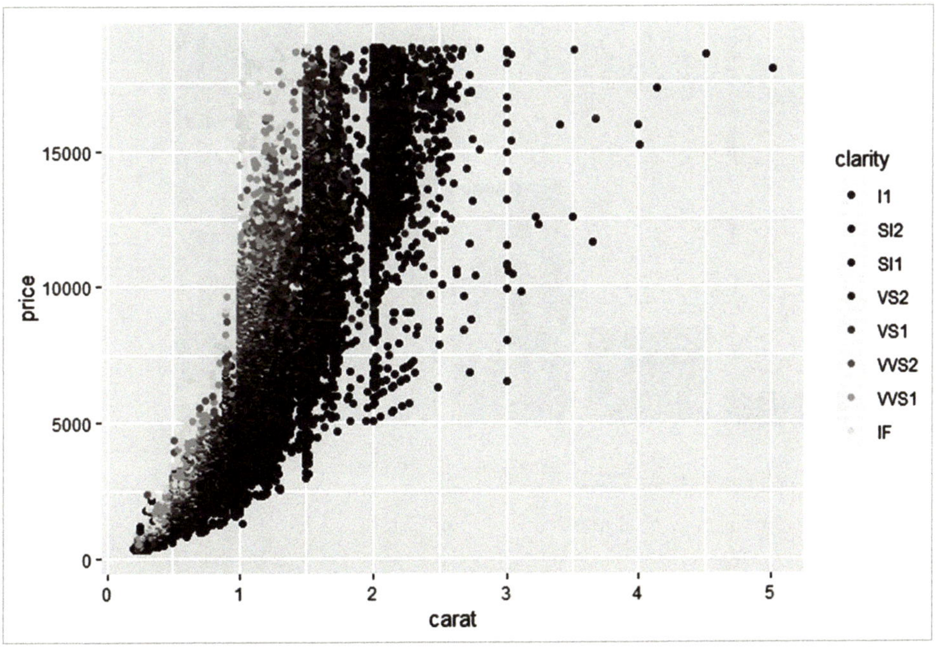

02 레이어를 이용한 ggplot2 시각화

데이터를 플로팅하기 위해 데이터의 각 레코드를 그래픽 요소에 매핑할 필요가 있다. 이를 '미적 요소 매핑(aesthetic mapping)'이라고 표현하며, ggplot2의 문법에서는 aes라는 함수가 이 역할을 한다. 'aes(x=length, y=width)' 코드가 의미하는 바는 x축에 length 컬럼을 매칭시키고, y축에 width 컬럼을 매칭시키라는 것이다. 미적 매핑을 한 후에 진행되는 작업은 매핑된 데이터를 컴퓨터가 알아볼 수 있는 데이터로 변환시키는 것이다. 즉 ggplot()+geom_line(or geom_point)+geom_bar() ... 등과 같은 레이어를 추가하여 시각화한다.

히스토그램을 ggplot으로 그려보자. cut별 히스토그램을 그리는 명령어는 다음과 같다.

```
> ggplot(diamonds, aes(x=cut))+geom_bar( )
#carat별 빈도수를 구하는 명령어는 다음과 같음
> ggplot(diamonds, aes(x=carat)) +geom_histogram(binwidth=0.25)
```

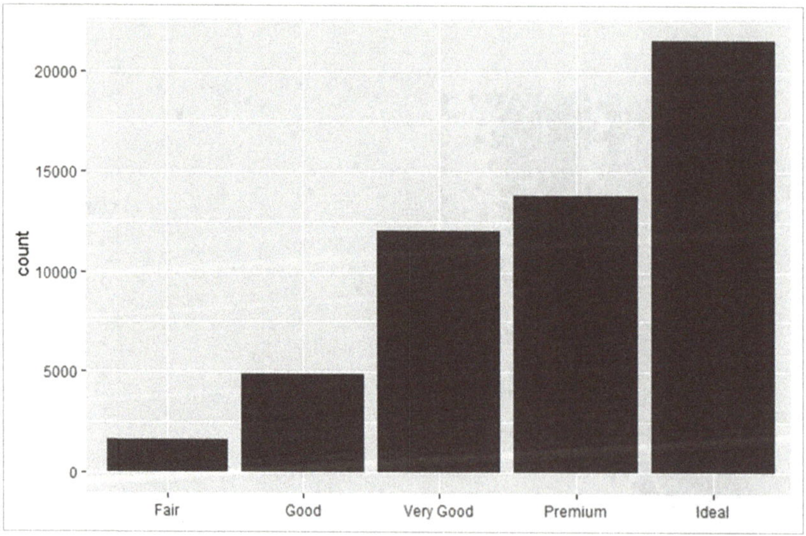

aes 레이어를 추가하여 가격별 cut의 수를 범례를 사용하여 표시되도록 해보자.

```
ggplot(data=diamonds,  aes(x=price)) + geom_bar(aes(fill=cut),
binwidth=3000)
```

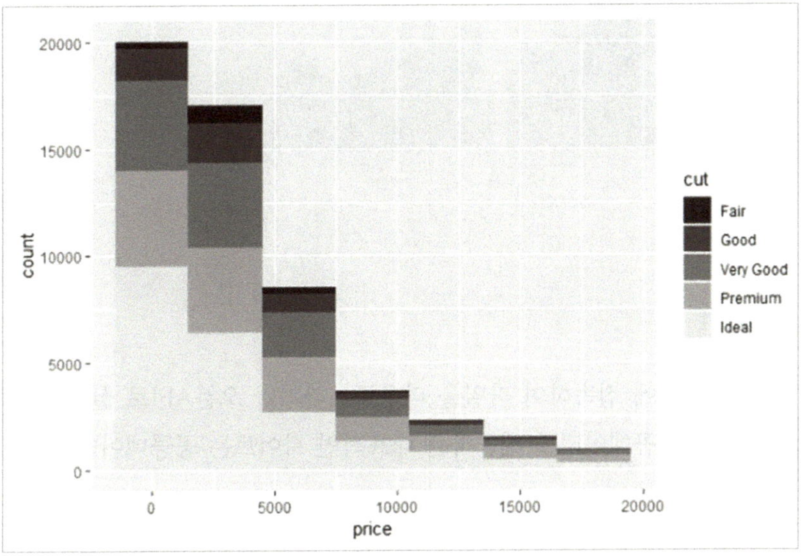

그래프 제목과 축 레이블을 붙이기 위해서 ggtitle, xlab, ylab 등을 사용한다. 0~2500달러의 가격의 다이아몬드에서 50달러마다 간격의 산포도를 그려보자

```
ggplot(data=diamonds) +
geom_histogram(binwidth=50, aes(x=diamonds$price)) +
  ggtitle("다이아몬도 가격별 빈도") +
  xlab("가격(50$간격)") +
  ylab("숫자")  +
  xlim(0,2500)
```

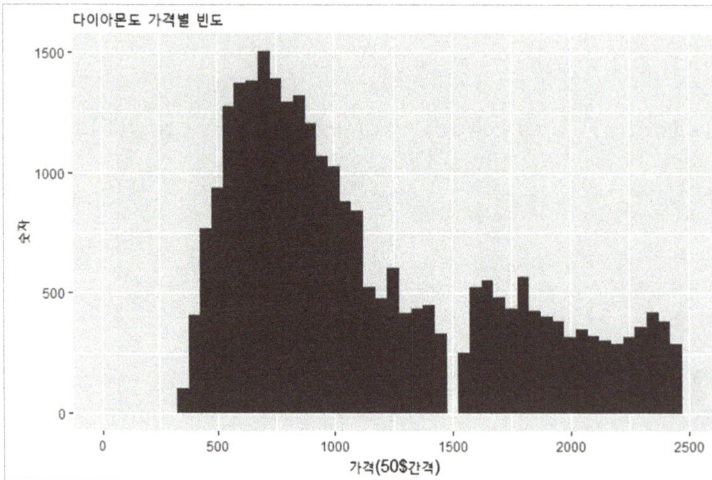

(2) 공공데이터 가져오기

공공데이터를 제공하는 사이트에 접속하여 파일을 다운로드하거나 오픈API로 실시간으로 접속하여 가져오는 방법이 있다. 공공데이터를 제공하는 대표적인 사이트는 공공데이터포털인 data.go.kr이다.

01 파일로 미세먼지 분석하기

인터넷브라우저로 data.go.kr에 접속하고 ❶ 검색창에 '미세먼지'를 입력한다. ❷ 상단의 파일데이터에서 '대구 대기정보'를 클릭한다.

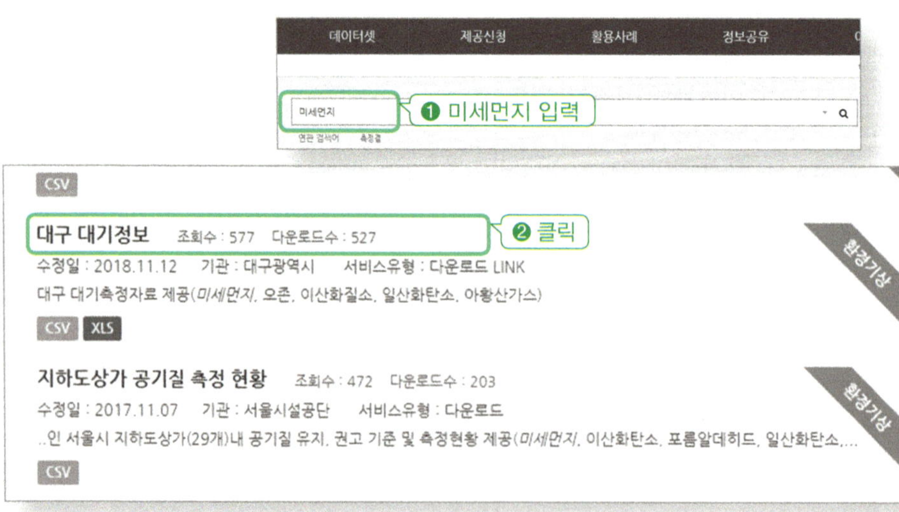

❶ [멀티다운로드]를 클릭한 후 CSV를 선택하고 ❷ [다운로드]를 클릭하면 '대구_대기질_항목별_시간평균자료_201801-201806_.csv'가 다운로드 된다.

RStudio에서 필요한 라이브러리를 탑재하고 다운로드한 파일을 읽기 위한 스크립트를 입력한다. readr은 csv파일을 읽기 위한 패키지이고, stringr은 문자를 처리하기 위한 패키지이다. setwd를 사용하여 파일을 다운로드한 폴더의 위치를 지정한다. read.csv에서 파일의 이름을 지정하고 한글을 읽어 들이기 위한 'EUC-KR' 인코딩을 지정한다.

```
install.packages("readr")
install.packages("stringr")
library(readr)
library(stringr)

setwd("C:/open_data") ## working Directory 설정
data <- read.csv("대구_대기질_항목별_시간평균자료_201801-201806_.csv",
fileEncoding = "EUC-KR")
```

str은 데이터프레임의 전체적인 구조를 확인하기 위한 것이다. head를 사용하여 data 프레임의 레코드를 10개 확인한다. 그 외에 tail(n인자에 숫자를 할당하면, 데이터의 마지막 n줄을 출력), dim(객체의 차원을 출력. 데이터프레임의 경우, 행과 열의 수를 각각 출력), nrow(데이터프레임의 행의 수를 출력), ncol(데이터프레임의 열의 수를 출력) 등이 있다.

```
str(object = data)
head(x = data, n = 10L)
```

```
> head(x = data, n = 10L)
   측정소명  년 월 일 시   SO2 PM10 PM2.5    03   NO2  CO
1    수창동 2018  1  1  1 0.004   49    15 0.016 0.017 0.5
2    지산동 2018  1  1  1 0.004   57    19 0.027 0.018 0.4
3    서호동 2018  1  1  1 0.005   46    18 0.023 0.015 0.5
4    이현동 2018  1  1  1 0.004   46    16 0.029 0.012 0.4
5    대명동 2018  1  1  1 0.005   56    18 0.023 0.016 0.5
6    노원동 2018  1  1  1 0.003   50    10 0.010 0.024 0.5
7    신암동 2018  1  1  1 0.005   45    15 0.025 0.017 0.4
8    태전동 2018  1  1  1 0.004   53    19 0.011 0.033 0.7
9    만촌동 2018  1  1  1 0.005   49    17 0.023 0.017 0.5
10   호림동 2018  1  1  1 0.004   45     8 0.027 0.008 0.4
```

- 분리되어 있는 년, 월, 일 열을 하나의 열로 합칠 필요가 있다. paste를 사용하여 세 열을 합친 후, as.Date를 사용하여 날짜 형식으로 변환하고 새로운 열 '년월일'에 할당한다. data[, -5:-4]는 필요 없는 열(일, 시)을 제거한다.

```
data$년월일 <- as.Date(paste(data$년,'-',data$월,'-', data$일, sep=""))
data <- data[, -5:-4]
```

- 특정 조건을 주어 레코드를 추출해보자. 8장에서 학습한 추출 방법을 이용한다. 예를 들어 측정소명이 '신암동'인 레코드에서 연월일과 PM10, PM2.5열을 가져오는 명령어는 다음과 같다.

```
a_dong = data[data$측정소명=='신암동', c('년월', 'PM10', 'PM2.5')]
```

- 그룹으로 묶어서 평균이나 합계를 계산하기 위해서 aggregate를 사용한다. 예를 들어 측정소별로 묶어서 PM10의 평균을 구하는 명령어는 다음과 같다.

```
aggregate(PM10~측정소명, data, mean)
```

```
> aggregate(PM10~측정소명, data, mean)
   측정소명      PM10
1     노원동 50.20430
2     대면동 48.59266
3     만촌동 43.59266
4     서호동 44.99220
5     수창동 47.12379
6     시지동 43.38533
7     신암동 42.59516
8     이현동 51.63547
9     지산동 41.51068
10    진천동 43.38306
11    태전동 46.63611
12    현풍면 34.56200
13    호림동 40.49509
```

aggregate를 사용하여 월별 평균 PM10을 구해보자.

```
aggregate(PM10~월, data, mean)
```

```
> aggregate(PM10~월, data, mean)
  월     PM10
1  1 46.60904
2  2 48.26241
3  3 42.57931
4  4 55.59724
5  5 40.23935
6  6 36.12130
```

월별 미세먼지 평균을 꺾은선 그래프로 그려보자. aggregate를 사용하여 월별 평균을 구하고, plot을 사용하여 꺾은선 그래프를 그린다.

```
monthly_avg <- aggregate(PM10~월, data, mean)

plot(x = monthly_avg$월,  y = monthly_avg$PM10,
     type='o',     main = '월별 미세먼지 평균',
     xlab = '월(2018년)',   ylab = '10마이크로이하',
     family = 'NanumGothic')
```

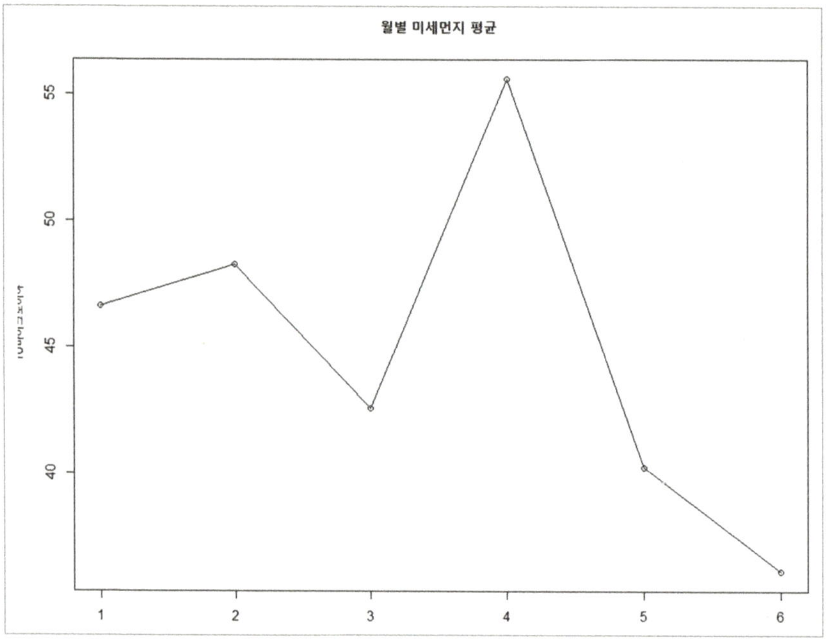

plot은 사용하기 불편하고 화려하지 않으므로 ggplot2를 사용해 보자.

install.packages("ggplot2"), library(ggplot2)으로 설치하고 다음 기본 요소를 설정한다.

- 데이터프레임(data frame)
- 색상, 크기 같은 외적 요소(aes)
- 점, 선, 모양 같은 기하학적 요소(geoms)
- 통계적 처리 방법(stats)
- aes에서 사용할 스케일(scale)

월별 PM10을 막대그래프로 표현해 보자. stat을 identity로 설정하여 데이터프레임의 값을 그대로 사용하라는 의미이다. 기본값은 count이며 빈도수를 그래프로 표시한다.

```
dong_avg<-aggregate(PM10~측정소명, data, mean)
ggplot(dong_avg, aes(측정소명, PM10))+geom_bar(stat="identity")
```

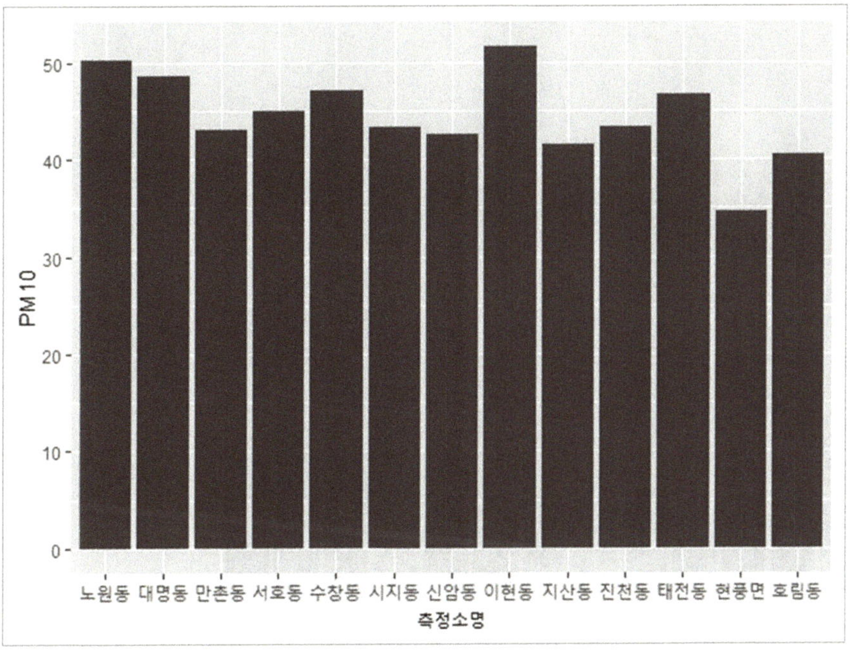

월 누적 막대 그래프를 만들기 위해서는 ggplot 요소에 fill을 추가하고, 구분하고 싶은 요소를 지정해 준다. 측정소와 월별로 그룹하여 PM10의 평균값을 누적 막대 그래프로 표현해 보자.

```
dong_monthly_avg<-aggregate(PM10~월+측정소명, data, mean)
ggplot(dong_monthly_avg, aes(x=측정소명, y=PM10,
fill=월))+geom_bar(stat="identity")
```

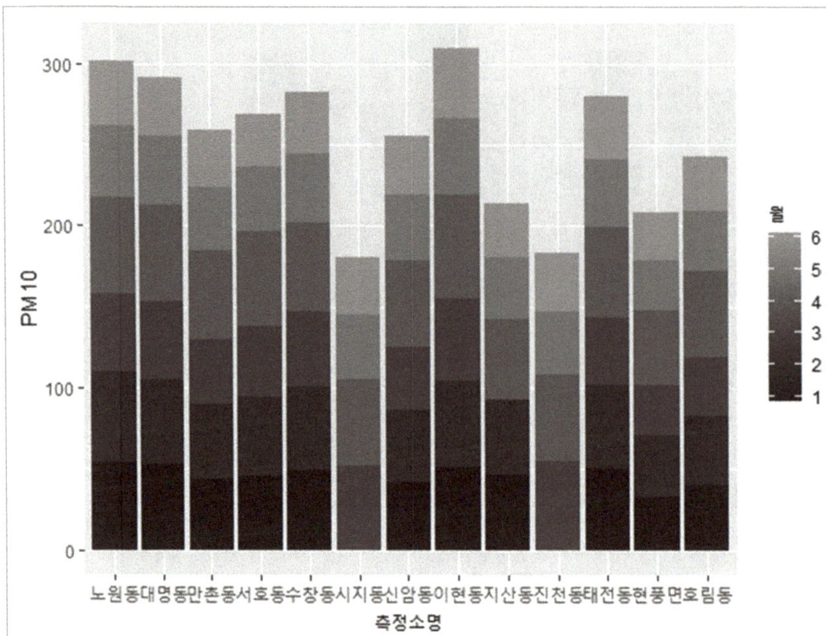

다중 꺽은 선 그래프를 그리기 위해서는 group 속성을 지정해준다. 월별 PM10 측정값을 측정소별로 꺽은 선 그래프로 그려보자.

```
ggplot(dong_monthly_avg, aes(x=월, y=PM10,
group=factor(측정소명), color=측정소명, linetype=측정소명))+
  geom_line(aes(linetype=측정소명))+
  geom_point(shape='o', size=3)
```

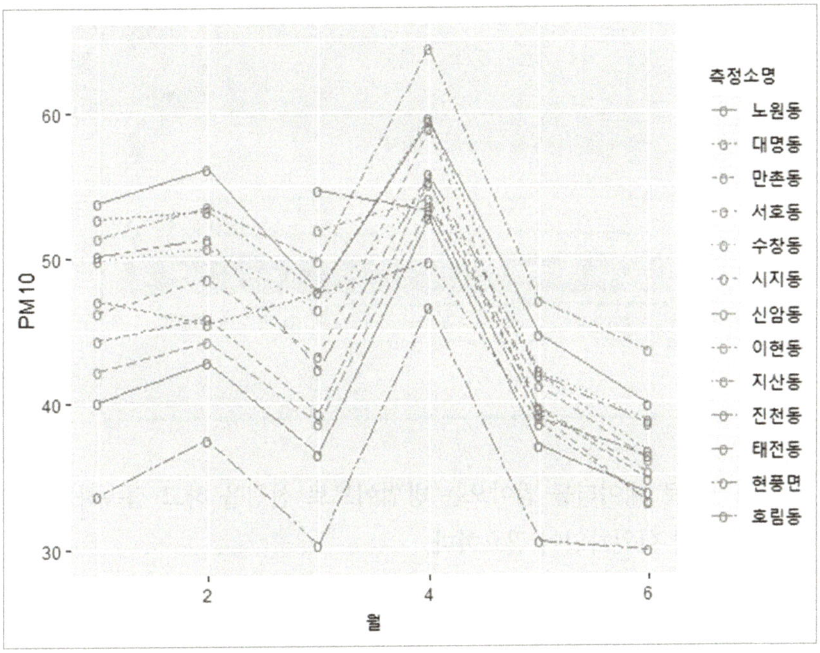

02 OpenAPI로 미세먼지 조회하기

OpenAPI를 이용하여 데이터를 가져오는 것은 실시간으로 데이터를 제공하는 서버에 접속하여 이루어진다. 따라서 오남용을 막기 위하여 최소한의 데이터 사용 허가를 받기 위한 절차를 거쳐서 인증키를 받아야 한다. 다음은 이러한 인증키를 받기 위한 절차를 기술한 것이다.

인터넷브라우저로 data.go.kr에 접속하고 ❶ 검색창에 '미세먼지'를 입력한다. 파일로 데이터로 내려 받거나 오픈API를 통하여 받을 수 있다. ['한국환경공단_대기오염정보 조회 서비스']를 클릭한다.

해당 기관에서 실시간으로 데이터를 받아오는 방법이므로 신청을 하고 접속하기 위한 인증키를 받아야 한다. 따라서 회원가입이 필요하다.

❶ ['활용신청']을 클릭하고 ❷ 회원 가입이 되어 있지 않으면 [회원가입]을 클릭하고 ❸ 회원 아이디와 비밀번호가 있으면 입력하여 개발계정 신청 화면으로 이동한다. ❹ [상세기능정보]를 선택하고 ❺ [라이센스 동의]를 클릭하고 ❻ [신청]을 클릭한다.

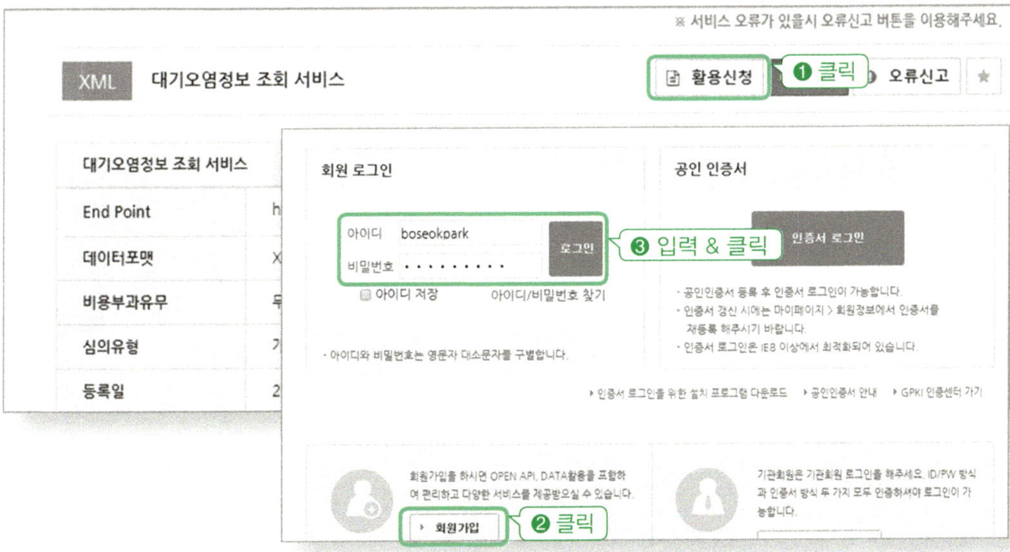

상세기능정보 필수 입력 정보입니다.

*자동승인 상세기능은 신청과 동시에 활용 가능합니다.

❹ 클릭

✔	상세기능	설명	일일 트래픽
✔	시군구별 실시간 평균정보 조회	시도의 각 시군구별 측정소목록의 일반 항목에 대한 시간대별 평균농도를 제공하는 시군구별 실시간 평균정보 조회	500
✔	시도별 실시간 평균정보 조회	시도별 측정소목록에 대한 일반 항목의 시간 및 일평균 자료 및 지역 평균 정보를 제공하는 시도별 실시간 평균정보 조회	500
✔	대기질 예보통보 조회	통보코드와 통보시간으로 예보정보와 발생 원인 정보를 조회하는 대기질(미세먼지/오존) 예보통보 조회	500
✔	시도별 실시간 측정정보 조회	시도명을 검색조건으로 하여 시도별 측정소목록에 대한 일반 항목과 CAI 최종 실시간 측정값과 지수 정보 조회 기능을 제공하는 시도별 실시간 측정정보 조회	500
✔	통합대기환경지수 나쁨 이상 측정소 목록조회	통합대기환경지수가 나쁨 등급 이상인 측정소명과 주소 목록 정보를 제공하는 통합대기환경지수 나쁨 이상 측정소 목록조회	500
✔	측정소별 실시간 측정정보 조회	측정소명과 측정데이터 기간(일, 한달, 3개월)으로 해당 측정소의 일반 항목 측정정보를 제공하는 측정소별 실시간 측정정보조회	500

라이센스표시

이용허락범위 저작자표시 (사유 :) ✔ 동의합니다

❺ 클릭

▸ 신청 ❻ 클릭

자동으로 신청 승인이 되었으며 [마이페이지]–[오픈API]–[개발계정]으로 이동하여 ❶ [대기오염정보 조회서비스]를 클릭한다.

서비스정보 범주에서 일반 인증키의 ❶ [복사]를 클릭하여 인증키를 복사한다.

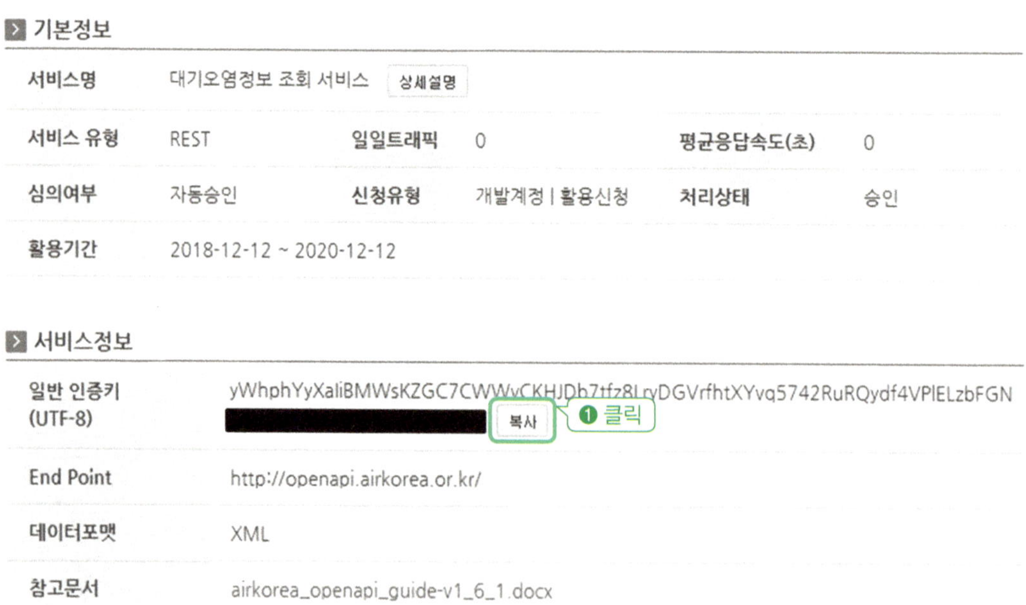

인증키를 획득했으면 해당 데이터 서버에 연결하여 데이터를 실시간으로 받는다. 다음은 RStudio에서 필요한 라이브러리를 탑재하는 명령어이다.

```
#install.packages("rvest")
#install.packages("XML")
#install.packages("data.table")
library(rvest)
library(XML)
library(data.table)
```

샘플데이터를 데이터프레임으로 변환한다.

```
API_key<-"XXXXXX....[생략]4ti2oU7%2F88rBSCV%2BxJJgwtoD1T7dc0A%3D%3D"
url <- paste("http://openapi.airkorea.or.kr/openapi/services/rest/
ArpltnInf orInqire Svc/getMsrstnAcctoRltmMesureDnsty?serviceKey=",
API_key,
         "&numOfRows=", "10", "&pageSize=", "10", "&pageNo=", "1",
"&startPage=", "1", "&stationName=", "종로구", "&dataTerm=", "DAILY",
"&ver=", "1.3", sep="")
xmlfile<-xmlParse(url)
```

샘플데이터를 xmlToDataFrame을 사용하여 데이터프레임으로 변환한다. 측정날짜(dataTime), 이산화황 농도(so2Value), 10마이크로이하 미세먼지 농도(pm10value)등의 열 정보를 가진다.

```
xmltop<-xmlRoot(xmlfile)
print(xmltop)
info<-xmlToDataFrame(getNodeSet(xmlfile,"//item"), stringsAsFactors=FALSE)
print(info)
```

	dataTime	mangName	so2Value		coValue	o3Value		no2Value		pm10Value		pm10Value24	
1	2018-12-17 11:00	도시대기	0.005	1.0	0.017	0.028	96	72	66	50	154	3	1
2	2018-12-17 10:00	도시대기	0.005	1.0	0.009	0.034	93	70	63	49	151	3	1
3	2018-12-17 09:00	도시대기	0.004	1.0	0.004	0.039	93	68	67	47	143	3	1
4	2018-12-17 08:00	도시대기	0.004	1.0	0.004	0.038	94	65	65	44	132	3	1
5	2018-12-17 07:00	도시대기	0.004	0.9	0.004	0.038	99	64	67	40	116	3	1
6	2018-12-17 06:00	도시대기	0.004	0.9	0.007	0.034	93	59	60	36	101	3	1
7	2018-12-17 05:00	도시대기	0.004	0.9	0.002	0.044	67	51	47	32	92	2	1
8	2018-12-17 04:00	도시대기	0.004	1.2	0.002	0.056	50	48	37	31	93	2	1
9	2018-12-17 03:00	도시대기	0.004	1.0	0.002	0.055	51	47	39	30	92	2	1
10	2018-12-17 02:00	도시대기	0.004	0.9	0.002	0.055	48	46	35	30	92	2	1

저장한 자료에서 미세먼지(pm10)에 관한 자료를 꺾은선 그래프로 나타낸다. dataTime은 문자 데이터형이며 년-월-일 까지 포함하여 문자열이 길기 때문에 결과 그림과 같이 x축이 제대로 표시되지 않는다.

```
ggplot(info, aes(x=dataTime, y=pm10Value, group=mangName))+
  geom_line(linetype="dashed", size=1)+
  geom_point(shape="o", size=2)
```

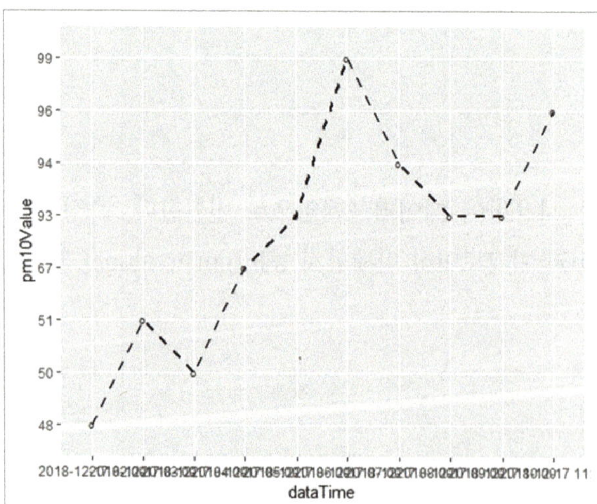

문자열로 가져온 dataTime을 strptime을 사용하여 날짜/시간 형으로 만들고 dateTime 열에 저장한다. 그래프를 그릴 때 x 축의 값을 dateTime$hour를 사용하여 시간 정보만 표시한다.

```
info$dateTime<-strptime(info$dataTime, "%Y-%m-%d %H:%M")
ggplot(info, aes(x=dateTime$hour, y=pm10Value, group=mangName))+
  geom_line(linetype="dashed", size=1)+
  geom_point(shape="o", size=2)
```

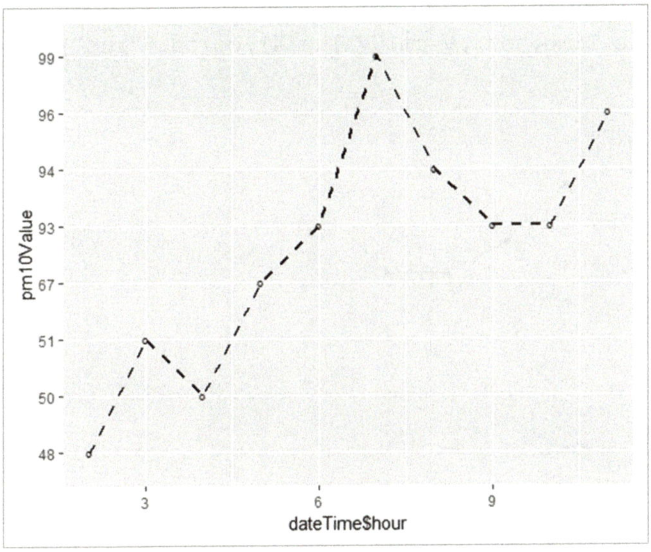

두 개 이상의 그래프를 하나의 차트에 그려보자. 즉 pm10Value와 pm10Value24 항목의 추이를 시간별로 그려보자. ggplot에 기본 데이터(pm10Value)를 지정하고, geom_line에 추가로 표시할 데이터를 지정한다.

```
ggplot(info, aes(x=dateTime$hour, y=pm10Value, group=mangName))+
  geom_line( )+
  geom_line(aes(x=dateTime$hour,y=pm10Value24, group=mangName),
colour="red")+
  geom_point( ) +
  geom_point(aes(x=dateTime$hour,y=pm10Value24),colour="red")
```

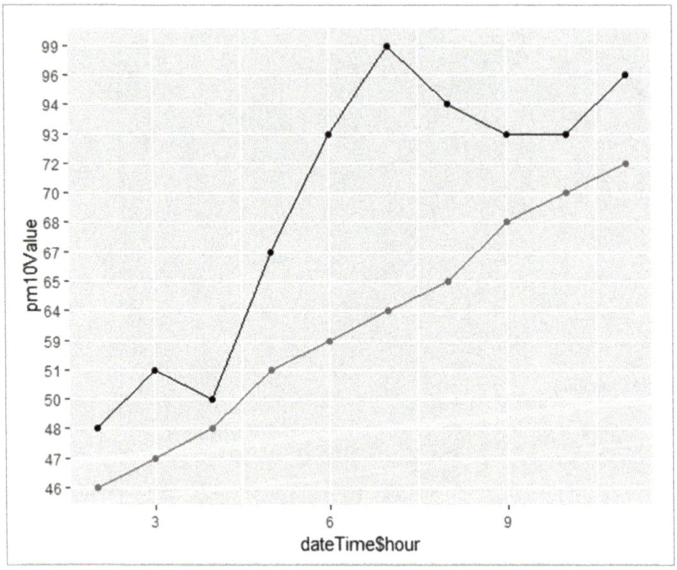

연습문제

01 ggplot2 패키지와 diamonds 데이터셋을 사용하여 다음 조건에 맞는 스크립트를 작성하시오.

❶ diamonds의 컬럼 이름은? `> names(diamonds)`

❷ 컬럼의 데이터 타입은? `> str(diamonds)`

❸ 색을 대신하는 숫자 형식의 변수를 추가하시오.

```
> diamonds$numcolor <- as.numeric(diamonds$color)
```

❹ 데이터를 엑셀파일로 저장하시오.

```
> library(xlsx)
> write.xlsx(diamonds, "C:/open_data/diamonds.xlsx")
```

❺ 엑셀파일을 CSV 파일로 저장하시오.

```
> write.csv(diamons, file="diamonds.csv")
```

❻ Missing 데이터가 있는지 확인하시오.

```
> is.na(diamonds)
```

❼ 가격이 1000 이상이면 Missing으로 값을 변경하시오.

❽ Missing을 제외한 가격 평균은?

```
> mean(diamonds$price, na.rm=TRUE)
```

❾ ~500 저가, ~1000 중가, ~ 1000+ 고가로 구분 필드를 추가하라.

❿ 무게(carat)에 따른 저가, 중가, 고가의 빈도수를 ggplot을 사용하여 플로팅하시오.

02 서울시의 2018년 콜택시와 대리운전 데이터를 다운로드하여 다음과 같이 시각화하시오.

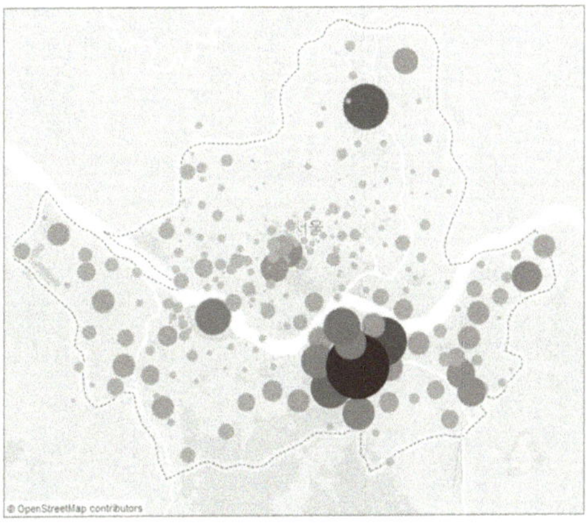